山本正身［著］
YAMAMOTO Masami

江戸教育思想史

ミネルヴァ書房

江戸教育思想史

目次

第Ⅲ部　幕藩体制の動揺と教育思想の展開——一八世紀末から一九世紀前期まで

第Ⅳ部　幕末における教育思想の諸相――一九世紀中期から維新期まで

序　章　江戸教育思想史研究の射程

本書は、敢えて日本の前近代に視線を投じながら、とくに江戸時代の教育思想の構造と展開を通史的に描き出そうとする一つの試論である。本書が、江戸時代の教育思想に特別な関心を寄せるのは、いわゆる近代教育のあり方や考え方を批判的に（近代教育の発想とは異なる観点から）捉え返すための教育上の視座を確保することを第一義的な課題としている。もちろん、近代教育といってもそれを支える論理が多様であることはいうまでもない。初代文部大臣森有礼（一八四七〜八九）によって唱道された国家主義的な教育観も、大正期に高揚を見た児童中心主義的な教育観も、ともに近代教育の内部に包摂されるものであることが、これを象徴的に言い表している。だが、その多様な論理を踏まえつつも、とくにこの国にあっては、近代以後の教育が国家の経綸と有機的に結びつけられ、優先的に国家発展のための人材養成の営為とされてきたことは否めない。

この国が近代という時代を迎えるに至った最も重要な契機が、西洋列強からの政治的・軍事的脅威に晒されたことにあり、それゆえ教育もまた、強靱な国力形成のための一基盤と理解されたことは、この国の特殊な事情を雄弁に物語っている。また、そうした事情に基づいて整備された近代教育がこの国の発展（国家の近代化と国際的地位の向上）に重大な成果をもたらした側面は、決して過小評価できるものではない。だが、教育の諸施策が国家発展を重点的関心として講ぜられるような状況は、政治が前提に据える国家の価値と個々人が希求する人間の価値とが必ずしも同一の志向を有するとは限らなくなってきている今日においても、なお優先されるべきことなのか。さらに将来的にも持続されるべきことなのか。

本書は、この国のこれからの教育が、何を優先的契機とし、優先的課題として推し進められるべきかを考えるための素材を、敢えて前近代の教育文脈に探ろうとする試みである。教育はもとより、様々な分野においてその将来展望を描き出すことが困難になってきている今日において、何故にすでに遠い過去となってしまった江戸時代の教育思想に視線を投ずるのかに疑念を抱く読者は少なくなかろう。今後の教育のあり方を展望するための素材を前近代に求めようとするアプローチそれ自体の有効性を疑問視する読者も少なくないだろう。しかし、かねてより儒学思想に研究関心を寄せる筆者は、敢えて「温故而知新」（『論語』為政第二）という教説を、これからの教育展望にも活用してみたいと考えるのである。すでに時空的に遠く過ぎ去った江戸時代ではあるが、そこでの多彩な教育認識の中に、今後のこの国の教育のあり方を展望させるような示唆は存在するのか、存在しないのか。この関心から改めて江戸時代における教育思想史の歩みを振り返っておこうとするのが本書の趣意である。このアプローチの成否は、本書を読了された読者諸氏の厳しい判定に委ねられるのみである。

ともあれ、実際にこの試論を展開するに先立ち、ここで本書全体の論述のための前提となる若干の問題について、簡単な言及を加えておこう。

江戸教育思想へのアプローチ

第一に、江戸教育思想史という場合の「教育思想」へのアプローチの方法についてである。一般的にイメージされる教育思想史研究とは、アプローチの対象となる「教育思想」が各時代に存在することを自明の前提とし、それぞれの教育思想がどのような歴史的文脈の中で形成されたのか、またそれぞれの教育思想がどのような思想構造や思想的特質を有しているのか、あるいはそれらが教育の歴史的展開にいかなる影響と意味を与えたのか、などを思想史の方法に基づいて解明することを目指すものといえる。ルソー（J.J.Rousseau, 一七一二～七八）であれ、ペスタロッチー（J.H.Pestalozzi, 一七四六～一八二七）であれ、デューイ（J.Dewey, 一八五九～一九五二）であれ、彼らの思想内部には明らかに

「教育思想」が形づくられていると見なし、その前提に立って、彼らの教育思想の構造・特質や思想史的意味を探ろうとするのである。

それに対し、本書では、江戸時代に「教育思想」が存在したことを自明視するような前提を必ずしも設けているわけではない。従来の通説に従えば、江戸時代に出現した様々な教育論的述作は、教育者に対し教える方法や心得を述べるのではなく、学習者に対し学ぶための教訓を直接的に説く傾向があったとされる。[1]「教育といわずして学問といい、訓育といわずして修養といい、教授といわずして読書という」[2]のもそのためであった。江戸時代の当該思想全般に対する評価として、いわゆる「教育思想微弱説」[3]が提唱されるのも同様の理由に基づく。この通説の趣旨は、江戸時代には「学び」のあり方を説く思想は確かに存在したものの、その思想は必ずしも「教育」のあり方を論じているわけではない、ということにある。それゆえ、例えば、荻生徂徠（一六六六～一七二八）や本居宣長（一七三〇～一八〇一）の思想を安易に「教育思想」と呼ぶことには、留保が求められるのである。

それでは、教育思想の存在が必ずしも自明でない時代と社会とを射程として、教育思想史の歩みを探ろうとするのは、いかなる方法によって行われ得ることなのか。本書が当面の研究対象とするものは「江戸時代の教育思想」というよりも、むしろ「江戸時代の諸思想」となる。それでも本書が「江戸教育思想史」を標榜するのは、江戸時代の様々な思想を「教育」という視座から捉まえることを方法論上の枠組みとするからである。この場合の「教育」という視座は、本書の中で筆者自身が設定するものであって（今日の一般的な教育学説を踏まえながら）、必ずしも江戸社会の歴史文脈の中で用意されたものではない。それゆえ、筆者の主観的な解釈に基づき、江戸時代の諸思想の中に「教育思想」を恣意的に読み込んでしまう恐れが生ずることは否めない。

そのような危険性を回避するために、本書での「教育」という視座は、あくまでも筆者が「教育」の関心から江戸時代の諸思想にアプローチするために設定した作業仮説であることを確認しておく。すなわち、本書では筆者の立てた「教育」という視座に基づいて、江戸の思想史を教育思想史として捕捉しようとするが、その視座の妥当性や有効性は本書での諸論攷を通じて、絶えず吟味され精査される必要を有するものである。本書でのアプローチに対し、ある思想は「教育」のあり方に関する豊かな可能性への示唆を与えてくれるかもしれないし、またある思想は作業仮説としての「教育」理解の再考とその修正を強く迫ってくるかもしれない。こうして江戸思想の側から投げ返された思想的応答の意味を吟味し精査することで、「教育」の含意に対する理解をより洗練させ、より精度の高い「教育」理解を獲得することが期待される。「教育」という視座を作業仮説として設定するのは、それが私たちの「教育」理解を洗練させるためのツールとして機能することを意図してのことである。

そのためにも、視座としての「教育」の含意を、相当程度緩やかに捉えておく必要がある。「教育」が人間形成に関わる営みであることは論を俟たないが、その営みのありようは時代や社会の変化に応じて一様ではない。体系的な学校制度が整った近代以後の時代にあっては、教育を「意図的・計画的・組織的な人間形成作用」とする今日的な理解が成り立つが、学校制度それ自体が未整備であった江戸時代にあって、この意味での「教育」は限定的な事例（一八世紀後半期以後の、幕府・諸藩学問所での人材教育）にしか、これを見出すことができない。しかし、だからといって江戸時代は人間形成の営みが稀薄な時代であった、と決めつけることは乱暴だろう。それゆえ、教育的営為の存在を歴史の中に探るには、「教育」の含意を一旦「人間形成に関わる諸々の営み」というように、相当程度包括的に捉えておくことを、そのアプローチの前提とせざるを得ない。

もちろん、この包括的な教育理解に基づいて江戸時代に探られた「人間形成」思想のすべてが、近代以後の（従って今日的な）「教育」思想と直接的な連続関係にあるわけではないだろう。だが、一旦「人間形成」として立てられた教育的視座から照射された江戸時代の様々な思想のうち、いかなる思想が近代的な「教育」理解と連続し、いかなる思想が連続しないのかを丹念に吟味し、両者の連続・非連続の関係とその歴史的意味を解明することが、教育思想史研究の極めて重要な役割だと指摘することはできるだろう。

これを踏まえ本書では、何よりも、江戸時代の「人間形成」思想の歴史的展開にどのような潮流を捕捉することができるのか、また、その潮流がどのように近代以後の「教育」思想に連なっていったのか、を明らかにしようとする。しかしながら、江戸時代の「人間形成」思想のうち、近現代に接続するものが「教育」思想であり、接続しないものは「教育」思想たり得ないとするような、近代中心主義的立場は採用されない。むしろ、近現代とは断絶しているように見える江戸の「人間形成」思想に含意された教育的意味の可能性を採り出し、江戸の「人間形成」思想の視点から、近現代の「教育」思想を相対化し、その思想構造を批判的に捉え返すための示唆的な論点を引き出そうとする。本書が作業仮説として設定する「教育」という視座は、教育の含意を「人間形成に関わる諸々の営み」とする緩やかな理解に基づくものであるが、それは以上のような研究課題を意識してのことである。

上記（注2）の引用文でいえば、学問や修養や読書が、近代以後の限定的意味での「教育的行為」に該当するわけでないことはいうまでもない。しかし、だからといって江戸時代の学問や修養や読書に関する思想を、教育思想史の視界から排除してしまうならば、江戸時代からは私たちの教育理解を洗練させるための示唆は、ほとんど何も得られなくなってしまうだろう。本書では、学問・修養・読書などが、人間形成に果たす役割において今日的意味での教育と密接な関連をもち、それと重なり合う側面を有することへの視線を担保しようとする。例えば、「学問」に関する思想であれば、それがより包括的な教育思想とどのような思想構造上の接点をもち、またそれが教育思想の構成にどのような示唆を与え得るのかを吟味しようとする。「教育」の含意を緩やかに理解するのは、広汎な人間形成に関わる行為的世界に包摂されている多種多様な営みを、教育の関心から意味づけ評価するためのアプローチを切り開いていくためである。

ともあれ、こうして概括的に捉えられた「教育」という視座から、人間形成に関する各種各様の思想にアプローチするという方法を準備することにより、教育思想史研究は、「教育思想」の存在が必ずしも自明でないとされる時代や社会へと、研究対象の地平を推し拡げていくことが可能となるはずである。

江戸教育思想史の時代区分

第二に、江戸教育思想史を通史的に叙述しようとする場合の時代区分の設定についてである。この分野に関する先行研究は必ずしも豊かではないが、従来の研究は、概して江戸時代の教育思想を、中江藤樹・山鹿素行・伊藤仁斎・

荻生徂徠などの主要人物別に配置して論ずるか、あるいは朱子学・陽明学・古学・折衷学・国学・心学などの思想系列ごとに紹介する、という手法を採る傾向にあった。戦前・戦後の代表的述作でいえば、前者としては加藤仁平『日本近世教育思想史』（成美堂書店、一九三七年）に、後者としては中泉哲俊『日本近世教育思想の研究』（吉川弘文館、一九六六年）に、そうした傾向を看取することができる。(4)

これら人物や思想系列の区分に基づく叙述が、江戸時代にいかなる内容構成を有する教育思想が存在したのかを捕捉するについて、相応の役割を果たしたことはいうまでもない。だがその反面、こうした叙述方法では、それぞれの教育思想がどのような歴史的背景から形成され、またどのような歴史的（教育史的）課題に応答しようとしたのか、の解明については十分な議論がなされにくい、ということも否定できない。思想史叙述に時代区分を設けるのは、まさに諸思想を歴史の流れに定位し、その構成を歴史内在的に理解するためであるといえる。

それゆえ、江戸時代の教育思想史に時代区分を設けるについては、教育思想の構成それ自体の内在的発展とともに、その構成と発展を歴史や社会の側から促した様々な外在的要因、すなわち、時代の大きな流れを方向づける政治体制や社会・経済情勢、あるいは諸般の文化的動向を注視する必要がある。(5)そして、そうした政治・社会・経済・文化全般にわたる時代の大きな推移を象徴するものは、やや教科書的な理解となるが、幕藩体制の構築・動揺・破綻とそれに対処するために立案・措定された幕府政策の諸動向であったといえる。すなわち、幕藩体制の確立からほぼ一世紀あまりを経過した享保年間に最初の大きな政治改革が行われ、次いでそれから半世紀あまり後の寛政年間に第二の政治改革が、さらにそのほぼ半世紀後の天保年間に第三の政治改革が進められたことは、江戸社会の歴史的推移を象徴する動向として、看過することができない。

このいわゆる「江戸の三大改革」が行われた享保・寛政・天保の各時期を画期とする時代区分に立脚することで、江戸教育思想史の全体的動向がどのように捕捉され得るのか、ここでごく簡単な素描を加えておく。

まず、幕藩体制確立からほぼ一世紀あまりの享保年間までの時期における教育思想史動向についてである。封建身分社会の中での武士の主たる仕事は政治と軍事にあったが、元和偃武以後、軍事の必要が次第に稀薄化していくにつれて、武士の役割は軍事よりもむしろ政治を担う官僚としてのそれが比重を占めるようになる。このいわば為政者としての武士像をどう理解し、どう描き出すのかに、最も重大な影響を与えた思想が儒学であったことは周知のところである。この時期における教育思想の形成は、幕藩体制下での新たな武士像の構築という時代の要請を重要な契機としつつも、その思想の拠り所は朱子学を中心とする儒学の知見に求められることになる。藤原惺窩（一五六一～一六一九）を開祖とするいわゆる京学の形成や山崎闇斎（一六一八～八二）学派の興隆は、こうした動向を社会的背景としている。

また、その儒学の営みが徐々に普及し深化することで、元来儒学に含意されていた思想の普遍性に学的関心が傾注されるようになると、儒学の説く人間像が武士身分の範囲を超えた拡がりをもって受容されていく。伊藤仁斎（一六二七～一七〇五）に代表される町人儒者の出現は、学問の世俗化とそれに基づいて形づくられる教育思想の世俗化の進行を意味した。

次に、享保年間から寛政年間に至る一八世紀の大部を占める時期についてである。一七世紀後期から徐々に顕在化しつつあった貨幣（市場）経済の進行は、幕藩体制下の共同体秩序を否応なしに動揺させるようになる。従来、農村は自給自足を基本としていたが、そこで生産される物資が商品として流通することで貨幣経済が農村をも巻き込んでいく。耕地面積の増加や技術開発の進行が、米の増産とともに商品作物の開発を促進させ、大坂を中心とする全国規模の商品流通のネットワークが形成されていく中で、豪農や豪商が出現するようになる。諸藩は、慢性的な窮乏化に陥りつつあった藩財政を立て直すため、この新興豪農商を専売制度などによって権力構造の中に囲い込み、その結果、城下町を中心とする藩独自の流通体系を構築していく。この領国経済の自足体制の中、商品経済の利潤を求めて藩政府と豪農商が農民の生活に干渉や圧迫を加えるようになる。これが農民の不満を呼び起こし、各地で一揆が多発化するなど、社会の秩序形成に様々な問題が蓄積されていく。

こうした社会秩序の動揺に対処するため、為政者の側では、学問に基づく人材養成と人材登用が時代の要請となっていく。石川松太郎の整理に従えば、江戸時代中の開設が確認されている二一五の藩校のうち、寛永から正徳年間に設立されたものは一〇校、享保から天明年間が六八校、寛政から文政年間が八七校、天保から慶應年間が五〇校、とされている。(6) この数字に示される通り、諸藩の学問所(いわゆる藩学・藩校)はこの時期(一八世紀後半期)から次第に活発な開設を見るようになるが、このことは武士階層の間にこうした時代要請が顕在化したことを雄弁に物語っている。

また、安定した社会秩序の構築と維持には、学問的素養を備えた為政者の養成に留まらず、一般民衆に対する直接的な教化政策の必要性も認識されるようになる。八代将軍徳川吉宗(一六八四～一七五一)は、聖堂仰高門東舎での講釈を毎日開講したり、江戸市中の手習塾で幕府の法度・触書類を教材として使用させたりするなど、様々な民衆教化政策を進めたことでも知られるが、このような民衆教化の必要に関する認識は、この時代の教育思想の形成に様々な影響を及ぼしていく。

なお、「学問に基づく人材養成」と「積極的な民衆教化」との双方に対し、思想的に最も重要な影響を与えた知の体系も、やはり儒学であった。この時期を代表する儒者荻生徂徠(一六六六～一七二八)が、人材養成と民衆教化との双方において思想史的に極めて重要な役割を果たしたことは、改めて指摘するまでもない。徂徠学の隆盛は、複雑化する時代状況との思想的格闘を通して、儒学の営みが深化し拡充したことを象徴する出来事といえるが、それはまた、徂徠学の超克を目指す各種各般の学問潮流を呼び起こす役割をも担った。儒学の枠組みの内部からは、細井平洲(一七二八～一八〇一)に代表される折衷学派や、五井蘭洲(一六九七～一七六二)・中井竹山(一七三〇～一八〇四)らの懐徳堂儒学が出現し、儒学との対峙でいえば、賀茂真淵(一六九七～一七六九)や本居宣長(一七三〇～一八〇一)に象徴される復古国学の思想も、人々から広汎な支持を獲得した。また石田梅岩(一六八五～一七四四)・手島堵庵(一七一八～八六)らの石門心学のように、テキスト解釈を中心とする従来の学問的枠組みに収まらない新たな学的営為も興隆した。

以上のような、「人材養成」と「民衆教化」とを支柱とする思潮は、寛政年間から天保年間に至る時期に一層強固な認識となって教育思想史の系譜を形成していく。その最も重要な契機をなしたのが、老中松平定信(一七五九～一八二九）によって推進されたいわゆる「寛政の改革」であった。人材養成では、聖堂改革による学問所の直轄化と学問・思想の政治的統制が、また民衆教化では、善行者の積極的表彰と『官刻孝義録』の編纂・出版や無宿人に対する心学道話の採用などが重要なトピックとなるが、これら一連の施策は、いわゆる「寛政異学の禁」の論理に下支えされたものであった。「寛政異学の禁」の論理は、柴野栗山（一七三六～一八〇七）、尾藤二洲（一七四七～一八一三）、古賀精里（一七五〇～一八一七）、それに頼春水（一七四六～一八一六）ら、いわゆる朱子学正学派の思想によって準備・提供されたが、彼らの強固な同志的結合によって形づくられた学問系列の主張は、朱子学を標榜しながらも、君子の人格的徳性に基づく朱子学本来の徳治論ではなく、学問や学校の制度に基づく教化論を打ち出している点において、独自の思想史的意義を有している。

「寛政の改革」自体は、諸藩による領国経済の自足体制整備と幕府側による重商主義政策（老中田沼意次の基本施策。諸藩の個別領主権を超えて断行された）によって生じた諸藩と幕府との溝を、儒学的仁政に基づいて埋めることで、公儀権威の回復を目指すものであった。だが、学問と学校の制度に基づく政治改革は、佐賀藩や広島藩など諸藩でも積極的に採用された。諸藩においても、人材養成と民衆教化とは最も重要な政治的課題と見なされたのである。こうして儒学の仁政思想の意義が再発見され、その動向が全国的に波及することで、教育思想もより濃厚な政治的色彩を帯びるようになった。

寛政期の政治的・社会的課題が幕藩体制の構造的危機への対応にあったのに対し、天保年間から幕末に至る時期には、欧米列強からの外圧という新たな危機への対応が最大の課題となった。もちろん、寛政期以来の内政上の課題も残されたままであったから、天保年間以後の社会は絶えず「内憂外患」に晒されることになった。とくに欧米列強からの外圧とは、この国がそれまで経験したことのない民族的・国家的危機とまで意識されるものであり、これに対応するために旧来の幕府・諸藩の枠組みを超えた民族的・国家的統合の論理が求められるようになった。そして、この国家統合の論理構築という時代の要求に応答し、内憂外患の危機を克服するための方向性を示す役割を果たしたのが後期水戸学であった。

詳細は後述するが、後期水戸学の思想は上記の朱子学正学派のそれと近似する内容をもっていた。だが、民族的・国家的統合の論理を構築するには、朱子学の説く普遍的原理を拠り所とするだけでは不十分であった。こうして朱子学的普遍主義に代わる論理として、いわゆる「国体論」が登場することになる。国体論を定式化した会沢正志斎（一七八二〜一八六三）は、近世の幕藩体制や近世武士の君臣意識を下敷きにしつつも、宗教祭祀を通じての民族的統合と国家的集中のイデオロギーを構築した。それは近代日本によって繰り返し再生産される思想の特質をすでに内在させるものであった。国体論の台頭は、教育に関する思想形成にも重大な影響を与えていく。国家と民族の優秀性の淵源が、神的起源をもつ天皇による統治と、天皇と臣民との間の特殊な慈敬関係にある、と説かれることで、「忠孝」こそがこの国の至上の教育理念と理解されるようになる。この教育理念もまた、近代日本が繰り返し再生産し続けたものであった。

いわゆる復古国学も、近代以後の自民族中心主義や文化的ナショナリズムの源流として、重要な思想史的役割を果たした。とくに、本居宣長の継承者を自認した平田篤胤（一七七六〜一八四三）は、膨大な文献を渉猟しながら日本の優越性を証明しようと努めたが、彼の思想系統から形づくられた復古神道は、教育思想史的にも維新以後の社会に大きな影響力を及ぼしていく。明治政府の教育政策は、「開化」と「復古」との二方面において推し進められていくが（「五箇条の誓文」の第五条でいえば、「智識ヲ世界ニ求メ」が「開化」に、「大ニ皇基ヲ振起スヘシ」が「復古」に相当する）、後者の復古的教化政策を主導したのは篤胤学の流れを汲む復古神道家たちであった。

以上、本書では、①享保以前、②享保から寛政、③寛政から天保、④天保以後、という四つの時代区分に基づいて、江戸教育思想史の全体的動向がいかなる方向性を有するものであったのかを捕捉しようとする。またそれを通して、江戸教育思想史の流れの中で、何が近代と連続し何が連続しなかったのかを明らかにしようとする。さらに、近代と直線的には結び合わなかった江戸の思想が、教育思想としていかなる意味をもっているのか、あるいはそうした未接続の思想の側から、近代教育思想の特質や構造がどのように見えてくるのか、を再吟味・再評価しようとする。

もちろんこの時代区分も、上述の「教育という視座」と同様に、筆者が江戸教育思想史へとアプローチするための作業仮説という性格を有している。それゆえ、この時代区分に基づく江戸教育思想史叙述がどこまで妥当性を有しているのか、また、どこまで江戸の教育思想史を歴史内在的[7]に描き出しているのか、については、本書各章での諸論攷を通して、絶えず吟味され精査されるべきものであることはいうまでもない。

第Ⅰ部　新しい人間（武士）像の探究と教育思想の形成——江戸初期から一八世紀初頭まで

第一章　江戸社会の秩序構造と儒学思想

江戸社会の秩序構造は、徳川氏の強大な軍事力・政治力を背景として構築された幕藩体制と、「兵農分離」[1]に基づいて組み立てられた身分制度（支配者〈士〉と被支配者〈農・工・商〉との社会的機能の分離）を基盤とするものであった。江戸時代の中で、人としての生き方や社会のあり方を考えようとする様々な思想的営為が、江戸社会を成り立たせているこの秩序構造を歴史社会的な背景として展開されたことはいうまでもない。

戦国乱世の軍事的緊張が急速に緩和されるとともに、社会の秩序構造が「士・農・工・商」（穢多・非人など、さらに低位に据え置かれた身分も存在した）の身分制度によって固められつつあった時流の中で、人と社会のあり方にそれ以前とは異なる新たな認識の形成が促されたのは、何よりも武士階層においてであり、とりわけ上層武士の間にその動向が顕在化した。この「新たな認識」とは、端的にいえば、武士身分の人間とは新しい時代にあっては従来のような戦闘集団であるに留まらず、むしろそれ以上に農・工・商に対する道徳的模範となって、社会の秩序形成に指導的役割を果たしていくべき存在だとする認識であった[2]。そして、序章でも言及したように、この認識の最も重要な思想的拠り所として機能したものが儒学思想であった。

儒学が、新しい武士像を提供する文脈を形づくるについては、近世初期に新たな知識人層として「儒者」が出現したことと、いわゆる「名君」が儒学を自らの知的素養として歓迎した（それゆえ儒者を厚遇した）ことが重要な意味をもった。以下の論述にて、その様子を概観しておこう。

1　儒学の受容史と儒者の出現

この国において儒学は、古代国家での律令制度の導入に伴って、律令官人養成のために設けられた大学寮の主要学科（明経道《みょうぎょうどう》）として学ばれた。だが、時代の推移とともに、貴族層の学問的需要が変化し（経書を講究する「明経道」よりも、史書や詩文を学ぶ「紀伝道《きでんどう》」に比重が置かれていく）、さらに「蔭位《おんい》の制」に象徴される官人世襲制が学校の人材登用機能を空洞化させていく。こうして平安中期以降大学寮は衰微し、それに伴って、儒学は貴族層にとっての教養知としての意味合いをある程度担保しつつも、その厳格な経書講究の営みは専ら博士家（明経博士）[3]の家学として保守的に相伝・専有されていく。

中世に入ると、儒学への取り組みは禅林の僧侶が重要な役割を担うようになる。日本での禅宗の興隆[4]は、中国大陸との文化的交流に負うところが大であった。一三世紀は「渡来僧の世紀」と呼ばれるように、蘭渓道隆《らんけいどうりゅう》（一二一三～七八）や無学祖元《むがくそげん》（一二二六～八六）ら中国の五山僧が来日する。蘭渓が時の執権北条時頼（一二二七～六三）に招かれて建長寺を創建し、禅の布教の拠点としたことや、無学が円覚寺の開山になったことは周知の通りである。一方、日本からも栄西（一一四一～一二一五）、道元（一二〇〇～五三）、円爾《えんに》（一二〇二～八〇）らが宋に留学し、現地の仏教界の動向を伝える役割を果たした。彼らは、仏典とともに多くの儒学関係書をこの国にもたらし、いわゆる「儒仏一致論」の立場（中国宋代における仏教・儒学・道教の「三教一致論」の影響が示唆される）から儒学の教説をも講究した[5]。彼らが輸入した儒学書は、当時の中国にて印刷技術の発達を通して普及していた宋代の儒学書であった。禅僧が受容したのが宋代の新しい儒学（宋学）であったことで、彼らの学問は旧来よりの伝統を有する博士家家学（漢代・唐代の儒学書に基づく）の権威に抵触することを免れた。この宋代儒学の集大成が朱子学であることはいうまでもない。

室町時代になると、幕府を開いた足利尊氏（一三〇五～五八）・直義《ただよし》（一三〇六～五二。尊氏の同母弟）は、無学祖元の孫弟子にあたる夢窓疎石《むそうそせき》（一二七五～一三五一）に帰依し、夢窓の主導によって鎌倉時代以来の五山制度が整備される。

五山僧は室町時代の禅宗を支えるとともに、幕府の学術・政治顧問として活躍する。夢窓疎石の弟子であった義堂周《ぎどうしゅう》信《しん》（一三二五〜八八）や絶海中津《ぜっかいちゅうしん》（一三三四〜一四〇五）らはその代表格である。彼らは中国文化に通じ、漢詩文の能力にも優れていたため、中国（明）や朝鮮との外交に重要な役割を果たした。また政治・外交のみならず、文学・書画・建築など当時の文化的営為全般を主導した。勢力を拡張しつつあった戦国大名も五山僧の存在を重宝がり、彼らの教養・見識から治世の要諦を引き出そうとした。五山の禅僧たちは、「儒仏一致」論に基づいて儒学の教えを有力武将たちに説く役割を演じたのであった。

このように中世において、儒学（宋学）の受容は専ら禅僧によって行われた。それに対し、「儒者」という新しい知識人が登場し、彼らが儒学の受容・講究の中心的担い手となっていくのが、近世という時代の思想史的特徴の一つといえる。

儒者の登場は、五山の禅林にて「儒仏一致」の立場で講ぜられていた儒学が、徐々に仏教から切り離され、一個の独立した思想体系として学ばれるようになったことを重要な契機とする。また、それには禅僧と戦国武将との接触・交流が重要な社会的背景をなした。戦国武将の優先的関心が領国支配とその経営の安定にあったことはいうまでもないが、彼らのこうした政治的要求に応答し、戦乱の世に秩序と安定を与えるためには、個々人の宗教的救済を説く仏教よりも、現実社会の「治国・平天下」を論ずる儒学の方が思想的に優位にある、と考える僧侶が有力寺院の中から出現するようになったのである。

その嚆矢的存在が、藤原惺窩（一五六一〜一六一九）であることは周知の通りである。惺窩は、京都相国寺にて禅の修業を積んでいたが、徐々にその学的志操を儒学に傾けるようになる。やがて還俗し、儒者として身を立てた惺窩の門下からは、林羅山（一五八三〜一六五七）をはじめとして、堀杏庵《ほりきょうあん》（一五八五〜一六四二）、松永尺五《まつながせきご》（一五九二〜一六五七）、那波活所《なばかつしよ》（一五九五〜一六四八）らが輩出され、いわゆる「京学」の系譜が形成される。とくに林羅山は、徳川幕府に出仕し、家康から家綱までの四代の将軍に仕えるとともに、後の昌平坂学問所の源流となる林家塾を発足させるなど、江戸時代における儒学の振興に重要な軌跡を残した。

禅林から儒者が輩出された重要な事例としては、これ以外にも、京都妙心寺の学僧であった山崎闇斎（一六一八〜八二）のケースを取り上げることができる。闇斎については、後述するように、三代将軍徳川家光（一六〇四〜五一）の異母弟として幕政にも大きな役割を果たした会津藩主保科正之（一六一一〜七三）から賓師として迎え入れられたことが特筆される。なお、藤原惺窩、林羅山、山崎闇斎の三者については、第三章にて、改めてその教育思想の概要を紹介する。

2　江戸の思想史を捕捉する前提——出版メディアの発達

こうして江戸初期には、儒学思想などへの学的取り組みが盛んに推し進められるのであるが、その成果が広く社会に発信され受容される文脈が形成されていくについては、この時代に出版事業が成立し急速な発展を遂げたことを見過ごすことができない。もちろん、我が国にはそれなりに長い印刷技術の歴史があった。最古の印刷物は奈良時代の称徳天皇（孝謙天皇。重祚して称徳天皇。七一八〜七七〇）の命による「百万塔陀羅尼」といわれるが、平安中期以降になると大寺院にて仏典の木版刷が行われていた（興福寺の春日版、高野山の高野版、比叡山の叡山版など）。中世では京都禅林の五山版が有名だが、一六世紀後半になるとキリスト教宣教師によっていわゆるキリシタン版が導入されたり、文禄・慶長の役の際に朝鮮の活字印刷術が持ち帰られたりして、いわゆる古活字版の時代を迎えるようになる。徳川家康（一五四二〜一六一六）の命によって開版された伏見版や駿河版、京都の豪商本阿弥光悦（一五五八〜一六三七）が角倉素庵（一五七一〜一六三二）の協力を得て出版した嵯峨本などがよく知られている。しかし、これらの活字印刷本は、一部の公家や武士、僧侶や上層町人らの特定の需要を満たす程度に流通したものであり、印刷部数も百部を出ない少数に過ぎなかったといわれる。

そうした中にあって、京都ではすでに慶長年間（一五九六〜一六一五）から商業出版を営む書肆が出現していた。寛永年間（一六二四〜四四）に入ると商業出版書肆はさらに増大し、これ以後その出版活動が本格化するようになる。京都で出版事業が成立した事情については、上記の活字印刷本が、少数の流通であったとはいえ、当時の京都の知識人層に大きな文化的衝撃を与え、書籍に対する関心を著しく高めたことと、その背景として室町・戦国以来、京都町衆に文化的・経済的素養が培われていたこと、などを指摘することができる。(6) こうして生じた読者人口の増加に対応するため、寛永年間に入ると印刷の技法は再び古活字版から板木彫刻による整版印刷に移行するようになる。整版印刷への移行が数百部もの印刷を可能にし、書物の大量出版という新しいメディアを招来したことはいうまでもない。

しばしば紹介される記事であるが、元禄年間の京都における書肆の繁栄ぶりを伝えるものに、『元禄太平記』（一七〇二年刊）の、

京都の本屋七十二間は、中古より定まりたる歴々の書林、孔門七十二賢にかたどり、其中に林・村上・野田・山本・八尾・風月・秋田・上村・中野・武村、此十間を十哲と名附て、専ら世上に隠れなく、何れ勝れし人々なり。(7)

というものがある。元禄時代の京都には、七二軒の書肆があり、それらは中古から定まった家柄をもち、その中でも一〇軒はとくに盛況を呈していたというのである。さらにまた、これは大坂の書肆の様子を伝えるものであるが、朝鮮通信使中維翰《シンイハン》（一六八一〜一七五二）が一七一九（享保四）年に来日した際に、大坂（浪華）の繁栄ぶりについて、

そのなかに書林や書屋があり、牓《ふだ》をかかげて、曰く柳枝軒、玉樹堂などなど。古今百家の文籍を貯え、またそれを復刻して販売し、貨に転じてこれを蓄える。中国の書、我が朝の諸賢の撰集も、あらざるはない。(8)

と記している。大坂の書肆は京都のそれに比べれば新興勢力というべきであるが、それでも享保年間の大坂書肆は朝鮮通信使の目を見張らせるほどの活況を呈していたのである。

もちろん江戸時代以前より、中国・朝鮮にて出版されたいわゆる舶載本は、大陸との貿易の主要な輸入品であった。

舶載本漢籍は大量に輸入されてはいたが、高価なため一部の特権的知識人層の専有物となっていた。そこに出現したのが、上記のような商業書肆であり、商業書肆による活発な和刻本漢籍の出版活動であった。和刻本の出版は、学問に必要な漢籍テキストを比較的容易に入手することを可能にしたが、それとともに、学者・文人たちが自分自身の著作を公刊することも可能にした。それは、学問・学説の普及を、専ら写本に頼るしかなかった前代に比べて、飛躍的に増進させる意味をもつものであった。出版メディアの発達は、近世に学問が普及するための極めて重要な前提条件をなしたのである。

3　名君の登場

江戸幕府を開き、幕藩体制の基礎を築いた徳川家康は、周囲に当代の知識人を付き従わせていたように、治世のための思想的拠り所を学問に求める姿勢を有していた。また後述するように、藤原惺窩が家康に招かれたり、林羅山が幕府に用いられたりしたが、これは家康が儒学という学問に一定の関心を抱いていたことを物語っている。ただし、家康自身が儒学の思想的意義をどこまで評価していたのか、また、儒学思想に基づく武士像や為政者像をどこまで探究し、どこまで実践に移そうとしたのかの真相は不透明といわざるを得ない(9)。家康が自らの知的素養の内部に儒学を取り入れようとしたのも、あくまでも為政の方針や趣旨を明らかにするためであって、その素養を基に一定の武士像や人間像を組み立てようとしたわけではなかったのかもしれない。

だが、儒学思想には元来人間像や人間形成に関する所論が豊かに組み込まれており、それゆえ為政のための儒学知の導入であったとしても、それが自ずと新たな武士像への知見を切り開き、現実的にその武士像を形成するための方法への認識を深める意味をもった可能性は否定できない。また、絶大なる権力をもつ武家の棟梁として君臨した家康の好学の姿勢が、新時代の気運や気風の形成に少なからぬ影響を与えたことも疑いない。

こうして江戸初期には、儒学思想に基づく新たな武士像を追求しようとする為政者が出現し、後世に「名君」と称せられるようになる。[10] もちろん、戦国乱世の気風が濃厚に残存する江戸初期の社会状況にあって、彼らの存在はむしろ少数派というべきであった。だが、その活動や事績は江戸時代の思想史動向を先導する意味合いを有するものとなった。とくに、会津藩の保科正之や岡山藩の池田光政（一六〇九〜八二）に水戸藩の徳川光圀（一六二八〜一七〇一）を加えた三者のことは「寛文三名君」と評されるが、これ以外に尾張藩の徳川義直（一六〇一〜五〇）や加賀藩の前田綱紀（一六四三〜一七二四）らも好学の名君として並び称される。彼らはいずれも、自ら率先して儒学の素養を磨くとともに、儒者を招聘して儒学説の本義に触れようとした。[11] ここでは、江戸初期の代表的名君として保科正之と池田光政の事跡をごく簡単に紹介しておく。

(1) 保科正之

学問の重視と文治政治の推進

保科正之は、二代将軍徳川秀忠（一五七九〜一六三二）の庶子（四男）として生まれ、信濃高遠藩保科家の養子となった後、出羽山形藩への転封を経て、一六四三（寛永二〇）年に会津藩の藩主となった。また、異母兄である三代将軍家光の遺命により、一六五一（慶安四）年に徳川家綱（一六四一〜八〇）が四代将軍に就くと、その補佐役となって幕政をリードした。[12] 一般的に、家光までの治政は「武断政治」といわれる。将軍家の強大な武力を背景に、改易によって多くの大名家が取り潰されたが、その結果、大量に生まれた浪人が将軍家に対する不満分子となっていた。正之は、こうした武力を背景とする政治支配では政権の持続的安定は困難だと考え、幕政を「文治政治」へと転換させた。「文治政治」とは、幕藩体制が比較的安定した家綱から七代将軍家継までの治政を象徴する表現であるが（具体的施策としては、「末期養子の禁の緩和」、「殉死の禁止」、「大名証人制の廃止」などが知られている）[13]、これはいわゆる「徳治主義」に基づく政治のあり方を意味するものでもあった。この徳治主義に基づく治政の方針（文治政治）をリードしたのが正之であり、それは正之の学問観と密接な関連を有した。

では正之は、どのような学問経歴を辿り、どのような学問観を養ったのか。それを端的に伝えるものが『会津松平家譜』の、正之性《せい》剛正にして和淳なり。幼より学を好む。長ずるに及びて僧沢庵、愚道等に禅理を問ひ頗る釈老の書を信ず。承応元年（一六五二年。なお、以下引用文中の括弧内の説明は、とくに断りがない限り、すべて「引用者注」とする）始めて朱熹の小学を読み大に之を喜び、大学の基なるを発明し、悉く釈老の書を焼き、専ら心を洛閩《らくびん》の学（二程子〈程顥・程頤〉および朱子の学問）に用ひ、老臣等に小学各一部を与へて、学問の方法を告諭す。又和漢の書を観て治乱の機、興亡の跡を知り、之を時勢に参酌して実際に施行す。(14)

という記述である。近世初期の学問動向を辿るかのように、正之もまた、当初は禅学から学問の道に入ったが、やがて朱子学に傾倒するようになった。しかし、正之が朱子学を重んじたのは、必ずしも実際の治政や諸施策への具体的な示唆を朱子学説から引き出そうとしたから、というわけではなかった。

正之は、家綱の補佐役に就いてから、一六六九（寛文九）年に致仕を許され、翌年会津に戻るまで江戸にて幕政を支え続けたので、会津藩政は重臣に命じて執り行わせていたが、その施策の中で朱子学説と関わりがあると見なし得るものに、「社倉の創設」と「殉死の禁止」とがある。このうち社倉の創設については、『会津松平家譜』の一六五五（明暦元）年の記事に、

正之嘗て米七千俵余を糴《てき》し、代官に預け置き、翌春より二割の息を以て窮民に貸附し、逐年増殖せしめて凶荒の預備とす。其の米の増すに従ひ、倉廩《そうりん》を諸村に作りて之を儲《たくわ》へしめ、社倉と名づく。朱熹の社倉法を斟酌して、時宜に随ひ其の米を糶《ちょう》し、其の代金を社倉金とし、専ら之を救民に用ふ。(15)

とある。すなわち正之は、会津藩が社倉（米蔵）に備蓄した米を、凶作や飢餓の時には被災者に貸し出し、その米は豊作の際に利息二割で返済すればよいとする制度を創設したが、この制度は朱子の施策をヒントとして考案されたものだというのである。

また、殉死の禁止についても、同じく『会津松平家譜』一六六一（寛文元）年の記事が、

閏八月封内に令して殉死を禁ず。初め正之詩経春《ママ》風黄鳥の篇、及び朱熹の殉葬論を読み、嘆じて曰く、殉死は野蛮の弊俗なり。然るに本邦輓近殉死の多きを以て相誇るの風習あり。不仁も亦甚しと。因りて此の令あり。(16)

と伝えるように、殉死、すなわち主君の死後家臣がそれを追って命を絶つ（主君への忠義を表現する）行為を、正之は『詩経』国風の秦風にある「黄鳥」の詩や朱子の「殉葬論」に基づいて、野蛮な風俗にして甚だしい不仁であると断じ、これを禁じた。殺伐たる戦国の世とは異なり、新しい平和な世にあって、武士の道は自分が仕える一代限りの主君ではなく、代々続く藩（主君の家）への奉公にあると考えたものといわれる。

だが、これ以外に正之が推し進めた数多くの諸施策、例えば、藩政における検地のやり直しと減税、九〇歳以上の者への俸米の支給（老養扶持）、間引きの禁止、医療制度の創設、「会津藩家訓」一五条の制定など(17)や、幕政における玉川上水の開削、明暦大火への対応（浅草の米蔵の被災者への開放、急騰する米価対策）、江戸の復興（江戸城造営と天守閣の不再建、幹線道路の拡張、両国橋の架橋など）などは、必ずしも朱子学説との直接的な関連を窺わせるものではない。また後述するように、正之は山崎闇斎を招聘し賓師として処遇したが、これらの施策の多くは、正之が闇斎を招聘した一六六五（寛文五）年以前に実施されたものであり、闇斎学との関連を窺わせるもの（闇斎からの教唆に基づくもの）とはいえない。

もちろん、正之が山崎闇斎の学問を高く評価していたこと自体は疑う余地がない。だが、闇斎招聘以後も、実際の会津藩藩政は家老田中正玄《まさはる》（一六一三〜七二）に委ねられていたのであった。正玄が死去したとき、正之は、

嘗て予大将軍補佐の命を蒙りて久しく江戸に在り。封内の政大小となく挙げて之を正玄に委す。復た顧慮する所なし。山崎闇斎敬義は大儒なれども政を執らしむれば、正玄の如く安堵し難きなり。(18)

と語っている。正之にとって、朱子学の素養の第一義的な役割は、必ずしも具体的な政策遂行のための知見の獲得に置かれていたわけではなく、また、正之が闇斎を賓師に迎え入れた理由も、闇斎に政策顧問としての役割を期待したからというわけでもなかった、というべきである。

朱子学に基づく修養と為政

では、正之が学問を重視し、朱子学の素養に磨きを掛けた根本的な理由は何に見出され得るのか。

結論からいえば、それは何よりも自らの人格形成（為政者像の構築）のための理念や規範を朱子学説に求めたことにあったと見られよう。朱子学に向き合った正之の学問的態度を象徴的に伝えるものに、次のような文言がある。

正之力《ちから》を敬の工夫に用ふ。嘗て曰く、主一無適《しゆいつむてき》なれば未発の気象を存し、動も亦定《さだま》り静も亦定る。聖人無情にして之を性にする者庶幾《ちか》しと。又曰く、仁の生意親切の味、即ち未発の愛一意一理にして、万物の一体たる所以なりと。又曰く、智は蔵《かく》れて迹なし。能く之を識りて後以て道体を語り、鬼神を論ずべしと。又曰く、仁智の交際は万化の機軸、是《これ》天人合一の道なりと。又曰く、文王《ぶんおう》至徳の処は、孔子以来韓愈、程朱之《これ》を発す、泰伯《たいはく》至徳の処は、孔子以来惟《ただ》朱熹之《これ》を明にす。此の如くなれば天下君臣の義定る。事代主命《ことしろぬしのみこと》は本朝の泰伯なりと。[19]

これは『会津松平家譜』に載せられた、正之が六三歳の生涯を閉じた一六七二（寛文一二）年の記事であるが、正之が最も自覚的に朱子学に学んだ学的内実とは「敬」であったというのである。後述するように、朱子学では、外界の諸事象や諸事物に対して「心」が正しく応答することが重視され、そのために「心」が道徳（＝理）の通りに動くことが求められた。そして、そのような道徳と一体化した「心」のありようを、朱子学では「敬」と呼んだ。山崎闇斎もまた朱子学の説く「敬」を最も重視し、「夫《それ》敬ノ一字ハ、儒学ノ始ヲ成シ終ヲ成スノ工夫ニシテ、…代々ノ聖人道統ノ心法ヲ伝へ来リ玉フモ、此ノ敬ニ過ギズ」[20]とまで論じている。

上記の正之の言葉にある「主一無適」とは、朱子学が「心」の高度な集中状態と説くもので、それは「心」の本体を確保した「未発の気象」（作用として発動する以前の本来の「心」のありよう）を意味する。朱子学では、「仁」も「智」も、本来的にはこの「心」の本体を根源とする道徳と説かれる。周王朝を創業した文王も、自らが周の国を去ることで文王の世を招来した泰伯も、その至徳の所在は「敬」にあり、それを孔子や韓愈、あるいは二程子や朱子が明らかにしたというのである。正之の思想の基本的立場は「神儒一致」と称されるが、出雲の国譲りを天照大御神の使者に伝えたとされる事代主命《ことしろぬしのみこと》の行いも、泰伯と同様、「敬」に基づくことと評価されている。

このように、新しい時代の治世を担う人間として、正之が自覚的に取り組んだことは、「敬」の保持、すなわち自らの「心」を修めることであった。その意味で、幕政や藩政の諸施策をどう進めるかは、自らの「心」に問うことから始められるべきことであった。社倉の創設、減税、老養扶持など、正之の善政として語り継がれる諸施策も、正之が自らの「心」を修める努力を積み重ね、自らの「心」の本体に問いながら一般民衆の生活実態に向き合った結果、自ずと案出された措置であったと評することができる。正之が朱子学から引き出したものは、個々の具体的政策というよりも、むしろ、政策を編み出すための拠り所たる「心」の修養法だったのである。

為政者（治者）が己の「心」を修めることで「徳」を養い、その「徳」を一般民衆（被治者）に推し及ぼすという、朱子学の徳治主義を実践しようと自覚した正之は、幕政にも徳治主義が貫かれるべきと考えた。そのために若き将軍たる家綱が学問に励むことを歓迎した。『会津松平家譜』一六五六（明暦二）年の記事に、「大将軍年十六、林信勝《のぶかつ》（信勝は林羅山の諱《いみな》〈生前の本名〉）を召し大学首章を講ぜしめ物を賜ふ。正之喜びて曰く、天下長久の基《もとい》此《ここ》に在りと。正之深く道学を信ず。故に近臣及び士農工商皆駸々学に嚮ふ」(21)とあるように、正之にとって徳治主義に基づく治世こそが「天下長久の基」だったのである。

正之のこの姿勢は、当然ながら、会津藩政にも強い影響を与えていく。武士に「武」の素養が必要なことは論を俟たないが、正之は、新しい時代の幕藩体制を担う武士には、何にもまして「文」の素養が求められると考えた。『会津松平家譜』にはその様子が、正之少間あれば、侍臣に命じ聖賢の書を読ましめて之を詳論す。嘗て朱子語類を読ましめ、疑はしきことあれば箋紙を貼せしめて曰く、必ず未定の説なるべし、然らずば記者の謬ならんと、果して未定の説にして後に定説あり。…又嘗て曰く、本邦の士卒は異国の士卒に過ぐ。是れ武を好む故なり。而して君将は彼に及ばず、是れ文を好まざるを以てなりと。(22)

と描かれている。正之にとって、幕藩体制下での「文治」のあり方に関する確かな知を提供してくれるものが儒学（朱子学）であったことは疑いない。正之が山崎闇斎を賓師として迎え入れたのも、為政者である武士身分の人間が「徳」を養うことが「文治」のための不可欠の条件であるという認識を、広く家臣の間に波及させるためであったといえる。

書物の編纂と藩校の開設

そのため、正之は朱子学の学問知を集約した複数の書物を編纂し、藩内の重臣・家臣に配付した。その編纂作業に山崎闇斎が重要な役割を演じたことはいうまでもない。代表的述作としては、『玉山講義附録』『二程治教録』『伊洛三子伝心録』の三部書を挙げることができる。

まず『玉山講義附録』（全三巻）は、朱子学の根本的教説（「性」や「理」に関わる認識）を理解するために、朱子の「玉山講義」（『朱子文集』巻七四、所収）に拠りながら、『朱子語類』や『朱子文集』に載せられた所論を抜粋し編纂したもので、闇斎が招聘された一六六五（寛文五）年に上梓されている。『二程治教録』（全二巻）は、一六六八（寛文八）年の上梓で、北宋の儒学者である程明道《ていめいどう》（一〇三二～八五）・程伊川《ていいせん》（一〇三三～一一〇七）兄弟（二程子《にていし》と称される）の著述を集めた『二程全書』から、民衆の統治と教化に関わる所論を抄録したものである。また、『伊洛三子伝心録』（全三巻）は、翌一六六九（寛文九）年の編纂で、二程子の学統を継承した楊亀山《ようきざん》（一〇五三～一一三五）、羅予章《らよしょう》（一〇七二～一一三五）、李延平《りえんぺい》（一〇九三～一一六三）の諸書中より学問の要諦を抄録したものである。三書とも、治教に資することを目的に編纂されたが、その内容は、例えば『伊洛三子伝心録』の巻末に寄せた山崎闇斎の跋文に、宋の周濂渓《しゅうれんけい》、絶学を継ぎ、図書を著す。…二程学《がく》を濂渓に受けて、遂に諸儒の倡と為る。…楊羅李三子の若きは、則ち善く学び本を務むるの君子と謂ふ可し。今の儒者自《みずか》ら周程に学ぶと謂ふも、未だ曽て一日静坐の功を用ひず。甚しき者は、静坐を誹《そし》り以て異端と為す。学の講ぜられざる、憂ふ可し。源太守（保科正之のこと）の伝心録、正に此が為にして編めり。(23)

と記されるように、いずれも心を修めるための工夫（この跋文では「静坐」）を趣旨とするものであった。新しい時代の武士のあり方として、まず自らが徳を養い、その徳をもって治政に臨むことを理想とする為政者像の追求こそが、江戸初期の教育思想形成の契機となった様子を、ここに窺い知ることができる。

なお、会津藩藩校として著名な日新館は、一六六四（寛文四）年、禅僧岡田如黙（一六二七～九一）が城下の商賈の子弟を対象に開いていた私塾を、正之が藩の学問所に取り立てて、稽古堂と称したのが起源とされる。(24)稽古堂は士庶双方に開放されていたが、こうして正之が庶民にも学問の機会を提供したのも、儒学の素養に基づく善政（徳を備えた為政者がその徳をもって人々を感化する）を領内に推し及ぼそうとした彼の姿勢を物語っている。

（2）池田光政

光政の足跡と教育施策

江戸初期に「名君」と称された武将の中で、教育史上に最も鮮烈な足跡を遺した一人が池田光政であることは疑いない。光政は一六〇九（慶長一四）年に、播磨宰相と称された祖父池田輝政（一五六四～一六一三）、父利隆（一五八四～一六一六）の直系として岡山城に生まれた。輝政の死後、池田家の家臣団は「大坂の陣」の影響もあって分割されたが、さらに利隆が没するに及んで、光政は一六一七（元和三）年に因幡・伯耆両国（三二万石）への国替えを命ぜられ、鳥取にて為政を執り行っていた。光政が日本近世史にその名を留めるのは、一六三二（寛永九）年の岡山移封から一六七二（寛文一二）年に致仕するまで、ほぼ四〇年の長きにわたり岡山藩政を担い、引退後も一六八二（天和二）年に七四歳で逝去するまで、藩政全般に影響を及ぼしたことを通してであった。この五〇年にも及ぶ岡山藩政は、光政の儒学的教養に基づく仁政の理念を体現し、家父長的な啓蒙的君主としての面目を発揮したものといわれる。

光政の治政上の業績は多岐にわたる。主要なもののみ紹介すると、一六五四（承応三）年に中国地方を襲った大洪水とそれによって生じた大飢饉により、藩政は危機に直面したが、光政はこの災害を契機として従前の地方知行制度を改め、藩権力による全領直接支配を強化した。農民政策についても、仁政理念に基づいて、民力の培養に基づく年貢増徴を唱え、小農民の保護と自立化を促進するよう、郡方役人に戒告と教導を与えている。

また光政の藩政は、政治と学問・教育との一体化を眼目とするものと称され、そのため士庶の教育に熱意を注いだ。まず、家臣の教育機関として、一六四一（寛永一八）年に岡山城下郊外の上道郡花畠の地に花畠教場を設けたが、これは我が国最古の藩校と称されてきた。(25) その後、一六六六（寛文六）年に岡山城内に学館（仮学校）を新設し、花畠教場を廃して諸生をここに移した。その後、同学館の就学者が漸増したため、一六六八年に城下の西中山下に新学校を建設するよう命じ、翌年に本格的な藩校（岡山藩学校）が設立される。なお、光政が一六七〇（寛文一〇）年に藩内の和気郡木谷村に設置を命じた手習所は、その後講堂や聖堂（孔子廟）を備えた庶民子弟の教育機関「閑谷《しずたに》学校」となる。

熊沢蕃山との関係　では、光政はその学問をどのように理解していたのか。光政の学問観を論ずる上で注目すべきは、熊沢蕃山（一六一九～九一）との関わりである。蕃山は、一六三四（寛永一一）年、一六歳のときに遠縁にあたる板倉重昌（一五八八～一六三八。板倉重宗とする説もある）や京極高通《たかみち》（一六〇三～六六）の紹介で岡山藩に出仕したが、一六三八年に修学の未熟を自覚して致仕する。その後近江国に移住して儒学の修得に努め、一六四一（寛永一八）年からは中江藤樹（一六〇八～四八）のもとで学んだ。蕃山は、藤樹から「孝」を中心とする「心」の哲学を受け継いだといわれる。

一六四五（正保二）年、蕃山は京極高通らの斡旋で、再び岡山藩に出仕する。二七歳のことであった。そして、その二年後には光政の近習に取り立てられる。蕃山は、武士に治者としての自覚を促し、そのための心の修養を重視する「心学」を説くようになるが、光政も蕃山の学問に傾倒していく。蕃山の「心学」は、治者としての主体形成と政治実践とを結びつけるものであり、光政はこの点に蕃山学の価値を見出した。一六四九（慶安二）年、光政は蕃山を伴って参勤し、江戸にて学問好きの大名に蕃山のことを紹介している。翌一六五〇年には、蕃山を三千石の番頭に取り立てるとともに、城下花畠にて自由な学問結社の活動を認めている。また、家老を含めた家中の者が、すべて蕃山の学問を学ぶことを奨励してもいる(26)。光政は、その一六四九年の江戸出府のとき、重臣たちに「当国ヲ我等ニ被仰付候ヲ、私ノ国と少も不存候、領分ノ下々百姓までこつしき《（乞食）》ひ《（非）》人もなく、国あんおんニ治候へとの奉行ニ被仰付と存候…何も加様ニ被存候へハ国能治、国さかへ候へハ我等へノ奉公、我等ハ上様へ御奉公と存候(27)」と申し渡している。この「安民治国」とは、蕃山が武士の職分として説いたことでもあった。

なお、上記に紹介した承応年間の諸施策には、蕃山が光政の名代として廻村するなど、重要な役割を果たした。また、光政はかねてより中江藤樹に敬意を抱いていたこともあって、藤樹の弟子たちを家臣に登用していた。だが、餓人の対策をめぐって、徹底した救済を行おうとする蕃山と、救済の条件を厳しくしようとする藤樹門人との間に不和が生じていく。光政はまた、小農民の自立化を基盤とした本百姓体制の成立と安民への対策として、新田開発に積極的に取り組んだ。これに対し熊沢蕃山は、新田開発に反対して古地の優先的保全を強調したが、光政は蕃山の所論をも加味しつつ、津田永忠（一六四〇〜一七〇七）を起用して、新田開発に成果をもたらした。上述の閑谷学校も、その設立の下命を受けたのは津田永忠であった。

光政と蕃山との関係は、蕃山が光政の三男である八之丞（後の備中生坂藩主池田輝録《てるとし》。一六四九〜一七一四）を養嗣に迎えたように良好であった。だが、蕃山がその翌年の一六五七（明暦三）年に隠居願いを許され、一六六一（寛文元）年に京都に移住した頃から次第に疎遠になり始める。蕃山はその後、公家衆とのつながりが幕閣から問題視され、京都を追われ吉野山に移住したが、一六六九（寛文九）年明石城下に移り住んだ。光政は、一六七二（寛文一二）年に隠居し、家督を綱政（一六三八〜一七一四）に継がせたが、この時次男政言《まさこと》（一六四五〜一七〇〇）と三男輝録《てるとし》とに分知を認めた。蕃山は一六七四（延宝二）年に、この両支藩への分知を批判する書状を輝録に送っている。蕃山の主張は

「時処位論」に立つ現実主義に立つものであったが、光政は自身の政策を綱政が修正しようとする動きの背景に蕃山の影を感じたともいわれる。

光政は、綱政に家督を譲った後も藩政を主導する役割を担ったが、困窮する藩財政から諸学校・手習所の廃止を主張する綱政と、閑谷学校の存続を決して譲らなかった光政との間には不協和音も生じていた。また蕃山との関係も、一六七五〔延宝三〕年頃を境に断絶し、それに伴って光政の学問が、朱子学に接近するようになったとも指摘される。だが、治政の担い手としての光政が、儒学を思想的な拠り所としたことについては、やはり蕃山の「心学」との出会いが決定的な意味をもったことは間違いない（その後蕃山は一六八七〈貞享四〉年に、著書『大学或問』が幕政を批判したとされ、六九歳の高齢にも拘わらず、幕命により下総国古河藩主の松平忠之に預けられ、古河城内に蟄居謹慎させられた。蕃山の治山治水の技術は古河藩でも頼りにされ、家老や藩士たちを指導することがあったといわれるが、一六九一〈元禄四〉年、病により古河城にて逝去した。享年七三歳であった）。

光政によって推し進められた学問に基づく治政のありようとは、江戸前期の諸藩に一般的な動向とはいえないかもしれない。だが、岡山藩で推し進められた学問・教育と政治との一体化の試みは、上述のように、水戸藩、金沢藩、尾張藩など、好学の藩主を擁した大藩でも同趣旨の施策となって実施されていく。これらの諸藩に見られた儒学思想を基調とする政治改革の諸動向は、歴史を動かすうねりとなって江戸中期以後の諸藩の政策動向に波及されていくのであった。

第二章　朱子学の教育思想

前章に見たように、儒者の誕生と名君の出現という近世初期の歴史動向は、幕藩体制の担い手たる武士階層に新たな人間像を提示する、という積極的な役割を果たした。そしてその新たな人間像とは、主に朱子学思想の中に探られ、かつ朱子学思想に基づいて形づくられていった（ただし江戸初期思想界の主脈は、依然として仏教にあったことを確認しておく）。では、朱子学が用意した人間像とはいかなるものだったのか。またその像に適った人間を形成する方法を、朱子学はどのように説いたのか。この章の内容は、本書が設定した時代区分の範囲外の問題となるが、それを承知の上で、江戸教育思想史を構成する最も主要な思想的枠組みを理解するために、敢えてここで、朱子学とその教育思想の概要を略述しておく。

1　朱子学の成立前史

儒学の源流が、先秦時代の孔子（前五五一もしくは前五五二～前四七九）や孟子（前三七二～前二八九）の思想に認められることはいうまでもないが、それが一つの思想体系として普及・発展するようになるのは、漢代以後、国家の庇護を受けるようになってからのことであった。前漢の武帝（前一五六～前八七）は、前一三六年に儒家の董仲舒《とうちゅうじょ》（前一七六?～前一〇四?）の献策を用いて、官吏養成のための学府である「太学」に五経博士（『詩』『書』『礼』『易』『春秋』という五つの経書を専門的に研究する博士官）を設置した、といわれる。(1) これを契機に「経書」を講究する学問としての儒学が、国家を支える唯一の正統教学と認知されるようになった。その後、後漢の衰退・滅亡により、儒学は一時「国教」の地位を失うが、隋代に始まり唐代に継承された「科挙」（官僚登用試験制度）により、改めて官僚養成制度と結ばれるようになる。

六三〇年、唐の太宗李世民（五九八〜六四九）は、経書が長年の伝承を通して少なからぬ誤謬を含むテキストとなったことを理由に、顔師古《がんしこ》（五八一〜六四五）に命じて「五経」を校定させ、さらに六三八年、孔穎達《くえいだつ》（五七四〜六四八）に命じて「五経」の義疏《ぎそ》（注釈書。『詩経』は毛萇《もうちょう》・鄭玄《じょうげん》注、『尚書』は孔安国《こうあんこく》注、『礼記』は鄭玄注、『周易』は王弼《おうひつ》・韓康伯《かんこうはく》注、『春秋』は左氏伝杜預《とよ》注）を選定させた。こうして『五経正義』が成立（六五三年）したことで、経書に対する国家公認の統一的解釈が与えられるようになった。「科挙」明経科の試験は、この国家公認の解釈に基づいて行われたため、儒学の素養は高位高官に登るための重要なパスポートとなった。

だが『五経正義』は、儒学研究の最高水準を示す書物として尊重されつつも、その確固たる地位が却って学問の固定化・硬直化を引き起こすに至った。儒学の目的は、経書に対する学問的解釈の可能性を探ることよりも、むしろ国家基準たる『五経正義』の解釈を忠実に再現することに置かれた。唐代の韓愈《かんゆ》（七六八〜八二四）や柳宗元《りゅうそうげん》（七七三〜八一九）らに代表される古文運動は、こうした儒学の停滞に対する改革運動でもあった。

他方で、唐代には仏教や道教が思想的影響力を増すようになった。太宗は、六四五年にインドから帰国した玄奘《げんじょう》（六〇二〜六六四）を厚遇し、長安の大慈恩寺に迎えて持ち帰った膨大な仏教経典の翻訳に従事させた。玄奘訳の経典はその後中国仏教に多大な影響を及ぼすことになる。唐代の仏教には、玄奘の高弟窺基《きき》（六三二〜六八二）によって開創された法相宗の他、華厳宗・密教・禅宗・浄土教など多彩な宗派が存在した。一方、道教は、その開祖として神格化された老子（李耳《りじ》。生没年不詳）が唐の皇帝家と同じ李姓であることを理由に、唐王朝から優遇された。太宗は詔勅をもって老子を皇帝家の先祖と宣言し、高宗（六二八〜六八三）は老子に玄元皇帝《げんげんこうてい》の尊号を贈った。さらに玄宗（六八五〜七六二）は、全国の主要都市に老子と帝室を祀る玄元皇帝廟を建立した。

こうして、仏教と道教は互いに学問的な論争を繰り広げ、高度な思想体系を構築するようになった。仏教の経典はもともと思弁的・哲学的性格が強く、しかも多様な経典が西域から伝来したため、それらを系統的・統一的に理解する努力が重ねられた。その結果、中国仏教は精密な「教相判釈《きょうそうはんじゃく》」（大乗小乗各経典を釈迦生涯の教説の展開に配当し、価値的な序列を判定）を生み出した。道教も、宇宙万物の根源としての「道」を説き明かす思想という性格を有していたが、時には皇帝も立ち会う公開討論の場でその思想の深遠さを披露するために、仏教思想も吸収しつつ教理の深化に努めた。それに対し、儒学は『五経正義』の成立以来、哲学的思考について長らく停滞を続け、その思想的影響力は仏教や道教に比べ、相対的に退潮傾向にあった。

こうした動向を転換させたのが、宋代における科挙制度の改革、貨幣経済の発達と商業都市の出現、あるいは印刷技術の発達と知的交流の活性化など、様々な社会的変革を背景に台頭した士大夫層の存在であった。隋代に始まった科挙は、門閥と呼ばれる世襲貴族の壁に阻まれ、官僚登用試験としての機能を十分に果たしていなかった。だが宋代に入ると、門閥貴族の没落により、科挙合格者が官僚の主流になるように制度が整備された（九六〇年に宋を建国した太祖趙匡胤《ちょうきょういん》〈九二七〜九七六〉は、門閥貴族ではなく武功によって立身した人物であり、官僚の採用も家柄や系譜を背景とせず、地方での「郷試」、中央での「会試」の後に、皇帝自らが試験官となって実施する「殿試」を加えた）。もちろん科挙の難関を突破するには、時間と資金が必要だったが、この条件に恵まれたのが郷村における土地所有の主体となった新興地主層であった。儒学的教養を備えた彼らは士大夫として、門閥貴族に代わる宋代社会の支配者層となった。

科挙官僚たる士大夫たちは、自分たちの知的教養たる儒学が訓詁学に止まることに満足せず、新しい知の体系へと再構築を試みた。すなわち、仏教や道教の知見をも取り入れながら、儒学を宇宙生成の原理や人間の本性を探究する学的営為へと体系化し、それに基づいて精神修養や道徳実践を図ろうとした。そうして、新興地主として台頭した士大夫層が担った夫婦、親子、主従、君臣などの人間関係を合理化し、これに秩序と安定をもたらそうとした。この学的探究は北宋の周敦頤（一〇一七〜七三）に始まり、張載（一〇二〇〜七七）や程明道（一〇三二〜八五）・程伊川（一〇三三〜一一〇七）の兄弟に受け継がれ、そうして南宋の朱熹（一一三〇〜一二〇〇）によって集大成された。朱子学とは、朱熹によって集大成された宋代儒学（宋学）ということができる。

2　朱子学の基本構成──「理気論」

では、その朱子学の学的構成とはどのようなものだったのか。朱子学は、朱熹の故国である南宋がその国家としての存立を、異民族国家・金によって脅かされる状況の中で形づくられた（一一六二年、太祖七世の孝宗〈南宋第二代皇帝〉が即位したとき、朱子は詔に応じて封事《ほうじ》〈「壬午応詔封事」〉を奉ったが、その中で「帝王の道が儒学に依拠すべきこと」「忠臣賢士を採用して万民を安んずること」とともに「夷狄金に対しては、因循姑息な和議ではなく、力をたくわえて領土を取り返すべきこと」を上奏している）(2)。それゆえ朱子学とは、窮極的には、いかなる危機的状況をも超克する人としての本来のあり方が探究された思想体系といえるが、そのためにも、人の存在が人と人との社会的関係にとどまらず、宇宙や自然との根源的な関係という、より包括的で安定的な関係性の中に定位されている。

そうした朱子学の、思想としての包括性を象徴するものは、いわゆる「理気論」である。それは、あらゆる存在や事象を「理」と「気」との二つの概念によって説明する理論的枠組みのことをいう。その概略と要点について、朱子は次のように述べている。

天地の間、理有れば気有り。理なる者は、形而上の道なり、物を生ずるの本なり。気なる者は、形而下の器なり、物を生ずるの具なり。是れ以て人物《ひともの》の生ずるや、必ず此の理を稟け然る後性有り、必ず此の気を稟け然る後形有り。(3)

すなわち、この天地宇宙は無形（形而上）の原理としての「理」と、有形（形而下）の素材としての「気」とから成り立っている、とされる。あらゆる存在・事物は「気」によって形づくられているが、その「気」は必ず「理」を内在させている。人や物でいえば、その「形」をなすものは「気」であり、その「性」（本性）を規定するものは

「理」だというのである。

（1）「気」の思想

まず「気」について概述しておこう。「気」とは、中国古代からの思想全般を支える概念であり、あらゆる物理現象も心理現象もすべて「気」の状態や構成として説明されるが、朱子学がこの概念を取り出したのは、仏教の説く「無」や「空」を批判して、徹底した「有」の世界観を提示するためであった。朱子学に従えば、日月星辰などの天体運動から、雨風などの気象の変化、季節や時間の推移、さらには生命の生成・消滅に至るまで、あらゆる現象や事物はすべて「気」の作用や運動として説かれる。[4]

こうして「気」は、それ自体が運動を属性とし、絶えず動静を繰り返しているが、その動的な側面が「陽」と呼ばれ、その静的な側面が「陰」と呼ばれる。ただし「陰陽」とは、あくまでも「対」になるものを想定しなければ語ることができない。例えば、満月は太陽に対しては「陰」であるが、三日月に対しては「陽」である。満月自体に「陰陽」が定められているわけではない。また「陰陽」には、春・夏・秋・冬の推移のように「消長」として語られる性質と、男・女の関係のように「感応」として語られる性質とがある。

「陰陽」とは、定形をなす以前の「気」であるが、「陰の気」と「陽の気」が消長・感応を繰り返すことで、次第に一定の形質が構成されていく。朱子学では、この定形をもつ「気」のことを「五行」と呼ぶ。「五行」とは木・火・土・金・水の五者のことを指すが、この五者が万物を形づくる元素だとされる。「陰陽」と「五行」とは、いわばエネルギー（定形をもたない）としての「気」と、物質（定形をもつ）としての「気」との違いとして、概念上は区別される。だが実態的には、両者は別個に存在するのではなく、「陰陽播《ちらば》りて五行と為る、五行の中各《おのおの》陰陽有り[5]」との所論のように、定形なき「陰陽」は絶えず定形ある「五行」に内在するものと説かれる。「陰陽」と「五行」とは、「気」の絶えざる変合運動の過程において、それが定形をなす以前の段階のもの（陰陽）としていうのか、あるいはすでに定形をもつに至ったもの（五行）としていうのか、の違いにおいて理解される。こうして、各存在・現象はそれぞれに陰陽を包含するのであるが、例えば、春夏や昼、男や若者が「陽」とされ、秋冬や夜、女や老人が「陰」とされるのは、「対」となる「気」に対する相対的な性質に着眼してのことといえる。

（2）「理」の思想

次に「理」に関する朱子学の認識についてである。上述のような「気」の動静・変合は絶えず一定の原理に基づいて行われるが、朱子学ではその原理のことを「理」と呼ぶ。「気」の運動によって「陰陽」が生ずるのも、「陰陽」の変合によって「五行」が生ずるのも、あるいは「五行」が元素となって物質がつくられるのも、すべて「理」の作用に基づくこととされる。それゆえ「理」は、宇宙のあらゆる現象、万物の生成・消長の由来をなす。星々の運行も季節の推移も動植物の生成も、またそれらあらゆる営為の秩序も、すべて「理」に規定されることなのである。

なお、朱子学は万物の根源を論ずる場合、周敦頤の「太極図説」に記された「無極にして太極」という言葉に着目する。朱子は、これに「無極は是れ有理にして無形。…太極は是れ五行陰陽の理[6]」との注釈を加え、「理」が無形であって万物を超越することを「無極」と説き、「理」が万物の根源として万物（陰陽五行）と連続することを「太極」と説いている。こうして「理」は、論理的には、万物を超越する側面（無極）と、万物と連続する側面（太極）とに区別される。だが実態的には、「理」が天地を天地たらしめ、万物を万物たらしめる原理（あらゆる存在や現象の根源をなす原理）と理解されていることに違いはない。

こうして朱子学は、「気」をもって万物の構成元素とし、「理」をもって万物の存在根拠とする。両者の関係は、最も端的には、「理は未だ嘗て気を離れず。然れども理は形而上なる者なり、気は形而下なる者なり[7]」と説かれる。論理的には「理」が「気」の存在根拠として先在するが、現象的には「理」は常に「気」とともに在る、というのである。ともあれ、こうして朱子学では、あらゆる事物や現象は「理」と「気」の協働によって――「理」に根拠づけられるとともに、その「理」を内在させる「気」の絶えざる運動によって――生成・発展・消滅するものと説かれるのである。

3　朱子学の「性」論と人間観

(1)「本然の性」と「気質の性」

以上のように、朱子学の認識に従えば、万物はすべて「気」から構成されるが、その「気」は必ず「理」を内在させている。「理」はすべて同一同源の「理」であるが、その「理」を宿す「気」は千差万別のありようを呈する。それは、「気」の元素たる陰陽五行が無数の消長・感応を繰り返しているからであり、その結果として、「気」に正偏・通塞・清濁・昏明・精粗などの不同が生ずるからである。人と物との違いでいえば、正・通なる「気」を稟受すれば人となり、偏・塞なる「気」を稟受すれば物となる。それについて朱子は、次のように述べている。

　其の理を以て之を言へば、則ち万物一原、固より人物貴賤の殊なること無し。其の気を以て之を言へば、則ち其の正《せい》且つ通ずる者を得れば人と為り、其の偏《へん》且つ塞がる者を得れば物と為る、是を以て或は貴、或は賤にして斉《ひと》しきこと能はず。[8]

すなわち、人間は万物の中で最も秀でた「気」を稟受している存在であるが、各人がそれぞれに稟受する「気」には正通・偏塞の相違があり、それによって各人の間に差別相が生じる。人間に智愚・賢不肖・善悪の相違が生ずるのは、稟受の「気」の相違に基づくことだというのである。だが、ここで重要なことは、人間には稟受の「気」に基づく様々な相違があるにも拘わらず、各自に内在する「理」はすべてが同源で、純粋至善なるものだとする認識である。すなわち、

　蓋し天の万物に賦与して自から已む能はざる所以の者は、命なり。吾の是の命を得て以て生じて全体に非ずとい

ふこと莫き者は、性なり。…人に在り物に在つて、気稟の異有りと雖も、其の理は則ち未だ嘗て同じからずんばあらず、此れ吾の性、純粋至善なる所以にして、荀・楊・韓子の云ふ所の若きに非ず。(9)

なる所論が、その認識を象徴的に表明している。

ここで「理」「気」とは別に、「性」という概念が登場する。程伊川の「性は即ち是れ理なり、理は則ち堯・舜より塗人に至るまで、一なり(10)」との言葉に象徴されるように、「性」とは、天命によって人間に賦与された「理」のことを指す。それは、同一・同源の「理」の賦与として万人に共通するものであり、絶対善・純粋善なるものと理解されている（それゆえ、荀子の性悪説、漢の揚雄の善悪混淆説、唐の韓愈の性三品説などは、否定されている）。

ただし、人間が「理」と「気」とから成り立っているとする朱子学の認識に従えば、人間の「性」もまた、一面では天賦された「理」そのものとして語られ、また他面では「気」とともにある「理」として語られる。朱子の「天地の性を論ずれば、則ち専ら理を指して言ふ。気質の性を論ずれば、則ち理と気を以て雑へて之を言ふ(11)」との言葉のように、前者の「理」そのものとしての「性」は「天地の性」（以下、これをより一般的に通行している「本然の性」と称す）と呼ばれ、後者の「気」とともにある「性」は「気質の性」と呼ばれている。そして、「本然の性」が人間の道徳性の根拠として語られ、「気質の性」が人間の肉体的形質やそこから生ずる様々な欲求の根拠として説かれている(12)。

だが現実的には、「性」の作用は「気」を通してでしか顕在化することはない。それゆえ、人間の「性」の現実相は、まさに「気質の性」としてのみ姿を現す。朱子は、この「性」の現実相を「性は之を水に譬ふ、本《もと》皆清し。浄器を以て之を盛るときは、則ち清し。不浄の器を以て之を盛るときは、則ち臭《にほ》ひ、汙泥の器を以て之を盛るときは、則ち濁る。本然の清、未だ嘗て在らず(13)」と、様々な器に注がれた水に譬える。器（気質）が清らかであればそこに注がれた水（性）も澄んでいるが、器が汚れていればその水も臭気があったり濁ったりする、というのである。人間は誰もが絶対善たる「本然の性」を本有するが、それにも拘わらず、現実的には善人も悪人も存在するということの理由が、各人の「気質の性」の相違に求められるのである。

（2）「復初」の説

以上のように、人間も「理」と「気」とから成り立っているとする認識は、人間の「性」を「本然の性」と「気質の性」との二側面において理解する思考様式を、朱子学の人間観にもたらした。前者は天賦の「理」としてすべての人間に具わる絶対善の「性」であり（これは「性」の一様性を規定する）、後者は「理」と「気」との合体として各人が具有する善悪混在の「性」（これは「性」の多様性を規定する）である。人間は、その本来相（本然の性）においては絶対善であるが、現実相（気質の性）において善悪混在であることが避けられない。つまり、人間は他の存在と比べれば正しい「気」を稟けているが、それでもそこに清濁厚薄の相違が生じることは免れず、その結果人々の思考や行動に過不及が生じ、そこから発生する私意・人欲が「道」に悖《もと》る行為を引き起こしてしまう。「気質の性」に規定された人々の現実の姿は、個人的な欲望に駆り立てられ、その結果として社会の混乱や害悪を招来してしまうものとして描出されるのである。

だが、朱子学の人間観は、この現実相の次元に留まるのではなく、さらに進んで、この現実相を人間の努力によって改めること（本来相に復帰させること）が可能だということを積極的に説く。すなわち朱子は、

程子曰く。性は即ち理なり、理は則ち堯・舜塗人に至るまで一なり。才は気に稟く、気には清濁有り、其の清を稟くる者は賢と為り、其の濁を稟くる者は愚と為る。学んで之を知らば、則ち気の清濁無く、皆善に至つて性の本に復る可し。(14)

と、程伊川の言葉を紹介しながら、人間には天稟の気質の清濁による賢人・愚人の違いが存在するが、それにも拘わらず、誰もが（気質の清濁に関わりなく）「学ぶ」ことによって、本来の「性」（「本然の性」）に復帰することができる、ということを強調する。いわば先天的な気質の問題を後天的な「学び」によって改善・克服することが可能だというのである。この「気質の性」を改善して「本然の性」に復帰する（復初）という主張こそ、朱子学教育思想の基軸を

なす論理であるといってよい[15]。

重複を恐れずに繰り返せば、朱子学の人間観は、万物の存在や生成のメカニズムを「理気論」で捉える独特の思惟様式に基づいて、①人間の本来の姿は、各人に内在する絶対善としての「本然の性」（理）に求められる、②人間の現実の姿は、「気質の性」（理と気との合体）として現れるが、常人（一般人）の場合には気質に偏・濁があるため、そこから様々な不善が生じる、③しかし人間は「学ぶこと」によって気質を改善し「本然の性」に立ち返ることができる、とする主張として構成されている。朱子学の教育思想が構成される思想的契機は、まさにこの「復初説」に見出すことができるのである。

4　朱子学教育思想の基本的枠組み（その一）――「居敬」「窮理」

(1)「心」の工夫の強調

以上のように、朱子学の最も際立った思想的特質は、いわば「一」なるものを複眼的に捕捉する（「一」に「多」を認める）思考様式にあるといえる。万事万物が「理」と「気」とから説かれること、人間の性が「本然の性」と「気質の性」として説かれること、また上記では詳述していないが「道」を「体」（本体）と「用」（作用）とにおいて論ずることなどが、それを象徴している。しかしこの思考様式は、必ずしも価値そのものを相対的に捉えようとするものではなく、価値が絶対的であってもそこに至るルートが多様にあり得ることを強調するものといえる[16]。

こうした思考様式は、当然のように朱子学の教育思想にも反映されている。朱子学教育思想の基軸をなす論理が、一般人がその多かれ少なかれ混濁した気質を改めて「本然の性」に復帰することにあるのは上述の通りだが、この「復初」の方法もまた複数の視角から論ぜられる。

例えば、その方法を人間の内在的能力に着眼しながら説くとき、そこで強調されるのは「心」の工夫である。すなわち、朱子は「蓋し心の未だ動かざるを則ち性と為《し》、已に動くを情と為《す》。所謂心は性情を統ぶるなり[17]」と述べ、人間の内在的能力を未発の「性」（絶対善）と已発の「情」（善悪混在）とに分けた上で、両者を統括するものを「心」とする。すなわち、自分本来の理想的な姿（性）と克服すべき現実の姿（情）とを同時に見据え、両者の距離を縮めようとする主体的な意志（一身の主宰）が「心」なのである。「心」はその未発のとき（性）も已発のとき（情）も常に自らを統御・管理し、各人をしてその「性」のままに行為せしめる主宰者である。ここに朱子学の修養法として、「存心」や「尽心」が強調される理由がある。

だが「心」は、静的な未発の場面では「性」と一体であるが、動的な已発の場面では「情」とともにある。「情」には惻隠・羞悪・辞譲・是非のような善もあれば、喜・怒・哀・楽のような悪に流れる作用もある。人々に「存心」の工夫が必要となるのは、実際的には未発の場面というよりもむしろ已発の場面といえるが、その具体的場面において「心」の善性を保持し続けるのは容易なことではない。そのために、朱子学は「存心」の工夫を、これとは別の視角からなる修養法として提示する。それが「居敬」「窮理」であった。すなわち朱子は、

学者の工夫、唯《ただ》居敬・窮理の二事に在り。此の二事互ひに相発す。能く理を窮むるときは、則ち居敬の工夫日に益《ますます》進む。能く敬に居るときは、則ち窮理の工夫日に益《ますます》密なり。(18)

と述べ、「居敬」「窮理」が学問の要点ともいうべき工夫であり、しかもこの二者は全く別個の方法ではなく、いわば相互補完関係にある方法だと説く。

(2)「居敬」と「窮理」

このうち「居敬」とは、心を「収斂」して高度の集中状態を保持することをいう。朱子の先駆者である程伊川は、そのような状態のことを「主一無適」と語った。「主一」とは一つの物事に心を集中させることであり、「無適」とは心があるべき道理から外れないことを意味する。「居敬」は、主体的な意識の集中を意味することにおいて仏教の

「静坐」と混同されやすいが、「静坐」が無念無想の境地への到達を目指すのに対し、「居敬」は時には読書によって、また時には是非の判断によって、本来の「心」の存得を目指すものとされる。自らが静寂の中に居る場合も、あるいは活動を行う場合も、それぞれのケースに応じた「居敬」の工夫がある。絶えざる自省によって不断に「心」を天理と一体化させる工夫が「居敬」なのである。

そのために「居敬」は、絶えず聖人の自然な「心」の状態を、意識的・作為的に模倣し、これを繰り返し習慣化することを要請する。それは単なる精神論ではなく、着実な具体性を伴った実践方法であった。それゆえ「居敬」の実践において強く求められたのは、顔の表情や姿勢・服装など、目に見える形から整えていくことであった。「居敬」は自分の心で聖人の心を模倣する実践といえるが、その方法として「まず形から」という着手点を得たことで、実践としての具体性と着実性を得たのである[19]。

「居敬」が天理に到達するためのいわば主観的方法だとすれば、「窮理」とはその客観的方法だと指摘できる。「窮理」は、個々の事物という客観的対象に自ずと内在する「理」を窮める方法だからである。ただし「窮理」は、捉えどころのない「架空の物」ではなく、まさに具体的な「物」（実体）へのアプローチによって行われる実際的な作業である。その意味で「窮理」とは、個々の具体的事物の「理」を探究する「格物」を具体的な起点とする営為である[20]。また、「窮理」といっても、それは必ずしも天地間に存在する無数の事物の「理」をすべて極め尽くすことを意味するわけではない。むしろ、個々の事物の「理」の追究を積み重ねることと、それに基づいて一理から万理を類推することが重視される。朱子はこれに関して、

窮理とは、其の已に知れる所に因つて其の未だ知らざる所に及ぼし、其の已に達する所に因りて其の未だ達せざる所に及ぼす。…今日既に一物に格《いた》り得れば、明日又一物に格り得る、工夫更に住《やま》ずして做す。左脚一歩を進み得れば、右脚又一歩を進み、右脚一歩を進み得れば、左脚又進み、接続已まず、自然に貫通するが如し[21]。

と述べ、「窮理」の要点とは既知の事物から未知の事物へとアプローチを推し及ぼすことで、着実に一物の「理」の把握を積み重ねていくことにある、と説いている。つまり、「窮理」が目指すものは万物の「理」を窮め尽くすことではなく、一物の「理」に対する着実な把握とその積み重ね、さらにはそれに基づく類推によって、万物の「理」に貫通することにある。類推に基づいて万理への貫通が可能だとする認識の根底に、前述の「理一分殊」の思想があることはいうまでもない。

（3）「居敬」「窮理」の人間形成的意味

だが、こうして一物一物の「理」を窮め、それを通して万物の「理」に貫通することが、人間形成上どのような意味をもつのか。それについて朱子は、「窮理」によって知るべきものは、ある事物が存在している現象や事実ではなく、ある事物をそうあらしめている根拠だと説く。天地でいえば、天が高く地が深いという事象ではなく、「天の高き所以、地の深き所以」を知ることが、道徳でいえば、「孝」という行為の具体例よりも、「孝を為す所以の道」を知ることが、「窮理」の目的だとされる。こうして自然であれ道徳であれ、「物」の「理」を窮めるとは、その「物」が「物」としてある根拠を探るということに他ならない。窮められるべき「理」とは、あらゆる事物を根源的に規定する「所当然の則」（存在者の理法）と「所以然の故」（存在者の理法の根拠）とを統合するものなのである。

例えば、「理」の働きを自分自身に見るならば、一身の主たる「心」にも、その本体としての「性」にも、その作用としての「情」にも、あるいは一身として備わっている感覚器官や四肢、一身に接する人倫関係にも、必ず「理」がある。自分以外に目を向ければ、他者もまた自分と同様に「理」を有しているし、人間以外の事物についていえば、それぞれの事物にも人間のそれと同一の「理」がある。これら身心性情、人倫日用、天地鬼神、鳥獣草木など、それぞれの「物」から「所当然の則」と「所以然の故」を探り、それを積み重ね、類推することで、すべてに通じるものを獲得した境地に達すること（豁然貫通）ができる。

もちろん、天理の体得者である聖人は学ばずともそのような境地に達しており、それゆえ「天地の化育を賛《たす》」け、

「天地と参《さん》となる」ことが可能であった。だが、僅かに天理の端緒を発現しているに過ぎない一般人は、「教」（聖人が立てた教説）に基づいて「理」を探究し、「理」に復帰することが必要であった。この「理」の探究とそれへの復帰の行程と方法を「人道」というならば、「窮理」の過程とはまさに「人道」そのものだといえよう。

このようにして、「人道」を「理」の観点から捉えたとき、まさにそれが「窮理」を意味することになる。それは「人道」を「心」の観点から捉えたときに意味されるものが「居敬」であることと密接な対応関係にある。「居敬」「窮理」の両者が「教」の根本をなすことの理由、そして両者が相即不離の関係にあることの理由も、まさにこの点に見出すことができるのである。

5　朱子学教育思想の基本的枠組み（その二）——「修己」「治人」

（1）「居敬・窮理」と「修己・治人」

こうして「居敬」と「窮理」、すなわち自己と天理との一体化を目指すための主観的方法と客観的方法によって、内は「理」に対する意識の集中を持続させ、外は事事物物の「理」に貫通すれば、その身は聖人となることができる。これが朱子学の教説の究極目的であった。もちろん、実践や実学を重視する朱子学において、自己と天理との一体化とは、知識のための知識の獲得ではなく、現実の人間社会の中で人としての「道」を尽くすことを意味した。そして、そうした「人道」の実践段階を具体的に提示したものが、『大学』のいわゆる「八條目」であった。その各項目については すでに周知のところであるが、『大学章句』の中から当該箇所を引くと次の通りである。

古の明徳を天下に明らかにせんと欲する者は、先づ其の国を治む。其の国を治めんと欲する者は、先づ其の家を斉《ととの》ふ。其の家を斉へんと欲する者は、先づ其の身を脩む。其の身を脩めんと欲する者は、先づ其の心を正す。其の心を正さんと欲する者は、先づ其の意を誠にす。其の意を誠にせんと欲する者は、先づ其の知を致す。知を致

すは物に格《いた》るに在り。(22)

これを便宜上、実践段階の初めの方から表記するなら、「格物」「致知」「誠意」「正心」「修身」「斉家」「治国」「平天下」となる。

「八條目」の構造については、「格物」「致知」「誠意」「正心」の四段階を「修身」の前提ないし基礎とし、「斉家」「治国」「平天下」の三段階を「修身」の当然の帰結とする理解が一般的である。「八條目」はまた、「格物」から「修身」までを「修己」として統括し、「斉家」から「平天下」までを「治人」と統括することが可能である。こうして、「八條目」に示された教説の段階とは、まさにこれを「修己・治人の道」と語ることができるのである。

(2)『大学』の「三綱領」「八條目」

「八條目」はまた、『大学』のいわゆる「三綱領」（明明徳〈明徳を明らかにす〉・親民〈朱子はこれを「新民（民を新たにす）」と読み替えた〉・止至善〈至善に止まる〉）にも関係づけられる。すなわち、朱子の「修身以上は、明明徳の事なり。斉家以下は、新民の事なり(23)」という言葉に基づいて、「格物」から「修身」までの五段階が「明明徳」とされ、「斉家」から「平天下」までの三段階が「新民」とされる（両者の実現が「止至善」）。またこの場合でも、「修身」までの段階が根本と考えられていることは、朱子の「明徳を本と為し、新民を末と為す(24)」という主張の通りである。

ここで、その「八條目」に基づく「教説」の段階について一瞥しておこう。

まず「修身」の前提ないし基礎としての「格物」「致知」「誠意」「正心」の四段階であるが、これらは「教」の根本としての「居敬・窮理」の進展・深化の段階を系統的に論じたものといえる。まず、「格物」から「致知」に至る段階とは、具体的な「物」にアプローチし、既知なる「理」からの類推に基づいてすべての「理」への貫通を目指す「窮理」の実践プロセスそのものを意味している。また、「致知」から「誠意」への段階とは、外なる事物の「理」を追究する努力を通して、「心」の発動たる「意」を内なる自己の「理」に帰一させ、「意」から自己欺瞞をなくすことをいう。「意」から自己欺瞞をなくすことによって、「心」を常にその本体のままに確保することが可能となる。これが「正心」の意味である。さらに、このようにして一身の主宰である「心」を正すことができれば、その身の処し方に偏向をなくすことが自ずと可能になる。この境地に達することが「修身」の意味なのである。

では、「修身」という根本が立てば、「斉家」以上は自ずと実現されるというのは、いかなる論理に基づいているのか。まず、「修身」が「斉家」の根本だというのは、「物」への接し方が行き届いていて好悪に偏りのない人（つまり身を修め得た人）が一家の内にあれば、「孝以て親に事ふ、而して一家の人をして皆孝ならしむ。弟以て長に事ふ、而して一家の人をして皆弟ならしむ。慈以て衆を使ふ、而して一家の人をして皆慈ならしむ(25)」と説かれるように、自ずとその家が斉《ととの》うということを意味する。次いで、そのようにして家が斉《ととの》い、「親への孝」「兄への弟」「子への慈」などの拠るべき規範や教えが確立されたならば、それぞれを推し拡めることで「君に仕える徳」「長上を敬う徳」「人民への仁愛の徳」などが行き渡り、自ずと国も治まる。さらに、こうして国が治まったならば、「所謂天下を平らかにするは其の国を治むるに在りとは、上《かみ》老を老として民《たみ》孝に興る、上《かみ》長を長として民《たみ》弟に興る、上《かみ》孤を恤《あはれ》んで民倍《たみそむ》かず、是を以て君子は絜矩《けつく》の道有り(26)」と説かれるように、上に立つ者が老人を労り、年長者を敬い、孤者（父無き孤児）を憐れむことで、一般の人々もこれを見習い、そのことで孝・弟・慈の徳が天下に遍く行き渡るようになる。これが「平天下」の含意なのである。

（3）「絜矩の道」

ここに、「平天下」という概念を支えるキーワードとして「絜矩の道」という言葉が登場する。この言葉の含意は、「身よりして家、家よりして国、国よりして天下、均しく己を推して人に及ぼすの事と為す(27)」と説かれるように、「己を推して人に及ぼす」という表現で説明され、しかも「修身」を根本とする「治人の道」に一貫する主張だということができる。こうして「八條目」が「絜矩の道」をもって締め括られていることに関して、その教育思想としての意味を取り出すならば、少なくとも以下のことを強調しておくことができる。

すなわち、「絜矩の道」の実践とは、「物格り、知至った」が故に天下の人々の心に通じた結果として、また「意を誠にし、心を正し」たが故に自己の私意を克服し得た結果として、自ずと行われるものであり、それ以外の何らかの作為的努力によって行われるものではない、ということである。「絜矩の道」とは何らかの強制や外的操作によってなし得るものではなく、「人道」の必然に則った「修身」こそがまさにその前提をなすものだといえる。従って、「斉家」から「平天下」に至る「治人の道」とは、例えば家長が家人の模範となり、君主が国人の模範となるというように、教える側の心の持ち方、物事に対する応接の仕方を推し及ぼしていくものと理解される。「教」の本旨を、物事を直接的に教え込むことではなく、「己を推して人に及ぼす」ことに見出そうとする認識は、朱子学教育思想の中でもとくに重要な特質というべきである。

6　「教」の方法――「開発」「自得」「因材施教」

以上のように、朱子学における「教」とは、「居敬」「窮理」を根本に据えながら、一方で「格物」から「修身」へと至る「修己の道」を説き、他方で「斉家」から「平天下」に至る「治人の道」を説くものであった。しかも、「修己」と「治人」とは、「己を推して人に及ぼす」という実践原理に基づいて、一貫した連続関係にあった。この「修己・治人」の実践原理は、「教」の方法に関する朱子学の基本認識を示唆するものでもあった。つまり、君子の「教」とは、人に善を求めるのなら自らが率先して善をなし、人の悪を正そうとするのなら自らが率先して悪をなくす、ということを根本とするものであり、これらはすべて「己を推して人に及ぼす」ことの実践に基づくものだというのである。では、「己を推して人に及ぼす」ことを基調とする「教」の方法とは、もう少し具体的には、どのようなものとして描かれるのか。以下、それに関する朱子学の所説を簡単に整理してみよう。

（1）教育方法に関する朱子学の基本認識

第一に、それはいわば直接的な教授というよりも、間接的な「開発」あるいは「感化」という考え方に立脚する。例えば、朱子は「後進を教導するは、須く是れ厳毅なるべし。然れども亦須く以て之《これ》を興起開発し、方に得ること有るべし。只恁《かやうに》厳にして、徒《ただ》に之《これ》を拘束するは、亦事を済《な》さず(28)」と、後進に対する教導では「拘束する」のではなく、「興起開発」することが必要だと論じている。このいわば「開発」観に基づく「教」とは、予め定められた知の対象を相手に直接的に与えるのではなく、可能な限り相手がそれを自力で獲得できるよう配慮することを要請する。さらに、「開発」への理解を推し進めていけば、その視野には間接的な「感化」までもが含まれていく。朱子が、「人或は門に及びて業を受くる能はず、但《ただ》君子の人を道びくを聞て、竊《ひそか》に以て善く其の身を治む、是れ亦君子教誨の及ぶ所…なり(29)」と述べて、いわゆる「私淑」を「教」の方法の一つに含めて論じているのもこのためである。

第二に、それゆえ朱子学の「教」は相手が自力で知を獲得すること、すなわち相手の「自得」を重視し、相手の「自得」を促すという考え方に立脚する。例えば、朱子は自分自身の教育活動について次のように語っている。

> 某《それがし》此の間講説の時少なく、践履の時多し、事事は都《すべ》て你《なんぢ》自ら去《すす》んで理会し、自ら去《すす》んで体察し、自ら去《すす》んで涵養することを用す。書は你《なんぢ》自ら去《すす》んで読むことを用し、道理は自ら去《すす》んで究索することを用す。某《それがし》只是れ個の路を引くの人を做《な》し得るなり、個の明を證す人を做《な》し得るなり。疑難の處有らば、同《とも》に商量するのみ(30)。

すなわち、朱子自身の教育活動の方針とは、①朱子による講説の時間は少なく、門人たちによる学問実践の時間は多い、②その学問実践（事物の理解、書の読解、道理の究明など）はすべて門人たちが主体的に行うものである、③教師としての朱子の役割は、門人たちに対する道案内役というべきものであって、疑わしい問題や難解な問題が生じたら門人たちと協議・検討するばかりだ、というのである。朱子はまた別の箇所では、「君子の人を教ふる、但《ただ》以て之を学ぶの法を授けて、以て之を得るの妙を告げず(31)」と述べているが、このように、教育する側の「教える」という行為ではなく、学習する側の「学び」の営みを関心の基軸に据えて教育のあり方を考えようとする思想的態度は、孔子の言葉として『論語』(述而第七)に伝わる「憤せずんば啓せず、悱せずんば発せず、一隅を挙げて三隅を以て反らざれば、則ち復せざるなり(32)」という文言を思想上の一典拠とするものと見なされる。教育とは元来、学ぶ側の内面から発する学びへの意欲を前提とするものであり、それゆえ「教」の要点とはその学びへの意欲を「啓発」することにある、というのが教育に関する朱子学の根本的認識なのである。

第三に、朱子学の「教」は、学び手の持ち前の素質や才能に基づき、各々の天分を最大限に発揮させることをその方法原理とする。すでに述べたように、朱子学の人間観によれば、人間の本性(本然の性)は万人に同一であるがその気質は千差万別だとされる。もちろん、目指されるべき人道が「修己・治人の道」であることは万人にとって同じであるが、その道を実践するための学びのありようは各人の気質の違いに応じて多様なものとなる。こうした学び手の個性に基づいた「教」のありようについて、朱子は「聖賢の教を施す、各《おのおの》其の材に因り、小以て小を成し、大以て大を成す、人を棄つる無きなり(33)」と述べている。もちろん、「材に因て教を施す」というのは、「教」には一貫するものがなくすべてが臨機応変だという意味ではない。「聖人人を教ふるに定本あり。舜契《せつ》をして司徒為らしめ、教ふるに人倫を以てす。…夫子顔淵に対して曰く、己に克ちて礼に復るを仁と為す。…皆是れ定本なり(34)」との言葉のように、元来聖人の教えには「定本」がある。ただし、この「定本」とはあくまでも「教」の根本を指すものであり(「居敬・窮理」のような)、契に対する舜の言葉と顔淵に対する孔子の言葉が同じではなかったように、その実際の説かれ方は「材に因て」異なるものなのである。その意味で、「材に因て教を施す」という認識の背後には、いわば「教」のあり方を「体用論」的に捉える理解があるといえるだろう。

以上のように、「己を推して人に及ぼす」という朱子学の主張は、他者を「教える」ことに関して、「開発」(教える側が所有しているものに基づいて相手に自然な影響を及ぼす)、「自得」(学ぶ側の所有しようとする内面的欲求に基づいてその所有を促す)、「因材施教」(学ぶ側が所有しているものに基づいてその持ち前の才能を十全に発揮させる)、という三つの方法原理を導き出していたと認められる。そして、このような「教」の方法原理が実行可能であることを根拠づけるもの

は、前述のいわゆる「理一分殊」の思想、すなわち、

天地の間、人物《ひともの》の衆きも、其の理は本《もと》一にして、分は未だ嘗て殊ならずんばあらず。其の理一なるを以て、故に己を推して以て人に及ぼす可し。(35)

という主張であった。人はどのような気質を有する者であっても、その本性は「理」によって規定され、それゆえ絶対善である、とする人間観こそが、「教」のありように関する朱子学の認識を根本において支持しているのである。その意味での人間への信頼、すなわち「性即理」の主張に基づく人間への信頼が朱子学教育思想の根本認識をなすものというべきであろう。

(2)　江戸思想界における朱子学の受容傾向

以上、朱子学思想の最も基本的な枠組みを略述した。それは、「理」と「気」、「体」と「用」、「未発」と「已発」など、対立するものの中に、統一を見出そうとする思想的特質をもっていた。いわば真理とは、相対立する事物の両側面において、それぞれに余すところなく究明されねばならないとする思考様式が、朱子学の重要な思想的特質をなすものといえる。教育に関する思想も、そうした「対立と統一の思考」(36)に基づいて形づくられていた、と見ることができるだろう。江戸の思想が朱子学をどのように受容し、朱子学の何と対峙したのかを吟味するについては、この「対立と統一の思考」様式とどう向き合ったのかという問題も重要な論点となるはずである。

だが、敢えて結論を先取りするなら、江戸の思想界は朱子学のこの思考様式をそのまま受け入れようとする傾向が稀薄であった。朱子学がその思想の構図に据えた、形而上の問題（「理」に象徴される）と形而下の問題（「気」に象徴される）との二元論的枠組みを敢えて解体させ、専ら形而下（現実世界）の問題に関心を集約させながら受容された思想、これが江戸社会に通行した朱子学の全体的傾向と評することができるはずである。上述の「開発」「自得」「因材施

教」などの所論は、江戸時代の諸思想にもしばしば見られるものであるが、江戸思想に立ち現れたこれらの所論と「理一分殊」説との関連は必ずしも鮮明ではない（「理一分殊」説それ自体は、朱子学諸学説の中でも、江戸朱子学から歓迎されたものと評せられる）。江戸思想の視線は、基本的に現実世界の領域に留め置かれる傾向にあった。

さらにいえば、江戸の朱子学は、元来の朱子学が包有する形而上学的世界に置き換えて、日本神道の世界をその内部に組み入れる傾向を有した。後述するように、林羅山であれ山崎闇斎であれ、代表的朱子学者たちの所論は神道思想との合体において成り立っていた。江戸の朱子学を読み解くには、それが、中国朱子学のオリジナルな枠組みから離脱して、現実主義的な傾向とともに日本固有の神道との合体傾向にあったことを視野に含み入れておく必要がある。朱子学の変容それ自体のうちにも、江戸思想（江戸儒学）の重要な特質や傾向を認めることができるはずなのである。

第三章　近世朱子学派の教育思想

儒学（朱子学）が中世以後、主に禅林において「儒仏一致論」の立場から講ぜられてきたこと、戦国の世を通して次第に仏教に対する儒学の優位性を説く所論が現れるようになったこと、そして、そうした思想動向にあって儒学を仏教から独立させる嚆矢的役割を担ったのが藤原惺窩であったことは、すでに触れた。また、惺窩門から林羅山や松永尺五らの京学の系譜が形成されたこと、さらに、これとは別の思想系譜を形づくりながら江戸の朱子学を担った山崎闇斎の学も、その起点が禅林にあったことも、既述の通りである。本章では、これら江戸初期における朱子学の系譜とその主要な思想内容について、とくに教育思想史という視点を意識しながら、概述していく。

なお、教育史の関心からすれば、惺窩門下の松永尺五は、近世社会における学塾開設の嚆矢的存在であったことが特筆される。すなわち、一六二八（寛永五）年に春秋館を開塾したのを皮切りに、一六三七（寛永一四）年に講習堂を、一六四八（慶安元）年に尺五堂を開くなど、この国の教育史に重要な足跡を遺している。このうち講習堂は門人数千人を数え、また一八八九（明治二二）年に幕を閉じるまで二五〇年余りも存続した。尺五の門からは木下順庵（一六二一～九九）、安東省菴（一六二二～一七〇一）、貝原益軒（一六三〇～一七一四）らの大儒が輩出されたが、さらに木下順庵門からは新井白石（一六五七～一七二五）、室鳩巣（一六五八～一七三四）、雨森芳洲（一六六八～一七五五）らの傑出した人材が育まれた。藤原惺窩を嚆矢とする京学が、江戸時代における日本人の教養知の系譜を形成する上で、松永尺五が果たした役割は極めて重大であったことを確認しておく。

1　藤原惺窩――江戸儒学の嚆矢

(1)　惺窩の生涯

江戸儒学の嚆矢的存在である藤原惺窩は、中世歌学の名門下冷泉家《しもれいぜいけ》の子孫として播磨国細河荘に生まれた(1)。だが、彼の生年（一五六一年）に武田信玄（一五二一～七三）と上杉謙信（一五三〇～七八）とが数次にわたる川中島の合戦の中で最大の激戦を交わしたように、またその前年に桶狭間にて織田信長（一五三四～八二）が今川義元（一五一九～六〇）を打ち破ったように、惺窩が生まれ育ったのはまさに戦国乱世の真っ只中であった。惺窩は七、八歳の頃、播州竜野《たつの》の景雲寺《けいうんじ》に入り剃髪して禅僧の修行を始めるが、一五七八（天正六）年一八歳のときに土豪の襲撃をうけて父と兄を亡くし、代々の領地も失ったため、京都相国寺普広院の住職であった叔父を頼って上洛し、相国寺にて禅僧としてのキャリアを積んだ。相国寺は五山の有力寺院として禅林学問の中心であり、その学僧たちも戦国大名との関係を取り結ぶことが少なくなかった。惺窩もまた、郷里播州の竜野城主赤松広通《あかまつひろみち》（一五六二～一六〇〇）との親交を深めるが、赤松氏はその後も惺窩の重要な理解者・支援者となる。

惺窩が中世以来の「儒仏一致論」を乗り越え、自らの学的志操を仏教から儒学（朱子学）へと転向させる上で重要な契機となったものは、大陸の儒学との接触であった。一五九〇（天正一八）年に朝鮮通信使が来日した際、惺窩（このとき三〇歳）は彼らを宿泊先の京都大徳寺に訪ね、筆談や詩文の遣り取りを通して、仏教を異端とし、儒・仏を相容れぬものとする純然たる朱子学に出会う。また一五九三（文禄二）年には肥前名護屋にて明国使節に接する機会を得、詩を贈って使節一行に敬意を示している。こうして惺窩は、自らの学問的志向を徐々に朱子学へと傾斜させていく。

この「文禄の役」の最中の肥前名護屋にて、惺窩は徳川家康と初めて面会したが、これを契機に江戸に招かれて、家康に『貞観政要』を講じている(2)。『貞観政要』は、唐の太宗李世民（五九八～六四九）の嘉言・善行を史臣の呉兢《ごきょう》

（六七〇～七四九）が編纂したもので、「貞観の治」といわれる安定した時代の治世の要諦が語られていることから、日本でも政道の手本とされた書物である。この書で強調されたことは、冒頭の、

貞観の初《はじめ》、太宗、侍臣に謂ひて曰く、君たるの道は、必ず須く先づ百姓を存すべし。若し百姓を損じて以て其の身に奉ぜば、猶ほ脛を割きて以て腹に啖《くら》はすがごとし。腹飽きて身斃《たふ》る。若《も》し天下を安《やす》んぜんとせば、必ず須く先づ其の身を正《ただ》すべし。未だ身正しくして影曲り、上理《おさ》まりて下乱るる者は有らず。(3)

との文言に象徴されるように、治世の要諦とは何よりも為政者が自らの身を正すことにある（民衆を犠牲にして為政者の利益を図ることは、為政者が自らの両足を食するようなもので、結果として己が身が斃れてしまう）ということであった。この所論が、『論語』の「其の身正しければ、令せずして行はる。其の身正しからざれば、令すと雖も従はず」（子路第一三・第六章）という条を通して描き出される儒学の政治認識の根本原理と同趣旨であることは、明らかである。儒学の教説が、新しい時代の武士像の思想的拠り所とされていった様子が、ここに示唆されている。

惺窩は、大陸の儒学への憧憬から渡明を企てたこともあったが、それは果たされなかった。その様子については、「当世に善師なきを思ひて、忽ち奮発し大明国に入らんと欲す。直ちに筑陽（鹿児島）に到り、溟渤《めいぼつ》（渤海）に泛《うか》ぶ。風濤に逢ひて鬼海島に漂著す。先生、常に中華の風を慕ひ、其の文物を見んと欲す。然りと雖ども其の盛志、遂げずして帰る」(4)という具合に伝えられている。彼のその願望は、いわゆる「慶長の役」で捕虜となった朝鮮の文人姜沆《カンハン》（一五六七～一六一八）との出会いと交友とによって叶えられることになる。惺窩の儒学史上の功績の一つである朱子学説に基づく「四書五経」の和訓の試みは、上述の赤松広通の勧めとともに、姜沆の手厚い支援によって行われ得たことであった。それについて惺窩は、

予幼きより師無く、独り書を読み自《みずか》ら謂へらく、漢唐の儒者は、記誦詞章の間を過ぎず、纔かに音訓を注釈し、

事迹を標題するのみ、決《かならず》して聖学誠実の見識無し、と。唐は唯韓子の卓立有り、然れども失無きに非ず。若し宋儒無ければ、豈に聖学の絶緒を続《つ》がんや。…故に赤松公、今新たに四書五経の経文を書し、予に請ふて宋儒の意を以て倭訓を字傍に加え、以て後学に便せんと欲す。日本、宋儒の義を唱ふる者、此の冊を以て原本と為さん。[5]

と述懐している。惺窩によるこの和訓の試みは、以後林羅山、山崎闇斎、後藤芝山《しざん》（一七二二～八二）らによって行われた多くの漢籍訓点の嚆矢となる。

惺窩の、五山禅学からの離脱と儒者としての自立を象徴する出来事は、一六〇〇（慶長五）年、関ヶ原の戦に勝利した直後の徳川家康に京都で謁見した時、儒者の証たる深衣道服を着用したことであった。また、同年冬に同じく深衣道服して家康に拝謁し、前述の『貞観政要』を講じた。このとき、五山の高僧たる西笑承兌《せいしょうじょうたい》（一五四八～一六〇八、相国寺）や玄圃霊三《げんぽれいさん》（一五三五～一六〇八、南禅寺）らと議論を闘わせる機会があったが、彼らが惺窩のことを仏を棄てて還俗したと非難したのに対し、惺窩は人倫こそ真であり、それを棄てる仏者こそが異端だと論駁した。ただしその後、惺窩は家康に出仕する道を辞し、いわば隠遁者としての生を営むことになる。それには、彼と親交の深かった赤松氏が関ヶ原の戦で石田三成側につき、死に追い遣られたことも影響したといわれる。

こうして惺窩は、将軍家や大名家に終生出仕することはなく、一六〇五（慶長一〇）年、四五歳のときに京都北郊市原の里に山荘を設け、そこに退居した。だが、儒者としての名声の高まりとともに、彼の周囲には林羅山や松永尺五ら、京学の系譜を担う優れた門人たちが集った。また、木下長嘯子《きのしたちょうしょうし》（一五六九～一六四九）・松永貞徳（一五七一～一六五三）らの文人や、浅野幸長《あさのよしなが》（一五七六～一六一三）や細川忠利《ほそかわただとし》（一五八六～一六四一）といった有力大名との活発な交友関係も形成された。彼の隠遁生活を可能にしたものは、まさにその人的環境であったといえる。こうして江戸初期における朱子学の興隆を先導する役割を果たした惺窩が、その生涯を終えたのは一六一九（元和五）年のことで、享年五九歳であった。

（2）惺窩の思想とその教育認識

惺窩は、通常、江戸儒学の開祖と称されるが、その儒学思想は純然たる朱子学というよりも、むしろ明の心学の流れにあるものといわれる。それゆえ宇宙論的な哲学体系というよりも、むしろ現実社会の実践的な倫理課題が惺窩学の根底に据えられていた。しかも、その心学への傾斜は、禅学的な教養を容認する態度を示唆するものでもあった。さらに、日本書紀・万葉集や国文学・詩文・和歌に精通し、キリスト教関係の書までをも読書の対象とするなど、実に博学多識であったことも惺窩の学風を物語っている。この惺窩の学的素養は、内面的な心性の問題に強い関心を示しつつも、これを宇宙論的・哲学的な思索の問題ではなく、現実的な実践倫理の問題と結びつけながら論ずるという、惺窩学の重要な特質をもたらした。

仏教との対峙　惺窩学の思想傾向を論ずるについては、彼が仏教の何に満足できなかったのかを理解しておく必要がある。その理由を惺窩が生きた時代の動向に探るならば、戦国乱世にあって天下が困窮し、人々が疲弊する状況にも拘わらず、仏者が自らの地位に安住して、こうした現実社会の困難な状況から逃避しているように見えたことにあった。次の惺窩の言葉はそうした彼の認識を集約している。

> 当世天下困窮し、人民罷敝《ひへい》す。蓋し遊手の者衆多なるに由てなり。粟を食むの家余り有りて、農を力《つと》むるの夫足らず。所謂長安の百物皆貴しは、蓋し此の故なり。相率て冠盗《こうとう》を為さざる、亦怪《あや》しむ可し。余以為《おもへ》らく、遊手の者の十にして、浮屠為《た》る者五六。(6)

また惺窩にとって、仏者の現実逃避の姿勢は、何よりも仏教が仏者個々人の解脱のみに意識を傾けて、現実の世俗世界に存在する人倫関係を思想的関心の外に置くことに象徴されていた。惺窩の、

> 我久しく釈氏に従事す。然れども心に疑ひ有り。聖賢の書を読みて、信じて疑はず。道果して茲《ここ》に在り、豈に人

倫の外ならんや。釈氏既に仁種を絶ちて、又義理を滅ぼす。是れ異端為《た》る所以なり(7)。

という所述は、そのことを最も鮮明に伝えている。乱世を治め、人々の日常に平安をもたらすには、何よりも人倫関係に秩序を与えることが肝要であるが、惺窩にとって、この問題と真っ正面から向き合った思想がまさに儒学なのであった。逆に、仏教は人倫道徳を破棄し、その意義を覆い隠そうとするものと見なされた。そのような惺窩の認識は、

我が儒は明鏡の如し、物来りて即ち応ず。釈氏は暗鏡の如し、却て物を棄絶す。鏡中は本来固有の明なるに、而も之を暗まさんと欲す。是れ理を害するなり(8)。

という言葉に明示されている。既述のように、惺窩が還俗の後、五山の高僧からの詰問に対峙したのも、人倫秩序に基づく社会構成こそが乱世を収束させる最も現実的な方途との確信に基づくことであった。

普遍思想としての儒学

だが、儒学とは中国由来の思想であり、またこの国が儒学を世俗的に受容した（貴族社会に限定されたが）のは古代のことであったに過ぎない。惺窩の時代において、儒学の有用性はどのように担保されるのか。それについて惺窩は、

嗚呼中国に生れず、又此の邦の上世に生れずして、当世に生るる。時に遭はざると謂ふ可し。然りと雖も孔子唐虞の際に生れずして、春秋侵伐の間に生るる。孟子文武の時に生れずして、列国戦乱の代に生るる。此に由て之を観れば、道に志す者は時を論ず可からず(9)。

との所見を示し、儒学の思想としての普遍妥当性に深い信頼を寄せるのであった。こうして惺窩は、平和な世の到来のための必須の要件を説くものとして、儒学の教説に自身の学的地歩を見定めていく。また、そのため惺窩学には、

現実的な実践倫理に重点を置くという思想的態度が顕著となった。それは、例えば『大学』のいわゆる三綱領（明明徳・親民・止至善）の「明明徳」の解釈に象徴される。

すなわち、朱子学の解釈では、「明徳」とは人が天から与えられた内面的な徳であり、形而上学的な「理」と結びついた先天的徳性として人の心の内奥に存在するものであった。そして「明明徳」とは、その本来の先天的徳性が混濁した気に覆われ、人欲に遮られて曇らされている状態から抜け出し、その本来性を発揮すべく、「初めに復る」ことを意味した。それは自分自身の本来性（性＝理）を取り戻すための哲学的解釈に基づく教説であった。

それに対し、惺窩はその著『大学要略』の中で、「明徳ハ君臣父子夫婦長幼朋友ノ五倫ノ五典ナリ、上ノ明ニスルト云字、明発教導ノ心アリ」[10]と述べ、「明徳」の意味を個々人の内的素養を超えた次元での人倫関係において理解しようとする。さらに「明明徳」の含意もそうした人倫関係を明らかにするための「教導ノ心」と見なそうとするのである。惺窩が、儒学の教説のうちに平和な世の到来のための必須の要件を見出そうとしたのは、「明徳」や「明明徳」に対するこうした理解に基づくことであった。敢えて繰り返すなら、「明徳」を人倫関係に結びつけようとする惺窩の認識は、「明徳トハ人倫ノヿ也、人倫正カラサレハ何事モイラヌヿソ、故ニ人倫ノ道ヲ明ニスルヿヲ肝要ニスルソ」や、「明徳トハ顕道也、顕道トハ君臣ノ義、父子ノ仁、夫婦ノ別、長幼ノ序、朋友ノ信、此五倫也」などの言葉にも明示されている[11]。

さらに同著では、「親民」を「人倫ヲ正シテ、上下相親デ和睦スルソ」と解したり、あるいは、「止至善」の意義を「我心ノ極処ノ至善ニ止テ不㆑移トキハ、大学ニ人ト己ト内ト外トノ差別ナキヿ燦然タリ」と論じたりしている点が注目される[12]。繰り返しになるが、朱子学は『大学』を重視しつつも、その議論は高度に形而上学的な傾向を有するものであった。それに対し惺窩の『大学』解釈とは、その所論を現実世界の倫理的・実践的な問題に傾斜させながら理解しようとするものであった。『大学』の要義に関する理解にも、惺窩学の思想傾向が表出されているのである。

惺窩学の実践原理

では、その実践倫理の具体的なありようや方法について、惺窩はどのように説いていたのか。例えば、「五倫」のうちの「父子」について、惺窩は次のように語っている。

> 凡そ父たる者、子を愛するは天道の自然也。愛せずむば何を以て父と云へきや。愛するに道あり、能く子に物ををしへ、智深く徳高からしめて、君の徳を正し、天下の政道を聞く様に手ならはす、此を以て実の愛とする也。徒に愛して、理を以てあひせざる時は、彼の鳥獣の其子を愛し、牝牛のをのが子をねぶりまはしたるに異ならず。只世間の人貴賤共に随意にそだて、無能にしてさてやみぬ。能く教ゆるときは貴も賤も皆天下の輔相となる、をしへずして能無くんば則ち貴人の子下位におり、賤士の子反て上位に登る。…是れをしゆるとをしへざるとの間みな其の父にかゝる。[13]

すなわち、子への愛情を「天道の自然」としつつも、その愛が「理」に裏打ちされているべきことを強調している点が注目される。人倫が「自然」を根拠としつつも、その自然性とは無為によってではなく、作為的努力を通して充足されるとする認識は、

> 又子たるもの、父に孝をなす、是れ亦天賦の自然也。…孝をなすに道あり、只親を養ひ労にかはる事、誰もする所なり、養は犬馬までにいたる。敬せずんば何を以て孝といはんや。凡そ人の子たる者、親を敬ふのあまりを以て身を立て、道を行ひ、己が名を天下に挙ぐれば則ち其の親甚だ悦ぶ、甚だ悦ぶこと則ちこれより大なるはなし、是れを真の孝とす。[14]

との所論にも明示されている。こうして惺窩は、人倫関係の本来的なありようを「自然」を根拠に説きつつも、それが実際的には個々人の意図的な努力を通して充足されるものであることを基本的な所論としている。

これ以外に、惺窩は「君臣」関係でも、「夫《それ》君臣は臣下の賢否を見て、かしこきをば位にすゝめ、禄をおもくし、しからざるをば下位にをいて、其分々につかふ、…臣は君の明闇をみて、常々敬をいたし、いさむべきをいさめ、恐るべきをそれ、百官以下の善悪を察」すべきと論じたり、また「兄弟」関係でも、「それ兄弟は天より次第すとい

へども、尤も知り難き者也。…兄は弟を慈愛し、弟は兄を尊敬すれば、則ち其郷党隣里より国に及んで、必ず法を法とす、此の如くすれば則ち兄弟の敬より起て国治る事あり、是を兄弟に敬ありといふ」と説いたりしているが(15)、やはり「人倫」のあるべき姿を現実世界にて実現するために作為的努力の必要を説いている。いずれも、個人の意識（善意）がその内面に向けられることではなく、それが外面に存する人倫関係へと推し及ぼされていくべきことを語ったものといえる。また、そうした人倫関係の調和的な拡充に、人としての成長の意味を認めようとする姿勢を読み取ることも可能である。その意味で、儒学を実際的な人倫日用の学として位置づけた点に、惺窩の教育認識の所在を見出すことができるだろう。

なお、こうした人倫道徳を身につけさせ、実践させる上で、為政者の役割を重視している点も惺窩学の一つの特徴といえる。例えば、惺窩は、

明徳ヲ天下ニ明ニスルトハ、人倫ヲ教フルモノニ非ズヤ、…主人ノ人ヲヨクミ知リテ、其善人ヲ挙用《アゲモチイ》ルヿヲ第一ニスルゾ、其次ニハ土貢ヲヨクシテ、万民ノ飢寒ヲナキヤウニシテ、養育スルヿ也、天下ノ主人ノヤクハ万民ヲ飢ヘズ寒カラズシテ、人倫ヲ教テ、善人ヲ以テ治メサスルゾ、此外ハナキヿ也(16)

と述べ、「人倫ヲ教フル」ことを平天下のための必須の条件として強調するのであるが、そのためにも、為政者がそのことを十分に認識した上で、治政に善人を登用し、万民に経済的困窮が招来しないよう手立てを尽くすことを求めている。惺窩にとって治政の目標は、安定した人倫の構築に置かれていたといえるが、その意味で、彼の教育認識はその政治思想の内部に解消されていたとも見なし得る。そしてこの点に、惺窩学の思想的傾向を看取することが可能である（惺窩学にこうした傾向をもたらしたものは、戦国乱世を生き抜いた彼の実体験であったと推察することができる）。

惺窩学と朱子学

以上のように、形而上学的な宇宙論よりも現実社会の人倫道徳を重視した点、あるいはその学的構成が「平天下」のための方途を基軸とするものであった点などが、儒学としての惺窩学に特徴的な思想傾向

といえる。この点において、惺窩を純然たる朱子学者と評することには慎重を要する。

もちろん、惺窩学の思想構成が朱子学の基本的枠組みによって支えられた点は認められねばならない。教育認識でいえば、朱子学のそれは「性」と「道」との連続関係がその基軸をなすものであったが、惺窩もまた、

夫れ天道とは理なり。此の理天に在り。未だ物に賦《ふ》せざるを天道と曰ふ。此の理人心に具はり、未だ事に応ぜざるを性と曰ふ。性も亦た理なり。蓋し仁義礼智の性は、夫の元亨利貞の天道と名を異にして其の実は一なり。凡そ人、理に順へば、則ち天道其の中に在りて、天人一の如き者なり。欲に狥へば、則ち人欲其の徳に勝て、天は是れ天、人は是れ人なり。是故に君子は力を用ひて、以て天命の実理に復《かえ》らんことを知り、小人は欲を肆《ほしいまま》にして、而して禽獣に近きことを知らず。(17)

と述べて、「性」と「道」との連続を説く朱子学の思考様式を踏襲している。さらに、「人欲」と「天理」(天命の実理)とを対比させながら、「性」に内在する「天命の実理」に人間形成の拠り所を求めようとする主張も、朱子学と同様である。

こうした朱子学の人間形成論を踏襲する上で、惺窩が重視したのはいわゆる「理一分殊」説であった。すなわち惺窩は、万物が一つの普遍的な「理」によって規定されていること(「理一」)を認めた上で、その「理」が個々の事物に内在して個物に特殊性を与えていること(「分殊」)を重視する。惺窩によれば、学問とはこの普遍と特殊の双方に目配りすることが肝要なのであって、普遍に偏して平等主義に流れたり、特殊に偏して個人主義に流れたりすることは戒められなければならない。「理一分殊」説は、朱子に至って確立された宋儒固有の学説であったが、普遍的な「理」を等しく稟《う》けている人間を、その特殊性に基づいて差別づけることで、徳川社会における封建的身分秩序を合理化する論拠となったとも認められる。さらに惺窩は、「分殊」を強調することで、仏教やキリスト教の平等思想に対する差別の論理を引き出し、「理一」を説くことで差別化された身分を秩序づけ、封建社会の道徳を体系づけたの

であった(18)。

惺窩学の思想史的定位

以上のように、惺窩の学問遍歴の大勢は、戦国乱世の中で仏者として身を立てながら、やがて儒学の説く社会的秩序に自らの学的立場を見定めるようになったものと評することができる。そのため惺窩は朱子学を尊重し、その思想を自説の内部に取り込んだ。だが、惺窩は朱子学のみを摂取したのではなく、より心学的傾向の強い陸象山（一一三九〜九二）や王陽明（一四七二〜一五二九）あるいは林兆恩（一五一七〜九八。儒学・仏教・道教の三教を心学に折衷させて「三教合一」を説いた）らの思想をも採り入れた。この意味で、惺窩学は折衷的・包容的な思想態度によって形づくられていた。惺窩の次の言葉は、その姿勢を象徴的に言い表している。

聖賢の千言万語、只人《ただ》の理解し得んことを要す。故に示す所は同じからざれども、入る所は即ち一なり。且つ古人は各々自ら入頭の処有り。周子の主静、程子の持敬、朱子の窮理、象山が易簡、白砂が静円、陽明が良知の如きは、其の言異なるに似て、入る処は別ならず(19)。

実際、惺窩は儒者として身を立てた後においても、仏典の研究を必ずしも排斥しなかった。惺窩が儒・仏の道を分離させたことは確かであるが、彼の思想の根底には禅的な唯心論思想が残存していた。禅の説く心の悟りを朱子学の説く「居敬」に読み替え、「理」の把握を「心」の問題として読み取ろうとした彼の姿勢がそれを物語っている(20)。さらに、惺窩学には禅への寛容、朱・陸併取に加え、神・儒一致の傾向も看取される。このような包容的態度は、北肉《ほくにく》山人《さんじん》と自ら号して世俗世界から退いた惺窩晩年の文人的生活に色濃く反映されている。惺窩が江戸儒学の嚆矢的存在であることは疑いない。だがそれとともに、惺窩の思想に心学への傾斜があり、渾一的な主体としての「心」の確立を求める傾向があったこと、そうして形づくられた思想の折衷的・包容的傾向が、「平天下」を希求する惺窩の学的志操に支えられたものであったことを見過ごすわけにはいかないだろう。

2　林羅山――林家儒学の開祖

(1) 羅山の生涯

惺窩門人の中で、江戸儒学の顕彰に最も大きな功績を残したのが林羅山であったことは疑いない。[21] 羅山は京都町人の出身であったが（林家の出自は加賀国の土豪であったといわれる）、その彼が本格的な学問修業を開始したのは京都五山の一角を占める禅林建仁寺であった。神童との評判が立つほど優秀だったため、周囲から出家することを勧められたが、羅山は、出家は不孝を意味する（親の恩を棄てるとともに子孫を絶つ）としてこれを拒否し、家に戻って勉学に励んだ。多くの書物を読み進める中で、やがて朱子学説に傾倒していく。

羅山の名が世に知られるようになる契機は、一六〇三（慶長八）年、二一歳の時に『論語集注』（朱子による『論語』注釈書）の公開講義を行ったことにあった。当時、博士家の許可なしに儒学の公開講義を行うことは禁じられており、それゆえ羅山の企ては、「四書五経」に新しい訓点を施した藤原惺窩の試みと同様、博士家の権威への大胆な挑戦を意味した。この企てに対しては、明経博士の清原秀賢《きよはらひでかた》（一五七五～一六一四）が中世以来の博士家の権威に抵触するとして朝廷に告訴したが、これを耳にした徳川家康が取り合わなかったため、告訴は沙汰やみになった。これは、学問の正統を秘伝とする中世の学問観から、学の営みを解放した象徴的な出来事であった。[22]

こうして朱子学者として世に出ようとした羅山が、先行者である藤原惺窩と初めて対面したのは翌一六〇四（慶長九）年のことであった。羅山が惺窩の門人吉田《よしだ》玄之《はるゆき》（角倉《すみのくら》素庵《そあん》、一五七一～一六三二）に書翰を宛て（内容は、惺窩に敬意を示したり、学説の解釈を尋ねたりするものであった）、その返信を惺窩が記したことが契機となった。こうして惺窩門人の賀古宗隆（生没年不詳）邸にて両者の面談が実現し、師弟の契りを結ぶことになった。[23] このとき惺窩四四歳、羅山二二歳であった。以後、両者の間には直接的な学問上の応答が交わされるようになるが（惺窩は羅山の学識を認めて一般の門人以上に遇する一方、羅山も家康に仕えて将軍家の文庫を管理するようになると貴重書借用の便宜を図るなど、両者は親密の関係を深めていく）、その遣り取りの様子は「惺窩問答」（「羅山林先生文集」巻第三二、所収）に描き出されている。ただし、両者の思想的立場は必ずしも重なり合うものではなかった。とくに朱・陸の弁別（朱子学と、陽明学の先駆である陸象山の学との弁別）や仏教否定において、羅山は惺窩よりも一層徹底した主張を展開したことが知られている。

その翌年の一六〇五年、羅山は徳川家康に初めて拝謁した。京都二条城に在った家康が、羅山の名を聞いて急遽召し出し（家康側近の家臣で惺窩の門人でもあった城昌茂《じょうまさもち》が斡旋したといわれる）、今後しばしば来訪するように求めたと伝わる。後日二条城に登った羅山は、いずれも家康に用いられていた博士家の清原秀賢、相国寺の西笑承兌《せいしょうじょうたい》、伏見円光寺の閑室元佶《かんしつげんきつ》（一五四八～一六一二）らが同席する中で、家康から下問（例えば、後漢の光武帝は漢の高祖から数えて何代目かや、前漢の孝武帝の「返魂香《はんごんこう》（死者の霊魂を呼び戻すために焚く香）」の出典は何か、などの質問）を受けたが、他の三名が答えない中で、羅山は即座にこれに応答し、家康を満足させたと伝えられる。博士家や禅林の高僧によって専有されてきた旧来の知的世界の枠組みを、新しい知識人としての儒者が切り崩した象徴的な出来事といえよう。

その後、羅山は一六〇七（慶長一二）年に駿府城で家康に拝謁してから江戸に出て、二代将軍徳川秀忠（一五七九～一六三二）に歴史書や兵法書（『漢書』『六韜《りくとう》』『三略』など）を進講し、この年のうちに幕府に召し抱えられた。この時、羅山二五歳であった。当時の幕府には儒者を迎え入れる職制がなく、中世以来学問で幕府に仕えてきたのが僧侶であったため、羅山は剃髪・僧形を命ぜられ、道春という僧号で出仕した（駿府・京都・江戸を行き来した）。このとき羅山が儒者でありながら僧官の位である法印を受位したことを、中江藤樹が「林氏剃髪受位弁」にて厳しく批判したことはよく知られている。

当初、羅山は家康から重宝がられ、駿府城の書庫の管理に携わったり、時に家康の下問に答えたりする役割を担った。だが家康没後は、その該博な学識に基づいて、中国や朝鮮との外交文書作成に実務能力を発揮した（羅山三六歳の一六一八年、江戸に宅地を賜った）。とりわけ幕府の外交担当実務者として朝鮮通信使の応接に当たり（江戸時代を通して一二回の通信使が来日したが、当初六回の通信使すべてに羅山は関与した）、漢詩文を応酬して幕府の威信発揚に努めたことが特筆される。従来、外交文書の作成は五山の僧侶が携わっていたが、やがてこれが林家管掌の仕事になった。また、各種法令の制定や公文書の作成、あるいは幕府御用の書物編纂についても羅山の果たす役割は大きくなっていった。幕府内部で羅山の存在感が次第に増す中で、下命される公務のすべてを遂行するには、羅山一人の力では自ずと限界があり、こうして羅山の協力者として林家一門で学者を養成することが求められるようになった。

一六三〇（寛永七）年、羅山は幕府（将軍家光）から上野忍岡《しのぶがおか》に五三〇〇坪余りの土地を別邸用地（本邸は神田にあった）として賜った。この時羅山は、同時に下賜された金二〇〇両を費用にして、この用地内に学塾を建てた。その学塾が創建された一六三二年には、親交のあった尾張藩主徳川義直からの寄進によって先聖殿（孔子と顔回・曾子・子思・孟子を祀る）が建てられた。この学塾は幕府の公的機関ではなく、あくまでも林家の家塾であったが、これが後の幕府官学たる昌平坂学問所の源流となることは周知の通りである。林羅山の存在とその足跡は、儒学の知が江戸社会における学問と人材養成のあり方を方向づけた象徴的な事例と見ることができる。

羅山が没したのは一六五七（明暦三）年、いわゆる「明暦の大火」が引きがねになったと伝わる。七五歳のことであった。羅山が徳川家康・秀忠・家光・家綱の四代の将軍に仕え、以後江戸幕府の儒官たる林家が朱子学の学統を相伝する基礎を築いたことは繰り返すまでもない。

（2）羅山の思想――その教育認識と神儒一致傾向

仏教との対峙

林羅山が新進の朱子学者として、江戸の思想世界を牽引する役割を担うについては、この国旧来の思想界をリードしてきた仏教との対峙が重要な意味をもった。もちろん、仏教といっても、その思想は宗派によって色合いを異にするが、「色即是空、空即是色」（『般若心経』）という言葉に象徴されるように、概して仏教では世界の本質を「空」と捉え（実体のない「空」こそが一切の事物である）、また「厭離穢土欣求浄土《おんりえどごんぐじょうど》」（源信『往生要集』）といわれるように、欲望によって汚れた醜い現実を厭い、死後の世界に救いを求めることが説かれた。世界を無常で空虚なものと捉え、現実の人間関係を迷いの源として否定し、出家遁世して安心立命の境地を得ることを説くのが仏教思想の基本線であった。

江戸初期における仏教の諸宗派は、依然として分厚い思想的伝統と社会的勢力を誇っていた。それに対し朱子学は、これを一個の独立した思想体系と見る限り、単なる異端思想と称せられるものに過ぎなかった。それゆえ、羅山は、新奇思想である朱子学を当時の思想界・宗教界に認知させるためにも、仏教批判の姿勢を顕著に打ち出したのであった。それを象徴するものが、いわゆる「儒仏問答」における羅山の廃仏論である。

「儒仏問答」とは、羅山の廃仏論をめぐる羅山と松永貞徳（当代随一の知識人にして、熱心な法華信徒でもあった）との対話や往復書簡、あるいはその往復書簡の内容を版本にした書物、などの総称といえる。[24]羅山その人の廃仏論は、大きく、①仏教経典の神聖性への懐疑、②仏教の出世間性への批判、③三世因果説の否定、の三点にまとめることができる。[25]このうち、①については、同問答の開口一番に羅山が発した、

仏虚儒実の事、用いざるの由、若し夫れ仏書の中に、偽《いつわり》おほきことを、引出し侍らば、いかゝ口をひらき給ハんや。[26]

との所述に見られるように、儒学が「実」であるのに対し、仏教は「虚」であると批判されている。羅山は、仏書の中には儒学説を盗み入れたものが少なくないと指摘する。それは、日本の落ちぶれた僧侶が生活の糧を得るためにキリスト教に入信するように、中国でも儒者のなりそこないが、僧侶となって諸典籍を翻訳したからだというのである。

また②について、儒学の教説が人倫を最重要視するものであるのに対し、仏教とはこれを否定する出世間の教えであることが糾弾されている。例えば、羅山は、

かゝる、はかなき世に、名をとゝめて、なにかせんとの給ふハ、是却て孝の道にや、ちかひ侍らん。…只徳の内に見てぬれハ、名ハ外《ほか》に、あらはるへし。内に父母に孝あらハ、孝名必《かならず》外に顕れんか。特更《ことさら》仏の、棄恩入無為真実報恩者なと、、とかれし事、不孝第一にあらすや。[27]

夫婦の道なくハ、一天下の間に、男ハ皆々出家して僧になり、女ハ又尼になりて後、天地の中に、人一人もなくて然る可きか。…凡《およそ》僧ハ君をすて、父をすて、婦をさり、兄弟朋友をはなれ、頭を禿《かぶろ》にし、衣服をかへ、更に人間の類にあらず。これを夷狄と云とも、夷狄にあらずハ、人を率いて禽獣と為る者か。(28)

などと述べ、仏教が、儒学の説く「孝」の教説や、「五倫」に象徴される人倫道徳を否定するものであることを厳しく批判している。

さらに、③の「三世因果説」批判についてである。上記の仏教出世間説批判への反論として、松永貞徳は「仏法にハ、三世《ぜ》をあかす。儒にハ一世の上のミを教《をしゆ》」(29)と、仏教の優越性を「三世因果説」に基づいて説いていた。それに対して羅山は、

畢竟仏氏、陰陽開闔変化《かいかうへんげ》聚散の理を知らざるなり。何を以てか与に道を言ふに足らんや。儒道の本《もと》ハ理を究むるニ在り。大学の格物といふ是《これ》なり。理を知さる人ハ、いろ〳〵の事に、孤疑猶予《こぎゆよ》のミ多くて、進難《すすみかた》かるへし。(30)

という具合に、朱子学が依拠する「気」の聚散説や、『大学』の説く「格物」説に依拠しながら、仏教の輪廻転生説や三世因果説を真っ向から否定するのである。

前述のように、羅山が幕府に出仕するにあたって剃髪を余儀なくされたり、与えられた法印も僧侶の最高位であったりしたことに象徴されるように、江戸時代当初の社会的地位については、儒学よりも仏教の方が依然として優位にあったといえる。しかし、それでも羅山が投げかけた仏教批判は大きな波紋を呼び起こし、これ以後の仏教界は、三世因果説や因果応報説などの正統性をいかに説得的に証明するか、という課題に向き合わねばならなくなるのである。

さらにいえば、時代の大きな潮流を見据えるとき、戦国乱世の時代を終焉させ、新しい安定的な政治体制を確立しようとした江戸幕府にとって、現実逃避にも見える仏教の教説自体は、必ずしも有効な思想とは見なされなくなって

いた。もちろん、仏教は人々に死後の安心を説くことで、その思想的意義を担保し続けたが、新しい政治体制のもたらした太平の世を生きていくための現実的な方途を説く思想とは理解されなくなっていった。この時代に求められたのは、現実に根ざし、現実をより善く生きていく道筋を指し示してくれるような思想であり、羅山にとって、それはまさに儒学（朱子学）に他ならなかった。羅山の、

夫れ道は人倫を教ふるのみ。倫理の外に何ぞ別に道有らん。彼（仏教と老荘の徒）世間を出づと云ひ、方外に遊ぶと云ふ。然れば則ち人倫を捨てて虚無寂滅を求む。実に是れ此の理無し。(31)

という言葉は、このような彼の認識を最も直截に表明している。こうして羅山の学的立場は、まさに朱子学の祖述を基軸に据えることで、徐々に確固たる基盤を獲得していったと見ることができる。以下、羅山の数多の所論の中から、人間形成に関する立論を取り出してみる。

人間形成論の基軸　羅山は、人間存在の生成のありようを朱子学の陰陽五行説に基づいて理解する。すなわち、周敦頤の「太極図説」の所説を踏襲して人間存在の生成を木・火・土・金・水の「五行」に基づいて説くとともに、朱子学の「理気論」に依拠しながら「五行」を「気」として捉えつつ、その「気」に万物の根源としての「理」が内在すること、さらにはこの「理気論」に基づく天地万物の秩序こそが「道」の含意であること、などを強調するのである。すなわち、

夫れ天地ひらけざるも、開けて後も、いつも常にある理を大極と名づく、此の大極動いて陽を生じ、静にして陰を生ず、此の陰陽は元《もと》一気なれども、分れて二つとなるなり、又分れて五行となる、五行とは木火土金水なり、此の五行支《わかれ》わかれて、よろづのものとなるなり、此五行あひあつまりて、かたちをなすときに、人も出来するなり。形に於ては土を得て肉身とし、木を得て毛髪とし水を得て身の血や濕ひとなし、金を得て筋骨となし、火

を得て身の熱気となす、又、五臓について云ふ時は、火の精は心の臓なり、木の精は肝の臓なり、土の精は脾の臓なり、金の精は肺の臓なり、水の精は腎の臓なり、此の如く相聚りて人の形をなして、其のうごき働くものを気となづく、此気の中に自《おのづか》らそなはるものは理なり、是れ則ち大極なり。これを道と名づく。(32)

との羅山の所述に、朱子学の思惟様式がそのまま映し出されている。ここで重要なのは、羅山が「理」と「気」の動静変合をもって「道」の原理とするとともに、その「理」が「気の中に自らそなはる」と説いている点である。つまり「理」とは世界の秩序原理であるとともに個々の事物の内在原理でもある、と理解されているのである。

いうまでもなく、この理解は、「性」に関する羅山の認識が、朱子学を特徴づける「性即理」の主張に依拠するものであることを物語っている。すなわち羅山は、「其理即ち人の形にそなはりて、心にあるものを天命の性と名づく、此性は道理の異名にて、うの毛のさきほども怪しき事なし(33)」と述べて、個々人に内在する「理」をもって「性」と論ずる。それゆえ、「性」とは本来的に善であり、仁義礼智の徳も「夫《それ》人ト云モノハ、天ヨリ性ヲウミツクルニ、ソノ性ニ仁義礼智ノ四徳ノソナハラヌモノハナヒゾ(34)」と、本来「性」に具わるものとして説かれる。天命による「理」の賦与としての「性」とは本来的に絶対善であり、そこに仁義礼智の徳が内在するという主張は、朱子学の「性」理解をそのまま踏襲したものと見て間違いないだろう。

では、人間の世界に悪が生ずるのは何故か。この問題に対する羅山の認識も、朱子学説に則ったものと指摘できる。すなわち羅山は、

人の性は元より善なるに、何とて又悪はあるぞと云ふに、たとへば性は水の如し、清きものなり、奇麗なるものに入れば即ち清し、汚れたるものに入れば即ちきたなし、泥土に入れば即ち濁る、気は性の入れものなり、…此の如く気に不同あり、この気は天地の間に充満してあるを、うけへて人の形となす、是を気質となづく、此の気質に種種の不同ある故に聖人あり、賢人あり、智者あり、君子あり、是れは皆気の清明なるを稟けたる人なり。

又小人あり、悪人あり、愚者あり、これは気の濁りてあらき所を稟けたる人なり、…此の如くある故に善人は少なく、愚者は多く、君子は少く、小人は多きなり。[35]

と述べ、人間の「性」は本来善であるが、気質の稟けようは人それぞれに異なり、多数を占める常人は多かれ少なかれ混濁した気質を稟けているがためにそこから悪が生ずる、という見解を示している。

　羅山によれば、この「理」と「気」との関係は、上述のように仁義礼智が「理」より生ずるのに対して、喜・怒・哀・懼《く》・愛・思・欲の七情は「気」から生ずるとされ、その七情は「理」に適えば善となるが、「気」の放恣に流れれば悪になる、と説かれる。こうして羅山は、

理と気とは二つなれども、気あれば必ず理あり、気なければ理のやどるべきところなし、理は形なき故なればなり。理と気と離るゝ事なし、今日気ありて後、明日理あるに非ず、あれば同時にあるものなり、理をよく動かすものは気なり、気をよく乱らざるものは理なり、此の二つのものはたして心となる事を知る時は、心より気を用るやうに工夫あるべし。[36]

と、「理」と「気」との相即不離という本来的関係を十分に踏まえた上で、その本来的関係（すなわち両者の一体化）が「心」の働きによって目指されるべきことを強調する。さらに羅山は、「皆我が心の理をきはめて智をつくす工夫より、末はあまたあれども、根本は只だ一なるが故に、一理を以て万事をつらぬき、一心を以て諸事に通ずるなり、其の理といふものは、即ち我が心なり。心の外に別に理あるにあらず[37]」と述べて、「理」の所在を「心」に見出すとともに、その「心の理」こそが諸事万物に通ずるものであることを強調している。

　このように、人間形成をめぐる羅山の所論は、その基本構造に着眼する限り、個々人の「性」に「理」が内在することを説くとともに、個々人の主体意識である「心」が、普遍的な「理」と一体化すべきことを求めるものであった。

ただし、「心」に天地万物の原理を見出すような意味合いを強調する点では、羅山の学には陽明学的な思想傾向を看取することもできる、といえるだろう。

「教」の意味と役割

では、こうした人間の内面的性質の把握に基づいて、羅山は「教」の意味や役割のことをどのように説いたのか。上記のような、「性」と「理」との本来的な一体関係を踏まえれば、羅山の「教」もそうした両者の関係を阻害する諸要因を取り除くためのものと理解されていた。それゆえ、「教」に関する羅山の所論とは、多くが人間の善悪に重大な影響を及ぼすものとして、その「教」自体の意義や必要性を説くものであった。例えば羅山は、

> 古も今も如何やうの者なりとも、汝は悪人なりといはゞ腹立すべし、汝は善人なりと云はゞ必ず喜ぶべし、然らば悪人にても其の心中に善と悪とを知るは分明なり、善と知りつゝ、善をせずして悪をするは気にひかれてするもあり、世のならはしの悪きについて、悪を改むる事ならぬもあるべし、上よりの教へよければ、いつともなく世のならはしもよくなりて、悪を改めて、善に遷《うつ》るべきこと必定なり(38)。

と説いて、一般的に人は善を好み、悪を憎む性質を有してはいるが、様々な誘因や世の慣わしによって、悪に染められる場合があり、それゆえに「教」の感化――「教」によって世の慣わしを改善し、人々に悪を改めて善に移るべきことを促す――の重要性を強調する。あるいはまた、

> 善人は少なく、愚者は多く、君子は少く、小人は多きなり、されどもよく学び習へば、此の気質の悪しきを改めて、善になるべし、必ずしも生れつきより、定まれるものなりと云ふて、其のまゝうち棄てゝ、置くべからず、よく学べば濁るも清くなる事、水の性に帰るが如し、人も又くらきは明になり、愚は智になり、弱きは強くなり、悪も善にかへるべきなり、是れを有レ教無レ類といへり(39)。

というように、『論語』（衛霊公第一五）の「教へ有りて類無し」という言葉を引きながら、人は誰もが「教」に学ぶことで混濁した気質を清明なものに改めることができると力説する。ただし、これら「教」の意義・必要も、その外部からの作用としての形成力よりも、むしろ各人の本来的な「善性」を前提に据えながら論ぜられていること、その意味において、朱子学的な人間観（「性即理」に基づく性善説）を踏まえた所論であること、は注視しておくべきであろう。

また、「教」の内容に関する羅山の認識については、彼がその主著の一つである『春鑑抄』の中で「五常」（仁・義・礼・智・信）を説き、また『三徳抄』の中で達道としての「五倫」（君臣・父子・夫婦・兄弟・朋友）と、その実践方法としての智・仁・勇を説いていることが示唆的である。[40] さらに、「教」という働きかけのありようについては、これをある種の感化的影響として（強制的な作用としてではなく）理解しようとする羅山の姿勢も、上記の「性善説」的立場との関連において注目される。ただし羅山の著述には、朱子学教育思想の重要な特質である「自得」を促すものとしての「教」の意味づけや、「因材施教」といった主張は、管見の限り鮮明な形では描き出されてはいない。だが、それら明確な輪郭を描き出し得ない諸側面が残されているとしても、大局的かつ全体的に羅山の教育思想を読み解くならば、それが基本的に朱子学教育思想の論理構造や認識の枠組みに準拠するものであったことは間違いないだろう。

なお、羅山の儒学思想を論ずる上で看過できないものが、その神道との一体化であることは強調しておかねばならない。羅山は、早くから神儒合一論に理解を示し、例えばその随筆の中で次のように述べている。

神儒合一論

我が朝は神国なり。神道は乃ち王道なり。一たび仏法興行してより後、王道神道都《すべ》て擺《はい》却《きやく》し去る。或ひと問ふ、神道と儒道と、如何にして之を別《わか》たんと。曰く、我より之を観れば理は一のみ。其の為《わざ》の異なるのみ。…嗚呼、王道一変して神道に至り、神道一変して道に至る。道は吾が所謂儒道なり。所謂外道に非ず。外道は仏道なり。[41]

すなわち、この国は元来神国であり、神道が即ち王道であったが、仏教が興隆してからこの王道が廃れてしまった。

こうして仏教が外道であるのに対し、儒学は王道である神道と一体化しているのであって、神道と儒学との相違は、王道実現のための方法の相違にあるのみだ、というのである。ただし羅山は、

> 宗源《そうげん》神道は中臣卜部《なかとみうらべ》忌部《いんべ》、之を習ひ伝ふ。両部習合神道は最澄空海等の沙門等、仏法を以て神道に合せ、胎蔵金剛の両界を以て陰陽に合せ、遂に以て神仏本地一体と為す。吁吁、本迹縁起《ほんじやくえんぎ》神道は、某の社《やしろ》某の神、古来伝へ来るの縁起之れ有り。右之を三部神道と謂ふ。此の上、別に理当心地《りとうしんち》と云ふ者あり。(42)

と述べ、旧来の神道を「宗源神道」（吉田神道。神道こそが仏教・儒教の根本とする）、「両部神道」（密教の金剛界・胎蔵界両部の中に神道を組み入れて解釈）、「本迹縁起神道」（本地である仏・菩薩が、救済する衆生の能力に合わせた形態をとってこの世に出現するという本地垂迹説に基づく）の三種に分類しつつ、これらを仏本神従の神仏習合神道として否定し、その上で新たに神道（天皇の道）と王道（聖人の道）との一体化を説く「理当心地神道」を唱道したのであった。

羅山は、神道関係の著述を積極的に著しているが、『本朝神社考』（寛永末年〈一六四四〉頃成稿）では全国各地の主要神社の祭神・縁起・由来・霊験などを調査し、具体的証拠に基づいて神儒一致を証明しようとした。また『神道伝授』（正保年間〈一六四四～四八〉成稿）では、神儒一致の理当心地神道の奥義を説き示した。すなわち、

> 理当心地神道、此《これ》神道即《すなはち》王道也。心ノ外ニ別ノ神ナク別ノ理ナシ。心清明《せいめい》ナルハ神ノ光也。行跡正《ただしき》ハ神ノ姿也。政《まつりごと》行ルヽハ神ノ徳也。国治《をさまる》ハ神力也。是ハ天照大神ヨリ相伝マシキ。神武以来代々帝王御一人シロシメス事也。(43)

と述べ、理当心地神道とは、神・心・理を一体として考え、個人の行跡を正しくするだけでなく、神の徳や力によって国家に王道政治をもたらす神道だと説くのである。この所論には、人の心に「理」が存在すると説く朱子学の心性

論や、心のあり方と政治のあり方とを結び合わせる「修己治人」論の反映を看取することができる。羅山の神儒一致思想は、神道と儒教について、「理」は一つであって名のみ異なるとし、また三種の神器（八咫鏡《やたのかがみ》・草薙剣・八尺瓊勾玉《やさかにのまがたま》）を智・仁・勇に比定させることで、儒教の教理をそのまま神道の名において説こうとするものであった。とくに三種の神器と知仁勇の三徳の関係について、羅山は、

三種の神器、璽は仁に象どるなり、劔は勇に象どるなり、鏡は智に象どるなり。本《もと》此の三徳を具ふるは神明なり。…既に三徳を具ふるときは、則ち神豈に遠からんや。方寸の間厳然粛爾吁《ああ》敬せずんばある可からず。聖人神道を設け、以て人に教ふるは此を以ての故なり。若し夫れ器《もの》は多く人為より出づ、故に禹王の九鼎と雖も亦然り。我が朝の三神器は、自然の天成にして人為を仮らず。是れ亦以《ゆえ》有るかな、尊ぶ可く敬ふ可し。[44]

と述べ、通常の器物が人為によって形づくられるものであるのに対し、三種の神器は、知仁勇の三徳と同様に、「自然の天成」に由来するものであることを強調するのである。

　このように羅山の説く神道とは、朱子学説に基づいて日本古来の神道の再構成を推し進めたものとも見なし得る。羅山は神儒一致の「理当心地神道」こそ神道本来の姿だと確信していたが、それは普遍的思想としての朱子学と日本古来の思想風習とを連結させ、両立させることで、幕府御儒者としての林家を確立し、これを子々孫々まで継承させるための思想戦略であった、と見ることができるかもしれない。なお、羅山学に顕在した神儒一致の思想傾向は、その後一部の例外（例えば、仁斎学や徂徠学）を除いて、江戸儒学の全体的傾向を形づくっていくことになる。この点においても羅山の儒学は、江戸儒学の嚆矢としての性格を濃密に有する思想なのであった。

3　山崎闇斎――闇斎学（崎門学）の開拓

（1）闇斎の生涯

禅林から儒者が輩出されたもう一つの重要な事例としては、山崎闇斎（一六一八～八二）のことを取り上げねばならない。(45) 闇斎は、京都の浪人の家に生まれ、比叡山に学んだ後、一五歳の時に京都妙心寺（臨済宗妙心寺派の本山）に入り、ここで正式の僧侶となった。妙心寺の高僧湘南宗化《しょうなんそうけ》（一五八六？～一六三七）は土佐藩主山内一豊（一五四五～一六〇五）の養子であったが、湘南はかつて比叡山に赴いた時、そこで出会った闇斎の才能に惹かれて、彼を妙心寺に連れて帰ったことがあったという。また、この時妙心寺を訪れていた野中兼山（一六一五～六四、後の土佐藩家老）が闇斎の奇才を見抜き、儒書を読むよう勧めたが、幼時の闇斎は驕傲にしてこれに従わなかったと伝わる。

詳しい経緯は不明であるが、闇斎は一六三六（寛永一三）年、一九歳の時に土佐の吸江寺《ぎゅうこうじ》（臨済宗妙心寺派の寺院）に遊学することになった。土佐の地には、南村梅軒（生没年不明）によって「南学」（「海南学」とも称される）といわれる朱子学系統の儒学が伝えられ、谷時中（一五九八～一六四九）、小倉三省（一六〇四～五四）、野中兼山らがその学統を継承していた。土佐に根付いていた朱子学に触れたことが、闇斎の思想形成にとって重要な意味をもったことは間違いない。中でも闇斎とほぼ同世代の野中兼山は、闇斎が土佐に移ったこの年二二歳にして藩の首席奉行に就き、社会的な地位・経験や影響力で闇斎を凌駕する立場にあった。藩政の重責を担いながら熱心に朱子学を学ぶ兼山の姿勢は、闇斎に多大な学的刺激を与えたはずである。

こうして闇斎は、次第に禅の立場から離れ、朱子学の教説に学問の正道を見出していく。闇斎二五歳の一六四二（寛永一九）年頃には、自らの学問的志操を朱子学に定めたと伝えられる。(46) だが、闇斎が仏教を棄て、朱子学徒として身を立てたことは、二代藩主山内忠義《ただよし》（一五九二～一六六五）の怒りを買うことになり、闇斎は僧籍を剝奪されるとともに吸江寺から追放されてしまう。やむなく京都に戻った闇斎ではあったが、妙心寺などの禅林に身を寄せることはできず、新たな生活の糧を得るために、自分が育った堀川近くに居を構えて塾を開くことになった（後述するように、この塾は堀川を隔てて伊藤仁斎の塾と向かい合うことになる。両塾の対峙は、朱子学と古義学との対峙を象徴する意味合いを有した）。これには野中兼山が資金を援助した上に、六、七名の門生を紹介したと伝わっている。ただし、闇斎が正式に塾を開いたのは一六五五（明暦元）年とされるので、この間彼がどのように生計を立てていたのかは必ずしも定かではない[47]。また、その二年後の一六五七（明暦三）年に闇斎は伊勢神宮を初参拝したが、この頃より神道への強い関心を抱くようになったといわれる。

一六五八（万治元）年、四一歳の闇斎は初めて江戸に赴いた。その時、常陸国笠間藩主井上政利《まさとし》（一六〇六～七五）や伊予国大洲《おおず》藩嫡子加藤泰義《やすよし》（一六二九～六八）と面会の機会を得た。このことは、一七世紀中頃には諸大名の間でも儒学への関心が高まりつつあったことを示唆している。以後、闇斎は毎年京都と江戸の間を行き来するようになる。

こうしたなか、一六六五（寛文五）年には会津藩主保科正之（一六一一～七三）に招かれ、賓師として遇される。この時、闇斎四八歳であった。すでに述べたように、正之は江戸初期を代表する名君と評され、朱子学に対する造詣も深かった。また何よりも、三代将軍家光の異母弟として家光没後の家綱を補佐し、幕政を武断政治から文治政治へと転換させる諸施策を主導したことが、正之の名声を高めた。正之は闇斎を師と仰いだが、現実の幕政や会津藩政を中心となって担った正之の存在が、闇斎に与えた影響もまた小さくはなかった[48]。

闇斎は、正之が没するまでの九年間、ほぼ毎年正之の許を訪れている。また前述したように、この間『玉山講義附録』『二程治教録』『伊洛三子伝心録』『会津風土記』『会津神社志』などの書物の編纂に携わることで、学問を重視する正之の治世への理解を広く藩内に波及させる役割を演じている。このうち前者三者（「会津三部書」と称される）は、会津藩の教学を示す基本文献として尊重され、後に藩校日新館でもテキストとして使用されることになる。

闇斎の学問はその後、この国の思想史に名跡を留める学統（闇斎学派）を形づくっていく。すなわち佐藤直方（一六五〇～一七一九）の入門が一六七二（寛文一二）年頃（この前年という説もある）、浅見絅斎（一六五二～一七一二）の入門が一六七七（延宝五）年頃、三宅尚斎（一六六二～一七四一）の入門が一六八〇（延宝八）年のことと伝わる。尚斎が入門したこの年、「敬義内外」をめぐって闇斎と佐藤直方・浅見絅斎とが対立するようになるが（これについては後述する）、これは闇斎が亡くなる二年前の事件であった。

闇斎が亡くなったのは一六八二（天和二）年、六五歳のことであった。埋葬の地は浄土宗金戒光明寺で、闇斎の墓は父母・祖父母の墓に隣立している。形式的に仏式の葬儀を施し、戒名を得て埋葬されたが、その時の棺の中は空（闇斎の霊は下御霊《しもごりょう》神社に移された）であったと伝わる。

（2）闇斎の教育思想とその「神儒妙契」傾向

朱子学説の踏襲　山崎闇斎の思想的立場は、「闇斎先生年譜」が闇斎最晩年（六五歳）のときの言葉として、「門人に語りて曰く、我が学朱子を宗とす。…故に朱子を学んで謬る、朱子と共に謬るなり。何の遺憾か之《これ》有らん[49]」と伝えるように、朱子学説に対する徹底した信奉を貫こうとするものであった。その学的態度も、例えば、

夫《それ》敬ノ一字ハ、儒学ノ始ヲ成シ終ヲ成スノ工夫ニシテ、其来ルコト久遠ナリ。天地ノ開キ始《はじまり》シヨリ以来、代々ノ聖人道統ノ心法ヲ伝へ来リ玉フモ、此ノ敬ニ過ズ[50]。

と説かれるように、一貫して「敬」の尊重を要旨とするものであった。さらに、その教授方針についても、

其師説ニ至テハ、講義講録トテ、其辞ヲ一一、国字ヲ以テ之ヲ記シ、互ニ写シ取テ秘本ノ如ク之ヲ蔵シテ、其説ヲ信ゼザル者ニハ、猥リニ是ヲ示サズ。…敬義ノ説ニ従フ人ハ、十人ハ十人、百人ハ百人、幾誰《イクタリ》ニ聞テモ、印シ出セル書画ノ如ク一様ナリ。平生学談ヲ以テ、他門ノ人ニ交ハラズ、唯其同朋ト交ハル而已ナリ[51]。

という記述に見られるように、師説の絶対化、異説への不寛容、学問の閉鎖性・排他性などの評価がしばしば与えら

れている。

では、このように徹底した朱子学信奉者と評せられる闇斎の思想は、本当に朱子学思想の純然たる祖述に終始するものだったのか。ここでは、それを闇斎の教育認識のうちに確認することで、その教育思想の大枠を捉まえることにする。

闇斎の教育認識を論ずるにあたって注目すべきことは、朱子学教育思想の基軸をなした「性」「道」「教」三者の関係に対する纏まった認識を示す言葉が闇斎には残されている、ということである。とくに闇斎は、『中庸』冒頭にこの三者が掲げられていることの意味について、「此れ先ず性道教の名づくる所以を明かにして、以て其の本皆天より出でて、実に我に外ならざることを見ゆ」[52]と述べ、三者とも元来は「天」に由来するものでありながら、しかも個々人の内部に存するものだという理解を示している。ここには、天に由来する「道」が本来的に人間に内在することを説く朱子学の思惟様式を、闇斎がそのまま踏襲したことが示唆されている。

「性」「道」「教」の思想関連　ここで、三者の内実と関係に対する闇斎の認識について、その要点を眺めてみよう。まず「性」について、闇斎は、

> 吾の是の命を得て以て生じて、全体に非ざること莫き者は、性なり。…性を以て之を言へば、則ち仁義礼智と曰ひ、而して四端五典、万物万事の理、其の間に統べらざること無し。…気稟の異なり有ると雖も、而れども其の理は則ち未だ嘗て同じからずんばあらず。此れ吾の性、純粋至善なる所以にして、荀楊韓子の云ふ所の若きには非ず。[53]

と述べ、①「性」とは天命に由来し、万理を具えている、②「性」に基づいて仁義礼智が行われ、またそこには四端・五倫をはじめ、万事万物の原理が統合されている、③気質の相違にも拘わらず、「性」とは純粋至善である、などの認識を示している。この認識はまさしく朱子学の「性」論の祖述そのものといえ、加えて荀子の性悪説、漢の揚

雄の善悪混淆説、唐の韓愈の性三品説などが否定されている点も注目される（朱子もこれらを否定した）。

次に「道」についてであるが、闇斎は「其の天より得て以て生ずる所の者に循へば、則ち事事物物自然に各《おのおの》当に行ふべきの路有らざること莫し、是れ則ち所謂道なり[54]」と、「道」が天命に基づく自然な規範・規準であるとした上で、

蓋し所謂性といふ者は、一理の具らざること無し。故に所謂道といふ者は、外に求むることを待たずして、備らざる所無し。所謂性といふ者は、一物の得ざること無し。故に所謂道といふ者は、人為を仮らずして、周ねからざる所無し[55]。

と説いている。「道」の内在性・充足性、自然性・普遍性を論じつつ、そうした性質の由来が「性」との連続に求められることを説くのである。

さらに、「教」については、「聖人是の道に因て之を品節し、以て法を立て、訓を天下に垂れる、是れ則ち所謂教なり[56]」と、それが聖人によって立てられたものであるとしながらも、「然れども亦未《また》だ始めより人の天より受くる所の者を外にして、強て之を為すにはあらず[57]」という具合に、「教」の内容とは「人の天より受くる所の者」（すなわち「性」）に根ざすものであり、その習得を人々に強制するようなものではあり得ないことが強調されている。闇斎学において「教」の必要が説かれる文脈とは、例えば、

蓋し天命の性、性に率ふの道は、皆理の自然にして、人物の同じく得る所の者なり。人は其の形気の正を得ると雖も、然れども其の清濁厚薄の稟、亦異ならざること能はざる者有り。是を以て賢知者は或は之を過ぎたるに失ひ、愚不肖者は或は及ぶこと能はず。…惟聖人の心は清明純粋、天理渾然して虧闕《きけつ》する所無し。故に能く其の道の在る所に因て、之が品節防範を為して、以て教を天下に立て、夫の過不及なる者をして、以て中を取ること有らしむ[58]。

という主張に認められる。すなわち、人は誰もが「天命の性」を賦与されているが、常人の気質には清濁厚薄の相違があり、それに伴って考えや振る舞いに過不及が生じるため、清明純粋な心を保有する聖人が自然の道理に基づいて「教」を立てたが、その「教」に随うことで常人も中庸の道を実践することが可能となった、というのである。この理解が朱子学の思惟様式に依拠するものであることは、改めて指摘するまでもないだろう。

以上は、闇斎三〇歳頃の著作と伝えられる『闢異』での立論であるが、「性」「道」「教」の意味と関連に対するこの認識の基本的枠組みは、闇斎の生涯を通してほぼ一貫するものであったと評してよい。「性」と「道」との本来的連続と、その連続関係を保持するためのものとしての「教」という認識は、その後も闇斎学の教育思想の基本線を形づくっていたのである。例えば、闇斎が五一歳で著した『仁説問答』での、

蓋し仁の道為る、乃ち天地物を生ずの心、物に即て在り。情の未だ発《おこ》らずして、此の体已に具はり、情の既に発つて、其の用窮らず。誠に能く体して之を存すれば、則ち衆善の源、百行の本、是に在らざること莫し。此れ孔門の教、必ず学者をして仁を求むるに汲汲たら使むる所以なり。其の言に曰たまへること有り、己に克ち礼に復て仁を為す。言たまふこゝろは能く去て己私に克ち天理に復れば、則ち此の心の体在らざること無ふして、此の心の用行はれざること無し(59)。

という主張は、朱子学的体用論に拠りながら「心」の本体に天理を見出し、「情」の已発に伴う私欲を排してその本体に復帰することを孔門の「教」として論ずるものである。ここでは、「理」の内在が「性」よりもむしろ「心」という概念を通して強調されているが(60)、「心」の本体としてある「理」が「道」の根拠であり、その本体への復帰を説くことが孔門の「教」の趣旨だとする認識は、朱子学の「復初」説の論理を踏襲するものといえよう。また、同じく闇斎六二歳の講義記録である『大学垂加先生講義』に伝えられる、「本明《もと》ナル明徳ノ、気稟人欲ノクモリニカヽリタル、其《その》クモリヲ除イテ、ヤツパリ其本ノ明ニスルコトナレバ、ソツトモ人為ハナキゾ。是、其ノ初ニ復ル也(61)」という

言葉も、明確に朱子学の「復初」説を、その論理を忠実に受け継ぎながら説き直したものといえる。闇斎学の教育思想は、その主要な所論から朱子学の痕跡を確認する限り、まさに朱子学の思惟様式に基づいて形づくられていた、と評することができるのである。

「敬」の強調（「敬義内外」説）

以上のように、闇斎学の教育認識が「性」「道」「教」の思想的定位や「復初」説の論理に基づいて構成されている点では、朱子学説を忠実に継承したと見ることができる。だが、実際的な修養の方法については、前述したように、何よりも「敬」がその中核に据えられている点において、朱子学説とは力点を異にする面があったといえる（朱子学の教説では、「敬」があらゆる修養の中核に据えられたわけではなかった。例えば「居敬」は「窮理」と同列に論ぜられた）。

闇斎によれば、「扨《さて》敬ト云ヘルハ何ノ子細モ無ク、此心ヲ鬱《う》乎《か》々《う》々《か》ト放チヤラズ、平生吃《きっ》ト照シツメルヲ敬ト云ゾ」[62]との言葉のように、「敬」とは平生の「心」の在りようとして説かれる。しかもそれは、何事かが起こった時の具体的・個別的な対処法ではなく、「心」を、絶えず活動のエネルギーを湛えた、ゆったりとしなやかな状態に置くことを意味する。しかも、そうした状態が作為的ではなく、自然のものとしてあることと考えられている。そのために闇斎は、

> 抑《そもそも》儒者ノ工夫ハ心身相共ニ全ク養イ持テ、日用人事ヲ外ニセザルコトヲ旨トセリ。…故ニ孔子曰ク、「君子ハ敬セザル無キナリ、身ヲ敬スルヲ大ト為ス」ト云ヘリ。朱子之ニ則リテ、小学ニ於テ敬身ノ一篇ヲ書ケリ。皆是《みなこれ》心身一致ノ工夫ナルコト見ル可シ。身トハ何ゾヤ。口鼻耳目頭手足也。…終日心ノ出入スル処也。心ハ家ノ主人ノ如シ。[63]

と説いて、「敬」が「心身一致の工夫」であることを強調する。それゆえ闇斎は、例えば『易経』の「君子は敬以て内を直くし、義以て外を方にす、敬義立ちて徳孤ならず」[64]との文言を、「内」とは心身を包括した自分自身であり、

「外」とは外的世界だと解したのであった。修養論の根本に関する闇斎の解釈では、「敬」でもって心身を確立し、「義」をもって他者と交わっていくことが強調されたのである。

だが、この所論（「敬義内外」説）が闇斎と門人との対立を招くことになった。例えば浅見絅斎は、「内は心を謂ふ、外は事物を謂ふ。敬は則ち心を守るの道にして、義は則ち心の制、事の宜なり。内を直くすとは、心の本躰を正して邪曲無きなり。外を方にすとは、事に処し物に接して各《おのおの》其の宜しきを制して截然方整なり」(65)と述べ、「内」を「心」とし、「外」を具体的事物と接する場面と捉えている。焦点となったのは、「内」を「心身」とする闇斎と、これを「心」に集中させる絅斎との対立であった（もう一人の有力門人佐藤直方も、絅斎と同様の立場であった）。絅斎も、「心身」が相即の関係にあることを認めるが、しかしそれはあくまでも「心」が「身」を主宰することを前提とする理解であった。

両者とも『易経』の「敬義内外」の正統的解釈に従って、「内」は主宰者としての「心」、「外」は統括されるべき「身」とする認識は共有されていた。ただし、闇斎はこの解釈に加えて、「内」を自己（「心」と「身」と相即の自己）とし、「外」を他者とする認識を説いていた。闇斎にとって「身」を統括する「心」は、自己と他者との関係のありようを律する「心」でなければならなかった。そこには「敬義内外」の趣旨を、「心」の確立とは他者との繋がりにおいて果たされねばならない、と解する闇斎の問題認識があった。「心」と「身」との関係についての闇斎の論点は、「身」に対する「心」の主宰性の確立という次元を超えて、「敬」をもって確立された自己が自己一身の世界に閉じ籠もらず、周囲の人々に積極的に働きかけて世界を変えていくことにあったのである(66)。

垂加神道の創唱（神儒妙契）

こうして、闇斎には早くから「心」を自己中心的なものから解放しようとする姿勢があったが、これが闇斎学を神道に接近させ、結合させる要因ともなった。そこには、「心」の意義を禅の教説（個人の解脱を説く）を乗り越えた地点にて理解しようとする闇斎の意図が介在した。闇斎は、自身の塾を開設した一六五五年、すでに神道に関する述作（「伊勢太神宮《いせのおおみかみのみや》儀式序《ぎしきじょ》」）を著していたが、その後一六七一（寛文一一）年には吉《よし》川惟足《かわこれたる》（一六一六～九五。京都の萩原兼従から吉田神道の奥義を授かる。紀州藩主徳川頼宣、会津藩主保科正之らの信任をえて一六八二〈天和二〉年幕府神道方となり、吉川神道を確立）から吉田神道の伝を受け、「垂加霊社《すいか》」の号を授けられた。闇斎の神道説は、「神代巻《かみよのかん》」（『日本書紀』巻一、巻二）と「中臣祓《なかとみのはらえ》」（朝廷で催された大祓《おおはらえ》の祝詞。代々中臣氏が司る役目なのでこう呼ばれた。平安中期の法典『延喜式』巻八に所収）の再解釈に基づいて構成されたもので「垂加神道」と呼ばれる。

闇斎は、日本の「古伝承」の中に朱子学説と相通ずる所論を発見する。例えば、「理一分殊」という原理は、八百万とされる日本の神々が一つの神の多様な顕現であることを示すものと読み解かれた。また、「一」なる太極が陰陽・五行を経て万物を生成する動向は、「神代巻」に描かれた「天神七代」（国常立尊《くにのとこたちのみこと》が「一」なる神、国狭槌尊《くにのさつちのみこと》、豊斟渟尊《とよくむぬのみこと》、涅土煑尊《ういじにのみこと》・沙土煑尊《すいじにのみこと》〈対偶神、二神で一代〉、大戸之道尊《おおとのじのみこと》・大苫辺尊《おおとまべのみこと》〈対偶神〉、面足尊《おもだるのみこと》・惶根尊《かしこねのみこと》〈対偶神〉が「五行」に相当する神、伊弉諾尊《いざなぎのみこと》・伊弉冉尊《いざなみのみこと》が「陰陽」に相当する神）の誕生として解釈された。日本の「古伝承」と朱子学の「陰陽五行説」とに同様の原理的展開が認められることは、まさにこの世界が一つの起源に由来することを意味するものであった。

闇斎にとって、朱子学の説く「理」は、天地宇宙のすべてを規定し、人間社会のすべての営みの規範となる原理であった。それゆえ、中国の正史に描かれていない神々の物語が、『日本書記』（神代巻）に記されたり、中国の祭祀と異なる儀式が日本の神社で行われたりしたとしても、それは普遍的な「理」の具体的な現れなのであった。さらに、「抑《そもそも》我が神代の古や、猶を三皇の世のごとく、神武の皇図や、猶を唐堯の放勲のごとし」(67)との所説に象徴されるように、闇斎には、神代から神武天皇の即位を経て古代国家を成立させた日本古代史の歩みを、神秘的な「三皇」（伏羲〈民に漁猟・牧畜を教える〉・神農〈民に農耕を教える〉・女媧〈結婚の制度を定める〉）の時代から伝説的存在である「堯舜」を経て「三代（夏・殷・周）」の治世を迎えるに至った古代中国の歴史展開に比定させ、それぞれの歴史的事跡と意義とを併行させながら論じようとする思想態度が見られた。

以上のように、闇斎は、神道と儒学とはそれぞれに固有の領域をもち、別々の経路を辿って発展してきたことを認めるものの、本質的には一つのものであるかのように渾然と機能していることを強調する。そして、この国の現実世界に生きる人間にとって、朱子学が実践可能となるのは、この「神儒妙契」の理解に徹することを通してであるとする点に、闇斎学の最も重要な特質があったと認められる。これは実質的には朱子学の修正と見るべきかもしれないが、闇斎にとっては、この立場を貫くことこそが朱子学の神髄に迫ることを意味したのであった。

第四章　脱朱子学・反朱子学の教育思想

前章に見たように、江戸初期の思想史は朱子学の積極的な受容動向を基軸としてこれを捕捉することができる。だが注意すべきは、朱子学とは極めて広範囲にわたる（天地の生成から人の日常生活に至る）所論から構成される思想体系であり、江戸の儒者たちは必ずしもその体系全体をすべてそのまま受容したわけではない、ということである（そもそも膨大な思想内容を包摂する朱子学説には実に多彩な解釈が与えられ得るため、その解釈に定形なるものが存在するわけでもない）。加えて、儒家神道という言葉に集約されるように（上述した林羅山の「理当心地神道」や山崎闇斎の「垂加神道」に代表される）、江戸初期において、朱子学はこの国における神道教説の形成と連動しながら受容された。それゆえ江戸朱子学の思想内容を理解するには、神儒一致という思想史文脈を前提としなければならない。むしろ、江戸時代における朱子学の受容とは、絶えず神道との合体という手法にて推し進められていた、というべきかもしれない。そうした思想動向を踏まえつつも、江戸時代の儒学史において、その主軸を形成した思想が朱子学であったことは疑う余地がない。

　だがその一方で、江戸初期の儒者のすべてが朱子学説を歓迎し、朱子学説をもって儒学の本体と理解したわけではなかった、ということにも注意を払う必要がある（ただし、そうした「脱朱子学」や「反朱子学」と評すべき立場を表明した儒者たちも、その学的営為の起点は挙《こぞ》って朱子学への取り組みであった）。そのことを踏まえつつ、ここでは朱子学思想の超克を目指したと評することのできる儒者たちの思想的営為を、とくにその人間形成論に着目しながら追っていくことにする。

1　中江藤樹――儒学の「心学」化傾向

（1）藤樹の足跡と学問形成

中江藤樹は、一六〇八（慶長一三）年に近江国の農家（元来は郷士の家と推定される）の子として生まれる。一六一六（元和二）年九歳のとき、米子藩士であった祖父徳左衛門吉長の養子となる。[1]米子に移った藤樹は、その頃より文字を学び始める。穎敏で覚えが早く、祖父の書翰の用をすべて代行したと伝わる。翌年、転封で伊予国大洲に移った後も学習が進み、周囲からの評価を得ていた。

その後、一六二二（元和八）年に一五歳で元服するが、同年祖父が死去したためその家督を継ぎ、これ以後脱藩して近江に帰る二七歳までの期間を伊予国大洲藩士（二五歳からは支藩の新谷《にいや》藩に属した）として過ごした。その間、郡奉行として実際の治政に従事するとともに、学問にも熱心に取り組んだ。ただし当時の大洲藩は尚武の気風が濃密であったため、例えば藤樹一七歳のとき京都から禅師が来藩して『論語』講義を行ったが、藤樹以外にこれを聞く者がいなかったと伝わる。それゆえ、若き藤樹は『四書大全』を通して朱子学の独習に努めるが、それも周囲の目を憚って深夜に行っていたという。

藤樹の志学への契機は、一一歳のときに『大学』を読んで聖賢の道を目指すに至ったことにあった。純然たる儒官ではなく、治世に携わる一藩士として儒学に取り組んだ彼にとっては、封建社会の現実の中に学問の有用性を見出すことが課題であった。だが藤樹の信ずる儒学の教説は、必ずしも現実社会に適合・通用できるものではなく、それゆえ彼は絶えず同輩から「孔子殿キタリ玉フ」と嘲笑されていた。それだけに一層、藤樹の学問は、単なる読書や知的鍛錬に止まるのではなく、まさに現実社会での道徳実践を志向する傾向を強くした。一六三一（寛永八）年、藤樹は「林氏剃髪受位弁」を著して、林羅山とその弟信澄が僧位の法印に叙せられ剃髪したことを批判する。[2]これは、林家学が「博物洽聞《こうぶん》（もの知り学）」に陥っていることへの批判でもあり、裏返しにいえば、学問が「明徳親民の実学」であるべきという自身の立場表明でもあった。

この頃、藤樹は母親を大洲に迎えようとして近江に帰省しているが、老母はこれを欲しなかった。そのため、二七歳のとき母親への孝養を理由に藩に致仕を願い出るが許されず、脱藩に踏み切る。ただし、脱藩の理由については、母親への孝養とともに、武断派が勢力を有する大洲藩において儒学を講ずることへの限界と煩悶があった、との見方もある。帰郷直後の藤樹は、酒を売って生活の糧としたり、刀を売って買った米を農家に貸し付けたりなどして、辛うじて生計を賄っていた。

当時の藤樹にとっての学問的課題は、自らが信奉してきた朱子学の「修己治人」の教え、すなわち個人的修養がそのまま社会的・政治的実践に連なるとする教説が、現実社会に受け容れられなかった体験を、どう乗り越えるかということに据えられていた。そのため藤樹は、『易』を中心とする「五経」の研究に没頭するようになる。それは、藤樹が朱子学の合理主義から離脱して、神秘的・非合理的なものに関心を寄せていったことを意味する。易学の講師や書物を求めて京都に出かけたのも、この頃のことであった。京都では旧知の大洲藩士と論談する機会にも恵まれた。

一六三七（寛永一四）年、三〇歳のとき、藤樹は伊勢亀山藩士高橋氏の娘久を妻に娶る。やがて久との間には二男に恵まれる（後に継室との間に一男あり）。久は老母とはうまく折り合わなかったようだが、藤樹には献身的に尽くしたといわれる。この翌年には、近郷の人々で藤樹の教えを求める者が現れたり、伊予の頃からの知友が来学したりするようになる。後に藤樹書院と呼ばれる学塾は、こうして開設されたのである（「藤樹先生年譜」には、寛永一六〈一六三九〉年、藤樹三二歳の記事として「春《はる》藤樹規並《ならび》ニ学舎座右銘ヲ作テ諸生ニ示ス」[3]とある）。その学則「藤樹規」は、朱熹の白鹿洞書院の学規を参考に学問の主旨を示したもので、記誦詞章の学問を排し、道徳実践の力行が強調された。

帰郷後の藤樹の学問的成果は、『翁問答』（三三、四歳の著作。一六四三〈寛永二〇〉年に出版されるが、藤樹は内容に不満があったため破棄させる。今日に伝わるのは「慶安三年〈一六五〇〉本」）や『孝経啓蒙』（三四、五歳の著作）に凝縮されている。それは、若き頃から朱子学を信奉しながらも、朱子学説と封建社会の現実との乖離に苦しんだ藤樹が導き出した、一つの回答であったといってよい。その思想内容については後述するが、そこで展開された所論は、儒学の世界では伝統的に親子間の道徳概念と理解されてきた「孝」を再構成し、これを天地宇宙の根本原理とするものであった。しかも「孝」は、天地宇宙を包括する原理であるとともに、すべての人間の内面に具わっているものとされ、それゆえ学問の趣旨は自身の「心」に具わる孝徳を明らかにすることにあるとされた。このような所論には、天地宇宙の根本原理を「心」の問題に還元しようとすることにおいて、すでに陽明学的な思想傾向が含意されていた。それはまた藤樹が、儒学の役割を現実の社会的実践よりも、個人の内面的修養に求めようとする方向に転換させたことを示唆するものでもあった。

一六四一（寛永一八）年、熊沢蕃山が藤樹への入門を請う。このとき藤樹三四歳、蕃山二三歳であった。蕃山は一六歳のときに岡山藩池田光政に仕えたが、五年にして致仕し、近江の祖母の実家に身を寄せていた（この四年後、再び岡山藩に出仕する）。後世、日本陽明学派の代表的儒者と評される二人の運命的な出会いであったが、このとき藤樹は蕃山の入門を許さず、蕃山は繰り返し藤樹に入門を願い出てようやくこれを果たした。しかし入門後は、藤樹と蕃山とは互いを認め合う関係を取り結ぶに至ったといわれる。藤樹の没後、蕃山が岡山城の西の丸に藤樹の位牌を祀ったこと、藤樹の三人の遺児や門人を岡山藩士に召し抱えたこと、などはよく知られた逸話である。

以後、藤樹門下に集う門人が次第に増え、藤樹の学問も『孝経』や『詩経』などの講究を通して、一層の深まりを見せていく。そうして一六四四（正保元）年、藤樹は三七歳のときに『陽明全集』を入手し熟読する。これにより藤樹は、信奉する朱子学からも道徳実践上の実効が得られず、学問に対する疑念を募らせてきたものが、一挙に解消されたと述懐する。とくに、「致知」の「知」を「良知」とする王陽明の思想に啓発される所が大であった、というのである。ただし、以上に概観したように、藤樹の学には元来強烈な道徳実践志向があり、また「孝」の思想を通して人間の内面的な「心」に道徳実践の指標を求めようとする傾向があった。その限りにおいて、藤樹は『陽明全集』との出会いを通じて俄に陽明学者に転じたというよりも、むしろそれ以前から藤樹の思想内部に存した陽明学的志向が同全集によって覚醒させられたと見るべきであろう。

これ以後、藤樹はその陽明学の理解に基づいて、改めて『大学』の講究に努め、『大学考』や『大学解』を著す。また、『中庸解』『論語解』など四書の注釈作業も展開する。こうして晩年の藤樹が陽明学説に「道」を見出したのは、内面の「心」の主体性を確保しながら儒学道徳の社会的実践を試みようとする、彼の一貫する思想的課題が自覚されていたからだといえる。晩年の藤樹が、仏教の解脱の境地を肯定的に理解したのもこのことと無関係ではない。儒仏一致の思想傾向は、藤樹四〇歳のとき（一六四七〈正保四〉年）に刊行された『鑑草』に顕著である。ただし、藤樹晩年の唯心論的傾向は、「心」と社会的道徳実践の統一を目指すというよりも、むしろ道徳実践の内実を社会の現実から切り離して「心」に帰属させようとするものであった。儒学を「心学」として江戸社会に定着させる一つの形を、ここに見出すことができる。藤樹の死去は四一歳の一六四八（慶安元）年のことで、この年の春に「藤樹書院」が落成したばかりであった。藤樹という呼称は、彼が書院の庭にあった藤の樹の下で学を講じたことに由来するといわれる。

(2) 陽明学と藤樹学

一般的に、藤樹は初め朱子学を信奉したが、後に陽明学に転じ、日本における陽明学の始祖になったと理解されている。また、その転機は三七歳のときに『陽明全集』を入手したことにあったといわれている。だが、藤樹の思想遍歴を単純な直線系列で理解することはもちろん、藤樹学の到達地点を安易に陽明学と評することにも、慎重を期すべきである。以下、陽明学を視座に据えながら藤樹学の主要な学説を吟味することで、その思想構造や思想的特質を概述する。

陽明学の思想的立場を象徴する用語の一つに「心即理」がある。これは、朱子学の説く「性即理」と対比させられるもので、「性即理」が万物の原理たる「理」の人間本性への内在をいうのに対し、「心即理」とは「理」を生み出す「心」の主体性を強調するものである。朱子学において、「性」と「理」とは一体であったが、「理」の宿る場所としての「心」は身体の一部でもあるため、「心」から情欲が発生する可能性が残されていた。それゆえ、朱子学には「心」と「理」とを二つに分ける思考様式が存在した。それに対し、陽明学では「理」は「心」を離れては存在せず

（例えば、親への孝の心があって、そこに孝の理が生ずる）、両者は本来的に相即不離とされた。また「理」の概念も、朱子学では「万物の存在原理」とされたが、陽明学では単に「行為や思想の正しいあり方」と考えられ、朱子学の形而上学的理解とは距離を置いていた。つまり、朱子学の「性即理」が形而上学的な命題であったのに対し、陽明学の「心即理」は善悪是非を弁別する行為主体への実践的要請という意味合いをもつものであった。

陽明学におけるこうした実践的性格は、「知行合一」というもう一つの命題にも如実に反映されている。すなわち、「心」と「理」とが相即不離であるように、「知」と「行」も合一の関係にある、というのが陽明学の根本認識なのであるが、その合一とは「行」の範囲を拡大し、「知」を「行」に包含させる形での合一を意味した。それゆえ、それはいわば一つの理論として立てられた命題というよりも、むしろ強烈な実践的意図に基づいて形成された教説であった。

さらに、そうした行為実践を要請する陽明学の中心的所論として知られるのが「致良知」であった。「致良知」とは、元来『大学』のいわゆる「八條目」の中の「致知」を「良知を致す」と読む陽明学の解釈として示されたものである。朱子学が「致知」を万事万物の「理」を窮め知ると説いたのに対し、陽明学はこれを「良知」（心の本体）の働きを十全に発揮して行為の中に実現すると解釈した。朱子学の主知主義的な所論を、陽明学は実践尊重の思想として読み替えたのである。陽明学によれば、「良知を致す」ことができれば、「心」と「理」とは分裂せず、「知」と「行」も合一すると考えられた。それゆえ、以上の三つの命題（「心即理」「知行合一」「致良知」）の相互連関に、陽明学の最も基本的な思想構造を読み取ることが可能なのである。(4)

（3）藤樹の教育思想

「孝説」の提唱

では、藤樹はこれら陽明学の基本思想をどこまで継承していたのか。上述のように、藤樹が本格的な陽明学説と出会うのは三七歳以後のことであるが、その時点までの藤樹思想のエッセンスを敢えて一つの概念として取り上げるならば、それは「孝」と評することができるだろう。藤樹の「孝説」とは、いわば朱子学が天地万物の根本原理とした「理」を「孝」の概念に置き換え、社会的な道徳実践の根拠に心の内面に存する

「孝」の道理を据えようとするものであった。すなわち、藤樹は『翁問答』の冒頭にて、

> われ人の身のうちに、至徳要道といへる、天下無双の霊宝あり。…此宝は上《かみ》天道に通じ、下《しも》四海にあきらかなるもの也。しかるゆへに、此たからをもちいて、五倫にまじはりぬれば、五倫みな和睦して、うらみなし。神明につかふまつれば、神明納受《のうじゅ》したまふ。天下をおさむれば、てんかたいらかになり、国をおさむれば、国おさまり、家を斉《とゝのゆ》れば家とゝのをり、身にをこなへば身おさまり、心にまもれば心あきらかなり。(5)

と述べ、人はその身の内部に天下無双の霊宝を保有することを強調した上で、この宝こそが天地のあらゆる存在と営みを通貫するとともに、天下国家の平安から個々人の心身の修養に至るすべての営みを規定するものと説いている。さらに、

> このたからは天にありては、てんの道となり、地にありては、地のみちとなり、人にありては、人のみちとなるもの也。元来名はなけれども、衆生にをしへしめさんために、むかしの聖人、その光景をかたどりて、孝となづけ給ふ。(6)

と説いて、この宝はあらゆる「道」（天道・地道・人道）の根拠となるものとするとともに、聖人がこの宝を「孝」と名づけたと論ずる。そうして、

> 此宝《たから》をすてゝは人間の道たゝず、にんげんのみちたゝざるのみならず、天地の道もたゝず、天地のみちたゝざるのみならず、太虚の神化もおこなはれず、太虚（天地宇宙もその中に包摂される無形かつ広大無辺の空間）、三才（天・地・人のこと）、宇宙、鬼神、造化、生死、ことごとく、此たからにて包括する也。このたからをもとめまな

ぶを、儒者の学問といふ。(7)

と述べて、この「宝」（すなわち「孝」）を求め学ぶことこそが儒者の学問だと強調するのである。

こうして藤樹は、「孝」という観念に従来の一般的理解をはるかに超越した含意を与えていく。その一つは、「孝」に、親への孝行という理解を超え出た、根源的にして包括的な意味を与えたという点である。すなわち藤樹は、

元来孝は太虚《たいきょ》をもつて全体として、万劫《まんごう》をへても、おはりなく始なし。孝のなき時なく、孝のなきものなし。…かくのごとく、広大無辺なる至徳なれば、万事万物のうちに、孝の道理そなはらざるはなし。就中《なかんずく》人は天地の徳、万物の霊なるゆへに、人の心と身に孝の実躰、みなそなはりたるにより、身をたて道をおこなふをもって、功夫の要領とす。身をはなれて孝なく、孝をはなれて身なきゆへに、身をたてみちをおこなふが、孝行の綱領なり。(8)

と述べ、「孝」の全体性と普遍性を強調しながら、それが万事万物の内在的原理であるがゆえに、とりわけ万物の霊たる人間にとって、存在的にも実践的にも相即不可分であることを説いている。

「孝説」と「皇上帝」信仰

さらに、こうした藤樹の「孝説」を特徴づけるものに「皇上帝」信仰(9)を挙げることができる（「皇上帝」のことは、「上帝」とも「太虚神明」とも語られる）。皇上帝とは、万物を生み出す造物主であり、万物を主宰する主宰者であるとともに、人々の行動を監視して善悪の応報を加える存在と理解された。それゆえ皇上帝信仰は、天命（皇上帝の命）を畏れるという宗教的態度でもって自己の「心」を内省し、絶対的なるものへの悟りを開くという態度に結びつけられた。藤樹の説く「孝」に、父母や祖先への奉仕という含意をはるかに超えた、高度な原理性と包括性が与えられたのは、その基底に皇上帝への崇拝が据えられたからに他ならない。藤樹の、

わが身は父母にうけ、父母の身は天地にうけ、てんちは太虚にうけたるものなれば、本来わが身は太虚神明の、

分身変化なるゆへに、太虚神明の本体をあきらかにして、うしなはざるを身をたつると云也。太虚神明のほんたいをあきらめ、たてたる身をもつて、人倫にまじはり、万事に応ずるを、道をおこなふといふ。かくのごとく身をたて、道をおこなふを、孝行の綱領とす。(10)

という言葉は、「孝」の根源が「太虚神明の本体」（皇上帝）に存する、とする彼の認識を明示している。また、次の言葉に象徴されるように、そこには皇上帝を中核に据えながら儒学・神道・仏教を包容的に理解しようとする藤樹の姿勢が見え隠れする。彼の、

天神地示《てんじんちぎ》は万物の父母なれば、太虚の皇上帝は人倫の太祖にてまします。此神理《しんり》にて観《みれ》ば聖人も賢人も釈迦も達《だる》磨《ま》も儒者も仏者も我も人も、世界のうちにあるとあらゆるほどの人の形有《ある》ものは、皆皇上帝天神地祇《てんじんちぎ》の子孫なり。さてまた儒道はすなはち皇上帝天神地示の神道なれば、…我人《われひと》の大始祖の皇上帝、大父母の天神地示の命《みことのり》をおそれうやまひ、其神道を欽崇《きんそう》して受用するを孝行と名づけ、又至徳要道と名づけ、また儒道と名《なづ》く。(11)

なる言葉がその姿勢を物語っている。ただし、「夫《それ》人間は迷悟の二《ふたつ》にきはまれり。迷《まよひ》ときは凡夫なり。悟《さとる》ときは聖賢、君子、仏、菩薩なり。その迷《まよい》と悟《さとり》は一心にあり。人欲ふかく無明《むみよう》の雲あつく心月のひかりかすかにして、やみの夜のごとくなるを迷《まよい》の心と云なり。学問脩行《しゆぎよう》の功つもりて人欲きよくつきて、無明の雲はれ心月の灵光《れいこう》あきらかにてらすを悟《さとり》の心と云(12)」という所論に象徴的に描出された心学的態度は、藤樹の思惟の枠組みにすでに陽明学的傾向が内包されていたことを示唆するものと見られよう。

「孝説」と「時処位論」　藤樹の説く「孝」が、従来の一般的理解とは異なるもう一つの点は、「孝」をすべての人間にとっての根源的な徳としながら、その具体的実践のありようが身分によって異なることを論じた点にある。すなわち藤樹は、

親には愛敬の誠をつくし、君には忠をつくし、兄には悌をおこなひ、弟には恵をほどこし、朋友には信にとゞまり、妻には義をほどこし、夫には順をまもり、かりそめにもいつわりをいはず、すこしの事も不義を働かず、視聴言動みな道にあたるを、孝行の条目とする也[13]。

と述べて、五倫の各徳目を「孝」の条目として理解する。これはいうまでもなく、「父子有親、君臣有義、夫婦有別、長幼有序、朋友有信」（『孟子』滕文公章句上）との教説を基調とする伝統的な五倫観（父子・君臣・夫婦・長幼・朋友に、親・義・別・序・信の徳目が配当される）とは異なる認識に立つものといえる。しかもその上で藤樹は、

人間尊卑の位に五だんあり。天子一等、諸侯一等、卿太夫一等、士一等、庶人一等、すべて五等也。…孝徳は同一体なれども、位によつて、事に大小高下あるゆへに、そのくらゐ〳〵の分際相応の道理を、後世凡夫のために、分弁をときあきらめ給ふ[14]。

と、「孝」の具体的なありようが、身分差に応じて異なることを説き明かしている。例えば、天子の孝行は「愛敬の孝徳を、天下に明にする」、士の孝行は「かりそめにも二心なく、わが身をすてゝ、君を愛敬する心をうしなはず、それぞれの職分を、よくまもりつとめ」る、庶人の孝行は「その所作をよくつとめ、おこたらず、財穀をたくわへ、むざとつかひ費《ついや》さず、身もち心だてよくつゝしみ、公儀をおそれて法度にそむかず、…父母のうけよろこばるゝ様にもてなし、よくやしなふ」などと説かれている[15]。

藤樹が、「孝」の具体的実践を身分差に基づいて説いたことについては、いわゆる「時処位論」との関連が指摘される。藤樹は、人の行為実践とは時期（時）・場所（処）・身分（位）の三つの条件を考慮して行われるべきことを説いた。すなわち藤樹は、

> 儒書にのする所の礼儀作法をすこしもちがへず、残所《のこるところ》なく取おこなふを、儒道をおこなふとおもへるは大なるあやまりなり。…其おこなふ所時《とき》と処《ところ》と位《くらい》とに相応適当恰好の道理なくば、儒道をおこなふにはあらず。異端なり。そのおこなふ所時《とき》に相応適当しても、その心に名利の私《わたくし》あるはにせもの、小人と云ものにて、君子の儒にあらず。[16]

と述べ、「道」を行うとは、聖人の心を学び、それを時・場所・地位とに規定される現実的場面において、柔軟かつ活発に実践することだと強調する。とくに「位」について藤樹は、上述のように天子・諸侯・卿太夫・士・庶人の五等の相違があることに注意を促している。「時処位」という論理は、儒学の道徳説が必ずしも江戸社会の現実に適合し得ないことを示唆しているが（儒学は普遍的な道徳を説くが、江戸社会では道徳の具体的ありようが身分差に応じて規定される）、この問題を藤樹は、道徳の具体的実践を「心」に依拠させることで乗り越えようとした（「心」は万人に共通）。この意味での「心学」的傾向においても、すでに藤樹学には陽明学と近接する傾向があったと見ることができる。

「致良知」説の高唱

なお、藤樹の最晩年の思想について一瞥を加えると、それは「致良知」に関する彼の理解に凝縮されている。その理解とは、端的にいえば、上記の「孝」を「良知」に置き換えて思想の中心に定位しようとするものであった。『孟子』に典拠をもつ「良知良能」という言葉は藤樹の『翁問答』にも見えるが、人間に内在する「良知」を「致す」という積極的な人間形成論の発見は、まさに陽明学説との出会いが契機となっていた。ただし、元来の陽明学において、「良知」とは主観的な「心」と客観的な「理」との不可分な関係を前提とするもので、それゆえ「致良知」とは客観的事物と関わる実践行為の中で「心」の作用を十全に発揮することを意味した。それに対し、藤樹において、「良知」とは「心」の作用というよりもその本体とされ、「致良知」も「知ルハ聞見ノ知ニ非ズ、心上ニ於テ本体ヲ明《あきらか》ニトメ知ルヲ云」[17]との所論のように、社会との関係を切り離された、心上での本体知と理解された。藤樹は、陽明学説のキーワードというべき「心即理」なる言葉を自身の所論には使用していないが、藤樹にとっては、「致良知」の趣意が広く了解されるなら、敢えて論争的な「心即理」という所説を唱える必要はなかったのかもしれない。

晩年の藤樹が『大学』の再考察に努めたことは、すでに述べた通りであるが、藤樹は「致良知」の関心からいわゆる「八條目」の趣意を説き直している。すなわち藤樹は、

> 物ハ事也。洪範ニ所謂貌言視聴思ノ五事是レ也。格ハ正也。其ノ不正ヲ正シテ、而シテ其ノ正ニ復《かへ》ルノ義也。…知ハ下愚ニシテ而モ息マザルノ天機、孟子ニ所謂良知此レ也。致ハ至ル也。五事、良知ヲ離レザルヲ之レ致知ト謂フ。致知之功ハ、格物ニ在リ。格物之主宰ハ、良知是レ也。是ノ故ニ格物之外、致知之工夫無ク、致知之功ハ格物ニ在リ。(18)

と述べ、「良知」をもって「格物」と「致知」とを接合させる所論を示している。「五事」(『書経』洪範篇に記された「貌」〈容儀〉・「言」〈詞章〉・「視」〈観正〉・「聴」〈是非を察す〉・「思」〈心慮所行〉のこと)を正す「格物」の結果、「良知」へと到達することが「致知」の含意だとするのである。さらに、

> 五事ノ善悪是非ヲ知ルハ良知ナリ。良知ノ知ルトコロヲ主トシテ五事ノ非ヲ格《ただ》スハ、格物ノ工程ナレバ、物ヲ格ストキハ、脩身・正心・誠意・致知ノ功一斉ニ其中ニ在《あり》ヌ。…格物脩身名ヲ異ニシテ、其実ハ差別ナキヿヲ示ス所ナリ。格物脩身ノ義広イ哉、大ナル哉。一言一動一飲一食ヨリ天下ヲ平ニシ国ヲ治メ家ヲ斉《ととのふ》ルニ至ルマデ皆事ナリ。其事ノ非ヲ正スハ格物脩身ナリ。天下平《たいらか》ニ国治マリ家斉ルハ皆格物脩身ノ効ナリ。(19)

との所論に示されるように、「格物」が「修身」のみならず、「斉家」「治国」「平天下」へと至る「八條目」のすべてに推し及ぶ根源的営為であることが強調されている。この所論が、「良知」と「格物・致知」との一体化に基づいて組み立てられたものであることはいうまでもない。これに加えて藤樹は、

蓋シ天下ノ事万端ナリトイヘドモ五事ヲ離レズ。五事ナキ時ハ天下ノ万事息ム。五事ハ万事ノ根本、善悪ノ枢機也。故ニ五事皆《みな》良知ニ率《したがっ》テ天下ノ事善ナラザルハナシ。五事皆《みな》良知ヲ離レテ天下ノ事悪ナラザルハナシ。…天道ハ五行ヲ以テ本トシ、人道ハ五事ヲ根本トス。(20)

と、上述の「五事」を「良知」に依拠させることが天下の万事を善たらしめる根本だと説く。その意味で、天道が「五行」（木・火・土・金・水）から成り立つように、人道が「五事」から成り立つ（「五事」が「良知」に誘われて万善が生ずる）とまで高唱するのである。

以上、藤樹は若き頃より、儒学を社会的実践の学問と理解したり、その学問態度として内面的な「心」を重視したりする姿勢を見せていたことにおいて、その思想内部に陽明学的傾向を内包させていた。それはやがて「孝」の思想として体系化され、さらに陽明学説との出会いを通して「致良知」を基軸とする学問体系へと再構成された。その思想における唯心論的傾向に着目して、藤樹を陽明学派と称することは一定程度許容されるにせよ、彼の思想的営為の到達地点が必ずしも陽明学説と完全に重なり合うものでなかったことには注意を要するであろう。

藤樹の教育者像とその問題

最後に、藤樹の教育史上の事績としては、何よりも藤樹書院における教育活動を挙げねばならない。藤樹書院には、大洲藩士や近郷の人々など様々な出自の門人が学んだ。そこでの教育方針は、藤樹の講義だけでなく、一同による討習・議論を重んずるものであったと伝わる。藤樹の教育事蹟としてよく知られているのが、伊予から来学した大野了佐（生没年不詳）への対応である。了佐は医者になることを希望したが、学力に問題があり勉学が進まなかった。そのため藤樹は、膨大量の医書を読破して、了佐のために『捷径《しょうけい》医《い》筌《せん》』（一六五五年刊）という医書を書き上げた。藤樹は了佐の教育に精魂を傾けたが、他方、周囲から愚昧と見下されつつも懸命に努力を重ねた了佐の姿勢を高く評価した。その結果、了佐は一人前の医師として宇和島で業を営むことができた、というのである。(21) この逸話には、弟子の能力・個性に応じて教育の内容・方法に創意工夫をこらす藤樹の姿勢が、鮮やかに描き出されている。

だが、こうした藤樹自身の教育活動に関する事跡以上に、藤樹の名を教育史上に刻印する役割を果たしたものは、その「近江聖人」としての評価であった。藤樹が「近江聖人」と称された最初の例は宝暦八（一七五八）年刊の河口静斎『斯文源流《しぶんげんりゅう》』といわれるが、この呼称は、むしろ近代日本が再発見した藤樹像でもあった。明治以後、藤樹は孝道の体現者として教科書や児童読物に盛んに紹介されていた。教科書（小学校段階）でいえば、戦前の国定修身教科書の第二期（一九一〇年度から使用）から第五期（一九四一年度から使用）までのものには、必ず藤樹の話が取り上げられていた。そこでは皇国日本の国家理念である「忠孝一致」の立場から、孝道の体現者としての藤樹像が描出され顕彰された。また、「農夫の道案内」（ある武士が農夫に藤樹の墓の所在を尋ねたところ、農夫は快く道案内に応ずるが、そのとき農夫は着物を着替え羽織姿で墓前に参じたというもの）に象徴される逸話を通して、藤樹による徳の感化の偉大さが強調された。だがそれらは、社会実践の根拠を「心」に求めようとする藤樹学の基本的立場と必ずしも合致するものではない。

教育史の中に人物の事跡を探ろうとするとき、従来はともすれば、その人物が生きた歴史文脈を切り離して、後世の価値観を基準にその生涯や思想を評価しようとする手法が採用されがちであった。だが、その手法から捉えられた人物像は、後世の解釈者の都合に応じて切り取られたその実像の断片でしかあり得ない。藤樹については、彼が「近江聖人」と称された理由はどこにあったのか、そして、そこに彼の思想と行跡とがどう反映されていたのかを、改めて歴史の中で検証する必要が認められるのである。

2　貝原益軒——朱子学と古学との狭間

(1)　益軒の生涯

貝原益軒は、江戸前期を代表する儒学者の一人と称せられるが、その高名は儒学に留まらず、医学・博物学・天文学・和学など実に幅広い分野に及んでいる。教育学の領域でも、益軒にはその著『和俗童子訓《わぞくどうじくん》』（一七一〇年刊）に基づいて、「本邦教育学の祖」との評価が与えられてきた(22)。とくに同書にて示された「随年教法」は、この国の教育史上、子どもの発達段階に応じた教育方法を初めて本格的に説いた所論と評せられている。しかし他方で、同書所載の「女子を教ゆる法」は、女子に「七去三従(23)」という封建道徳を説くもので、前近代的な教育論の典型と見なされてきた。では、その益軒とはどのような生涯を辿った人物だったのか。以下でごく簡単に紹介しておこう。

益軒は、一六三〇（寛永七）年に福岡藩の祐筆貝原寛斎（一五九七～一六六六）の五男として生まれる。名は篤信、号は損軒で、致仕後に益軒と改めた。一六四八（慶安元）年一九歳で御納戸方《おなんどかた》として出仕するが、二代藩主黒田忠之（一六〇二～五四）の怒りに触れて二二歳の時に免職となり、これより七年間もの浪人生活を余儀なくされた（その間江戸や長崎で学問の修業を積む）。一六五六（明暦二）年、忠之の跡を継いだ三代藩主黒田光之（一六二八～一七〇七）の命で再び藩に出仕するとともに、翌年より藩費遊学の機会を得て、約七年間を京都にて過ごした。京都では、儒者の松永尺五、山崎闇斎、木下順庵、中村惕斎《てきさい》（一六二九～一七〇二）らと交わった他、医師・本草学者の向井元升《げんしょう》（一六〇九～七七）、黒川道祐《どうゆう》（一六二三～九一）、稲生若水（一六五五～一七一五）らとも交流の機会を得ていた。

一六六四（寛文四）年の帰藩後は、藩内にて儒学の講義や、朝鮮通信使への対応などを任され、さらに佐賀藩との境界問題の解決に奔走するなどの重責を担った。藩命により『黒田家譜』や『筑前国続風土記』などの編纂に従事したことも、重要な足跡であった。益軒の学問も、当時の一般的思潮と歩調を揃えるかのように、朱子学を基調としたが、朱子学の二元論的思惟（「理」と「気」、「本然の性」と「気質の性」との峻別に象徴される）には早くから疑問の念を抱いていた。益軒最晩年の述作『大疑録』には、朱子学徒としての思想的立場を保持しながら、しかし朱子学への疑問を払拭することのできなかった彼の苦悶が滲み出ている(24)。

益軒は三九歳のとき、二二歳年下の妻東軒《とうけん》（名は初。一六五二～一七一四）を娶る。東軒は、儒学に通じる他、詩文、和歌、隷書などにも優れた才女であった。益軒の致仕後は二人で各地をめぐり、益軒の著した巡遊記の多くには、東軒の補筆が加えられたといわれる。上記に紹介した「女子を教ゆる法」の「七去」には、その一つとして「子なき」という項目が掲げられており、しかもこの夫婦は子どもには恵まれなかったが、益軒は東軒と離縁することなく、最晩年に至るまでに仲睦まじい時間を共有していた。

益軒の、当時の思想界にあっての屹立した業績として特筆すべきことは、何よりもその博学とそれに基づく膨大量の著述活動にあった。益軒が著述活動に専念できるようになるのは、一七〇〇（元禄一三）年に七一歳にて致仕を許されてからのことであったが、それ以後彼が著した述作の学的分野は、経学（『慎思録』『大疑録』など）、歴史（『黒田家譜』）、地誌（『筑前国続風土記』）、本草学（『大和本草』）、教訓書（『大和俗訓』『和俗童子訓』『養生訓』など）、事典類（『日本釈名』）など、極めて多岐にわたっている。これらの中でもとくに際立っていたのが、彼が平易な和文で綴った通俗的な教訓書（実用書や学習書の類）であった。後に「益軒十訓」と総称されるようになったこれら一群の教訓書は、多くの大衆読者層から歓迎され、何度も版を重ねるロングセラーとなった。

益軒は、自らの主要な学的活動を儒者一般が取り組んだ経書注釈ではなく、通俗的な実用書・学習書・教訓書の執筆に据えた特異な儒者であった。その意味で、彼は江戸初期から中期にかけての大衆読者層の成立を意識した儒者であり、またそれに伴って発達した商業出版書肆（益軒が著した多くの教訓書は京都の書肆柳枝軒を版元とした）と連携しながら自らの著作活動を展開した儒者であった。益軒独自の学的活動の最も顕著な足跡は、自身の私塾を経営することなく、不特定多数の読書人を学問の世界に誘う役割を果たしたことにあったといえる。益軒は『養生訓』の著者であるに相応しいほどに長寿を誇り、一七一四（正徳四）年八五歳にて逝去した。

（2）益軒の思想的立場

本書では、益軒の思想的立場を、反朱子学ないし脱朱子学の系譜に属するものとして理解しようとする。だがこの理解には、違和感を覚える読者が少なくないかもしれない。実際、益軒の学問が松永尺五・山崎闇斎・木下順庵ら江戸初期朱子学を代表する儒者たちとの交流を通して形成されたことは見過ごすことができない。それゆえ「貝原益軒は日本に於ける朱子学派中の巨擘《はく》なり」(25)と説いた井上哲次郎のような評価もあり得るからである。

だが周知のように、益軒はその最晩年の著作『大疑録』において、朱子学の「理気論」における「理」の本体性への疑問を呈していた。その姿勢はむしろ後述する古学派の立場に対する先駆性を示唆する、と見ることもできる。その『大疑録』の内容を一瞥すると、例えば、

宋儒の論説にして、孔孟と源流相同じくして、孔孟の説を発明するは、是れ宋儒の聖門に功有る所以なり。而るに其の中に亦孔孟の言ふ所と源流同じからざる者有り。無極を以て太極を説き、理気を以て二物と為し、陰陽を以て道に非ずと為し、且つ陰陽を以て器と為し、天地の性気質の性有りと為し、性善の言を説きて曰く、性は即ち理なりの類、此れ皆孔孟の本旨と同じからず。(26)

という具合に、益軒は『太極図説』に基づく世界観や理気二元論、あるいは「性即理」の主張など、朱子学の基底をなす諸学説に対して疑念の視線を投じている。とくに、益軒のこの視線が「孔孟の説」と朱子学説との乖離に向けられている点に、注意が寄せられるべきである。というのも、孔孟思想を基準とする朱子学批判とは、「古学」という学的営為の形成を主導した伊藤仁斎が最も尖鋭に推し進めた手法であったからである。実際、益軒と仁斎との学的立場については、両者の親近性が示唆される主張も認められる。例えば益軒の、

孔門の教を設くるや、孝弟忠信を以て本と為し、学文力行を以て学と為す。平易にして大路の如く然り。愚者と雖も知り易く行ひ易し。…宋儒の学は、太極無極を以て致知の先務と為し、静坐澄心を以て力行の先務と為す。…其の教と為す所は、高深艱険なり。学び難く行ひ難くして入り易からずと為す所以なり。(27)

という所論は、「知り易く行ひ易」いものに「教え」の本質を見出そうとするものであるが、これはまさに仁斎の思想的態度そのものでもあった。だが実際のところ、益軒と仁斎とはほぼ同時代人であり、また益軒の京都遊学中に直接の接触の機会があったにも拘わらず、両者の間には互いの学問観や学的主張において埋められない懸隔が存在した。

益軒が『童子問批語』という仁斎学批判書を著していたことにその懸隔が象徴されている。(28)

周知のように、伊藤仁斎や荻生徂徠らのいわゆる古学派における朱子学批判とは、「理気二元論」に基づく「理」の存在を否定したことに、その最も基本的な立ち位置が認められるものであった。それに対し、益軒は『大疑録』と並ぶ最晩年の著『慎思録』において、

天下理外の事無し。或ひと曰く、天地の間復た理の外に出る者亦多し、理を以て推し測る可からず、と。知らず、此れ理外に出るに非ざることを。惟れ人の理を窮むること、未だ精しからず。故に其の常を知て、未だ其の変を知らざれば、則ち以て天地の理を尽すに足らず。蓋し理に常有り変有り。其の変なる者は常理に非ずと雖も、此れ亦理中の事。天下豈に復た理外の事有らんや。此れ君子の学、理を窮むることを貴ぶ所以なり。(29)

と、天地間のすべては「理」に基づいて捕捉できる、とするような思考様式を保持し続けている（「理」では捕捉できないように思われるものも、実は「理の変」に由来するのであり、その意味で「理中の事」とされる）。前述のように、『大疑録』の中で活発な「理気二元論」批判を展開したにも拘わらず、益軒は「理」の存在そのものは否定せず、いわば理気一体論という枠組みでの理気論を自らの思想的立場の基底に据えるのである。(30)

こうして益軒の思想史的評価については、彼を朱子学者と評することにも、あるいは古学の先駆者と評することにも、慎重さが求められる。ここでは、益軒が朱子学への疑念を吐露した『大疑録』の中においてでさえ、敢えて「蓋し孟子の後、豪傑の士多しと雖も、然れども道を知り教を立つるの人は、但《ただ》当に二程を以て最《さい》と為すべし。其の次は則ち朱子に如《し》くは無し。…然らば則ち後学の人、二程及び朱子に於て、固より貴ぶ可し。信ずる可し(31)」と述べていたように、基本的には朱子学信奉の姿勢を保持しながら、それでも朱子学への盲目的・無条件的信奉を否定していた点に着目し、その意味で「朱子学者でありながら朱子学に疑問を抱いた(32)」儒者として、貝原益軒のことを理解しておく。

（3）益軒教育思想の基本構造

それでは、上述のように朱子学者として微妙な立ち位置にあった益軒の教育認識とはどのような構造を有しており、またそれが朱子学教育思想の基本構造とどのような関係にあったのか。以下、その概要について吟味する（益軒の思想を吟味するについては、主に、その晩年――致仕が認められた七一歳以後――の著述を参照する）。またその際、朱子学の教育思想が「性」「道」「教」三者（『中庸』冒頭の「天命之謂性、率性之謂道、脩道之謂教」という文言に基づく）の概念を基軸として構成されていたことに鑑み、益軒がこの三者の思想内容ならびに思想連関をどう捕捉したのか、に焦点を充てることにする。

「性」に対する認識　まず、「性」に対する益軒の基本認識を確認しよう。その際、朱子学が「性即理」のテーゼに基づいて、人間形成の基盤を「性」（＝「理」）に見出していたことを益軒がどう捕捉したのかが吟味の焦点となる。益軒は「性」について、

性は即ち理とするは、性の字の正解に非ざるなり。中庸にては天命之れを性と謂ふ。言ふこころは天の命ずる所、便ち是れ人の受くる所之《これ》を性と謂ふ。是を正解と為す。性の字他解を用ひずして足れり。…稟受の外、更に性無し。(33)

と述べ、「性」を「理」としてではなく、天命に由来する「稟受」と理解する。それゆえ、「蓋し天下古今の人、只一性あり。天地の性と気質の性とを分析するを要せず(34)」と、「性」を論理上「本然（天地）の性」と「気質の性」とに分ける朱子学の思考様式を否定する。しかし、それではこうして一元論的に捉え返された「性」は、人間形成上どのような役割を果たすのか。それについて益軒は、

人は天地の性をうけて、心に天理を生れつきたれば、其本性はもとより善なり。万物にすぐれ、禽獣にかはれる処こゝにあり。しかれ共《ども》食にあき、衣をあたゝかにき、居所をやすくしたるまでにて、人の道をしらざれば禽獣

にちかし。禽獣ものみくらひ、身をやすくする事は人にかはらず。人と禽獣のかはりは、只天地の性にしたがひて、道を行ふと行はざるとにあり[35]。

と説き、「稟受」としての「性」が、人と禽獣とを分かつ根拠、つまり人の人たる所以の指標であることを強調する。益軒のこの所説は、『孟子』の「人の道有るや、飽食煖衣、逸居して教へ無ければ、則ち禽獣に近し。聖人之を憂ふる有り、契《せつ》をして司徒為《た》ら使《し》め、教ふるに人倫を以てす[36]」という文言との思想的関連を窺わせるが、ここで重要なのは、益軒が「人の人たる所以」を積極的に「性」に見出そうとしている点である（少なくとも『孟子』の当該箇所では、「人の人たる所以」は、「教」に比重が置かれている）。

その意味で、益軒は「性即理」という朱子学の基本認識に疑義を示しつつも、「性」に人間形成の基盤を認めようとする思考の枠組みについては、これを自身の思想内部に保持していた。ただし、益軒が「性」に人間形成の基盤を認めたのは、

およそ人となれる者は、天の大徳をうけて生れ、その心に生れつきたるものあり。名づけて性といふ。是即《これすなわち》天地の万物を生じ給ふ大徳の生理なる故に、性の字心にしたがひ生にしたがふ[37]。

という所論に描出されるように、その稟受が「天の大徳」に由来するという理解を根拠とするものであった。これは、「性」を人間形成の基盤とする理解に関する、朱子学とは異なる益軒学の独自性を指し示している。

益軒の思想には、子と父母との親子関係とともに、それを超えた子と大父母（天地）との関係に、道徳の根源を見出そうとする立論を認めることができる。それは、例えば、

およそ人となれる者は、父母これをうめりといへども、其本をたづぬれば天地の生理をうけて生る。故に天下の

人は皆天地のうみ給ふ子なれば、天地を以て大父母とす。…父母はまことにわが父母なり。天地は天下万民の大父母也。(38)

という主張に明確に描き出されている。人間の本性を「善」と説きつつも、その根拠を「天地」(「天下万民の大父母」)に認めようとする所論は、朱子学とは異なる益軒学の一つの重要な特徴と見ることができるだろう。

「性」と「道」との関係　では、「天の大徳」を根拠として人間形成の基盤と意味づけられた「性」とは、人が履み行うべきものとしての「道」とどのような関係にあると理解されたのか。端的にいえば、益軒は、「性」と「道」とは連続的な関係にあるものと説いていた。すなわち益軒は、

此の性の内おのづから五の徳あり。名づけて五常といふ。…此五常の性は、人の人となれる理にして、人の万物にすぐれて貴く、禽獣にかはれる所こゝにあり。この五の性にしたがへば、五倫の道是より行はれて、人道是によりてたつ。故に天下の道理是より出て、道の本根とす。(39)

と述べて、「性」に「五常」(仁・義・礼・智・信)の徳が内在し、それに従うことで「五倫」(父子、君臣、夫婦、長幼、朋友)の「道」が行われる、との認識を示している。あるいはまた、

易に天地の大徳を生と云といへり。生とは天地の万物を生じてめぐみ給ふ理を云。…天地に有ては生と云。人の心に有ては仁と云。天にあり人にありて其名はかはれども、其理は一なり。(40)

という具合に、外在的な万物生々の営みと内在的な人間の仁心とが、同一同源の天地の大徳に由来するものである、と説いている。

こうして益軒は、明らかに「性」と「道」とが連続的関係にあることを認めている。だが、それは「性」「道」両者を根源的に規定する「理」ではなく、万物を生じさせている「天の大徳」を根拠とするものなのであった。その限りにおいて益軒の理解は、「性」「道」の連続という思考形式において朱子学説を踏襲しつつも、その連続の根拠に関わる思考内容において朱子学説と袂を分かつものであった。なお思考形式の踏襲という面では、「五常の性は体なり、その理ときがたし。用にあらはれて、見えやすきを以、その字義をいはゞ、愛を仁といふ。…宜を義といふ。…理を礼といふ、…通ずるを智といふ、…守るを信といふ[41]」という言葉に象徴的に描き出されるように、益軒は「性」と「道」（五常）との関係を朱子学的体用論に基づいて捉えていた、ということも確認しておく。

以上のように、「性」と「道」との連続関係を認める益軒は、この問題と密接に関連する次の二点についても、基本的に朱子学的思考様式を踏襲する。その一つは「天道」と「人道」との連続関係であり、もう一つは「天理」と「人欲」との対立関係である。このうち前者について益軒は、

天地の心とは、人と万物をうみやしなひ給ふ御めぐみの道を云。…一年につきていはゞ、年々に春は生じ、夏は長じ、秋はおさめ、冬はかくす。此四時にめぐり行はるゝ道を天道と云。…仁とは天地の万物を生じ養ひ給ふあはれみめぐみの理を、人の心にうけて生れつきたるを云。仁を行ふの道は、まづ天地のうみて、子として愛し給へる人倫をあつくいつくしむにあり。…天地につかへ奉りて人の道とする理は、仁の外には出ず[42]。

と述べ、四時の運行に象徴される「天道」の秩序と、仁の実践を通して行われる「人道」の調和とが、「天地の心」を共通の基底として行われるものであることを強調している。また、後者については、

人の性は本善なれども、凡人は気質と人欲に妨げられて善を失ふ。気質とは生れつきを云ふ。人欲とは、人の身の耳目口体に好むことのよき程に過ぐるを云ふ。生れつきあしければ人欲行はれやすし。されば、すべて人たる

者は、古のひじりのをしへを学んで、人となれる道をしり、気質のあしきくせを改め、人欲の妨を去りて、本性の善にかへるべし。是学問の道なり。故にいにしへの聖人、をしへを立て、天下の人に学ばしめ給ふは、人の性皆善なる故、学んで善にかへる道あればなり。(43)

という文言にあるように、益軒は、人はその本性は善だが、気質と人欲に妨げられることで諸悪が生ずる、と説いている。ここには「天理」という言葉は登場しないが、「人間本性」に善の根拠を、その「気質と人欲」に悪の発生根拠を認めようとする益軒の思考様式は、まさに人間の心的世界を「天理と人欲」の鬩ぎ合いとして理解した朱子学のそれに従うものといえよう。(44)

「教」の意義

益軒の所説が「天地の心（ないし大徳）」を根拠として展開されている以上、「理」を根拠とする朱子学のそれと同一でないことは十分に踏まえておくべきである。だが、その所説を構成する思考様式に着眼するならば、上記のように、「性」に善性を認め、「性」と「道」との連続を説いた（その限りで朱子学の思考様式を踏襲した）益軒は、「教」の意義についてもまた、朱子学の論理に従いながらこれを説いている。例えば、上記引用文中の「いにしへの聖人、をしへを立て、天下の人に学ばしめ給ふは、人の性皆善なる故、学んで善にかへる道あればなり」なる文言は、「教」に関する益軒の基本認識が、朱子学の「復初」説の論理を踏襲するものであることを強く示唆している。

さらに、「教」の意義ないし必要に関する益軒の主要な認識を辿ってみると、

およそ、人聖人にあらざれば、必あしき生れつきのくせあり。是気質の偏なり。…生れつきて偏なる所にまかせねれば、心正しからずして身をさまらず。…故にわが気質のあしき所を知りて改むること、これ学問する人の専つとむべきことなり。(45)

君子は気質の偏悪なし、無病の人なり。衆人は皆気質の偏なる病ある故、過のみ多し、皆病人なり。…病を去らんと思はゞ、明師良友にあひて、その教をうけ、其気質の悪しきを改むべし。[46]

などの所論を取り上げることができる。これらの所論を成り立たせている論理とは、ほぼ、①人間の本性は元来善である、②聖人・君子はその本性のままに善を行うことができるが、衆人は気質の偏向によって諸悪を発生させてしまう、③それゆえ衆人は「教え」に学んで気質の偏向を取り払う必要がある、というものである。これらの所論の中で、益軒は自分自身の言葉として、「復初」や「復性」という表現を使用しているわけではない。だが、そこに示された論理（すなわち、「教え」とは衆人がその気質の偏向を取り払って本来の善性に立ち帰るために必要なものとする論理）とは、まさしく朱子学「復初」説の論理と同趣旨であるといってよいだろう。

（4）益軒の実際的教育認識

朱子学説の踏襲（「開発」「自得」「因材施教」）

上述の「本邦教育学の祖」との評価の妥当性はともかくとして、益軒が人間形成の問題に特別な関心を寄せた儒者であったことは疑いない。そのことに鑑み、ここでもう少し彼の教育思想の内実とその特質について一瞥を加えておきたい。

もちろん、益軒のより実際的な教育思想もまた、その大枠は朱子学のそれを踏襲するものであったというべきである。例えば、朱子学がその教育認識の基本に据えた「学の重視」や「知行合一」などについていえば、益軒もまた、

人生まれて学ばざれば、生まれざると同じくす。学んで道を知らざれば、学ばざると同じくす。知りて行ふこと能はざれば、知らざると同じくす。故に人為《た》る者、必ず学ばずんばある可からず。学を為す者は、必ず道を知らずんばある可からず。道を知る者は、必ず行はずんばある可からず。[47]

と述べており、朱子学の所論をそのまま踏襲しているように見ることができる。さらに、朱子学教育思想のより実際的・実践的主張と評することのできる「開発」「自得」「因材施教」などの所論についても、益軒は基本的にこれらをほぼ踏襲しながら自らの論を組み立てている。

まず「開発」についていえば、益軒には、

> およそ、人に善をしへて行はしむるに、その人の生れつきたる所につきて、すゝめ行はしむべし。もし生れつかず、その人の不得手にて、心になきことを、しゐてせめすゝめても、つゐに従がはざれば益なし。必我が心のごとくにせんとおもふべからず。[48]

というように、「しゐてせめすゝめ」るような強制的働きかけを排除する主張が認められる。逆にいえば、各人の生まれつきに従って「すゝめ行はしむ」べきことを自説の趣旨としているのである。また、「わが身に善を行ひて、人に善をすゝむべし。我が身に悪をさりて、人の善をいましむべし。かくのごとくなれば、人したがひやすし。是《これ》己をおして人に施すなり。是も亦恕の道なり[49]」との所論のように、働きかける側が模範を示すことを原則とするような彼の理解も、これと密接に関連するものといえる。

次いで「自得」については、例えば、

> 学は道を知るを以て本と為す。道を知るは自得に非ざれば、則ち能くせざる也。蓋し自得を能くせざれば、則ち古に博く今を知ると雖も、道を知ると為すべからず。此れ学は自得を貴ぶ所以なり。[50]

という文言のように、益軒は「自得」の意義と必要を高唱する。この引用文の出所たる『慎思録』には、人の性を稟《う》くるや各《おのおの》異なり、一律を以て之を同《おなじ》ふす可からず。…子弟卑幼の輩と雖も、其の趣き己と同じからざるを以て太《はなは》だ其の過失を督責すること勿れ。蓋し人を教育するの法、急迫なる可からず。急迫なれば、則ち順《したが》はず、或《あるい》は忿戾怨叛《ふんれいえんぱん》に至る。(51)

という具合に、「教育」という言葉の用例を見ることができるが、その「教育」の趣意が、子どもたちの個人差を無視する一斉主義に陥らず、あるいは急迫な働きかけとならないよう戒められている点こそが注目されるべきである。(52)「自得」の強調は、「人と生れて学びざれば生れざると同じ」や「学問はまづ志を立つるを以て本とす」などの主張を通して知られる益軒の学問観――すなわち、学問の営みをあくまでも自律的なものととらえる彼の学問観――からの必然的な要請と見ることができるだろう。

さらに「因材施教」についていえば、益軒の所論中にこの言葉を直接使用したものは、管見の限り確認できていないが、例えば、

人の生れつきは、各《おのおの》同じからず、得たる所あり、得ざる所あり。これに得たりといへども、彼に得ざる所あり。何事も一人の身に、よきことそなはれる人なし。その人の得たる所を用ひて、得ざる所をせむべからず。一事よきことあらば、取用ひてその余のよからざるをとがむべからず。わが身をかへりみば、得ざること亦多かるべし。(53)

という益軒の主張は、各人の「得たる所」と「得ざる所」とを見定めて、相応の働きかけを行うべきことを説くものといえ、その限りにおいて朱子学の「因材施教」説と同趣旨のものと見ることができるだろう。

益軒独自の教育認識（「随年教法」「早期教育論」）

こうして益軒の教育思想が、ほぼ朱子学説の祖述によって形づくられたことは否定できない。だがその一方で、江戸前半期のいわば民衆思想家としての益軒には、彼自身が当時の世相や風潮を読み取りながら、一般読書人向けにより具体的な教育論を提示した側面もあった。その所論に

は、益軒独自の教育認識と称することのできるものも含まれている。それを象徴するものの一つは、いわゆる「随年教法」であり、もう一つは早期教育に関する所論である。

まず「随年教法」であるが、これは益軒が子どもの年齢段階を、六歳、七歳、八歳、一〇歳、一五歳、および二〇歳に区分した上で、各段階において配慮すべき教授方法の趣旨を概述したものである。大枠のみ紹介すると、まず六歳では数（一百千万億）や方角（東西南北）の名と仮名を習わせるとともに、年長者を敬うことを教え、七歳では初歩の礼法（例えば「男女席を同してならび坐せず」といった）と仮名の読み書きを授け、八歳より本格的な礼法（孝弟・忠信・礼儀・廉恥）と、真書・草書の文字を習わせる。さらに、一〇歳より師につかせて『小学』や「四書五経」など聖賢の書を読ませるとともに、文武の芸術や日常の立ち居振る舞いも教える。この課程を経て、一五歳（「古人大学に入て学問せし歳」と説かれる）より専ら義理と修己治人の道を学ばせ、そうして二〇歳に達した時点ですでに徳行が身に備わること（成人たる者の徳に随い、博く学び篤く行う）、を説くものである。(54) 大きくいえば、一五歳を画期として、基礎教養の習得を基調とする段階と、徳行の実践を主眼とする段階とに区分されている。この所論からは、いわば子どもの段階から大人の段階への移行に関する江戸時代の一般的認識というものを窺い知ることもできるだろう。

また、益軒の早期教育論については、その趣旨が、

> およそ人はよき事もあしき事も、いざしらざるいとけなき時より、ならひなれぬれば、まづ入し事内《うち》にあるじとして、すでに其性となりては、後に又よき事あしき事を見きゝしても、うつはかたければ、いとけなき時より、早くよき人にちかづけ、よき道をしゆべき事にこそあれ。…其をしえは予《あらかじめ》するを先とす。予とはかねてよりといふ意、小児のいまだ悪にうつらざる先に、かねてはやくをしゆるを云。(55)

というように述べられる。端的にいえば、幼児の慣わしが世間の風潮に流されて悪に染まる前に、「予するを先とす」ることを強調するのである。上述のように、益軒は朱子学説を踏襲して基本的には「性善説」を容認したが、そ

の一方で、人は社会の風潮に染まることで容易に悪に流されてしまうことを強く警戒した。人の本性が「善」だとしても、その善性は強靱な素質として与えられているわけではなく、実際的に人は様々な社会悪に簡単に流されてしまうのであり、それゆえに早期からの習慣づけによって望ましい知徳を養うべきだ、というのが益軒の現実認識なのであった。本来的・論理的には「性善説」を採りながらも、現実的・実践的にはいわば「性白紙説」的発想にて早期教育の必要を提唱したというのが、益軒の思想的立場であったといえよう。

さらに、その早期教育のあり方についても、益軒は、

凡《およそ》子をそだつるには、父母厳にきびしければ、子たる者、おそれつゝしみて、おやの教《おしえ》を聞てそむかず。こゝを以《もって》、孝の道行はる。父母やはらかにして、厳ならず、愛すぐれば、子たる者父母をおそれずして、教《おしえ》行れず、いましめを守らず、こゝを以、父母をあなどりて孝の道たゝず(56)。

と述べ、「厳にきびし」くすることを強調する。このような主張は、外側からの操作によって一方的に相手を形成しようとする他律的教育観の表明ともいえ、上記のように、「性」に人間形成の基盤を見出したはずの益軒の基本認識と矛盾するように見えなくもない。しかし、これらの主張は、一般庶民が生を営む社会的現実を冷徹に見通すことで形づくられたこと、その意味で朱子学の基本認識を江戸の社会現実に適用させようとした一つの実際的な教育認識の形――知徳の習慣化とも呼ぶべき所論――であったことを、注視する必要があるだろう。

もちろん、朱子学もまた「性善説」の原則に立ちながらも、現実社会の中で善悪混在の状態にある大多数の一般人には、「教え」の必要を積極的に説いている。その意味では、益軒の、

世に上智と下愚とはまれなり。上智は、をしえずしてよし、下愚は、をしえても改めがたしといへども、悪を制すれば面《をもて》は改まる。世に多きは中人なり。中人の性は、教ゆれば善人となり、をしえざれば不善人となる。故に

をしえなくんばあるべからず[57]。

との所論は、朱子学思想をそのまま踏襲したものと見ることもできる。すなわち、大多数の人々の現実相を、本来の善性が気質によって曇らされていると見る限りにおいて、朱子学の思想的枠組みを離れたように見える益軒の諸主張も、その前提には朱子学説に基づく意味づけがなされていた、と読み取ることができるのである[58]。

民衆教育思想家としての益軒（「身体知」の強調）

上記に紹介したように、従来、貝原益軒の思想には近世教育思想史の中で特別の意味合い――益軒の教育思想の中に西洋近代教育思想の萌芽が認められるという意味合い――が与えられていた。すなわち、明治期の教育思想史研究はもとより、昭和戦後期の研究史においても、益軒の教育思想の意義を西洋近代教育思想との近似性に求める手法が用いられることがあった[59]。だが、益軒の思想の意義は、第一義的には江戸教育思想史の文脈の中に探られるべきである。益軒は、近世思想史上最も厖大な著作群を残した儒者の一人であるが、その思想形成の歩みは、朱子学受容の軌跡を基軸とする江戸の思想史文脈の中に定位されるべきものだからである。それゆえ、益軒独自の思惟の産物と評し得る「早期教育論」についても、それが朱子学受容に基づく彼の思想形成の一側面であることを等閑視することはできない（より視野を広げて、益軒の時代における東アジアの思想的文化圏の中に彼の思想的営為を位置づけることも必要となる）。

こうして益軒の思想を吟味するには、それが江戸の歴史的・社会的枠組みの内部にて形づくられたものであることに、十分な注意を払わねばならない。ただし、それは益軒の所論が幕藩体制という既存の社会体制の枠組みを擁護し保守することのみを趣意としたことを意味するわけではない。益軒が、「開発」「自得」「因材施教」など、学習者の自律を基軸に据える教育認識を明示したことは、彼の学説がすべて幕藩体制を支える封建教学としてのみ構成され、機能したわけではないことを物語っているからである。

その意味で、益軒の思想史的面目は、いわば民衆思想家としてのそれにあったと評することができるかもしれない。その思想の含意は「朱子学から古学へ」という江戸前半期の儒学史文脈だけで捕捉できるものではなく、これとは異なる思想系譜――いわば「民衆教育」という思想の系譜――からもその趣意を捉え返す必要があるだろう。益軒教育思想の特質を象徴するものは、「習慣化」（日々の日常経験に即して、一定の行動型や社会的態度を習慣化する）であったと評し得る。彼の「早期教育」の強調も、まさに「習慣化」を趣意とするものであった。すなわち、言語の教えに基づく理解より、自ずと実践に移すことのできる「習熟」こそ、益軒がその教育認識において力点を据えた主張であった。身体に習慣化した「身体知」による人間形成こそが、益軒の教育思想の基軸をなした所論であった。身体の内部に染み込んでいくような知のありようこそが、民衆思想家益軒が強調した学習論なのであった。

繰り返しになるが、これはかつて益軒に与えられた評価のような「近代教育思想」ではあり得ない。江戸の思想史文脈には、近代教育思想の枠組みには容易に回収されることのない教育認識が確かに存在していた。益軒教育思想の趣意については、それが江戸社会の歴史文脈の中で形成されたものであったことを改めて注視し、その歴史内在的な意味を描出することで、より鮮明な捕捉が期待できるはずなのである。

3　伊藤仁斎――孔孟思想を視座に据えた教育思想のかたち

(1)　伊藤仁斎の生涯

京都町衆としての出自　古来、この国において学的営為の主たる担い手は、公家と僧侶であった。中世以降は、これに武士が加わるようになるが、それも上層の有力武士に限られており、兵農分離がなされていない時代の一般武士（豪族）にとって、学問の必要は必ずしも意識化されたことではなかった。これ以外の人々の間で、例外的に学問との関わりを有したのは、戦国期以後、戦国大名の領国経営に貢献することで多大な経済的利潤を獲得することのできた豪商層に限られていた。京都の地は、そうした（利潤と閑暇とを獲得した）豪商層が店を構えることで、商業のみならず、学問や文化の集積地ともなった。この国の学問史・教育史に伊藤仁斎の名が刻印されるようになるについては、彼の出自が京都町衆であったことが重要な背景をなしている。すなわち、仁斎が京都町衆の出身であったことが、その学問と思想に独自の含意を与えたことは、決して等閑視することができない。

伊藤仁斎は、一六二七（寛永四）年に伊藤了室（諱は長勝。一五九九〜一六七四）とその妻那倍《なべ》（一六〇九〜七三）の長男として生まれた。(60) 名は維楨《これえだ》、字《あざな》は源佐《げんすけ》、仁斎は号である。仁斎の生家は、祖父了慶（諱は長之。一五七〇〜一六二四）のときに京都に居を構えるようになる。了慶は堀河東畔に本宅を構え、他に二つの別宅を所持する上層町人であったと伝わる。母方についても、仁斎の母那倍の祖父は著名な連歌師里村紹巴《じょうは》（一五二五〜一六〇二）であり、那倍の母は京都の豪商角倉氏の出身であった。また、仁斎の最初の妻である緒方嘉那《かな》（一六四六〜七八）は本阿弥光悦（一五五八〜一六三七）や尾形光琳（一六五八〜一七一六）・乾山（一六六三〜一七四三）らと縁戚関係にあった。仁斎は、当時の文化人たちの社交界に身を置きながら生を送ったのである。

繰り返しになるが、学問的にも、仁斎の時代の京都はその中心地であった。仁斎の自宅南方には松永尺五の講習堂があり（仁斎の次男梅宇《ばいう》の著した『見聞談叢』には、仁斎も幼少時には尺五に学んだと記されている）、その門下から木下順庵や貝原益軒らが輩出された。また、仁斎宅と堀河を隔てたその西畔には山崎闇斎の塾が開かれていた。闇斎門下の佐藤直方《なおかた》や浅見絅斎《けいさい》らは、活発な仁斎学批判を展開したことでも知られる。これら京学や闇斎学の学統は、江戸朱子学の重要な系譜をなすものであった。

仁斎もまた若き日には朱子学の講究に励んだが、それは上記のように京都が朱子学普及の拠点であったことと無縁ではない。さらにその朱子学説と当時の現実社会との断層を仁斎に気付かせる契機として、京都町衆の日常的生活観が重要な背景をなしたことも間違いない。仁斎は、孔孟思想を基準とする朱子学説の読み直しを通して新たな儒学体系（古義学）を構築するのであるが、それは、当時の京都町衆の生活現実はもとより、仁斎が生を送った江戸社会全般の諸動向に思慮をめぐらせたとしても、その指導理念たり得る思想は孔孟思想を措いて他には存在しない、との彼の確信に基づくことであった。

とはいえ、孔孟思想を拠り所として儒学本来の姿を探ろうとする着想に辿り着くまでに、仁斎は苦悶の日々を過ごさねばならなかった。彼の青年期に伊藤家の家運は衰えつつあり、家業（材木商との説があるが真偽の程は定かでない）

の立て直しに迫られていた。それゆえ仁斎の学問への志は、周囲からの強い反対と叱責に遭っていた。その学問についても、朱子学説には漠然とした違和感を抱き続けていた。そうして二九歳前後の頃、仁斎は病を理由に家督を次弟（七左衛門）に譲り別邸に隠居する。この隠居生活はほぼ八年間もの長きにわたって続けられるが、その間、仁斎はほとんど別邸に閉じ籠もり、ただ一人の知友（医師の井上養白）と接するのみであったと伝わる（仁斎没後、東涯が著した「先府君古学先生行状」による。ただし、仁斎が自宅に復帰する前年に後述の「同志会」を組織したことを踏まえるなら、この説の信憑性には問題が認められる）。また朱子学への疑念を晴らそうとして仏教や道教に接近し、さらには「白骨観法」（静坐して自己の内面に潜む本来相を感得する修養法）にまで修行の手を伸ばした。

東アジア文化圏での学的営為

本書では、仁斎の思想形成過程を詳述することはできないが、彼の学的探究の歩みが、朱子学関連のものをはじめ、当代の中国や朝鮮半島から流入した諸文献へのアプローチを通して進展を遂げたものであったことは強調しておかねばならない。朱子学との関係でいえば、仁斎が、朱子の先駆者程頤（号は伊川。一〇三三～一一〇七）の学説をしばしば評価したことや、元代の朱子学者許衡（号は魯斎。一二〇九～八一）の『魯斎先生心法』を自ら校訂・出版（一六九一年）したことは、よく知られている。一方、仁斎が批判を加えたものではあるが、馬端臨《ばたんりん》（一二五四～一三二三）編纂の『文献通考』、丘濬《きゅうしゅん》（一四二〇～九五）編纂の『大学衍義補』、馮琦《ふうき》（一五五八～一六〇三）編纂の『経済類編』、章潢《しょうこう》（一五二七～一六〇八）編纂の『図書編』など、中国元代・明代の諸述作も絶えず吟味の対象となっていた（仁斎はその著『童子問』の中で、これらの述作のことを紹介している）。仁斎の思想形成とは、当代東アジアの学術動向から重大な刺激を与えられてのことでもあった。そのことを敢えて確認しておく。

一六六二（寛文二）年、仁斎は京都で発生した大地震を契機に本宅に戻り（前年に次弟七左衛門が死去）、学塾を開いて学問活動を本格的に始める。このとき三六歳であった。仁斎の学問は『論語』『孟子』の文献実証的分析と、それを基準とする朱子学説の読み直しを思想構成の基軸とした。朱子学であれ仏教や道教であれ、「道」を高遠な形而上学的世界の次元で論ずる思想はすべて異端・邪説であり、それゆえに「道」は現実に人と人とが生を営む人倫日用の世界にしか存在し得ないとする確信が、孤独な隠居生活とそれ以降の論孟の精読を通して、仁斎の思想に醸成されていったのであった。その成果は『論語古義』『孟子古義』『中庸発揮』『大学定本』などの四書注釈や、『語孟字義』『童子問』などの古義学体系の構築に凝縮された。ただし、仁斎の著述活動は草稿本の作成・補正・改訂の繰り返しに終始し、生前には自著を一冊たりとも出版していない（今日、仁斎の著作として伝わる刊本は、すべて嫡男東涯と門人たちの補訂を経たものである）。

また彼の塾活動は、師による講義・講釈ではなく、師友相互の輪講・討論・総括という方式を採用した。学塾の開設とともに始められた「同志会」がその方式を象徴するが、「同志会」での討論と仁斎の執筆活動とは相互に結びついていた。仁斎が初めて朱子学を本格的に批判した著述「大学は孔氏の遺書に非ざるの弁」（『語孟字義』巻之下、所収）は、「同志会」での学的営為の一つの成果でもあった。

こうして順調な学究生活を始めた仁斎も、善師を求める意識には已みがたいものがあった。当時、明の遺臣朱舜水（一六〇〇～八二）が柳川藩儒安東省菴（一六二二～一七〇一）の支援を受けていたが、仁斎は書簡の往来を通じて親しい関係にあった省菴に舜水への師事を依頼している。この件は実現しなかったものの、朱子学と真っ向から対峙した仁斎ですら、大陸の学問に畏敬の念を抱いていたことを物語る興味深い逸話である。

仁斎の学問活動と人的交流

仁斎は四〇歳代後半に両親を相継いで喪うが、服喪の明けた五〇歳代からその学問活動が開花する。盛名を馳せた仁斎門下には、公家・武家・医師・豪商・豪農からなる多彩な門人が集まった。その数は三千人を超え、また地域的にも飛騨・佐渡・壱岐を除く諸国から門人が集まったと伝えられる。遠隔地の門人には書簡を通じてのいわば通信教育も行われた。塾活動は自宅での講釈・輪講・訳文の他に、門人宅への出張講釈や京都市中に置かれた町会所での公開講釈など多彩な形式にて展開された。

なお、この頃の仁斎の人的交流について一瞥すると、公家の勘解由小路韶光《かでのこうじあきみつ》（一六六三～一七二九）とはかねてより親密な関係にあったが、それ以外にも例えば、一六八三（天和三）年には立太子節会に招かれて禁中を訪れたり、あるいは西園寺実輔《さねすけ》（一六六一～八五）から「天和」改元後の元号について相談を受けたりした。また、同年には、若年寄稲葉正休《まさやす》（一六四〇～八四）の求めに応じて『語孟字義』『論語古義』『孟子古義』『中庸発揮』の稿本を献上したり、元禄年間には、近江水口藩主鳥居忠英《ただてる》（一六六五～一七一六）の招きによって水口に游んだりするなど、有力武家とも交わった。封建体制下の身分枠を超えた敬意が、仁斎の学問と人となりに寄せられていたことの証左であろう（ただし、仁斎は熊本細川藩からの招聘の誘いを断り、生涯市井の儒者として生きた）。

仁斎と先妻緒方嘉那との間には一男二女が、後妻瀬崎総《ふさ》（一六五八～一七四一）との間には四男一女が恵まれた。嫡男源蔵（東涯。一六七〇～一七三六）は古義学を継承して大儒と評されるに至るが、後妻との間に生まれた重蔵（梅宇。一六八三～一七四五）・正蔵（介亭。一六八五～一七七二）・平蔵（竹里。一六九二～一七五六）・才蔵（蘭嵎。一六九四～一七七八）もそれぞれ福山・高槻・久留米・紀州の藩儒として活躍し、世に「伊藤の五蔵」と称された。主な門人としては、稲生若水《いのうじゃくすい》（一六五五～一七一五）、並河誠所（一六六八～一七三八）、並河天民（一六七九～一七一八）らを輩出した。なお、仁斎の開いた学塾である古義堂は、その後東涯・東所・東里・東峯・輶斎へと受け継がれ、一九〇六（明治三九）年まで二四〇余年にわたって仁斎の学統を伝えた。

仁斎の死去は一七〇五（宝永二）年のことで、享年七九歳であった。最晩年には、微量の酒を楽しんで、東涯や門弟を相手に経を談じ史を論じ、あるいは京都の旧俗や先世の遺事を語って聞かせ、常に「須《すべから》く天下第一等の人たるを以て志となすべし」と語っていた、と伝えられる。

（2）伊藤仁斎の思想――教育思想史の関心から

孔孟思想の再興

伊藤仁斎にとって、学問的関心の第一義的所在は、江戸時代という社会文脈の中で、人と人とが調和の関係を保ち、社会全体の平安を維持し発展させるための実際的方途を講究することにあった。身分制秩序を自明の前提とする江戸社会にあって、このような関心を仁斎に抱かせる契機となったものは、町衆が社会の秩序形成の担い手たることを自負していた京都という都市空間の風土であった、と見ることができる。繰り返しになるが、仁斎学の学的特質を理解する上で、このことを看過することはできない。

仁斎は、早くから朱子学に学びつつも、その所論にどうしても得心することができなかった。その最大の理由は、万物のありようを規定するとともに世界を秩序づける根源を、「理」という形而上学的概念に求める、その思惟様式にあった。[61]だが、後世の儒学である朱子学が、そうした高遠かつ壮大な形而上学体系を構築した（しかもそれを思想的特質とした）のに対し、そもそもの儒学の原型たる孔孟思想は、万人にとって身近で日常的な人倫道徳に思想的関心を傾注するものであった。仁斎は、多年に亘る苦難に満ちた学的探究を通じて、元来の孔孟思想の方にこそ、儒学の本質的な姿があると見定めたのであった。こうして仁斎は、学問における正統と異端とを区別する尺度を、それが『論語』『孟子』に示された孔孟思想の学統（これを仁斎は「孔孟の意味血脈」と呼んだ）を継承しているか否かに据えた。この尺度から測れば、朱子学説はもとより、仏教や老荘思想もすべて異端・邪説と見なされたのであった。

とくに朱子学（宋学）については、それが儒学の一系列でありながら異端・邪説に堕したのは、朱子に代表される宋代儒者が孔孟の原意から離れて経書解釈に後世の恣意（形而上学的立論）を付加したからであった、と看破された。それゆえ仁斎の経書研究は、まさに朱子学の注釈書を批判的に吟味しながら、そこに付加された後世の恣意を排除することを基本線として行われた。仁斎の、

蓋し知り難く行ひ難く高遠及ぶ可からざるの説は、乃《すなわ》ち異端邪説にして、知り易く行ひ易く平正親切なる者は、便《すなわ》ち是れ堯舜の道にして、孔子立教の本原、論語の宗旨なり。[62]

という所論は、後世の朱子学説（知り難く行ひ難く高遠及ぶ可からざるの説）と元来の孔孟学説（知り易く行ひ易く平正親切なる者）との根本的な相異を最も象徴的に言い表したものである。では、孔孟学説の原意の再構築を試みた仁斎学の基本構造とはどのようなものであったのか。以下、その大要を描出してみよう。

「道」の原義　第一に、仁斎は、儒学の鍵概念である「道」を、人と人との人倫関係に限定させて（つまり「人道」として）捉えようとした。すなわち仁斎は、

道とは、人倫日用当《まさ》に行くべきの路。教を待つて後有るに非ず、亦矯揉《きようじゆう》して能く然るに非ず。皆自然にして然り。四方八隅遐陬《かすう》の陋蛮貊《ろうばんぱく》の蠢《しゆん》たるに至るまで、自《おのづ》から君臣父子夫婦昆弟朋友の倫《りん》有らずといふこと莫く、亦親義別叙信の道有らずといふこと莫し。万世の上も此《かく》の若く、万世の下も亦此の若し[63]。

と述べ、「道」とは、何よりも「人倫」(「五倫」＝「君臣の義」「父子の親」「夫婦の別」「昆弟の徐(長幼の序)」「朋友の信」)のことを指すと強調した。しかもこの「道」は、本来、人々の日常生活の中に自ずと存立しているものだとするのである。この所論は、江戸時代を生きる人々にとって、日常的で身近な人間関係である「五倫」こそが「道」だと説くことにおいて、まさに「知り易く行い易く平正親切なる者」だったはずである。こうして「道」を「人倫の道」と措定した点に、仁斎学の最も重要な特質を認めることができる。

もちろん仁斎も、「道」の概念それ自体に、自然世界の営為としての「天道」と、人倫世界の実践としての「人道」との両者が含まれることを否定してはいない[64]。だが仁斎は、

凡そ聖人の所謂道とは、皆人道を以て之を言ふ。天道に至つては、則ち夫子の罕《まれ》に言ふ所にして、而して子貢の得て聞く可からずと為《す》る所以なり。其の不可なることや必せり[65]。

と述べ、「天道」への関心を敢えて学的営為の後景に退けたのであった。というのも、仁斎にとって「天道」とは人知の及ばないものであり、人の実践行為の対象になり得ないものだったからである。「天道」も「人道」も、その存立の根拠が自然に措かれている点では同様であっても、人がその存立の持続と発展に積極的に関与できるのは「人道」の方だけなのであった。

仁斎の所論の中には、「天に必然の理有り、人に自取の道有り[66]」という象徴的な言葉が遺されている。「天」が人々に降す禍福は「必然の理」に拠るものであって、そこに人為的努力を傾注させる術はない。一方、人が自ら選び取っ

た「自取の道」は、その結果に禍福の違いが生じたとしても、それは自らがその責任を引き受けるべきことである。こうして仁斎は、「道」の含意を「自取の道」に限定して捕捉しようとしたのであり、それゆえに、「道」の本旨は「人道」にあると説いたのである。

人倫と仁義の強調

この「道」は、上述の通り、元来は自然を根拠に定立しているはずのものである。だが、現実の人間世界にはその本来的なあり方を阻害する要因が様々に存在する。その一つは、「道」の意味を高度に難解で抽象的な形而上学的議論に基づいて捕捉しようとする傾向に、もう一つには、「道」の実現を「性」や「心」といった人々の内在的能力に委ねてしまおうとする傾向に、これを見出すことができる。前者は、仏教、老荘思想、そして朱子学に認められる傾向であり、また後者はとくに朱子学に最も顕著な傾向である(67)。こうして仁斎は、「道」の存立の根拠が「自然」にあるとしても、実際的には、その秩序と調和が無作為のまま実現されるわけではないことを強調した。「道」に秩序と調和を与えるには、そこに人為的努力を付加させる必要がある。その認識を最も直截的に示したものが、

> 人倫の外《ほか》道無く、仁義の外《ほか》学無し。人の当に力を務むべき所の者は、人倫のみ。人の当に力を竭《つく》すべき所の者は、仁義のみ(68)。

という所述であった。仁斎は、上述した「自取の道」を、まさに「人倫」と「仁義」の実践に集約させたのであった。

なお、ここで強調されている人為的努力としての「仁義」とは、「徳とは、仁義礼智の総名(69)」と説かれるように、厳密には「徳」と定義されるべきである。だが、仁斎が「道」について語るとき、例えば「道徳の二字、亦甚だ相近し。道は流行を以て言ふ。徳は存する所を以て言ふ(70)」との所述のように、これをその近接概念たる「徳」と重ね合わせて、「道徳」として論ずるケースが少なからず認められる。このことを踏まえ、「道」の含意をやや緩やかに「道徳」として捉えるならば、仁斎学において、「道」とは「人倫」（五倫）という通路に「仁義」（仁義礼智）という徳を

行き交わすことを意味した、と理解しておくことができるだろう。

「道」と「性」との関係

第二に、仁斎は、この「道」と「性」（人間の本性）とを、原則的に非連続の関係にあるものと理解した。これは「道」と「性」との本来的連続を説いた朱子学説と真っ向から対峙する所論となった。既述のように、朱子学では「性即理」の主張に基づいて、「道」とは「性」（本然の性）に随うことで実現されるものと説かれた。「道」とは「理」の通行を意味したからであり、それゆえ、「性」こそが「道」の根拠と理解されたからである。こうして朱子学では、この所論に基づいて、万物の存在原理と人間本性とを同一同源のものとする論理が形づくられたのであった。

それに対し、仁斎学では、「道」とは人倫的世界に普遍的に通行するものであるが、「性」とは各個人が天から与えられた生まれつきの気質であるにすぎず、それゆえ、両者は「普遍」（＝道）と「個別」（＝性）として存在の次元を異にするものとされた。その趣旨は仁斎の、

> 蓋し性とは己に有るを以て言ふ。道とは天下に達するを以て言ふ。…故に人有るときは則ち性有り。人無きときは則ち性無し。道とは、人有ると人無きとを待たず、本来自《おのづ》から有るの物、天地に満ち、人倫に徹し、時として然らずといふこと無く、処《ところ》として在らずといふこと無し[71]。

という所述に明瞭に示されている。「道」とは、それがどれほど日常卑近なものであったとしても、それは個々人の存在を包括した人倫的関係の中にしか見出すことはできない。それに対し、「性」とは、人と人との関係を離れて各個人が個別に所有しているものとされたのである。

それゆえ仁斎は、「性」に人間形成の拠り所を見出そうとする思考様式を否定した。繰り返しになるが、仁斎学において「性」とは人間の生まれつきの気質であり、そこには「凡そ人物の性、剛柔昏明、万《よろず》の同じからざる有り[72]」と説かれるように様々な性質が与えられている。その意味で、「性」は人間存在の多様性と個別性の根拠をなす。そ

れに対し、人間形成の営みとは「道」の実践を目指すものであり、それは万人から普遍的価値が承認され得るものでなければならない。仁斎にとって、多種多様な性質を有する各個人の「性」が、そのままで普遍的に通行する価値である「道」と接続し、その「道」を方向づけるとは、到底考えられなかった。

「性」の人間形成的意義

ただし、だからといって仁斎は、「性」のもつ人間形成的意義をすべて否定したわけではない。仁斎は、孟子教説に従って、人間の「性」に惻隠・羞悪・辞譲・是非の「四端の心」が内在すること、またこの四者がそれぞれ仁・義・礼・智の道徳を実践するための起点であることを認める。この点については彼が、

> 夫れ四端は吾心の固有する所にして、仁義礼智は天下の大徳なり。四端の心は微なりと雖も、然れども拡めて之を充つるときは、則ち仁義礼智の徳以て四海に放《いた》るに至る。[73]

と強調する通りである。だが、この言葉に描出されているように「四端の心」の働きは、生まれついてあるがままの状態では微弱なものにすぎず、それゆえ、その固有の働きに委ねるだけでは「道」へと到達すること（仁義礼智の徳を実践すること）はできない。すなわち、「四端の心」はそれだけでは、人間形成のための拠り所として安定的に機能することはできない。各人が固有する「性」の「善」への微弱性を克服し、その働きを単に「道」への起点（可能性）というだけではなく、「道」へと積極的に踏み出す動的要因（実際性）として機能させるために、仁斎は人々に相応の学的努力（後述）を求めたのであった。

繰り返しになるが、仁斎の「性」理解は、「性」を即ち「理」とし、人間を人間たらしめる原理として、人間形成の絶対的拠り所と見なした朱子学説と真っ向から対峙するものであった。また、いわゆる性善悪論をめぐって、朱子学が「性即理」の主張に基づいて「性」を絶対善としたのに対し（ただし、気質の影響を受けた「性」の現実相は善悪混在）、仁斎学は「四端の心」の内在に基づいて基本的に「性善」を説きつつも、その働きは微弱だとした。つまり、仁斎にとって孟子の「性善説」とは、単に人間の本性が善であることを説くだけのものではなく、むしろ本性の善を

認めつつもそれが極めて微弱で不安定なものであることを自覚し、その善を養い充たすことが不可欠であることをいう教説なのであった(74)。

「教え」の高唱

第三に、こうして仁斎は、「善」ではあってもその働きが微弱な個々人の「性」をもって、普遍的に通行する「道」へと参入させるための必須の要件として、「教え」の意義を高唱した。その主張は、

己《おの》が性は限り有つて、天下の道は窮まり無し。限り有るの性を以てして、窮まり無きの道を尽さんと欲するときは、則ち学問の功に非ざるときは得べからず。此れ孔門専ら教《おしえ》を貴ぶ所以なり(75)。

という仁斎の言葉に最も鮮明に描出されている。仁斎にとって、人間形成の最も重要な拠り所とは、何よりも孔子によって立てられた（そして後述するように、孟子によって敷衍された）「教え」なのであり、またそれゆえ孔子のことが「最上至極宇宙第一」の聖人とまで評されたのであった(76)。朱子学が、「教え」を、常人に必然的な気質の昏濁を取り払って本来の絶対善たる「性」へと復帰するために立てられたものと理解した（「性」を人間形成の絶対的拠点とした）のに対し、仁斎学は、「教え」を、天賦の素質のままでは善への微弱な作用しかもたない「性」を拡充して「道」に到達させるために定立されたものと強調した。この「性への復帰」と「性の拡充」という相異なる論理に、「教え」の意義に関する朱子学の認識と仁斎学のそれとの間に横たわる、最も根本的な相違が示されている。

なお、仁斎の説く「教え」とは、この意味で、人々に「学的努力」を求めるものであった。そのため、ここでは「学」に関する仁斎の所論も視野に含めながら彼の教説を追っていく。では、その仁斎の教説の基本的枠組みとはどのようなものなのか。それを最も凝縮したものが、彼の次の言葉である。

学に本体《ほんたい》有り、修為《しゅうい》有り。本体とは、仁義礼智、是《こ》れなり。修為とは、忠信敬恕の類、是れなり。蓋し仁義礼智は、天下の達徳、故に之《これ》を本体と謂ふ。聖人学者をして此《これ》に由つて之《これ》を行はしむ。修為を待つて而る後有るに

非ず。忠信敬恕は、力行の要、人《ひと》工夫を用ふる上に就いて名を立つ。本然の徳に非ず。故に之を修為と謂ふ。(77)

すなわち仁斎は、学の営みを「本体の学」と「修為の学」とに大別した上で、「本体」とは人倫世界を存立させている理念（実践的指標）であり、「修為」とは各人がその指標に依拠しながら実際に行うべき行為実践であるとする。その意味で、各人にとって「本体」とはあくまでも「知」の対象であって、「行」の対象は「修為」に集約されている。もちろん、儒学全般と同様に、仁斎学も「知行合一」を学的立場とすることに変わりはない。だが、仁斎学にあって、学の営みに実質的意味を与えるものは「修為」だとされているのである。

仁斎にとって、個々人の人間存在としての本来のあり方とは「人倫世界」に身を置くことでしか獲得されないものであった。「人倫世界」とは人と人との道徳的関係を根拠として定立するものであるが、その必須の要件たる道徳的関係性を構築するものが「仁義礼智」なのであった。「仁義礼智」が「本体」と説かれるのは、まさにこの意味に基づくことであった。それゆえ、「仁義礼智」とは、個々人の行為実践のレベルで成り立つものではなかった。「仁義礼智」が成り立つのは、あくまでも人と人との関係性においてなのであった。

それに対し、「忠信敬恕」とは個々人の行為実践それ自体を意味した。各個人はそれぞれに「忠」を実践することが当然可能であるが、ある個人の「忠」と別の個人の「忠」とが互いに結びあったとき、両者のその関係性に基づいて「仁」が成り立つと理解されるのであった。「修為」は各個人の行為実践として行われるが、「本体」は人と人との関係性の中にのみ所在する。それゆえ、「本体」を成り立たせるためには、その前提として、仁斎が「修為」の方に「学」の実質的意味を与えようとしたことには、こうした趣意が込められていたのであった。

「教え」の根本としての「主忠信」

その「修為」の内実について仁斎は、上記の「忠信敬恕」に留まらない多様な営為を想定している。例えば、彼の、蓋し聖人の人を教ゆる、其の條目固《まこと》に一端に非ず。衆功兼ね挙げて、而る後能く其の徳を成すことを得。…故に或《あるい》は曰く智仁勇、或は曰く忠信篤敬、或は曰く恭寛信敏恵、或は曰く忠信を主として義に徙《うつ》る、と。事に因つて教《おしえ》を設け、人に対して方を示す。豈徒《ただ》に一事を守つて徳を成すを得べけんや[78]。

という所述は、「修為」の営みが「事に因って」行われる多彩なものであることを物語っている。だが「修為」のもつそうした多様性にも拘わらず、仁斎はその営みの根本に位置づけられるものがあることを強調する。それが「忠信を主とする」という教えであった。「忠信」とは、端的には、「他者のことを自分のことのように思って心を尽くし（忠）、その言葉に一切の偽飾を交えないこと（信）[79]」を意味するが、仁斎は、

忠信は学の根本。始を成し終を成す、皆此に在り。…論語に曰く、忠信を主とす。…学問は必ず忠信を以て主と為《せ》ずんばある可からず[80]。

と述べ、「忠信」の実践こそが「学の根本」だと説くのである。仁斎が「忠信」を「修為」の中核に位置づけたのは、何よりも、「忠信を主とする」という教えが孔子によって説かれた（『論語』学而第一・第八条、子罕第九・第二四条、顔淵第一二・第一〇条）ものだったからに他ならない。こうして仁斎の「道徳を語るときは則ち仁を以て宗とし、修為を論ずれば必ず忠信を以て要と為[81]」との言葉に象徴されるように、徳の「本体」の中では「仁」が核心とされ、各個人の「修為」の実践の中では「主忠信」が要点とされたのであった。

「四端の心の拡充」（「主忠信」説の敷衍）

第四に、仁斎は孔子教説としての「主忠信」を敷衍し、より一層「易知易行」なる教えとして人々に示す手立てを孟子の「四端の心の拡充説」（以下、「拡充説」と表記する）に見出した。すなわち仁斎は、

孟子の書は、万世の為に孔門の關鑰《かんやく》を啓く者なり。孔子の言は、平正明白浅きに似て実は深し。易きに似て実は難し。…孟子に至つて、諄諄然として其の嚮方を指し、其の標的を示し、学者をして源委の窮まる所を知らしむ。…若し夫れ孔子の道を観んと欲して、孟子に由らざる者は、猶を水を渡るに舟楫《ふなかじ》無きがごとし。豈に能く済《わた》ることを得んや。嗚呼孟子の書は、実に後世の指南夜燭なり。(82)

と述べ、孟子の思想史的意義が、孔子教説をよりわかりやすい形で再構成し、後世に伝えたことにあった、と捉えた。孔子の教説は、孔子の時代の人々には知り易く行い易いものであったが、その時代から遠く隔たった人々にとっては次第に難解なものになっていった。それを再度知り易く行い易い形に再構成したのが、儒学史上に果たした孟子の際立った功績（後世の指南夜燭）だというのである。こうして、孔子の「主忠信説」を、孟子が再構成したものが「拡充説」だと強調されたのである。(83)

その「拡充説」の趣旨は、すでに上記に紹介した仁斎の言葉（注73）に象徴されるが、それと同様の認識は、

人の四端有るや、猶を其の身の四躰有るがごとし。人人具足、外に求むることを仮らず。苟くも之を拡充することを知るときは、則ち猶を火の燃え泉の達するがごとく、竟《つい》に仁義礼智の徳を成す。故に四端の心を以て、仁義礼智の端本と為。(84)

との所論にも描き出されている。すなわち、人は誰もが「四端の心」を本有しており、その働きはそれ自体としては微弱であるものの、これを「拡充」すれば仁義礼智の徳へと到達することが可能になる、というのである。ここでいわれる「四端の心」が「惻隠」（他者を思いやる心）、「羞悪」（悪を恥じる心）、「辞譲」（譲り合おうとする心）、「是非」（事柄の正しさを判断しようとする心）の四者を指すことはいうまでもない。だが、それではその心を「拡充」するとはどういうことなのか。この点をもう少し詳しく確認しておく。

「拡充」の含意

仁斎は「拡充」の含意を、『孟子』の「人皆為《せ》ざる所有り、之を其の為《す》る所に達するは義なり」（尽心章句下・第三一章）という文言にある「達する」や、「仁者は其の愛する所を以て、其の愛せざる所に及ぼす」（尽心章句下・第一章）という文言にある「及ぼす」という言葉に見出し、それぞれに、

達とは拡充の謂《いい》。…所謂《いわゆる》仁者は其の愛する所を以て、其の愛せざる所に及ぼす、是《これ》なり。仁義とは、即ち此《こ》の心を拡充して至らずという所無し(85)。

及字は、…拡充の功を謂う。所謂《いわゆる》吾が老を老として、以て人の老に及ぼし、吾が幼を幼として、以て人の幼に及ぼす、是《これ》なり(86)。

との注釈を施している。「其の愛する所を以て、其の愛せざる所に及ぼす」であれ、「吾が老を老として、以て人の老に及ぼし、吾が幼を幼として、以て人の幼に及ぼす」であれ、いずれも、自分にとって身近な人間に対して抱くことのできている親愛の心を徐々に疎遠な人間にまで推し及ぼしていくこと、と解される文言であることに違いはない。

このように、仁斎の「拡充」説の内実とは、いわば人々の心奥に存する良心を起点として相互に結ばれていく人倫関係の拡がりに求められていた。「拡充」とは、「相手を思いやる心」を身近な存在から徐々に疎遠な存在へと推し及ぼすことによって、人と人との間に互いの良心によって結ばれた人倫関係のネットワークが張り巡らされていくことを意味したのである。

なお、こうして人倫関係の構成を「拡充」という観点から論じた点に、仁斎の道徳観の最も重要な特質があることに改めて注目しておきたい。例えば、「仁」に対する、

親を親とするより之《これ》を充てて、朋友郷党所識《しょしき》疎薄の人に至るまで、慈愛の心、周遍浹洽《しゅうへんしょうこう》、底《いた》らずという所無《の》ふ

して、一毫《いちごう》残忍忮害《しがい》の念無き者、之を仁と謂ふ(87)。

という定義には、「仁」とは慈愛の心をより広汎な人々へと推し及ぼしていくことを指し、そして我と人との間に結ばれる親愛の関係が最も身近な父母兄弟の関係のようなものになることを指す、との理解が示されている。「仁」が個人の内部にて自足的に存立するものではなく、あくまでも人と人との人倫関係において成立するものであることに象徴されるように、道徳とは一個人の自己充足的実践ではなく、人と人との関係の中で推し進められる社会的行為実践によって成り立つものと理解されているのである。

仁斎教育思想の基軸をなす論理

以上、仁斎学の人間形成論は、①人間の「性」は天賦の気質そのものであるが、そこには微弱ながら善への傾向性（四端の心）が内在する、②「道」とは人と人との関係性（人倫的関係）においてのみ存立するもので、それは個々人の「性」を超越している、③それゆえ各人が「道」へと歩み出すには、聖人の「教え」に由りながら「性」に内在する善への傾向性を拡充する必要がある、という所論から成り立っていた。このような所論は、内在的な「理」（＝性）に人間形成の拠り所を認めた朱子学的思惟はもとより、「理」の作用を「心」の働きに読み替えつつ、人間形成の営為を「心」のありようの問題に還元しようとした陽明学的思惟とも、異なる思惟様式に基づいて組み立てられたものであった。また、後述するように、仁斎学以後の中心的儒学説となった徂徠学が、「道」（聖人の立てた礼楽制度）という外在的規範に人間形成の拠り所を見出したこととも対比されるべき所論であった。

「道」の所在を人倫日用の世界に絞り込み、その実践のために孔孟教説に基づく内在的素質の拡充を説く仁斎学の基本的枠組みは、いかにも単純で楽観的な色彩に包まれたもののように見えるかもしれない。仁斎学にそうした楽観的性格を与えたものは、寛永から元禄・宝永に至る（泰平の時代の）京都町人文化の発展と成熟という時代背景であった、とする見方も成り立つ（それは朱子学が、宋王朝が異民族王朝金に降った、漢民族と漢文化にとって類例のない屈辱の時代に形成されたことと対照的である）。だが、仁斎学は単に町人階層からのみ歓迎されたわけではなく、また、その普及も京都という地域や江戸前半期という時期だけに限られたものでもなかった。

儒学が日本社会に受け入れられた理由の一つとして、それが文治官僚としての武士にその理想像を提供したという見方があることは周知の通りであるが、この見方だけでは仁斎学の興隆は説明がつかない。また、一般に儒学はある種の政治思想としての側面を色濃く有するが、そうした傾向も仁斎学には稀薄である。その意味で、仁斎学は、儒学を一つの純然たる知の体系（知徳合一を前提とする「知」）として再構築し、それを治者・被治者という身分の枠組みを超えた次元で学ばれるべき思想へと再構成した点において、儒学を江戸社会の現実に適合させようとする試みの一つの範型をなすものと評することができるだろう。(88)

従来、教育史の分野で評価されてきた仁斎の姿とは、概ね、私塾古義堂の開設者として、門人との共学共修の方針を打ち出した思想家・実践家のそれであった。その際しばしば引き合いに出されるのが、「同志会」と称された教育組織である。当時、仁斎塾と堀川を隔てて向き合った場所に開設されていた山崎闇斎塾が厳粛な講義形式を採っていたことで知られるのに対し、仁斎の同志会は、会員相互が茶菓子を持ち寄って集まり、順番に行われた講書を相互に検討し、開会ごとに選出される会長から示された策問《さくもん》（質問）に対する回答集を作成する、という手順を踏むものであった。(89)このような共学共修方式は、その後も仁斎塾において「訳文会」（漢文学習のための相互検討）や「私試制義会」（仁斎の策問に対する門生の回答を、門生から選ばれた参評が添削し、さらに仁斎の改訂を経て冊子に纏める）などに継承されていく。

一般に儒学の学習とは、その起点たる「素読」に象徴されるように、経書テキストの反復暗誦（身体化）という機械的な注入作業と理解されがちである。仁斎塾（古義堂）に集った門人たちも、基本的にはそうした素読の既修者であったはずである。だが、彼らにとって身体化された知は、単に保存された記憶に留まらず、自在で多彩な着想や解釈、あるいは相互の議論や検討のための基盤となり得ていた。そうした研究会とも称すべき学問活動の形式を、封建社会の儒学的営為の文脈から創出したことが、仁斎塾の一つの重要な歴史的意義であったと認められよう。

江戸儒学に内在する自学主義

なお、仁斎の教育認識には、この共学共修方式を思想的に支持する所論が豊富に含まれていた。例えば、「己《おのれ》と議論同じきを悦《よろこ》んで、己《おの》が意見と異なる者を楽しまざるは、学者の通患なり。学問は切磋琢磨を貴ぶ。己《おの》が意見と異なる者に従ひ、己を舎《す》てて心を平かにし、切劘《せつび》講磨するに若《し》くは莫《な》し(90)」という仁斎の言葉には、そのことが端的に表現されている。また、

人の才質自《おのづ》から高下有り、各《おのおの》其の量に随ふて之に告げ語るときは、則ち聞く者は入り易ふして、敢えて一毫放過す容《べ》からず。…蓋し君子の教《おしえ》や、勧むること有つて抑ふること無く、導くこと有つて強ゆること無し(91)。

夫れ聖人の教《おしえ》を設くるや、人に因つて以て教を立てて、教を立てて以て人を駆《か》らず。造作する所無く、添飾する所無し。人心の同じく然る所に出でて、強ゆる所有るに非ず(92)。

などの文言も、教条主義を否定し、門生の自律的・主体的な学びを支援しようとする仁斎の認識を鮮明に伝えるものである。

従来、こうした自学主義的な教育認識は、それがルソーやペスタロッチーに代表される西洋近代教育思想に近似する、という観点から評価されることがあった(93)。だが、思想の構造というものを歴史文脈に即して把握しようとする限り、自学主義の教育認識が江戸儒学それ自体の思想内部から生み出されていたということの意味に、より重要な視線を投ずる必要があると認められよう。江戸儒学のもつ教育思想としての意義や可能性は、まさにその視線を通して、再認識・再評価されていくはずだからである。

(3) 古義学のその後

伊藤東涯による仁斎学の修正　伊藤仁斎の「古義学」はその後嫡男東涯（一六七〇～一七三六）に継承され、仁斎の著作（『論語古義』『孟子古義』『中庸発揮』『大学定本』『語孟字義』『童子問』など）も東涯の手によって出版された。それゆえ東涯は、「紹述先生」との諡《おくりな》に象徴されるように、仁斎の忠実な継承者と理解されてきた。だが、東涯の手によって刊行された仁斎の著作には、仁斎の生前最終稿本と比較すると、少なくない修正が施されていた。(94)

その修正の傾向は、人間形成の動因として、「孝弟忠信」といった個々人の側の行為実践（修為）よりも、むしろ「仁義礼智」という人倫世界の側の規範（本体）に、重みづけを与えていることに認められる。例えば、『童子問』（「刊本」は宝永四〈一七〇七〉年刊）の巻之上・第九章を見ると、

設令《たとひ》宇宙の外、復《ま》た宇宙有りとも、苟《いやしく》も人有て其の間《あひだ》に生ぜば、必ず当に君臣父子夫婦の倫《りん》有て、孝弟忠信の道に循ふべし。〈稿本〉

設令《たとひ》宇宙の外、復た宇宙有りとも、苟《いやしく》も人有て其の間《あひだ》に生ぜば、必ず当に君臣父子夫婦の倫《りん》有て、仁義礼智の道に循ふべし。〈刊本〉

というように、元来の「孝弟忠信の道」が「仁義礼智の道」に改められている。

これとの関連で、道徳を「本体」と「修為」との二側面から論じながら、「修為」の営みを「実」なるものとする仁斎元来の主張が、「刊本」では薄められる傾向が認められる。例えば、仁斎学テキストの中で最も遅れて刊行された『孟子古義』（享保五〈一七二〇〉年刊）の離婁章句上・第二七章の小注では、

仁義の徳大なり。然れども人に在ては、則ち親に事へ兄に従ふの間に出でず。故に仁義の名虚にして孝弟の徳実なり。〈稿本〉

仁義の徳大なり。然れども人に在ては、則ち親に事へ兄に従ふの間に出でず。此れ仁義の実、我に在て見つ可き者なり。〈刊本〉

というように、「本体」としての仁義を「虚」とし、「修為」としての孝弟を「実」とする仁斎の所説は改作され、むしろ「仁義」に「実」を認めている。

さらに、こうした「修為」の思想的位置の相対的な低下に関わる問題として、「刊本」では、「心」や「性」など各個人がその内部にもつ素質・能力が比較的軽視される傾向が認められる。同じく、『孟子古義』の告子章句上第一五章・章注を見ると、

孔孟の学を論ずる、毎に徳を言ふて心を言はず。何となれば聖人学者をして仁義礼智の徳に由つて、之を修めしむるのみ。心の若《ごと》き者は、徒《たゞ》に其の思慮運用する所にして、或は善、或は悪、専主する所無し。〈稿本〉

孔孟の人を教ふる、毎に仁義礼智の徳に由つて其の身を修めて、心を言ふは甚だ罕なり。何となれば仁義礼智は、天下の達徳にして、心は人の思慮運用する所。其の欲する所に従へば、必ず道に違ふに至る。〈刊本〉

と、「心」について、「稿本」では「或は善、或は悪、専主する所無し」とされていたのが、「刊本」では「其の欲する所に従へば、必ず道に違ふに至る」と修正されている。もちろん、東涯が仁斎学の正統的継承者であったことは疑う余地がないが、少なくとも、上記に認められるような仁斎学テキストの補正作業は、仁斎学の内部に保たれていた「本体」と「修為」とのバランスに修正を加え、「修為」よりも「本体」の方に「学」としての重みづけを行う意味をもつものであったといえよう。

東涯学の学的傾向

なお、東涯学の重要な特徴として指摘できることは、朱子学の「窮理居敬」や陽明学の「致良知」のように、学の営みに一つの主意を設けることを避け、複雑多端な人倫関係に応ずるために、必要な工夫を

「百行」として示したことにあった。すなわち東涯の、

　人の物に応ずる、既に一事に非ざれば、則ち之を治むるに亦一事を以てす可からず。故に仁有り、礼有り、孝弟忠信有つて、必ず聖賢を師とし、必ず詩書を誦し、以て其の則を取る。(95)

という言葉に集約されるように、そもそも人倫世界とは極めて多端な人間関係から成り立っており、聖人が、そこに住まう人々に対し仁義礼智・孝弟忠信などの百行を立てて「教え」としたのも、「衆功兼挙て其の功を成就す(96)」るためであった、というのである。東涯は、聖人の教えとはある一つの主意を設けてそれを終始固守することではなく、それぞれの事情に応じて百行の中から最も適切な方法を採るべきことを説くものだと主張する。それゆえ彼にとって、「忠信」もまたそれら百行の中の一つに過ぎず、また、それがすべての修為の工夫の基底をなすものでもなかった。こうして東涯の、

　蓋し孝弟忠信、仁義礼智等の名、皆百行の目にして、行事に著る、の実なり。但処に随て名を異にし、事に因て称を別にす。諸《これ》を父に施せば則ち孝と為《し》、諸を兄に施せば則ち弟と為《し》、諸を君と朋友とに施せば則ち忠信と為《し》、諸を衆に施せば則ち仁と為《す》。皆人の行ふ所に非ずといふこと莫し。(97)

との所述のように、「忠信」は多様な人倫関係の中にあって、とくに「君」と「朋友」とに施す行為として論ぜられていく。このように「忠信」の向かう対象を「君」と「朋友」とに限定するような所論を、仁斎の主張から見出すことは困難である。

　以上に眺めた限りにおいて、東涯学の、仁斎学とは異なる思想的傾向を整理するならば、次の二点を指摘することができる。すなわちその一つは、東涯学において人間形成の営みとは、人間の内なる素質・能力よりもむしろ外なる

社会規範を基本的契機として行われるものであったということであり、もう一つは、東涯学は「持敬」「致良知」「主忠信」など、「学び」の営みに一つの主意を設けることを排し、それを多相的・相対的なものとして捉え返したということである。

朱子学との峻別と徂徠学への近接

では、この二つの思想的特質を東涯学に与えたものは何であったのか。仮説の域を出ないが、その一つとして考えられ得ることは、古義学の継承者として、自らの学と朱子学との差別化を鮮明なものにしようとする東涯の自覚ではなかったかと思われる。すなわち、仁斎学における「主忠信」の強調は、「学」の契機を個人の内的な「心」の働きに見出すとともに、学問に一つの主意を設けることを意味したが、東涯にとってそれは、「心の本体」に「理」の存在を認め、「持敬」をもって一つの主意とする朱子学と同様の思想的態度に立つものと解される恐れがあった。それゆえ、古義学の継承・発展を使命とする東涯にとって、その使命を貫徹するためには、仁斎学に朱子学的思惟の残滓が存在することを否定し、自らの学が朱子学思想とあくまでも対峙するものであることをより鮮明にする必要があった、と見なされるからである。

このような東涯による「忠信」の捉え直しは、古義学の教育思想がどのような思想的立場へとその方向を転換させていくのかを示唆している。すなわち、東涯は「唯此二字（忠信のこと。筆者注）を守て、学以て之を充てざるときは、則ち好人を為すに過ぎず。亦有用の材と謂ひ難し[98]」と説くのであるが、この主張は「忠信は学の根本。始を成し終を成す、皆此に在り[99]」と語る仁斎の主張よりも、むしろ、「忠信有りと雖も、学ばざれば未だ郷人為《た》ることを免れざるなり[100]」と論ずる荻生徂徠の所説の方に親近性を認めることができる。

こうして東涯学は、その教育思想としての基本構成において、徂徠学のそれとの親近性を呈することになる。例えば、東涯の、

> 人の道に於けるは、猶を器の縄墨に於けるがごとし。木の性曲直同じからず、故に之を正すに規矩準縄を以てす。人性気稟斉しからず、故に之を教ふるに仁義礼智を以てす。[101]

という言葉に凝縮されるように、東涯教育思想の基本構成は、規範としての仁義礼智に基づく外的形成作用を基軸に据えようとするが、このように個人の外部に据えられた指標から説かれる人間形成の論理は、

先王の道は外に在り。六芸も亦先王の道なり。…其の人、徳有りと雖も、然れども先王の道を知らざれば、則ち有道の士と称することを得ず(102)。

という徂徠学の論理と思想的立場をほぼ同じくするものといえる。もちろん、「外」に措定された指標の意味・内実をどう理解するかや、それを身に有するためにどのような方法を採用するかについて、東涯学と徂徠学との間に思想的懸隔が存在するのは事実である。だが、個人の「外」なる規範を基本的契機として人間形成の意味を理解しようとする思想態度は、両者に共通するものとして江戸中期以後の教育認識の潮流を形成していくのである。

第Ⅱ部　江戸中期における教育思想の多様化とその諸相——一八世紀初期から後期まで

第五章　江戸中期における幕政・藩政の動向

徳川将軍家は、四代家綱までは嫡子が将軍を世襲していたが、家綱に世継ぎが誕生しなかったため、その異母兄弟（家光の四男）であった綱吉（一六四六～一七〇九）が、第五代将軍に就いた。綱吉の治政（一六八〇年から一七〇九年まで。「生まれながらの将軍」ではなく、周囲から中継ぎを期待された将軍だったが、実際には歴代江戸将軍の中でも四番目に長い在任期間となった）は、第Ⅱ部が取り扱う時代区分以前の事跡となるが、その事跡とそれにまつわる諸事象がこの時代の歴史状況を準備した意味合いがあると認められるため、ここでごく簡単にその治政下における時代の推移と動向を振り返っておく。

従来、綱吉の足跡については、「生類憐れみの令」による社会秩序の混乱や、側用人柳沢吉保（一六五八～一七一四）を重用した側近政治、勘定奉行荻原重秀（一六五八～一七一三）による貨幣改鋳とそれに伴う経済混乱など、その諸施策をもって悪政と評される傾向があった。他方、儒学を重んじて湯島に聖堂を設けたり、和歌や古典を好んで北村季吟（一六二五～一七〇五）を幕府歌学方に任じたり、あるいは「貞享暦」（平安時代以来の「宣明暦」を改定した、日本人の手になる最初の暦）を採用して渋川春海（一六三九～一七一五）を天文方に登用したりするなど、江戸の学術史・文化史上に重要な軌跡を遺してもきた。自らも儒学や仏教・神道を学び、能や書画への理解を深めるなど、教養豊かな文人将軍としてのイメージが綱吉には伴われている。

そして、この両側面とも、その後の江戸社会における儒学学習興隆の緩やかな引き金になったと見ることができる

（もちろん綱吉の治政下にあって、儒学は為政者の知的教養とされ、これが武士全般にとっての必須の素養と見なされるには、まだ時間を要した）。江戸時代も元禄年間頃に入ると財政難が幕府のみならず、諸藩においても極めて深刻な問題となっていたが、その財政難への対策の必要が為政者に高度な学識を要請するとともに、その学識への要請が人材養成の必要となって、徐々に武士階層全体に波及されていったからである。

綱吉の治政下においては、人々の経済生活の進展に伴って貨幣の需要が増えたものの、幕府直轄鉱山からの金銀産出量が減退し、さらに長崎貿易にて金銀が海外に流出する傾向もあって、幕府貯蔵の金銀を賄っても貨幣の供給が追いつかないような状況が生じた。こうして市場に流通する通貨量を増やすため、荻原重秀の主導で「慶長金銀」（江戸幕府当初より鋳造されていた金貨・銀貨）より質を落とした、いわゆる「元禄金銀」が鋳造された（一六九五〈元禄八〉年より）。幕府は、この改貨（貨幣の品位引き下げ）政策を正徳年間まで（一七一二〈正徳二〉年まで）継続させたことで、財政面で大きな利益を得ることになる。

だが、この政策はやがてその欺瞞性が人々から看破され、改鋳された「元禄金銀」と従来の「慶長金銀」との交換も滞って、物価の高騰を引き起こした。加えて、「元禄金銀」では金貨の品位の低下が銀貨のそれよりも大きかったため、銀の相場が高騰して「金安銀高」の状況を生じさせた。江戸が金遣い中心であったのに対し、京都・大坂は銀遣い中心であったため、上方の商品の江戸での流通が滞るようになり、これが江戸での一層の物価上昇をもたらすことになった。

また、この通貨制度の混乱を増幅させた一因に、綱吉が進めた寺社造営経費（全国で一〇六件を数え、推定約七〇万両を超える金額が支出されたといわれる）の増加も指摘される。(1)さらに元禄・宝永期には天災地変が度重なり（一七〇三〈元禄一六〉の大地震が契機となって宝永に改元されたが、その三年後の一七〇七〈宝永四〉年には富士山の噴火も起こった）、幕府の財政負担も増幅された。荻原重秀は、綱吉の死後、徳川家宣（一六六二〜一七一二）の第六代将軍就任後も幕府財政の実権をにぎり続けたが、その弾劾を推し進めたのが新井白石（一六五七〜一七二五）であった。

1　新井白石と「正徳の治」

新井白石は一六五七（明暦三）年、いわゆる「明暦大火」の直後に江戸神田柳原（火災から逃れるために設けた土屋家の仮屋）に生まれた。父新井正済《まさなり》（一五九七～一六七八）は上総国久留里藩士であったが、藩主土屋利直（一六〇七～七五）の死後、同藩の内紛によって追放処分を受けて浪人となる。その後、白石は一六八二（天和二）年に大老堀田正俊（一六三四～八四）へ出仕する機会を得る。翌一六八三年には木下順庵が幕府儒者に任命され、こうして白石は順庵と師弟関係を結ぶことになる。白石は、その後一六九一（元禄四）年に堀田家を辞去し（一六八四年に、堀田正俊が殿中にて若年寄稲葉正休《まさやす》に斬殺される事件が生ずる。因みに、白石が堀田家を辞去した一六九一年に湯島聖堂が完成し、林鳳岡が大学頭に任ぜられている）、二度目の浪人生活を余儀なくされるが、その二年後の一六九三（元禄六）年に、木下順庵の推薦によって甲府藩主徳川綱豊（後の六代将軍家宣）に仕えることになる。

徳川綱吉の死後、家宣が第六代将軍に就任する（一七〇九年）と、白石は、侍講・本丸寄合の身分（旗本に列す）で、側用人間部《まなべ》詮房《あきふさ》（一六六六～一七二〇）と協力して家宣を補佐することになる。とくに正徳年間（一七一一～一六）以後は、将軍の政治顧問的立場で幕政改革を主導し、内政面では、朝廷と幕府との関係の融和促進、武家諸法度の改訂、貨幣改良政策の採用、司法関係事件の処理（大赦の断行や評定所の改革）などに、また外交面では、対朝鮮外交の刷新や対琉球外交の強化などに尽力した。これがいわゆる「正徳の治」である。

「正徳の治」の諸施策の中で、白石がとくに力を入れて取り組んだのが、前述の悪貨政策に伴う財政破綻への対応であった。荻原重秀は元禄の財政的危機を救った人物として幕閣内でその手腕が評価されていたが、これが悪貨政策の継続を容認することとなり、結局は幕府財政を行き詰まらせるとともに、一般武士や庶民の生活難を生じさせていた。白石は、一七一二（正徳二）年に「勘定吟味役」（幕府直轄領の年貢収納・土木事業・金銀銅山・諸街道駅伝などの監査役）を復活させ、これによって収賄の疑念を生じさせていた荻原重秀を罷免することに成功する。[2]

白石は、物価高騰の原因は貨幣の質的低下ではなく、むしろその量的過多にあるとして、金融引き締めの方針を打ち出し、金銀の含有量が「慶長金銀」と同じ良質の貨幣である「正徳金銀」を発行した。だが、その原材料は回収した旧金銀に依らざるを得なかったため、貨幣の名目数量が減り、市場への流通量は不足するようになった。貨幣の流通量の収縮は、米価をはじめとする物価を全体的に下落させたが、米価の低迷はそのまま武士階級（米を収入の基本とする）にとっての経済的困難を生じさせた。その一方で、純分率の異なる悪銀との引き換えの際の不足分を幕府が負担するなど、幕府の良心的態度を人々に知らしめたことを評価する向きもある（もちろん、幕府財政には多大な損失を与えた）。また、金・銀・銅の海外への流出を防止し輸出入の均衡を図るため「海船互市新例」（一七一五〈正徳五〉年。中国・オランダからの来航船数や貿易額を制限した）の実施に踏み切ったことも勇断と評されている。

新井白石の諸施策は、概ね一七一二（正徳二）年に将軍家宣が没した後に推し進められたものであったが、第七代将軍家継（一七〇九～一六）が早世した一七一六（享保元）年には幕政から身を退くことになった。白石のように、儒学者が実際の幕府政治をリードするという事例は、江戸時代を通して極めて稀少なことであった。白石が実に多彩な領域に及ぶ学識の持ち主であったことが、その一要因と見ることができるかもしれない。事実、白石は経書全般の理解に博識を誇っていたが、それに加え、その学問的業績は、歴史（『藩翰譜』『古史通』『読史余論』など）、国語学（『東雅』など）、地域研究（『蝦夷志』『南島志』など）、洋学（『西洋紀聞』『采覧異言』など）など、実に多彩な分野に及んでいる。また、その自叙伝『折たく柴の記』は、我が国における自伝文学の傑作の一つと評されている。さらに白石には、学者としての評価とともに、詩人としての高い評価も与えられている。だが、それでも白石の諸施策の中において、人材養成や民衆教化などの教育政策が積極的に採り入れられた、とは見なし難い。少なくとも一八世紀半ば頃までの幕政において、「教育」を具体的な政策課題に据えようとする動きは、まだ明確な形では姿を現していなかったといえよう。

2　八代将軍徳川吉宗と「享保の改革」

徳川家継の死により、幕初より一〇〇年以上継承された将軍家（徳川宗家）の血筋が途絶えることになった。尾張、紀州、水戸の御三家は、こうした事態に対応するために設けられていたが、結果として紀州藩主の徳川吉宗（一六八四〜一七五一）が第八代将軍に迎えられた。吉宗が紀州藩の財政再建や藩政改革に成果を収め、信望を集めていたことがその一因ともいわれる(3)。

（1）「享保の改革」

吉宗の治政は、一七一六（享保元）年から一七四五（延享二）年までの二九年間に及ぶが、この間の最も長い期間（二〇年）の元号をとって「享保の改革」と称されている。吉宗は、間部詮房や新井白石ら前代に登用された側近者を政治の中枢から退けるとともに、家康以来の格式を重んじて伝統ある譜代層を重用することで、人心の統一とともに自己の権威の強化を図った（その一方で、御用取次、小納戸頭取など、将軍の側近職には紀州藩士を登用した）。また、御庭番と呼ばれる吉宗直属の隠密御用（諸藩の動静、幕府諸役人の行状、世間の風聞などの情報を将軍に報告）を設けたり、一般庶民が将軍に直訴する制度として目安箱を設置（一七二一年）したりして、治政に関する諸情報を将軍が直接掌握することにも努めた。さらに、一七二三（享保八）年に「足高《たしだか》の制」を定め（幕府主要役職の俸禄に基準を設け、その役職従事者の家禄が基準に満たない場合、在職中に限りその基準額まで加給する制度）、家禄世襲による財政負担の増大を回避するとともに、政策遂行のための人材登用を推し進めた。

吉宗によって着手された諸改革は、江戸の都市政策（町火消組合の結成、火除地の設置、江戸の外延地域の再編〈東＝隅田川堤、西＝多摩郡中野村、南＝品川御殿山、北＝王子飛鳥山〉、小石川養生所の設置など）、財政政策（「上げ米」の制〈諸大名に毎年石高一万石につき一〇〇石の割合で献米させ、代償として参勤交代での江戸在住期間を半年間に短縮〉、定免法〈年貢量の一定期間の固定化〉の導入、税率〈年貢率〉の引き上げ〈幕僚全般で四〇％から五〇％へ〉、新田開発など）、物価対策（買米令〈豊年時に富裕商人に米を強制的に購入させ、市場に出回る米の量を制限して、米価の下落を防ぐ〉、置米令〈飢餓対策を兼ねて各地に米を備蓄させる〉など）から、文教政策や諸法令の編纂（『公事方御定書』や『御触書寛保集成』など）、さらには海外情報の収集（洋書の輸入禁止の緩和）などに至るまで、実に多方面に及んでいる。

吉宗の治政下、すでにこの国の経済は低成長の時代を迎えていた。耕地面積は江戸中期の約三〇〇万町歩（一町歩は、おおよそ一ヘクタール）から明治初期（一八七四年）の三〇五万町歩と、ほとんど増加は見られない。人口も江戸中期（一七二一〈享保六〉年）の約三一〇六万人から、江戸後期（一八四六〈弘化三〉年）の約三一九〇万人と、ほぼ横ばいであった。[4]しかも低成長への移行とともに、「米価安の諸色高」（米の値段が安く、諸物価が高騰する）という事態が続き、これが武士層と農民層の窮乏化を引き起こしていた。吉宗は、一七一八（享保三）年に新金銀の通用に関する覚書（「新金銀を以当戌十一月より通用可仕之覚」。通貨を「正徳金銀」と同質のものに統一し、貨幣量を収縮）を発し、元禄以来混乱を続けた通貨を統一して通貨量を縮小したが、この緊縮財政が社会に深刻な不況をもたらした。吉宗は、やむを得ず、一七三六（元文元）年に金銀の含有率を落とした貨幣（元文貨幣）を発行し、貨幣の流通量を増やす政策に方針を転換した。また銀を主要貨幣とする大坂から、金を主要貨幣とする江戸に物資を流入させるために、銀の質を落として金高を目指そうとした。改鋳直後には著しい銀高による相場の混乱も生じたが、社会に新金銀が出回るにつれて相場も次第に安定するようになった（このときの元文金銀は、その後安定した貨幣として文政期まで流通することになる）。こうした吉宗の通貨政策は、上記の「買米令」に象徴される米価政策と相俟って相応の成果を獲得していく。吉宗治政下の幕府財政は、深刻な赤字でスタートしたが、一七四二（寛保二）年以降には黒字へと回復したのであった。[5]

では、この「享保の改革」の中に、教育に関する政策は組み入れられていたのか。またそうだとすれば、それは具体的にどのような施策として推し進められたのか。

（2）吉宗の文教政策

吉宗の文教政策としてよく知られているものは、湯島の聖堂仰高門《ぎょうこうもん》東舎における「日講」である。この講釈は、綱吉の時代から始められていたが、一七一七（享保二）年、吉宗はこれを毎日開講し（講師は林家門人）、幕臣に限らず一般庶民にも聴席を開放した。この「日講」は幕末まで絶えることなく、およそ一五〇年もの長きにわたって継続されていく。また、吉宗は当時江戸市中に普及しつつあった手習塾に着目し、江戸市中の手習師匠に書付を発して「五人組帳前書」など幕府の法度・触書類を手本として使用するよう指示している。

さらに、吉宗は一七二一（享保六）年、民衆教化のための教訓書『六諭衍義《りくゆえんぎ》』を官版として出版した。「六諭」とは、明《みん》の太祖朱元璋《しゅげんしょう》（洪武帝。一三二八～九八）が民衆教化のために発布した勅諭のことで「孝順父母、尊敬長上、和睦郷里、教訓子孫、各安生理、毋作非為」の六項目の教訓が説かれていたが、これに清の范鋐《はんこう》（生没年不詳）が注解を加えたものが『六諭衍義』である（初版の版行年代は判然としておらず、清初の一六七一年頃と推定されている）。その後同書は、清に留学した琉球の程順則《ていじゅんそく》（一六六三～一七三五）によって翻刻されたが、これを一七一九（享保四）年に薩摩藩主島津吉貴《よしたか》（一六七五～一七四七）が将軍吉宗に献上したのであった。吉宗は同書を民衆教化に役立てようと考え、官版として出版しようとした。通例ではこうした任務は林家に命ぜられたはずだが、同書の内容は白話文（民間で通行する口話に接近した書き言葉）で記されていたため、白話文に通ずる儒者であった荻生徂徠に加点の命が下されて、官版出版されたのであった。さらに吉宗は、加点されても原文のままでは庶民には難解だとして、同書を内容的に縮約しつつ、仮名書きに書き改めるよう室鳩巣《むろきゅうそう》（一六五八～一七三四。木下順庵門下、一七一一〈正徳元〉年に同門の新井白石の推挙によって幕府に仕官）に命じた。室鳩巣の原稿は、手習いの手本として使用できるよう能書家に清書させた上で、同じく官版として一七二二（享保七）年に出版させた。これが『六諭衍義大意』である。これら『六諭衍義』および『六諭衍義大意』は、民衆教化を目的とする幕府直轄の出版事業であり、とくに後者は江戸市中の手習師匠に広く頒布された。このことは、吉宗の意図が手習塾を通じての一般民衆子女の道徳的教化にあったことを明確に物語っている。『六諭衍義大意』は官刻の版木が民間書肆に下賜され、民間での出版が奨励された。長州・彦根・尾張・掛川など同書を藩版として出版する藩も少なくなかった。こうして官刻の修身教訓書が、手習用のテキストとして社会に広く流布したのである。(6)

また、吉宗はその将軍在任中に孝子（孝行者）の褒賞を積極的に行っている。一七二〇（享保五）年、幕府は褒賞者の基準を定めた上、庶民の孝義の風聞について代官・領主が調査した上で幕府に上申することを指示した。こうして全国各地で孝行を実践した農民が褒賞されている。吉宗は民衆に道徳思想を浸透させることで、幕府の支配体制を人々の意識の面から再建しようとしたのであった。こうした孝子褒賞政策は、幕府のみならず諸藩においても積極的に取り組まれた。なお、孝子褒賞による幕府の支配体制強化の施策は、後述するように、老中松平定信（一七五九～一八二九）の「寛政の改革」に引き継がれ、『官刻孝義録』（一八〇一年刊、合計五〇巻、全国の善行者八千六百名近くを掲載）という厖大な書物を編纂させることになる。(7)

享保改革期の文教政策としては、これら以外にも、吉宗が民間の学塾活動を積極的に支援したことが注目される。吉宗は、儒者菅野兼山（一六八〇～一七四七。崎門三傑の一人である佐藤直方の門人）が私塾開設の請願を目安箱に投書したことに対し、江戸深川の土地を貸与し金三〇両を与えた。こうして一七二三（享保八）年、幕府の財政支援によって深川教授所（会輔堂《かいほどう》）が設立された。この学塾は、武士・庶民双方を対象とする儒学教育の場として機能し、その後一八四五（弘化二）年には昌平坂学問所の管轄となった。

また、一七二六（享保一一）年には、大坂の学問所懐徳堂を官許した。懐徳堂は、一七二四年に大坂の上層町人の基金によって設立された塾であった（初代学主は三宅石庵）が、このときの官許によって公的な学問所として認知された。懐徳堂は、上方町人の合理的で批判的な精神を象徴する学問研究の場として、富永仲基《とみながなかもと》（一七一五～四六）、中井竹山《ちくざん》（一七三〇～一八〇四）、中井履軒《りけん》（一七三二～一八一七）、山片蟠桃《やまがたばんとう》（一七四八～一八二一）などの独創的な思想家を輩出し、一八六九（明治二）年に至るまで、高度で自由な学問研究機関として機能するとともに、大坂の庶民教育に大きな役割を果たした（なお、懐徳堂については改めて後述する）。

このように、吉宗の治政下において、「教育」に関わる諸施策は積極的に講ぜられていた、と評することができるだろう。だが、全体的な動向に着眼するならば、その施策は一般民衆を幕府政治に従順ならしめるための措置（「教育」というよりも、むしろ「教化」というべき）であったと見ることができる。また、その方針や姿勢を象徴するものは、為政者による儒学へのアプローチの変化ともいえよう。保科正之や池田光政らの諸藩主であれ、徳川綱吉のような将軍であれ、享保期以前の為政者が儒学に関心を寄せるのは、為政者自らが率先して徳を修めることで、その徳を領国経営に推し拡げようとすることを主眼に据えるものであった、といわれる。それに対し吉宗は、儒学の教説の中に民衆教化のための具体的方途（孝や忠の奨励）を見出し、儒学を政策遂行のための世俗的な思想基盤として活用しようとした。儒学は、為政者にとって、自らの徳性を育むための教説というよりも、民衆教化のためのツールとして利用されるようになった。儒学の教説は、こうしてまさに政治と一体化されていった（儒学の政治化）のである。

一方、為政者たる武士については、儒学の素養をその階層全般に求めたわけでもなく、また儒学教育を通して有用な人材を養い、これを政治の表舞台に登用するという方策が積極的に採用されたわけでもなかった。もちろん、後述するように、江戸中期において諸藩の政治・経済体制はすでに深刻な動揺を来しており、諸藩の中には人材の養成と登用を積極的に推し進めようとする動きが出現するようになる。一八世紀後半期に、諸藩が積極的に学問所（藩校）を設立するようになることが、そうした動向を象徴的に物語っている。しかし、幕政においてそうした積極的な人材養成が講ぜられるようになるには、寛政期の諸改革を俟たねばならなかった。その意味で、一八世紀半ば頃までの江戸幕府において、教育は民衆教化の施策と強固に結びつけられ、その意味でより大きな政治文脈の内部に解消させられていた、と評することが可能といえよう。

3　江戸中期の藩政改革動向——米沢藩の事例

（1）藩政の窮状

それでは、江戸中期における諸藩の政治的・経済的状況とは、概括的に見てどのようなものだったのか。またその状況下にて、教育に関する施策とはどのような形にて推し進められたのか。ここでは、その様子を最も象徴的に語り伝える事例として、出羽国米沢藩の動向を取り上げてみる。

米沢藩は、初代藩主上杉景勝（一五五六～一六二三）のときに関ヶ原の戦に敗れ、会津一二〇万石から米沢三〇万石に減領転封を命ぜられたが、さらに第三代藩主綱勝（一六三九～六四）が後嗣を定めずに急死したことから、石高を一五万石に減ぜられた（このとき、幕府高家吉《き》良《ら》上野介《こうずけのすけ》義央《よしなか》の嫡男上杉綱憲を第四代藩主に迎え入れた）。だが、こうした苛酷な減封にも拘わらず、家臣団の数をほとんど減ずることはなかった。その結果、多くの家臣が低い禄高に抑えられ、それが江戸中期の商品経済の発達と相俟って、家臣団に生活の窮乏を余儀なくさせた。農村に対しては租税や賦役の負担が強化されたが、それにより没落農民が増え、農村秩序の荒廃を深刻化させるとともに、打ちこわしなどの紛擾《ふんじょう》を頻発させることになった。[8]

こうした社会的秩序の混乱と連動するかのように、藩財政の窮乏も急速に進行した。米沢藩では一般会計の他に、重大事に備える軍用経費（「御貯金《たくわえきん》」）を別に設けていたが、一七〇四（宝永元）年頃にはそのほとんどが一般会計に流用されていた。藩財政を賄うため、有力商人からの借金を積み重ねたり、また藩士の俸禄の借り上げ（半知借上）を行ったりなどしたが、それでも深刻な財政難が改善される見通しは立たなかった。宝暦年間（一七五一～六四）に入ると、一七五三年の幕府軍役の賦課や一七五五年の大凶作などによって、藩財政が極度に深刻化した。一七六〇（宝暦一〇）年には、後の江戸家老竹俣当綱《たけのまたまさつな》（一七二九～九三）が藩の極度の財政破綻のために、第八代藩主上杉重定（一七二〇～九八）に領地の幕府への返上を進言するような事態さえ生じていた。[9]

(2) 上杉鷹山の治政

上杉鷹山（一七五一～一八二二。上杉治憲のこと。鷹山は号）が米沢藩第九代藩主に就いたのは、こうした極めて厳しい藩情勢の最中であった。鷹山は、一七五一（寛延四）年に日向高鍋藩秋月家の次男として生まれたが、一七六〇（宝暦一〇）年に上杉重定の養子に迎えられ、一七六七（明和四）年一七歳のときに上杉家の家督を嗣いだ。鷹山は一四歳の頃から、当時にあって徂徠学以後の学問系譜に一つの重要な足跡（いわゆる折衷学）を切り開いた細井平洲（一七二八～一八〇一）に師事していた。それは一七六二（宝暦一二）年のとき、米沢藩の儒者・侍医であった藁科《わらしな》松伯《しょうはく》（一七三七～六九）が両国橋のたもとにて辻講釈を行っていた平洲の学識と人物に敬服し、平洲に入門したことが重要な契機となった。[10] 鷹山の藩政諸改革については、平洲の輔導によって培われた学識が、その重要な淵源になったといわれる。

米沢藩主となった鷹山は、困窮した藩財政を立て直すために、神前（米沢の春日神社ならびに白子神社）に誓詞を奉納して倹約の実行を誓うとともに、一二条からなる大倹令を発令した。その実施のため、自ら率先して藩主の年間江戸仕切金を一五〇〇両から二〇九両余に大幅節減するとともに、日常の食事を一汁一菜、衣服を綿衣とし、奥女中も従来の五〇人余から九人に減じた。[11] また藩政改革を進めるために、前述の竹俣当綱や鷹山側近の莅戸《のぞき》善政《よしまさ》（一七三五～一八〇四）らを重用し（両者とも上述した藁科松伯の家塾菁莪社《せいがしゃ》出身であった）、質素倹約を政策遂行の基盤に据えた。この改革路線は保守志向の米沢の老臣たちと対立し、いわゆる「七家騒動」（一七七三〈安永二〉年、鷹山の改革政策に反対する藩の重役七人が、四五ヶ条の訴状をもって、改革の中止と竹俣当綱一派の罷免を強訴した事件。七名のうち二名が切腹および改易、五名が隠居・閉門または蟄居・石高削減となった。ただし後に先祖代々の功労により特別の大赦がなされた）を引き起こすに至る。米沢の老臣たちからすれば、他家より家督を継承した鷹山とその人事に基づく藩政改革に、痛切な抵抗を感じてのことであった。

鷹山によって進められた諸施策は、何よりも藩財政の再建が優先事であったが、それと連動して農村の復興、産業の開発、商業の統制、さらには教学の振興や法制の整備など、多岐に及んだ。その概略のみ紹介すると、財政再建については、極端な緊縮財政の実施、会計帳簿の作成と公開、領外（江戸・大坂・越後・酒田）の都市商人との金融関係の改善（借受金の無利息・長期返済）などを推し進めた。農村の復興は、凶作・飢饉に備えての義倉の設置、家臣（武士）による新田開発（中国周・漢の制度「籍田《せきでん》の礼」に倣ったといわれる）、農村支配機構の整備（郷村頭取・郡奉行の設置）など、産業の開発は、漆《うるし》・桑・楮《こうぞ》の各一〇〇万本植樹と織物加工業の興隆、さらに商業の統制については、荷物改所の強化〔領内での商品流通を、既得権をもつ商人ではなく、藩権力の統制下に置く〕、などを取り上げることができる。

（3）藩校興譲館の再興

さらに教育の関心からとくに注目されるのは、藩校興譲館の再興である。(12) 米沢藩では、上述の四代藩主上杉綱憲（一六六三～一七〇四）のときに学問所を開設していたが（一六九七年）、その後、藩財政の逼迫とともに衰微し、藩校としての実質的な機能を果たしていなかった。学問を治国の根元と理解する鷹山は、一七七一（明和八）年に細井平洲を賓師として米沢に招聘し、その講義を藩士たちに聴講させた。このとき鷹山二一歳、平洲は四四歳であった。そうした準備段階を経て、一七七六（安永五）年に興譲館が落成する。その規模・内容からして新建というに相応しいものであったが、鷹山は先君の賢慮や伝統の尊重を明示するためにも再興であることを謳った。興譲館では、単なる考証や解釈だけの学問を廃し、専ら実用の学が目指された。興譲館と命名したのは細井平洲であったが、これは『大学』（伝九章）の「一家仁なれば一国仁興り、一家譲なれば一国譲興る」から採ったものといわれる。

興譲館では、俊秀な藩士子弟二〇名（概ね二〇歳以上、三〇歳以下）を選抜して三年間の定詰《じょうづめ》勤学を命じ（これを「諸生」と呼んだ）、飲食費や光熱費を藩費から支給した。またこれ以外に、自費にて定詰勤学する寄塾生も設けられた。寄塾生の在学期間は、当初定められていなかったが、寛政年間に三年間とされ、文化年間に一年間と改められた。藩校に寄宿する者は、諸生二〇名と寄塾生一〇名（時期により増減あり）であったが、これとは別に、藩士子弟の中で藩校での勉学を希望する者を、いわば通学生として認めた（強制ではなかった）。通学生は、当初三〇〇～四〇〇名ほどであったが、最盛期には九〇〇～一〇〇〇名を数えたときもあったという。教員の構成や人数は、時期によって異なるが、総監一名、提学一名、助教二名、読長一名、諸生二〇名（諸生はいわば半学半教の立場にあった。また、諸生の中から都講〈館内事務の総括と通学生への訓導〉、典籍〈館庫の書籍管理と通学生への訓導〉、助読〈読長の補助〉を兼務する者が選抜された）、上席生五名（読長・助読を補助し、通学生を教授）、仕付方一名（礼節の指導）の計三一名というのが基本構成であった。

課業の内容は、江戸時代の藩校が概ねそうであったように、素読・講義・会読を基本構成とした。素読は、二〇名の諸生がその取り扱いを定め、毎日朝食前に講堂にて行われた。通学生は、通常一〇歳前後で入学して『孝経』や四書五経の素読を受け、また一二、三歳から一六、七歳までの者は『史記』『左伝』など歴史書の素読を受けた（一七、八歳からは『左伝』などの講義に移り、通常は二四、五歳で退学した）。講義は、毎月二と七の日に総監・提学・助教が一名ずつ執り行い、諸生・寄塾生・通学生が聴講した。諸生および寄塾生は御成座敷二の間にて、また通学生は講堂および講堂次の間以下にて聴講した。会読も総監・提学・助教が担当し、毎月三・八・四・九の日に行われた。これ以外に、毎月八の日午後に詩文会が、毎月十の日に礼式の教導が行われた。なお、興譲館の教育活動は、一七九六（寛政八）年に学館を拡張して友于堂《ゆうどう》が設置された後、様々な改善が図られたが、試験が実施されるようになるのも一七九八年以降のことであった。諸生と寄塾生の試験は講義に限られたが、通学生には素読生（四書五経）・自読生（『史記』『左伝』などの歴史書）・講義生（『左伝』と四書五経）という学修段階に応じた試験が行われた。試験終了後、その成績を館内の友于堂に掲示したが、試験にて優秀な成績を修めた者（秀逸生）には、酒や吸物が下賜された。

興譲館落成後、平洲は五年ぶりに米沢を訪れ（二度目の来藩。なお、三度目の来藩は上述の友于堂が設置された一七九六年のことであった）、同藩校での講義に留まらず、家中以外の町民や農民への通俗講話も行っている。その内容は、農村の荒廃によって深刻な不安と危機意識に襲われながら日々の生活を過ごしている庶民層に対し、安心至福の道が分限意識（上下身分の趣意を弁える）に基づく実践倫理にあることを、巧みな話術で説くもので、庶民層に深い感銘を与えたと伝わる。このときの平洲の米沢滞在は六ヶ月に満たなかったが、興譲館での聴講者は二〇〇〇名を越え、同藩校の運営に確固たる基礎を与えたといわれる(13)。

その後、鷹山は一七八五（天明五）年に三五歳の若さで隠居する。先代藩主重定の実子治広《はるひろ》（一七六四～一八二二）への家督譲渡を、敢えて早い時点で決断したものと見なされる。このとき治広に与えたいわゆる「伝国の辞」には、

一　国家は先祖より子孫へ伝《つたえ》候《そうろう》国家にして我私《わたくし》すべき物には之れ無く候

一　人民は国家に属したる人民にして我　私《わたくし》すべき物には之れ無く候
一　国家人民の為に立たる君にて君の為に立たる国家人民には之れ無く候(14)

と記されている。封建藩主としてのあるべき姿を探求し、これを厳しく実践した鷹山の言葉だけに、同藩でのその後の藩主像に重要な影響力を与えたことは疑いない。なお、この天明年間には飢饉が重なり、藩財政も危機的状況が続いたが、鷹山は隠居後も後継藩主を後見し、一八二二（文政五）年に七二歳で逝去するまで藩政を実質指導した。米沢藩の財政改革は、一八二六（文政九）年に三都や近隣諸藩の商人からの負債を償還することで成就したといわれる。それには養蚕業の広範な発達による農村の復興が重要な背景をなしたのであった。

4　一八世紀後半期藩政改革の趨勢

米沢藩の藩政改革は、武断政治下の極めて苛酷な減封（しかも家臣数を量的に維持した）が発端となった特殊なケースと見ることもできる。だが、一八世紀中葉において諸藩はいずれも深刻な財政難に陥り（そもそも「参勤交代」という幕府政策が各藩の財政状況を必然的に悪化させる要因となっていた。頻発する自然災害への対応も財政を逼迫させた）、その財政危機の克服と領内支配体制の強化とは、諸藩に共通する喫緊の政策課題になっていた。こうした観点から、一八世紀後半期に推し進められた諸藩の藩政改革の政策的動向を、敢えてマクロな視点から整理すると、以下の三点を指摘することができる(15)。

第一に、農政の建て直しである。当時、いわゆる散田・手余地が全国に存在するようになったが、これを解消するために、農民が商業を営んだり商業への奉公に赴いたりすることを制限する一方、都市に出ていた農民を帰農させたり農村取締りを強化したりした。会津藩では、一七八七（天明七）年頃から藩政改革が着手されるが、農村の建て直しのため、従来の在郷役人（豪頭）を廃止して郡奉行や代官を農村に転出させ、農村の直接支配を行った。また、離農して領内の町に出ている農民に帰農を命ずるとともに、手余地をなくすために、主に越後の農民を引き入れて耕作させ、一定期間は年貢や諸役の負担を軽減して、定着を図った。岡山藩では、散田・手余地の増加への対抗策として、農村宛てに商業従事の制限と帰農の奨励を内容とする法令を発した（一八一二年のこと）。佐賀藩でも本格的な藩政改革は一七七二（安永元）年頃から実施されるが、その政策課題の一つは領内に多くの散田をかかえてしまっていたことへの対応にあった。

第二に、殖産興業と専売制の導入である。殖産興業については、主に畿内などの先進地域から技術の導入を図りつつ自藩内で産業を興す手法が採られたが、専売制とは、この手法により生産した自藩の特産物を、藩が独占的に購入して藩外に販売する制度を意味した。いずれも藩の経済的自立を指向した政策であったが、当時の市場の実態からは特産物の販売先は幕府領域である三都、とくに大坂が中心となっていた。この点において諸藩の専売制といっても、これが幕政に補完されることで成り立つものであったことは否めない。諸藩の専売制について、例えば熊本藩では、櫨《はぜ》の実を農民から強制的に買い上げ、これを特権商人が蠟として商品化し、藩の専売品として大坂へ販売した。また、養蚕と製糸を農村に広めて生糸を専売品にするなどの施策を講じた。長州藩でも、一七六一（宝暦一一）年頃から実施した検地によって隠田を摘発し、そこから得られた四万石の年貢を財源に、新田開発とともに塩・蠟・藍などの専売を行うようになった。

そして第三が、藩校の設立とそれに基づく人材養成への取り組みである。諸藩において藩校の開設が活発化するのは、ほぼ一八世紀後半期以降のことであった。これまで寛永年間（一六二四～四四）から明治初期（一八七一）の廃藩置県時までに設立された藩校は二八九校が確認されているが、このうち宝暦年間（一七五一～六四）以後に開設されたものは二四八校と、全体の約八五％を占めている。[16] 一八世紀後半期以後に開設された藩校は、藩政改革と直結した人材養成機関として運営されたもので、それ以前のいわば教養指向的な藩校とはその性格を異にするものであった。この時期、諸藩では極度の財政難や社会秩序の混乱に対応すべく、抜本的な藩政改革に取り組むようになるが、危機的局面においてとくに人材養成ということに眼が向けられ、財政難をおして敢えて藩校開設に踏み切ったのであった。

米沢藩の興譲館についてはすでに述べたが、これ以外にも、熊本藩の時習館（一七五五年開設、藩主細川重賢《しげかた》）や秋田藩の明徳館（一七九二年開設、藩主佐竹義和《よしまさ》）など、この時期「名君」と謳われた藩主たちは、こぞって藩校での人材養成に取り組んでいる。なお、熊本藩時習館では、創設時において、藩士子弟のすべてに入学を義務づけたわけではなく、逆に農・商の一般庶民にも入学を許可した。また、朱子学を主としつつも、徂徠学の文芸的要素や経世的要素をも採り入れた。文武双方の課程を設けつつも、学生の好む方を学修させ才能を研磨させるという、特色ある方法を採用した。そうして学問への意欲の確かな人材を養成し、これを藩政改革の一環に位置づけようとしたのであった。

ともあれ、こうして一八世紀における幕政・藩政の諸施策を大局的に見れば、この時期に形づくられた教育思想がどのような社会的動向に応答しようとするものであったのかを、それなりに捕捉することができる。江戸の教育思想は、少なくとも一七世紀から一八世紀初頭の頃までは、一部の上層武士の教養指向に応答する所論として理解される傾向にあったが（その意味でも、伊藤仁斎の古義学は例外的な性格を有している）、一八世紀中葉以後には、幕藩体制の動揺と諸藩の政治・経済的危機への対応が意識され、そうした社会的危機への対応策としての人材養成が、その立論の主軸を形づくっていくことになる。

次章にてこの時期の教育思想を概述するにあたり、まずは、儒学本来の思想のありようを厳格な思想史的原義解釈を通じて再定義するとともに、儒学の古典学的解釈に一つの方向性を明示し、しかもその所論を実際の社会制度改革と結びつけることに重大な成果を収めた徂徠学について、その内容と構造を追ってみることにする。江戸教育思想史という観点からは、徂徠学こそが、一八世紀中葉における幕府・諸藩の「人材養成」という政策課題に真っ正面から応答し得る内実を有する思想であった、と見なされるからである。

第六章　徂徠学と徂徠学派の隆盛

荻生徂徠の思想は、江戸の思想史を分水嶺的に二分するほどに、大きな影響力を有したと評されている。かつて丸山真男（一九一四〜九六）が、近世日本思想史上における「道」の理解に「自然」から「作為」への転回を見出そうとしたとき、徂徠学をもってその転回を象徴する思想に位置づけたことはよく知られている。(1) 丸山のこの立論は、江戸の教育思想史を読み解くについても重要な示唆を与えている。いわば人間形成の根拠を「自然」（「性即理」としての「理」）に認めようとする朱子学的思惟から、それを制作的な「作為」（礼楽制度）に転回させようとした徂徠学の思惟が、江戸の教育思想史にどのような方向性を与えることになったのか、またその方向性が実際の江戸の社会動向とどのような関わりを有するに至ったのか。ここでは、そのあたりの諸点に着眼しながら、徂徠学の教育思想の概述を試みることにする。

1　荻生徂徠──「人材養成」と「民衆教化」の教育思想

（1）荻生徂徠の生涯

江戸払いの体験と柳沢吉保への出仕

荻生徂徠は、一六六六（寛文六）年に、館林藩主徳川綱吉（後の五代将軍）の侍医荻生方庵《ほうあん》（一六二六〜一七〇六）の次男として江戸に生まれた。(2) 幼名は双松《なべまつ》、字は茂卿《もけい》で、通称を惣右衛門という。また荻生家は物部氏の後裔であるとして「物茂卿《ぶつもけい》」とも称した。荻生家は、もともとは三河の出身であったが、戦国時代に伊勢の国司北畠氏に仕え、北畠氏が織田信長に亡ぼされた後に江戸に出たと伝わる。実弟の荻生北渓（一六七三〜一七五四）も後に、儒官として幕府に仕えた。

徂徠が一四歳のときの一六七九（延宝七）年、父方庵が綱吉から処罰を受けて（理由は不明）江戸払いとなり、上総国長柄《ながら》郡二宮庄本納村（現茂原市）に一家が移り住むことになる。その後およそ一三年間を地方の農村で過ごし、不自由な生活を体験するとともに、農民や漁民ら社会の下層に据え置かれた人々の生活の実状を知る機会を得た。晩年の著述書『政談』には、この上総国での経験が徂徠の思想形成に有意義であったことが述懐されている。

その時期は必ずしも判然としていないが、父の赦免により、徂徠も一六九二（元禄五）年頃に江戸に戻ることになる。徂徠は芝増上寺《ぞうじょうじ》の近辺に私塾を開いたが、生活が極めて貧しかったため、豆腐屋の世話になり出世後にその恩に報いたという逸話（「徂徠豆腐」という講談の題材になった）が残されている。(3) 徂徠が開いた塾では、漢文訓読に斬新な方法（「訓読」ではなく、いわば「翻訳」を方法とした）を採用したが、それにより増上寺の僧たちの間で次第に評判を集めるようになる。そうして一六九六（元禄九）年、三一歳のときに徂徠は側用人柳沢吉保（一六五八〜一七一四）に召し抱えられる。これについては増上寺第三二世法主の了也《りょうや》上人（生没年不詳）が将軍徳川綱吉に徂徠を推薦し、綱吉の命によって徂徠を禄仕させたともいわれる。(4) 柳沢吉保は参禅に励む好学者で、禅宗の一派である黄檗宗に惹かれ、黄檗僧との交流を通して唐話（中国語の口語）の学習に取り組んでいたが、徂徠にとってもこれが唐話を学ぶ契機となった。柳沢家には、服部南郭《なんかく》（一六八三〜一七五九）や安藤東野《とうや》（一六八三〜一七一九）といった、後の徂徠学派を構成する有力門人も召し抱えられている。

柳沢藩邸時の逸話と仁斎学との対峙

柳沢藩邸内にて生活することになった徂徠は、その後一三年間にわたり、毎月三度江戸城にて将軍綱吉による経書の講義や演能の席に加わった。また、綱吉はしばしば柳沢家に出向いたため、そこでも綱吉の経書講義に参与している。また柳沢家の公的記録の編纂や、柳沢藩蔵板の中国正史（『晋書』『宋書』『南斉書』『梁書』『陳書』の五史）の校注などにも携わった。儒者として柳沢家に仕えている間の徂徠の事跡としてしばしば引き合いに出されるのが、領地川越の農民が困窮のために妻を離縁し、剃髪して道入と名乗り、老母を置き去りにして江戸に流れ込んだという事件（道入の親捨て）への対応である。このときのことについて徂徠は『政談』の中で、次のように述懐している。

其時某《それがし》申様《もうしよう》ハ、「…箇様ナル者ノ所ヨリ出ルヤウニ致ス事、第一代官・郡奉行ノ科《とが》也、其上ハ家老ノ科也。其上ニモ科人《とがにん》有ヘシ。道入カ咎《とが》ハ甚《はなはだ》軽キ事也」ト末坐ヨリ申《もうし》タルヲ美濃守聞テ、始テ「尤《もつとも》也」ト云テ道入ニ母養料一人扶持取ラセテ其処へ復シ置。某ヲモ用ニ立ヘキ者也トテ念比《ねんごろ》ニ仕タリシハ此事ヨリ始レリ[5]。

すなわち、他の儒者たちが道入の親捨てをどう処分すべきか判断に窮する中、徂徠は、領内の農民を流亡に追い込んだ為政者の結果責任を指摘することで、吉保を納得させたというのである。

もう一つのよく知られたエピソードには、赤穂事件（赤穂藩主浅野内匠頭長矩の仇を討つため、家老大石内蔵助良雄ら四七人の旧赤穂藩士が幕府高家の吉良上野介義央の首級をあげた事件）への対応がある。大石たちの行動は、徳川社会の法秩序を破る犯罪だとする認識がある一方で、泰平の世にあって亡君の復讐を果たすとは武士の鑑《かがみ》だとする声も沸き上がっていた[6]。これに対し徂徠は、旧赤穂藩士たちの行為は「義」に見えるが、煎じ詰めれば自分たちだけの狭い「義」であって「私」の論とせざるを得ず、天下の規矩たる「法」の立場からはこれを破ったことは明らかだとした。その上で、天下全体の「公」を動揺させないために、幕閣の一部にあった斬首刑に処すべしとの声を斥ける形で、侍の礼にかなう切腹を進言したのであった（吉良家の側からの一応の承諾が得られるとともに、大石らの侍としての名誉感情にも応えられる）。事件に関わった双方の立場に配慮した政治センスを感じさせる立論と評されている。

徂徠はまた、柳沢家にて伊藤仁斎の門人渡辺子固（生没年不詳）と出会い、子固を介して、仁斎に一通の書翰を送った（一七〇四〈宝永元〉年の晩秋か初冬の頃）。徂徠はかねてより仁斎の学風に惹かれるところがあったのである。だが、この時仁斎はすでに病床にあり、翌年に死去したこともあって、徂徠に返書が届けられることはなかった。落胆した徂徠の気持ちに追い打ちを掛けたのは、一七〇七（宝永四）年に仁斎ゆかりの人々によって刊行された『古学先生碣銘《けつめい》行状』という書物に、徂徠が仁斎に宛てた書簡が無断で収載されたことであった。これが決定的な契機となって、その後徂徠は徹底的な仁斎学批判を展開するようになる。一七一四（正徳四）年に公刊された徂徠の『蘐園随筆』は、徂徠の文名を高めたいわば出世作であったが、その内容は仁斎学に対する辛辣な批判に貫かれていた。(7)

徂徠学派の形成と徂徠学の構築

一七〇九（宝永六）年、将軍綱吉の死去に伴い、柳沢吉保も隠居の身となるが、吉保の特別のはからいにより、徂徠は俸禄を従来通り受給しながら藩邸を出て江戸市中に居住することを許される。このとき徂徠四四歳であった。家臣の身分のまま、常時の勤務を免除される破格の優遇を得たことで（毎月一回は藩邸に講義のため出勤した）、徂徠は学者としての活動に専念できるようになる。藩邸を出た徂徠は、日本橋近くの茅場町に住居を定め、その屋敷を「蘐園《けんえん》」（「茅」と「蘐」は、ともに和訓で「かや」と読まれた）と号した。徂徠の住居はその後、牛込、神楽坂、市ヶ谷などに移転するが、「蘐園」の名称は徂徠とその門流の学問を象徴する用語（蘐園学派）として定着した。

徂徠の学派はまた古文辞学派とも称される。「古文辞」とは、古代中国の文体に習熟するために、一般的な漢文学習の方法としての「和訓」（漢文の訓読）を排除し、漢文を一語一句に即して自在に「訳」すことを方法とするものである。そのためにまずは中国の俗語を学び、華音で暗誦すること（長崎の唐通詞たちの中国語学習に通ずることから「崎陽の学」といわれた）が求められた。この方法を発見するについては、徂徠が柳沢藩邸にいた頃、たまたま李攀竜《りはんりゅう》（一五一四～七〇）と王世貞《おうせいてい》（一五二六～九〇）という中国明代の文人の著書を入手したことが、極めて重大な契機となった。徂徠四〇歳前後の頃、たまたまある蔵書家の書物が蔵ごと売りに出されたときに、徂徠は借金までしてそのすべてを買い取ったのであるが、その中に李・王の詩文集が含まれていたのであった。彼らの文学説は「文は秦漢、詩は盛唐」といわれるように、文や詩の典型を特定の時代の文献にのみ求めようとするものであったが、徂徠は、彼らの文学説との出会いを「天の寵霊」とまで称していた。徂徠が理想とする「先王の道」の世界を、「古文辞」である「六経」として捉え、それを読み解くための方法論への示唆が、この出会いによって与えられたからであった。(8) 一七一四年から翌年にかけて公刊された『訳文筌蹄』には、古文辞の趣旨と方法に関する徂徠の認識が明示されている。

八代将軍吉宗の治政が始まった翌年（一七一七〈享保二〉年）頃に、徂徠学の完成形態といわれる述作『弁道』『弁名』（ともに刊行は一七三七年）、『学則』（刊行は一七二七年）の草稿が成る。『弁道』は文字通り「道」とは何かを分析・解明したもの、『弁名』は「道」「徳」「仁」「智」など儒学の基軸をなす諸概念（すなわち「名」）の意味内容を説き明かしたもの、そして『学則』は学問を実践するための心構えや方法を七項目に分けて門人に示したものである。また、伊藤仁斎の『論語古義』とともに、江戸時代の日本人によって著された代表的な『論語』注釈書と評される徂徠の『論語徴』（刊行は一七四〇年）も、その成稿は一七二〇（享保五）年頃のことといわれる（徂徠の四書注釈書としての『大学解』や『中庸解』も、ほぼこの時期に草定された）。こうして成立を見た徂徠学は、やはり古文辞学と評されるが、以前のそれが古文の文体に習熟したり詩文を制作したりする方法論的な傾向（文学や語学の方法）を帯びていたのに対し、この時期のそれは儒学の経書解釈に基づく道徳や政治の学に独自の理論体系を構成する意味合いを有するようになった。古文辞の方法を経学の方面にまで拡張するというのは、中国でも試みられなかったことであり、この点にも徂徠学の独自性を鮮明に認めることができるだろう。

晩年における幕政関与

徂徠が再び幕府政治に関与するようになるのは、一七二一（享保六）年に幕命により『六諭衍義』に訓点を付すことを命ぜられてからのことである。前述のように、徂徠は明代の白話文にて記された同書を訓読して吉宗を満足させた。その後この書の縮約版を仮名書きにて再編纂したのは室鳩巣であったが、そうして翌一七二二年に出版された『六諭衍義大意』には徂徠の序文が載せられた（既述のように、この書は江戸市中の手習師匠に広く頒布された）。これを契機として、徂徠は吉宗から評価されるようになり、「御隠密御用」を命ぜられて、毎月三度吉宗の近臣（将軍家御側衆）有馬氏倫《うじのり》（一六六八～一七三六）を介して将軍の諮問に与ることになった。

こうして吉宗に上呈されたのが、徂徠晩年の大著『政談』であった。同著は幕府政治の現状とその改革案を記したものであるが、その内容が幕府の機密に関係するものであったため、徂徠はこの書を門人にも内密にし、すべて自筆で著した。また『政談』と同様に、吉宗に上呈されたと伝わる述作に『太平策』があるが、同書が徂徠の自著であるか否かについては意見が分かれている。(9)なお、徂徠は一七二七年に吉宗への拝謁を許されたが、幕臣に召し抱えられることはなかった。徂徠が亡くなったのは翌一七二八〈享保一三〉年のことで、享年六三歳であった。墓所の長松寺〈東京都港区三田〉には、今でも徂徠の霊が祀られている。

徂徠の主要な述作としては、上記に紹介したもの以外では、明朝で編纂された刑法法典を翻訳した『明律国字解』、兵学書『鈐録《けんろく》』およびその附録である『鈐録外書』、音楽書である『楽律考』、度量衡に関する『度量考』、医学書としての『素問評』、和文の随筆書である『南留別志《なるべし》』および漢文随筆の『蘐園十筆』の他、徂徠の門人によって編輯された述作に詩文集『徂徠集』や書翰集『徂徠先生答問書』などがある。なお、以下にて試みる荻生徂徠の思想の概述は、主に彼の晩年〈主著『弁道』『弁名』の草稿が成ったといわれる一七一七年〈徂徠五二歳〉以後〉の所論に基づくものであることを断っておく。

(2) 徂徠学の基本的所論（その一）——「道」の含意

「道」と「教育」との関連　荻生徂徠の所論の中には、「教育」という言葉の用例が認められる。徂徠学の教育認識の最も基本的な枠組みを確認するため、以下にその文言を記しておく。

孔子の道は先王の道なり。先王の道は天下を安んずるの道なり。孔子、平生《へいぜい》東周を為さんと欲す。其の弟子《ていし》を教育するや、各々をして其の材を成さしめ、将に以て之を用ひんとせしなり。……故に儒者、処《お》りては弟子を教育して以て其の材を成すこと能はず、出でては国家を陶鋳して以て其の俗を成すこと能はず。体有りて用無きの誚《そしり》を免るること能はざる所以の者も、亦其の道と為《す》る所の者差《たが》ふこと有るが故なり。(10)

すなわち、徂徠にとって「教育」とは、「天下を安んずる」ために「各人の材を成さしめる」という文脈で語られるものであった。儒者たる者が民間にあって弟子の人材養成が叶わず〈また、君主に仕えて国家の風俗を整えられず〉、実効なき原理論が説かれるのみでは、「道」は実現され得ないというのである。こうして徂徠の教育認識の含意を探るには、それを「道」や「安天下」に関わる彼の所論と結び合わせながら理解する必要が認められる。

では、徂徠はそもそもの「道」の含意をどのように説いていたのか。その所説の起点に据えられる認識は、

道は知り難し、亦《また》言ひ難し。其の大なるが為の故なり。後世の儒者、各々見る所を道とす、皆一端《いったん》なり。夫れ道は先王の道なり。(11)

というものである。「道」とはそれ自体が広大で、それを認知することも表現することも困難なものであり、そのために後世の儒者がそれぞれの立場から説く「道」は、実は「道」の一端であるに過ぎない。だが、そうした広大な内実を包含する「道」も、元来の意味は「先王の道」以外の何ものでもない、というのである。繰り返しになるが、こうして「道」を「先王の道」として解釈する点に、徂徠学の「道」理解の最も重要な特質を認めることができる。以下、その「先王の道」としての「道」の含意を確認しておく。

「道」の根拠（先王の作為）

第一に、「道」とは何よりも先王の「作為」によって定立されたものであって、朱子学が説くような「自然」（理）を根拠とするものではなかった。徂徠の、

先王の道は先王の造る所なり。天地自然の道に非ざるなり。蓋し先王は聰明睿知《そうめいえいち》の徳を以て天の命を受け、天下に王たり。其の心、一に天下を安んずるを以て務《つとめ》と為す。是《ここ》を以て其の心力を尽くし其の知巧を極めて是《こ》の道を作為《さくい》し、天下後世の人をして是《これ》に由りて之《これ》を行はしむ。豈《あに》天地自然に之《これ》有らんや。(12)

という所論は、そのことを最も明確に表明している。「道」とは中国古代の先王が作為したものであり、しかもその目的は「天下を安んずる」ことにあった、というのである。すでに述べたように、江戸儒学の主潮を形成した朱子学

は、「道」を「理」によって規定されるものと説いた。朱子学において、「理」とは万物の根源としての「超越的原理」（所以然の故）であると同時に、万物を通貫する「内在的原理」（所当然の則）でもあった。天地宇宙は、万物の根源にして万物を通貫する原理（＝理）によって秩序づけられているが、朱子学では、それが「道」の含意だとされたのであった。それに対し、徂徠はまず「道」を「理」から切り離す。すなわち徂徠は、

理とは、事物の皆自然に之《これ》有り。我が心を以て之を推度《すいたく》して、其の必ず当に是《かく》の若《ごと》くなると、必ず是の若くなるべからざるとを見ること有り。是れ之を理と謂ふ。…故に理とは定準無き者なり。何となれば則ち理とは適《ゆ》くとして在らざること無き者なり。而して人の見る所、各々其の性を以て殊《こと》なり。(13)

と述べ、「理」とは各人の定準なき主観的判断にすぎず、またその判断を下す能力も各人それぞれに異なるとした。さらに徂徠は、朱子学が「道」の通行舞台とした天地宇宙についても、それは無限に複雑な様相を呈する不安定で統一性なきものであり、結局のところ不可知なものだとした。徂徠の、

風雲雷雨に限らず、天地の妙用は、人智の及ばざる所に候。草木の花さきみのり、水の流れ山の峙《そばだ》ち候より、鳥のとび獣のはしり、人の立居物をいふまでも、いかなるからくりといふ事をしらず候。理学者の申候筋は、僅に陰陽五行などと申候名目に便《たよ》りて、おしあてに義理をつけたる迄に而《して》、それをしりたればとて誠に知ると申物にては無之候。…神妙不測なる天地の上は、もと知られぬ事に候間、雷は雷にて可被差置候。(14)

との所論はそのことを象徴的に言い表している。朱子学が「道」を「理」の関心から説いたとしても、それは操作された知であるに過ぎず、真実の知ではない、と喝破するのである。「理」であれ「自然」であれ、人知が及ばず、何よりも「安天下」に寄与することのないものは、徂徠学では「道」とは無関係とされたのであった。

徂徠にとって、現実の世界とは、それが自然にあるがままの状態では、無秩序で不安定なものに過ぎなかった。その不安定な現実世界に確かな統一的秩序を与えたのが、先王の功績なのであった。繰り返しになるが、徂徠学において「道」とは、先王が天地宇宙の多様な諸事物相互間に一定の関係性を与え、それらを整序し、全体としての統一性をもたらすために「作為」したものなのであった(15)。

「道」の制作者（聖人の含意）　第二に、その「道」を作為した先王とは、先秦中国における歴世の聖人と考えられた(16)。徂徠は、聖人とは何よりも「道」の制作者であるとして、

聖とは作者の称なり。…夫れ堯・舜・禹・湯・文・武・周公の徳は、其の広大高深、備はらざる者莫《な》し。豈《あに》名状すべけんや。祇《ただ》其の事業の大なる、神化の至れるは、制作の上に出づる者無きを以ての故に、之を命《なづ》けて聖人と曰ふのみ(17)。

と論ずる。「道」とは聖人の超越的な権威に由来するものであり、それゆえ「夫れ聖人は聰明睿智の徳、諸《これ》を天より受けたり、豈《あに》学んで至るべけんや。其の徳の神明にして測られず、豈《あに》得て窺ふべけんや(18)」と説かれるように、聖人の境地とは、一般人が学問によって後天的に到達できるようなものでは到底あり得なかった。聖人とは、その超絶した能力ゆえに、「道」の制作が可能なのであった。このような徂徠学の聖人観は、万人に「本然の性」（＝理）が賦与されており、学問的修養に基づく「理」への復帰によって万人が聖人になり得ると説く、朱子学の認識とは真っ向から対立するものであった。

また、徂徠によれば、「道」の制作とは一個の聖人の功になるものではなく、歴代の聖人によって営々と積み重ねられてきた事業なのであった。それは、

伏羲・神農・黄帝も亦聖人なり。其の作為する所は、猶《なお》且つ用を利し生を厚うするの道に止まる。顓頊《せんぎょく》・帝嚳《ていこく》

を歴て堯・舜に至りて後、礼楽始めて立つ。夏・殷・周よりして後、粲然《さんぜん》として始めて備はる。是れ数千年を更《か》へ、数聖人の心力知巧を更へて成る者にして、亦一聖人一生の力の能く弁ずる所の者に非ず[19]。

と述べられる通りである。漁猟や牧畜を民衆に教えるとともに易（八卦）や文字を作った伏羲、農耕や医薬の術を立てた神農、さらに歴算の技法を授けた黄帝など、中国古代の伝説上の帝王によって「利用厚生の道」（民衆の生活基盤）が開かれ、その上に堯・舜が「礼楽」を打ち立て、さらに夏（禹）・殷（湯王）・周（文王・武王・周公）の三代を通してその「礼楽」が開花した、というのが徂徠の基本的認識なのであった。

ただし、ここで注意を要するのは、徂徠学において、聖人とは全知全能なる絶対者ではなく、あくまでも「道」の制作者であることにその意味合いが限定されていた、ということである。それは徂徠の「夫れ聖人も亦人のみ。人の徳は性を以て殊なり。聖人と雖も其の徳豈《あに》同じからんや。而るに均しく之を聖人と謂ふ者は、制作を以ての故なり[20]」との所論に凝縮されている。このように「聖人」の存在をも（さらには「徳」の含意についても）相対的に捉えようとする見方は、徂徠学の一つの重要な特質をなすものといえる。

「道」制作の目的

第三に、聖人が「道」を作為した目的は、「天下を安んずる」ことに集約された。この認識は、上記（注12）の引用文中にも示されていたように、徂徠の所論の中に頻出するが、彼の「先王の道は天下を安んずるの道なり。其の道多端なりと雖も、要は天下を安んずるに帰す[21]」という文言は、その認識を最も凝縮したものといえる。さらに徂徠はこの文言に続けて、次のように論ずる。

人の道は一人を以て言ふには非ざるなり、必ず億万人を合して言を為す者なり。今試みに天下を観るに、孰《たれ》か能く孤立して群せざる者あらん。士・農・工・商、相助けて食《は》む者なり。是の若くならざれば則ち存すること能はず。…故に能く億万人を合する者は、君なり、能く億万人を合して、其の親愛生養の性を遂げしむる者は、先王の道なり。…先王の道は亦多端なり、人の性も亦多類なり[22]。

すなわち、「道」とは単なる一個人ではなく、多種多様な本性や嗜好をもつ人々全体の「安天下」をもって語られるものであり、それゆえ自ずから「多端」な内実を含み込んでいる。しかし、そうした多端な内実を有するものが「道」として定立するのは、人々の本性がその多様性にも拘わらず、一様に「親愛生養」という指向を有することに依拠する、というのである。後述するように、徂徠はいわゆる「性善説」には否定的な立場をとるが、にも拘わらず、人々に「親愛生養」の指向を認めている点は注目しておいてよかろう(23)。

なお、こうして「道」が「安天下」に資するための多端な内実を含み込んでいるとする認識に基づいて、徂徠は「道」のことを「統名」、すなわち社会の多様な事物や人間のあり方を全体として統合した名称だと説いている。その主旨は、

> 道は統名なり。由る所有るを以て之を言ふ。…諸《これ》を人の道路に由りて以て行くに辟《たと》ふ、故に之を道と謂ふ。孝悌仁義より以て礼楽刑政に至るまで、合せて以て之に名づく。故に統名と曰ふなり(24)。

との主張に明示されている。徂徠によれば、人類が誕生して以来、様々な「物」に「名」が与えられてきたが、常人が「名」づけたのは有形物に過ぎず、「道」の内実を構成する様々な無形物に「名」を与えたのが、実に聖人なのであった。すなわち、聖人は漠然とした形なき「物」に「名」を与えることで、常人にもその存在と意味を知らしめたのであった（これが「名教」と称せられる）。徂徠は「聖人の道を求めんと欲する者は、必ず諸《これ》を六経《りくけい》に求めて以て其の物を識り、諸を秦・漢以前の書に求めて以て其の名を識り、名と物と舛《たが》はずして、而る後聖人の道得て言ふべきのみ(25)」と述べて、古聖人の言語世界（『易経』『詩経』『書経』『春秋』『礼記』『楽記』）の中に「名」と「物」との相即不離なる関係を見出し、それに基づいて「道」の意義に習熟することを求めたのであった。

「道」の内実（礼楽刑政）

第四に、歴世の聖人たちによって定立された「道」の内実とは、最も直截的には、「礼楽刑政」（端的には「礼楽」）とされた。徂徠の「道とは統名なり。礼楽刑政凡そ先王の建てたる所の者を挙げて、

合はせて之に命《なづ》けたるなり。礼楽刑政を離れて別に所謂道なる者有るに非ざるなり(26)」という言葉にその趣旨が明示されている。これは、いわば「道」定立の根拠を、朱子学のように個々人の内側に存する諸力（「性」や「心」といった）に求める発想を排除し、個々人を外側から取り巻く社会の制度に見出したことを意味する。すなわち徂徠は、

先王の道は礼を以て心を制す。礼を外にして心を治むるの道を語るは、皆私智妄作《しちもうさく》なり。何となれば、之を治むる者は心なり、治めらるる者も心なり、我が心を以て我が心を治むるは、譬へば狂者の自《みずか》ら其の狂を治むるが如し。安《いずく》んぞ能く之を治めん。故に後世の心を治むるの説は、皆道を知らざる者なり(27)。

と述べ、「道」とは、個々人がそれぞれに自らの「心」を治めることではなく、個々人の「心」が社会制度たる「礼」によって制御されることで定立するものであることを強調する。江戸の幕藩体制が様々な動揺を呈する状況下において、万人がそれに従うべき定準とは、万人の存在を超越した圧倒的な権威に依拠すべきとの認識が、徂徠学の「道」思想の最深部での由来をなしていたのである。

（3）徂徠学の基本的所論（その二）――「性」と「材」

徂徠学の「性」認識

こうして「道」の含意が、万人がそれに由り従うべき定準とされたことは、人間形成に関する営為についても、その指標とされるべきものが聖人の「作為」に成るものとして、すなわち個々人にとっての外在的規範として、理解されたことを強く示唆している。では、その外在的規範たる「道」を実践する人々の内在的な素質や能力のことを、徂徠はどのように見ていたのか。次に、この問題に対する徂徠学の基本認識を瞥見しておこう。

上記にて若干言及したように、徂徠は儒学思想の重要な系譜をなす「性善説」を容認せず、人間本性を個々人が天から賦与された「生まれながらの気質」と説いた。彼の「性とは生の質なり。宋儒の所謂《いわゆる》気質なる者是《これ》なり(28)」との所

論は、その認識を最も端的に表明したものである。「性」を「生まれながらの気質」とするこの認識は、「性」を「本然の性」と「気質の性」との両側面から捉えた朱子学の二元論的枠組みを否定し、それを気質の次元にて一元論的に捉え返したことを意味した。こうして、「性」を生来の気質とする徂徠は、

気質は何としても変化はならぬ物にて候。米はいつ迄も米、豆はいつまでも豆にて候。只気質を養ひ候て、其生れ得たる通りを成就いたし候が学問にて候。たとへば米にても豆にても、その天性のまゝに実いりよく候様にこやしを致したて候ごとくに候。しいな（殻ばかりで中身のない籾《もみ》）にては用に立不申《たちもうさず》候。されば世界の為にも、米は米にて用にたち、豆は豆にて用に立申候。米は豆にはならぬ物に候。豆は米にはならぬ物に候。(29)

と述べ、必然的にそれが多様で個性的であり、しかもその本来的性質は変化しないものであることを強調する。あくまでも「米はいつ迄も米。豆はいつまでも豆」なのである。ただし、米でも豆でもそれをうまく養うことで実入りよくすることができるように、「性」についてもまた、学問によってその生来の気質を発展させることは可能だとされている。すなわち、

人の性は万品にして、剛柔・軽重・遅疾・動静あり、得て変ずべからず。然れども皆善く移るを以て其の性と為す。善に習へば則ち善、悪に習へば則ち悪なり。故に聖人、人の性に率《したが》ひて以て教を建て、学びて以て之を習はしむ。其の徳を成すに及びてや、剛柔・軽重・遅疾・動静は、亦各々其の性に随ひて殊なり。(30)

との所述のように、人の「性」は万品であり、多様なありようを呈する「性」はそれ自体として「変化する」ことはないが、その反面、「善く移る」ことは十分に可能だというのである。「善く移る」とは、生来の気質をその固有性のままに完成させていくことを意味するが、「性」が「用に立つ」ようになるのはまさにこの「移る」ことによってで

ある、と説かれている。

なお、重複を恐れずに繰り返すならば、「性」を「生来の気質」と説く徂徠にとって、いわゆる「性善悪論」は無用の弁であった。「大氏《たいてい》物の其の養を得ざるは、悪なり。其の所を得ざるは、悪なり。養ひて之を成し、其の所を得せしむるは、皆な善なり」(31)といわれるように、徂徠は「性」それ自体の善悪を問題とせず、それが養われて適所に就くかどうかで善悪を論じたのである。「性善悪論」に対する徂徠のこのような思想的態度は、「本然の性」をもって絶対善と見なした朱子学や、「性」の根本に「善に趨く性質」（四端の心）を認めた仁斎学のそれとは、やはり異質なものであった。

徂徠学における「性」と「徳」

こうして徂徠学では、「性」に価値が与えられるのは、それが「用に立つ」程度にまで「移る」ことによるものとされた。徂徠学の「性」論については、個別性・多様性に対する着眼とともに、社会的有用性に対する関心をその視野に含めている点に、重要な特質を認めることができるが、その社会的有用性も各人の個性に応じて多種多様なものと理解されたことに、注意を払う必要がある。すなわち、徂徠学では社会的有用性のことがしばしば「徳」という概念で語られるが、

> 徳とは得《とく》なり。人各々道に得る所有るを謂ふなり。或は諸《これ》を性に得、或は諸を学に得るは、皆性を以て殊《こと》なり。性は人人殊なり、故に徳も亦人人殊なり。夫れ道は大なり。聖人に非ざるよりは、安《いずく》んぞ能く身《しん》、道の大なるに合せんや。故に先王は徳の名を立てて、学者をして各々其の性の近き所を以て、拠りて之を守り、脩めてこれを崇《とうと》ばしむ(32)。

との所述に明示されるように、「徳」とはそれが獲得される要因も、獲得された中味も、各人の個性に応じてそれぞれに異なるものと考えられていた。つまり徂徠学に従えば、人間形成の営みにおいて目指されるべきは、ある一つのイメージ（例えば「道徳的に優れた人格者」といった）をもって描かれ得るような画一的な人物像ではなく、各人がその

固有の素質をそれぞれに発展させ完成させた、個別にして多彩な人間の姿なのであった。上記では、人の個性を「米」や「豆」になぞらえて論ずる徂徠の主張を紹介したが、同様に徂徠は人間形成の目標についても次のような比喩を用いて描出している。

> 先王の教は詩書礼楽なり。辟《たと》へば和風・甘雨の万物を長養するが如し。万物の品《しな》殊なりと雖も、其の養を得て以て長ずる者は皆然り。竹は之を得て以て竹を成し、木は之を得て以て木を成し、草は之を得て以て草を成し、穀は之を得て以て穀を成す。其の成るに及びてや、以て宮室・衣服・飲食の用に供して乏しからず。(33)

この引用文では、先王の教え（詩書礼楽）の有する人間形成的意義（その自然性と多様性）が説かれている。その要点は、「竹は竹なりに」「木は木なりに」という具合に、各人がその持ち前の個性を完成へと至らしめることこそが、人間形成の目標とするところであり、その目標が達成されたならば、人間生活全般に関わる様々な領域（宮室・衣服・飲食の用）において各人は各人なりに十分な役割を果たすことができる、というのである。

「性」の社会的有用性（「材」の含意）

ここで注意を要するのは、徂徠は「性」それ自体に社会的有用性を認めたわけではなかった、という点である。徂徠学において、「性」はあくまでも「生まれながらの気質」であるに過ぎず、それが何らかの社会的有用性（すなわち「徳」）を獲得する可能性は否定されないものの、その有用性を獲得した「性」はもはや「性」とは称されず、これとは別の概念で表現され理解されることになる。それが「材」という概念である。本項の冒頭にて、徂徠の「弟子を教育して以て其の材を成す」という文言を紹介したが、徂徠学の教育認識の趣旨や特質を探るためには、改めてこの「材」という概念に注目する必要がある。その「材」の意味について徂徠は、

> 才・材は同じ。人の材有るは、諸《これ》を木の材に譬ふ。或は以て棟梁《とうりよう》と為すべく、或は以て宋桷《ほうかく》と為すべし。人は

其の性の殊なる所に随ひて、各々能くする所有り。是れ材なり。[34]

と述べている。要するに、「材」とは棟や梁などの建築資材として利用する目的で伐採された木が「木材」と呼ばれるように、何らかの社会目的に対して有用な素材として理解された人間のことを指し、またそれは各人の「性」の違いに応じてそれぞれに独自の働きと役割を有する、というのである。繰り返しになるが、「材」とは「性」との関係でいえば、何らかの社会的有用性を獲得した「性」のことを意味し、また「徳」との関係でいえば、「徳」が人間によって獲得された社会的有用性をいうのに対し、「材」とは社会的有用性を獲得した人間のことをいうものといえる。[35]

徂徠学の人材論

では、この「材」という観念が徂徠学の教育認識にどのように組み込まれているのか。ここで徂徠学の人材論の特質を三点に分けて確認しておこう。

第一に、徂徠学では「材」もまた、各人の「性」の相違に応じて多様とされ、それぞれに多様な「材」がそれぞれに異なる社会的価値を有すると認められている。そうした徂徠学の認識は、例えば、

蓋し人の性の殊なるは、諸《これ》を草木の区々にして以て別あるに譬《たと》ふ。聖人の善教と雖も亦之を強ふること能《あた》はず。故に各々其の性の近き所に随ひて、養ひて以て其の徳を成し、徳立ちて材成り、然る後に之を官にす。其の材の成るに及びてや、聖人と雖も亦及ぶこと能はざる者有り。[36]

という文言に明示されている。儒学の通念では、聖人とはまさに完全無欠の理想的人間と理解されており、徂徠もまた、聖人のことを天命により「聰明睿智の徳」を稟けた特別な存在と見なしていた。だがそれにも拘わらず、多様で個性的な「材」にはそれぞれに、その聖人ですら「及ぶこと能はざる者」があるというのである。こうして、徂徠学が聖人存在をも凌駕し得る多様な人材のそれぞれに個性的なありようを最大限に尊重したことは、「材」の特質の一つが他には転用できない個別限定性にあることを物語っている。

第二に、ただし「材」とは、それぞれが全く個別的に存立するのではなく、それぞれの「材」の側に他との相互関係をとり結ぼうとする内在的契機が存すると見なされた。「材」の役割もまた、そうした相互性という文脈において理解されるべきものであった。それは、上記にて短く言及した「性」に関する徂徠学の理解の一つの重要な側面に由来することでもある。すなわち徂徠は、

人の性は殊なりと雖も、然れども知愚・賢不肖と無く、皆相愛し相養ひ相輔け相成すの心、運用営為の才有る者《こと》一なり。故に治を君に資《と》り、養を民に資り、農・工・商・賈《こ》皆相資《あいと》りて生を為す。其の群を去りて無人の郷に独立すること能はざる者は、唯人の性然りと為す(37)。

と述べ、人間は誰もが等しく「相愛し相養ひ相輔け相成すの心」や「運用営為の才」を本性としているとする。その意味で、人が「群れ」（社会集団）を組織するのは、その本性に基づく必然事だと理解されている。徂徠学において「材」の有用性とは、それを全体としての「社会」の側の視点から眺めることで意味づけられるものであったが、同時にその有用性は、個々の人間の側（人間本性に関する理解）からも説かれ得るものなのであった。

第三に、しかしながら、その社会集団を調和的な組織として成り立たせるためには、各人の本性に従うだけでは不十分であり、それゆえ、社会的有用性を具えた多様な「材」が社会集団の中で応分に配置される必要があった。そして、その役割を担うのが聖人の存在なのであった。つまり、「材」の能力や役割を統括し、社会全体に調和的統一を与えるのは、あくまでも聖人の仁徳によってはじめて可能なことなのであった。「仁とは、人を長じ民を安んずるの徳を謂ふなり。是れ聖人の大徳なり(38)」との言葉に象徴されるように、徂徠学では「仁」の含意が社会全体の調和的構成（安天下）を推進する「聖人の大徳」として限定的に理解されている。徂徠の「辟《たと》へば木を伐りて宮室を作るが如きも、亦木の性に率ひて以て之を造るのみ。然りと雖も宮室は豈《あに》木の自然ならんや(39)」という引喩に明示されるように、各人が「材」として「安天下」に資するようになり得るのは、それが聖人の作為に導かれてのことなのであった。

「材」と「安天下」

従って徂徠学において「材」が「材」として評価され得るのは、第一義的には個別的な「材」を総体としての「社会」の側の関心（「安天下」の関心）から捉えることによってであった。「材」とはそれがいかに多様で個性的であったとしても、あるいはそれにどれほどの社会的相互性の契機が内在するとしても、その有用性とはあくまでも「社会」の側から照射された視線によって説かれたものなのであった。徂徠の、

> 夫れ先王・孔子の道は天下を安んずるの道なり。天下を安んずるは、一人の能く為《おさ》むる所に非ず、必ず衆力を得て以て之を成す。諸《これ》を春・夏・秋・冬備はりて而る後歳功《さいこう》成るべく、椎《つい》・鑿《さく》・刀《たう》・鋸《きよ》備はりて而る後匠《しよう》事《じ》為すべく、寒・熱・補《ほ》・瀉《しや》備はりて而る後医術施すべきに辟ふ。(40)

との所論に象徴されるように、各人の「材」はそれぞれが個別的にではなく、まさに総体として機能することによって「安天下」の道に参与することが可能となる。すなわち、一年という時の経過が春夏秋冬の四季から成るように、大工職人の仕事に椎・鑿・刀・鋸などの多彩な道具が必要であるように、あるいはまた医師の仕事が寒・熱・補・瀉などの多様な処置を要するように、「安天下」という聖人の仕事もまた、多様な「材」から成る「衆力を得」ることが必須の要件とされたのである。徂徠が「聖人の世は弃材《きざい》無く、弃物無し」(41)と、あらゆる「材」が「安天下」のために有用だと説いたのも、このいわば「全体」から「個」を見る視線を通してのことなのであった。

以上のような「材」論の構成から徂徠学の教育認識の傾向を読み取ろうとするとき、その思想関心が、個々人の成長や社会的役割を個々人の次元で捕捉するのではなく、それら個々人の個別的な役割を統括的に捉まえようとする点に向けられていたことが注目される。それはまた、個々の人間存在に対する徂徠学の関心が、「性」よりもむしろ「材」という観念に重みづけを与えるものであったことを物語っている。その意味で徂徠学の教育認識とは、より包括的な政治思想（社会統治思想）の内部に包摂されるものであったことが示唆されるのである。

（4）徂徠学の基本的所論（その三）――「教」の条件としての「物」

「物」（聖人の制作物）への着眼

たとえより包括的な政治思想に包摂されるものであったとしても、教育に関する所論を徂徠学説の内部に探るアプローチこそが本書の課題であることは論を俟たない。そのアプローチを進めるための前提作業として、ここで徂徠学の説く「教」なる言葉の含意を吟味しておく。その際、徂徠が「教」と最も密接な関係を有するとした「物」なる概念に着眼し、両者の関係を明らかにすることから論考を進めていく。「教」と「物」との関係について、徂徠は次のように論じている。

物とは教の條件なり。古《いにしえ》の人、学びて以て徳を己に成さんことを求む。故に人に教ふる者は教ふるに條件を以てす。学者も亦條件を以て之を守る。…蓋し六芸は皆之《これ》有り。徳を成すの節度なり。其の事に習ふこと之を久しうして、守る所の者成る。是れ「物格《きた》る」と謂ふ。其の始めて教を受くるに方《あた》りて、物尚我に有らず。諸《これ》を彼に在りて来らざるに辟《たと》ふ。其の成るに及びて物は我が有《ゆう》と為《な》る。諸を彼より来り至るに辟ふ。其の力を容れざるを謂ふなり。…教の條件の我に得るときは、則ち知は自然に明らかなり。是を知至ると謂ふ。亦力を容れざるを謂ふなり。(42)

すなわち、最も端的には、「物」こそが「教の条件（すなわち具体的内容）」だというのである。この引用文では、朱子学の説く「格物・致知」を踏まえた上で、朱子学説のそれが外在的事物への知的接近を意味したのに対し、徂徠はこれを外在的事物の知的受容として捉え返している。(43)「教」を論ずる関心の起点が、個々人の側の内在的能力（朱子学の説く「性」や「心」のような）ではなく、「物」という外在的事物に据えられている点に、徂徠学の説く「教」の含意が示唆されている。以下、「物」という概念を中核に据えた「教」の趣意をもう少し詳しく辿ってみよう。

注目されるのは、徂徠学の論ずる「物」とは、歴代の聖人によって制作された具体的事物のことを指すものであった、という点である。徂徠は、「物」なる概念について必ずしも明示的に定義しているわけではないが、その内実を象徴するものが「礼楽」であることは間違いない。(44) 徂徠学において「礼楽」とは「道」の内実を指し示すものでもあったが、こうして「道」と「物」両者の内実が同じく「礼楽」として説かれていることを、どう理解すればよいのか。端的にいえば、「道」とは「礼楽」の制度を通して認識される古今通貫の普遍性をいうものであり、「物」とはそれぞれの時代に樹立された具体的な「礼楽」それ自体の個別性をいうものである、と指摘しておくことができよう。

「物」と「礼楽」

では、なぜこの「礼楽」が徂徠学における「教」の具体的内容を担うものと理解されるのか。その理解を最も直截的に語ったものが、次の徂徠の言葉だと考えられる。少し長くなるが、以下に引用しておく。

> 若し夫れ礼楽は徳の則《のり》なり。中和は徳の至なり。精微の極、以て尚《くは》ふること莫し。然れども中和は形無く、意義の能く尽くす所に非ず。故に礼は以て中を教へ、楽は以て和を教ふ。先王の、中和を形《かたち》するや、礼楽言はずして、能く人の徳性を養ひ、能く人の心思を易《か》ふ。心思一たび易ふれば、見る所自《おのずか》ら別なり。故に知を致すの道は、礼楽より善なるは莫し。且つ先王の天下を紀綱《きこう》し生民の極を立つる所以の者は、専ら礼に存す。知者は思ひて得、愚者は知らずして由る。賢者は俯して就き、不肖者は企《つまだ》ちて及ぶ。其の或は一事を為し一言を出すや、必ず諸《これ》を礼に稽《かんが》へて、而して先王の道に合すと否《しか》らざるとを知る。故に礼の言為《た》る、体なり。先王の道の体なり。然りと雖も礼の守《まもり》は太《はなは》だ厳なり。苟《いやしく》も楽以て之に配せざれば、亦 安《いずくん》ぞ能く楽しみて以て生ぜんや。故に楽は生ずるの道なり。天下を鼓舞し、其の徳を養ひて以て之を長ずるは、楽より善なるは莫し。故に礼楽の教は天地の生成するが如し。(45)

この言葉の要点を整理すると、①「礼楽」と「徳」との関係について、「徳」の至りとは「中和」であるが、それは形なきものであるがために人々には理解し難く、それゆえに聖人は具体的な形をもった「礼楽」を制作し、「礼」を通して「中」を教え、「楽」を通して「和」を教えた、②「礼楽」の教育的機能について、「礼楽」は一方で徳性を養い、他方で致知の道を開く働きを有するとともに、知者・賢者には自覚的な学問的営為の目標・対象として、愚者・不肖者には自ずと由るべき準則として機能する、③「礼」と「楽」との関係について、「礼」は天下万民にとっての規範・準則を意味するが、それを遵守することは厳しく感じられるので、人々がその実践を楽しめるようにするために、それに「楽」が付加される必要がある、というように理解することができる。知者・賢者、愚者・不肖者の別なく、「礼楽」がそれぞれの人間に対してそれぞれの才質に応じた人間形成的機能を有するという認識が、この文言には明示されている。

「礼楽」の人間形成機能

こうして、「礼楽」に象徴される「物」をもって「教」の内容としたのは、単なる言語的教説を批判し、より実効性を担保した教説を呈示する意味合いを与えるためであったと理解される。徂徠は、「蓋し先王、言語の以て人に教ふるに足らざることを知るや、故に礼楽を作りて以て之に教ふ。政刑の以て民を安んずるに足らざることを知るや、故に礼楽を作りて以て之を化す(46)」と述べ、人々を教え導くについて、単なる言語的教説では道理の断片しか示し得ず、事実に基づかない表層的な知識を与えるだけだとし、それゆえに具体的事物（制度であれ法則であれ）に基づく教説の優位性を強調する。その趣旨をより明確に述べたのが、徂徠の次の言葉である。

> 礼の体為《た》るや、天地に蟠《わだかま》り細微を極めて、物ごとに之が則を為し、曲《つぶ》さに之が制を為す。而して道在らざる莫し。君子は之を学び、小人は之に由る。学の方は習ひて以て之に熟し、黙して之を識る。黙して之を識るに至りては、則ち知らざる所有る莫し。豈《あに》言語の能く及ぶ所ならんや。之に由れば則ち化し、化するに至りては則ち識らず知らず帝の則《のり》に順ふ。豈不善有らんや。是れ豈政刑の能く及ぶ所ならんや(47)。

すなわち、「礼楽」は天地に普く充満し、個々の具体的事物の法則を規定するとともに、細部にわたる諸事物の制度をなしており、それゆえ君子は「礼楽」に学び、庶人はそれに依拠することができる、というのである。その場合、君子については、「礼楽」の学びとはそれに「習熟」し「黙認」することを意味するが、そうして獲得された知は単なる言語的教説をはるかに凌駕する深みと拡がりをもつ、とされる。一方、庶人については、人々を「礼楽」に依拠させることができれば、それは先王の制作した「道」への自然な教化となり、しかもそうして果たされた教化は法制的な刑罰よりもはるかに高い実効性を有する、とされる。

こうして徂徠は、「教」の条件たる「物」とは、より具体的には歴世聖人によって制作された「礼楽」であることを説き、さらにその「礼楽」には知者・賢者、愚者・不肖者の別なく、それぞれの才質に応じた人間形成機能があるとの認識を示すのである。この認識の中に、徂徠学の教育思想が最も凝縮された形にて所在すると見ることができるはずである。

（5）徂徠学の教育思想

教育思想の複層性（二重の思想戦略）　以上のように、徂徠学の教育思想とは、人々に「物」たる「礼楽」を教え授けることを関心の基軸に据えて、構成されるものであった。徂徠の説く「教育」が、何よりも「安天下」を目的とするものであったことは、すでに（2）の項目の冒頭にて紹介した通りであるが、その具体的・実際的方法については、上記の「君子は之を学び、小人は之に由る」との文言に象徴されるように、まさに「君子の学び」と「庶人の教化」という二重の思想戦略に基づいて説かれていた。徂徠学の教育思想が、徳川社会の身分制秩序という「現実」への適合を意図して組み立てられたものであったことが、この思想戦略に投影されている。

加えて、この思想戦略の重要な特質をなすものは、

夫れ人言へば則ち喩《さと》り、言はざれば則ち喩らず。礼楽は言はざるに、何を以《も》て言語の人を教ふるに勝るや。化するが故なり。習ひて以て之に熟すれば、未だ喩らずと雖も、其の心志・身体既に潜《ひそか》に之と与《とも》に化す。終に喩らざらんや。(48)

との所論に象徴されるように、言語や観念に基づく学びに対して、いわば「学びの身体化」を促す契機への着眼であった。その意味で、「教」の中核に「礼楽」を据えることの教育的意義とは、まさにこの「学びの身体化」にあったと見ることができる。こうして二重の思想戦略を通して構想された「学びの身体化」のより具体的なありようが、繰り返すように、「君子の学び」と「庶人の教化」とに大別されて説かれるのである。

君子の学び（「習熟」と「自得」）

まず、「君子の学び」についてであるが、それは「習熟」と「自得」との二つの学びのありように象徴される。前者の「習熟」について、例えば徂徠は次のように語っている。

学とは、先王の道を学ぶを謂ふなり。先王の道は詩書礼楽に在り。故に学の方も亦詩書礼楽を学ぶのみ。是れ之を四教と謂ひ、又之を四術と謂ふ。詩書とは義の府《くら》なり、礼楽とは徳の則《のり》なり。徳とは己を立つる所以なり、義とは政に従ふ所以なり。故に詩書礼楽は以て士を造《な》すに足る。然して其の教の法は、詩には誦すと曰ひ、書には読むと曰ひ、礼楽には習ふと曰ふ。春秋は教ふるに礼楽を以てし、冬夏は教ふるに詩書を以てす。仮すに歳月を以てし、陰陽の宜に随ひて以て之を長養し、学者をして其の中に優柔厭飫《えんよ》せしめ、蔵し、脩《しゅう》し、息《そく》し、游《ゆう》し、自然に徳立ちて知明らかなり。要は習ひて之に熟し、久しうして之と化するに在るなり。(49)

すなわち、徂徠のいう「習熟」とは、聖人の足跡の事実を伝える『詩経』『書経』と、聖人の制作した事物を伝える『礼記』『楽記』とに対する継続的な反復学習を通して、それらに関する知を身体全体で文字通り「体得」していくような学びのありようを意味する。「礼楽」に関する言語化された知の獲得ではなく、識らず知らずのうちに自らの肉体そのものが「礼楽」に融合していくような学びの必要が強調されている。いわば人間形成における経験や習慣の契機を最大限に重視する教育観が、ここに表明されているのである。

また後者の「自得」について、徂徠の所論と伝えられるものに、総シテ聖人ノ教へハ、ワサヲ以テ教ヘテ、道理ヲ説カス、偶《たまたま》ニ道理ヲ説ケトモ、カタハシヲ云テ、其人ノ自得スルヲ待ツ事也。其故ハ、人ニ教ヘラレタル理屈ハ皆ツケヤキハニテ、用ニ立ヌモノナリ。一切ノ事、我身ニナサスシテ其理ヲ知ル事ハ、決シテナキ事也。善ク教ル人ハ、一定ノ法ニ拘ラス、其人ノ会得スヘキスヂヲ考ヘテ一所ヲ開ケハ、アトハオノツカラ通スル者ナリ。シカルトキハ、皆自然ニ発得シテ知ルユエニ、知リタル事皆我物ニナリテ用ニ立ツナリ(50)。

という文言がある。聖人の「教」とは、学び手に理屈を教え込むようなものではなく、むしろ、学びの方法に関する手掛かりを提示しようとするものであり、それゆえ「オノツカラ通スル」や「自然ニ発得シテ知ル」ような学びのありようを喚起し促進するものだ、というのである。

徂徠学において、聖人の権威は学習者の個性の伸張と完成を保証するものであり、聖人への絶対的信頼は却って学習者の自発性を促進する意味合いを有するものであった。それゆえ、聖人の教えと学習者の間を介在する教師や教材の存在はむしろ相対化され、学習者自身の能動性こそが尊重されねばならなかった。「人ノ才徳ヲ養フハ、草木ニコヤシヲシテ長養セシムル如ク、聖人ノ道ヲ学ヘハ、自然ニ知見開ケテ材徳ワレト発達スル物也(51)」と説かれるように、教育は植物の栽培になぞらえられ、学習者自身の能動的学習を援助する役割を担うものと考えられたのであった。

なお、「君子の学び」における「習熟」の強調は、「礼楽」を「教」の中核に据えることに基づく徂徠学に特有の主張といえるが、その一方で、「自得」の重視は、これまで再三指摘してきたように、朱子学や仁斎学とも思想的態度を共有するものといえ、その意味で江戸前半期儒学における教育認識の主要かつ重要な系譜の一翼を担うものと認めることができる。

庶人の教化（「道術」と「ワザ」）

次に、「庶人の教化」についてである。「君子の学び」のありようを端的に表現する用語が「習熟」と「自得」であったのに対し、「庶人の教化」のそれを象徴的に言い表す用語は「道術」ないし「ワザ」だといえる。例えば、次の所論の中にこの用語の用例を見出すことができる。

制度ヲ立カユルト云ハ、風俗ヲナホサム為也。…是ヲナホスニ術アリ。是ヲ聖人ノ大道術ト云。後世理学ノ輩ハ、道理ヲ人々ニ説キ、カセテ、人々ニ合点サセテ、其人々ノ心ヨリ直サムトス。米ヲ臼ヘ入レテツカスシテ、一粒ツ、シラケムトスルニ同シ。正真ノ小刀細工ナリ。…風俗ハナラハシナリ。学問ノ道モ習ハシ也。善ニナル、ヲ善人トシ、悪ニナル、ヲ悪人トス。学問ノ道ハ習ハシ熟シテ、クセニシナス事也。此外ニ、別ニ工夫ノシカタ、修行ノ手段ナキ事也。…故ニ、聖人ノ道ハ習ハシヲ第一トシ、聖人ノ治メハ風俗ヲ第一トス。…其大道術ト云ハ、観念ニモ非ス、マシナヒニモ非ス、神通ニモ非ス、奇特ニモ非ヌワサナリ。ワサノ仕カケニヨリテ、自然トウツリユク事也。(52)

すなわち、庶人を「道」へと趨かせるには、それに相応しい風俗や習慣を形成することが何よりも効果的であり、それは長い時間をかけて行われる営為であるが、人々の心を自然と方向づける無理のない人間形成作用である、というのである。そして、この意味での人間形成作用のことを、徂徠は「道術」ないし「ワザ（ノ仕カケ）」と呼んでいる。徂徠にとって、それは「道理ヲ人々ニ説キ、カセテ、人々ニ合点サセテ、其人々ノ心ヨリ直サム」とするような道学者流（朱子学流）の個別的対応を前提とするものではなく、まさに風俗全体を「化」する壮大な事業を意味した。

この庶人教化の文脈でも、その重要性が強調されているのは、

先王の道、古者《いにしえ》は之を道術と謂ふ。礼楽是《これ》なり。後儒乃ち術の字を諱《い》みて之を言ふことを難《はばか》る。殊に知らず、先王の治は、天下の人をして日々に善に遷りて自《みずか》ら知らざらしめ、其の教も亦学者をして日々に其の知を開き、月々に其の徳を成して自《みずか》ら知らざらしむ、是れ所謂術なることを。(53)

と説かれるような、人々をして知らず識らずのうちに善に移り、徳を完成させるような人間形成のありようであった。

先述のように、徂徠にとって「君子の学び」の理想的境地とは、それが無意識的習慣になるまでに「習熟」すること

にあったが、同様に「庶人の教化」についても、風俗全体が無意識的に望ましい習慣を獲得することが理想とされていたのである。

ただし、「君子の学び」において強調された「自得」については、「庶人の教化」では不要なるものとされていたことに、注意を払う必要がある。徂徠の民衆観は、端的にいえば、典型的な愚民観であった。「民間ノ輩ニハ、孝悌忠信ヲ知ラシムルヨリ外ノコト、入ラサルナリ。孝経・列女伝・三綱行実ノルヰヲ出ツヘカラス。其外ノ学問ハ人ノ邪智ヲ増シ、散々ノコト也。民ニ邪智盛リナレハ、治メカタキモノ也(54)」と説かれるように、徂徠にとって庶民には「孝悌忠信」以外の教育は無用（むしろ有害）だとされた。庶民には、その全体が日常生活のうちに無意識的に一定の方向へと習慣づけられ、良き風俗を形成することが、最も強く求められた。さらにその意味での良俗形成は、何よりも政治を通して実現されるべきことであった。「庶人の教化」をめぐる徂徠学の認識は、まさに政治思想に回収された教育思想のありようを、最も象徴的に語り伝えるものと見ることができるのである。

武士教育に関する具体的提言

最後になるが、徂徠学の最も重要な特質の一つは、それが学理論的な意味での完成度を誇るに留まらず、実際的な幕政への具体的提言としての実効性を担保していた点にあった、と指摘できる。幕政への具体的提言として、徂徠学が試みた教育政策への立論を瞥見して、この項目を締め括ることにする。

上述のように、徂徠は、対象となる人々の現実相を見据えつつ、君子（武士身分）と庶人（一般庶民）とのそれぞれに異なる教育を用意するという思想戦略を示していた。まず武士教育についてであるが、既述のように、将軍吉宗は幕臣への教育を重視し、一七一七（享保二）年林大学頭に命じて湯島聖堂の仰高門東舎にて日講（毎日の講義）を実施させ（庶民の聴講も許した）、翌一七一八年以降も聖堂に隣接した饗応座敷や八重洲河岸の高倉屋敷にて林家以外の儒者に講釈を担当させた。だが、その当時にあっては武士の間でも学問を敬遠する気風が根強く、これらの措置も不振の状態に陥っていた。そのため幕府儒臣たち（林篤信や室鳩巣、木下菊潭ら）は講釈への幕臣の出席を幕命として強制するよう、吉宗に願い出た。これに対し徂徠は、稽古事ハ公役ノ稽古ニハ人々勧マヌ物也。…其子細ハ、問返テモ聞レス、教ヲ親切ニ受ル事ナラヌ故也。手前ノ信仰ナル師ナレハ、付届ニ物ヲ入テモ稽古ヲスル心ナレハ稽古スル也。是人情ノ必有事也。其上師ハ尊ク弟子ハ卑キ者ナル故、師ノ方ニ権ナケレハ教ハ成ヌ者也。右ノ如ク講釈所へ出テ役目ニ講釈スル事ナレハ、師ノ方ニ権無シ。是又道理ニ背《そむ》ク故、教ノ益無也。(55)

との認識を示し、幕府が公役として課する教育は、学習者の学ぶ意志を前提に据えず、また教師の側も職務として講釈するだけであるため、師弟間の信頼関係に基づくものとはなり得ない、と批判する。(56) この点から、徂徠は幕臣への出席強制を否定するとともに、幕府による官制の教育自体を無意味だと説くのである。

徂徠は、従来の幕府の学問のあり方を悉く否定したわけではない。むしろ林羅山・鵞峯の時代の様子については、「五科十等」(経学・読書・詩・文・和学の五科を、十等級に分けて学ばせる)に基づく教授方式を、「この致しかた、古への聖人の門弟子を教へ玉ふに、人々の才に随て科を分て教へたまふ筋に叶申。其上学問は治国平天下の道なれは、国家の御用に立候やうに学ひ候事、尤至極の心かけにて候(57)」と評価している。ところが徂徠の時代の林家塾の様子は、山崎闇斎流の講釈が主要な手法となってしまい、その結果教える側にとっては通り一辺倒の内容を講述するだけの形式、学ぶ側にとってはただそれを聴講するだけの形式に堕落してしまっていることを強く論難するのである。徂徠の、

聖人の道に、普く天下の人に教を施すといふは、孝悌礼譲を教る事にて候。孝悌礼譲の義は、講釈に不及、孝悌礼譲とさへいへば、愚民までも合点まいる義にて候。扨《さて》其教を天下に施候仕形は、奉行役人其筋を心得罷在仕置の上にて、其筋を以て申付くる。直に教に罷成候事にて候。別に学校にて講釈を仕り、賤き民にきかせ候事は、異国にても本朝にも、古来曾て無之儀にて候。学校の教、尤講釈をおもには不仕候。(58)

との所論は、講釈という教授方法が、却って学び手の意欲や動機を視野から排除して行われる傾向、すなわち学びの

実をもたらすことのない単なる形式に陥っている傾向を象徴的に物語るものである。

　それでは徂徠は、幕臣たる武士教育のあるべき姿をどのように構想していたのか。その認識を示したものが、次の言葉である。


　昌平坂高倉屋敷ハ場所悪敷《あしき》也。只儒者ヲ江戸中所々ニ配リ置、人々勝手次第ニ参ル様ニ有度事也。然ハ教ル人モ学フ人モ勝手ヨキ也。学文ハ公儀ノ勤トハ違テ畢竟内証コトナレハ、勝手ヨクアラネハ成ヌ事也。…常時屹《きつ》ト学校ト云程ノ事ニテ無トモ、儒者トモノ宅ニ上ヨリ稽古所ヲ御立被レ下《くだされ》、屋鋪ヲモ弘《ひろく》被レ下、弟子トモ多ク書写ノ御用モ可レ勤《つとむべき》程ナラハ、…学者ノ取扱事故、文字モ正シク校合モヨカルヘシ。儒者トモノ手前ニ書生多ク集リ居ル時ハ、自ラ学文モ怠無レ之《これなき》者也。近所ノ御旗本ヘモ望次第ニ弟子トモヲ指南ニ遣シ、又近所ナレハ彼方ヨリモ稽古ニ参リヨカルベシ。(59)


すなわち、徂徠にとって、学問とは窮極的には「内証事」（私事）なのであり、その認識を根拠に据えながら、彼は学習者の自主性や自発性の尊重を説いたのであった。それゆえ、学校もまた私塾的な「稽古所」として構想されているのである。個々の学習者の私的な学習動機を損なうことなく、それぞれが固有の「材」を完成させるための方法として、私塾的な学校教育方式の有効性が強調されたのであった。

　ただし、学問や教育の私事性を強調した徂徠のこうした主張も、教育活動を政治権力から分離させることを意味するものではなかった。そのことには十分に注意を払う必要がある。徂徠が学問・教育に私事性を認めたのは、それにより却って有用な人材を多方面に養うことができ、それゆえ結果として政治的に有効だと考えたからに他ならない。

また前述のように、徂徠は昌平校での幕臣教育には否定的であったが、昌平校のことを無用と考えたわけではなかった。「日本国中ハ相持ナル道理ニテ、諸大名ノ家ニテ学文流行レハ、学者ノ身上片付アルニヨリテヨキ学者モ多ク出来、御家ノ儒者モ自然ト学文ヲ励ムヘキ様ナレバ、十万石以上ノ大名ニハ其在所ニ学校ノ様ナル事ヲ立サセ度事也(60)」

との所述から窺われるように、徂徠の構想では、昌平校には諸藩の藩校教師を供給する役割が期待されていた。江戸の都市空間でいえば、一般武士は市中の私塾にて、濃密な師弟関係を前提にそれぞれの「材」を多彩に伸長させることが期待されるが、そうした私塾での教育を担う専門儒者（教師）を養うのが、昌平校の役割だと考えられていたのである。(61)

庶民教化に関する具体的提言

一方、庶民全般の教育構想についてである。徂徠の認識によれば、武士教育の全体的な目的が「安天下」に資する多様な人材を効率的に養成することに置かれたのに対し、庶民教育の目的は被治者全般を江戸社会の統一的秩序の内部に適切に組み入れることにあった。その意味において、一般庶民への措置は「教育」（人材の開発としての）というよりも、むしろ「教化」（社会秩序への組み入れ）として語られるべきものであった。すなわち徂徠は、

> 上ヨリ御預ノ町村ヲハ我家ノ如ク身ニ引受テ世話ニシ、一町一村ノ内ノ者ハ和睦シ、兎角民ノ風俗ノ善ナルヘキ筋ヲ主意トシ、名主ニモ能《よく》筋ヲ申含メ、下《しも》ヲ下《さ》ケスマス疑ハヌ様ニ治ルヲ誠ノ治ト云也。古聖人ノ道ニ、民ニ孝弟ヲ教ル事第一ト云ルモ、儒者ナトニ講釈ヲサセテ民ニ聴セ、民ノ自《みずから》発得シテ孝弟ニ成様ニスル事ト心得ルハ大ナル誤也。右ニ云ル如ク、其町村ノ睦ク民ノ風俗ノ善ナル様ニ奉行ノ仕込事ヲ孝弟ヲ教ルトハ云也。(62)

と述べ、庶民の「教化」とはあくまでも風俗の改善に基づくべきものだ、とする認識を明示している。つまり庶民全般に対しては、儒者などの講釈を通して「自《みずから》発得」することを期待するのではなく、奉行の施政を通して「風俗ノ善ナル様ニ」仕込むことが最も有効な方策だと考えられていた。先に「道術」という言葉を紹介したが、まさに術策性を伴った政治こそが最良の民衆教化なのであり、繰り返しになるが、その意味で庶民への教化活動とは、風俗の改善・醇化を目的とする政治活動の内部に還元されるものなのであった。

徂徠学の教育思想としての特質

以上、江戸前期に受容された朱子学が個々人の内面を律する学との傾向を有したのに対し、徂徠学は人間社会を全体として統治・統合するための学としての色彩を強くした。儒学の中心概念である「道」も、自然世界と人間世界とを通貫する普遍的原理としてではなく、社会を統治・統合するための方法や技術として理解された。それゆえ、幕藩体制を円滑に運営するための知識と技法とを身につけた多種多彩な「人材」をいかに養成するかに関する諸知見が、徂徠学の教育思想の内実を形づくることとなった。

こうして「人材」の多様性の確保と、その根底をなす学習者の自発性を尊重する意図から、画一的な官制教育は排除され、また政治権力に掌握されたもとでの個別的（私的）教育のありようが構想され、これが武士教育の基本線とされた。他方、一般庶民に対しては、言語や教説に基づく教育は明確に否定され、良俗の形成に基づく教化こそが重視された。武士教育で強調された「習熟」「自得」などの方法論は、庶民教化では政治的な「道術」の強調として対比的に論ぜられた。教育のあり方を個々人の成長を基軸に据えるのではなく、全体としての社会の秩序形成の観点から解き明かした壮大な構想にこそ、教育思想としての徂徠学の最も重要な特質が認められる。

仁斎学や徂徠学などに代表される「古学」の学的立場とは、儒学の原像と原意とを朱子学に象徴される宋代儒学にではなく、先秦中国の儒学説に見出そうとするものであったが、それとともに、オリジナルな儒学像の探求を通じて、その教説が江戸社会の諸課題の説明原理たり得ることを解き明かそうとするものでもあった。その際、仁斎学が孔孟学説に依拠しながら江戸時代人の日常生活のあり方に安定的な規範を見定めようとした（江戸の日常的社会規範への儒学の適合）のに対し、徂徠学は歴代聖人の治績の含意を酌み取りながら江戸社会全体を統合するための政治的原理を準備した（幕府政治への儒学の適合）ということができるかもしれない。

2　徂徠学派とその影響

徂徠学以前の江戸儒学は、人と社会のあり方を道徳の関心から論及し、それゆえ政治や文学に関わる問題についてもこれを道徳的観点から論ずる傾向が顕著であった。その意味で、儒学とは一つの道徳学体系であった。それに対し徂徠学は、学問の方法論（古文辞学）を精緻に組み立てることを通して、儒学に内包された文学としての含意を浮上させるとともに、幕政のあり方に対する積極的な関心に基づいて、政治に固有の諸原理を儒学説から引き出す作業を展開した。こうして徂徠学は、「詩文（文学）の学」と「経世済民（政治）の学」との二つの側面を併せ持つ学的体系を誇ることになった。旧来の儒学とは異なる、儒学の新たな学的可能性を切り開いた点において、徂徠学は一八世紀後半期の江戸思想界を風靡するほどの影響力を有するに至った[63]。

徂徠の門人たちにも傑出した儒者が少なくなかったが、それでも彼らにとって、徂徠学に内包された「詩文の学」と「経世済民の学」との両側面を併せて継承するのは容易なことではなかった。こうしていわゆる徂徠学派の人々は、服部南郭、安藤東野、平野金華（一六八八～一七三二）らに代表される「詩文派」と、太宰春台（一六八〇～一七四七）、山県周南（一六八七～一七五二。なお、周南は長州藩の儒臣として藩校明倫館の創設にも携わったが、経学上の著作を残してはいない）に代表される「経学派」とに分極されていく。ただし、徂徠門人たちの大半は、学問の対象を専ら詩文の世界に求めるようになり、それゆえ徂徠学派の主流を担ったのは「詩文派」の方であった。彼らにとって、「経世済民」とは実際の政治世界への参与が可能な一部の人間のみが論ずる資格を有するものであり、そうでない人間にとっては、古文辞に熟達し文学的な感性の世界に身を投ずることが、現実的な学問のありようとされたのであった[64]。

実際、一八世紀後半期には詩文の世界に自らの学的志操を固めた漢学者たちが堰を切ったように出現した。徂徠学派の学統としては、安達清河《あだちせいか》（一七二六～九二）が江戸に市隠草堂《しいんそうどう》を開いて多数の詩文門人を育てたが、これ以外にも京都に竜草盧《りゅうそうろ》（一七一四～九二）の幽蘭社、大坂に片山北海（一七二三～九〇）の混沌社などが開かれ、全国的規模にて詩社が出現し詩壇が形成されていった。また、こうした詩文活動の普及と連動するかのように、多数の詩集が編纂・刊行された。中でも服部南郭の校刊した『唐詩選』（唐代の名詩選。七巻。明の李攀竜編とされるが未詳。唐代の詩人一二八人の代表作四六五編を詩体別に採録）は、一七六五（明和二）年までに六版を重ねるほどの好評を呈した。こうした「詩文の学」の興隆は、詩文が一般の武士や町人の間にまで普及・浸透し、詩文の教授で生計を立てることが可能なほどに学的営為が拡がったことを意味している。服部南郭は、まさにこの趨勢の頂点に立った儒者といえ、一八世紀中期から後期初め（元文から宝暦年間）にかけて彼の名声は高まった。南郭は、伊勢神戸藩主で若年寄の本多忠統《ただむね》（一六九一～一七五七）をはじめ、磐城守山藩主松平頼寛《よりひろ》（一七〇三～六三）や熊本藩主細川重賢《しげかた》（一七二〇～八五）らの知遇を得、「南郭人《ひと》と為り風流温籍《おんしゃ》、芸苑《げいえん》の士、雅慕《がぼ》せざる者莫し。その来りて束脩を薦むる者甚だ衆《おお》し。大抵歳《とし》に金百五十余両を得。凡そ儒を以て生理を為し、其の饒裕《じょうゆう》此の如き者鮮《すくな》し」(65)とまで評されるほどの名声を誇った。徂徠学の興隆は、こうしたいわば文業と儒業との分離の学的背景をなしたのである。だがその反面、このように詩文の世界に傾倒し、政治や道徳に関する学問を軽視する風潮は、世相に軽佻浮薄な気運を蔓延させるものとの批判を生じさせることになり、やがてこれが後述する「寛政異学の禁」（寛政二〈一七九〇〉年）の引き金となった。

一方、経学派と称される徂徠門人も、徂徠の所論をそのまま踏襲したわけではなかった。以下、その様子を、経学としての徂徠学の継承者を自認した太宰春台の所論を通して一瞥してみる。

3　太宰春台——「経世済民」の教育思想

(1)　春台の生涯とその思想

春台の略歴

太宰春台（名は純、字は徳夫、春台は号）は、一六八〇（延宝八）年に信州飯田藩士の次男として生まれる(66)。九歳のとき、父の失職により一家が江戸に移住し、一五歳で但馬国出石藩に仕えたが、二一歳の一七〇〇（元禄一三）年に無許可のまま致仕したため、一〇年間他藩への出仕禁止を申し渡された（この間、京都・大坂を転々とする窮迫の生活を送る。京都では伊藤仁斎の講席に列したこともあったと伝わる）。一七一一（正徳元）年、禁錮の期限が解けて江戸に戻ったとき、安藤東野（春台が出石藩士の頃、江戸で学んだ私塾の同門であった）の勧誘で荻生徂徠に師事するに至る。このとき徂徠四六歳、春台三二歳であった。また、同じ年に下総の生実《おゆみ》藩に仕えたが、その五年後に病を理由に致仕し、これ以後は禄仕することなく、私塾紫芝園《ししえん》を経営して門人を育てた(67)。また、学者としての名声が高まるにつれて、諸藩の大名（上述の若年寄本多忠統《ただむね》、越後黒川藩主柳沢経隆《つねたか》〈吉保の四男〉、上野沼田藩主黒田直邦《なおくに》ら。彼らは徂徠と所縁があった）から尊信され、扶持米を贈られるようになった。春台が江戸にて没したのは一七四七（延享四）年のことで、享年六八歳であった。後に信濃教育会が作成した唱歌『信濃の国』（一九六八年に長野県の県歌となる）には、春台のことが佐久間象山とともに信州を代表する文人として称えられている。

『経済録』での「学政論」　その主著『経済録』（一七二九〈享保一四〉刊、全一〇巻）では、文字通り「世を経《おさ》め民を済《すく》ふ」ための手立てが、「礼楽」「官職」から「制度」「無為」「易道」に至る一六項目（第一巻の「経済総論」を含めれば一七項目）に分けて詳述されている。とくに、「時」（歴史の潮流）、「理」（物を治めるために順うべき理）、「勢」（常理とは異なる諸事象の趨勢）、「人情」（人の好み楽しみ喜ぶこと。ただし、これを知ることは「物理」を知るより難しいとされる）の四者への知見に基づいて社会認識のあり方を理論的に説明している点、また、一方で中国古代の「聖人の道」を模範とする「貴穀賤金《きこくせんきん》」の立場を原則としつつも、他方で進行しつつある貨幣経済社会の現実を直視して藩専売制（藩営商業）の方策を打ち出すなど、原則論と政策論との複眼的な視座に基づく所論を呈示している点に、春台の卓越した「経世済民」思想を読み取ることができる。これは、徂徠が『政談』の中で示した自給自足的経済機構に立脚した経世論から一歩踏み出して、江戸の経済現実をより強く見据えた所論を組み立てたものといえるだろう。

なお、本書の関心（教育思想史）からは、同書の「学政」（第六巻所収）の項目にて、人材養成に関する所論が集中的に呈示されていることが注目される。すなわち春台は、「天下国家を治るには人才を得るを先とす、人才は学問より出る者なれば天下の人に学問をなさしめて人才を出す様にする政を学政といふ(68)」と、国家経営に有用な人材の育成をもって「学政」とした上で、その現状を、

> 元禄以来儒学の士を微賤より擢《ぬき》て禄俸を給はり朝士の班に列せしめたまふこと頗る多し、然れども此等の輩は只文学書記の任に止りて政事に預ることなし、官吏となりて政事に預る者は皆士大夫世禄の家也、…世禄の家は飽食煖衣にて学術を知らず人情に通ぜず、政事の得失に於ては茫然として酔人の如し(69)。

と極めて批判的に論ずる。元禄年間以降（好学者徳川綱吉の影響が示唆される）人材登用が活発に行われるようになったものの、登用された微賤者は書誌や書記の任に就くばかりで、実際の政治に与る士大夫層は学術的素養が劣ったままだというのである。ただし春台は、

今若し学術を興し玉はんとならば、士大夫世禄の人に学問を勧めたまふに若くはなし、…士大夫の中に学問を好む徳行才芸ある者あらば是を重く賞したまふべし。其賞は或は爵位を賜ひ、或は金銀等を賜ひ、或は禄俸を益し、或は宅地を賜ひ、或は番衛の列を出し、或は官を遷す類なり、其人品に随て宜き処なるべし。(70)

と述べ、「学政」については、微賤者の登用を活性化させることよりも、士大夫層に学問への取り組みを鼓舞すべきことを強調する。春台が学問の必要を力説するのは、実際の政治に携わる士大夫世禄の者に対してなのであった。この所論に関しては、徂徠その人の主張（多種多彩な「才」が応分の役割を果たすことで治国が担われるとした）よりも守旧的な傾向が看取される。その上で、

竊《ひそか》に願くは一概に弓馬を習はしむることを止め、番衆の中にも其人の好む処に任せて儒学以下文武の技芸を何にても学ばしめ、儒官の子も武芸の才あらば武芸を習はしめ、医師の子も儒学を好まば儒士に列せしめ、各《おのおの》其家業に拘らず好む所にて、才の長なる処を習はしめられば人才は朝廷に満るべし。(71)

と述べ、士大夫層の学芸については、継承された家業よりも各人の好むところを優先させるべきことを提言する。さらに注目されることは、当時まだ一般的には実施されていなかった試験制度に基づく人材登用について、その有効性を、

　今吾国にても文武の諸芸に科目を立て、番衆諸士の中より其科目に応ずる者を試みて挙け用ひたまはゞ種々才芸の士出つべきなり。…凡《およそ》学政は只人才を多く得るを要とす、人才は国家を治むる道具なる故なり。(72)

というように認めている点である。このように春台の教育認識は、世襲の家業にとらわれずに、各人の好みや能力を引き出す工夫を人材養成に求めている点では先進的であったといえるが、人材選別に一定の身分枠を設けている点では守旧的な側面が残されていた。

『聖学問答』での「性論」

他方、春台のもう一つの代表作というべき『聖学問答』（一七三六〈享保二一〉年刊）は、宋学が流布する以前の元来の「先王の道」を明らかにすることを趣旨として著されたものであるが、その中の多くの論攷が「性論」に宛がわれていることがとくに注目される。春台はまず、

　孔子ノ意ハ、性ニハサノミ拘ハラズ、只習《ならはし》ヲ大事トスルナリ。…孟子・荀子ヨリ性ノ説起リテ、宋儒ノ徒、コレヲ学問ノ要トスル故ニ、聖人ノ道差謬《さびゅう》シテ、浮屠氏ト別ナキ様ニナリヌ。(73)

と述べ、儒学の開祖たる孔子は「性」よりも「習わし」の方を重んじており、それゆえ「性」に着目しながらその善悪を論じた孟子や荀子の学説は異端だとしつつ、さらに宋学に至っては「性」を善とする立論を儒学思想の要点に据えることで、聖人の道から著しく懸隔するに至ったと断ずる。そしてその上で、

　凡《およそ》性ハ、人ノ生レツキナリ。人ノ生レツキ、十人ハ十様、百人ハ百様、千人ハ千様、万人ハ万様ナリ。…人面ノ同カラヌ如ク、心モ亦異《こと》ナリ。心同カラネバ、性モ亦異ナリ。性ノ異ナルコトハ、万事ノ好悪〈スキキラヒ〉、口腹ノ食性〈スキキラヒ〉ノ、人人《じんじん》同カラヌニテ見ユルナリ。サレバ善ヲナスモ悪ヲナスモ、人人ノ性ノ不同ニ随テ、其事同カラズ。(74)

と、人の「性」がそれぞれに全く個別の性質をもつものであることを強調する。こうした「性」の個別性への着眼は、仁斎や徂徠にも認められたが、その一方で彼らには「性」に通底するものを捕捉する視線が担保されていた。仁斎が「四端の心」の内在をもって、また徂徠が「相愛し相養ひ相輔け相成すの心」をもって、万人の「性」に共通する性質と認めていたことにその視線が象徴される。それに対し春台の「性論」は、上記のように、それを多様性や異質性においてのみ捉えようとするものといえる。またその立論は、「一父一母ニテ生ム子モ、十人ハ十様ニテ、賢愚善悪サマ〴〵ナルハ、父母モ知ラズ。如何ニトモスベキ様ナシ(75)」という具合に、人の「性」への悲観的な眼差しに包まれたものでもあった。

「性」の受容性への着眼

また、春台が教育的営為の文脈で「性」のことを語る場合、その着眼点は、「性」のもつ能動性（内的発展可能性）ではなく、むしろその受容性に据えられていた。すなわち春台は、

> 若《もし》虎狼ナドヲ牛馬ノ如クニセバ、暫《しばらく》モ人ニ順フベカラズ。人ニ順ハザルノミナラズ、却テ人ヲ害スベシ。是《これ》虎狼ニハ人ニ順フ性ナク、牛馬ニハ人ニ順フ性アル故ナリ。然レバ牛馬ノ人ニ使ハルヽハ、其性ヲ傷害スルニ非ズ。杞柳ノ桮棬ニナルモ、其性ヲ傷害スルニ非ズ。其本性ニ具シタル所ヲ、人ノ力ニテ修治シテ用ルナリ。人モ其ゴトク、性ニ具シタル所ヲ、教ノ力ニテ修治シテ、其才徳ヲ成就スルナレバ、本性ヲ少モ傷害スルコト無シ(76)。

と、虎や狼の「性」には人に順う素養はないが、牛や馬の「性」にはそれがあること（それぞれの生物がそれぞれに異なる「性」を有すること）を例示しながら、人の「性」の重要な特質が「教え」を受け取ることのできる素養（受容性）にあることを説いている。その上で、春台が強調するのは「性ニ具シタル所ヲ、教ノ力ニテ修治」することが人才養成の要諦だということであった。

もっとも春台の所論の中には、例えば「人ノ性ニ具スル所ハ、仁義ノミニ限ラズ、孝悌忠信智勇廉直、其外種種ノ性アリ。聖人ノ教ハ、人ノ生レツキタル、ソレ〴〵ノ性ニ順テ、其性ヲ養ソダテヽ、種種ノ才徳ヲ成就スル道ナリ(77)」

のように、「性」に各種の道徳的能力が内在することを認めているように見えるものも含まれる。だがそれにも拘わらず、春台によって説かれる「性」の素養とは、ある種の能力それ自体の内在（内在性）よりも、むしろ、ある種の能力が授けられる可能性（受容性）に力点が置かれていたと見るべきであろう。『聖学問答』の中で述べられた「性」に関する諸議論を通して、春台が「告子ハ何人ニ学ベルトイフコト詳ナラネドモ、性ヲ論ズル処ハ、孔門ノ正伝ヲ得タリト見ユ[78]」と、いわば「性白紙説」を唱えた告子（生没年不詳）を高く評価するのも、このためであると指摘することができる。

さらに、この所論との関連でいえば、春台は孟子教説には否定的な立場を貫いていたが、その「四端説」をめぐって、「惻隠ノ心、取捨ノ心（是非の心のこと）ハ、人ノ教ヲ待タズ、俗習ニ依ラズシテ、内ヨリ発スル心ナレバ、コレヲ仁智ノ端トイフベシ。義ト礼トハ、定法ナキ者ナレバ、只先王ノ礼義ヲ規矩トシテ、天下ノ万事ヲ正スナリ。…然レバ礼義ハ先王ノ道ニテ、人ノ本心ニハ無キ事ナリトイフ[79]」と、「惻隠の心」が「仁」の端となり、「是非の心」が「智」の端となるとの説を容認する一方、「辞譲の心」や「羞悪の心」が「礼」や「義」の端となるとの所見については、これを真っ向から否定している点が注目される。春台が最重要視する「礼」や「義」に関する素養については、その「端」となるものが「性」に内在するとの見解は、完全に排除されていたのである。

人間形成の契機
（「礼」と「義」の強調）

こうして春台は、人間形成の第一義的契機を何よりも、外在的な形成作用に認めようとする。しかも、その形成作用の中核をなすものは「礼」と「義」だと理解されている。すなわち、

> 聖人ノ教ハ、外ヨリ入ル術ナリ。身ヲ行フニ先王ノ礼ヲ守リ、事ニ処スルニ先王ノ義ヲ用ヒ、外面ニ君子ノ容儀ヲ具タル者ヲ、君子トス。其人ノ内心ハ如何ニト問ハズ[80]。

との所述に象徴されるように、聖人の教えとは「外ヨリ入ル術」であり、それは何よりも「礼」と「義」とに立脚し

た「君子ノ容儀」を具備させるためのものであることが高唱されるのである。

　しかも、ここで「其人ノ内心ハ如何ニト問ハズ」と論ぜられているように、春台にとって、「君子ノ容儀」を備える上でまず重視されるべきものが、何よりもその人の外面に表現されるものであったことに、注意する必要がある。人間形成のありようをここまで外面的形式に基づいて捕捉しようとした儒者は、稀有だというべきだからである。この意味で春台の思想は、儒学の人間形成論の伝統ないし系譜から、「心」の修養という営みの価値を後景に退けた、と評することも可能である（ただし、春台のこのような所論は、人が「徳」を具備しているか否かは、外的に表現されたものを通してでしか判断され得ない、との実際的な認識に基づくものと見ることもできる。また、人の内的素養に重きを置く朱子学や仏教に対する反発があったことも視野に含める必要がある）。ともあれ、こうして春台の認識に従えば、「礼」「義」が備わったか否かについては、衣服・容儀・言語といった外面に表現されるものに基づいて判断されることになる。春台の、

> 聖人ノ教ハ、衣服ヲ最初トス。内心ハ如何ニモアレ、先《マヅ》君子ノ衣服ヲ着セテ、サテ君子ノ容儀ヲ習ハシ、次ニ君子ノ言語ヲ教ヘ、ソレヨリ漸漸ニ君子ノ徳ヲ成就セシムルナリ。徳トイフハ別物ニ非ズ衣服容儀言語ノ凝《コリ》カタマリタル者ナリ。…聖人ノ教ハ、外ヨリ内ニ入テ、純熟スレバ表裏一致ニナルヲ、成就トス。是ヲ成徳トイフ(81)

という言葉は、彼のその認識を最も明確に物語っている。春台にとって「徳」とは身体に獲得されたものであり、それを「心」が獲得すべきものと説いたところに朱子学の根本的な誤りがあった（朱子学は「内教」たる仏教――無明、煩悩、妄想など内心の不善を罪とする――から強い影響を受けていたが、元来の儒教は「外教《げきょう》」だとするのが春台の認識であった）。こうして春台は、「凡《およそ》聖人ノ道ハカクノ如クナル者ニテ、心ノ中ヲバ探ラズ、情ノ善悪ヲ問フコト無シ(82)」と、儒学の諸教説の基本的立論を徹頭徹尾形式主義的な立場から意味づけたのであった。

　このように、春台の人間形成論の趣旨は、「性」や「心」など人間の内面に存する素質を起点に据えようとする朱子学的枠組みではなく、「礼」という外的規範に基づいて「徳」を身につけさせようとする彼独自の枠組みを極度に

重視するものであった（もちろん上述のように、「人ノ性ニ具スル所」を全く無視したわけでなかったことには注意を要する）。なお、こうした外的規範に重きを置く春台の学風は、彼の学塾経営の方針にも色濃く反映されていた。例えば、「紫芝園規條」には、

諸君子会業は、須く専心講習を要す。一書を読むが如き、宜しく輪番して一人之を読みて、諸人之を謹聴すべし。若し疑義有らば、須く一節終るを待ちて、之を講究すべし。尊卑先後に拘らず、皆発問するを得、只宜しく謙遜なるべし。戒んで勦説《そうせつ》雷同する勿れ。最も尋常説話を以て之を乱すを得ず。及び人と私語す可からず(83)。

諸君子会集して詩を作るに、須く沈吟して句を索むべし。談笑するを得ず。惟に己が句を得る能はざるのみならず、且、人の沈吟を妨げん。慎まざる可けんや。若し己の詩速に成るとも、即ち之を出す可からず。必ず満坐畢く成るを待て、然して後に之を出せ。仍つて私語を戒む(84)。

というように、学的空間の世界が私語や談笑を禁じた厳格な雰囲気に満たされるべきことが強調されている。

このような春台の執拗なまでの「礼」へのこだわりは、儒学を単に学問の次元に留まらず、習俗の次元において受容しようとしたことの重要な証左であると評することができよう。人間形成のための諸規範を、人間の内在的能力と切り離しつつ、「礼」という外在的・形式的な社会秩序に求めようとする思想史動向は、こうして春台に代表される徂徠学経学派によって一層強化されていくことになる(85)。

(2) 神道教説との対峙

以上のように、春台の思想の特質は、徂徠学の学的傾向をより一層先鋭化させたことにあったといえ、その最も典型的な事例を、この「礼」の外在化・形式化の推進に見ることができる。だが、それとともに春台の先鋭思想が江戸

思想史に与えた影響として看過できないことは、儒学と神道との断層を積極的に説いた点にあった。すでに再三触れたように、江戸儒学は林羅山であれ、中江藤樹や山崎闇斎であれ、神道と融合した所説を自明のごとく継承させてきた。いわば朱子学の思想的特質たる普遍性と包摂性とが、その形而上学体系の内部に日本神話を含め込むことを容易ならしめていた。また神道の側からも、『日本書記』が天地開闢の最初に出現した神とする国常立尊《くにとこたちのみこと》を『太極図説』にいわれる「太極」に相当させたり、さらに「太極」が分化した「陰陽」を伊弉諾尊《いざなぎのみこと》・伊弉冉尊《いざなみのみこと》の男女二神に相当させたりするなどの解釈が示されていた[86]。こうして儒学が伝来する以前の原始日本にも「道」が存在したとする所論が、国学者たちからも相応の理解を得ていたのであった。

それに対し、春台は、すでに徂徠が「神道ト云事ハ、卜部兼倶カ作レル事ニテ、上代ニ其沙汰ナキ事也[87]」と指摘していたことをさらに敷衍して、この国に神道が普及する契機をなした卜部兼倶《うらべかねとも》（一四三五～一五一一）の「吉田神道（唯一神道）」は、「七八分の仏法に、二三分の儒道を配剤して一種の道を造り出し[88]」たもの（すなわち、神道には独自の源流ないし原型があるわけではなく、その起点は仏教と儒学との混淆によって形づくられた）と論じ、それゆえ儒学伝来以前の日本には、いかなる意味でも「道」は見当たらないと喝破した。その上で、

礼儀といふこと無かりし故に、神代より人皇四十代の比《ころ》までは、天子も兄弟叔姪《しゆくてつ》夫婦になり給ひ候。其間に異国と通路して、中華の聖人の道此国に行はれて、天下の万事皆中華を学び候。それより此国の人礼儀を知り、人倫の道を覚悟して禽獣の行をなさず、今の世の賤《いやし》き事までも礼儀に背く者を見ては畜類の如くに思候は、聖人の教の及べるにて候[89]。

と述べ、儒学伝来以前の日本を婚姻秩序すら存在しない「禽獣」「畜類」の世界であったと見るとともに、そうした野蛮な世界がまともな人間世界へと引き上げられたのは、まさに「中華」の「聖人の道」の導入によってであったと断言した。このような所論が、元来のこの国のあり方それ自体に絶対的な価値を認めようとする国学者たちを、大い

に激昂させ憤慨させたことはいうまでもない。

こうした春台の主張の思想史的背景をなしたものは、「道」を抽象的な理法に認めようとする朱子学から、それを具体的・実定的な規範として捉え返す徂徠学への思惟様式の転換であった、と見ることができる。徂徠学の最も先鋭的な後継者であった春台にとって、「道」が具体的・実定的規範である限り、日本の朱子学がその内部に包み込んでいた基層信仰としての神道は、異物としてそこから吐き出さざるを得なかった。春台にとって、神道の文献学的由来をなす日本神話は個々人がその欲望のままに生を過ごす原始的な自然状態を伝えるものに過ぎず、それは「道」の欠如態そのものであった。ともあれ、こうした春台の思想的挑発が、賀茂真淵や本居宣長らに代表される同時代の国学者たちの思想的営為を牽引することにもなる。それら国学の思想史的動向と主要な思想内容については、後章にて改めてこれを論ずることにする。

第七章　一八世紀後半期の諸思想とその教育認識

荻生徂徠の学統は一八世紀の中葉頃に興隆を呈するようになるが、他方、その反動として徂徠学を論難する諸主張も活発な思想的潮流を形成するようになる[1]。それら反徂徠学の基調をなしたものは、大別すると、尾藤二洲に代表される朱子学正学派からの批判、五井蘭洲や中井竹山ら懐徳堂儒学からの批判、さらには細井平洲、井上金峨（一七三二～八四）、片山兼山（一七三〇～八二）、太田錦城（一七六五～一八二五）らのいわゆる折衷学や考証学の立場からの批判などに分類することができる。また、前項の末尾にて若干言及したが、これらに加えて、徂徠学が中国の礼楽制度を範型として仰いだことを批判し、徂徠学の説く「先王の道」を「日本の神々の道」に読み替えて、日本の思想・文化への回帰を推し進めようとした復古国学（本居宣長に象徴される）も、反徂徠学（もちろん復古国学が対峙したものは、儒学に限らず老荘思想をも含めた「漢意」であったことはいうまでもないが）の潮流に含め込むことができるだろう。

以上のような反徂徠学的立場からの徂徠学批判の要点を概括的に整理すると、第一には、徂徠学の学問的傾向に対する批判、とりわけその所論が「徳行」を切り棄てて「功利」に流れる傾向にあるとする批判、が挙げられる。この立場からの批判を最も痛切に展開したのは、「寛政の三博士」の一人と称された上述の尾藤二洲であった。二洲は「徂徠は功利を学となす。その説の聖賢の道に及ぶは、所謂る縁飾なるのみ[2]」というように、徂徠学を「功利の学」とした上で、「其学タヾ理民ノ術ノミニテ、自己ノ身心ハ置テ問ハザルナリ。故ニ身ニ非法ノ事ヲ為レドモ恥トセズ[3]」と激しい調子で論難した。そうして、今試《こころみ》ニ古聖賢ノ書ヲ考ヘテ看ヨ。徳義ヲ後トシテ、事功ヲ先トセル教《おしえ》アリヤ。又天下ヲ先トシテ、修身ヲ後トセル教アリヤ。又庶民ニ信ゼラレン為ニ身ヲ脩ムト説ケル書アリヤ。コノ処ニ意ヲ着テ看バ、カレガ功利ノ心腸、鏡ニカケテ見ルガ如クナラン。凡ソ彼ガ言ヘルコト行ヘルコトハ、皆聖賢ノ為ザルコトノミナラズ、深ク悪《にく》ミ耻サセ玉フコトナリ(4)。

と、徂徠学の基本的所論が聖賢の教説に著しく悖理するものであることを強調した。二洲は、徂徠学が政治支配のための「功利の学」か、あるいは文芸好事家にとっての「遊戯の学」に陥溺する傾向にあることを問題視し、「徳義」や「修身」を基調とする儒学本来のあり方を再確認しようとしたのであった。

第二に、これと密接に関連するが、徂徠が「道」を聖人の「作為」になるものとしたことを批判し、改めて「道」の根拠が「自然」に求められることを強調する立場を取り上げることができる。この立場からの批判には、実に豊富な事例を認めることができるが、同じく尾藤二洲の、

道トハ、自然ノ則《のり》ナリ。人倫事物スベテ皆《みな》自然ト兎《と》アルベシ角《かく》アルベシトイフ則アリ。コノ則ハ、人ノ共ニ由テ行フベキ者ナルユヘ、行路ノ意ニテ道トハイヘルナリ（道ヲオコナフハ、即路ヲアリクナリ）。凡《およそ》天下ノ万事万物一《ひとつ》トシテ則ナキハナシ。…近クハ一身一家ヨリ、遠クハ四海万邦ニ至ルマデ、皆然アラザルハナシ。都《すべ》テコレヲ人道トイフ。人ノ禽獣ト異ナルコトハ、コノ道アレバナリ。是シカシナガラ、天地ノ自然、吾ガ性ノ固有ニシテ、人ノ作リ出セル者ニアラズ。サレバ天理トイフナリ(5)。

との所論は、「道」の普遍性が「自然」に基礎づけられていることを強調した最も典型的な事例といえる。なお、いわゆる折衷学派儒者の代表者と称される細井平洲の徂徠学批判も、この立場に基づくものと認めることができるが、平洲の思想については別途これを後述する。

第三に、これも上記の二つと重なり合うものではあるが、徂徠学の核心たる作為的秩序観（すなわち、「道」は聖人の作為になるもので、その所在を外在的・形式的な「礼楽刑政」に認めようとするもの）を批判しつつ、改めて個々人に内在する「心」の価値を再評価しようとする思想動向を指摘することができる。例えば、いわゆる考証学の立場から儒学の再構築を試みた太田錦城は、

飲食男女ノ欲ノ心ニ生ズルハ、自然ノ妙理ナリ。此ニテ性命ヲツナギ、此ニテ嗣続ヲ生育ス。世ノ人僧《ソウ》ナドヲ見慣テ、男女ノ欲ヲ拙キ事ノ様ニ思《オモヒ》ナスハ、以《モッテ》ノ外ノ僻事《ヒガゴト》ナリ。人此欲ヲ断《タチ》テ、心中清浄ナルヲ覚ルハ、異端ノ極ナリ。欲ノ心ニ生ズルハ、雲ノ天地ノ間ニ生ズルニ同ジ。一年中天地清明ニシテ雲行《ユキ》雨施《ホドコス》コトナキ時ハ、草木枯死シテ、人ト禽獣ト皆餓死スベシ。(6)

と述べ、人の心に欲が存在することを、天地に雲や雨が存在することになぞらえて、心の欲もまた「自然ノ妙理」だとする所論を展開している。もちろん、錦城の徂徠学批判もその主眼は、

百年前マデハ、学者質実ニテ皆有用ノ学ヲ為シタリ。近時物茂卿ノ徒ヨリ、学問皆《ミナ》空詩浮文ニ流レテ、経義道学ナド講ズル人少シ。此二十年以来ハ、学問益々浮薄ニシテ、書画文墨ノミニ走リ、風流ヲ以テ学問トナス。恐ルベキノ甚キナリ。(7)

というように、徂徠学の興隆によって、儒学の営みが従来の「経義道学」を講ずる有用の学から「空詩浮文」に流れる風流の学へと頽廃したことに向けられていた。だがその上で、徂徠学がその学的関心の周縁に追い遣った「心」の働きについて、錦城がこれを再評価しようとしたのは、徂徠学への痛切な批判を意図してのことであったといえるだろう。

第四に、徂徠学の経書解釈の問題性を文献学的な立場から批判する諸説が活発に提示された。この立場からの批判は中井竹山に代表される。例えば竹山は、

> 独り徂来の師とする所は、古へに在らずして、明儒に在り。謂ふ所の古文辞の業も、亦唯模擬《もぎ》剽掠《ひょうりゃく》のみ。踏襲《とうしゅう》飣餖《ていとう》のみ。…これ皆晩近《ばんきん》末弊の極、また何ぞ古へを師とすることか、これ有らん。渠《かれ》、特に我が邦、学を知らざるの虚に乗じ、その鷙弁《しべん》を逞しくし、郢書燕説《えいしょえんせつ》、以て天下の耳を貴び目を賤しむの徒を煽惑《せんわく》し、人心を壊《やぶ》り、学術を敗り、今に到りて、なほその毒を流す。深く嘆ずべし。(8)

と述べ、徂徠の経書解釈は朱子学を反駁するあまりの主観的思惟の産物であり、明代儒学に学問の典拠を見出そうとするその立場も、事実を無視した偽証・強説に過ぎないと鋭い糾弾を浴びせている（竹山による徂徠学批判については、その概要を改めて後述する）。

これら以外にも、徂徠およびその学派の儒者たちが中国風の姓を名乗ったこと――例えば、徂徠が「物茂卿」と称したのを筆頭に、服部南郭が「服部郭」、安藤東野が「勝東壁」、平野金華が「平金華」と称したこと――を軽佻浮薄な中華崇拝主義とする批判や、上記に若干言及したような、復古国学の立場からの徂徠学批判などが認められる。さらには、徂徠学の説く「道の制作者」としての聖人の偉業を、我が邦古来の「天祖」ないし「神皇」のそれに比定することで、日本思想としての強力な磁場を創出した後期水戸学の構成にも、徂徠学からの影響を看取することができる。

このように一八世紀後半期は、徂徠学の興隆を重要な起爆剤としながら、多種多彩な思想・学説が形成される様相を呈するに至った。その動向は、この国の思想史上前例を見ないほどの活況と評し得るものであった。既述のように、幕府・諸藩の財政的危機は一八世紀に入ると深刻化し、それに伴って幕藩政治体制もすでに顕著な動揺を来たしていた。だがその反面、思想史動向については、学問の担い手が町人階層へと拡がりを見せるとともに、学問の中核たる

儒学にて様々な学的立場が乱立し、さらに儒学以外の諸分野・諸領域の学的営為（西川如見〈一六四八～一七二四〉の天文暦学、青木昆陽〈一六九八～一七六九〉の甘藷研究、安藤昌益〈一七〇三～一七六二〉の農本思想、三浦梅園〈一七二三～一七八九〉の自然哲学、平賀源内〈一七二八～一七八〇〉の博物学など、枚挙に暇がない）も活発な展開を見せるようになった。そうした思想史動向の活性化が、人間形成のありようについても多様な所見を産出する重要な契機となったことは見逃せない。それら一八世紀後半期の思想史動向のうち、本章および次章にて、懐徳堂儒学と石門心学、ならびに後期国学の三者に重要な視線を投じておく。ただしその前に、ここでまず徂徠学以後の儒学史に一つの重要な学問潮流を形づくった折衷学の立論を、細井平洲の思想に基づきながら一瞥しておく。

1　細井平洲——折衷学儒者の教育認識

(1) 平洲の生涯と足跡

細井平洲の名は、江戸儒学における（徂徠学以後に展開を遂げた諸儒学説のうち）いわゆる折衷学派の代表的存在として知られる。本章にて平洲の事跡を取り上げるのも、折衷学の所論を教育思想史の関心から吟味することを意図してのことである。もちろん前述のように、平洲の名は、米沢藩の「明君」上杉鷹山の賓師としてその藩政に重要な思想的影響を及ぼしたこと、また米沢藩以外にも、尾張藩（尾張藩中興の明君と謳われた九代藩主徳川宗睦《むねちか》のもとで藩校明倫館の再興や、民衆教化活動などに尽力した）、紀州藩（伊予西条藩から紀州藩に入った徳川治貞から賓師として優待された）、肥後人吉藩、久留米藩などの藩政改革に少なからぬ影響を与えたこと、などでも知られている。それらを踏まえ、ここでは平洲の主要な足跡とその思想を、教育思想史の関心からスケッチしてみる。(9)

細井平洲は、一七二八（享保一三）年に尾張国知多郡平島村（現在の愛知県一宮市）の豪農の次男として誕生した（細井家はかつて徳川家康に仕え武勲を立てながら、尾張にて豪農になったと伝わる）。名は徳民《のりたみ》、字は世馨《せいこう》、通称は甚三郎で平洲は号であった（如来山人とも号した）。平洲は一六歳のとき（一七四三年）に京都に遊学したが、その時点では伊藤東涯が没してからすでに八年が経過しており（伊藤仁斎の没後三九年）、敬意を抱いて師事する程の良師が不在であったことに失望したと伝わる。結局、京都にて購入した数百巻の書籍に基づいて自学自修に励んだが、その後、中西淡淵《たんえん》（一七〇九～五二。尾張藩家老竹腰氏の家臣。折衷学の嚆矢とされる儒者）が名古屋に開いた漢学塾に入塾した。淡淵は、平洲の人物を評価して、唐話（中国語）を学ぶ必要を説き、長崎への遊学を勧めた。一八歳にして長崎に遊学し、唐話の習得に励んだ後、二四歳の一七五一（宝暦元）年に江戸に出た。この年は、八代将軍徳川吉宗の没年であった。江戸では師淡淵が開いていた漢学塾叢桂社《そうけいしゃ》に学んだが、翌年に淡淵が没すると、その門人たちが平洲に師事するようになった。これが平洲の私塾嚶鳴館《おうめいかん》の始原と伝わる。また一七五三年には、伊予西条藩主の松平頼淳《よりあつ》（一七二八～八九。後の紀州藩主徳川治貞《はるさだ》。吉宗の「享保の改革」に倣って藩政改革を行い、紀州藩の財政再建に貢献したと評される）への講義に出向いている（江戸藩邸での講義）。すでにこの頃には、平洲の学識に対する評価が高まっていたことが窺われる。

平洲が米沢藩主上杉鷹山の賓師となり、江戸桜田の米沢藩邸に出入りするようになったのは一七六四（明和元）年のことで、このとき平洲三七歳、鷹山一四歳であった。既述のように、これには平洲が行っていた両国橋での辻講釈を米沢藩士藁科松伯が聞いて深く感銘を受け、率先して入門したことが機縁となった。鷹山が米沢藩主に就いたのは一七六七（明和四）年であったが、平洲はその鷹山の熱意に応じて一七七一（明和八）年に初めて米沢を訪ねた。このとき、俊秀の藩士二〇名に教授活動を行ったことが、藩校興譲館再興の契機となったといわれる。

既述のように、興譲館は一七七六（安永五）年に学館が落成するが、同年に平洲は再度米沢を訪ねて興譲館の諸規則を定めるとともに、学館にて講義活動を積極的に展開した。注目されるのは、その興譲館の学的方針について、

> 学館の政は改メ申に不レ及、群才を教育の処、専要被レ為二思召一候ては、御結構に御座候、其人才と申は、草木の区々にして別なる如く、柔勁性を別にし、紅白色を異にして、思ひ〳〵様々の花を開《ひらき》、実を結ビ候にひとしく、人々一様に不レ参は、面の不レ同か如く候…。(10)

と記されているように、平洲の説く「教育」が人才の多様性を大前提に据えるものであった、ということである。実際、平洲の講義の聴聞を希望する者は、武士身分の者に限られなかったため、その講義は興譲館にて町人を集めて行われたり、農民の自宅にて行われたり（廻村講話）もした。身分の垣根を越えて、領内での教授活動を活発に展開したことも、平洲の特筆すべき事跡といえるだろう。

その後平洲は、一七八〇（安永九）年の五三歳のときに、尾張藩主徳川宗睦（一七三三〜一八〇〇）に招聘された。尾張藩では、藩祖徳川義直のときに藤原惺窩の門人堀杏庵を儒官に任用して学問の振興を図ったが、義直没後はその気運が衰廃していた。その後三宅尚斎の門人蟹養斎《かにようさい》（一七〇五〜七八）が巾下《はばした》学問所を開いたが、それも経営難に陥って閉鎖となっていた。宗睦は、藩学の復興を企図し、平洲を招いて藩内での巡廻講話を実施させ、学問興隆の気運を高めるとともに、藩校建学の任務を託した。そうして、一七八三（天明三）年に藩校明倫堂が開校となり、平洲がその総裁に就いた。平洲は、詞章記誦の学を排斥して、経世実用の学を講じた。また明倫堂での講釈は一般庶民の傍聴も許可した。さらに平洲は、明倫館での講義に留まらず、領内の町村での巡廻講話も積極的に執り行った。平洲が一七八四（天明四）年四月に上杉鷹山に宛てた書簡によれば、この一年間に各所にて行われた講話の傍聴人の総数が「男女一六万人余」と記されていた[11]。平洲の講釈は平易にして有益であったため、極めて多数の庶民が傍聴に訪れていたのである。

平洲は、その後も肥後人吉藩の藩校習教館の再建（一七八六〈天明六〉年。藩主相良福将《とみもち》が平洲を尊信して、東九朗次らの藩士を平洲に師事させた）や、久留米藩の藩校明善堂の再建（一七九六〈寛政八〉年。久留米藩士で平洲の門人樺島石梁《かばしませきりょう》が多大な役割を果たした）などにも尽力した。これら以外に、平洲の学風は日向延岡藩、伊予松山藩、越後村上藩などにも及んだと伝わる。

既に紹介したが、米沢藩では藩主鷹山が一七八五（天明五）年に三五歳にして隠居した。鷹山の平洲に対する師恩の情を酌み取った世嗣治広は、一七九六（寛政八）年に尾張藩主徳川宗睦に懇請して平洲を米沢に招待した。こうして三度目の米沢来訪を果たした平洲（このとき六九歳）は、鷹山との再会を果たすとともに学館での講義や庶民への講話など、多忙でありながらも感激に満ちた日々を過ごした[12]。

平洲は、尾張侯に仕えてからは江戸市ヶ谷の邸に居を構えていた。彼の最後の講釈となったのは、一八〇一（享和元）年三月の人吉藩邸でのそれであった。その直後に病を患い、同年六月に逝去した。享年七四歳であった。平洲は、荻生徂徠の没年に生をうけ、本居宣長と没年を共有したことになる。

（2）平洲の学問とその教育思想

折衷学者平洲の「道」理解

上述のように、細井平洲はいわゆる折衷学派儒者の代表格といわれる。折衷学とは、この名称で理解されるある共通のまとまりをもった一つの学問体系ではなく、様々な学派的対立を排除し、朱子学・陽明学・仁斎学・徂徠学などの諸説の採長補短によって、聖人の道の正しい理解に達しようとする学的態度に基づく学問のことを指す[13]。いわば学派的体系の解体したところに生じた学問の方法的態度を示すものといえ、それゆえその主張内容自体は各人各様、まさに雑多というべきであった。従来、この立場には単なる恣意的な相対主義との評価がなされることもあったが、少なくとも平洲の場合には、直面する社会的諸課題への有効性を基準に据えつつ、日常の実践的立場の視線から積極的に学問の意味を捉え返していく態度に支えられた学のありようであった、と評することができよう。一八世紀後半に諸藩の政治的危機が深刻化する中、藩主の誠実な仁政を前提に、藩主権威の強化と君徳や君恩を基軸に据えた藩内領民の全体的統合の理念や論理を展開した点にこそ、平洲の所論や業績の思想史意味を認めることができる。以下、この点に着眼しながら平洲の思想の概要を辿ってみる。

まず、平洲の儒学（折衷学）説の最も基本的な構図を確認しておこう。平洲は、当時の儒学界に重大なインパクトを与えた徂徠学を強く意識して、「道」の含意を「道なる者は、天地自然の道なり。而して人の造作する所に非ざるなり[14]」と説いている。徂徠学が「道」から排除した自然を、平洲は再び「道」に引き戻そうとしたのである。すなわち平洲は、制作と申事は徂来か道は聖人の造る所にて、天地自然の道にあらずと申所より出候様に相聞へ申候。聖人の制作は礼楽に御座候、道は聖人の作りたるものには無之と申が、愚見に御座候。孟子の仁義礼知、心に根ざすと申事、正道に御座候。人心をすて申候而、別に道は無御座事、不及申上候[15]。

と述べ、「道」とはあくまでも「天地自然」に由来するものだとして、徂徠学がその由来を聖人の制作に認めたことに真っ向から反旗を翻す。ただしここで注意すべきは、平洲のこの主張は、人々が従うべき規範がすべて自然に与えられることを意味したわけではなかった、という点にある。その規範とは「礼楽」に象徴されるが、それは何よりも聖人によって制作されたものと説かれているからである。

朱子学説との相違

平洲は、「道」とは人がそれに拠って歩むべき正路であることを認めつつも、現実社会での人々の心のありようは欲望（人欲）に塗れ、その正路（規範）から逸脱しがちであることを冷厳に見つめていた。一八世紀半ば以降に顕著となっていた社会秩序の崩壊とその状況に投げ込まれた民衆意識の混乱は、「道」がその本来相のまま無作為にして行われることを許容するものではなかった。それゆえにこそ平洲は、

夫れ人教へ有れば則ち人、教へ無くんば則ち獣。其れ則ち獣は、其れ仁義に死す。自然にして死するに非ず、仁義に死するを知るなり。教へ之をして然らしむ。教へを立つる者は聖、聖無くんば則ち教へ無し、教へて而る後五倫明らかなり[16]。

と述べ、「道」とは聖人が立てた「教え」に拠ってはじめて実現される（すなわち「五倫」として具体化される）ものであることを強調するのであった。

平洲のこの主張は、「道」の根拠を自然に認めつつも、その実際的含意において朱子学説とは大いに異なっている。朱子学では、「道」とは自然と社会とを通貫する普遍的原理であるとともに、万人が所有する内在的原理を意味した

（厳密にいえば、普遍的にして内在的な原理の通行が「道」の含意）。そして内在的原理であるがゆえに、「道」とは原則として誰にでも実践可能と説かれていた。それに対し、平洲は「道」を自然秩序に基礎づける点では朱子学と認識を共有しつつも、必ずしもそれを人間に内在する原理とは見ていなかった。平洲にとって、「道」とはあくまでも人心（一般人の「心」のありよう）にとっての外在的規範なのであった。平洲は、一般民衆が自らの人心（人欲）を自力で克服して「道」へと到達する可能性を、想定していなかった。その意味で平洲は、明らかに愚民観に立っていた。平洲の民衆観は、

> なべて賤しき下々はもとより、道理をまなび弁へたる侍などの、義を存じ礼を守りて、上下左右を思ひ計るおとなしき心はなく、たゞおのれ〳〵の身の分を安楽にくらして一生を心よくわたりたく思ふより外に願はなきもの也[17]。

という言葉に象徴されるものだったからである。それゆえ、一般民衆を「道」へと向かわせるためには、それを知りそれへと誘うことのできる聖人の存在が不可欠となるが、平洲の認識では、現実の江戸社会にあってその聖人の役割を担うのが在位（君主）だとされたのであった。平洲の、

> 夫れ天は至幽にして知る可からず、唯聖のみ能く知る。故に承けて以て之を行ふ。人之《これ》を待ちて然る後能く戻《もと》らず。聖は是に於てか神なり。譬へば至尊の如し。唯在位のみ能く知る。故に承けて以て之を布《し》く。民之を待つて然る後能く違はず。在位是に於てか貴し、夫れ承けて以て教ふ。故に人之を敬す[18]。

という所論は、君主の権威に聖人と同様の絶対的な重みが与えられている、という彼の認識を最も端的に表明したものであった。

君主存在の絶対性

平洲が、「道」を人間にとっての内在的原理とせず、しかしそれを天地自然に基礎づけたのは、何よりも聖人や君主の存在に特別な視線を投じたからなのであった（聖人・君主とは、一般人と同じく人間でありながら、しかも「天」に依拠する特別な存在と見なされた）。そのことを平洲は、「聖も亦人のみ。人、人を教へて、而も之を能く侮ること無きは、承くる所有るを以てなり。…在位も亦人のみ。人、人を制し、然り而して之を能く犯すこと無きは、承くる所有るを以てなり[19]」と語っている。君主とは、聖人の教えを体現する存在として、まさに愚者たる民衆を教化する主体と理解されることになる。この君主存在の絶対性を担保するものが「天地自然の道」なのであった。

こうして、「道」を「天地自然」に基礎づけた平洲の意図は、何よりも君主権力の強化に置かれた。平洲にとって「道」の実践とは、為政のありようをもって語られることであり、それは最も端的には、君主の教えに基づく愚民教化を指すものであった。この点において、平洲の説く「道」とは、朱子学のような個々人の行為実践という倫理的次元で語られるものというよりも、むしろ徂徠学のように社会全体を統括する政治（経世）的次元で語られるものであった。ただし、同じく政治を志向しながらも、徂徠学の説く「道」が人心とは乖離した制度としての「礼楽」に求められていたのに対し、平洲の「道」は人心と分かちがたく結びついた「五倫」に見出されていた[20]。この点にも、平洲の折衷学者としての特質を認めることができるだろう。

平洲教育思想の基本認識

以上のことを確認した上で、平洲の思想をとくにその教育認識に着目しながら瞥見する。平洲の教育認識において最初に注目すべきは、彼の、

> 人と申《もうす》物は、上は天子王侯の尊貴なるより、下は山野細民の卑賤に至まで、此世に生れ候得者、其儘教と申ものにて人と成立《なりたち》候事に御座候[21]。

という所論である。身分制を絶対的基盤とする江戸封建社会の現実を踏まえつつも、平洲は、人が人としての生を営

む上で、教育の必要を身分の枠を越えたものと論じている。ただし、万人に教育が必要と説かれつつも、その具体的なありようが身分や地位に応じて異なることは、当時の社会においては必然事であった。すなわち、身分の低い家に生まれた子どもは、父母兄弟の戒めを受けながら育つことで人としての弁えを自然に学んでいき、また、その中で幸運と素養に恵まれた子どもは、学問を通じて社会の諸相を学び、人々からの信用を獲得していく。それに対し、聖王賢君の身分に生を稟けた子どもは、すでに懐妊の頃より寸分の油断もなく教え育てられることでその身分に相応しい人物となる、と説かれる。こうして平洲の教育認識を捕捉するには、そのありようを君主身分、家臣団、そして一般庶民の教育という三種に分けて論ずるのが妥当といえよう。

君主の育成

まず、為政者たる君主の育成についてである。江戸封建社会の現実を見据えた平洲がその教説の中で何よりも強調したことは、為政者たる君主の責任の重大さであった（既述のように、平洲が上杉鷹山の教育に心血を注いだことは、彼のその確固たる姿勢を最も象徴的に物語っている）。すなわち平洲は、

> 一国の治乱万民の憂喜は、只君一人の徳不徳に懸り候事不及申《もうすにおよばず》候。上一人だによく候はゞ千事万行何の悪かるべく、上一人の宜しからぬと申時は、千事万行よかるべき道理は古今無之儀、是又不及申候。[22]

と、一国の治乱および万民の憂喜は、君主一人が徳を具えるか否かに依拠するものであることを強調する。これは「臣民家国の下に住申候は、てうど人が家の内にすまゐ候様なるものに御座候。家と申せば誰も彼もよき家には住よく、あしき家には栖うく御座候」[23]という具合に、一国（藩）のありようを一家のそれになぞらえることに基づく所論といえる。そしてその家をよく保全するには、

> 主君は此上屋ねにて御座候。家老用人諸役人諸頭平士は上中下の諸道具にて御座候。如何計《いかばかり》上中下の道具よき材木に候ても、上屋根が破れ屋根に候得ば、家を可持様無之候。[24]

と述べて、君主の役割の重大さ（家屋でいえば、雨風や光熱を凌ぐ上屋根に相当）を力説するのである。それゆえ平洲は、何よりも君徳涵養の必要を繰り返し強調して已まない。

植物類推的教育観

ただし、その涵養の方法として平洲が説いたものは、いわば植物類推的な「自然」な成長のありようであった。平洲は、「およそ草木を植そたつるに、一葉二葉より成長して用にたつ木草となるまでには、始中終の三段あり。…まづ此始中終の養ひに心をつくべきこと也(25)」と植物の成長に一定の法則性があることと、その法則に適った世話が必要であることを踏まえた上で、それと同趣旨の方法を人の教育にも充当させるべきことを説く。すなわち、

人の始中終は幼少を始とし、強壮を中とし、老衰を終とす。この三時に随ひ教戒を施す法、一同ならずといへども、先おほよそを語らば、聖人の教は乳をふくみて眠り、飯をくゝめられて戯るゝ孩児には、元服して上下着こなしたるものの、わざをさせず。上下着こなして元服したればとて、頭はげて額にはのよりたるもの、思慮分別をせめず。少壮老の三の時に随ひて其みごとなるべきことをなさしむるやうに教ること也。…無理にまげたはめねども、自然と成長せしめて、それそれの徳を成就せしむることいたらぬ所もなきは、聖人の教なり(26)。

と、人の成長を幼少・強壮・老衰の三つの時期に区分しながら、それぞれの時期に相応しい成長のありようへと導く手立てを尽くすことを促している。もちろん、この植物類推的に「自然と成長せし」むるとの所論は、無作為をよしとするものではない。とくに尊貴の身分に生まれた子は、往々にして驕傲の気性を抱きがちになるため、「師伝の礼を尊くして其威を厳にし、日夜にその教戒を服受して、畏敬尊崇する道を習慣せしむること(27)」が肝要だと強調されている。こうして君徳涵養にて最も配慮すべき手法が、

幼より習慣する所を慎ましめて、いつの程にか賢明の徳を成就すること、苗木苗草の時より手木をそへ力縄をは

りて、屈曲をふせぎ良草良木の用を成就すると異なることなし。[28]

というように総括されるのである。

また、いうまでもなく、こうした君徳涵養には、幼君を教育する人物を選ぶことが何よりも肝要だとされる。すなわち平洲は、

曲れる木をたてゝ直なる影を得べからず。よからぬ教戒の下に、よき人の出くべき道理なし。但し直なる木をたてゝ正しき影を求めんとすれども、日月の光なくしてはかげはさゝぬものなり。師伝の礼を尊よからしめ、その威を厳にあらしめ給ふことは、先君の命爵を尊とくし、愛敬をあつくし給ふより始ることなり。[29]

と述べ、幼君の師伝（教師）を選ぶには、その人物が実直であることと、さらに先君の遺志を十分に体現していることが必要だとする。加えて、幼君の教育とは一人の教師だけで推し進められ得るものではなく、近習を選ぶことと、近習相互の調和が成り立っていること、が必須の要件とされる。まさに、「十人の臣に一人不良の臣まじれば、一人の毒まはりすみやかなり。尤はやく退くべし。まして十人に三人とも不良の臣交りつかうまつれば、七人の忠良は有てもなきが如し[30]」と説かれるのである。平洲は、「師伝の徳は仁厚長者なるを第一として、師伝の才は博学多通なるを第一とす[31]」と、教師の理想像を「学徳全備」の君子に求めるが、その一方で、そうした理想的な教師は容易に得られるものでないことも認めている。それゆえ、「つまる所は師伝の官に任ずると人は、つめて学問をすべきことなり[32]」と述べて、学問に基づいて学識と人格とを錬磨することを、教師の最も現実的な要件としている。

こうして一国の治政は、英邁な君主によってリードされていくべきことを理念に据えるものであるが、その実際上のありようは、君主と君主を補佐・補完する家臣団とが一体となって応分の機能を果たすことに見出されている。上記に言及したように、一国を家屋になぞらえるなら、家屋が屋根だけではなく、それ以外の様々な道具から成り立つ

ように、治政も君主の役割を第一としつつも、それを補佐・補完する家臣群の役割が不可欠の要件とされる。平洲の、

君は上に一人立給ひて、臣は下に数十人、数百人、数千人、君の大身小身に随ひ、臣の多少は有之候へども、いづれも下に立ならひて、一同に君の政事を手伝ひ、家国の安危を相談するものにて候。是を人の一身にたとへてきみを元首と申候。元首は頭にて候。臣を股肱耳目と申候。手と足と耳と目の事に候。…目は見、耳は聞、手はつかみ、足はあゆみ、口はくらひ、鼻はかぎ、唇舌、爪牙百骸、上下左右に動き働きて、一身の主たる頭に随ふありさま、一人の君に下群臣の奉公をするに、ことなる事無之候[33]。

との所論に象徴されるように、一国の藩政は、君主と家臣団から成るいわば有機体として機能するものだと説かれるのである。幕藩政治の思想的基盤をなす「忠」の概念と意義を、いわば「国家有機体説」的な立論に基づいて説いた点にも、平洲思想の独自性を認めることができよう。

家臣団の人材養成

それゆえ、平洲の教育論には、君主の養育に加え、むしろそれ以上に、君主を補佐する家臣団の人材養成について多くの所見を認めることができる。また、その藩士養成のために、何よりも藩校（学問所）設立の必要が強調される。すなわち平洲は、

玉磨かざれば器を成さず、人学ばざれば道を知らず、故にいにしへの聖主賢君、かならず学宮を建て人を教る所とす。天子の学宮を辟雍《へきよう》といひ、諸侯の学宮を泮宮《はんきゅう》といふ。何れも徳行道芸を教る所也。この稽古所にて古聖王の身を修め人を治め、天下国家を安定し給ひし道を学びしりて、其後君の官職をうけて、奉行頭ともなり下民を教へ導き、さばきをさむる役人とほなることなり[34]。

と述べ、藩にて学校を設置すべきことと、その役割を民衆の教化や藩政の安定を担う役人の養成に据えるべきことを

積極的に説いている。その藩校での人材養成について平洲は、前述の君徳の涵養と同様に、いわば植物栽培をモデルとしながら、しかもそこで養われる人材が多様であることの重要性を強調する。すなわち、

惣て人を取育て申心持は、菊好きの菊を作り候様には致間敷儀にて、百姓の菜大根を作り候様に可致事に御座候。菊好きの菊を作り候は、花形見事に揃ひ候菊計《ばかり》を咲せ申度、多き枝をもぎとり数多のつぼみをつみすて、のびたる勢ひをちゝめ、我好み通りに咲まじき花は花壇中に一本も立せ不申候。百姓の菜大根を作り候は、一本一株も大切にいたし一畑の中には上出来も有《あり》へぼも有、大小不揃に候ても、夫々に大事に育て候て、よきもわろきも食用に立て申事に御座候(35)。

と説かれるように、そもそも人材とは多様であることと、その多様性が藩政にとって有用であることを見据えた議論を展開するのである。この議論には、既述のように「聖人の世は弃材《きざい》無く、弃物無し」（一七一頁参照）と説いた徂徠学との親和性が看取されるが、

人才は一様には無之《これなき》ものにて、一概に我持方の通りにのみ仕込み可申と存候様なる片気にては、被教候人《おしえられそうろうひと》も堪《たえ》兼《がたき》候ものに御座候。知愚才不才夫々相応に取かひ候て、必竟よき人にさへ相成候得ば、何ぞ御用には立ものと申《もうす》心《こころ》得《え》無之《これなく》、識度狭少なる人は師長には難致事《いたしがたきこと》に御座候(36)。

との所論に象徴されるように、人材の価値を卓越性のみに留めず、その多様性にも認めようとした点に、折衷学者平洲の教育認識の重要な特質が描出されている。

藩校教育の趣意

その藩校での具体的な教育のあり方についてであるが、まず当該藩が自藩に学問所を設けた趣旨を十分に理解させることを求めている。例えば平洲は、

御国に学問所を御造立被遊候御本意は、御先祖様よりの風俗を失ひ不申、万人安堵仕候様に被遊度と申所極意にて、人を利口発明に被遊度と申所にては無御座候。…学問を不仕候而は人々我見我意のみにつのり候而、上の御仁徳と申所を思ひめぐらし申事無之故に、其思ひめぐらし候心持の生じ候様にと被思召候故に御座候。左候得ば御国之学風は先第一人情の質実に相成、浮行虚飾之無之様に被遊度御儀と奉存候。(37)

と述べ、藩校での教育目的は、個々の藩士の知識の増進ではなく、あくまでも藩風と藩政の安定（に資する人材の養成）にあることを強調する。そして、そのために藩の学風（人情の質実）を体得すべきことが力説されている。それにより「大夫は大夫之道を守り、士は士の職を守り、上下貴賤一同に我国よりよき国は無之と存候様に致度候」(38)と、藩士全体の家国への忠誠心を涵養することに第一義的な趣旨が見出されているのである。

藩校での教育内容に関する平洲の主張は、

学館学生の業は四書五経を素読して、文字訓点正敷《ただしく》よみ覚えさせ、次第に講釈を承り、ソロ〳〵義理を弁へ知りて、チト宛も身行を習慣為致候而《いたされそうろうして》、其うち奇特の者を御褒め可被遊事に御座候。(39)

というように、四書五経を中心とする儒学の経書テキストの学習と、素読から講釈へという教授形態など、当時の藩校の全般的傾向と特段の違いはない。ただし、経書学習のねらい全体が、

書物をよみ習ひ候へば、自然とむかし〳〵の事も相知れ、人の知らぬ道理もソロ〳〵合点参り、善悪邪正も弁別仕候様に相成候へば、凡人には勝れ知恵も開き、口もきかれ、人にも見こなし不被申様に相成候事勿論に御座候。(40)

というように、道理や善悪正邪などの体得に据えられている点や、さらに、詩文の学習についても、

詩文は心に思ふ所不申してはゐられぬ人情に候得ば、其思ふ所不好候得ば申出す言葉も豪慢不敬多きものに御座候。左候得ば上手もよし下手もあしからず、畢竟心の存する所真情を取失ひ不申様にと申所が、作者の本意に御座候。左候得ば先々経書を深切によみ、一句一言にても心に会得致し候事を言に言ひ、身に行ひ候様に致度事に御座候(41)。

と説かれるように、これを経書の所論と結び合わせながら、心身一如の実践の素材とするよう求めている点に、平洲の学的姿勢の所在を認めることができる。平洲によって捉えられた藩校教育の目的は、第一義的に藩政の持続的安定にあったといえ、それゆえ、学問の意義も藩内の人間それぞれが「身の分限」を弁えた生き方を貫くことに措定された。彼の、

身に分限の有之事《これあること》を弁へさせ不申候得ば、人々の人欲にて人よりは尊くなり、人よりは富有になり度《たき》ものにて、いつか分限を忘れ候より、不法不埒も出来り、学問の害夥《おびただしく》敷、終には身を失ひ生を亡し候人も有之事に御座候。所謂論語よみの論語しらずにならぬやうに、学度《まなびたく》教へ度《たき》事に御座候(42)。

との所論にあるように、人は学問に拠らずしては、ともすれば人欲に支配され、「身の分限」を超えた境遇を求めがちになる、との見解こそが、平洲の冷徹な現実認識なのであった。

それゆえ、藩士を教導する教師については、

扨《さて》師長と申者は、先人に信ぜられ愛せられずしては不参事に候。人に信愛せられ候得ば、悦服して畏敬の心も生じ申事自然に御座候。人を悦服為致候事は、第一言語容貌を慎み可申事に候。温柔敦厚は詩のをしへなりと有之候(43)。

と、諸藩士からの信愛を獲得できるような温柔敦厚な人物であることが求められる。さらに藩校のスタッフ全体にも、

君子の多くなる様に、不肖小人のすくなくなる様にと申《もうす》君上の御願望より、大勢人を集め候て、ともずれにすりあげみがき上度《あげたく》、夫故学問所を御取立て被遊たる事に御座候。左候得ば学問所を預り申役は、重役も下役も扨々重き職分に御座候と申所を、心底に寸時も忘れ申間敷は師長のつとめに御座候。(44)

と、学問所を預かる役柄の重要性を心底自覚するよう求めている。

こうして、平洲が藩校設立に期待した機能を、辻本雅史は、①自藩固有の意識を中心とした藩政改革の理念の提示、②政治改革を実質的に担う多様でかつ有能な人材の育成、③藩主を中心とした藩士の一体的統合による改革政治の体制づくり、として整理するとともに、「直面する藩政改革への強力な理念と体制づくりが、藩主を頂点とする形で構想されていた」と総括している。(45)

民衆教化のあり方

ただし、以上のような藩校教育に基づく藩政体制づくりの方針は、一般庶民には適用されなかった。上述のように、民衆は生の営みを自律的に構築していくことのできない愚民と見なされたが故に、あくまでも治世と教化の対象であった。ただし、そのことは平洲が民衆政策として苛政をも容認したことを意味するものではない。むしろ、その愚民観に基づく民衆教化のありようは、苛政とは全く対極的というべきもので、

古の聖王賢君、民をとりかひ給ふ道は、親の子を育るが如く、心のいたらぬくまもなく、教へみちびき給ひて実やるせなきこと也。民を恵むといへばとて、金銀米銭をまきあたへて、一時の飢寒を救ひ給ふのみにあらず。民の罪に落入もの多きを憂ひ給ひて、是に善を教へさとして、自然に上の計戮《けいりく》にかゝらぬやうにとりかひ給ふこと也。下民は上の教にだに随ふ時は、罪もなく咎もなく、生涯を心ゆたかにくらすこと故、教化のせ話をやき給ふは無上の仁政、莫大の恩恵也。(46)

と説かれるように、親が子を育てる心をもってするような「無上の仁政」を基調とするものとされた。

平洲は、一国（藩）の治政のありようを、例えば大工仕事に見立てつつ、天下国家を治める法度を「すみがね」に、役人を「大工」に、そして材木を「下民」になぞらえながら、「上手大工のすみかねに随ふ時は、のみかんなのはもかけず、心易く造作も調ふべし、下民の材木をそだつる政は、教導の官を儲けて、暁喩《ぎようゆ》の法を広くするにしくはなかるべし[47]」と強調する。君主が仁心をもって法度を定めても、実際に仁政を施す役人にその心がなければ、民衆教化の実効性は無に帰してしまう。それゆえ上述のように、藩校にて仁徳を身につけた役人を養うことが、何よりも民衆教化の要諦と理解されることになる。その認識は平洲の、

> 学宮厳重なれば、よき奉行頭は其内より生じて、人を愛する道を以て下を取扱ひ、暁喩の官四方に居て世話をやかば、其下より順従の民生じて、上を犯す風はやむべし。君子学ㇾ道愛ㇾ人、小人学ㇾ道易ㇾ使と孔子もをしへ給ひけらし[48]。

との所述に凝縮されている。

なお、平洲自身が一般庶民に対して行った講演の様子を伝えるものに『平洲先生講釈聞書』がある。この聞書の内容を見ると、例えば、

> 扨《さて》人によつて、その教へといふ事もしらねども、見こと一生は何事もなく、あく事もなさねば咎メも受ず、一生無疵に世を渡たといふ人もあれども、是等はさのみ教へをしらねども、自然と教を守つて行たる人じや。去ながら是等の人は一生ソレデ行はゆけども危イことがある。たとへば闇《くらが》りで道を行やうな物で行ばゆけども道に釘が有て足をつかふやらまた馬ふんを踏ふやらどぶへはまらふやら、其所は危ういではないか。然るに桃灯《てふちん》をとぼして道を行く時は、道に釘が有つても足につかず、馬ふんが有ても踏もせず、どぶへはまる気遣ひもなし、道を行

に甚だ気が安い。教を知らで世を渡るは、闇りでさぐり足で道を行やうな物、教をしつて世をわたるはてうちんとぼして道を行くやうなもの気が安ひ。(49)

というように、必ずしも学問に馴染みがあるわけではない一般庶民に対し、教えを学び知ることの意義や価値を、実に平易に説き聞かせている。平洲が愚民観に基づいて一般民衆に相対していたことは確かであるにせよ、その愚民観とは、民生に対する為政者の側の誠実なる責任感の自覚と表裏一体なるものであった。平洲の思想を読み解く上で、このことの理解は重要な意味をもつはずである。だが、ここでは平洲のこの姿勢を確認するに留めておく。

仁政に基づく教育・教化

こうして平洲は、明君による仁政の実践を大前提に、その仁政を核とする藩政統合のイデオロギーを提示しつつ、そのイデオロギーの内部に民衆教化政策を組み入れた。もちろん繰り返すように、愚民観を前提に据える平洲の教化策には、今日的な価値観や教育観からすれば、安易に受け容れられない側面が遺されている。そのことは疑う余地がない。(50)だが、それでも封建身分制の枠組みを絶対的な秩序基準とする江戸社会にあって、仁政のあり方とその仁政に組み込まれた教育と教化のあり方を、最も鮮明に描き出した人物こそ、まさにこの細井平洲であったとする見方は成り立つのではないか。

君上御仁明に被為在《あらせられ》、其御徳化次第に行届き、御封内之人民孝悌力田の民も次第に多く、扨御学館も次第に繁昌仕り、学問出精の人も多く相成事、可申上様もなき目出度御儀に奉存候。併しつら〳〵相考え申候得ば最早只今の御政治此上も無之、御十分の御儀と奉存候。(51)

という平洲の所述は、幕藩政治の動揺が濃厚となった江戸中期の社会現実の中で、仁政とそれに基づく教育と教化政策の理想像を、最も率直に吐露したものと見ることができるだろう（ただし、江戸中期諸藩の政策の実態と、平洲が描出した明君による仁政との間には、容易に埋められない懸隔が横たわっていた。当時、諸藩の政策は農民層からの収奪強化の方向に流れており、一八世紀後期になると各地で一揆や打ちこわしなどの民衆紛擾が頻発したことは周知の通りである）。

折衷学説の拡充

なお、重複を恐れずに繰り返すなら、折衷学者としての平洲が儒学諸派の多彩な学説を自身の思想内部に組み込んだことは、「愚老如き性質魯鈍なるものも、幸に幼年より書物を読習ひ秦漢以後の諸書程子朱子等の遺書も伺ひ、仁斎徂徠の見識をもかり候て、其影にこそ寸志の愚見をも申様には相成候事に御座候」[52]との述懐に象徴されている。一般に「折衷学」とは儒学の学説内部での折衷を指すものと理解され、また、平洲の学問がその意味での「折衷学」と評せられるものであることは疑いない。だが、平洲の思想の折衷傾向には、儒学以外の神道や仏教などの所説を含み込んだ形をも垣間見ることが可能である。

江戸儒学の思想系譜に「神儒混淆」の傾向が強く認められることは、これまで再三触れてきた通りであるが、平洲の思想のうちにも神道の影響が刻印された痕跡を見出すことができる。例えば、平洲は庶民教化において君徳の意義を高唱する文脈の中で、

> 天神地祇をはつきりと畏れ敬ひて見せ、山川の神事を如才なくつとめ玉ひ、宗廟の儀式を厳重にして見せ、先祖の法度を大事に守りて見せ玉ふ時は、人々上にたつものには敬ひ従ふはづと云ことをわきまへしる風になりて、上には是非にさからはぬものと万民の心一定すること也。是を民を順にするの経は鬼神を明にし、山川を祇み、宗廟を敬し祖旧を恭するにありとは云也[53]。

との所述を遺している。ここに表明された「天神地祇」「山川の神事」「宗廟の儀式」あるいは「先祖の法度」などの言葉は、その由来を儒学にも神道にも求めることが可能である。その意味では、平洲の思想にも神儒一致の姿勢があり、それがこの所述を用意したとみることができるかもしれない。また、もう一方の仏教に関しては、同じく庶民教化の文脈において、

庶民の賤し者を誨へ申候は、随分人情に近く平語にて、なむあみだ仏と申人の出来るよふにと申事、専要に御座候。講を承り宿へかへり、仏壇に香をたき花を備へ、先祖を拝み候様に、人のなるよふにと御心懸可レ被レ成候、神主神前へ参りかしは手を打候心になるよふにと申事極意に御座候。人孝悌忠信にさへなれは、君上の患は無レ之事と存候[54]。

との言葉が遺されている。ここには、平洲の庶民教化論の内部に仏教が取り込まれていた様子が明示されている[55]。もちろん、この文言もまた仏教教説の影響に拠るものとのみ断ずることはできない。そこに、「神主神前」や「孝悌忠信」などの言葉が組み込まれているように、まさに神・儒・仏を動員しての講話の構成こそが、平洲の庶民教化の面目であったと見ることができるからである。

こうしてみると、細井平洲の折衷学とは儒学内部での諸思想の折衷に留まらない、より広範囲に及ぶ思想的内実を伴うものであったといえるかもしれない。そして少なくとも、その意味での諸思想「折衷」の面目が最も効果的に発揮された場面こそが、まさしく平洲の民衆教化活動であったと評することは許されるであろう。

2　懐徳堂とその学問——町人儒学の興隆

(1) 懐徳堂の設立と発展

懐徳堂の設立事情　既に述べたように、江戸の思想史は一八世紀に入ると、その担い手の拡がりと学問分野の広域化を通して、前例のない活況を呈するようになる。ここでは、江戸中期以後における思想的営為の拡がりを象徴的に物語る一事例として、懐徳堂とその学問について若干の言及を加えておく。

一七世紀後期より進行した貨幣経済の浸透は、都市部に留まらず農村部にも行き渡り、これが「米」を元来の経済基盤とする幕藩体制を揺さぶった。そうした状況下にあって、問屋や金融業を中心に大量の商品を取り扱う大坂商人たちは、幕府や諸藩にとって大きな脅威（幕藩経営が商人からの大量の借金によって賄われた）となっていたが、他方、商人たちにとっても膨れ上がる大名貸しのリスク（一方的な債務破棄の可能性）は絶えずその地位の安泰を脅かしていた。享保の頃には、強い危機感を抱いた商人たちが、商人倫理の確立と後継者の養成のために学問所（郷学もしくは郷校と呼ばれた）を設立するようになった。早期の例としては、一七一七（享保二）年に摂津国平野に含翠堂《がんすいどう》が建てられ、さらには一七二七（享保一二）年に八尾に環山楼《かんざんろう》（命名は伊藤東涯と伝わる）が設けられている。すでに一八世紀前期には、時代の要請として、商人たちの間にも学問の必要が意識化されるようになっていたのである。

懐徳堂は、一七二四（享保九）年に大坂の豪商たち（三星屋《みつぼしや》武右衛門〈中村良斎〉、道明寺屋《どうみようじや》吉左衛門〈富永芳春〉、船橋《ふなばし》屋《や》四郎右衛門〈長崎克之〉、備前屋《びぜんや》吉兵衛〈吉田可久《かきゆう》〉、鴻池《こうのいけ》又四郎〈山中宗古《そうこ》〉らのことで、彼らは「五同志」と称される）が出資し、浅見絅斎門下の町人儒者三宅石庵（一六六五～一七三〇）を学主に迎えることで設立された（因みに石庵の弟三宅観瀾《かんらん》は、水戸藩に召し抱えられ、『大日本史』編纂に関わったことで知られる）。さらにその二年後の一七二六年には、石庵門下の中井甃庵《しゆうあん》（一六九三～一七五八）らの尽力により、幕府からの官許を得るに至り、懐徳堂は幕府公認の学問所となった（この時期、江戸にて菅野兼山の会輔堂が幕府からの財政援助を受けたように、将軍吉宗のもと学問奨励の気運が具体的施策に取り込まれていた）。ただし官許について、建物の敷地は幕府から恩賜されたが、校舎の普請は五同志などの義捐金に拠った。またその経営についても、幕府からの財政支援は受けず、五同志を中心とする同志会の拠出金とその運用利益によって賄われた。[56]

こうして当初の懐徳堂は、初代学主三宅石庵、預り人（校務の最高責任者〈いわば事務長〉のことを指す。江戸幕府から校地をお預かりしているという意味でこう称した）中井甃庵の体制で発足するが、その学問所としての内実は、後年に上田秋成（一七三四～一八〇九）から、

今橋の学問所、万年先生（石庵のこと）の時は、さして学問をさすではなしに、むすこを先あづけて、よい事をすこしでも聞す事のみ、又金つかひになりおると、さそく預けて置所也、[57]

と、揶揄されるようなもの（いわば放蕩息子を改心させるための「しつけ」の場）であるに過ぎなかった。だが、一七三一（享保一六）年甃庵が二代目学主に就き、後述の五井蘭洲《ごいらんしゅう》（一六九七～一七六二）が懐徳堂にて教授活動に携わるようになってからは、学問所としての活気を呈するようになる。

草創期の懐徳堂

懐徳堂は、商人に限定されない、身分横断的な学問交流を可能とする場であった。実際、門人の中には大坂在住の武士もいたし、地方からも様々な身分の者が集まった。開設当初の一七二六（享保一一）年に懐徳堂玄関に掲げられた壁書には、「武家方は上座《じょうざ》為《な》る可き事。但《ただし》講釈始り候後出席候はゞ、其の差別之《これ》有るまじく候(58)」との条文があったが、それから四半世紀余り経過した一七五八（宝暦八）年の学寮の「定書」には、「書生の交《まじわり》は貴賤貧富を論ぜず、同輩と為す可き事。但し大人小子《たいじんしょうし》之弁《わきまへ》は之れ有る可く候、座席等は新旧長幼学術の浅深を以て面々推譲致さる可く候(59)」と記されていた。こうして懐徳堂では、身分や貧富の差は意味をなさず、ただ入門の新旧、長幼、学問の深浅によって、席の譲り合いが行われた。これが幕府（身分制を支配機構の不可欠の前提とする）からの拝領地に置かれた官許学問所での規定であった点に、懐徳堂独自の学的気風を認めることができるだろう。

教授内容についても、開設当初（一七二六年）は「学問所講談懈怠《けたい》無く相勤め申す可く候、講じ申す可き書は、四書、五経、其外《そのほか》道義之書講談致し、他之雑書講じ候儀、一切無用に候事(60)」という具合に、「四書五経および道義の書」に限定されていた（ただし聴衆が稀少な場合に限り、学主の心得にて人寄せに詩文等の講釈を行うことも認められていた）が、これも一七五八年の規定では、

> 四書五経道義の書而已《のみ》講談いたし、他の雑書講《こうじ》候事一切無用と申義に候へ共、余力に詩賦文章或は医師《ママ》をも心《こころ》懸《がけ》候人へ、内證にて講じ聞せ、或は会読にいたし、或は詩会文会等致《いたし》候事は、格別之義と存候。万年（三宅石庵のこと）も内證にて医書詩集等講じ聞せ候事も之れ有り候。但し表向《おもてむき》の講談に致《いたし》間敷事《まじきこと》は定約の通勿論《とおりもちろん》為る可く候(61)。

と、「四書五経道義の書のみ」を原則としつつも、余力があれば「詩賦文章」や「医術」を内々で講じたり、講義の他に「会読」を実施したりすることも可としつつ、さらには詩や文章の会などを設けることも例外的に認めている。教授内容も、時代の進展とともに徐々に柔軟に考えられていく傾向が看取される。

このように懐徳堂は、官許の学問所ではあったが、教授者や受講者の身分差を前面に押し出すことなく、教授・学習内容も比較的緩やかであり（もちろん儒学を基調とするものではあったが、そこに高圧的な制約を加えようとする傾向は見られない）、さらには学校の運営や経営についても関係者の自助・自立に基づく方針を貫こうとするなど、江戸封建社会において設立された学校としては相当程度に開放的なシステムを採用していたといえる。

さて、その懐徳堂の学問についてである。初代学主三宅石庵には「鵺《ぬえ》学問」と悪評されるような雑学的傾向があったといわれる。鵺とは伝説上の妖怪で、頭は猿、胴は狸、手足は虎、尾は蛇に似ているが、その雑種的傾向と同様に、石庵の学問も宗旨が定まらず、頭が朱子、尾が陸象山、手足が王陽明のようだ、というのである。[62] ただしその反面、学派に固執せず平易な言葉で「道」を説く石庵の折衷学的傾向が、懐徳堂の自由で批判的精神に満ちた学風を形成した、とする見方もある。とくに、商いを生計とする者に対し、「仁義ヲスル者ハ、利ハセネドモ、自ラ利ガツイテマハル也」[63]と、商業的利益をも意味する「利」が道徳的観念としての「仁義」に内包されると説いた彼の所論は、商人が社会の階層秩序の下位に据えられ、商行為自体が蔑視される傾向にあった江戸時代の社会風潮に、新たな価値意識を切り拓く意味をもった。だが懐徳堂が、その後昌平校と並び称されるほどの確固たる学問的基盤を形づくるようになるのは、五井蘭洲が教授活動に携わるようになってからのことであった。

五井蘭洲と学塾の発展

蘭洲は、大坂儒学の嚆矢と評される五井持軒《じけん》（一六四一〜一七二一）の子で、懐徳堂が官許を得る以前に三宅石庵の助講を務めたことがあった。やがて、自らの学問を深めるために江戸に出、さらに津軽藩に儒官として仕えたが、同藩の学問認識の低さに落胆し、病を理由に致仕していた。彼が中井甃庵の招きに応じて再び懐徳堂に身を置いた時期は必ずしも判然としていない（一七三〇年代末ともいわれる）が、その後一七六二（宝暦一二）年に死去するまで同学問所の改革に尽力した。

蘭洲は、学問所の学風を安易な折衷主義から、一定の知的枠組みに制御されたものへと改めようとし、そのため、とくに朱子学を重んじた。ただし、必ずしも朱子学説に拘泥することなく（とくに、朱子学に内包されていた宇宙論や形而上学的所論はこれを遠ざけた）、商人を中心とする一般庶民に学問の意義を知らしめることを、自身の学的役割とした。例えば蘭洲は、普段学問に馴染みの薄い庶民層に対し、

読書学問はよきことなれど、一のきづあり、身持をよくせねばならぬと也、是疵なりといふ。是によりておもふに、今の世の学者は、身持のよきをみれば、道学先生とてわらふ、この人ののぞむ所也。又人ありいふ、読書学問はよきことなれども、一の疵あり、高慢になるが疵なり。読書学問すれば、心ひろく成故、おのれをしりて、謙遜に成べし、高慢になるは井の内の蛙が類也。又人のいふ、読書学問はよきことなれど、一の疵あり、貧乏になる、是一の疵なりと。読書学問すれば、人々職業をつとむる事をしりて、是に安心してたのしむ心生ず、楽しむ境界にいたれば、貧も貧ならず(64)。

と説き、「道」への知を開くこと、己を知って謙遜の心を育むこと、そして職業に励む心を養うこと、などを学問の効用として掲げている。とくに学問の効用が職業（とりわけ商業が念頭に置かれていたと推定される）生活上の安心に結びつけられたことは、懐徳堂儒学の基本的立場を鮮明にするものでもあったと見ることができる。こうして、一般庶民にも学的営為の必然性と有用性を説く蘭洲からすれば、学問への取り組みを社会の上層階層に限定させた徂徠学の主張は、到底容認できるものではなかった。蘭洲には『非物篇』（刊行は一七八四年であったが、それ以前から写本が広く読まれていた）と題する徂徠学批判書が遺されているが、その批判内容については、後述するように、これが懐徳堂儒学の基本的な学的立場として継承されていく。なお、蘭洲は仁斎学に対する批判書『非伊篇』（一七六一年頃成稿。未刊。自筆本とされるものが大阪府立中之島図書館に所蔵される）も著したが、同書での主な所論は、仁斎が「敬」よりも「忠信」を重視したことに対する朱子学的立場からの反駁であった(65)。

(2) 中井竹山

学主・中井竹山

蘭洲以後、懐徳堂の名を江戸の学問世界に轟かせる上で、最も顕著な活躍を遂げた人物が中井竹山であった。竹山は、上述の中井甃庵の長男で、同じく懐徳堂を学問上の出自とする中井履軒は彼の実弟である。蘭洲が一七六二（宝暦一二）年に死去すると、竹山は懐徳堂の預り人として、ほとんどの講義を引き受けるとともに、その管理を取りしきる役割を担った。さらに、一七八二（天明二）年からは懐徳堂第四代学主に就任し、同学問所の発展に力を尽くした。

竹山の儒学も、蘭洲と同様、学問や道徳の意義を一般庶民の立場から論じようとする傾向を鮮明なものにした。例えば、竹山は学問の意義を、

人ト生レテ学問ヲセザレバ、人ノ人タル道ヲ得ガタシ。ソノ学問トイフハ、アナガチ書籍ヲ読《よむ》ニ限リタル事ニ非ズ。総ジテ人ノ為ベキ筈ノ事ヲ見習ヒテ、我心ニ覚ユルㇷハミナ学問ナリ(66)。

と論じつつ、小児については、見る、聞く、話す、持つ、歩む、のすべてが大人からの教導に基づく学問であり、成人についても、他者の善を見て自身の嗜みとし、他者の悪を見て自身の戒めとすることは、すべて学問だと説いた。その上で、より確かな善悪・是非・義理・得失の判断には、聖人の教えを記した書物に学ぶことが必要だとしながら、

サレドモ若年ヨリ文字ノ心掛ナキ人、又ハ家業ノイソガシク暇ナキ人ナド、俄カニ書籍ノ取イリ出来ガタキ多シ、是等ハカナガキノ物ニテモ、ヨク心得テ読ナバ大意ハサトシ得ラルベキモノナリ(67)。

という具合に、書物に親しむ機会に恵まれない人々については、仮名書きの初歩的な読み物を通じてでも、学問に従事する必要を強調していた。さらに、庶民の生活空間からは馴染みの薄い政務のありように関しても、

凡ソ家ニ在テ父兄ニ孝悌ナルハ、官ニ在テ必《かならず》君長ニ忠順ナリ。家ニ在テ朋友ニ信アルハ、官ニ在テ必同寮ニ実義アリ。家ニ在テ妻子ヲ牽《ひき》ユルニ義アルハ、必ズ官ニ在テ組内下役ヲ引廻ス事正シ。家ニ在テ奴婢僕隷ニ恩義アルハ、必官ニ在テ農商平民ニ慈良ナリ。…廉恥ヲ知ル人ハ、閨門《けいもん》オノヅカラ厳正ナルモノナリ。コノ閨門ノ正不正ハ、隣並ノ人ニ問テモ、ハヤ知ラル丶モノナレバ、賢否ヲ定ムルノ第一著ナルベシ(68)。

と、これを論ずるに「家（私）」の側の徳を起点として「官（公）」の側の職務を遂行すべきとする態度を鮮明にしている。竹山は、やがてその学名が高まると、一七七二（安永元）年には、後に大坂城代や京都所司代を歴任する佐倉藩主堀田正順《まさなり》（一七四五〜一八〇五）に従って江戸に旅したこともあった。このように、学問とは武士や学者のみに限定された営みではなく、一般庶民にも可能で必要なものだとする竹山の所見は、江戸の身分社会においても一定程度の理解を獲得していった、と見ることができる。

徂徠学との対峙

そうした竹山の学問にとって、最大の障碍と見なされたものは徂徠学であり、またその隆盛であった。町人儒者特有の観点を織り交ぜた儒学説の価値を広く了解させる上で、何よりも対峙すべき相手と見なされたのは、当時海内随一の学者と評された荻生徂徠なのであった。竹山は『非徴』と題する反徂徠学書を著したが、この書は一七八四（天明四）年に、上述の五井蘭洲『非物篇』の続編として、合冊刊行された。竹山による徂徠学批判については、前述にて文献学的観点に基づくもの（徂徠の宋学批判は、宋学の所説が四書五経の古典籍を拠り所とすることを無視するとともに、徂徠学が明代儒学に依拠することを隠蔽するもの）を略述的に紹介したが、同書にはこれ以外にも、様々な徂徠学批判論が盛り込まれている。ここでその概要のみ紹介すると、何よりもまず、以下のように徂徠学の学的立場それ自体が論難されている。

吁嗟《ああ》徂来物氏学術の病は、その症、自ら大にして名を好むに在り。その因は仁斎伊藤氏を圧倒せんと欲するに在り。しかしてその禍は、程朱諸公、往聖に継ぎ、来学を開くの功を廃絶し、政事を害し、風俗を敗《やぶ》り、天下青衿《せいきん》

の士に、深く妖妄邪誕の痼《こ》を結ばしむるに至り、しかして後已む。哀むべきなるかな。(69)

すなわち、そもそも徂徠学とは自らの高名を誇るという尊大な態度に基づいて形づくられたもので、その動因となったものは仁斎学を凌駕せんとする屈折した意図であった。だがその結果は、宋学以来の学術の進展を妨げ、政治を害し、風俗を破り、さらには学問を志す若者たちに邪淫な異端学説を植えつけるなどの深刻な弊害を撒き散らす結果に終わった、というのである。

徂徠学がそのオリジナリティを誇った「古文辞学」という方法論に対しても、

徂来古言を知るを自負し、乃ち人に尽《ことごと》く諸儒の伝注を廃し、目、宋後に下らざらしめんと欲するは、なほ尽く楷《かい》法《ほう》（隷書から転化した方正な書体）を廃し、しかして後篆籒《てんちゅう》（東周時代に使われていた複雑な書体）を読むべしと言へるがごときなり。豈に理ならんや。(70)

と、儒学思想の正統な理解には古代中国語の解読が必須の要件だとする徂徠の主張は全くの臆説であり、古代語の意味は現代語に十分翻訳可能だと強調している。さらには、徂徠学における「六経」重視の文献学的態度についても、

徂徠口を開けば、輒《すなわ》ち六経を称す。然るにその根拠は特に礼記の一経に在り。…既にこれ漢儒の雑記、それ未だ拠りて信じて、以て論語を証するに足らざるに、決せり。…思孟の、古へを去ること遠からざる、漢儒に孰若《いずれ》ぞ。…程朱の準的は思孟に在り。徂来の準的は漢儒に在り。その聖学に於ける、孰れか近く、孰れか遠く、孰れか正、孰れか頗、孰れか純、孰れか駮《はく》、孰れか実、孰れか虚なるや。一言にして断ずべきのみ。(71)

と述べ、徂徠学が最も尊重した『礼記』とは、実際上は漢代に成った雑記であり、朱子学者たちが自らの思想を基礎

づけた『中庸』や『孟子』（徂徠学は『孟子』の正統性に疑義を呈していた）の方が、むしろ古典的価値の顕著な書物だと論じている。徂徠学は「古文辞学」を標榜しつつも、その方法論的実態は何ら古代の事実に根差すものではなく、また徂徠学が重視する典拠も何ら古代的ではないとするのである。

竹山によるこうした徂徠学批判は、懐徳堂の学問的立場を擁護する意味合いを前面に押し出すものでもあった。繰り返しになるが、商人を含めた一般庶民もまた、それぞれの学問的素養を育むことで、商業活動にも内包される「徳」を理解し体現することが可能であり、その実践を通じて世の進展に貢献することができるとする立論こそ、懐徳堂儒学の正統性を裏打ちするものであった。そのためにも、学問を政事と文学とに二極化することでその道徳的内実を稀薄化させるとともに、その営みを一般庶民から遠ざけた徂徠学は、所説内容はもとより方法論についても、すべて対峙すべき学的対象と見なされたのであった。

幕府への上呈書『草茅危言』

中井竹山の学問において、もう一つ紹介すべき重要な思想史事項は、彼の経世論上の著作『草茅《そうぼう》危言《きげん》』である。一七八八（天明八）年、時の老中首座松平定信は京都訪問の際に立ち寄った大坂城に、懐徳堂学主竹山を招き、経義を講義させるとともに国政の諸問題に関する所見を諮問した。竹山は、定信の指示を踏まえて、その後の一七九一（寛政三）年に国政に関する種々の改革プランを幕府に献上した。こうして纏められたのが『草茅危言』（全五巻。「草茅」は民間を、「危言」は諫言を意味する）である。その内容は、巻之一冒頭の「王室の事」から巻之五末尾の「死後跡式の事」までの全六五項目に及ぶ、文字通り国政全般の諸問題に関する提言に満たされている。

同書は幕政に対する在野からの上呈書として、徂徠の『政談』と並び称されるが、その内容にはやはり大坂の町人儒者の所論としての特徴を認めることができる。例えば、幕府と朝廷との関係に関する所見である。徂徠の議論の基本線は、天皇の支配を公家社会に限定して、将軍を天下万民の実質的統治者とすることに置かれ（天皇と万民との直接的君臣関係を断ち切る）、それゆえ勲階の制度も幕府にて新しいものを定めるべきとするものであった。それに対し竹山は、大政の委任という形式での幕府政治を容認しつつも、民衆の朝廷敬慕の心情を踏まえながら天皇と万民との関係を回復させようとする。

具体的施策としては、天皇の即位礼を修復挙行したり、天皇の行幸を復活させたりすることで、天皇の威信を復興させることを説いている。また、年号を一代一号に定めることや、院号を廃止し各天皇の年号をもって諡号とすること、あるいは皇子皇女の出家の禁止や法親王門跡（天皇が出家後に親王宣下を受ける）の廃止など、様々な朝廷改革案を提示している。加えて暦日についても、期日や方角の吉凶に関する一般民衆の迷いを振り解くために「朞年三百六十日、一切是れ吉、昼夜百刻十二時、未だ嘗て凶有らず(72)」と大書して告知すべきと高唱している。これらは、明治維新後の天皇神格化の動向とは異なり、朝廷から神仏に関する要素や根拠のない迷信に属する事柄を一切排除しようとする、合理化プランとも呼び得るものといえる（近代日本のように、天皇を天照大御神の子孫としたり、現人神としたりするようなことは決してなかった）。

幕政や藩政のあり方についても、竹山は、積極的で大胆な提言を発している。農民・町人の離散逃亡が頻出し、藩士までもが困窮に追い遣られている状況下にあって、諸藩の財政を立て直すには、参勤交代制の緩和や大名妻子の江戸住みの廃止など諸経費の削減とともに、諸藩の財政状況を幕府が正確に把握し（諸藩の過去三〇年の借金総額や、商人たちの大名への貸付金総額を提出させる）、その困窮度合いに応じて諸役の免除や、家格の引き下げに伴う経費削減などの救済策を実施すべきことを提言している。なお、こうした諸藩の財政改革問題に絡めて、竹山は、

武門に又一つの僻習あり、…借金を負て償はざることを、何とも思はぬこと一統なり。…それ人の物をかりて返さぬは、不義の大なるもの、約諾を違背し、證印までしたるものを、反古とし、世の謗《そしり》をも顧みざるは、恥辱の大なるものなるを、事ともせざるは、あやしき風習と云べし。諸侯家の大借となるも、多くはこの風習より出て、その事を幹する有司、みなかの風習の人なれば、経済の筋段々行届かざることになりゆくなり、財用の事は、大学の末にも出て、治国の要務なり(73)。

と、商人を軽侮し財用の事を軽んずる武士全般の姿勢に手厳しい批判を加えている。幕藩体制下での経済危機の要因を、荻生徂徠は、貨幣経済の浸透と利益をむさぼる商人たちの繁栄に求めたが、竹山は、治国の要であるはずの財用事を蔑む武士の風習と態度にこそ、その根本原因があるとした。なお、この財政問題と絡めて、竹山は、大名はもとより各藩の諸臣までもが俸禄を世襲する慣習を厳しく批判し、本人の才能次第で俸禄を増減する方法の必要を説いている。

『草茅危言』での教育提言

なお、教育の関心からは、『草茅危言』に「学校の事」や「儒者の事」という項目（いずれも巻之二）が設けられていることが注目される。その所論の焦点は、学校教育を治道の要点とし、それゆえに公的な学校の普及を訴えることに置かれた。すなわち、まずは、

唯今御新政の美にて、…林家を提撕《ていぜい》あり、旧弊を革ため、学風を正し、諸儒鴻漸《こうぜん》の羽儀あり。儒教方に盛んにして、海内目を拭ふに至れり。かゝる御時節にあたりて、京師に学校のなきこと、洵に邦家の光を失ひ、一大欠事とすべきほどの御ことなれば、因循放過すべきに非ざるべし。[74]

と述べ、江戸の聖堂が昌平校へと移行しつつある学問興隆の状況を見据えながら、他方で、京都に公的な学校が不在である状況を打開する必要を強く呼びかけている。また、そこでの教員については、

広く一世に求め、諸国の陪臣にても平民にても、身分の差別なく、たゞ才徳優長なるを選用し、何分にも礼を厚くして、招き致すを要とすべし。[75]

と、身分の制約を度外視して才徳に優れた者を採用すべきだと強調するとともに、その任用方法についても、

博士助教は常禄あり、その余は役料月俸などの定めにて、みな一代切なるべし。子孫は大方愚なるものゆへなり。もし賢ならば、別に招き致して任用あるべし。この諸人始ての択み肝要なり、後は年を経る内に、追々遊学生の内より詮序して、別に択むにも及ばざるべし。[76]

というように、世襲を廃し能力に基づいた措置を定着させるべきことを訴えている。身分制の枠組みを社会秩序の基盤とする江戸社会にあって、極めて大胆な提言と見ることができよう。

大坂についても、懐徳堂の官許を評価しつつも、教員の身分や校地の管理などを含め、これを完全に官立学校化することを求めている。こうして、すでに発展を遂げつつあった江戸の湯島聖堂に加え、京都・大坂にて官立学校の設置・整備を進めるとともに、それ以外の地域についても、

奈良、堺、大津、池田、西宮、兵庫など、その外諸国大小都会の地、公領の分は、その地の様子に従ひ、大小庠序の設あるべきか。それ〳〵土地の品もあることなれば、通じて一様には定むべからず、何ぶん官より少し力を加へ玉はゞ、その地に興起するもあるべし。[77]

という具合に、各地域の事情を考慮しつつ、やはり公的な学校を全国的規模にて設置していくべきことを求めている。

さらに、庶民全般の教育についても、それに従事する儒者の地位の安定のために苗字帯刀を認めること、官命を下して市中への儒者の居住を促進すること、などを提言している。とくに農村にあっては、従来ともすれば学問的素養の乏しい僧侶が教導の役割を背負う傾向があったが、これを改めて「それよりやはり俗人の才覚なるものを招きをくべし。一両人家内ありて、少し村のせわ多くとも、総掛りのこと、さしてのことにも非ず。又相対の仕方もあるべし、医を兼るなど、別して村の用に立べし[78]」と、村の総掛かりにて才覚ある俗人教師の世話に取り組むべきことを説いている。

幕政改革との関係　これら竹山の諸提言が、実際の幕政改革にどの程度の影響を及ぼし得たのかについては、不透明といわざるを得ない。だが、全国規模の公営学校の設置や学識に基づく教員任用など、そこには近代学校制度の先駆けともいうべき認識が少なからず内包されていた、と評することはできるだろう。

なお、竹山が『草茅危言』を幕府に献上した翌年（一七九二〈寛政四〉年）、懐徳堂は火災に遭って焼失してしまう。その再建のため、竹山は江戸に赴いて幕府に支援を求めて奔走した。普請には七百両が費やされたが、幕府から下賜されたのは三百両に留まり、残り四百両は寄付や義捐金にて賄ったと伝わる。後述するように、寛政期において幕府は老中松平定信の力強いリーダーシップによって、幕政の諸分野にわたる改革を断行していく。だが、封建身分制を越えた自由な学問空間を構築し、そこから新たにして多彩な知を発信しようとする懐徳堂の学的理念は、大局的に見る限り、それが江戸幕府の政策的枠組みの内部に取り込まれるには至らなかった、というべきであろう。

（3）富永仲基と山片蟠桃

なお、懐徳堂の自由で多彩な学的営為の系譜を論ずる上で、富永仲基と山片蟠桃の名を省くわけにはいかない。ここで両者の足跡について、ごく簡単な言及を加えておく。

富永仲基と「加上」説　富永仲基（一七一五〜四六）は、懐徳堂の開設に携わった五同志の一人、道明寺屋富永芳春の子として生まれた。わずか三二歳で急逝した彼の生涯には不明な点も多く、それが孤高の天才という彼のイメージを醸し出してもいる。仲基は、早くから学問に励み、すでに一五、六歳の頃に『説蔽《せっぺい》』という書物を著したと伝わる。この書はすでに失われているが、ともかくその内容が原因で仲基は師の三宅石庵から破門されたといわれる（『説蔽』の内容については、下記『翁の文』第一一節からその大意を窺うことができる。孔子・子思・孟子ら神聖視された先儒の思想をすべて歴史的産物として相対化したものと推定される）。

仲基の思想は、『出定後語《しゅつじょうこうご》』（一七四五年刊）と『翁の文』（一七四六年刊）との二つの著作を通して今日に伝わる。前者は、仲基の思想の独創性を象徴する「加上《かじょう》」（加え上《の》ぼす）説に基づいて仏教思想史に論考を加えたものであり、後者は儒学・仏教・神道の教説を超越した「誠の道」を提唱したものである。まず、彼の「加上」説についてであるが、仲基はこれを次のように端的に説明している。

> 諸教興起の分かるるはみな、もとそのあひ加上《かじよう》するに出づ。そのあひ加上するにあらずんば、則ち道法何ぞ張らん。乃ち古今道法の自然なり。しかるに後世の学者、みないたづらに謂《おも》へらく、諸教はみな金口《こんく》親しく説く所、多聞親しく伝ふる所と。たえて知らず、その中にかへつて許多《あまた》の開合あることを。亦惜しからずや(79)。

すなわち、例えば仏教において様々な教説が立てられ、分岐していくのは、すべて元来の原型たる教説に、新たに加工した教説を付加することによってである。ところが後世の仏者は、現存する様々な仏教教説は、すべて釈迦の説（金口）に由来し、釈迦の直弟子（多聞）によって伝承されたものだと説く。今日の仏教教説が、後世の加工・付加（「加上」）によって形づくられたものであることを隠蔽するのは実に嘆かわしいことだ、というのである。

この「加上」説に従えば、仏教も儒学や神道も、その教義や用語法を丹念に分析することで、元来の古い単層の教説と後世の付加的な複層とを区分して、その歴史的な形成過程や発展の歩みを跡づけることが可能となる。これは、いかなる思想・学説も、それぞれに歴史性を有する相対的なものであり、ある特定の思想に絶対的な権威を認めることはできない、ということを含意している。実際に仲基は、仏教教説の歩みをこの「加上」説に基づいて説き明かそうとした。例えば、その大乗仏教をめぐって、

> 釈迦の仏法にも、文殊《もんじゆ》の徒《ともがら》が般若《はんにゃ》の大乗をつくりて、空《くう》をときたるは、迦葉《かしよう》の輩《ともがら》の阿含《あごん》をつくりて有《う》をときたる、その上を出たるものなり(80)。

と述べ、これまで釈迦の真説とされてきた大乗仏典の多くは後世の編纂によって成立したものであると論じた。この

所論は、当時の仏教界・思想界に大きな衝撃を与えることになった。

儒学・神道教説の「加上」　儒学についていえば、孔子が堯舜・文武を祖述・憲章したのも、墨子（兼愛説）が孔子の上に出ようとし、楊朱（為我説）が孔子・墨子の上を行こうとしたのも、あるいは、告子の「性白紙説」に対して孟子が「性善」を説き、またそれに対して荀子が「性悪」を唱えたのも、すべて「加上」に拠ることだとした。その上で、

近頃の仁斎は、孟子のみ孔子の血脈を得たるものにて、余他《よた》の説は、皆邪説也といひ、又徂徠は、孔子の道はすぐに先王の道にて、子思・孟子などはこれに戻《もと》れりなどいひしは、皆大なる見ぞこなひの間違たる事どもなり(81)。

と述べ、江戸中期の儒学界に重大な衝撃を与えた仁斎学や徂徠学の興隆もまた、「加上」の論理でこれを読み解こうとした。当然にこの立論は、仁斎学や徂徠学の学問的価値を相対化させる痛烈な批判を含意するものでもある。

さらに神道についても仲基は、

扨《さて》又神道とても、みな中古の人共が神代の昔にかこつけて、日本の道と名付、儒仏の上を出たるものなり。…神道とても又神代のむかしにあるべきには非ざる也。其最初に説出たるを両部習合といふ。儒仏の道を合せて、能《よき》程《ほど》に加減して作りたるものなり。其次に出たるを本迹《ほんじやく》縁起《えんぎ》といふ。これは其時分に、神道の起りたるをねたみて、仏者の徒《ともがら》が陽には神道を説て、陰にはこれを仏道へ落しこめたるものなり。扨其次に出たるを、唯一宗源といふ。これは儒仏の道を離れて、唯純一の神道を説たるもの也。此三部の神道は、皆中古の事共にて、又近頃に出たるを、王道神道といふ。…是等はみな神代の昔にはなき事なれども、かやうに説かこつけて、互に其上を出あひたるものなり(82)。

と述べ、いわゆる「神道」の教説もまた歴史的権威とは無関係であり、あくまでも「加上」によって形づくられた相対的なものに過ぎないことを強調した。こうして、仏教であれ儒学であれ、はたまた神道であれ、ある特定の思想・学説のみに絶対的権威を認めることを拒否し、これを相対化する姿勢に、仲基に特有の思想的態度を見ることができる。

「誠の道」

では、仲基が実際の江戸社会において、人々に訴えようとした学問や学的態度のありようとはいかなるものだったのか。それを仲基は「誠の道」と論ずる。仏教は天竺に由来し、儒学も中国に由来するが故に、元来「日本の道」ではない。神道は「日本の道」といえるかもしれないが、「今の世の道」ではない。仏・儒・神三教のそうした問題性を冷徹に見据えた上で仲基は、「誠の道」のことを次のように説く。少し長くなるが、敢えてその所述を紹介すると、

> しからばその誠の道の、今の世の日本に行はるべき道はいかにとならば、唯物ごとそのあたりまへをつとめ、今日の業《わざ》を本とし、心をすぐにし、身持ちをたゞしくし、物いひをしづめ、立ふるまひをつゝしみ、親あるものは、能《よく》これにつかふまつり、君あるものは、よくこれに心をつくし、子あるものは、能《よく》これをゝしへ、臣あるものは、よくこれをおさめ、夫《おつと》あるものは、能これに従ひ、妻あるものは、能これをひきひ、兄ある者は、能これをうやまひ、弟《おとゝ》あるものは、よく是を憐み、年よりたるものは、よく是をいとをしみ、幼《いとけ》なきものは、能これを慈み、先祖のことを忘れず、一家のしたしみをおろかにせず、人と交りては、切なる誠をつくし、あしき遊びをなさず、すぐれたるをたつとび、愚《おろか》なるをあなどらず、凡《およそ》我身にあてゝ、あしきことを人になさず、するどにかど〱しからず、ひがみて頑《かたくな》からず、迫りてせは〱しからず、怒《いかれ》どもそのほどをあやまらず、喜べどもその守りを失はず、楽《たのし》むで淫《たは》るゝにいたらず、悲《かなし》びて惑へるに至らず、ことたるも、ことたらぬも、皆我仕合《しあはせ》よとそれに心をたり、受《う》まじきものは、塵にてもとらず、あたふべきに臨みては、国天下をも惜まず、衣食のよしあしも、我身のほどにしたがひ、奢《おご》らず、しはからず、盗まず、偽《いつは》らず、色このみてほふれず、酒飲してみだれず、人に害なき者を殺さず、身の養《やしなひ》をつゝしみ、あしき物くらはず、おほく物くらはず、暇《いとま》には己が身に益あ

る芸を学び、かしこくならんことをつとめ、今の文字をかき、今の言《ことば》をつかひ、今の食物をくらひ、今の衣服を着、今の調度を用ひ、今の家にすみ、今のならはしに従ひ、今の掟《まもり》を守、今の人に交《まじは》り、もろ〳〵のあしきことをなさず、もろ〳〵のよき事を行ふを、誠の道ともいひ、又今の世の日本に行はるべき道ともいふなり。(83)

というようなものである。これは高度な学術的議論とは縁遠い、極めて身近な日常生活次元での語りといえ、それゆえ、江戸時代の日常生活空間の中で生を営む一般庶民にとっても、全く常識的な所論というべきものである（親子・君臣・夫婦・兄弟・長幼などの人倫関係に基づく所論も含まれてはいるが、これらとてとくに儒学の教説に依拠したものとは見られない）。筆者の仮説的所論に過ぎないが、仏・儒・神三教に内包される超越的な形而上学議論を踏まえながら深遠な学的探究を試みつつも、そこに心から信頼を寄せることのできる教説を見出すことのできなかった仲基にとって、自らの思想の立ち位置とは、まさに彼の時代を生きる町人世界の良識と交渉可能な思想領域にしか、これを見出すことができなかったのではないか。そうした見方もあり得るように思われてならない。

なお、このような仲基の所論に対しては、後に本居宣長が共感を寄せて、

ちかきよ大坂に、富永仲基といへりし人有《あり》。延享のころ、出定後語といふふみをあらはして、仏の道を論《あげつら》へる、皆かの道の経綸などいふ書どもを、ひろく引出て、くわしく證《あか》したる、見るにめさむるこゝちする事共おほし。(84)

と称賛している。だが宣長は、仲基が神道をも批判の対象に据えたことを敢えてその視野から遠ざけている。それに加え、宣長が日本古代に放った強烈な思想視線を、仲基は決して共有しているわけではない。仲基の視線は、何よりも「今の世」に向けられていた。その意味でも仲基の思想は、江戸時代に発展を見た諸思想がいかに多彩な系譜を形成したものであったとしても、既存の思想系譜には容易に定位することを許さない独自性に満ちたものであったといえるだろう。

仲基の言語論

なお附言ながら、もう一つ仲基の思想の独創性を象徴するものに、言語論としての「三物五類」の説がある。言語には「類」(学派や経綸による相違)、「世」(時代の相違による相違)、「人」(使用する人による相違)の三物があり、またその「類」に「張」(本来の意味を拡大したもの)、「偏」(拡大する以前の本来の狭い意味)、「泛」(包括的な使用)、「磯」(激発的な使用)、「反」(反対的な使用)の五つのものがあるというのである。(85) 要点のみ端的にいえば、「三物」とは、同じ言葉でも人により時代によりその意味は決して同じでないことを、また、「五類」とは、そのような言葉の意味変化、多義性、不確定性などをむしろ肯定的に理解すべきことを説くものである。ここには、いわば言葉は人に使われることで生きたものになる、との主張が暗示されている。こうした着眼を拠り所として、仲基は仏教・儒学・神道の諸教説を文献学的に批判したのであった。だが彼のこの立論が、「復古」(言葉の本来の意味は「古」に求められる)を思想形成の基盤とする儒学や国学などの学的立場と相容れないものであることは、論を俟つまでもない。

さらに仲基の所述において注目されるのは、「それ、言に物あり。道、これがために分かる。国に俗あり。道、これがために異なり(86)」との主張である。ここでは「道」のありようが、使用される言語に応じて変化するとともに、その「道」が民族性によっても異なることが述べられている。民族性の相違が、教説の相違となる様子については、

> 道を説き教へをなすは、振古《しんこ》以来、みな必ずその俗によつて、もつて利導《りどう》す。君子といへども、またいまだここに免れざる者あり。竺人《じくじん》の、幻における、漢人の、文における、東人の、絞《こう》における、みなその俗しかり。(87)

と説かれるが、要するに、竺人(インド人)には神秘的傾向(空想癖)が、中国人には文辞的傾向(装飾癖)が、そして日本人には絞直的傾向(懐の深さ・長期的な見通し・スケールの大きさなどに欠ける癖向)があり、これらはそれぞれの民族が有する文化の型を示唆するとともに、それがまた各民族に特有の「加上」の傾向性を指し示すものだというのである。これら仲基の所論はすでに江戸時代より様々な反響を呼んでいたが、仲基の足跡とその特異な思想とが大き

な注目を集めるようになるのは、明治以後、京都帝国大学教授内藤湖南（一八六六〜一九三四）によって仲基が顕彰されてからのことであった(88)。

伝説的商人・山片蟠桃

富永仲基と並んで、懐徳堂の多彩にして広範な学的営為を象徴する人物が、山片蟠桃（一七四八〜一八二一。幼名は長谷川惣五郎。後に大坂の豪商升屋から「親類並」に取り立てられ、主家の山片姓を名乗ることが許された）である。その主著『夢ノ代』は、蟠桃最晩年の一八二〇（文政三）年の完稿と伝わっており、その意味で蟠桃の事跡紹介は次章に譲るべきかもしれないが、彼の諸業績が懐徳堂の学風から生み出されたものであることに鑑み、敢えてここで言及を加えておく(89)。

蟠桃は、仲基の死後二年後の一七四八（寛延元）年に播磨国印南《いんなみ》郡神爪《かづめ》村の在郷商人の家に生まれた。一三歳のとき、丁稚奉公として大坂の豪商升屋に住み込むようになり、その後升屋の別家を相続する（別家初代であった伯父の養子になる）とともに、升屋本家の屋台骨をも支える役割を果たすようになる。蟠桃と懐徳堂との出会いについては、升屋本家の主人が懐徳堂の諸生であったことが一つの契機になったものと考えられる。その当時の懐徳堂は、中井竹山・履軒兄弟の活動を中心に盛名を馳せつつあった。蟠桃は、竹山・履軒に師事したが、元来読書好きであった彼は、その学識の豊かさから「懐徳堂の諸葛孔明」と称されるまでに至ったと伝わる。彼はまた、当時の大坂において洋学の基礎構築の役割を担った麻田剛立《ごうりゅう》（一七三四〜九九）の門も叩いていた。剛立を通じて、当時の天文や医術に関する先端的知識を吸収したことが、蟠桃の広域にわたる学的知見の形成に重要な意味をもったことは疑いない。

蟠桃は商人としても、傑出した足跡を遺している。升屋は宝暦年間（一七五一〜六四）頃より、仙台藩との商取引関係を築いていたが、同藩は天明の大飢饉によって深刻な打撃を受けた。すでに升屋本家の支配番頭にまで出世していた蟠桃は、このとき「差米《さしまい》」という手法を工夫して、同藩の財政を好転させるとともに、升屋の経営状況をも飛躍的に発展させた。蟠桃は、仙台藩から年貢徴収後の余剰米を独占的に買い上げ、これを江戸にて売りさばこうとした。ところが、そのためには仙台・銚子・江戸の三ヵ所で吟味を受けねばならず、その経費が相当額にのぼった。これを二百両という金額で願い出ても一切許可されなかった。そこで蟠桃は、三ヵ所で行われる「差米」（米を検査するとき、米刺しを俵に入れて取り出した米を、検査人などが手数料としてとる風習）を一俵につき一合ということで願い出たところ、これが難なく許可された。その結果、仙台藩からの買い上げ米の収益は、一年間に六千両にものぼったと伝わっている。

蟠桃はまた、仙台藩にて大量の米札《べいさつ》（藩札の一種）を発行し、これを同藩内にて換金したものを大坂で運用しようとした。そうして実際に、一年間にほぼ一〇万両を運用することで、五千両ほどの利息を生み出すことに成功したといわれる。年一〇万両の運用を一〇年続ければ、五万両もの利息が得られることになる。この米札は仙台藩以外では通用しない札であるが、これを大坂にて利息を生み出す資源に転用させた妙計というべきものであった。こうした蟠桃の実績により、升屋はその後全国数十藩との関係を開拓・改善させるに至っている。(90)

主著『夢ノ代』

蟠桃には、以上のような、伝説的商人としての顕著な足跡が遺されているが、その学術探究者としての歩みは、商人という身分枠をはるかに超え出る広範な領域に及ぶものであった。だが、蟠桃自身の豊かな学的素養も、それが懐徳堂という自由な学的環境に恵まれたことで、存分に開花したと見ることは許されるだろう。主著『夢ノ代』が、繰り返し中井竹山・履軒の校閲を経て著されたものであったことが、それを象徴的に物語っている。なおこの書は、当初『宰我の償《つぐない》』との題名（宰我とは、『論語』の中で孔子から再三訓戒を受ける様子が描かれた弟子であった）にて著し始められたが、これが履軒の指示によって『夢ノ代』に改められたことが、同著自叙に記されている。なお、蟠桃は文化年間のはじめ頃より眼病を患い、一八一三（文化一〇）年頃にはほとんど失明していたと伝わる。

その『夢ノ代』であるが、「天文」「地理」「神代」「歴代」「制度」「経済」「経綸」「雑書」「異端」の九項目に、「無鬼」の上下篇さらに「雑論」を加えた計一二項目にわたる内容から構成されている。今日の学問分野になぞらえるなら、天文学、地理学、神学、歴史学、政治学、経済学などの諸学を総覧した百科全書ともいうべき内容となっている。この内容構成は、「経学」（経書研究）をもって学問の範型としてきた従来一般の学問観を、切り崩す意味をもつものであった。蟠桃は、同書の詳細な凡例の一節にて、コノ書、古《いにし》ヘヨリ有《あり》フレタル議論ハ、ソレ〴〵ニユヅリテ挙ルコトナシ。タヾソノ新説発明ノコトヲ挙ゲ、マタ世間ノ謬《あやま》リ来リタルヲ改正スルモノナレバ、ミナソノ古ク伝ヘタルヲ用ヒザルナリ。コレ又奇ヲ好ムニアラザルナリ。スベテ中井両夫子ニ聞クコトアルニ与《あずか》ルモノノミ。余ガ発明ニモアラザルナリ。シカレドモ、太陽明界ノ説、及ビ無鬼ノ論ニ至リテハ、余ガ発明ナキニシモアラズ(91)。

と述べ、この書が旧来の知とは一線を画す新たに「発明」した知を提示するものであることを、謙虚な姿勢とともに強調している。その大部に及ぶ諸記述の全容を紹介することはできないが、差し当たり、ここでは蟠桃が自身の発明と称した「太陽明界ノ説」と「無鬼ノ論」との概略のみ瞥見しておこう。

天文学説

『夢の代』巻之一の「天文」では、一年三百六十五日、閏年三百六十六日の暦法に基づく詳細な暦（享和二〈一八〇二〉年）が紹介されるとともに、宇宙の様子が太陽系（明界）として描出されている。例えば、

総天ノ性ヲ冥暗トス。其中ニ一太陽アレバ、其光明ノ照ス間ヲ明界トス。コレ一天地ナリ。コノ我明界ノ中ニ大惑星六アリ。曰、木火土金水及《および》地ナリ。月ハ地ノ附庸《ふよう》、木ニ四アリ、土ニ五アリ、合セテ十ヲ小惑星トス。…十六星我明界中ニアリテ、皆人及禽獣・草木アルナリ。而シテミナ地ナリ。其星自光ナクシテ、ミナ太陽ノ光ヲ受ク(92)。

というような具合にである。もちろん、太陽系の惑星や衛星の数、さらにはそれらのすべてに生命が宿るとしている点など、今日の科学的知見からすれば不正確な記述が相当見られるとはいえ、当時にあっては最も尖端的な天文学的知見を紹介したものといえるだろう。また、「太陽ハ天地ノ主ナリ。地ハ主ニアラズ。太陽動カズシテ他曜ノ動クハ、其処ナルベシ。今ニテモ欧羅巴ノ人ハ大船ニノリテ地球ヲ巡リ、ソノシラザル所ヲ発明スルコト、万国ノ及ブ処ニアラザレバ、…必《かならず》シモ西洋ノ術ヲ疑フ事ナカレ(93)」と、「地動説」を鮮明に紹介したり、「西人ノ地動ヲ云ノ基ヒ、又諸

天・五星ヲ視察シ測量スル処ノ基ハ、引力・重力ニアリ(94)」と、引力や重力に関わる所見を説いたりしていることも注目に値する。さらには、「恒星ミナ同ジ天明界ニアル事アルベカラズ。…シカレバ則《すなわち》暗界ハ天ノ元ニシテ、ソノ中ニ幾千万ノ陽星、幾千万ノ世界、アゲテ計フベカラズ。…コノ説、西洋ノ説ニモアラズ。唯或客ノ臆説ナレドモ、コレ亦差ハザルニチカヽラン(95)」と、太陽系以外にも幾千万もの天地が存在し得ることを自説として掲げている点に、学者蟠桃の自負心を看取することができる。

ただし、同書の宇宙論がすべて西洋由来の学説紹介に終始している、というわけではない。例えば、人と宇宙との相互関係性をめぐって、

人ノ霊妙不測ノ神ハ在ラズト云処ナクシテ、シカモ必ズ心ヲ以テ都トス。天ノ霊妙不測ノ神モ在ラズト云コトナクシテ、即《すなわち》太陽ヲ以テ都トス。コレヲ以テ一身ノ用ハ悉《ことごと》ク心ヨリ出、一家ノ務ハ悉ク父ヨリ出、一国ノコトハ悉ク公府ヨリ出、天下ノ政ハ悉ク朝廷ヨリ出、天地造化ノ妙用ハ悉ク太陽ヨリ出《いず》。コノユヘニヨクソノ身ヲ修メテ、ヨク其父ニ孝アリ、ソノ君ニツカヘテ、神妙不測ノ天命ヲ畏レ慎ムトキハ、我心ヲ以テ太陽心ニ冥合《めいごう》ス。コレゾ宇宙ノ至尊ニ奉ズル処ナルベシ(96)。

というように、人の霊妙不測さが「心」に由来することと、天の霊妙不測さが「太陽」に由来することとが相応関係にあると説かれ、それゆえに、一身の「心」に相当するものが、一家における「父」、一国における「公府」、天下における「朝廷」の務め、そして天地造化における「太陽」の働きに比定されている。ここで天下の政事が幕府でなく朝廷に結びつけられている点に懐徳堂の学風が看取され、さらに「太陽」や「太陽心」なる表現に西洋学折衷の姿勢が窺われるものの、一身の主宰たる「心」のありようと天地造化の働きとを連続関係において捉えようとしている点では、蟠桃の思想にも、朱子学の思惟様式に依拠する側面が存在したと見ることができるだろう。

無鬼説

一方、無鬼説についてである。ここでいわれる「鬼」とは、死者の霊のことを意味しているが、蟠桃は『夢ノ代』巻之十（無鬼上）および巻之十一（無鬼下）にて中国および日本の古典籍に対する極めて詳細な論考を試み、それを通して、死者の霊に留まらず、霊妙不可思議な事象を操る力の存在を否定している。例えば、『論語』にも「鬼」や「鬼神」に関する叙述が散見するが（例えば、「其の鬼に非ずして之を祭るは諂ふ也、義を見て為さざるは勇無き也」〈為政第二〉、「民の義を務め、鬼神を敬して之を遠ざく、知と謂ふ可し」〈雍也第六〉、「未だ能く人に事ふること能はず、焉んぞ能く鬼に事へん」〈先進第十一〉など）、蟠桃は、それらの文言の玩味に基づいて、

タトヒ博識多能ノ士タリトモ、鬼神ヲ信ジテ事トスル人ハ、其知ノ至ラズシテ愚ナル処アルヲ知ベシ。人トシテ篤敬忠信ナレバ、上天《かみ》ニ慚《はぢ》ズ、下人《しも》ニ愧《はぢ》ズ。天地ニ恥《はず》ベク恐ルベキコトナシ。(97)

と強調し、人がその意識を傾注すべき対象とは可知なるもの（篤敬忠信に象徴される道徳）であって、不可知なるもの（鬼神）ではない、との姿勢を鮮明に打ち出している。江戸儒学についても、儒家神道と称される系譜には鬼神に言及する儒者が少なくなかったが、蟠桃はそうした儒家に手厳しい批判を加えている。例えば、

我邦ニヲヒテ鬼神ノコトヲ論ズル人々ニハ、山崎氏ノ社語《しやご》アレドモ取所《とるところ》モナキ書也。コノ人始《はじめ》浮屠ヨリ出テ儒ヲ学ビ、朱子ヲ信ジテ著ス書多シ。ソノ中ニハ見ルベキコトモ亦少シトセズ。晩ニ神学ニ入ル。イカナレバソノ虚妄ノ多キヤ。殆ンド儒ヲ学ビシトキニ類セズ。…林先生ノ神社考ハ、第一ニ伊勢ヲシルスニ、仏者ノ妄説・習合ノ論ヲカ、ゲテ、一トシテ説破スルコトナシ。…読者ニ惑ヲ起シ怪ニ陥ラシム。道ヲ害スル甚シト云ベシ。…新井白石氏ノ鬼神論ハ、経書ヲトラズシテ家語・左伝・山海経《せんがいきよう》…等ノ怪書ニトリテ議論ヲナス。ソノ怪ヲ信ズルコト仏者ノゴトシ。(98)

という具合に、山崎闇斎、林羅山、新井白石らが標的に掲げられ、その学的態度が「虚妄ノ多キ」「道ヲ害スル」、あるいは「怪ヲ信ズル」などと、厳しい論難に晒されている。

辛辣な仏教批判

一方、蟠桃は日本の記紀神話の記述や、伊勢神宮をはじめとする代表的神社・稲荷などの諸事跡を丹念に辿った上で、

> 我日本上古ヨリ、神ニ祈リ、吉凶禍福ヲ問ヒ、祈祷シテ太平ヲ求ムルコト、ソノ風習ナリ。日本紀ヲヨミテ弁フベシ。然ルニ仏法渡リテ以来ミナ仏者ニ混ゼラレ、習合セラレテ、伊勢・加茂トイヘドモシラズシテ、ツイニ半ハコレガ為ニ誤ラル。八幡・春日ノゴトキハ僧徒ヲ以テ社務ニ預ル。ツイニミナ混合セラル丶ナリ。其本ハミナ鬼神アリトシテ畏ル丶心ヨリ、カクナリユクモノニテ、邪僧其処ヘ付《つけ》コミテ偽妄ヲ恣《ほしいまま》ニシ、邪説ニ溺ラスモノナリ。[99]

と断じている。すなわち、日本古来の神道は元来太平を祈祷する風習を有していたが、それは鬼神への畏怖を先入主とするようなものではなかった。ところが、やがて「神仏習合」に伴う仏教の影響により、神道はその教義も社務も鬼神への畏れを説く邪説に覆われてしまった、というのである。こうした認識もあり、蟠桃の仏教批判は辛辣を極める。例えば、

> 仏法ノ国家ノ為ニナラザル、其身ノ行ヒヲ顧《かえりみ》ザル、コノ二言ヲ以テ知《しる》ベシ。宜《む》ベナルカナ、其仏ヲ信ズルノ心底、本《もと》ヨリ天下ノ為ニアラズ、国家ノ為ニアラズ、唯《ただ》吾身ノ後生《ごしょう》安楽《あんらく》ヲ願フコトニシテ、未来永劫《みらいえいごう》快楽ヲ受《うく》ベキ為ナレバ、其初テ信ズルトキヨリシテ吾《わが》利ノ為ニシテ、国家・君父・百姓ノタメナラズ。[100]

というように、仏教教説を国家や人倫や世人のことを度外視し、ただ「吾身ノ後生安楽」のみを追求する妄説と断ず

るのである。

因みに、このような客観的知見に基づく蟠桃の仏教批判が、日本での仏教の受容と定着とに決定的役割を果たしたといわれる聖徳太子への痛切な批判となって現出していることに、大きな注意が払われるべきである。すなわち蟠桃は、

大織冠《たいしょくかん》（藤原鎌足）死セントス。天智帝遺言ヲ乞フ。曰ク、「生《いき》テ軍国《おおやけ》ニ益ナク、死シテ人ヲ労スベカラズ。希クハ葬ヲ薄クセンコトヲ」ト。太子死セントス。推古帝遺言ヲ乞フ。曰ク、「天下ニ多ク寺塔ヲ立テ、僧尼ヲ供スルヲ忘ルベカラズ」ト。大織冠ハ、入鹿ヲ弑シ天智ヲ立テ、社稷ノ大功アリテ、其謙退《けんたい》カクノゴトシ。太子、君父ノ仇ニ党シテ国家ヲ汚シテ、一言天下ノコトニ及バズ、寺塔ヲ立《たて》、僧ヲ供シ、天下万世ノ苦シミヲ残サントス。曾子曰、「人ノ将ニ死セントスル、其ノ言ウヤ善シ。鳥ノ将ニ死セントスル、其ノ鳴クヤ哀シ」ト。太子ノ如キハ鳥ニモシカザル也(101)。

と述べ、聖徳太子のことを私利私益のみに覆われた「鳥にも如かざる」人間だと厳しい批難を浴びせている。それなりに長い歴史を誇る日本の思想史上において、聖徳太子に対し、これほどまでに辛辣な批判を浴びせた所論は、他に類例を見ることのできないほどのものといってよいだろう。

蟠桃学説の合理性

なお上述の鬼神批判についていえば、仏教に留まらず、儒学にも経書に天命や鬼神などに言及する記述が認められるが、蟠桃の立論では、「孔子ノ言ヲ引《ひく》モノ、論・孟・中庸・大学ニ出ルノ外ハミナ妄説ナリ。必シモ信ズベカラズ」(102)という具合に、経書の所伝に基づく限り、鬼神に対する孔子の態度とは、あくまでも「敬して之れを遠ざく」（『論語』雍也第六）とするものであったことに注意が払われる。蟠桃は、こうして鬼神論をめぐる学的態度の模範型を儒学に見定めようとする。すなわち、

仏者・神道者多ク儒ヲ混ジテ三教トシ、漢土ハ儒ヲ以テ天下ヲ治メ、日本ハ神道ヲ以テ天下ヲ治ムト云。ミナ誤

ナリ。…ナンゾ神道ヲ以テ天下ヲ治メン。仏者モ亦斯《かく》ノゴトシトイヘドモ、決シテ儒ト並ベ云ベカラズ。儒ハ聖人ノ道ニシテ、天下ヲ治メ身ヲ修ムルノ道也。…神仏ノ二ツハ葬埋・祭祀ノコトニシテ、天下ヲ治ムルニハアヅカラザル也。混ズベカラズ。(103)

と述べ、天下を治める道とは何よりも儒学に求められるべきことを高唱する。治世の要諦を儒学教説に見出そうとする蟠桃のこの主張は、江戸社会にあってはむしろ常識的見解というべきかもしれない。だが、この所論が「鬼神論」の排除という文脈から説かれている点に着眼するなら、彼の意図は、一般民衆が日々の暮らしを過ごす俗社会ではともすれば奇説・邪説が流布しがちとの傾向を見据え、そうした傾向を民衆社会から排除することにあった、と読むことも可能だろう。蟠桃の、

天下ノ教法、俗ヲ以テ俗ヲ教ユ。我コノ庶民ハミナ俗ナリ。ナンゾ高遠ヲ教ヘン。君君タリ、臣臣タリ。父父タリ、子子タリ。孝弟・忠信・仁義・礼智ミナコレ俗ヲ治ムルノ法ナリ。ソノ外ニ何ヲカ教ヘン。コレヲ道《みちび》クニ徳ヲ以テシ、コレヲ斉《ととの》フルニ礼ヲ以テシテ、民治マラザレバ、止《やむ》ヲ得ズシテ、政ヲ以テシ、刑ヲ以テス。コレ俗ヲ以テ俗ヲ治ムルノ教ナリ。豈《あに》来世・地獄・極楽・天堂・天帝ノ虚無ヲ立テ教《おしゆ》ルノ法アランヤ。天下ノ教法、今世《こんせ》ヲステヽ、来世ヲ云コトアルベカラズ。(104)

との所述は、まさに今の世の俗社会に住まう一般庶民のための教法が、一方で奇説・邪説に覆われず、他方で高遠・難解に陥らない「卑近」なるものであるべきことを語ったものといえるからである。

ただし儒学説といっても、蟠桃の学的立場からすれば、学的営為の主体を武士身分に限定しつつ、しかもその主たる内容を政治と詩文とに分極化した徂徠学に対しては、「後世治国平天下ヨリ斉家修身ノコトハ離レテ、学問ト云フモノハ経史ノ講読及ビ詩文ノ述作ノコトノミニ落テ、政事・斉家ノコトハ師家《しか》ナドノイハヌコトニナリタリ(105)」と、厳

しい批判を向けている点に注意を傾けておく必要がある。また、日常卑近な教えこそが「孔孟の意味血脈」と説くことにおいては、蟠桃と認識を共有していたと見られる仁斎学をも、「徂徠先生ノ論語徴ノゴトキ、仁斎先生ノ大学ハ孔子ノ遺書ニ非ザルノ弁ノゴトキ、見ルウチニソノ牽強ノ甚シキヲシル」(106)と批判している点についても、これを懐徳堂儒学の学的傾向の発露と読むことが許されるだろう。こうした「古学」批判の所論を見る限りにおいて、蟠桃の儒学が朱子学に依拠するものであったことは間違いない。

ただしそれでも、『夢ノ代』に象徴される蟠桃の学問自体が、単に儒学的思惟に基づいて構成されただけのものでないことは、その広域にわたる内容から見ても論を俟たない。さらに儒学（朱子学）に依拠するといっても、蟠桃には、後世に生きる人間の目から、その学説に様々な独自の解釈を付加する姿勢を認めることができる。例えば、蟠桃の君主観である。儒学の一般的理解では、君主の地位を定めるのは「天」だとされる（君主の地位は、その徳に基づいて「天」から定められる）が、蟠桃はこれを彼特有の解釈に基づいて、

神代ノ巻ニテミレバ、君アリテ後ニ臣民ヲ造リタルヤウナレドモ、左ニアラズ。庶民アリテ後ニ君ヲ立《たて》タル也。一旦君ト立ラレタレバ、万民ハソノ君ノツカヒモノトナル也(107)。

と論ずる。もちろんこの解釈をもって、蟠桃が、君主とは民衆から選ばれた存在だと説いたとまではいえないにせよ、君主の存在を庶民の存在に後置させていることは明らかである。

あるいは、祭祀の意味合いについてである。儒学の一般認識では、祭祀とは祖先崇拝の心情と一体化されたものであり、その心情と儀礼とは不可分の関係に据えられていた。だが、それに対し蟠桃は、

祭祀ハ孝ノ余波ナリ。孝ノ主ニアラズ。人ニヨリテ祭祀ハセズトモスムベシ。聖人教ヲ立ルニ、ナンゾ本源ヲステ、余波ヲ主張センヤ。存生ニ孝ヲツクスハ本ナリ。祭祀ニ孝ヲツクスハ末ナリ。本ヲサヘヨクスレバ、末ハ勤

メズトモスムベシ[108]。

という具合に、祭祀を「孝」の余波とし、さらに両者を「本末」関係に据えることで、「本」たる「孝」さえ存すれば、「末」たる祭祀は不要とまで断ずるのである。『夢ノ代』の著述内容については、従来より徹底的な合理主義の精神に貫かれているとの指摘がなされてきているが、そのことは以上の議論に顕著に反映されているといえるだろう。

江戸社会の現状肯定

なお、「天文」と「無鬼」以外の項目の中で、とくに注意を引くものを端的に取り上げるなら、蟠桃の歴史（神話）認識と江戸社会の現状肯定の姿勢だと見られる。その歴史認識にて特筆されるものは、

按ズルニ我日本、神武東征ノ昔《むか》シ、上代ノコト幾千万年ヲシルベカラズ。大八洲ノ国々、ミナ当今ノ蝦夷国ノゴトクニシテ、君ナク、長ナク、自々各々争ヒテ過行シニ、…神代ノ巻ミナ譃《うそ》言ニテ、言伝ヘタルコトヲ引上テ書タルノミ[109]。

というように、記紀神話に描き出された「神代の巻」を後世のつくりものと断じている点である。これは記紀神話に、例えば瓊瓊杵尊《ににぎのみこと》が木花咲屋姫《このはなさくやひめ》を娶って一夜にして子を娠んだ、との常識を超越した事跡が散見するのを疑うことにも基づくが、それとともに、

国ノヒラクハ文字アルヲ以テ也。文字ナケレバ、国アレドモナキガゴトシ。…日本応神ノ世ヨリ文字ワタリテ、今ニ至リテ千四五百年ノコトハ事実明ラカナリ。…神武ヨリ応神マデ千年ノコトハ、聞伝ヘ言伝ヘタルマヽニテ、書籍ナケレバ知ルベカラズ。タトヒヨク言伝フトモ、三代・五代ノコト也。五百年・七百年ニ到リテハ、何ヲ以テカコレヲ知ラン[110]。

との所論に象徴されるように、文字をもって事実を伝える最も確かな手段とする合理的・実証的精神に基づくことであった。懐徳堂の学問の最も基本的な精神が、彼のこの所論に投影されているといえよう。

他方、様々な歴史変遷を経て到達した江戸幕府の政治体制に対して、蟠桃は称賛を惜しむことがない。例えば、

封建ハ天下ヲ治《おさむ》ルノ道也。郡県ハ秦ノ始皇ニ始マリテ、私ノ法ナリ。封建ノ天子ハ、徳ヲヲサメザレバ諸侯服セズ。無道ナレバ諸侯ノ内ヨリ放伐ノ心起ルベキヤノ恐レアリ。又我マ、ナルコトアタハズ。驕奢《きょうしゃ》スルコトアタハズ。郡県ノ天子ハ、兵権皆我ニアリテ、不服・放伐ノ諸侯ノアルベキ気遣《きづかい》モナク、我儘ニシテ、驕奢四海ヲツクス。[111]

というように、封建制の優位性を郡県制との対比を通じて賛美している。これは、我が国が武家政権になってから、足利、織田、豊臣と政権の変遷が見られたのは各時代の覇者の勢力・智権に拠るものであったのに対し、

唯我神君ノミ、天命・行事カネツクシテ、一生其意ニミタズシテ、願ヒ望マズシテ、天下自然ト其有トナルモノハ、其信義ノ顕著、武徳ノ盛《さかん》ナルモノカ。[112]

と、ただ一人徳川家康のみが、天命によって天下を平定したからだというのである。蟠桃の、合理的にして急進的な姿勢は、天皇家の系図への批判に及ぶまでに至ったものの、さすがに徳川幕府の正統性にまで異論を差し挟むことは、時勢がこれを許さなかったといえよう。

経綸に包摂される教育論

なお、教育思想史の関心からこの書を読み解こうとするとき、その大部にわたる諸論攷の中に「人間の形成」を関心に据える記述を見出すことは難しい。例えば、同書巻六の「経済」には、人君の務めを説いた「天ノ心ヲ心トシテ臣下民生ノ父母トナリテ、万民ヲ恵ミ育テザレバカナハザル、コレ人君ノ常ナリ」[113]

や、仁者のありようを語った「人《ひと》知アリテ学ベバ聖賢トナリ、天下ノ人ヲ仁恕シテ、己ガ血液ノ他人ニ通フガゴトク、困苦ヲ見《みる》ニ忍《しのび》ザル也(114)」などの記述が認められる。だが、これらは儒学思想の全般的傾向ともいうべき「政教一致」に関わる教唆と見るべきものである。

また、巻七の「経綸」にも「昔大姙《たいじん》ノ文王ヲ教育スルヤ、胎中ヨリコレヲヲシヘ、食スレバ教ヘ、言《いへ》バヲシヘ、歩スレバヲシヘ、行《おこな》ヘバヲシユ(115)」というような胎教に関する記述や、あるいは、

元来ハ古ヘト今トハ教法ノカハリタルナリ。程朱ノ時分ハ切問ノ学者多シ。師モ亦格別ナリ。大抵孔門ノ遺風アリ。ソノ後ノ師タル人ミナ聖人ニアラズ。各《おのおの》ソノ好《このみ》ニシタガウテ一概ノ教ヲ立テ、竹ノ皮ニ包《つつみ》テ配ルヤウナル教ヲナス。ユヘニ活動ナシ。又経書ヲ熟読スルコトモ朱子ノ時ヨリ始ル。講釈ト云コトヲヒ〱ハジマリテ、己《おのれ》ノ意ヲ発シテ人ヲ誘導ス。…後世ハ…経書ニ熟シテヨク執行セバ、古今ノ大儒トナルベキナリ。ソノ上ニ今日修身ノコトハ、切問・近思ヲ主トスルトキハ、近世ノ学風ノ弊《ついえ》変ジテ古ヘニカヘラズトモ、弟子ノ為ニモヨカルベシ(116)。

という、教法の変遷に関する所述を認めることができる。後者の教法については、単に古代の遺風に倣うことに拘泥するだけでよしとはせず、絶えず世の変化に応ずることのできる望ましきものを開拓していくべき、との蟠桃の姿勢を物語るものといえる。だが、これらの所論でさえ、それ自体への関心に基づいて立てられた教育論というよりも、むしろより大きな全体としての経綸の内部に包摂される教育論であったことは否めないであろう。

蟠桃の思想戦略

しかしともあれ、『夢ノ代』に集約される蟠桃の思想的立場とは、旧来の武士支配の社会体制を前提に形づくられた学問に対して、新興の開明的な町人階層の眼差しからこれを捉え返そうとする、ある種の反骨姿勢であったと見ることが許されよう。旧来の学問領域をはるかに越え出る広範な内容を網羅的に取り扱い、しかも当時の先端的知見たる西洋学の諸説を豊富に取り入れながら、町人学者の矜持を含め込ませた大著こそが、この

『夢ノ代』なのであった。しかしその反面、同著の巻末にて蟠桃が、

> 吾レ思フニ、天下教法サマ〴〵有リトイヘドモ、儒ニシクハナシ。君君タリ、臣臣タリ。父父タリ、子子タリ。是ヲノゾキテ何ヲカ求メン(117)。

という、当時にあって最も一般的に通行する常識を結語としている点、さらに、「地獄なし極楽もなし我もなし、たゞ有《ある》ものは人と万物」および「神仏化物《かみほとけばけもの》もなし世の中に奇妙ふしぎのことは猶《なお》なし(118)」との二首を併記して、あくまでも現実社会にて捕捉できるものに自らの学的関心を傾注させようとしている点、などを看過することはできない。旧来の学問領域を越え出た広範な諸事象に関する包括的な知見を誇りつつ、それでもその学的関心の焦点は目前に存在する現実世界のあり方に注がれるのだとする蟠桃の姿勢には、江戸封建社会の内部にて新たな学問知を開拓していくための、したたかな思想戦略を認めることができるのである。

3　石門心学の成立と発展――民衆教化思想の進展

(1)　石田梅岩

懐徳堂の創設とほぼ同時代に、同じく町人階層の世界から新たな学的営みが誕生していた。いわゆる「石門心学」がそれである。一七二九（享保一四）年、石田梅岩（一六八五～一七四四）が京都車屋町の自宅に、「何月何日開講、席銭入り申さず候。無縁にても御望の方々は、遠慮無く御通り御聞き成さる可く候(119)」という書付を張り出し、講席を開いたのがその実質的な起点とされる。時に梅岩四五歳であった。聴講に席料を要せず、紹介者も求めず、自由に臨席してよい、というのである。このような特異な学問の場がいかなる事情に基づいて形成され、また、そこで講説された学的内容とはいかなるものであったのか。これを尋ねようとするには、石田梅岩という人物のそれまでの足跡を一

通り踏まえておく必要がある。

梅岩の出自

石田梅岩は、一六八五（貞亨二）年に丹波国桑田郡東懸村《とうげ》（現京都府亀岡市）の農家の次男に生まれた。名は興長《おきなが》、通称勘平、梅岩はその号であった（正式には梅巖）。石田家は、分家筋ながらも村の開発領主の同族であり、山間の農家としてごく標準的な本百姓であったと伝わる。当時、一般庶民の家に生まれた次男以下の者は、商家に奉公に出たり、職人の徒弟になったりするのが通例であった。梅岩もこの通例に倣うかのように、一一歳のときに京都の商家に奉公に出たが、一五歳のときに故郷に戻ったようである。梅岩の奉公先も、帰郷の理由も、その詳細は明らかでない。

その後、梅岩は家で農事を手伝っていたようであるが、一七〇七（宝永四）年、二三歳のときに再び京都に出て、呉服商黒柳家に奉公することとなった。この年齢から奉公を始めても、一人前の商人になることはほとんど見込みのないことであった（当時にあっては、一〇歳前後で丁稚奉公を始め、一〇年ほどの年季を経て手代となり、さらに一〇年ほどの務めを経て独立する、というのが一般通念であった）。当時の心境について後年梅岩は、「志したまふは何とぞ神道を説弘《とき》むべし。若聞人《もしきくひと》なくば、鈴を振り町々を廻りて成とも、人の人たる道を勧めたしと願ひ給へり(120)」と、神道の布教を本願とするものであったと述懐している。

ともあれこうして梅岩は、商家での奉公に勤しみながらも、寸暇を惜しんで読書を重ねたと伝わる。ただし、実際に彼がどのような書物に親しんでいたのかの詳細は不明である。梅岩は後年に至ってから、「予《よ》不学なれば、四書五経にさへ、仮名して読来《よみきた》れり(121)」と述懐しているが、そのことからすれば、たとえ熱心に独学に励み、幅広い知見を網羅的に養ったとしても、本格的な学問修養を積んだとまで見ることはできないだろう。さらにいえば、梅岩の思想形成には、そうした読書活動に加え、むしろそれ以上に商家での直接的な見聞や体験が相応の意味をもったものと推察される。梅岩の「商人ハ勘定委《くわ》シクシテ、今日ノ渡世ヲ致ス者ナレバ、一銭軽《かろ》シト云ベキニ非ズ。是ヲ重《かさね》テ富ヲナスハ商人ノ道ナリ。富ノ主ハ天下ノ人々ナリ。…且《そのうへ》天下ノ財宝ヲ通用シテ、万民ノ心ヲヤスムルナレバ、天地四時流行シ、万物育《やしな》ハルヽト同ク相合《あいかなわ》ン(122)」との所論は、商人の道にも天地の道に通ずる倫理が存在することを端的に語ったものであるが、こうした認識を梅岩に与えたものは、彼の日常生活上の実体験ではなかったか、と考えられるからである。

小栗了雲との邂逅と開悟体験

このように独学で相応の人生観を培った梅岩にとって、その思想形成上の大きな転機となったのが、儒仏に通じた小栗了雲（一六六八～一七二九。黄檗宗の禅僧であったと推定される）との邂逅であったといわれる[123]。すなわち、梅岩は三五、六歳の頃、「性」（人間本性）についてすでに相応の知を獲得したと自認していたが、次第にそれに対する疑念を募らせるようになり、良師を求めてもその機会は容易に訪れなかった。たまたま了雲と出会う時機に恵まれたとき、その人物に深く心服し、了雲に師事することになった。その後「性」の理解に心を尽くして工夫を重ね、一旦はそれを了解するに至った。その様子について、『石田先生事蹟』には、

> 其時先生四十歳ばかりなり。正月上旬の事なりけるが、母の看病し居たまひしに、用事ありて扉《とぼそ》を出でたまふとき、忽然として年来のうたがひ散じ、堯舜の道は孝弟のみ、鵜《う》は水を泳《くぐ》り、鳥は空を飛ぶ、道は上下に察《あきらか》なり。性は是《これ》天地万物の親と知り、大に喜びをなし給へり[124]、

というように記されている。このとき梅岩は、「性」が「天地万物の親」であると得心した、というのである。ただしその後、了雲にこのことを伝えたところ、了雲からはさらに、

> 汝が見たる所は、有《あり》べかかりのしれたる事なり、盲人象を見たる譬《たとへ》のごとく、あるひは尾を見、あるひは足をみるといへども、全体を見ることあたはず、汝我性は天地万物の親と見たる所の目が残りあり、性は目なしにてこそあれ[125]、

との教唆が与えられた。それより一年余の時間、日夜寝食を忘れて工夫を重ねた結果、到達した開悟の境地が「忽然

トシテ自性見識ノ見ヲ離レ得タリ」[126]と述べられるものだったのである。

この「自性」とは、朱子学の説く「本然の性」（天賦の本性）を想起させるように見えるかもしれないが、梅岩の開悟とは、「性」に対するそうした儒学知の枠組みから完全に解放されて、「自性ハ大ナルコトモ万物ノ親ト云コトモ思ハズ、迷ウタトモ思ハネバ亦タ覚メタトモ思ハズ」[127]というような境地に到達したことを意味するものであった。その後、了雲の死の場面に臨んだとき、了雲が自注を施した書物を譲り与えようとしたとき、梅岩はそれを辞退して「われ事にあたらば、新に述ぶるなり」[128]と答え、了雲を大いに満足させたと伝わるが、ここに、真知とは常に自ら見出し、我より創出していくべきものだとする、梅岩の境地の内実が描出されているといえるだろう。

こうして形づくられた梅岩の学問は、儒学に象徴される従来の学問とは、相当に異なる性格を有するものとなった。儒学であれば、その学的営為の基本は「四書五経」に象徴される経書を拠り所とし、そこから有為な意味や解釈を文献実証的に紡ぎ出すことが目指された。それに対し梅岩の学問とは、何よりも日常生活に関わる諸問題に対処し、これを克服していくための実践的拠り所を引き出す営為であることを意味した。梅岩の、「聖人ノ学問ハ行《おこなひ》ヲ本トシテ、文学ハ枝葉ナルコトヲ知ルベキコトナリ」[129]や「總テ経書ハ聖人ノ心ナリ。聖人ノ心モ我心モ心ハ古今一ナリ。其心ヲ知テ、書ヲ見ル時ハ、書ノ意味ハ掌《たなごゝろ》ヲ見ルガ如シ」[130]などの主張は、彼のそうした学的立ち位置を端的に描出するものである。このような梅岩の学的姿勢とその梅岩によって開かれた学塾の思想史的意味については、「文字テキストにもとづいた知的正統の世界からの逸脱」[131]とも評され得るものといえよう。

塾活動のあらまし

冒頭で述べたように、梅岩は四五歳にしてはじめて自宅に講席を開くことになるが、それは以上のような経緯を辿ることで得られた学的境地なのであった。以下、主に『石田先生事蹟』に拠りながら、彼の塾活動のあらましを概述しておく。

既述のように、梅岩の講席は聴講自由の公開講釈として始められた。だが、当初集まった聴衆は、二、三人から四、五人程度に過ぎなかった。講席に聴衆が一人も集まらなかったことや、一人の門人だけを相手に講釈を行うこともあった。大坂に出講に出かけたり、京都でも自宅以外で講釈を行ったりすることもあった。自宅での講釈は、毎朝

（明け方に始まり、辰の刻〈午前九時頃〉に終わる）と隔夜（暮れ時に始まり、戌の刻〈午後九時頃〉に終わる）に行われた。こうした梅岩の熱意によって、ようやく何名かの門人が得られたとき、梅岩は通常の経書講義とは別に、毎月門人たちに予め与えておいた課題への答書を求め、それに基づいて人性上の問題や日常生活上の問題を互いに討究する研修方式（「月次《つきなみ》の会」といわれ、毎月三回設けられた）を導入した。梅岩の主著『都鄙問答』は、この「月次の会」での遣り取りに基づいて編まれたものであった。なお、「月次の会」は、後に手島堵庵（一七一八～八六）によって「会輔」と名づけられることになる。

梅岩もその講釈には、「四書」『孝経』『小学』『易経』『詩経』などの儒学の経典をはじめ、『太極図説』『近思録』『性理字義』などの朱子学系統の典籍を使用したが、これらに『老子』『荘子』などの老荘思想書や、『和論語』『徒然草』などの和書も加えられていた。それについて梅岩は、「儒ヲ学ビシ道ヲ以テ、御神託ヲ拝スルニ、少モ疑《うたがは》シキコトモナシ。且仏老荘ノ教モ、イハヾ心ヲミガク磨種《とぎくさ》ナレバ、舍《すつ》ベキニモ非ズ」(132)と述べ、儒学の素養を基軸に据えながらも、これに加えて神道や仏教などを学ぶことをも積極的に容認している。人の心のありようを治めることに資するのであれば、様々な領域にわたる学知を柔軟に取り入れようとする梅岩の意図がここに明示されている。

梅岩の学問観

とくに注目されるのは、その仏教容認の姿勢だといえる。これまで再三繰り返したように、江戸儒学は、概して神道との習合傾向を示す一方で、仏教に対してはこれを論難する思想的態度を保持し続けてきた。それに対し梅岩は、

> 譬《たとへ》バ此《ここ》ニ一人ノ鏡磨者《とぎ》アラン。上手ナラバ鏡ヲ磨《とぎ》ニ可レ遣《つかはすべし》。磨種《とぎぐさ》ニナニヲ用ユト可問《とふべき》ヤ。儒仏ノ法ヲ用ユルモ如斯《かくのごとし》。我心ヲ琢《みがく》磨種《とぎぐさ》ナリ。琢《みがき》テ後ニ磨種《とぎぐさ》ニ泥《なづむ》コソヲカシケレ。仮令《たとひ》儒家ニテ学ブトイフトモ、学ビ得ザレバ益ナシ。仏家ヲ学ブトモ、我心ヲ正《ただし》ク得ルナラバ善《よ》カルベシ。心ニ二ツノ替《かはり》アランヤ。仏家ニ習《ならへ》バ、心ガ外ニ替ル者ト思フ者ハ笑フニモ又絶《たへ》タリ。仏家モ最初ハ儒学ヨリ入《いる》僧多シ。儒書ガ妨《さまたげ》ニナリテ、仏意ヲ得ルコト成難《なりがた》キコトヲ聞《きか》ズ。儒者モ其如クニ仏法ヲ以テ心ノ磨種《とぎぐさ》ニシテ、心ヲ得テ、何ゾ儒家ノ妨トナルベキヤ。(133)

と述べ、学問の趣旨を「心を磨く」ことと理解する限り、その趣旨に資するのであれば、儒学であれ仏教であれ、それを用いる価値は同等だとするのである。梅岩の思想には、しばしばある事象を「本体」と「作用」との二側面から捕捉しようとする「体用論」の摂取傾向が看取されるが、儒仏の関係についても、「扨《さて》儒仏共《とも》ニ理ノ所ハ近フシテ分レガタシ。又行ヒノ上ハ見ヘタル通リニ雲泥ノ違《ちがひ》アリ。出家ハ五戒ヲ有《たもち》、俗ハ五倫ノ道ヲ行フ。是又マギル、コトハナシ」(134)という具合に、両者は「作用」たる行為において雲泥の違いがあるように見えるものの、「本体」たる「理」については分かち難き関係にあることを強調するのである。

　このような梅岩の学問観は、その目的論についても、またその方法論についても、旧来の学問観とは大いに位相を異にするものであった。目的論についていえば、梅岩は、

学問ノ至極トイフハ、心ヲ尽シ性ヲ知リ、性ヲ知レバ天ヲ知ル。天ヲ知レバ、天即《すなはち》孔孟ノ心ナリ。孔孟ノ心ヲ知レバ、宋儒ノ心モ一ナリ。一ナルユヘニ註モ自《をのづから》合《かな》フ。心ヲ知ルトキハ天理ハ其中ニ備《そなは》ル。(135)

と述べ、学問の窮極目的を「心を尽くすこと」あるいは「性を知ること」に集約させて解釈する。これは、儒学が何よりも「治国・平天下」への道を説くことが評価されて、江戸社会に受容されてきた学的動向からすれば、その動向とは趣旨を違える所論（全体としての天下国家よりも、個々人の心の側に学的力点を据える）だと見ることができよう。

　また学問の方法論についても、従来の儒学は、経書の字句の意味を正確に捕捉すること（訓詁学）や、諸注釈書の異同を明らかにしながら字句の原義に遡ること（考証学）などに主眼を注ぐ傾向があった。それに対し梅岩は、学問の方法を「心を磨く」ことに集約させる（旧来の学問は、そのためのツールになぞらえられる）。そうして梅岩は、「コレ文字ノスル所ニアラズ。修行ノスル所ナリ」(136)や「心ハ言句ヲ以テ伝《つたゞ》ラル、所ニアラズ。…聖人ハ天地万物ヲ以テ心トシ玉フ。口伝《くでん》ニテ知ラル、所ニアラズ。我ニ於テ会得《えとく》スル所ナリ」(137)との所述のように、いわば「知識（文字）」ではなく「実践」それ自体を方法論の基軸に据えるのである。

なお既述のように、梅岩の学問観は「性」論へのアプローチを通して鍛錬されたものであった。だが他方で、梅岩の学問は「心を磨く」ことを極めて重視している。では、その「性」と「心」との関係を梅岩はどう理解したのか。

「性」と「心」との関係

梅岩にとっての「性」の意味は、彼の「其性ト云ハ人ヨリ禽獣草木マデ、天ニ受得テ以テ生ズル理ナリ。…性ヲ知ル時ハ、五常五倫ノ道ハ其中ニ備レリ。…性ヲ知ルハ学問ノ綱領ナリ」(138)という言葉に最も端的に描出されている。ここに示された「性」理解とは、「性即理」の関心に立つとともに、その天与の「性」に道徳の根拠を定位する点において、朱子学の説く「性」に依拠するものといえよう。ただし、この言葉に続けて、梅岩は「故《かるがゆへ》ニ心ヲ知ルヲ学問ノ初メト云。然ルヲ心性ノ沙汰ヲ除《のぞき》、外ニ至極ノ学問有コトヲ知ラズ。万事ハ皆心ヨリナス。心ハ身ノ主ナリ」(139)と述べ、「性」と「心」とを同一のものと捉えているようにも見える。

梅岩が「性」と「心」との関係をどう理解したのかについては、『石田先生語録』の中でも取り上げられている。同語録（巻一二）の記述によれば、行藤志摩守（熊本六所大明神社司）から発せられた「心」と「性」との異同をめぐる問いに対し、梅岩は、

心トイヘバ性情ヲ兼、動静体用アリ。性トイヘバ體ニテ静ナリ。心ハ動テ用ナリ。心ノ体ヲ以テイハヾ性ニ似タル所アリ。心ノ体ハウツルマデニテ無心ナリ。性モ亦無心ナリ。心ハ気ニ属シ、性ハ理ニ属ス。理ハ万物ノ中ニコモリ顕ル、コトナシ。心ハ顕レテ物ヲウツス。(140)

と返答している。この所述もまた朱子学の心性論を踏襲するものといえ、上述の「体用論」に依拠しながら、「性」を本体と、「心」をその作用と理解するものである。本体たる「性」とは不動の原理として人間に内在するもので、人は具体的・実際的にはそれ自体を捕捉することができない。それに対し、その作用である「心」は絶えず発動するもの（ときに私心や私欲に覆われる）で、人は絶えずそのありさまを実際的に捉まえることができる。それゆえ、梅岩

は「性ヲ知ルト云ベキヲ世ノ人得心シヤスキヲ第一トスルユヘ心ヲ知ルトモ云リ(141)」と、一般人にとって「心」のありようを捉まえることの容易さを強調する。ともあれ、こうして梅岩は、

我ハ万物ノ一ナリ。万物ハ天ヨリ生ル丶子ナリ。汝万物ニ対セズシテ、何ニヨツテ心ヲ生ズベキヤ。是万物ハ心ナル所ナリ。寒《かん》来レバ身屈シ、暑《しょ》来レバ身伸《のぶ》。寒暑ハ直《ぢき》ニ心ナリ。熟シテ工夫アルベシ(142)。

と説いて、諸事万物の核心たる「心」の工夫をもって自らの学問の趣意に位置づけるのである。

以上のように梅岩の学問は、朱子学を中心とする儒学知を基調としつつも、加えてそこに老荘思想や神道・仏教などの知見をも取り込みながら、「心」を知り、「心」を尽くすことに最大限の価値を求める、という学的傾向を顕著に帯びるものとなった。しかもその「心」の工夫を、高尚な学理論としてではなく、むしろ江戸庶民の実際的な生活現実の中での実践営為として説くものであった点に、その思想史上における最も重要な特質を認めることができる。

商業の積極的評価

梅岩は、江戸封建社会を規定する士農工商の身分秩序を、あたかも自然界における日月の運行や風雨寒暑の移り変わりと同様であるかのように、あるがままに肯定した。しかしその上で、梅岩の思想を最も顕著に特徴づけたものは、江戸社会における身分の上下関係をそのままの形で容認するに留まらず、自分自身と彼の周囲に存在する商人の存在意義を積極的に評価し主張した点にあった。彼の、

士農工商ハ天下ノ治《おさま》ル相《たすけ》トナル。四民カケテハ助ケ無カルベシ。四民ヲ治メ玉フハ君ノ職ナリ。君ヲ相《たすく》ルハ四民ノ職分ナリ。士ハ元来《もとより》位アル臣ナリ。農人ハ草莽ノ臣ナリ。商工ハ市井ノ臣ナリ。臣トシテ君ヲ相《たすく》ルハ臣ノ道ナリ。商人ノ売買スルハ天下ノ相《たすけ》ナリ。細工人ニ作料ヲ給《たまは》ルハ工ノ禄ナリ。農人ニ作間《さくあひ》ヲ下サル丶コトハ是モ士ノ禄ニ同ジ。天下万民産業ナクシテ何ヲ以テ立ツベキヤ。商人ノ買利モ天下御免《おんゆる》シノ禄ナリ(143)。

という所述は、当時の一般通念であった農本主義に基づく商人蔑視の風潮と真っ正面から対峙し、商人の存在意義と商的営為の正当性を全面的に押し出した主張だといえるだろう。梅岩の「我教ユル所ハ商人ニ商人ノ道アルコトヲ教ユルナリ(144)」との表明は、彼の学的立場を最も象徴的に物語るものなのであった。

当時の商人蔑視の風潮は、例えば荻生徂徠の「商人ノ心ハ職人百姓トハ違ヒ、本《もと》骨折スシテ坐テ利ヲ儲ル者ナル(145)」や、林子平（一七三八～九三）の「士の城下に住居致候は、…自然と奢侈華麗に相成、衣服飲食の費多く有之候故、面々の禄をば、皆商人に吸取られ候て、窮迫仕候(146)」などの所述に象徴される。こうした観念、すなわち商人をもって、ただ利を求めるだけの卑賤な存在だとする観念に、梅岩は激しく対峙する姿勢を示した。すなわち、

商人ノ其始ヲ云《いは》バ古ハ、其余リアルモノヲ以テソノ不足《たらざる》モノニ易テ、互ニ通用スルヲ以テ本トスルトカヤ。商人ハ勘定委《くは》シクシテ、今日ノ渡世ヲ致ス者ナレバ、一銭軽《かろ》シト云ベキニ非ズ。是ヲ重テ富ヲナスハ商人ノ道ナリ。富ノ主《あるじ》ハ天下ノ人々ナリ。…且《そのうへ》天下ノ財宝ヲ通用シテ、万民ノ心ヲヤスムルナレバ、天地四時流行シ、万物育《やしな》ハルヽト同ク相合《あいかなわ》ン。如此《かくのごとく》シテ富《とみ》山ノ如クニ至ルトモ、欲心トイフベカラズ(147)。

との所述のように、梅岩にとって商人の道とは、ただ単に商人の個人的利益だけを求めるものではなく、「富の主」たる天下の人々への奉仕というべきものであり、それは万物を産み育てる天地の道と同一の含意を有するものなのであった。

上述のように、梅岩は、身を修めるための主体を「心」に見出したが、その心を喪失することを「放心」と呼び、その放心の具体例として「名聞」「利欲」「色欲」の三者を指摘している。このうち「利欲」については、「利欲といふは、道なくして金銀財宝をふやす事を好むより、心が闇《くら》く成て、金銀有がうへにも溜《ため》たく思ひ、種々の謀《はかりごと》をなし、世の苦みをかへりみず、剰《あまつさへ》親子兄弟親類まで不和に成、たがひに恨みをふくむに至る(148)」ものと説かれる。利欲（欲心）とは、「道」なき私心より生ずる「放心」のありようであり、これは商人として正当な利益を得ること（すな

わち「売利」とは明確に区別されるべきものなのであった。

もちろん、実際の商いの営みには、激しい販売競争が生ずることが避けられない。またすでに江戸社会を濃密に覆っている貨幣経済の中では商品価格の変動が避けられず、時機に応じて得られる利益に相違が生じてしまうような事態も頻出する。とくに相場の変動については、梅岩も、

> 売物ハ時ノ相場ニヨリ、百目ニ買タル物九十目ナラデハ売《うれ》ザルコトアリ。是ニテハ元銀ニ損アリ。因テ百目ノ物百二三拾目ニモ売コトモアリ。相場ノ高《あがる》時ハ強気ニナリ、下ル時ハ弱気ニナル。是ハ天ノナス所商人ノ私ニアラズ(149)。

と述べて、それが個々の商人の力では到底コントロールできないものであることを認めている。しかし、だからこそ梅岩は、「商人ノ道ヲ知ラザル者ハ、貪《むさぼ》ルコトヲ勉メテ家ヲ亡《ほろぼ》ス。商人ノ道ヲ知レバ、欲心ヲ離レ、仁心ヲ以テ勉メ、道ニ合《かなふ》テ栄《さかゆる》ヲ学問ノ徳トス(150)」と、商人のあるべき「道」を学問を通じて弁えるべきことを再三強調する。そうした商人の「道」や「職分」を熟知し実践することを踏まえた上で、梅岩は「売利ヲ得ルハ商《あき》人ノ道ナリ(151)」と高唱するのである。

倹約の強調

なお、こうした商人観や商業観と関連して、梅岩は、倹約の意義をとくに強調する。すなわち梅岩は、倹約が単なる節約ではなく、「財宝の節用」あるいは「資源の過不及なき消費」を意味するものであることを説くのである。彼のその趣意は、

> 蓋《けだし》倹約と云事、世に多く誤り吝《しわ》き事と心得たる人あり。左にはあらず。倹約は財宝を節《ほど》く用ひ、我分限に応じ、過不及なく物の費捨《ついへすつ》る事をいとひ、時にあたり法にかなふやうに用ゆる事成へし(152)。

という言葉に凝縮されている。倹約とは、資源を節約することを要件とするものではあるが、その節約の結果蓄積された資源をある目的のために配分し、利用するという過程までをも含めて理解されるものだ、というのである。さらに梅岩の説く「倹約」には、そうした経済合理主義的な含意とともに、彼の世界観や人間観に基づく道徳的な含意も包摂されていた(153)。梅岩の、

士農工商をの〳〵職分異なれども、一理を会得するゆへ、士《さふらい》の道をいへば農工商に通ひ、農工商の道をいへば士に通ふ。なんぞ四民の倹約を別々に説《とく》べきや。倹約をいふは他の儀にあらず、生れながらの正直にかへし度為《たきため》なり。天より生民を降すなれば、万民はこと〴〵く天の子なり。故《かるがゆへ》に人は一箇の小天地なり。小天地ゆへ本《もと》私欲なきもの也。このゆへに我物は我物、人の物は人の物。貸《かし》たる物はうけとり、借《かり》たる物は返し。毛すじほども私《わたくし》なくありべかゝりにするは正直なる所也。此正直行はるれば、世間一同に和合し、四海の中《うち》皆兄弟《けいてい》のごとし。我願ふ所は、人々こゝに至らしめんため也(154)。

との所述は、「倹約」が人としての生来の「正直」に依拠することを、力強く説いたものである。また、その「正直」が人の存在を「小天地」と見る理解に依拠するものであることにより、「倹約」という徳目に士農工商の職分の相違を超越した価値が与えられていることが特筆される。

　こうして梅岩は、「心の工夫」の核心に「倹約」を据えることで、それが士農工商の四民それぞれの職分を超越し、四民に共有された「理」であると強調する。すなわち、

上より下に至り、職分は異なれども理は一なり。倹約の事を得心し行ふときは、家とゝのひ国治り天下平なり。これ大道にあらずや。倹約をいふは畢竟身を修め家をとゝのへん為也。大学に所謂、天子より以て庶人に至るまで、壹《ひとつ》に是皆《みな》身を脩るを以て本とすと、身を修るに何んぞ士農工商のかはりあらん(155)。

との所論に象徴されるように、倹約を得心しつつ職分を果たすことで、武士身分に限られず、農工商もまた治国・平天下の営為に参与することが可能になる、と高唱するのである。

教師梅岩の実相　以上のように、梅岩の学問は「心の工夫」に基づく道徳実践を説くことを窮極の目的に据えるものであった。しかも梅岩の学的姿勢とは、道徳を説くのみに留まらず、自らその実践に努めることを躊躇しなかった。『石田先生事蹟』には、「ある年の冬の夜、下岡崎村に大火事ありしに、寒中といひ夜中といひ、食乏《とも》しくては堪へがたかるべしとて、夜半に門人を催し、飯をたき、にぎり飯とし、門人を伴ひ、彼《かの》岡崎に持行きて、難義なる者にことごとくあたへたまへり(156)」や、「元文庚申《かのえさる》の冬より、辛酉《かのととり》の春にいたり（一七四〇年から翌四一年にかけて）、上《かみ》京下《しも》京のはしばし困窮の人多かりしに、…先生此事を深くいたみ給ひ、…門人をともなひ三四人づつに分けて、極月廿八日より日々所をかへ、銭を持行きて施したまへり(157)」などの記述が散見する。梅岩は、倹約を貫徹し、質素な日常生活を送るばかりでなく、実際の社会救恤の活動にも真摯な努力を惜しまなかったのである。こうした梅岩の姿勢は、その後の石門心学運動の重要な一部門となり、飢饉などの際には自発的に社会救恤事業に取り組むような学風を形づくることとなった。

梅岩の教師としての風は、「先生五十歳の頃までは、人に対し居給ふに、何にても意にたがひたる事あれば、にがり顔し給ふ様に見えしが、五十余になりたまひては、意に違ひたるか、違はざるかの気色、少しも見え給はず、六十歳の頃我今は楽になりたりとのたまへり(158)」と伝えられている。梅岩が死去したのは、一七四四（延享元）年九月のことで、享年六〇歳であった。一生独身で過したため遺族はいなかったが、その後門弟たちにより年忌が手篤く営まれている。『石田先生事蹟』には、「歿後宅に遺りし物、書三櫃。また平生人の問に答へ給ふ語の草稿、見台、机、硯、衣類、日用の器物のみ(159)」との簡素な記述のみ遺されている。

（2）手島堵庵

石門心学の発展と普及

石田梅岩の没後、梅岩の学問を継承し、その学的内実を、一層の平易化を推し進めながら広く一般民衆の間に伝えることで、いわゆる「石門心学」を社会的な教化運動にまで発展させたのは、手島堵庵（一七一八〜八六。名は信、字は応元、堵庵は号。東郭先生とも号される）であった[160]。堵庵は、京都の豪商上河家（屋号は近江屋）に生まれ、一七三七（元文二）年一八歳のときに梅岩に入門する。梅岩の没後は家業に専念するが、年長の門人たち（斎藤全門、木村重光、富岡以直、杉浦止斎らの名が伝わる）が相次いで死去したことを受け、求めに応じて一七六〇（宝暦一〇）年四三歳の頃より講席を開くようになる。梅岩没後一七回忌の年のことであった。

これ以後、堵庵は心学の教化と普及に努め、心学講舎の設立や講釈方法の工夫、さらには著述活動など、数多くの実績を残すに至った。その心学活動は、一七八六（天明六）年、堵庵が六九歳で没するまでの二〇数年間に及んだ。堵庵は、当初その書斎を講学の席としていたが、門弟が増えるに従って講席の必要を認めるようになり、「会友大旨」（講義旨趣を記した「定書」）を出版した一七七三（安永二）年、五条東洞院に修正舎を設けた。その後、一七七九年に時習舎、さら一七八二（天明二）年に明倫舎を設立している。これら三舎は連名で定書《さだめがき》を制定したり、指導者の資格検定を行ったりするなど、石門心学の拠点として機能するようになる。こうして堵庵の代に、心学講舎は京都に五舎設けられたのを手始めに、その後大坂に四舎、次いで江戸や諸国にも開設され、一七八五（天明五）年までに二二舎の設立をみるに至った。また、梅岩の時代にはせいぜい四、五〇人程度であった聴衆も、堵庵の頃には多くは三、四百人、稀には千人に及ぶこともあったと伝わる[161]。堵庵の心学普及運動の力強さや規模は、これらの数字から見ても圧巻であったといってよい。

「会輔」と「道話」

だが、堵庵の心学活動において、何よりも特筆されるべきは、その講釈の方法について、梅岩によって創始された「月次の会」を、集団での口話を通して行われる「会輔《かいほ》」へと発展させたこと、および、講述者が高座から不特定多数の聴衆に語りかける方法としての「道話」を採用したことであった。とくに「道話」という方法は、その後の石門心学の発展に重要な影響を及ぼすことになった、と評されている。

会輔とは、『論語』顔淵篇の「曾子の曰わく、文以て友と会し、友を以て仁を輔く」との文言を出典とする言葉で、堵庵は、その教授方法上の趣旨を「いにしへより友に友によらざれば道にすゝみがたし。故《かるがゆへ》に曾子聖賢の書物にいでたる言を以て、友より集りてその意味を物がたりしあひて、心をみがけば心に恥る事日々にすくなくなりて、我が本心の仁徳そろ〳〵明になり、段々道にもすゝむ事ぞと示し給ひしなり(162)」と記している。会輔にて使用されるテキストは、「四書」『近思録』『小学』『都鄙問答』『斉家論』に限られたが、梅岩の二著書を除く漢籍は、いずれも「示蒙」と呼ばれる仮名書きの啓蒙書に基づき、その要文を学ぶものとされている。その学習法も同友らが集まり、

平常《つねづね》教の書物のうちの御言《おんことば》をよみ、討論といふてはなしをいたしあひ、人々独の身の上をつゝしみ守りて、万事の道理本心にそなはりあれば、其我が本心にたがはぬやうにいたしならふべし(163)。

というように、テキストの一節を主題に据え、参加者が相互にその趣旨を討論しながら、それぞれの「本心」に違わぬように努めるというものであった。この会輔の席での学習方法の基調をなすものは、あくまでも同友相互の口語での遣り取りである。テキストを読むという読書の課程は、必ずしも前提要件とされていない。江戸時代に一般的な学習法とは、「素読」に象徴されるように、テキストの文字一字一句を学習者の身体の内部に埋め込ませることを必須の要件とするものであった。だがこの会輔の席では、「水車で米をつけば、人の力もいらず、いつとなく米と米と互にすれあひて白くなる…。則《すなはち》人も良友達に交りいるも、それと同じ事にて、ちからいらず楽々として善人になる(164)」との文言のように、実際に書物を読むという苦労を要せずとも、同友と交わることで自ずと善人になることができる、と説かれたのであった。テキストの内容に即しての学習ではなく、集団での討論や会話を通しての学習を方法的原理とする会輔の意味を、辻本雅史は「目」（文字言語）でなく「耳」（口語）を媒介した「学問」の世界であった、と評している(165)。

もう一つ、堵庵によって導入・実践された斬新な教授法が「道話」であった。「道話」という言葉は、前述の「会

友大旨」（一七七三年）にも「学者常に先哲の道話を聞ざるは飲食の養を絶がごとし。心志飢渇して意《こゝろばせ》誠ならず」[166]との用例が見られるが、いわゆる「講釈」と区別した意味でこの言葉が使用されるようになるのは、一七八一（天明元）年に記された堵庵の「諸方へ道話に御出の朋友中御心得の大体」が初出とされる。[167]この「道話」とは、梅岩の開悟を前提として成り立つもので、それについて堵庵は、

みなく〳〵先生の痩《やせ》こけて御苦労をなされ御世話になされて下されました御かげで、此うへない大安楽の道を見つけさせて下されましたは、無限莫大の御仁恩では御座りませぬか。[168]

と強調している。「道話」とは、梅岩が切り拓いた開悟の世界を、一般民衆に広く伝達することを意図して取り組まれたものといえよう。また、その方法論の独自性を最も特徴的に示すものは、「道」とは知識（文字）を通して伝達可能なことではなく、それゆえ「道」の学びにおいて何よりも大切なのは口話（語り）によって相手の会得を促すことだ、とする心学者の確信であった。梅岩がその開悟の世界を「知識（文字）」ではなく「語り（口話）」によって伝達できるとしたことを忠実に継承し、さらに徹底したものが、この「道話」だったのである。

「道話」の具体例　それでは、かつて梅岩が到達した開悟の境地を共感的に理解するための口話の手法とは、どのようなものだったのか。繰り返しになるが、その境地とは言葉や論理では伝達できないため、あくまでも開悟の境地を追体験することを求めるものとなる。例えば、その様子の一例は、

お前がた心といふものはどの様なものじやとおもふてござる。からだのことを尋ると口とはこんなもの、手はかふいふものと答へられるが、心は知らぬものじや、答へることが出来ぬ。人間のはたらきは一ッとして心があるじとなつてせぬことは一ッもない。その心を知らぬは奉公して主人を知らぬと同しことじや。この心学はそれを知る修行じや。…お前の大かた心じやく〳〵とおもふは、此胸の内でゆかふの戻らふのどふせうのかうせふのとお

ものが心じやと思ふて居るであらふ。あれは皆見たり聞たりした影法師で、おもわくの心、迷ひの心といふものじや。…その様な思按分別せぬ先にちやんと分ヶが分つてある。その心を知るのじや。何も六ッかしいことじやない[169]。

というように伝えられている。「心」を知ることのあり方を説く、その語り自体は実に平易で簡明だといえよう。だが、「心」の含意がこの語りにて必ずしも鮮明に伝えられているわけではない。「道話」の語り手が意識することは、その語りに聴衆が耳目や心身を集中させて相対するということである。それゆえ「道話」において本質的に重要な問題となるのは、その語りの論理的厳密さではなく、聴衆の心情的な共感や共鳴をいかに喚起するか、ということであったといえる。この、いわばいかに聴衆を感動させるかを目指す語りの世界のことを、辻本雅史は「劇場的空間」と評している[170]。

この劇場的空間での語りには、複雑な論理や抽象的な概念は無用であった。伝えるべきものは「本心を知る」という一点に尽きたが、そのシンプルなメッセージをわかりやすく印象づけるために、例えば堵庵は、「性」を「本心」「思案なし」「我なし」などと次々に言い換えた。様々な譬え話のほかに、軽口、諧謔、落とし噺などが多用されるとともに、印象的な和歌や諺などが随所に、しかも必ずしも原義に沿ったとはいえない解釈を引き出しながら使用された。また口語体といっても、日常語や方言などがそのまま使用されるなど、簡潔でリズミカルであり、かつ親近感と分かり易さを第一義的要件とする技法が盛んに採り入れられたのであった。

石門心学の世界では、こうして「会輔」と「道話」が盛行するにつれて、読書に象徴される自力での修養法が次第に衰微していった。その動向は、心学の学習が一人ひとりの自力・自助に基づく学問実践ではなく、集団や共同に向けられる口語によって「本心」を知る方法的営為へと移行したことを意味している。心学修行の場は、集団を前提とするものになったのである。「高座」から道話を繰り広げる語り手と、それを頼りに開悟の世界を追体験しようとする聴衆との間に成立した共同体が、まさに心学講舎だったのである。

童子対象の教説

なお教育史の関心からは、手島堵庵には「前訓」といわれる、七歳から一五歳頃までの童子を対象に語った教説が遺されていることが注目される。堵庵は「道話」に象徴される教化方法とともに、講席のありようにも改善を加えた。すなわち、それまで一様であった講席を、成人・年少者、男・女など別々に設定し、教化対象に応じた内容と方法を工夫した。成人対象の講席は夜間開講が主だったが、それとは別に童子を対象に昼間に講席を設けたのであった。その内容は石門心学の教育思想を象徴的に指し示すものと評し得るので、それをここで一瞥しておく。その教説は、「口教《くきやう》」と「女子口教」ならびに「附録」(「柔順」「清潔」「不妬」「倹約」「恭謹」「勤労」の婦人六徳が記されている)から成っている。

まず「口教一」では、①日本が「神様の御国」であるから神様を御拝みすること、②仏壇の内にいますご先祖を御拝みすること、③食事時に祖父祖母に挨拶すること、④自宅の出入りは父母に尋ねること、⑤両親の指示に従うこと、などが説かれる。いわば神仏や先祖・家系に連なる存在としての両親への孝行が、最初に説かれるのである。「口教二」では、①嘘をついたり行ったりしない、②悪しき遊びは行わない、③殺生は厳禁、④大口を叩かない、⑤男女の別を重んずる、などの個々人の振る舞いに関わる戒めが説かれている。とくに「幼稚時分《おちいさい》より、男女一所《ひとところ》へ集る事を恥かしく思召つけなさるゝが、至極によろしきことにて候[171]」という具合に、幼い頃より男女の隔てを習慣づけることが庶民の間でも強調されていることが注目される。「口教三」では、①悪しき人に交わらない、②人を外見で判断しない、③使用人に惨《むご》い仕打ちをしない、④衣服食物の好言を慎む、⑤物の貸し借りには父母の許可を得るなど、主に対人関係についての教訓が示されている。さらに「口教四」では、①毎月一度灸を据えて病を防ぐ、②飲食に気をつけて健康に注意する、③善悪に報いが生じることを弁える、④両親が不在でも親代わりになる人に大切に仕える、⑤心に悪しきと思うことは口外しない、などが記されている。これら小児への教訓は、「一孝たちて万善なると申事の候へば、世に父母《ちゝはゝ》へ孝行にて外事《ほかのこと》あしき人は終になき事にて候[172]」と説かれるように、父母への孝を基調に据えるものであったといえる。

女子への教戒

次いで「女子口教」であるが、これは「男子も同じ事と思召《おもほしめし》身に御引うけなされ候て、御聞なさる丶がよろしく候[173]」との断り書きがなされてはいるものの、その教説は専ら女子のために発せられたものといえる。その一つ目は「男女の別」であり、「幼稚の時より男女の乱がましき事を恥かしく思ひ、近よりて座する事をせず[174]」との心得が強調されている。「男は火のごとく、女は薪のごとし。近よれば必あやまちやすきことを真実に弁ふべし[175]」などと、男女関係の過ちを回避する責めを専ら女子の側の慎みに求めている。二つ目は、「三従の道」（幼稚の時は父母に従ひ、嫁しては舅姑夫にしたがひ、老て夫なくなりては我子に従ふ）の強調である。その上で、家の表向きの仕事はすべて夫に任せ、「女の業は手習、うみつむぎ、糸くり、綿つみ、たちもの、織縫、料理、煮焼加減、大やうかくのごとし[176]」という具合に、家内の諸事に務めることが女性の役務だと説かれている。三つ目は、「婦言」「婦徳」「婦功」「婦容」の四徳の強調である。しかもこれらがすべて義母（夫の母）への心配りと結びつけて論ぜられる点に、重要な含意が込められているといえる。そして四つ目が、「女は嫁して後は他念なく、舅姑夫に事《つかふまつる》こと、是まで父母につかへしごとくすべし。二度我うちへ戻るまじと御つ丶しみなさる丶が何より大切の事にて候[177]」との教説である。

このように石門心学において女子への教戒は、一方で自らの「気随」や「気儘」を戒め、他方で父母（嫁して後は舅姑）への孝行を最大限に尊重するものと見ることができる。男女の区別を意識することなく説かれた「口教」であれ、とくに女子の徳を説いた「女子口教」であれ、その教説の趣旨はほぼ江戸時代の庶民道徳として一般に通行したものであったと見ることができよう。だが、道徳教説の思潮を明治以後にまで視線を投じて捕捉するとき、「口教」の教説のすべてが明治以後も妥当したとはいえないのに対し、「女子口教」のそれには江戸と明治（さらには昭和戦前期）とを貫く顕著な連続関係を認めることができる。石門心学が、主に読書活動とは縁遠い一般庶民階層に普及した教説だとするならば、民衆レベルにてこの国の近世と近代とを通貫する女子道徳説の構成に果たした心学教説の思想史的役割は、決して等閑に附すことのできない意味を有するものと見ることができるだろう。

(3) その後の石門心学

心学教説の保守的傾向　石門心学は、手島堵庵による「会輔」や「道話」の導入によって、自覚的な読書の営みからは縁遠い存在であった一般庶民をも巻き込んだ教授方法上の革新をもたらす意味をもった。だが、そうした教授方法上の革新性の反面、そこで語られる教説の内容は、江戸社会の既存の習俗や通念に従うことに価値を据える保守的傾向を強く帯びるものであった。堵庵の、

道を学ふは知れた通をするをいひます。別に奇怪事《かはりた》ではござらぬハイ。百姓ならば田畠を作り、職人なら其職を精出し、商人なら商ひに精を入れ、何でも皆それ〲の道を尽す而已《ばかり》て他の事はござらぬ。是を学問といひますハイ。今多くは商人などの学問をするといふを見れば、博《たんと》書籍を見て文学の穿鑿而已《ばかり》して容儀《なりふり》を矯飾《しさひらしう》したがつて、今までの商ひをも止《やめ》ますはいかひ差錯《ちがひ》な事でござるハイ。商人なら商ひをして、たゞ我家業をよふ勤むるを学問といひますハイ[178]。

との教説は、幕藩体制の動揺に伴い各方面での社会不安が顕在化する時流にあって、諸般の治安対策を講じようとする為政者側にとっても歓迎すべきものであったはずである。こうして石門心学運動を畿内の他に関東一円へと普及させるとともに、幕府や諸藩の諸施策と心学との結びつきを深める上で重大な役割を演じたのが中沢道二《どうに》（一七二五～一八〇三）であった。

中沢道二の教化活動　中沢道二（名は義道、通称亀屋久兵衛。道二は号）は、一七二五（享保一〇）年、京都西陣の機織業の家に生まれた[179]。道二の生家は代々日蓮宗の信者で、貧しいながらも厳格な家風の中で成長した。やや長じて丁稚奉公に入った頃、病に罹患し、その平癒を鬼子母神に祈願したが、そのとき霊験なるものは祈られる神仏の功徳に存するのか、それとも祈る者の心の誠に存するのか、激しく思い悩んだという。この疑問が、貧しい暮らしとともに、道二を心学の道へと誘う原動力になったといわれる。

その後、道二は一七六五（明和二）年に等持院（臨済宗天竜寺派の寺院）の東嶺禅師の法席に参加して開悟の域に達し、さらに翌年、東寺の霊元禅師に謁したとき、その境位への称賛を得たと伝わる。やがて生涯の友となる心学者布《ふ》施松翁《せしょうおう》（一七二五〜八四）を介して手島堵庵の門に入った。入門の年代は必ずしも明らかではないが、明和末から安永の初め頃（一七七一〜七二年頃）のことといわれる。道二は入門後ほどなくして、堵庵の代講として諸方に出向くようになる。これは堵庵の道二への評価の高さを物語るものといえよう。

一七七八（安永七）年、道二は商用にて江戸に出るが、請われるままに諸方にて道話を講じ、相当に好評を博したと伝わる。翌年には、堵庵の命により正式に江戸布教の任を帯びる。この時、道二の年齢はすでに五五歳に達していた。だが、江戸での道二の活躍には目覚ましいものがあり、天明年間から寛政年間にかけて参前舎、慎行舎、圭明舎などの心学講舎を設置するに至った。とくに参前舎は、当初は日本橋通鹽町の旅寓に仮設されたものに過ぎなかったが、一七九一（寛政三）年には神田相生町に新築され、百二〇畳敷の大道場を擁する関東心学の大本山となった。また道二の教化活動は、決して江戸と関東地方のみにて行われたわけではなかった。彼はしばしば京都に戻って畿内およびその周辺地域を巡講した。石川謙の調査によれば、道二が遊説布教した地域は、五畿六道（西海道を除く、東海道・東山道・北陸道・山陽道・山陰道・南海道）の二七ヶ国に渡り、道二もしくは彼の高弟によって新設された心学講舎は二一舎に及んでいる(180)。

また、道二の教化活動にて特筆すべきは、心学を武士階級にも普及させたことにあった。すなわち一七八一（天明元）年、播磨山崎藩主本多忠可《ただよし》（一七四一〜九五）が道二に入門するという画期的な出来事が生じた。これを契機として、道二は、陸奥泉藩主本多忠籌《ただかず》（一七四〇〜一八一三）、出羽庄内藩主酒井忠徳《ただあり》（一七五五〜一八一二）、美濃大垣藩主戸田氏教《うじのり》（一七五六〜一八〇六）、丹波亀山藩主松平信道《のぶみち》（一七六二〜九一）、三河吉田藩主松平信明《のぶあきら》（一七六三〜一八一七）、伊予今治藩主松平定剛《さだよし》（一七七一〜一八四三）らの会合の席にてしばしば心学を講ずる機会を得た。これらの諸大名は、後の老中松平定信（一七五九〜一八二九）を盟主と仰ぐ一派であったため、一七八七（天明七）年に定信が老中首座に就くと、少なからぬ諸侯旗本が道二門下にて心学を修行するようになった。加えて、幕府御家人の妻であった門人浅井きを（一七五九～没年不詳）を通して、紀州家や一橋家・田安家の奥女中や、江戸城大奥にまで心学を普及させた。また、第九章にて紹介する老中松平定信の「寛政の改革」の諸施策の一つに、佃島の「人足寄場」（軽罪人や虞犯者の自立支援施設。実態は強制収容所とも評される）の設置があったが、道二は定信の意向を承けて同寄場での教諭方となっている。

道二「道話」の内容　では、道二が諸方で説いた道話の内容とはどのようなものだったのか。道二が「道」の内実を、最も端的に言い表したものとは、

> 道とは何ぞ、雀はちう〳〵、烏《からす》はかあ〳〵、鳶は鳶の道、鳩は鳩の道、君子其位に素して行ふ、外に願ひ求めはない。その形地《かたち》の通り勤めてゐるを天地和合の道といふ。柿の木に柿の出来るも、あい〳〵〳〵。栗の木に栗の出来るもあいあい〳〵と、口舌《こごと》言わず、たゞ素直に和合の道。此外《ほか》に道はない。それが神道、夫《それ》が儒道、それが仏道じや。此外に道といふはない。聖人は天地同根同性なるゆへ、一切万物を心として、其外に別に心はない。学問といふは、其道理を明らめるのじや。[181]

との彼の主張であったといえる。すなわち道二は、雀や烏や鳶にそれぞれの鳴き声があるように、また柿や栗の木にそれぞれの実が結ばれるように、この世には誰にとっても明白な日常的事実が存在すると説いた上で、そうした事実を事実として受け取る心のありようこそが「道」であり、その「道」を明らかにするものが学問だと語るのである。

石門心学もまた、「道」の捕捉をその学的課題に据えたことは論を俟たないが、石田梅岩の所論はその拠り所を「性」に求めることで、やや抽象的な意味合いを残余させていた。また手島堵庵は「本心」を拠り所とすることで、「道」の捕捉により具体的・個別的な意味合いを与えたものの、その所論には主観的な理解に流れる傾向が残されていた。それに対し、道二は、雀や柿の木などの自然事象を取り出しながら、その自然事象とは個々の事物の存在とその性質との和合を物語るものとしつつ、そうしたありのままの自然をそれ自体として受け取る心のありようを「道」

に結びつけたのである。[182]こうした、ありのままの自然が自身の心のありようとなることを説く姿勢は、学の営みにも反映されることになる。すなわち、学において重要なことは、表出された文字やその意味を理解することではなく、学を説いた聖人や君子の心を学習者自身の心に移し真似ることだと説かれたのである。すなわち道二の、

世間に書を読む人もたんとあれど、大方文字の沙汰ばかりで、肝心の心の沙汰をするものがない。此方の学文は文字しらいでも心安う出来る。心学と云ふて心を学ぶのじや。学《まなぶ》とは真似《まね》ぶといふ事で、聖人君子の御心を、及ばずながら銘々どもの心に移して真似るゆへ、学《まなぶ》といふ。我腹の中を誠にする心の吟味じや。[183]

との所論が、そうした学のありようを象徴的に物語っている。

ただし、こうした学的姿勢は、既成の道徳秩序に唯々として従うことが「道」だとする極めて保守的な行動原理を生み出すことにもなった。道二は、幕府が一七一一（正徳元）年五月に布告した高札（いわゆる「親子兄弟札[184]」）を、しばしばその道話の主題に選んでいた。道二は、幕府の高札を講釈し、その趣旨の徹底を図ることをもって、心学の本義にかなうことと意味づけたのであった。上述のように、道二が人足寄場での講釈を務めたことも、「道」の含意を幕府の道徳的訓令に合致させようとする彼の姿勢を象徴的に指し示すものと見ることもできるだろう。

石門心学の思想史的意義

こうして石門心学は、江戸中期から後期にかけて著しい普及を見るようになる。だがその反面、その後期より幕末にかけては衰退を余儀なくされながら明治期に達したともいわれている。石門心学の興隆と衰退との経緯については、石川謙が、①石田梅岩が自宅を講席として活躍した「創始時代」（一七二九〈享保一四〉～六三〈宝暦一三〉年）、②手島堵庵の活動が中心となった「興隆時代前期」（一七六四〈明和元〉～八六〈天明六〉年）、③中沢道二が関東を中心に諸国に進出した「興隆時代後期」（一七八七〈天明七〉～一八〇三〈享和三〉年）、④道二が没して後、京都と江戸とで対立抗争が深まった「教勢分裂時代」（一八〇四〈文化元〉～一八二九〈文政一二〉年）、⑤幕末期の動揺の激しい状況下にて諸般の社会教化運動（二宮尊徳の報徳教、大原幽学の性理教など）や教派神道（不二講、

黒住教、金光教など）などの活発な動きに押されて頽勢となった「衰退時代」（一八三〇〈天保元〉～一八六七〈慶応三〉年）、の五期に区分している[185]。

もちろん「衰退時代」と評された時期においても、柴田鳩翁（一七八三～一八三九）の活発な活動（京都所司代、京都・大坂の町奉行や公家にも道話を進講）があったことは看過できない。また、幕末期には諸般の社会教化運動に勢力を譲る傾向にあったとはいっても、石門心学がすでに一八世紀前半期より興隆していたこと、その意味で民衆教化運動の先駆けとしての重要な役割を果たしたことは看過できない。さらに、幕末期において諸般の社会教化運動が、その教義を庶民の困窮する経済生活の建て直しと結びつけていたのに対し、石門心学は一般的な道義を説くことにその教説の主眼が置かれていた。その意味でも、江戸後半期のいわば民衆教育思想として、石門心学が果たした役割は、江戸教育史に独自の重要な足跡を刻み込むものであったと評することができるだろう。

第八章　復古国学の教育思想

1　復古国学の勃興

(1) 先導者・契沖

この国の近世思想史に論考を加えようとする場合、広汎にして多岐にわたる思想内容を包摂したいわゆる国学思想の諸動向を無視することはできない。近世国学の成立をどこに認めるかについては諸説があるが、契沖（一六四〇〜一七〇一）が『万葉代匠記』の稿を起こした一六八三（天和三）年頃を起点に据える見方が一つの定説だといえよう。[1]

契沖は真言宗の僧侶であり、とくに和学や和歌の師と称すべき人物もいない中、いわば独学で国典へのアプローチを切り拓いたといわれる。とりわけ彼がその『万葉代匠記』総釈の中で示した、

本朝ハ神国ナリ。故ニ史籍モ公事モ神ヲ先ニシ、人ヲ後ニセズト云事ナシ。上古ニハ、唯神道ノミニテ天下ヲ治メ給ヘリ。然レドモ、淳朴ナル上ニ文字ナカリケレバ、只口ヅカラ伝ヘタルマヽニテ、神道トテ、儒典仏書ナドノ如ク説オカレタル事ナシ。旧事紀、古事記、日本紀等アレドモ、是ハ神代ヨリ有ツル事ドモヲ記セルノミナリ。[2]

との所論は、後の賀茂真淵や本居宣長の上代観とほぼ同趣旨と見ることができるだろう。

契沖の祖父元宜《もとよし》（生没年不詳）は、かつて加藤清正（一五六二〜一六一一）に仕えた大身であったと伝わるが、その後加藤家改易に伴って浪人となり、父元全《もとさだ》（生没年不詳）も一時禄仕した主家の転封により浪々の身となった。こうして契沖は一一歳の時に大坂今里妙法寺に入り、一三歳にして高野山に送られた。当時の僧職としては恵まれた地位を得たにも拘わらず、二〇代の終わり頃無断で放浪の旅に出、その後畿内を遍歴したり再度高野山に登ったりした。四〇歳前後の頃に、妙法寺に戻って住職を務め、『万葉集』『日本書紀』『古事記』『源氏物語』などの古典研究を通じて、「契沖仮名遣い」と呼ばれる仮名遣いを体系化した。上述の『万葉代匠記』も妙法寺住職時の著述である。契沖の古典研究が、僧籍にありながら高野山への失望を抱いたことを契機とするものであったと見ることはできるものの、その思想転換の動機や理由については必ずしも明らかではない。

（2）荷田春満の歩み

また、京都の伏見稲荷の神職の家（羽倉氏）に生まれた荷田春満《かだのあずままろ》（一六六九〜一七三六）は、神道、有職故実や和歌などを家学とする学的環境に身を置いていた（ただし次男に生まれたため、神職としての将来が保証されていたわけではなかった）。春満は、そうした神職家の家学の他に、国史や律令なども学んでいたが、その師とされるべき人物は後世に伝わっておらず、独学であったと推測されている。その後、一七〇〇（元禄一三）年に江戸に下向して歌学や神道の教授を始めた。春満の生涯の歩みにとって一つの転機になったことは、一七一三（正徳三）年に越後長岡藩主牧野忠寿《ただかず》（一六九五〜一七三五）より五人扶持にて招聘されたことであった。

さらに一七二二（享保七）年には、将軍徳川吉宗から幕府書物奉行下田師古《しもだもろひさ》（一六九二〜一七二八）への和学相伝の命を受け、幕府書庫の蔵書鑑定や故実・書籍に関する下問に答えるようになった。このときに著された『創学校啓《そうがっこうけい》』（一七二八年）と題する述作の中で、春満は「国学校」（和学を学ぶための学校）を京都の地（京師伏陽の中、或いは東山西郊の間）に設けることを幕府に請願している。和学の復興を推し進めるには、日本の古典を開かれた場にて研究することが必要だと説いたのであった。さらに春満は、同述作の中で、「古語通ぜずんば、則ち古義明かならず、古義明かならずんば、則ち古学復さず。先王の風迹を払ひ、前賢の意荒《すさ》むに近きは、一に語学を講ぜざるに由る(3)」と述べているように、古学（和学）を復興するには何よりも古語を明らかにすることが必須の要件だと強調している。この主張も、その後の国学の系譜に一貫する脈流となったと見ることができるだろう。春満の学問は、契沖が開拓した古学の領域を拡大するとともに、学問における復古意識を明確にするもので、その学的系譜は晩年の門人賀茂真淵によって発展させられることになる。なお、春満には『万葉集僻案抄』『万葉集童子問』『伊勢物語童子問』『春葉集』などの著述があるが、著書としてまとめられる前に病に倒れたため、多くは稿本として遺された。

2　賀茂真淵——日本の「心」と「ことば」の探究

(1) 真淵の生涯と主著

荷田派国学との所縁　賀茂真淵は、一六九七（元禄一〇）年に遠江国敷智《ふち》郡浜松庄伊場村の賀茂神社神官岡部政信（生年不詳～一七三二）の三男として生まれた(4)。幼名は三四（出生の日付三月四日に因んだ）、後に春栖、淵満《ふちまろ》などと名を変えた。また後述するように、田安家に仕えていたときには岡部衛士と称していた。晩年の号は県居《あがたい》として知られる。本家は伊場村賀茂神社の神職で、その遠祖は京都上賀茂神社の社家に繋がると伝わる。青年期まで養家先を転々として過ごしたが、二九歳の頃、浜松の脇本陣梅谷方良《うめやまさよし》（生没年不詳）の養子となった。一一歳頃から太宰春台門下の渡辺蒙庵（一六八七～一七七五）に漢籍を学び、荷田春満の姪である杉浦真崎《まさき》（浜松諏訪社の大祝《おおはふり》杉浦国頭《くにあきら》の妻。一六九〇～一七五四）や、五社神社の神主森暉昌《もりてるまさ》（一六八五～一七五二）らから指導を受けて、当地の歌会にも参加した。真淵が荷田春満との面識を得たのもこの歌会の席で、一七二二（享保七）年、真淵二六歳の時のことであった。

その後（年代は必ずしも判然としていないが、実父が没した翌年〈一七三三年〉の三七歳頃との説が有力視されている）京都に遊学し、荷田春満に師事して詠歌・学問に励んだ。だが、春満が一七三六（元文元）年に六八歳にて病没し、落胆するところ大であったが、その翌年には意を新たにして江戸に出た。このとき真淵四一歳であった。上述のように、江戸の地に国学を普及させた先駆者は春満であったといわれるが、真淵の江戸下りには、そうした文脈との関連も示唆される（前述の杉浦国頭からの助言もあった）。こうして真淵は、江戸の荷田派やその所縁の人々を頼って江戸での生活に入った。とくに春満の末弟である信名《のぶな》（一六八四?～一七五一）の紹介にて、荷田在満《ありまろ》（一七〇六～五一。春満の養子）と出会い、荷田派の学統に親しむことができた。信名や在満との交友関係は、真淵の学的営為の大きな支えとなるのであった（ただし、真淵の江戸生活は不安定な状況を余儀なくされ続けた。とくに住居が安定せず、いわゆる「県居」が萱場町に建てられたのは真淵五〇歳の一七四六〈延享三〉年のことであった）。

こうして真淵は、在満の「律令」や「有職故実」に関する講会や、信名の『百人一首』や『万葉集』の講会などに参加して、熱心な学究生活を進めていたが、一七四〇（元文五）年頃から自ら『源氏物語』の講会や歌会を始めるようになった。また、その後まもなく信名が上京したため、翌一七四一（寛保元）年には、真淵が『万葉集』の会読を始めるようにもなった。こうして学者としての一廉の評判を得るようになるに伴って、富商村田春道（生年不詳～一七六九）や町奉行与力加藤枝直《えなお》（一六九三～一七八五）らからの後援を得るようになり、門人も次第に増加するに至った。

田安家への出仕

真淵の学究生活における最も重要な転機が到来したのは、一七四六（延享三）年に田安宗武（一七一五～一七七一）によって御三卿田安家の和学御用に召し抱えられたことによってであった。このとき、真淵五〇歳であった。田安宗武は、周知の通り、八代将軍吉宗の第二子で、学問に親しみ、とくに有職故実と歌学を好んでいた。その宗武の信任が厚かったのが荷田在満であった。在満はすでに幕府に仕え、主として有職故実の研究を進めていたが、田安家にも出仕していた。その在満が宗武の求めに応じて献上した歌論書が『国歌八論』であった。同書での最も基本的な立論とは、歌とは純粋に表現美を楽しむもので、いささかの社会性や政教性も有するものではないとするものであった。それに対し、宗武は『国歌八論余言』を著して、歌論を勧善懲悪論的な文芸観から解釈した。この問題をめぐっては、真淵も宗武の求めに応じて『国歌八論余言拾遺』や『国歌八論臆説』などを著した[5]。在満は、同一七四六年に真淵を後任に推して、田安家への出仕を退任することになる。ただし、退任の理由がこの国歌論争にあったと見ることはできない。その後も、宗武は在満に歌論上の意見を求めていたからである。

ともあれ、こうして田安家の和学御用となった真淵は、その後一七六〇（宝暦一〇）年に至るまで一四年間にわたって同家に仕えることになる。その間、田安家の下命によって著した述作には、『古器考』『伊勢物語古意』『源氏物語新釈』『雑問答考』などがある。一七五一（宝暦元）年には、信名、在満が相次いで没したことから、真淵は国学の当代第一人者との地位と名声を築いたといってもよかろう。なお、真淵の主著というべき『万葉考』は、一七六八（明和五）年に六巻と別記三巻が成った。またもう一つの主著というべき『冠辞考』は、すでに一七五七（宝暦七）年に成っていた。これら以外に、真淵学の体系を示すものに「五意」と総称される著述がある。すなわち、『文意』（一七四七〈延享四〉年）、『歌意』（一七六四〈明和元〉年）、『国意』（一七六五年）、『語意』（一七六九年）および『書意』（一七六九年）の五書である。

なお、真淵は一七六三（宝暦一三）年、隠居後の六七歳のときに伊勢国松坂にて本居宣長と出会う。その様子は項を改めて紹介する。真淵が没したのは一七六九（明和六）年のことで享年七三歳であった。自らの遺言によって品川東海寺に葬られた。同じ墓地には、生前親交のあった服部南郭が葬られている。(6)

真淵の著作群と教育的足跡

真淵の著作については、小山正がこれを「歌論に関するもの」や「国体に関するもの」、あるいは「記紀に関するもの」や「万葉に関するもの」などという具合に一四の部門に分類している。このうち真淵本人の述作と考えられるものは八七部三百九巻に達し、後人の編輯に係るものは五〇部七二巻に達すると述べられている。(7) 実に膨大な著述を遺しているのであるが、人間形成を意図して著されたと考えられるものをそれらの中に見出すことは容易ではない。

もちろん、真淵も多くの門人を抱えており、直接の講義・歌会での指導や和歌・作文の添削の他、書簡に拠るいわば通信教育など、活発な教育活動を行っていた。その門人には、大名、旗本、医師、神官、出家者や富豪らの他、大名や神官の妻や御殿女中などの女性も含まれていた。例えば、一七五八（宝暦八）年に真淵が森繁子（一七一八〜九六。浜松・五社神社の神官森暉昌の次女）に宛てた書簡には、みづから心をもちゐてかうがへ給はでは、人に問給ふのみにては、よろづにあたらぬもの也、あしくともその御考のむねを書て、見せ給はん時、それが上にてよしあし申にはしみのふかくて一つが百にもわたるもの也。すべての事、大道をまどはぬ手引にあひて知《しり》、その上にここかしこを聞ての後、みづから心をやり、うたがひを多くおこしおきて、多くふるきものを見候へばここかしこにおもひあたる事の出来るもの也[8]。

と記されている。師に質問を発するとき、単に「難しい」や「疑わしい」などを理由として尋ねるのではなく、まずはその事項を深く内省することを求めている。加えて、参照すべき手引きを熱心に吟味し、多くの疑問を引き出すとともに、多くの古書を参照しながら、自力で自説を組み立てることを求めている。

さらに師説を絶対視したり、師説に盲従したりすることを戒めて、門人自身の主体的な学究それ自体を尊重しようとするのも、真淵の基本的な姿勢であったといえる。その姿勢については、真淵晩年の門人であった本居宣長の、

おのれ古典をとくに、師の説とたがへること多く、師の説のわろき事あるをば、わきまへいふこともおほかるを、いとあるまじきことと思ふ人おほかめれど、これすなはちわが師の心にて、つねにをしへられしは、後によき考への出来たらんには、かならずしも師の説にたがふとて、なはゞかりそとなむ、教へられし、こはいとたふときをしへにて、わが師の、よにすぐれ給へる一つ也[9]、

との所述に明快に綴られている。中世において和学や歌道が秘事秘伝とされる傾向が顕著であったことを批判的に捉え返し、学的営為におけるそうした旧殻を突き崩そうとする態度が、復古国学のルートを開拓したことは実に興味深い点だといえよう。中世以来の学的因襲を切り崩す態度は、すでに儒学の営為において活性化されていたと見ることができる（その一つの頂点は徂徠学に認められる）。だが、そうした儒学の学的傾向が、真淵の上述のような学問観にどう影響を及ぼしたのかについては、ここでは敢えて未知数としておく。

ともあれ、以上のように真淵の足跡からは、教育の最も基本的なあり方を、学習者の側の学究的態度を基軸に据えて理解しようとする姿勢を看取することができる。ただし、だからこそ真淵が歓迎したのは、豊かな学才に恵まれた後進者の存在であったことには注意しておく必要があるだろう。それについて、上述の小山正は、

真淵の書翰中その門人に道徳を説き素行上の注意を与ふると云ふことは極めて稀であつて、常に学才の補導仲長に資するやう筆を禿してゐる。その秀才と聞くや特に目を懸けてゐる、例へば、郷国遠江の見付總社の悴、直丸弱年にして苗秀たるを聞くや、連りにその出府を促し、三河の梁満が才子であると云ふ信幸の紹介あるや晩年不自由勝なのを押して如何にも懇切に各方面に亘り数千言を尽してゐるが如き、学問上の俊偉を養成しようとしたことを窺知されるのである。(10)

と記している。真淵の教育活動に学習者の主体的態度を尊重する姿勢が認められることは確かであるにせよ、それは、彼のその活動が俊才の存在と出現とに期待を寄せるものであったことを示唆するものといえる。それゆえに、真淵の思想や所論の中から相応の教育認識を抽出することができたとしても、その教育とは必ずしも一般庶民全般を対象に含み込んだものではないかもしれない。そのことを承知の上で、以下、真淵の教育認識へのアプローチを試みてみる。

(2) 真淵の思想とその教育認識

真淵の学問の本領は、この国の古道や古精神を闡明にして、これを当時の江戸社会に波及させることにあったといえる。古道の闡明を第一義とする彼の学問観は、晩年の消息に記された、「われらをばただ歌の事とのみ思ふ人あり、古歌ならでは古意に到《いたる》道なければ専らとするのみ、神学・有職・古代の道は總ていたす事にて候(11)」との文言に明示されている。真淵は、古道へのアプローチの第一着は何よりも古語を知ることにあると考えたが、その古語は古歌によって知られ、また古歌は『万葉集』が最良であるとした。こうして、真淵の教育認識を探るにも、彼の思想的営為

の基軸をなした古道観それ自体を注視する必要があることは間違いない。

日本（直き国）と唐国（心わろき国）　真淵が、この国の元来のありようについて所説を組み立てようとするとき、その前提として絶えず意識されていたものは、大陸の唐国《からくに》（以下、中国と表記する）との対比であった。すなわち、中国がその儒学思想に基づいて、天下の「理」を説くことで世を治めてきたのに対し、「こゝの国は、天地の心のまに〳〵治めたまひて、さるちひさき理りめきたることのなきまゝ」[12]というのが日本古来のありようであったと強調する。すなわち、中国と日本との対比において、それぞれの国の治まりようを象徴するものは、いわば「作為」と「自然」なのであった。それについて真淵は次のように説く。

> 或人、此国の古へに仁義礼智てふことなければ、さる和語もなしとて、いといやしきことゝせるはまだしかりけり、先《まづ》唐国に此五のことを立て、それに違ふをわろしとしあへりけむ、凡天が下に、此五つのものはおのづから有こと、四つの時をなせるがごとし[13]、

真淵の所論の力点は、仁義礼智に象徴される道徳の教えが中国に存在し、日本に存在しなかったことを敢えて容認した上で、しかし、そうした教えが作為的に定立された中国よりも、自然と行われている日本の方にこそ優位性があるとする点に置かれていた。加えて、

> 唐国の学びは、其始《そのはじめ》人の心もて作れるものなれば、けたにたばかり有て、心得安し、我すめら御国の古への道は、天地のまに〳〵丸く平らかにして、人の心・詞に、いひつくしがたければ、後の人知《しり》えがたし、されば古への道は、皆絶たるにやといふべけれど、天地の絶ぬ限りはたゆることなし[14]、

との所述に見られるように、中国の教説は作為的に作られたものであるが故に、その思案のありさまが容易に推察可

能であるが、日本にて自然と行われてきた古道は、言葉で直截的に表現できるものではないために、却って今の人々には知りがたいものとなっている、と説かれる。もちろん、知りがたいといっても消滅したわけではない。まさに自ずと行われているのである。さらに、教えが「知えがたい」ということは、国のありようの後進性を意味するものでもない。むしろ、古来この国のあり方が「直き」ものであったがために、敢えて言葉を通して形づくられた教説を立てるには及ばなかったことを意味する。すなわち真淵は、

古へは只詞も少く、ことも少し、こと少く心直き時には、むつかしき教は用なきことなり、教へねども、直ければことゆく也、それが中に、人の心はさま〴〵なればわろきこと有を、わろきわざも直き心よりすればかくれず、かくれねば、大きなることにいたらず、たゞ其一日の乱にてやむのみ、よりて古へとても、よき人のをしへなきにはあらねど、かろく少しのことにて足ぬ、たゞ唐国は心わろき国なれば、深く教てしも、おもてはよき様にて、終に大なるわろごととして世をみだせり、此国はもとより人の直き国にて、少しの教をもよく守り侍るに、はた天地のまに〳〵おこなふこと故に、をしへずして宜き也(15)

と述べて、中国が「心わろき国」であるがゆえに様々な教説を必要とし、しかもその教説にも拘わらず、世の乱れが治まっていないのに対し、この国は元来「直き国」であるが故に、その窮極的なありようが「をしへずして宜き」と説かれるのである。

作為的教説の流入　ただし、真淵が生きた江戸時代まで、この国がそうした「直き国」のまま存続してきたかといえば、決してそうではない。元来、儒学なるものは、世の乱れが絶えない中国において、その乱れを治めるために定立された教説であるにも拘わらず、それが日本に伝わってしまったがために、本来自ずと治まっていたこの国が、却って様々な乱れを現出させるに至ってしまった、というのである。真淵の『国意考』には、儒学に象徴される作為的教説によって惹起されたこの国の乱れの実例として、宮廷内での過度に雅やかな衣冠調度や官位の上下、同

姓妻を娶ることの蔑視、あるいは人を万物の霊として鳥獣・草木を蔑む風潮などが指摘されている。

そして、こうした「作為」(中国)と「自然」(日本)との対比において、その優劣が問われるのが文字の存在である。実際、古来日本には独自の文字がなく、中国の文字を使用してきたことは否めない。だが、それに対し真淵は、「これの日いつる国は、いつらのこゑのまに〳〵ことをなして、よろつの事をくちづからいひ伝へるくに也(16)」と述べ、元来のこの国のありようとは五十連《いつら》の音(これについては後述する)をもって言葉をなし、その言葉を口頭で伝えることで万事を成り立たせてきたと強調する。そしてその上で、次のように高唱する。

此国人は心なほければ事も言も少くして、いふ言にまとひなく聞て忘るゝことなし、言にまどひなければよく聞《きこ》得《え》、忘れざれば遠くも久しくも伝へ、民の心直けれは君か御《みこと》のりもすくなし、たま〳〵にみことのりある時は、風のごと四方の国にひゞき、水のごと民の心にとほれりけり、しか有からは、天の益人かたりつぎいひつがふ事に誤りなく、ひさゝに守りて違ふ事なし、かゝらば何の字をか用ゐん、何のさとしをかなし給はん、(17)

すなわち、古来この国の人々は直き心に満たされており、それゆえ伝えるべき言葉は少なくて済み、その言葉に惑いが生ずることも、それを忘却することも一切なく、また、朝廷から発せられる詔《みことのり》も自ずと四方に行き渡り、人々の心に浸透してきたのであって、従って、敢えて文字や教説を立てる必要が一切なかった、というのである。

日本元来の「心」の喪失

ところが、やがて大陸から文字が伝来するようになるにつれて、この国の言葉を中国文字を使用して表記するようになってしまった。その結果、時間の経過とともにその文字の訓み(字)にのみ意識が向けられてしまい、元来の言葉の意味(語)が見失われてしまったのである。さらに真淵は、人々の意識が「語」よりも「字」に傾注されてしまったことの難点を、

かく語を主として、字を奴《やつこ》としたれば、心にまかせて字をばつかひしを、後には語の主はふれ失《うせ》て、字の奴の為《なり》

かはれるがごとし[18]、

と強調する。長らくの中国文字使用によって喪失させられたものとは、この国の言葉に元来包み込まれていた「心」であったというのである。真淵にとって、最も尊ばれるべき日本の価値とは、この国元来の人々の「心」のありよう、すなわち「直き心」なのであった。国の文化的優劣を、文字の存在やその用法ではなく、言葉とそれに込められた「心」の内実に基づいて見定めようとする真淵の姿勢が、ここに顕著に示されている。

だが、それでは元来の日本の「心」が、中国文字の使用によって曇らされてしまっている江戸社会にあって、その「心」を取り戻すにはどうすればよいのか。ここでその価値が高唱されるものが「古歌」なのであった。真淵が自らの日本古典研究において、とくに『万葉集』の探究に精魂を傾けたことの理由も、この点に認めることができる。すなわち真淵は、

いにしへの哥はよろづの人の眞心なり、その眞ごゝろをいふ故由《よし》をしるときは、何かしく物あらむ、教への道もあれど、常にしもならはしがたければ、時過て忘れやすきを、哥はいとまある時にみづからよむものからに、教へずしてなほくまごゝろになりぬめり[19]、

と述べて、古の歌には万人の真心が込められており、その真心が語られた謂《いわ》れを理解することを最重要視する。一方、その歌と対比されるものが「教説」なのであるが、教えとは必ずしも人々に習慣づくものではなく、時間とともに忘れ去られてしまうものであるに過ぎない。こうして、歌を通してそこに込められた真心の本源を知ることができれば、いかなる教説も不要だというのである。

さらに真淵は、世に平安をもたらす契機とは、「理」や「知」ではなく、「歌」や「心」であることを強調して、

さて哥は人の心をいふものにて、いはでも有ぬべく、世のためにも用なきに似たれど、是をよくしるときは、治りみだれんよしをも、おのづから知べきなり、…凡物は、理にきとかゝることは、いはゞ死《しに》たるがごとし、天地とともにおこなはるゝおのづからの事こそ、生《いき》てはたらく物なれ、万《よろつ》のことをもひとわたり知《しる》をあしとにはあらねど、やゝもすればそれにかたよるは、人の心のくせなり、知てすつるこそよけれ、たゞ哥は、たとひ悪きよこしまなるねぎことをいへど、中〳〵心みだれぬものにて、やはらいでよろづにわたるものなり、(20)

と説くのである。「歌」とは、天地とともに行われる「おのづからの事」を詠むものであって、「理」に基づく教説が「死《しに》たる」が如きものであるのに対し、「生《いき》てはたらく物」だというのである。しかも、「歌」には邪悪なことが詠まれるものもあるが、そのことで心が乱されるようなことは決してない、と喝破するのである。

根源的価値としての古歌・古言

こうして真淵は、江戸社会を生きる日本人に求められる道とは、大陸から移入された文字や「理」によって曇らされてしまったこの国のオリジナルな人々の心のありようを知ることだ、と見定めたのであった。そして、その知の営みについて、

古への直ちに知るゝ物は古への哥也、且古へ人《びと》の哥は、ときにしたがひて、おもふことをかくさずよめれば、その人々のこゝろ顕は也、…且言もから文ざまに書し史なとは、左も訓右《よみ》もよまるゝ所多有《さはなる》を、哥はいささけの言も違ひては哥をなさねば、かれを問是《とい》を考て、よく唱《よみ》へ得る時は、古言定れり、然れは、古言をよく知へきものも古き哥也、天の下には事多かれど、心とことばの外なし、(21)

と高唱し、元来のこの国の古道を知るにも、古言を知るにも、古歌を知ることがその起点にして要点なのであり、そうして、古歌に含意された「心」と「ことば」を知ることが最も肝要だとするのである。さらに、その学びの具体的なプロセスについても、次のように概述している。

先《まず》古への哥を学ひて、古へ風《ぶり》の哥をよみ、次に古への文を学ひて古へ風の文をつらね、次に古事記をよくよみ、次に日本紀をよくよみ、続日本紀ゆ下御代つぎの史らをよみ、式・儀式なと、あるひは諸の記録をも見、かなに書る物をも見て、古事・古言の残れるをひろひとり、古への琴・ふへ・衣の類ひ、器などの事をも考へ、其外くさ〲の事どもは、右の古の史らを見思ふ間にしらるべし、かく皇朝の古へを尽して後に、神代の事をばうかゞひつべし、さてこそ天地に合ひて御代を治めませし、古への神皇の道をも知得べきなれ、(22)

すなわち、先ず「古の歌」を学んで「古風の歌」を詠み、次いで「古の文」を学んで「古風の文」を綴るという経路を辿りながら、記紀などの史書、式・儀式などの諸記録を通して古事・古言を学び、さらに古の楽器や日用品などへの知をも養って皇朝の諸事蹟を捕捉した上で、神代の諸事を窺知するという経路である。古歌を古歌のままに、古言を古言のままに知ることが、元来の日本人の心を知ることに通ずる、というのが真淵の最も徹底した認識なのであった。

そして、その古歌や古言を知るために真淵が強調したのが、「古き言は五十音《いつらのこえ》をよくしらでは解べきよしなし」(23)や「五十《いつら》の声は天地《あめつち》の声」(24)などと説かれた「五十音」であった。それは、「是ぞ此ことばの国の天地《あめつち》の神祖《かみろぎ》の教へ給ひしことにして、他国《ひとくに》にはあらぬ言のためしなることを知へし」(25)と述べられるように、天地の神祖に淵源を有する日本固有の言葉の体系なのであった。その言葉を学ぶについて、真淵は、

古言《ふるきことば》は必考て解《とく》へきなれど、是をとくこと甚かたし、先五十音をよく知べし、そは後世絶て知人なければ、其言のわかち・用うるさまなど、わざ語意てふ物を書たるを見て思へ、…古への仮字《かな》をよく覚えよ、仮字は言の本にて、仮字によりて言を釈《とく》ものなれば、是を定かにおぼゆるを専らの事とす、(26)

と、自著『語意考』がそのために著されたことを説きつつ、さらに元来のこの国の言葉を表記した「古のかな」を習

得する必要を強調するのである。その「古のかな」がオリジナルな形で記された書物が、記紀や万葉集に象徴されることは繰り返すまでもない。

こうして、この国元来の古歌や古言をそのままに学ぶことに根源的な価値を見出そうとする真淵の所論が、大陸から移植され、しかもすでにその根を日本社会に張り巡らせていた中国文化（それを象徴するものが儒学であったことは論を俟たない）への激しい対抗意識から形づくられたものであったことはいうまでもない。さらに、この国固有の人々の営みや文物のありように至上の価値を据えるのが、真淵における国学の基本的立ち位置であったことも論を俟たない。ただし、以上のような立論からなる真淵の国学思想には、平田篤胤や大国隆正（一七九三〜一八七一）らに象徴される幕末期の国学とは異なる独自の学風を認めることができる。以下、その学風を手短に概述しておく。

自然主義的な価値認識

第一に、これは真淵がこの国元来のありようを「自然」を根拠として論じたことと関わるが、彼の思想に「自然主義」的な価値認識が認められるという点である。すなわち真淵は、

> 世の中の生るものを、人のみ貴しとおもふはおろか成こと也、天地の父母の目よりは、人も獣も鳥も虫も同じことと成べし、(27)

と述べ、人間を鳥獣虫類と同列の地位に据えようとする。さらには、「人は万物のあしきものとかいふべき、いかにとなれば、天地日月のかはらぬまゝに、鳥も獣も魚も草木も、古のごとくならざるはなし、是はなまじひにしるてふことのありて、おのが用ひ侍るより、たがひの間にさまぐ〳〵のあしき心の出来て、終に世をもみだしぬ(28)」と、人間こそが悪の由来との所論すら提示する。天地の秩序や安定の根拠を「自然」に認めようとする認識自体は必ずしも特異なものとはいえないが、人間の地位を他の動植物と対等の関係にまで落とし込むような「自然主義」的な所論は、真淵独自のものというべきである。仮説の域を出ないが、この所論の背景には、

今の御世にてたとへむに、先罪報《つみむくゐ》は人を殺せしより大なるはなかるべし、然るに、今より先の世大きに乱て、年月みな軍《いくさ》して人を殺せり、其時一人も殺さで有しは、今のなほ人どもなり、人を少し殺せしは、今の旗本・侍といふ、今少し多く殺せしは大名と成ぬ、又其上に多く殺せしは、一国のぬしと成ぬ、さてそを限なく殺せしは、いたりてやむごとなき御方とならせたまひて、世々栄え給へり、[29]

との指摘にあるような、殺人の量に比例して政治権力の地位が高まるに至った幕藩支配体制へのアイロニカルな眼差しがあった、と見ることができるかもしれない。

大陸の自然観への評価

第二に、この認識との関連においてであるが、真淵には、大陸の思想に対してもそれが「自然」尊重の姿勢を鮮明にするものには、一定の評価を与えているように見られる面がある、ということである。この点は、自然観の背景をなした「古」を「日本の古」に局限させて理解した本居宣長（これについては後述する）とは、一線を画する態度と見ることができるだろう。例えば真淵は、老子の無為自然説について、

人の心もて作れることは、違ふこと多《おおき》ぞかし、かしこに、ものしれる人の作りしてふをみるに、天地の心にかなはねば、其道用ひ侍る世はなかりし也、よりて老子てふ人の、天地のまに〳〵、いはれしことこそ、天が下の道には叶ひ侍るめれ、そをみるに、かしこもたゞ古へは直かりけり、[30]

と述べ、それへの理解を示すとともに、中国でも「古」には直き世が存在したことを仄《ほの》めかしている。また、真淵がその批判の根幹に据えた儒学思想についてでさえ、「孔子てふ人も、詩を捨ずして巻の上《かみ》に出せしとか、さすがにさる心なるべし[31]」と、その開祖孔子が「詩」を重んじて、人々の自然な心情に思いを寄せた態度には、理解を示すのである。

さらにいえば、真淵が、その渡来によってこの国の人心が醜悪になったとする仏教に対しても、

仏の道てふこと渡りてより、人をわろくせしことの甚しきはいふにもたらず、其誠の仏心はさは有べからず、それを行ふもの、おのが欲にひかれて、仏をかりて限りもなきそらごとどもを云ぞかし、[32]

との所述からは、「誠の仏心」には一定の評価を与える姿勢を垣間見ることもできる。この意味で、真淵の思想に、「古」の含意を必ずしも「日本の古」に局限せず、中国や天竺をも含めた世界の「自然」なるありさまに見出そうとする姿勢が窺知される可能性は否定されないであろう（もちろん、それでも真淵がその視線を投じた「古」が、何よりも「日本の古」であったことは間違いない。また、その視線が日本独自の「五十音」、ならびにそこに包み込まれていた日本人の心に向けられたことも繰り返すまでもない）。

「武の道」への認識　第三に、真淵の理解する「古道」について、その「直き」ありようを形容するものとして、「古歌」ないし「古言」と並んで、もう一つその内実を指し示すものに「武の道」があったという点である。すなわち真淵は、

唐人は、上なる人は、威をしめし貴をしめすといへど、おろそけなるをしめすはよし、尊きをしめすはみだる、はし也、其威をしめすは、もの丶ふの道の外なし、是をわすれずして行ふべし、ことに我すべら御国は、此道もて立たるをみよ、[33]

と述べ、この国の根本的な統治原理とは「もの丶ふの道」であったが、それは「貴」ではなく「威」に基づくものであった、と主張するのである。注意を要するのは、ここで説かれる「もの丶ふの道」が、「尽忠」や「至誠」などの観念を通して「無私」であることを必須の前提とした幕末期の「武」とは全くの別物であった点である。真淵の唱道する「武」とは、どこまでも「私」より発せられる中世的な「武」の伝統の自覚の上に立つものであったからである。それについて真淵は、次のように強調する。

> 凡人は、物のかへなくては、事の情も深くおこらぬもの也、よりて仏の道は、是をとなふれば、今生・後生をたすかり、富貴と成といひて引入侍るなり、人皆なづみ行ぬ、武の道も、たゞに、こはわろじ、かはあしゝ、と教てのみは、かへなきまゝに、理りとはおもへど、人の心の引かたにつきて、教のとほるはなし、さて従者、誠に辱けなしとこぞりておもはゞ、百人・五百人にすぎずとも、其いひおもふこと天が下に聞《きこえ》ん、さあれば、馬を出さんに、まねかずして人集りぬべし、これをもて大にかつべき道なりけり、よりて、たけきを学ふに及《しく》はなし、かくいはゞ、たゝ軍の時の為とのみおもはめ、しか従者をしたしまば、心を用ひずして家も富栄えまし、誠に、武《ものゝふ》の道は直ければおろそかなし、私なし、手をたむだきて、家をも治《おさむ》べし、天が下をも治へし、[34]

すなわち、この国に「武の道」が成り立ってきたのは、元来、善悪に関する教説や筋の通った論理などに依拠することではなく、むしろ、臣下に「誠に辱けなし」との思いを抱かせるような真心の籠もった温情を、主君が示すことに基づくことであった、というのである。この「辱けなし」との心情は、「たとへ主従の約有とも、大かたにめぐみては、誠に辱しとおもはじ、其恵も、凡の人よきことをば忘れて、わろきことをば深く思ふもの也」[35]や、「上下と打やはらぎ親しみて、子の如く思はんには、主てふ名の有が上に、かたじけなき心は骨にしむべし」[36]などという具合に、「武の道」に関する真淵の所論の中で、繰り返し述べられる表現である。

個々の人間は、不穏な私心をもったまま生きている。その私心とは、教化や教説を通して道徳的に矯正され得るものではない。上に立つ者は、下の者の私心を根絶するのではなく、包容的な度量をもって、臣下の私心あるありのままの姿を受けとめ、抱え込むことで、人の上に立つというのが、真淵の説く「もの〻ふの道」の基本原理なのであった。このような統治観は、臣下のありように、治者にひたすら恭順を示すというよりも、治者に完全には馴致し得ない余白が存在することを示唆するものである。こうした武道論の形成が、真淵の古典研究とどう結ばれているのかについては必ずしも判然とはしない。だが、真淵が「歌道」に見出した「直さ」が、古き世のこの国の人々の純朴な姿に見出されたものであったとすれば、中世武人の私心に見出された純朴さもまた、真淵の理解する「直さ」と共鳴するものであったのかもしれない。

教育不要論の趣意

ともあれ以上のように、この国元来のありようとは作為的な「教説」が形作られていなくとも自ずと治まっていたとする、そしてそれゆえに、この国の人々は元来「直き」存在であったとする真淵の認識からすれば、教育という営為は本来的には無用のものと退けられることになるはずである。実際、真淵は、

扨少《さてすこし》も物学びたる人は、人を教へ国を治むる経済とやらむをいふよ、かれが本とする孔子のをしへすら、用《もちひ》たる世々かしこにもなきを、こゝにもて来て、いかで何の益にかたゝむ、人は教にしたがふ物と思へるは、天地の心を悟らぬゆゑなり、をしへねど、犬も鳥も其心はかつ〴〵有《あれ》ば、必四時の行はるゝが如し(37)。

と述べ、人々のあり方を「教え」に基づいて人為的・操作的に制御することが根本的に不可能であることを強調する。むしろ、これをもある種の教育認識と見ることができるとするならば、真淵の教育認識を最も端的かつ鮮明に表出するものは、

世の常のわざこそあれ、学びの道に上下はなし、たゞよき人の、よしとよく見て、よしといはん、を侍べけれど、後世さる人しあらねば、古へ人を友とするにしくことはなし(38)、

との所論に示されるように、すでに中国文化に染まってしまった江戸社会にあって、学び手が「古歌」や「古ことば」を通して、元来のこの国の「心」を自立的に学びとる営みを宣揚することが、その基調をなすものであったと見るべきであろう。しかも、「歌を詠むこと」を宣揚する営為に、ある種の「教育」との含意を認めることができたとしても、それが人々の賢愚を判定するようなものでなかったことは、

考るに、古への天皇、時につけて侍らふ臣たちにうたよませ給ふ事は多かりしかど、歌もて人のさかし愚かなるをしりわき給ふてふ事は聞えず、古への歌てふ物の有様を思ふに、本よりさは有まじき事ぞ、[39]

との所論に象徴されることに注意する必要があるだろう。古人の「心」を知るという営みに、それ自体として、学び手の賢愚を超越した人間形成上の価値が認められていたとするならば、それはこの国の教育文化の重要な特質の一つを指し示すものと認められるからである。賀茂真淵が見出したこの国本来の人々の姿、すなわち、

いにしへのこゝろことばの、おのづからわが心にそみ、口にもいひならひぬめり、いでや千いほ代にもかはらぬ天地《あめつち》にはらまれ生《おふ》る人、いにしへの事とても心こと葉の外やはある、しか古へをおのが心言《ことば》にならはし得たらんとき、身こそ後のよにあれ、心ことばゝ上つ代にかへらざらめや、[40]

と説かれるような、たとえその身が後世にあろうとも、その「心」と「ことば」については絶えず古への復帰が顕現できるような人々の姿こそが、真淵の人間形成論の基軸をなすものなのであった。

3　本居宣長――「教育不要論」の提唱とその趣意

(1)　宣長の生涯の歩み

国学思想の歴史を江戸時代に限って論ずる場合はもちろんのこと、古代より連綿と営まれた国学の思想史的営為を通観する場合でも、その一つの頂点に位置づけられる人物が、本居宣長であることは疑う余地のないところであろう。それは、かつて宣長のことを「日本文献学者として、その他の学者のうちで、最も勝れてゐたとともに、その学問を或意味で、最もよく体得し得た人[41]」と論じた村岡典嗣の評価に象徴されている。では、その宣長とはどのような生涯

を送った人物であったのか。まずこの点から論述を進めてみたい。

伊勢国松坂と本居家

本居宣長は、一七三〇（享保一五）年、伊勢国松坂本町の木綿問屋小津家の次男に生まれた。(42) 幼名は富之助という。父小津定利（一六九五～一七四〇）も母お勝（一七〇五～一七六八）も、江戸に店《たな》をもつ豪商の出身であった。この松坂の地について、宣長は後年に、

> 松坂は、ことによき里にて、里のひろき事は、山田につぎたれど、富る家おほく、江戸に店といふ物をかまへおきて、手代といふ物をおほくあらせて、あきなひさせて、あるじは、国にのみ居てあそびをり、うはべはさしもあらで、うち〳〵はいたくゆたかにおごりてわたる、…諸国のたよりよし、ことに京江戸大坂はたよりよし、…いはゆる呉服物、小間物のたぐひ、…松坂はことに物よく上々の品なり、京のあき人つねに来かよふなり、…芝居、見せ物、神社、仏閣すべてにぎはゝし、…魚類野菜などすべてゆたかなり、…松坂のあかぬ事は、町筋の正しからずしどけなきと、船のかよはぬとなり、(43)

と記している。富裕な豪商が少なくなく、江戸や京都・大坂からの情報が盛んに寄せられ、商品の物流が盛んで、各種興行や神社仏閣が賑わい、しかも食文化にも恵まれた当地の様子が描き出されている。城下町としての戦略から道路が複雑に入り組んでいることと、水路が未発達なことのみが欠点だというのである。松坂の地は、戦国武将蒲生《がもう》氏《うじ》郷《さと》（一五五六～九五）が城下町を築くとともに商業都市としての基盤を敷いたのであったが、江戸時代に入って紀州藩に組み込まれてからは、同藩派遣の城代や奉行によって統治され、参宮街道と和歌山街道とが交差する商業都市、宿場町として発展を遂げるようになる。三井家や長谷川家（丹波屋）に象徴されるように、江戸に店を構える豪商が三〇軒近く存在したと伝わる。

宣長の生家小津家の先祖は蒲生氏に仕え、本居の姓を名乗っていたが、宣長六世の祖本居武秀（一五五三～九一）が戦で討ち死にし、その妻の子が油屋源右衛門（生年不詳～一六一九。伊勢国一志郡小津村の出で、後に松坂に移り小津姓を唱

える）の長女と結婚して小津の別家を立てたのであった。以後、小津家は木綿問屋を営み、江戸店持ちの豪商として栄えた。小津家を継承するのは、宣長の義兄定治（一七一二〜一七五一）だとすでに定まってはいたが、父定利は実子の誕生を望み、子守明神として知られる吉野水分《みくまり》神社に願をかけた。それについて宣長は、

> 道樹君（父定利のこと）、嫡嗣は道喜君（義兄定治のこと）おはしけれども、なほみづからの子をも得まほしくおぼして、大和国吉野の水分《みくまりの》神は、世俗に、子守明神と申シて、子をあたへて守り給ふ神也と申すによりて、此神に祈り給ひて、もし男子を得しめ給はば、其児十三になりなば、みづから率ヰて詣て、かへり申シし奉らんといふ願をたて給へりしが、ほどなく恵勝大姉はらみ給ひて、享保十五年庚戌《かのえいぬ》の五月七日の夜子の時に、宣長を生給ひぬ、[44]

と記している。

幼少期の宣長は、経済的に恵まれた家庭環境の中で生活を過ごし、八歳頃より手習いを学び始めたが、一一歳のとき（一七四〇年）に父の急逝という不幸を味わう。だがその後も宣長は読書に励み、一五歳で元服した後は小津家の菩提寺樹敬寺《じゅきょうじ》にて厳しい修行を重ねていた。当時の宣長の仏教信仰は並々ならぬものであったと伝わる。一六歳のときには、江戸に趨き、伯父の営む木綿問屋にて商いの見習い修行を経験するが、一年余りで戻ったため母を悩ませる。義兄がいて嗣ぐべき家を持たない宣長のことを慮った母は、宣長を伊勢山田の紙商今井田家に養子に出すことを決断する。ところが宣長は、今井田家に入った後も商売に励むことはなく、二年ほどで離縁される。その二年余りの期間、宣長は崇拝している伊勢の両宮（皇大神宮および豊受大神宮）に二〇回近く参詣したり、和歌への強い愛着を示して当地の和尚に添削を乞うたりしていたのであった。

家督の相続と京都留学

宣長が実家に戻った翌年の一七五一（宝暦元）年、義兄定治が江戸にて病没する。宣長は小津家の家督を相続するが、そのとき、すでに父親が営んでいた江戸の店はなく、義兄の店もすっかり衰えてしまっていた。宣長の商才に絶望感を抱いていた母は、我が子に医者として生計を立てさせる道を考え、京都への留学

に向かわせたのであった。一七五二年、宣長二三歳のときのことであった。

京都では、儒者堀景山（一六八八〜一七五七）の門に入り、漢学を学んだ。医学を学ぶについても、その前提として漢籍を読む力を養うことが求められたからである（医学は、堀元厚や武川幸順に学んだ）。景山は、藤原惺窩の高弟堀杏庵の子孫で、広島藩に仕えながら京都に在住していた儒者である。その学的系譜から朱子学者と評されるものの、詩文や和歌にも造詣が深く、荻生徂徠とも書簡を交える間柄であった。在京時代の宣長が積極的に取り組んだのは和歌や物語の研究であったが、それについては景山の影響もあって、契沖の『百人一首改観抄』や『万葉代匠記』などの著作を読み進めたことが大きな意味をもった。宣長は、契沖を知ることによって、彼がそれまで詠み学んでいた伝統的な歌論を批判的に見る姿勢を養い、人間の心情を理性ではとらえきれない非合理なレベルに掘り下げて理解する方法論的世界へと足を踏み入れたのであった。宣長は、京都留学中に歌会への出席を重ねたが、それに加えて神社仏閣の参詣、四季折々の物見、遊山・観劇などの楽しみに身を委ねたことも、その学風に情緒的な味わいを与えることになったといえよう。なお、宣長は景山塾の入門日に「本居」と改姓するとともに、一七五五（宝暦五）年に宣長と称するようになった（それ以前は弥四郎）。また同年に医者としての号を春庵（のち舜庵）と名乗った。

賀茂真淵との運命的出会い

一七五七（宝暦七）年、宣長は二八歳のときに松坂に帰る。帰郷後は医業を始めるが、それは生計の資を稼ぐ手段に過ぎなかった。彼の目的は和歌・文学の研究に加え、そこから進んで「古道」の探究に置かれるようになった。宣長に「古道」探究への情熱を与えたものは、その頃手にした賀茂真淵の『冠辞考』であった。それについて宣長は、

> 国にかへりたりしころ、江戸よりのぼれりし人の、近きころ出たりとて、冠辞考といふ物を見せたるにぞ、県居ノ大人の御名をも、始めてしりける、かくて其ふみ、はじめに一わたり見しには、さらに思ひもかけぬ事のみにして、あまりことゝほく、あやしきやうにおぼえて、さらに信ずる心はあらざりしかど、…見るたびに信ずる心の出来つゝ、つひにいにしへぶりのこゝろことばの、まことに然る事をさとりぬ、かくて後に思ひくらぶれば、か

の契沖が万葉の説《ときごと》は、なほいまだしきことのみぞ多かりける、(45)

と述懐している。真淵の『冠辞考』からの学的示唆とは、それまで畏敬の念を抱き続けてきた契沖の学説を批判的に見るに至らしめるほどの衝撃を宣長に与えるものだったのである。

宣長にとって、その憧憬の存在となった賀茂真淵に面会する機会を得たのは、一七六三（宝暦一三）年五月のことで、そのとき宣長三四歳、真淵六七歳であった。田安家の御用で山城と大和を訪ねた真淵が、その帰途に伊勢神宮に参拝した際に、松坂の旅館新上屋にて両者の対面が実現したのであった。後に宣長は、そのとき真淵から与えられた教唆について、

古事記の注釈を物せむのこゝろざし有て、そのことうし（県居大人のこと）にもきこえけるに、さとし給へりしやうは、われももとより、神の御典《みふみ》をとかむと思ふ心ざしあるを、そはまづからごゝろを清くはなれて、古へのまことの意をたづねえずはあるべからず、然るにそのいにしへのこゝろをえむことは、古言を得たるうへならではあたはず、古言をえむことは、万葉をよく明らむるにこそあれ、さる故に、吾はまづもはら万葉をあきらめんとする程に、すでに年老て、のこりのよはひ、今いくばくもあらざれば、神の御ふみをとくまでにいたることえざるを、いましは年さかりにて、行さき長ければ、今よりおこたることなく、いそしみ学びなば、其心ざしとぐること有べし、(46)

と記している。宣長が真淵と言葉を直接に交わした機会は、この日ただ一度だけであったが、真淵の「からごゝろを清くはなれ」よとの教唆は、その後の宣長学の中核をなす方法論、すなわち儒学的な合理的思弁を取り去って主情的な人間性を開花させる学問の方法論となるのである。

精力的な学究活動

松坂に帰ってからの宣長は、樹敬寺塔頭嶺松院での歌会を主催するなどして、徐々に門人が集まるようになっていた。最初の講義（一七五八〈宝暦八〉年六月）は『源氏物語』であったと伝わるが、その後、『伊勢物語』『土佐日記』『枕草子』『万葉集』などの講義を開講していく。一七六〇（宝暦一〇）年に三一歳を迎えた宣長は、この年最初の結婚を経験するがほどなく離縁し、その一年半後に生涯の伴侶となったたみ（藤堂藩の侍医・草深玄弘の娘。結婚後勝《かつ》と改名する）と再婚する。勝との間に長男春庭が誕生したのは一七六三年のことで、宣長が真淵と出会う三ヶ月前のことであった。またこの年には、宣長の歌論『石上私淑言《いそのかみのさざめごと》』、ならびに文学論『紫文要領』が出来上がっている。前者は「物のあはれ」論によって和歌を論じたものであり、後者は「物のあはれ」を心情のモラルとする人間社会がかつて歴史的に存在したことを論じたものであった。

宣長の学究活動において最も重要な意義を有したものが、真淵に出会った翌一七六四年から取り組んだ『古事記』の研究であったことは論を俟たない。明和年間（一七六四～七二）から天明年間（一七八一～八九）にかけて、『古事記伝』の各巻が相次いで脱稿され、一七八六年には同書の上巻（一之巻～一七之巻）が完成している。またこの間、宣長の国学思想を凝縮させた著述『直毘霊《なおびのみたま》』が出来上がっている（一七七一年、宣長四二歳）。この著述は後に『古事記伝』一之巻に収録されたように、宣長の古道論を象徴するものであった。その後『古事記伝』は一七九二（寛政四）年、宣長六三歳のときに中巻（一八之巻～三四之巻）が完成し、その六年後の一七九八（寛政一〇）年に下巻（三五之巻～四四之巻）が完成するに至った。このとき宣長六九歳、三五年間をかけた畢生の大業であった。なお、『古事記伝』の出版は上巻が一七九七年であったが、中巻および下巻は宣長生前の刊行には至らず、全巻（四四巻）が出版されたのは一八二二（文政五）年のことであった。

異説への駁論

もちろん、この間にも宣長は、古道や文学、歌学関係の述作を多く著している。とくにその古道論（およびそれをめぐる諸論争）に関わる述作に着眼するなら、四八歳のときの『馭戎概言《ぎょじゅうがいげん》』（一七七七年）は、古代から近世初頭に至るまでのこの国の歩みを古道論の立場から概述したもので、その趣旨はこの国が「よろづの国のおや国。本つ御国」であり、中国や朝鮮が「末つ国のいやし国になもありける」(47) ことを検証することに置かれていた。また五一歳のときの著作『くず花《ばな》』（一七八〇年）は、儒者市川匡麻呂《たずまろ》（一七四〇～九五。荻生徂徠の孫弟子にあたる）による宣長の『直毘霊』批判に対して、反批判を試みたものである。「道」とは中国古代の聖人の制作に拠るものとする市川の立論を、宣長は「漢籍《からぶみ》の毒酒」に悪酔いしているものとし、その酔い醒ましの薬として「葛の花」を差し上げるとの趣旨が、この書の標題に込められている。

五六歳の著述『鉗《けん》狂人』（一七八五年。なおこの書名は、狂人に鉗《くびかせ》をかける意を言い表している）は、藤貞幹《とうていかん》（一七三二～九七）の『衝口発《しょうこうはつ》』に対する駁論として著されたもので、素戔嗚尊《すさのおのみこと》を新羅の主としたり、天武天皇を呉の泰伯の末裔としたりするような貞幹の所論を「漢籍におぼれ惑へるゆゑ(48)」の俗習に覆われたものと厳しく糾弾している。なおこの『鉗狂人』をめぐる論争は、その後宣長と上田秋成（一七三四～一八〇九）との間の論争へと引き継がれていくが、その内容を纏めたものが『呵刈葭《かがいか》』（一七八七年）である。同書は、古代国語の音韻に関する論争を取り上げた上篇と、『鉗狂人』をめぐる論争を記した下篇とから成っている。この論争でも、宣長は秋成に対し「皇国をいひおとせること多くして、おぼえずかの狂人のたくひとなれるは、いと〳〵あはれむへきこと也(49)」と厳しい批判の声を発出している。

紀州藩への仕官と教育活動

なお、宣長は六一歳の一七九二（寛政四）年に医師の身分で、松坂在住のまま紀州藩に仕官している（もちろん医師としての力量というよりも、その国学者としての名声が評価されたものといえる）が、それ以前の一七八七（天明七）年には紀州藩の御勘定方役人を務めていた門人の勧めで、治道・経世上の意見書を紀伊侯徳川治貞《はるさだ》（一七二八～八九）に奉じていた。それが『玉くしげ』および『玉くしげ別巻』である(50)。その若干の内容については後述するが、両書を通貫する趣旨は、

> 本朝には、明白に正しき伝説の有リながら、世の人これを知ることあたはず、たゞかの異国の妄説をのみ信じ、其ノ説に泥み溺れて、返てよしなき西戎の国を尊み仰ぐは、いよ〳〵あさましき事ならずや(51)、

との所論に凝縮されている。宣長が解明した「古道」の精神を実際の治世に反映させようとする趣意とそのための具

体的方策とが、提言されたのであった。

また宣長は、六九歳の一七九八（寛政一〇）年に、多年にわたる国学研究によって醸成された学問論を『うひ山ぶみ』として纏めている。三五年を費やした畢生の大著『古事記伝』の執筆を完了した時点で、国学研究への道しるべを求めていた門人たちの要望に応じて著されたものであった。そこで高唱された、

さて道を学ぶにつきては、天地の間にわたりて、殊にすぐれたる、まことの道の伝はれる、御国に生れ来つるは、幸とも幸なれば、いかにも此たふとき皇国の道を学ぶべきは、勿論のこと也[52]、

との所論は、宣長学の基本理念を最も凝縮した形で表明したものといえるだろう。

宣長の教育活動については、上述のように松坂に戻った翌年の一七五八（宝暦八）年頃から門人を募るようになり、その初期は嶺松院歌会のサロン的な雰囲気に包まれていたが、やがて一七七三（安永二）年頃より毎年門人帳を作成するようになってからは学塾としての規律を尊重するようになった。「授業門人姓名録」（『本居宣長全集』第二十巻、筑摩書房、一九七五年、所収）には総数四九三名の門人が記されている。半数近くが伊勢国の出身者であったが、それ以外の国々の門人たちは、宣長四〇歳代以後の入門者であった。宣長の学問的名声の拡がりが、門人たちの出身地域の拡がりと連動するものであったことが窺われる。門人たちには「入門誓詞」を提出させたが、そこには例えば、「大人万歳之後、学之兄弟、不二相替一随分むつましく相交り、互に古学興隆之志を相勵し可レ申、立二我執一争論なと致候儀有レ之間敷事[53]」のように、宣長の死後も門弟相互の親睦を失わないよう努めるべきことが強調されていた。

宣長の書斎として知られる鈴屋は、一七八二（天明二）年、五三歳のときに自宅の二階に増築した四畳半ほどの空間であった。書斎の名は、この部屋に掛けられた三六の柱掛鈴に因むものである。師・賀茂真淵の忌日には自書した「県居大人之霊位」の掛け軸が掛けられた。

最晩年の宣長

宣長はまた、その晩年に京都、名古屋、和歌山を訪ねて精力的な講義活動を展開している。六〇歳から七二歳にかけてのことで、前後一〇回に及ぶ古道宣揚の旅であった。この旅について、名古屋と和歌山とでは少なからぬ門人を獲得するなど収穫が少なくなかったものの、京都では宣長の古道思想が容易に受け容れられない経験も味わった。それでもその最後の旅行となった一八〇一（享和元）年の京都の地では、公家の名門（権大納言）中山愛親《なるちか》（一七四一〜一八一四）から招聘され、十数名の上層公家が受講するといった経験を味わうことができた。宣長はその喜びの様子を、稲垣大平（一七五六〜一八三三。一七九九年に宣長の養子になり、眼病の春庭に代わって本居家を継ぐ）および長男春庭（一七六三〜一八二八）宛の書簡にて、

> 京地古学も段々起り候様子ニ而、悦申候、先頃ハ園大納言殿へ皆々参り、尚又今日ハ中山殿より請待ニ而、昼後より参り暮前ニ帰り申候、延喜式祝詞講尺いたし、…凡て堂上ニ而一人之御方ニ御座候へハ、今日之講尺、別而致二大慶一候、追々古学雲上へも弘マリ可レ申候、(54)

と記している。宣長のこうした古道宣揚活動も、『古事記伝』完成という前人未踏の学的大業を成し遂げた自信に裏打ちされたものであったことは間違いない。

この京都旅行から松坂に戻り、約三ヶ月が経った一八〇一（享和元）年九月、宣長は病床につき同月二九日に逝去する。享年七二歳であった。彼はその一年前に長男春庭と次男春村（一七六七〜一八三六。津で薬問屋を営む小西家の養子となっていた）宛に遺言を書き残していた。この遺言の指示により、宣長の葬儀は、一般的な仏式の葬儀（本居家の菩提寺樹敬寺にて遺体のない「空送《からたび》」を実施）と、彼の独創にかかる神式の葬儀（松坂郊外の山室山にある妙楽寺の裏山にて、前夜内密に埋葬する）との二つのものが執り行われた。(55)このような葬送のありようにも、一方で人間の本質を非合理な情緒性に認める（独創的な神式の葬儀に象徴される）とともに、他方でいわゆる世間並みの慣習に従って生きることを人間の本来的な保守的性情とする（通常の仏式葬儀に象徴される）宣長学の思想傾向が凝縮されている、と見ることは

許されるかもしれない。

（2）宣長の古道論と漢意批判

古道論の基軸

宣長の思想的立場を「国学者」と評することは常識の範囲のことであるにせよ、その諸述作は、歌論、文学、歴史、古道など実に幅広い領域に及んでいる。宣長の教育思想を吟味するについても、本来的にはそうした多種多彩な領域において示された彼の所論を、包括的に検討する必要があることはいうまでもない。だが、本書ではとくにその古道論に焦点をあてながら、宣長の教育思想を解析していくことにする。それは何よりも、彼の教育思想がこの国の元来のあり方に対する認識を絶対的な背景として構成されたものと、理解されるからである。

宣長の古道論形成が、『古事記』研究とその歩みを共有するものであったことは間違いない。また、その所論を最も凝縮した形で表明した著述が、『古事記伝』一之巻に組み込まれた『直毘霊』であることも周知の通りである。それゆえ、ここではまず『直毘霊』に示された「道」の思想内容を概観しておく。同著の冒頭で宣長は、

> 皇大御国《すめらおほみくに》は、掛《かけ》まくも可畏《かしこ》き神御祖《かむみおや》天照大御神の、御生坐《みあれませ》る大御国にして、大御神、大御手《おほみて》に天《あま》つ璽《しるし》を捧持《ささげもた》して、万千秋《よろづちあき》の長秋《ながあき》に、吾御子《あがみこ》のしろしめさむ国なりと、ことよさし賜へりしまに〳〵、…天《あま》つ神の御心を大御心として、神代も今もへだてなく、神《かむ》ながら安国《やすくに》と、平《たひら》けく所知看《しろしめ》しける大御国になもありければ、古の大御《おほみ》世《よ》には、道といふ言挙《ことあげ》もさらになかりき、其《そ》はたゞ物にゆく道こそ有けれ、物のことわりあるべきすべ、万《よろづ》の教へごとをしも、何の道くれの道といふことは、異国《あだしくに》のさだなり。(56)

と述べ、日本とは天照大御神が皇孫に「天つ璽」を授けたことに淵源をもつ国家にして、皇孫の子孫である天皇の統治が絶対的に保証された国家であり、それゆえとくに古代にあっては天下が平穏で、「道」という言葉も、あるいは

何らかの道徳的教戒も存在する必要がなかった、と高唱している。

「道」の内実

宣長の認識に従えば、異国《あだしくに》には元来定まれる君主が存在せず、人心が荒く習慣も乱れていたため、国が容易に治まることはなかった。そうした状況のなか、威力と智恵に満ちた者が現れ、国を奪い取って支配したのが「聖人」の由来であり、またその聖人が作為し定め置いたものが「道」であるに過ぎない、とされる。すなわち、「道といふことを作りて正すは、もと道の正しからぬが故のわざ(57)」なのであり、それゆえ「道」の内実とは「世人をなつけ治めむための、たばかり事(58)」なのだと説かれる。こうして宣長は、「されば聖人の道は、国を治めむために作りて、かへりて国を乱すたねともなる物ぞ(59)」と、異国（漢国）にて作為された「道」の虚偽的趣意を痛切に批判するのである。

それに対し、自国たる日本については、

> 故《かれ》皇国の古へは、さる言痛《こちた》き教《おしへ》も何もなかりしかど、下が下までみだるゝことなく、天下は穏《おだひ》に治まりて、天津日嗣いや遠長《とほなが》に伝はり来坐《きませ》り、さればかの異国の名にならひていはば、是ぞ上《うへ》もなき優《すぐれ》たる大き道にして、実《まこと》は道あるが故に道てふ言《こと》なく、道てふことなけれど、道ありしなりけり(60)、

という具合に、元来「道」なる言挙げはなかったが、それは「道」が存在しなかったことを意味するのではなく、「道」の教えを必要としないほど世の中が治まっていた事実を指し示すものだ、と強調するのである。こうして古代日本における天皇の治世は平穏そのものであったが、それは天皇統治の絶対性に加えて、歴代の天皇が「いさゝかもさかしらを加へ給ふことな」く、「神代のまに〱、大らかに所知看《しろしめ》」したからだとされる(61)。宣長は、この自ずから神の道が働いて、他に何も求める必要のない様子を「自　有㆓神道㆒《おのづからかみのみちあり》(62)」と評している。

ところが、時の流れに伴って大陸からの影響がこの国に推し及ぶに至り、国としてのありように重大な変化がもたらされることになる。宣長はその様子を、

然るをや、降りて、書籍《ふみ》といふ物渡参来《わたりまいき》て、其《そ》を学びよむ事始まりて後、其ノ国のてぶりをならひて、や、万《よろづ》のうへにまじへ用ひらる、御代になりてぞ、…しかありて御代々々を経るまゝに、いやます〳〵に、その漢国《から》のてぶりをしたひまねぶこと、盛《さかり》になりもてゆきつつ、つひに天の下所知看《しろしめ》す大御政《おおみわざ》も、もはら漢様《からざま》に為《なり》はてて、青人草《あおひとくさ》の心までぞ、其ノ意にうつりにける、(63)

と描出している。大陸から書籍が渡来すること（これは当然に文字の伝来を意味する）で、その諸般に及ぶ文物が盛んに受容され、その結果治世のありようはもちろんのこと、一般民衆の心のありように至るまで、すべてが漢様に染まってしまったのである。また宣長によれば、こうした漢様の影響が諸般の文物・行事に組み込まれるようになったため、それと区別するために、この国の神代さながらの統治のありよう（大御国の古の大御てぶり）を取り分けて「神道《かみのみち》」（あるいは「神」や「道」）などの名づけが行われるようになった、というのである。もちろん、こうした諸般の漢様の文物受容が、

いともめでたき大御国の道をおきながら、他国《ひとぐに》のさかしく言痛《こちた》き意行《こころしわざ》を、よきこととして、ならひまねべるから、直く清かりし心も行ひも、みな穢悪《きたな》くまがりゆきて、後つひには、かの他国《ひとぐに》のきびしき道ならずては、治まりがたき如くなれるぞかし、(64)

と慨嘆されるような厳しい状況（国のありようが汚染され捻じ曲げられたため、中国流の厳格な方法に拠らなければ治まらなくなった）を、この国にもたらしたことはいうまでもない。

「漢意」批判

こうして、この国がその歴史の進展とともに、本来の姿を喪失させてしまうに至った大陸からの影響のことを、宣長は「漢意《からごころ》」と称し、それへの辛辣な批判を展開する。以下では『直毘霊』以外の諸述作をも参照しながら、その批判のありようを概述する。まず宣長は「漢意」について、

漢意《からごころ》とは、漢国のふりを好み、かの国をたふとぶのみをいふにあらず、大かた世の人の、万の事の善悪《よさあしさ》是非を論《あげつら》ひ、物の理をさだめいふたぐひ、すべてみな漢籍《からぶみ》の趣なるをいふ也、…からぶみにいへるおもむきは、皆かの国人のこちたきさかしら心もて、いつはりかざりたる事のみ多ければ、真心にあらず…又当然之理《しかあるべきことわり》とおもひとりたるすぢも、漢意の当然之理にこそあれ、実の当然之理にはあらざること多し(65)、

という具合に述べ、それが中国の思想や文物への心情的な崇拝に留まらず、すでに徳川社会に広く浸透してしまっている儒学的価値観や思弁的な思考様式全般を指すものとしている。

その上で、宣長による「漢意」批判の焦点は、まず日本とは異質な中国古代の統治様態に向けられる。すなわち宣長は、

其国（漢国のこと）のならはしは、かく君をほろぼして、その国をうばふがつねなる故に、いにしへより、下《しも》なるものは、上《かみ》のひまをうかがひてとらんとし、上なるものは、人にとられじとかまふるから、上と下としたの心やはらがず、かたみにこちたき思ひはかりごとするあまりに、よろづの事まことはいとすくなくて、たゞいつはりかざりのみぞおほかる。そもそも君の国をうばふにつけては、そのいみしき罪をまぎらはさんがために、あるひは天より授給《さずけ》ふなどやうのいつはりごとを、くさぐ\かまへ、ふみことば《文辞》をうるはしくかざりて、民をあざむき、又よろづのさだめをくはしくして、たふとき事に思はせなど、すべてうはべはいとめでたけれど、したの心なんわろくきたなき国なりける(66)。

と述べ、中国の歴史とは、以前の君主を滅ぼしてその国を略奪した者が新たな君主となる戦乱・禍乱の繰り返しであり、それゆえ人々の心が安らぐということはあり得なかったとする。さらに、略奪者がそれを欺き文辞を飾り立てて政治支配の正当性を主張したとしても、人々の心も国のありようも正しくなることはなかった、と強調するのである。

また、古代中国において聖人が出現したのはまさしく天命に基づくものだ、とする認識に対しても、

異国《あだしくに》は、本より主の定まれるがなければ、たゞ人もたちまち王になり、王もたちまちたゞ人にもなり、亡びうせもする、古よりの風俗《ならはし》なり、さて国を取《と》らむと謀りて、えとらざる者をば、賊といひて賤《いや》しめにくみ、取ｿ得たる者をば、聖人といひて尊み仰ぐめり、さればいはゆる聖人も、たゞ賊の為《なし》とげたる者にぞ有ｿける、(67)

との所論のように、聖人なる存在とはそもそも暴力によって国を奪い取った者であるに過ぎない、と厳しく糾弾する。さらに、聖人の存在が天命に基づくとの認識に対しても、それでは禍乱の窮まった戦国時代に聖人が出現せず、却って専制王たる始皇帝が国を支配するに至ったという歴史的事実は説明がつかない、と看破するのである。

もし然らば、周の世の末戦国の程は、又甚しき洪荒の世にて、国内はみだれにみだれたる物を、実に天道あらば、此時もかならず聖人を出して、道を立直《たて》し、国を治めしめずしてはかなはぬ事なるに、聖人をば出さずして、つひには秦ノ始皇が如き荒ぶる王をしも出して、国内を一つに取《と》らせたるは、天道のあやまちとやいはん、もしあやまちにあらずば、聖人は物の用にはたゝぬものと思ひて、出さざりしにや、わらふべし〳〵、(68)

という指摘は、その認識を最も雄弁に物語るものである。それゆえ宣長にとっては、聖人が立てたと伝わる「教え」なるものが偽善の極致であることは論を俟たなかった。すなわち、

漢国聖人のしわざは、君を弑しその国を奪へる大罪を覆ひ隠して、世の人に信ぜられんために、己が身の行ひをいたく飾り作りたる強事《しひごと》にて、人のあるべき限を過たるしわざ也、さてその教も又、己が子孫の、人に国を奪はれん事を恐れ、又人のこれを奪はんことを恐るゝから、人のあるべき限を過て、甚しく設けたる強事なるを、天

下後世の人、その智術をえさとらで、皆これにあざむかれ居るこそ愚なれ、さて又礼儀忠孝を教ふれば、人々教へのまゝに行ふを見て知べしといへるも、いみしき妄言也[69]、

というような論駁は、聖人とその「教説」に対する宣長常套の排撃言説だといえる。それゆえ宣長にとっては、儒学が高唱する「礼儀」や「忠孝」も、偽聖人が「人のあるべき限を過て、甚しく設けたる強事」に過ぎなかった。こうして「湯武が如き逆賊のしわざは、決めて天ッ神のゆるし給はざる処也[70]」や「文王も武王も君臣の道は知らざりしが、…俄に君臣の道を立んとするは、又己が臣に奪はさじとの巧《たくみ》なる事あらは也[71]」などの所述のように、中国古代の諸聖人が徹底的な批判と攻撃に晒されるのである。

辛辣な儒学批判

もちろん、こうした中国批判や聖人批判は、当然のごとく極めて辛辣な儒学批判に結びつけられることになる。宣長によれば、「聖人の道は、たゞいたづらに、人をそしる世々の儒者どもの、さへづりぐさ[72]」であり、「仁義礼譲孝悌忠信などいふ、こちたき名どもを、くさ〲作り設て、人をきびしく教へおもむけむとぞすなる[73]」ものが儒学であるに過ぎない。こうして宣長の儒学批判は、

抑《そもそも》吉凶《よきあし》き万ッの事を、あだし国にて、仏の道には因果とし、漢《から》の道々には天命といひて、天のなすわざと思へり、これらみなひがことなり、そが中に仏ノ道ノ説《こと》は、多く世の学者《ものまなぶひと》の、よく弁《わきま》へつることなれば、今いはず、漢国《からくに》の天命の説《こと》は、かしこき人もみな惑ひて、いまだひがことなることをさとれる人なければ、今これを論《あげつら》ひさとさむ、抑《そもそも》天命といふことは、彼ノ国にて古へに、君を滅《ほろぼ》し国を奪ひし聖人の、己が罪をのがれむために、かまへ出《いで》たる託言《ことつけごと》なり、まことには、天地は心ある物にあらざれば、命あるべくもあらず[74]、

という具合に、同じく大陸由来の仏教と比べてもはるかに手厳しいものといえ、儒学それ自体の虚偽性が痛烈に糾弾されるのである[75]。繰り返しになるが、宣長の次のような所論、すなわち、

かの聖人の道は、もと治まりがたき国を、しひてをさめむとして作れる物にて、人の必ズ有ルべきかぎりを過《すぎ》て、なほきびしく教へたてむとせる強事《しひごと》なれば、まことの道にかなはず、(76)

皇国より見れば、かの漢国聖人の教は、無用のあまり物にて、此道入リ来りて後、返りて天下の治まりも、上代に及ばず、人の心も次第にわろくなれるをもて見れば、その教は害こそおほけれ、益はさらにあることなし、(77)

などは、儒学の教説が人情の自然を無視する「強事」であり、害のみをもたらす「無用」物であるとする宣長の儒学批判を最も雄弁に物語っている(78)。

根源的価値としての「神」　宣長が、あらゆる価値の根源に据えたものは「神」であり、それゆえ「道」もまた「神」に由来するものであった。「神」に由来するものは、本来的に言葉で表現したり理解したりすることのできるものではなく、もちろん、人間の智恵で推し測ることのできるものでもない。だが、その「道」を敢えて（すでに言葉の通行が社会構成の前提となっている江戸時代であるがゆえに）言葉で表現するなら、

そも此ノ道は、いかなる道ぞと尋ぬるに、天地のおのづからなる道にもあらず、〈是《こ》をよく弁別《わきまへ》て、かの漢国の老荘などが見《こころ》と、ひとつにな思ひまがへそ〉、人の作れる道にもあらず、此ノ道はしも、可畏《かしこ》きや高御産巣日《たかみむすびの》神の御霊《みたま》によりて、〈世ノ中にあらゆる事も物も、皆悉《ことごと》に此ノ大神のみたまより成れり〉、神祖《かむろぎ》伊邪那岐《いざなぎの》大神伊邪那美《いざなみの》大神の始めたまひて、〈よのなかにあらゆる事も物も、此ノ二柱《ふたはしら》ノ大神よりはじまれり〉、天照大御神の受《うけ》たまひもちたまひ、伝へ賜ふ道なり、故是以《かれここをもて》神の道とは申すぞかし、(79)

と説かれる。「道」とは、「天地のおのずからの道」（老荘思想が想定される）でも「人の作れる道」（宣長の時代に普及した徂徠学が想定される）でもなく、日本古来の神々によって始められ伝えられたもの、すなわち「神の道」だというの

である。その上で、自国に対する、

皇国はかたじけなくも、天照大御神の御国として、天皇は即大御神の御子にましませば、下が下まで人草の心も何も、万国に勝《すぐ》れて、もとより君臣父子その余の道も、おのづから備《そなは》りたる故に、殊さらにこれをいひたてて、教へさとすにも及ばざりし程の事なるに、いかでか外国聖人の道をしも待《まつ》ことあらん、(80)

との賛美に集約されるように、「神の国」であり天照大御神の御子である歴世の天皇によって治められるこの国では、元来「道」が自ずと行われ、それゆえにそれを「教え諭す」必要など全くなかった、ということが高唱されるのである。

こうして宣長の「古道論」は、それを「教育思想」と呼ぶには微妙な内実から構成される、独自の教育論ないし学習論を創出させることになる。以下、その主要な論理構成とその思想的特質について概述を試みる。

(3) 宣長学の教育思想

以下では宣長の教育思想の基本構成を、大きく五つの側面に分けて吟味する。この五側面は決して定説として通行するものではなく、あくまでも筆者の分析視角から捕捉された特徴的側面であるに過ぎないことを断っておく。

教育不要論

第一に、宣長学の教育思想を全体的に捉まえるとき、最も鮮明に浮上する特質であるとともに、ある意味では「教育」へのアンチテーゼと評すべきものかもしれないが、その趣意は、この国元来のあり方からすれば、「教え」なるものは不要だとする所論として表出される。すなわち宣長は、

もろこしの古書、ひたすら教誡をのみこちたくいへるは、いと〳〵うるさし、人は教によりてよくなるものにあらず、もとより教をまつものにはあらぬを、あまりこちたくいましめ教るから、中々に姦曲詐偽のみまさる事を

し、教誡の厳なるをよきことと心得たるは愚なり(81)、
しらず、周公旦、あまりにこちたく定めたるゆゑに、周の末に乱をおこせり、戦国のころの人の邪智ふかきは、みな周公がをしへたることなり、皇国の古書には、露ばかりもをしへがましき事見えず、此けぢめをよく考ふべし、教誡の厳なるをよきことと心得たるは愚なり(81)、

という具合に、「人は教によりてよくなるものにあらず」や「教誡の厳なるをよきことと心得たるは愚なり」などの所論を力強く提起する。さらには、

神道ニ教ヘノ書ナキハ、コレ真ノ道ナル證也、凡テ人ヲ教ヘテオモムカスルハ、モト正シキ経《ツネ》ノ道ニハアラズ、然ルニソノ教ヘノナキヲ以テ、其道ナシト思フハ、外国ノ小キ道々ニノミナラヒテ、真ノ道ヲシラザル故ノヒガコト也、教ノナキコソ尊《ト》ケレ、教ヲ旨トスルハ、人作ノ小道也(82)、

と、「教ノナキコソ尊《ト》ケレ」との極言までをも発出するのである。こうしたある意味での教育不要論とも見るべき立論の背景をなすものは、繰り返しになるが、この国が元来「神の国」であり、それゆえ、その元来の国のかたちのうちに「道」が自ずから行われているという、宣長の確信なのであった。

なお、この教育不要論に関して宣長は、例えば、

緑児《みどりご》に教る事は、かならず教へざれば終にえせずえしらぬ事にはあらざるを、速《まだ》きにしらしめんとて教るにこそあれ、或は物いふこと物食《くふ》こと歩行《あるく》ことなどを教へ、或は方角物の数などを教るたぐひ、すべて皆教ヘをからざれ共、其時至りぬれば、おのづからよく知てする事也、さて礼義忠孝等のたぐひも、これらと同じ事にて、人のあるべき限は、必しも教をからざれ共、おのづからよく知てする事なるを、かの儒仏の教は、人のあるべき限にあらず、同じ礼義忠孝等のたぐひも、あるべき限を過《すぎ》たるしわざなる故に、しひてこれを教へんとはする也(83)、

というように述べ、「人のあるべき限」の事柄とは本来自ずと習得されていくべきもの、との認識をその根拠に据える。例えば、幼子が食事・歩行などの習慣や方角・数字などの知識を身につけたり、一般人が礼儀や道徳を養ったりすることなどは、元来「おのづからよく知てする事」だというのである。(84) 元来、人がその成長とともに生活の中で自然と身につけていくものを、人為的に（儒仏の教説に従って）教え込もうとする姿勢を排除しようとする主張には、宣長独特の教育認識が含意されている。

漢意の排除と真心の復権　第二に、宣長の教育思想の基軸をなす論理として、「漢意《からごころ》の排除」と「真心の復権」ということが指摘できる。上記のように、元来のこの国のありようからすれば、「教え」なるものは不要とされた。とはいえ、長い年月に亘って漢意に染められてきたこの国にあって、元来本有の「道」がすでに見失われてしまっていることは宣長自身も認めるところであった。ではその「道」を取り戻すには、何をどのようになすべきなのか。宣長にとってその要件が、人々の心情をあらゆる「漢意」（儒学的道徳価値に象徴される）から解放すること、そうして人々が生まれながらの真情に従って日々の生活を過ごすことであるのは論を俟たなかった。この、日本人が元来生まれ持つ真情のことを、宣長は「真心《まごころ》」と呼んだ。その意味で、「漢意の排除」と「真心の復権」こそが宣長の教育思想の基軸をなす論理なのであった。すなわち宣長は、

そも〳〵道は、もと学問をして知ることにはあらず、生れながらの真心なるぞ、道には有ける、真心とは、よくもあしくも、うまれつきたるまゝの心をいふ、然るに後の世の人は、おしなべてかの漢意にのみうつりて、真心をばうしなひはてたれば、今は学問せざれば、道をえしらざるにこそあれ、(85)

と述べ、「道」の存在が真心と不可分に結びついていることを強調する。だが、再三繰り返すように、宣長の時代の人々は、すでに充満する漢意によって元来の真心を喪失してしまっている。その様子を宣長は、

世人或は仏道、或は儒道を信じて、何事もその意をよしと思ふは、学問せざる者もそのならひに化《うつ》りたる物にて、生れつきたる心にはあらざれば也、その一端を挙ていはば、或は仏の説に溺れて、父母妻子を棄て出家をし、或は儒の道に惑ひて、君を軽んずる輩などの出来たるたぐひ是也、其外もすべて善にもあれ悪にもあれ、生れつきたる心を変てうつるは、皆真心を失ふ也[86]、

と描出する。世上一般の風潮は、仏教や儒学の教説を重んずる傾向にあるが、それらの教説はまさに「漢意」そのものであり、その「漢意」が江戸社会に様々な禍悪をもたらしている、というのである。

例えば宣長は、「漢意」の象徴たる儒学の悪しき影響として、人々の意識が万物化育の根源を「天」とする教説に覆われてしまい、その結果として、「神」に対する人々の畏敬の念が著しく喪失してしまっていると指摘する。宣長の、

から人の、何につけても天天といふは、神あることをしらざる故のひがことなり、…いはゆる天命、天道などいふは、みな神のなし給ふ事にこそあれ、又天地は、万物を生育する物と思ふもひがことなり、万物の生育するも、みな神の御しわざなり、天地は、たゞ、神のこれを生育し給ふ場所のみなり、天地のこれを生育するにはあらず[87]、

との所論はその認識を凝縮するもので、例えば万物の生育についていえば、その根源とはあくまでも「神」であって、「天」や「地」はその生育が行われる場所であるに過ぎないことを喝破するものといえる。この「天地」や「天命」に関する誤った観念（万物の根源を「神」ではなく、「天」に求めようとする）もまた、「漢意」に汚染された禍事だと説かれるのである。

「道の学び」の高唱

第三に、それゆえ今一度日本人が自らの「真心」を取り戻すために取り組むべき学問として、何よりも元来の「神の道」を伝える古典の学び、すなわち「道の学び」の必要が高唱されたのであった。

「道の学び」に関する宣長の認識は、

> 今はた其ノ道といひて、別《こと》に教ヘを受て、おこなふべきわざはありなむや、もししひて求むとならば、きたなきからぶみごゝろを祓ひきよめて、清々《すがすが》しき御国ごゝろもて、古典《ふるきふみ》どもをよく学びてよ、然せば、受行《うけおこなふ》べき道なきことは、おのづから知リてむ、其《そ》をしるぞ、すなはち神の道をうけおこなふにはありける(88)、

との所論にその趣旨が凝縮されている。また、「道」を伝える古典の学びのより具体的なありようについて、宣長は次のように概括的に説明している。

> その主《むね》としてよるべきすぢは、何れぞといへば、道の学問なり、そも〱此道は…古事記書紀の二典《ふたみふみ》に記されたる、神代上代の、もろ〱の事跡のうへに備はりたり、此ノ二ノ典の上代の巻々を、くりかへし〱よくよみ見るべし、…二典の内につきても、道をしらんためには、殊に古事記をさきとすべし、書紀をよむには、大に心得あり、文のまゝに解しては、いたく古への意にたがふこと有て、かならず漢意に落入べし、次に古語拾遺、やゝ後の物にはあれども、二典のたすけとなる事ども多し、早くよむべし、次に万葉集、これは歌の集なれども、道をしるに、甚ダ緊要の書なり、殊によく学ぶべし(89)、

すなわち、何よりも第一に『古事記』と『日本書紀』(『古事記』が優先されることはいうまでもない)、次いで『古語拾遺』『万葉集』の順に読み進めるべきことが説かれる。その上で、『続日本紀』『日本後紀』『続日本後紀』『文徳実録』『三代実録』などの朝廷の正史、さらに『延喜式』『氏姓録』『和名抄』『貞観儀式』『出雲国風土記』『釈日本紀』など、この国の古事・古文・古語などを伝える書物の学びが要件とされている。

もちろん、これらの古典の学びの大前提として、一切の「漢意」を排除し、「清々しい御国ごころ」が学習者の内奥に根づいていることが必須の要件となることはいうまでもない。そうした前提に立った上で、宣長は、

さて又漢籍《からぶみ》をもまじへよむべし、古書どもは、皆漢字漢文を借リて記され、殊に孝徳天皇天智天皇の御世のころよりしてこなたは、万ッの事、かの国の制によられたるが多ければ、史どもをよむにも、かの国ぶみのやうをも、大抵はしらでは、ゆきとゞきがたき事多ければ也、但しからぶみを見るには、殊にやまとたましひをよくかためおきて見ざれば、かのふみのことよきにまどはさる、ことぞ、此心得肝要也[90]、

と述べ、諸般におよぶこの国の文物のありようを理解するために、敢えて漢籍を読むことをも容認する。江戸社会に生きる人々にとって、漢籍から得られる素養を完全に無視することは、すでに非現実的であることを容認する所論として注目される。ただし繰り返すように、漢籍の読解に進むには、この国の古典の学びに基づいて、学習者の心に「やまとたましひ（大和魂）」が固め置かれていることが必須の要件とされていることには注意を要する。

和歌の学びの強調

第四に、この「道の学び」について、神代の諸事跡を伝える『古事記』『日本書紀』が最優先されることはいうまでもないが、それとともに、「和歌の学び」が「古道の学び」と相互関連的に捕捉されている点に、宣長教育思想の一つの重要な特質を認めることができる。例えば宣長は、『万葉集』の古典的価値について、

さて古の道は、二典の神代上代の事跡のうへに備はりたれば、古言古歌をよく得て、これを見るときは、其道の意、おのづから明らかなり、…古事記は、古伝説のまゝに記されてはあれども、なほ漢文なれば、正《まさ》しく古言をしるべきことは、万葉には及ばず、書紀は、殊に漢文のかざり多ければ、さら也、さて二典に載れる歌どもは、上古のなれば、殊に古言古意をしるべき、第一の至宝也、然れどもその数多からざれば、ひろく考るに、ことたらざるを、万葉は、歌数いと多ければ、古言はをさ〳〵もれたるなく、伝はりたる故に、これを第一に学べとは、師も教へられたる也[91]、

と述べ、古言や古意を学ぶことそれ自体でいえば、記紀以上に『万葉集』が重要な文献であることを強調している。さらに『万葉集』の他に、『古今和歌集』『後撰和歌集』『後拾遺和歌集』などの後世風の和歌集についても、それを学ぶ意義を説いて、「古風は白妙衣のごとく、後世風は、くれなゐ紫いろ〳〵染たる衣のごとし、白妙衣は、白たへにしてめでたきを、染衣も、その染色によりて、又とり〴〵にめでたし、然るを白妙めでたしとて、染たるをば、ひたぶるにわろしとすべきにあらず(92)」と論ずるのである。

加えて、これは「和歌の学び」に関する宣長独自の立場を象徴するものといえるが、宣長は古典的和歌集から歌を学ぶに留まらず、学び手自身もまた歌を詠むことの意義を強調する。すなわち、

二典の次には、万葉集をよく学ぶべし、みづからも古風の歌をまなびてよむべし、すべて人は、かならず歌をよむべきものなる内にも、学問をする者は、なほさらよまではかなはぬわざ也、歌をよまでは、古への世のくはしき意、風雅《みやび》のおもむきはしりがたし(93)、

と、「古への世のくはしき意」や「風雅のおもむき」を明らかに知るには、学び手自身もまた歌を詠むことが極めて重要であることが唱えられている。

ただし、賀茂真淵の在世中、宣長はしばしば自ら詠んだ新古今調の歌を書き送って真淵に添削を請うたが、それは万葉調の歌を尊重する真淵の指導方針を逸脱するものであった。そのため真淵から、

詠歌の事よろしからず候、既にたび〳〵いへる如く、短歌は巧みなるはいやしといふは、よき歌の上にても、言よろしく心高く調子を得たるは、少しも巧みの無ぞよき也、それにむかへてはよき歌といへど巧み有はいやしき也、まして風姿にも意の雅俗にもかゝはらで、只奇言薄切の意をいへるは惣て論にもたらぬ事也(94)、

と厳しい叱責の書簡が寄せられている。こうした宣長と真淵との思想的態度の懸隔については、古代こそを理想とする真淵の復古主義と、歴史のあらゆる時代に神代と結びつく理想の姿を認めようとする宣長の歴史観との相違が含意されている。このいわば現状肯定論とも結びつくような宣長の主張については、改めて後述するが、この問題に関わる宣長の基本認識は、

すべて万ッの事、他のうへにて思ふと、みづからの事にて思ふとは、浅深の異なるものにて、他のうへの事は、いかほど深く思ふやうにても、みづからの事ほどふかくはしまぬ物なり、歌もさやうにて、古歌をば、いかほど深く考へても、他のうへの事なれば、なほ深くいたらぬところあるを、みづからよむになりては、我ガ事なる故に、心を用ること格別にて、深き意味をしること也、さればこそ師も、みづから古風の歌をよみ、古ぶりの文をつくれとは、教へられたるなれ、[95]

との所述に最も鮮明に描き出されている。「歌」とは、それにどれほど深い思いを寄せたとしても、それだけではその趣意はあくまで外在的なものであるに過ぎず、それゆえに、歌の含意をその深層にて知るには、自ら心を用いてこれを詠むことが必須の要件だというのである。

「物のあはれ」

なお、ここで敢えて附言するなら、こうして宣長が和歌を重視するのは、まさに「歌は物のあはれをしるよりいでくるものなり」[96]との所述に象徴されるように、和歌が成り立つ心情的基盤が「物のあはれ」を知る心だと理解されているからに他ならない。この「物のあはれ」については、すでに早期の述作『排蘆《あしわけ》小船《をぶね》』の中に、「歌ノ道ハ善悪ノギロンヲステテ、モノノアハレト云事ヲシルヘシ」[97]や「スベテ此道ハ風雅ヲムネトシテ、物ノアハレヲ感スル処ガ第一ナル」[98]などの言及が見られるが、この言葉に対する明確な立論が形づくられるのは、歌論書『石上私淑言』や、『源氏物語』の詳解書『紫文要領』の中においてであった。例えば『石上私淑言』には、その含意が次のように記されている。

すべて世中にいきとしいける物はみな情《こころ》あり。情あれば、物にふれて必おもふ事あり。…其中にも人はことに万の物よりすぐれて、心もあきらかなれば、おもふ事もしげく深し。…その思ふ事のしげく深きはなにゆへぞといへば、物のあはれをしる故也。…たとへば、うれしかるべき事にあひて、うれしく思ふは、そのうれしかるべき事の心をわきまへしる故にうれしき也。又かなしかるべき事にあひて、かなしく思ふは、そのかなしかるべきことの心をわきまへしる故にかなしき也。されば事にふれてそのうれしくかなしき事の心をわきまへしるを、物のあはれをしるという也。(99)

すなわち、人は、嬉しいにつけ、悲しいにつけ、事に触れるたびに「情」が動くものであるが、その「情」が動く理由は、人に「物のあはれ」を知る心があるからであり、それゆえ、「物のあはれ」を知るというのは、人が「うれしかるべき事の心」や「悲しかるべき事の心」を「わきまへしる」ことだというのである。

この立論の焦点は、「物のあはれ」を知る心が働くのは、事の心を「わきまへしる」から、と説かれている点にある。「わきまへしる」については、『紫文要領』にも詳しい説明が記されている。やや長くなるが、その説明とは、

世中にありとしある事のさま〳〵を、目に見るにつけ耳にきくにつけ、身にふるゝにつけて、其よろつの事を心にあぢはへて、そのよろつの事の心をわか心にわきまへしる、是事の心をしる也、物の心をしる也、物の哀をしる也、其中にも猶くはしくわけていはは、わきまへしる所は、物の心事の心をしるといふもの也、わきまへしりて、其しなにしたかひて感する所が物のあはれ也、たとへはいみしくめてたき桜の盛にさきたるを見て、めてたき花と見るは物の心をしる也、めてたき花といふ事をわきまへしりて、さてさてめてたき花かなと思ふが感する也、是即物の哀也、…又人のおもきうれへにあひて、いたくかなしむを見聞て、さこそかなしからめとをしはかるは、かなしかるへき事をしるゆへ也、是事の心をしる也、そのかなしかるへき事事の心をしりて、さこそかなしからむと、わか心にもをしはかりて感するが物の哀也、(100)

というものである。要するに「わきまへしる」とは、ある対象によって呼び覚まされた主体の共感であるといえ、対象の呼びかけに主体が応え、対象と一体化しようとする心の働きであるといえよう。この引用文では、桜花が「めでたき花」だということ（物の心）と、それを自身の心に「わきまえしる」こととが結ばれて、咲き乱れる桜花の様子を「めでたき花」と思う心の働きが、「物のあはれ」を知ることだと例示されている。あるいは、憂事に遭遇して悲しむ人の様子と、その悲しむべき事（事の心）を「わきまへしる」こととが結ばれて、その人の悲しみを自分の心に推し測って感ずることが、「物のあはれ」を知ることだと説かれている。

主・客の共感的応答

このように、「物のあはれ」を知るとは、主体の側から一方的・衝動的に発せられる心の作用ではなく、主体と対象とが情緒的に共感し合う相互の働きを前提とするものだといえる。また、それゆえに「物のあはれ」を知るとは、純然たる知的作用というよりも、むしろ対象からの呼びかけに主体が共感的に応答する感情の働きと見るべきである。その意味で、「物のあはれ」を知る感情とは、

物のあはれをしらぬ人が見ては、空の気色も何共なけれど、物の哀しる人が見れば、かなしきときはかなしく見え、えんなるときはえんにみゆる也、…されは物の哀をしる人が、即心ある人也、物の哀しらぬは心なき人也[101]、

と説かれるように、優れて人間的な心情としての含意を有するものなのである。

なおここで詳述するゆとりはないが、宣長の「物のあはれ」論は、彼の『源氏物語』研究を通して、その対象が「物」や「事」といわれる以上に、より積極的に人間への同情や共感を意味するものとして描出されることになる。すなわち、

人の哀《あはれ》なる事をみては哀と思ひ、人のよろこふをきゝては共によろこふ、是すなはち人情にかなふ也、物の哀をしる也、人情にかなはす、物の哀をしらぬ人は、人のかなしみをみても何共思はす、人のうれへをきゝても何共

思はぬもの也、かやうの人をあしゝとし、かの物の哀を見しる人をよしとする也(102)、

との所論にその含意が凝縮されている。ただし、この場合の「哀れ」とは、例えば「あはれは、悲哀にはかぎらず、うれしきにも、おもしろきにも、たのしきにも、をかしきにも、すべてあゝはれと思はるゝは、みなあはれ也(103)」と説かれるように、単に悲哀の感情のみを指すのではなく、嬉しき、面白き、楽しき、可笑しき、など様々な心情の働きにその意味合いが見出されている。さらには、

さて物語は、物のあはれをしるを、むねとはしたるに、そのすぢにいたりては、儒仏の教へには、そむける事もおほきぞかし、そはまづ人の情《こころ》の、物に感ずる事には、善悪邪正さま〴〵ある中に、ことわりにたがへる事には、感ずまじきわざなれども、情《こころ》は、我ながらわが心にもまかせぬことありて、おのづからしのびがたきふし有て、感ずることあるもの也(104)、

と説かれるように、「物のあはれ」とは、儒学や仏教などの善悪邪正を規範とする教説とは、異種異質の心情に依拠することが強調される。『源氏物語』に描かれた源氏の君は、空蟬の君、朧月夜の君、藤壺の中宮など、多くの女性と情を通じた人物であったが、これについて宣長は、「好色を書キたるを、たはふれこととせるは、たがへり、…物のあはれをむねと書るものにて、そのあはれのふかきこと、恋にまさるはなきが故に、そのすぢを、殊に多くむねとは書るもの也(105)」という具合に、「好色」が「物のあはれ」を知る人情の極致だとする見解を披瀝するのである。

「物のあはれ」と倫理規範

このように、宣長の「物のあはれ」論は、和歌や物語の研究を通して形づくられたもので、王朝貴族の心情のありようを集約的に表現するものであったが、それが儒学や仏教によって権威づけられた倫理規範に対抗する価値を有することを訴えるには、この所論の背後に儒仏を超える権威が必要であった。宣長においてその権威が「神代」に求められたことはいうまでもない。宣長が、和歌と古典の研究を相互関連的に推し進め

た結果として得られた確信は、「物のあはれ」を知る心とは、それが豊かに存した王朝社会と神代の世界とを結びつけて、互いに通じ合うものだということであった。この和歌を通路とする地平こそ、儒仏の道徳的世界とは異質な世界であり、神代からの歴史を根柢から定礎し続けるこの国特有の心情的世界なのであった。これについて本山幸彦は、

和歌を日常化し、和歌によって情をのべる風儀が生きていた王朝の貴族たち、とりわけ「和歌の生ずる本」である「物のあはれ」を知る心を豊かに備えていた王朝の貴族たちも、当然、和歌を通路として神代の心情をいだいていたはずであり、宣長はこの神代によって根拠づけられた貴族たちの心情のモラルを、現実の社会で儒仏の道徳規範に対抗できる倫理だとして、その胸底におさめたのだった。(106)

と指摘している。宣長は、『古事記』の研究を通して、古道についての確信を抱くようになるにつれて、いわば主情主義的な人間の生き方を、現実の江戸社会の中で積極的に主張するようになる。「和歌の学び」とは、神代と王朝時代、そして江戸時代とを結びつけ、それぞれの時代を肯定的に理解するための宣長の歴史認識の枠組みを構成するものでもあったのである。

重複を恐れずに言及するなら、「物のあはれ」を知る心とは、儒仏の教説のように善悪を勧め懲らすものとは異質であることに注意する必要がある。それについて宣長は、

男のかの女のらうたきを恋しと思ふは、物の心をしり物の哀をしる也。いかにとなれは、かたちのよきをみてよきと思ふは、是物の心をしる也、又女の心に男の心さしを哀と思ひしるは、もとより物の哀をしる也、物語の中には、かやうのるいことに多し、命にもかくるほとに思ふは、物の哀の中にをきても尤深き事故《ゆえ》に、かやうの恋のみ多き也、それをしるす心は、それをよしとして人にすゝむるためにもあらす、あしゝとしていましむる為にもあらす、そのしわざの善悪はうちすてゝかゝはらす、たゝとる所は物の哀也、(107)

と強調する。『源氏物語』でいえば、源氏の君が多くの女性と情を通ずることは、儒仏の観点からは無類の極悪と評されるに違いないが、物語の趣旨は、男女関係に多く包含される「物のあはれ」をそのまま描出することにある、というのである。「物のあはれ」を知る心に、この国の歴史を通貫する人情の趣意を認めようとする宣長の姿勢が、彼の「教ノナキコソ尊トケレ」との認識と結ばれていたのである。

自学・自得の強調

第五に、すでに漢意に染まってしまっている現実の江戸社会での「教え」や「学び」のありようについての宣長の所見である。上述のように、この国の人々に固有の「真心」は、すでに諸般の歴史的経緯を通して流入し定着した「漢意」に覆われてしまっている。それゆえ、元来の「真心」を取り戻すために、江戸時代を生きる人々にとって何より求められるのが、記紀神話に象徴される古典籍や和歌・物語を通しての「道の学び」であった。その趣意は宣長の、

> すべて人は、雅《みやび》の趣をしらでは有ルべからず、これをしらざるは、物のあはれをしらず、心なき人なり、かくてそのみやびの趣をしることは、歌をよみ、物語書などをよく見るにあり、然して古ヘ人のみやびたる情をしり、すべて古ヘの雅たる世の有リさまを、よくしるは、これ古の道をしるべき階梯也、(108)

との所論に凝縮されている。だが一面において、この国の文化的伝統に基づいて「教ノナキコソ尊トケレ」と説かれながら、他面において、江戸社会の現実を見据えた上で「道の学び」が必然とされたこととの間に横たわっている懸隔ないし矛盾を、宣長はどう解消しようとしたのか。結論を先取りするなら、この問題に対する宣長の解答は、いわば「消極的教育」の薦めと、「自学」「自得」の強調と呼ぶべきものであった。

上述のように、宣長は「道の学び」の内容として、記紀神話を中心とする「古道の学」、官職・儀式・律令・故実・装束などの「有職の学」、六国史などの「歴史の学」、あるいは和歌を学び詠む「歌学」などを挙げていた。だが、これは学びの内容の大枠を概略的に示したもので、具体的にこれらをどのような順路や方法に基づいて学び進めるの

かについては、とくに定式的な言及を残してはいない。むしろ、学びのあり方に関する宣長の基本認識は、これを他から強制すべきではなく、あくまで学習者自身が選択し決定すべきとするものであった。すなわち宣長は、

まづかの学のしな〴〵は、他よりしひて、それをとはいひがたし、大抵みづから思ひよれる方にまかすべき也、…又いづれのしなにもせよ、学びやうの次第も、一トわたりの理によりて、云々《しかしか》してよろしと、さして教へんは、やすきことなれども、そのさして教へたるごとくにして、果してよきものならんや、又思ひの外にさてはあしき物ならんや、実にはしりがたきことなれば、これもしひては定めがたきわざにて、実はたゞ其人の心まかせにしてよき也、(109)

と述べ、何を学ぶのかについても、どのように学ぶのかについても、それを他から強制する考え方を排除する。単に「教える」だけであれば、それが容易に行われ得ることは否定しないものの、果たして教えたことが学び手に良き結果をもたらすのか、それとも悪しき結果に終わるのかは、測り知ることのできないものであり、それゆえにこそ、学び手の心に任せることが最善だというのである。宣長はさらに続けて、

詮ずるところ学問は、ただ年月長く倦《うま》ずおこたらずして、はげみつとむるぞ肝要にて、学びやうは、いかやうにてもよかるべく、さのみかゝはるまじきこと也、いかほど学びかたよくても、怠りてつとめざれば、功はなし、(110)

と述べ、学びの要点は、その方法如何というよりも、むしろこれをいかに継続させるかにあることを強調する。この主張が、歌学・文学から古学へと生涯を捧げて取り組んだ、宣長自身の多年に及ぶ学びの体験に裏打ちされたものであることは論を俟たないだろう。

自学・自得の普遍的価値

また、この学びにおける自主性の意義については、「才のともしきや、学ぶことの晩《おそ》きや、暇《いとま》のなきやによりて、思ひくづれて、止《やむ》ることなかれ、とてもかくても、つとめだにすれば、出来るものと心得べし(111)」という具合に、不才の者にも晩学の者にも、あるいは多忙な者にも、等しく通行する所論として示されている。さらには、初学者の学びについてでさえ、

> 初心のほどは、かたはしより文義を解せんとはすべからず、まづ大抵にさら〳〵と見て、他の書にうつり、これやかれやと読ては、又さきによみたる書へ立かへりつゝ、幾遍もよむうちには、始《メ》に聞えざりし事も、そろ〳〵と聞ゆるやうになりゆくもの也、さて件の書どもを、数遍よむ間《ダ》には、其外のよむべき書どものことも、学びやうの法なども、段々に自分の料簡の出来るものなれば、其末の事は、一々さとし教るに及ばず、(112)

と説かれるように、「自学」や「自得」を重視する姿勢が同趣旨の主張となって表明されている。宣長にとって、「教ノナキコソ尊《ト》ケレ」とは、すでに「道」の所在が不鮮明に陥ってしまった江戸時代にあっても、高学者と初学者との相違を超えて、文字通り万人に通ずる教説なのであった。

もちろん、この教説が「放任」を容認するものでないことはいうまでもない。実際、宣長は自らを師と仰いで学ぼうとする門人たちに対しては、懇切に学びの道を説き明かしている。すでに紹介したように、宣長の『うひ山ぶみ』は、門人たちの求めに応じて著された述作であり、そこには「道の学び」の内容や方法が詳述されている。だが、それでもこの書の冒頭にて、

> 今宣長が、かくもやあるべからんと思ひとれるところを、一わたりいふべき也、然れどもその教へかたも、又人の心々なれば、吾はかやうにてよかるべき歟と思へども、さてはわろしと思ふ人も有べきなれば、しひていふにはあらず、たゞ己が教《ヘ》によらんと思はん人のためにいふのみ也、(113)

と、自らの教法を絶対視せず、学び手の意向を基軸に据えながら、自説を提示しようとする姿勢を鮮明に言い表している点には、注意を払う必要があるだろう。宣長が「道の学び」を最重要視したことは繰り返すまでもないが、その学びは師説を受容・遵守することで成り立つものではなかった。彼の、

> 師の説なりとて、かならずなづみ守るべきにもあらず、よきあしきをいはず、ひたぶるにふるきをまもるは、学問の道には、いふかひなきわざ也(114)、

との所論は、学問の本旨とはあくまでも「道」の究明にあるものであり、決して師説の墨守にあるものでないことを、率直に表明したものといえるだろう。

江戸教育思想史における宣長学

なお、こうした「自学」「自得」の強調が、当時の学問塾における一般的な教授形態や教授方式に対する宣長の批判的言説と重なりあっていることも注目される。例えば、宣長は「講釈」と「会読」とについて、

> いづれの道のまなびにも、講釈とて、古き書のこゝろをときききかするを、きくことつね也、…此こうさくといふわざは、師のいふことをのみたのみて、己が心もて、考ふることなければ、物まなびのためにも、やくなしとて、今やうの儒者などは、よろしからぬわざとして、会読といふことをぞすなる、そはこうさくとはやうかはりて、おの〳〵みづからかむかへて、思ひえたるさまを、いひこゝろみ、心得がたきふしをば、とひきゝ、かへさひもして、かたみにあげつらひ、さだむるわざなれば、げに学問のためにも、よろしきしわざとは聞えたれど、それさしもえあらず、よの中の此わざするを見るに、…多くよみもてゆかむとするほどに、いかにぞやおぼゆるふし〴〵をも、おほくなほざりに過すならひにて、…さるともがらなどのためには、猶講釈ぞまさりては有ける(115)、

と述べ、「講釈」での学びが師説の墨守（反復・再現）に終始する傾向にあることに鑑みれば、「会読」が優れているように見えるとしつつ、しかしその「会読」も学び手の「自学」「自得」の意識に根ざすものでない限り、結局はテキストの含意を真に探究することにはならないと喝破する。また、学問塾にて学んだことを自宅にて反復・吟味する「聞書」についても、「はじめより師のいふまゝに、一言ももらさじと、筆はなたず、こと〴〵にかきつゞくる(116)」だけでは学びの意味合いが稀薄になることを強調する。むしろ、「講釈」についてでさえ、

まづ下見といふことをよくして、はじめより、力のかぎりは、みづからとかく思ひめぐらし、きこえがたきところ〴〵は、殊に心をいれて、かへさひよみおけば、きく時に、心のとまる故に、さとることも、こよなくして、わすれぬもの也(117)、

という具合に、それが学び手の側の「自学」（上記では予習の意義が説かれる）を前提に進められるのであれば、そこには相応の成果が期待されるとするのである。

国学者としての宣長が、儒学の教説と真っ向から対峙し、その教説を徹底的に批判したことは上記にて縷述した通りである。「道」とは元来この国の神々の営みに由来するもので、漢国にて作為的に立てられた「教説」はその「道」に悖理するとの所論は、宣長の思想に一貫するものといえる。しかしながら、その「道」の学びのありように着眼する限り、学び手の「自学」や「自得」を基軸に据える宣長の主張は、これまでに論じた儒学の所論（朱子学はもとより、仁斎学であれ徂徠学であれ、はたまた懐徳堂儒学であれ）と相当程度に共通する内実を有するものと見ることもできる。その意味で、

吾にしたがひて物まなばむともがらも、わが後に、又よきかむかへのいできたらむには、かならずわが説にななづみそ、わがあしきゆゑをいひて、よき考へをひろめよ、すべておのが人をしふるは、道を明らかにせむとな

れば、かにもかくにも、道をあきらかにせむぞ、吾を用ふるには有ける、(118)

との所論は、宣長の教育思想の内実を凝縮したものであるとともに、宣長が生きた江戸時代の教育認識の全体的傾向を集約する意味合いを有するものであった、と評することが可能であるかもしれない。

現実的政策提言（「人の行ふべきかぎり」の強調）　以上、宣長の教育思想の原理論ともいうべき大枠を五点に分けて概述したが、最後に、その教育認識が江戸社会の現実的諸動向の中でどのような具体的提言となって発出されていたのかを端的に確認しておく。

宣長のいわば政策提言書たる述作として、紀伊侯徳川治貞《はるさだ》に奉じた経世書『玉くしげ』および『秘本玉くしげ』（本章注50を参照のこと）が挙げられることは、すでに述べた通りである。両書の基調をなす所論は、次のような構図から成り立っている。

すなわち、この国は天照大御神の神勅によってすべてが定められた国家であり、それゆえ天照大御神の大御心にかなう「道」が、真の「道」である。また江戸時代の世は、天照大御神のはからいと朝廷の委任とによって、東照神《あづまてるかむ》御祖命《みおやのみこと》（徳川家康）より代々の将軍家が天下の政事を取り仕切ることで成り立っている。将軍家の掟は、天照大御神の掟であり、各国々（諸藩）の政事は天照大御神より預かり賜った国政であること、民も天照大御神より預かり奉れる御民であること、を殊に大切に思し召すことが肝要だというのである。そしてこの認識に立脚しながら説かれるのが、

世ノ中のありさまは、万事みな善悪の神の御所為なれば、よくなるもあしくなるも、極意のところは、人力の及ぶことに非ず、神の御はからひのごとくにならでは、なりゆかぬ物なれば、此根本のところをよく心得居給ひて、たとひ少々国のためにあしきこととても、有来りて改めがたからん事をば、俄にこれを除き改めんとはしたまふまじきなり、…すべて世には、悪事凶事も、必ズまじらではえあらぬ、神代の深き道理あることなれば、とにか

くに、十分善事吉事ばかりの世ノ中になす事は、かなひがたきわざと知ルべし、(119)

という所論である。この所論の背後に据えられたものが、聖人の所為と教説に基づいて世の中を善事で満たそうとする儒学説への対抗心であったことはいうまでもない。この世は善神と悪神の御所為から成り立っているため、すべてが善事に満たされることはないというのが、宣長の語る真実なのである。しかし、だからといって宣長は、決して人々に無作為であることを求めたわけでもない。他方で宣長は、

人も、人の行ふべきかぎりをば、行ふが人の道にして、そのうへに、其事の成《なる》と成《なら》ざるとは、人の力に及ばざるところぞ、といふことを心得居て、強《しい》たる事をば行ふまじきなり、然るにその行ふべきたけをも行はずして、たゞなりゆくまゝに打捨おくは、人の道にそむけり、(120)

と、「人の行ふべきかぎり」を実践することが「人の道」だと説いているからである。なお、江戸社会の現実相を踏まえたとき、この「人の行ふべきかぎり」をどう理解するかについては、『秘本玉くしげ』に詳述されているが、その一つの趣旨は例えば、

人は何事も、其身の分限相応にするがよき也、分限に過て奢るがわろき事は、申すに及ばず、又あまり降して軽くするも、正道にはあらず、大名は大名相応に御身を持給ふがよし、質素がよきとて、下々の武士の如く御身を持給ふべきにもあらず、次に其下にたつ武士も、又その相応〳〵がよし、百姓町人も、又其身上相応に身を持《もつ》が宜しきなり、(121)

という具合に説かれている。武士であれ、農民や町人であれ、それぞれの分限に応じた生活と所為を自覚することが

肝要だというのである。この場合、人々がこうした分限に応じた暮らしを営むには、厳格な命令ではなく、上に立つ者がそうした暮らしを自然に営むことで、下々がそれに化することが求められている点に注意する必要がある。「強制」を排し、「自然」に委ねるという思想もまた、宣長学の基軸をなすものだといえるからである。[122] こうして宣長は、

今の世の人はたゞ、今の世の上の御掟を、よくつゝしみ守りて、己が私《シ》のかしこだての、異なる行ひをなさず、今の世におこなふべきほどの事を行ふより外あるべからず、これぞすなはち、神代よりのまことの道のおもむきなりける、[123]

との所論に象徴されるように、江戸時代の人々に対して「今の掟」に従順であるべきことの価値を高唱する。

皇国史観に回収される思想傾向

この極めて保守的とも評すべき思想的立場は、「神の道」がこの国の古代社会に留まらず、漢意に染められた中世貴族社会にも、漢意に覆われた江戸社会にも、通行しているとの認識に依拠を見定めたものといえよう。だが、「神の道」の通行を前提とし、「神の命」への従順に至上の価値を見出そうとする宣長の思想的態度からは、人間のあるべき姿を「神の国」の内部に閉じ込めて捕捉しようとする傾向が、色濃く看取される。その結果、宣長の説く「道」や「学問」にどれほど教育的な意味合いや学術的な意味合いが認められるにしても、その営為は結局、政治的色彩を強く帯びた皇国観ないし皇国史観に回収されてしまう傾向を内包させるものと見るべきかもしれない。宣長の、

道をおこなふことは、君とある人のつとめ也、物まなぶ者のわざにはあらず、もの学ぶ者は、道を考へ尋ぬるぞつとめなりける、…そも〳〵道は、君の行ひ給ひて、天の下にしきほどこらし給ふわざにこそあれ、…下なる者はたゞ、よくもあれあしくもあれ、上の御おもむけにしたがひをる物にこそあれ、古《へ》の道を考へ得たらんからに、私に定めて行ふべきものにはあらずなむ、[124]

との所論は、一般人（農工商）の「学び」のありようがそうした皇国観に回収されるものであることを自覚の俎上に載せるものであり、宣長学の一特質（現体制を保守しようとする思想傾向）を鮮明に打ち出したものでもある、と見ることができるだろう。

ともあれ思想史の流れは、この宣長学の系譜の延長線上に、「国体」観念を前面に押し出す後期水戸学や、新たな「皇学」的言説を構築した平田篤胤の国学を準備することになる。その思想史動向については、改めてこれを後述することにする。

第Ⅲ部　幕藩体制の動揺と教育思想の展開——一八世紀末から一九世紀前期まで

第九章　「寛政の改革」とその文教施策

一七八七（天明七）年、奥州白河藩主松平定信（一七五九〜一八二九）が老中に任ぜられる。定信は、八代将軍徳川吉宗の次男田安宗武の子で、白河藩主松平定邦（一七二八〜九〇）の養子となっていた（一七八三年、定邦の隠居に伴い同藩一一万石を嗣いだ）。定信が老中に就任する以前に、幕政の中心にあった田沼意次（一七一九〜八八。一七六七〈明和四〉年に側用人、一七七二〈安永元〉年に老中に就任。一七八六〈天明六〉年、将軍家治の死去後、老中を失脚）がかつて同じく吉宗の長男で九代将軍家重の小姓であり、定信が白河藩を嗣いだのも田沼の策略であったと伝わることから、この時期の幕政に吉宗の跡目相続の影響が残されていたと見ることもできる。ともあれ、定信が白河藩主を嗣ぎ、さらに老中に就いた時期は、「天明の大飢饉」（その深刻な事態は、一七八三〈天明三年〉の浅間山噴火による農作物の壊滅的被害、翌一七八四年の米価高騰と餓死者増大、一七八六年の大飢饉、一七八七年の大坂・江戸などでの打ちこわし頻発、などに象徴される）と称せられる全国的な凶作・飢饉による社会不安の渦中にあった。

また、そうした社会状況にあって、武士の気風にも頽廃の傾向が顕著に指摘されるようになっていた。その様子について、例えば幕臣（旗本）で「有職故実」の研究でも知られる伊勢貞丈《さだたけ》（一七一八〜八四）は、

武士風なまけ来て、遊興酒色におぼれ立身出世の望み盛になり、追従軽薄を以て勤とし、貧窮なる故金持ちたる町人に懇意の交りを結び、金をかりて返さず、売物の値滞るゆゑ町人よりあなどりかろしめられ、…御旗下の諸

士の中に或は遊女を盗み或は博奕し、或は金銀の事に付きて謀計をなし、或は慮外者に事寄せ金借しを殺し、或は知行所百姓に無理を申し公訴に及び、其の外さま〴〵悪事有りて毎年二三人三四人追放改易遠島仰付けらる丶事絶ゆる事なし、甚敷は盗賊をして死罪に行はる丶も有り、皆是れ武士風すたれたる故なり、武士風のすたれたるは貧窮なる故なり、[1]

というように指摘している。定信が老中に就いたときの幕府や幕臣の状況は、まさしくこの引用文に描かれるような危機的様相に直面していたのである。

いわゆる「寛政の改革」とは、定信が老中上座（五、六名からなる老中の最上席）にあった一七八七年から一七九三（寛政五）年までの六年間余りの幕政諸施策のことをいう。この改革の基本方針は、大飢饉にて深刻な荒廃に見舞われた関東・東北の農村の再建と、動揺する幕藩体制の基盤強化に据えられた。具体的には、農村から江戸に流入した膨大な貧民問題の解決と、江戸で貧困に苦しむ幕臣の救済に伴う江戸の治安回復、頽廃した武士・民衆の風俗の取締りなどに加え、学政改革や民衆教化に関する諸施策が改革の課題に据えられたのであった。すなわち、農村再建については、「旧里帰農奨励令」により飢饉などで江戸に流入した農民の帰農を促した（ただしこの施策は実効性が乏しく、むしろ年貢の減免や幕府の公金貸付の方が政策として機能したといわれる）。幕府・諸藩の財政問題については、「棄損令《きえんれい》」（旗本・御家人の六年以前までの負債を棄損させるなど。なお第七章にて紹介した中井竹山は『草茅危言』の中でこの措置を不義として論難している）、「囲籾令《かこいもみ》」（諸藩に命じ、一万石毎に五十石を五年間貯蓄させる）、「七分金積立」（江戸市中の町費の七分を積立金とし、非常の災害などに備える）などの施策を講じた。風俗の取締りについては、「人足寄場の設置」や「出版物の発禁」（林子平が『海国兵談』によって、山東京伝が洒落本によって、罰せられる）などが実施された。[2]だが、本書の関心からすれば、学政改革と民衆教化としていかなる施策が講じられたのかが、この時期の教育史動向を捕捉する上で重要な要件となることはいうまでもない。以下、その動向を概観しておく。

1　松平定信の幕政改革

(1)　学政改革

政教一致と人材登用　定信が幕政遂行にあたり、最も危惧したことは士風の頽廃であったが、それは当時の幕政の状況が、為政者は「道」の実践と垂範に対して無自覚である一方、為政に関わらない儒者が独善的に「道」を説くといった、いわば「政教分岐」の弊害に陥っていることを示唆するものでもあった。そうした幕政状況への定信の危機意識は、「道なるや先王の自ら行ふ所以なり、教なるや先王の人を教ふる所以なり。後王に至り政と教と岐《わか》る。是において先王の教降りて儒者の任となり、先王の道汚る」(3)との所論に凝縮されている。それゆえ、定信がまず取り掛かった「学政改革」の趣意とは、文字通り「政教一致」にあったと見ることができる。そしてその趣意に基づいて、取り組まれた具体的施策が、聖堂の改革であり、そのための人材の登用なのであった。

定信はまず、聖堂付儒者を抜擢した。最初（一七八八年）に抜擢されたのは、柴野栗山（一七三六～一八〇七）であった。栗山は、讃岐国三木郡牟《む》礼《れ》村の農家に生まれ、一〇歳頃から高松藩の後藤芝山（一七二一～八二）に学び、一八歳で江戸に出て林大学頭榴岡《りゅうこう》（一六八一～一七五八）に入門、さらに一七六七（明和四）年徳島藩蜂須賀家に仕えた後、京都にて学問塾を開いていた。また、翌一七八九（寛政元）年には、旗本の次男岡田寒泉（一七四〇～一八一六）を、さらに一七九一（寛政三）年に尾藤二洲（一七四七～一八一三）を任用した。尾藤二洲も伊予川之江の廻船業の出身で、足疾のため家業に就かず、一七七〇年に大坂に出て片山北海（一七二三～九〇）に学び、後に私塾を開いて懐徳堂の中井履軒や広島藩の儒者頼春水（一七四六～一八一六）らと交わり、朱子学の復興に志した人物であった（二洲の思想と足跡については改めて後述する）。柴野栗山や尾藤二洲ら元来平民の身分であった者が、聖堂付儒者に抜擢された点に、定信の大胆な人材登用政策が反映されている。因みに、岡田寒泉は、定信が老中を退いた後の一七九四（寛政六）年に常陸の代官職に転ずるが、寒泉の後任として聖堂付儒者に就いた古賀精里（一七五〇～一八一七）もその出自は肥前佐賀藩士であった。

寛政異学の禁

　そして周知のように、こうした人材抜擢とともに打ち出された施策が、いわゆる「寛政異学の禁」であった。これは具体的には、一七九〇（寛政二）年五月二四日に当時の林大学頭錦峯《きんぽう》（諱は信敬《のぶたか》、一七六七～九三）に下された「学派維持ノ儀ニ付申達」という文書の内容のことを指す（これとほぼ同様の文面が聖堂付儒者柴野栗山および岡田寒泉にも申達された）。その全文は次の通りである。

　朱学之儀者、慶長以来御代々御信用之御事にて、已に其方家代々右学風維持の事被仰付置候得者、無油断正学相励、門人共取立可申筈ニ候、然処近来世上種々新規之説をなし、異学流行、風俗を破候類有之、全く正学衰微之故ニ候哉、甚不相済事ニ而候、其方門人共之内にも右体学術純正ならさるもの折節者有之様ニも相聞、如何ニ候、此度聖堂御取締厳重に被仰付、柴野彦助・岡田清助儀も右御用被仰付候事ニ候得者、能々此旨申談、急度門人共異学相禁じ、猶又不限自門他門ニ申合、正学致講窮、人才取立候様相心掛可申候事、(4)

この申達の要旨のみを纏めれば、次のようなものである。すなわち、朱子学は江戸幕府開闢以来ご信用の学問であり、林家にその学風維持が仰せ付けられてきたが、それにも拘わらず、近来「異学」が流行し風俗が頽廃してしまっている。ついては、聖堂での学問を厳格に取り締まり、柴野栗山・岡田寒泉と申し合わせながら、正学たる朱子学を講窮し、それに基づいて人材を取り立てるように、との趣意であった。なお、ここで指摘される「異学」については、定信の「御神（家康のこと）の…道春といふ人をあげ給ひて、代々の学のめあてしるしをたて、置き給ひにければ、藤樹、蕃山、伊物の徒出でたれども、おほやけの学の道はかはる事なし」(5)との所論に示されるように、藤樹学・蕃山学や仁斎学なども含まれるにせよ、最も意識されたのが田沼時代に興隆を誇った徂徠学であることは間違いない。

　注目すべきは、この申達が林大学頭だけではなく、二人の聖堂付儒者にも申し渡されたことであった。林家は、第三代鳳岡の後、林榴岡（信充。鳳岡の子）、林鳳谷《ほうこく》（信言。榴岡の子、一七二一～七四）、林鳳潭《ほうたん》（信徴《のぶあき》。鳳谷の子、一七六一

～八七）、林錦峯（鳳潭の養子）が大学頭を継承してきたが、学識については必ずしもその地位に相応しい評価が与えられてきたわけではなかった。そうした中、林家七代の錦峯が一七九三（寛政五）年に急逝する。その跡を相続した林述斎（一七六八～一八四一）は、美濃国岩村藩主松平乗蘊《のりもり》（一七一六～八三）の三男であり、それゆえにこの人事は、元来世襲であった林家の後継人事に幕府が介入したことを意味するものであった。柴野栗山・岡田寒泉らの登用は、幕府が聖堂の人事権を掌握したことを象徴する出来事といえるが、この動向は、一七九七（寛政九）年における聖堂の幕府直轄化（聖堂の出納が勘定奉行の管轄に移される）への布石となるのである。

なお、定信が意図した「異学の禁」は、幕臣の思想的統一や幕府の精神的権威の復活を目論むものであり、諸藩の藩校や一般的な学問塾などを対象とする禁令ではなかった。だが、その影響が諸般の方面に及んだことは否めない。実際、各藩の藩校では仙台藩の養賢堂、尾張藩の明倫堂、萩藩の明倫館などが学統を朱子学に改め、また朱子学以外の儒学を講ずる学問塾などでは門人が激減したといわれる。(6)

異学の五鬼　一方、「異学の禁」が申達されるや、これに反対する声が、折衷学者や古学者から発せられた。例えば、山本北山《ほくざん》（折衷学者、一七五二～一八一二）、亀田鵬斎《ほうさい》（折衷学者、一七五二～一八二六）、冢田大峰《つかだたいほう》（折衷学者、一七四五～一八三二）、豊島豊洲《ほうしゅう》（折衷学者、一七三七～一八一四）、市川鶴鳴《かくめい》（蘐園学派、一七四〇～九五）らは、これに激しい反論を示したことで「異学の五鬼」と称せられた。

なかでも尾張藩儒であった冢田大峰は、「異学の禁」が発せられると直ちにこの施策への異論を老中定信に上申した。それによれば、慶長以来、公儀の学問は朱子学を講ずる林家に担われてきたものの、その朱子学も林家と闇斎学派とでは教説が異なり、また、後代の新井白石や室鳩巣らも朱子学説を踏まえながらそれぞれに独自の学風を形づくってきた、とした上で、

五六十年以来は古書往々多く世上に流布仕候故、諸侯方以下学問仕候輩、程朱の教の外、古書に随ひ学問仕候者も多く有レ之候得ば、自分夫れ〴〵の人材を成し候而、文道盛成御代に罷成、難レ有御事に奉レ存候。(7)

と述べ、とくに享保期以後「古学」（とくに徂徠学が意識されたものと見られる）の盛行に伴って学問への取り組みが普及・発展するとともに、それが人材養成にも大きな役割を果たし、「文道盛成」と称されるような時代が到来したことを強調する。そして、その上で次のように訴えるのである。

然る処此御時節、松平越中守殿朱子学を被レ好《このまれ》候而、他の学問は被レ嫌《きらわれ》候由に相聞へ、近比《ちかごろ》越中守殿より林大学頭殿へ御申渡の御書付之趣、世上に相伝へ、唯今まで博く古書に随て其道を信仰仕候輩は、内々一統に慷慨歎息仕候沙汰に相聞へ申候、…たとひ何れの学流にても、天下の士学問の志有レ之、孝子忠臣の道に進候者多く罷成《まかりなり》候はゞ、あながちに朱子学に限り可レ申にも有二御座一間敷、然る処右体の取沙次に御座候而は、実に世上の学問衰微の基に相成可レ申哉と奉レ存候…、(8)

すなわち端的にいえば、「異学の禁」という措置は学問の営みを朱子学に限定するもので、これは少なからぬ当事者を慷慨歎息させるとともに、却って学問衰微を引き起こしかねないものだ、というのである。大峰はさらに続けて、弓馬剣槍の武術に多くの流派があっても「何れの流儀にても、上手名人にだに御座候はゞ、皆御用に可二相立一御事歟」(9)との認識や、例えば医学の分野での「たとひ何れの流に而も、人之疾病をだに能く療治致し候はば、古今の嫌は有レ之間敷事」(10)との所論に基づいて、学問の道についても、

学問にも種々之名目付候得共、何れにも聖賢之教に因而、天下之人を孝悌忠信仁義之道に誘引仕候者に御座候はゞ、何流に而も世上に大勢有レ之候程、太平之御政務之万分之一之御益にも可二相成一事に候半歟と奉レ存候、(11)

という具合に、それが孝悌忠信仁義の道や幕府政務の利益に資するものであれば流派に拘る必要は認められない、と強調するのである。

実は、定信その人の思想は自著『政語』の中の、「道は聖人のひとの性にもとづきて建給ふ処にして、天地の自然にはあらず。凡《およそ》衣服・飲食・宮室の類も、みな聖人のはじめ給ふ所なれども、人皆天地の自然のやうにおもふは、聖人よく万物の性に通じてこしらへ給ふ故なり」(12)との所論に象徴されるように、必ずしも純然たる朱子学説に依拠するものではなかった。「道」の根拠を聖人が「こしらへ給ふ」とするこの所論自体は、むしろ徂徠学の学的主張との親和性すら看取させるものと見ることもできる。それにも拘わらず、定信が幕府の学問を朱子学に限定させたのは、上述のように、幕政当初、徳川家康が学問振興を意図して林羅山を登用したことに依拠するものといえる。

栗山上書

定信に進言して「異学の禁」を断行させたのは柴野栗山であったといわれるが(13)、栗山はかつて「栗山上書」と呼ばれる献策書を認めたことがあった。その執筆経緯や事情は必ずしも明らかではないが、定信が何らかの事情にて同「上書」を参照する機会に恵まれたことが、「寛政改革」における諸施策の策定・具体化の動因となったと評されている(14)。「栗山上書」の趣旨は、

> 天下を御治め被㆑游候には、恩威と申二ツに越候儀は無㆓御座㆒候、…恩と申候は、文徳の事にて、天下中の人民御恩徳難㆑有や忝やと奉㆑存候様に御政道被㆑遊候事に御座候、威と申候は、武威の事にて、天下中の人民へ御上の威光を奉㆑存奉㆑憚候様に御政道被㆑遊候事に御座候(15)、

と、政道の基本線を「恩」（文徳）と「威」（武威）とに認めようとするもので、本書の関心からは、その「恩威」なる施策を講ずるための前提として、地方（幕府直轄地）の代官に人材を得ることや、そのためにも幕臣に対する学問・教育の普及が強く奨励されていることが注目される(16)。またその学的営為のあり方についても、

> 只今御城御月次の講釈、大学頭父子罷出相勤候様にて、承候者も畢竟皆勤めの様に相心得、一役一人ヅヽ罷出列座為㆑致候までにて、講釈は何を申やら耳にも入らず、承りながら浮世の事考へ居申候様にては、何の用にも達

不ㇾ申候[17]、

と述べて、講釈を中心とする教授法が実効性を伴わない傾向にあることを指摘している点にも注意が必要である。昌平坂学問所での教授法は、その後「講釈」から「会読」「輪講」へと重心を移行させていく傾向を見せるようになるが、「栗山上書」にはその動向を予告するような提言が盛り込まれていたのである。さらには、その学問を通しての有能な吏僚の選別についても、

何卒此以後御役人・御小姓・御小納戸等の御吟味には、…其平生の人柄並芸術等篤と御吟味被ㇾ成、…御見分の上にて被㆓仰付㆒候様相成申候はゞ、御旗本の面々は立身の種は、御刀向対客より手前〳〵の身持芸術を嗜申候が早きと合点仕候て、上より不ㇾ被㆓仰付㆒候ても、我がちに学文等も励み、人柄相慎み可ㇾ申と奉ㇾ存候、…兼て教と申物は人に目を覚させ候様に致候が肝要にて御座候、人に目を醒させ候は賞罰の二ツにて無㆓御座㆒候ては参り不ㇾ申、一人を賞して天下悦び、一人を罰して天下恐と申は、天下に目をさまさせ申候事に御座候[18]

という具合に、試験制度（学問吟味）の導入とそれに基づく人材選別の手法を強く要請している点、またそれが賞罰に依拠する方法論を採用している点などは、まさに「寛政改革」における一連の人材養成施策動向を先取りしたものと評することができるだろう。

朱子学正学派とその立論

なお、栗山の学的周縁には、彼が幕府に登用される以前から、西山拙斎（一七三五～九九）・頼春水をはじめ、同じく昌平坂学問所儒官となった尾藤二洲・古賀精里など、同志的活動を行って朱子学を正学とする認識を普及させた儒者たちの存在があった。彼らはいずれも中国・四国・九州などの西国出身者で、ほぼ明和年間（一七六四～七二）前後に大坂や京都に上り、地方郷村の社会秩序の危機を打開する方途を学問に探ろうとする姿勢を共有していた。ところが当時の大坂・京都の学問世界は、文字通り都市文人たちが自由な学的営為を謳

歌する世界であった。詩文や文辞サロン的学風の興隆、書画・芸文などの普及、あるいは職業として売文・売講に勤しむ学者の盛行など、当時の京・大坂の学問状況は、彼らの問題意識と隔絶するものがあった。後世に「朱子学正学派」と称されるようになった彼らの思想形成の契機には、「風俗」の醇化という問題を欠落させていた京・大坂の都市文人層の学問観（そこには明らかに徂徠学の影響が認められる）に対する強固な反発があったものと見ることができる(19)。

そうした軽佻浮薄な学風に対する反発の趣意は、西山拙斎の、

> 甚だしきかな、夫れ仁斎徂徠の毒を後昆に遺《のこ》すや。蓋し二氏の説、人の耳目を眩《くらま》して自《よ》り、今に七、八十年。本邦の学風大いに変じ、異端競ひて起こる。皆な実学を遺《す》てて空文に騖《は》せ、功利に趨りて道徳を舎つ。是に於て浮《ふ》靡《び》軽薄駆扇《くせん》風と為り、謹厚愨実《かくじつ》斲喪《たくそう》地を掃ふ。動輒驕傲自大にして、先脩を蔑視す。道学を毀るを以て卓見と為し、邪説を唱ふるを以て大業と為す(20)。

との所論に端的に表明されている。すなわち、仁斎学や徂徠学のような古学の登場と流布以来、学問が空文に馳せ功利に流れる傾向にあると論難するもので、これは上述の冢田大峰の所論に象徴される「学の多様化」に対抗して、「学の一統化」を唱道するものであったと指摘することができる。

こうして「異学の禁」の先導者たちが唱える「学の一統化」が朱子学に基づく立論として構成されたことは論を俟たない。そのことは、例えば頼春水の、

> 君子の学は、統を知るを先と為す。学んで統無きは、学ばざるに如かざる也。統なる者は聖賢の伝ふる所、古今に亘り、天地を貫き、礼法以て立ち、倫常以て明らかなること、是れ也。統は一のみ。各々其の統とする所を統とするの謂に非ざる也。世の学を論ずるや、各々意見を張皇して、帰する所を知らず。其の説は卑近ならざれば則ち懸空にして、何をか学に取る所ぞ。其の務めて経済を談ずる者、其の弊は功利の陋と為りて、君子の学に非

ざる也。其の専ら心性を論ずる者、其の弊は道釈の妄と為りて、君子の学に非ざる也。…其の統の在る所、昭かなること白日の如し。君相之を奉じ、其の化源を端《ただ》し、学士之を稟《う》け、其の徳の意を宣《の》ぶ。政術上《かみ》に一なれば、風俗豈に下《しも》に二三ならん哉。学統明白にして而る後治教は得て言ふ可き也(21)。

との所論に端的に描出されている。この所論の趣旨は、「学統」の確立こそが学問の絶対的前提であることを強調するとともに、その学統を正しく継承するものが朱子学であることに据えられている。春水の説く「学統」には、「風俗」を醇化させる「化源」としての「治教」に直接関与する意味合いが認められるが、その限りにおいては、まず自己の内面を修める「修己」を起点とし、その帰結として世を治める「治人」を説く朱子学元来の論理と完全に重なり合うものではなかった。だがこの点にこそ、いわゆる「朱子学正学派」の思想的立場（風俗醇化の強調）が鮮明に描出されていると認められるだろう(22)。

定信と正学派儒者との思想異同

こうして定信も同正学派の儒者たちも、学問と教育の趣意を政治に結びつけて理解する態度においては一致していた。しかし定信にとっては、学統の尊重それ自体が為政の最重要課題であったわけではなかった。定信の方針は、武士のモラルや使命を忘却しがちな幕臣の反省を促し、幕初以来の朱子学の学的権威に基づいて彼らの道徳的自覚を高めることで、幕府の精神的権威を取り戻すことにその趣意が置かれていた。実際、定信の幕政改革は、財政、治安、武士・農民の救済など、多彩な問題を視野に含め入れるもので、その解決策の一基軸に教育や教化を据えようとするものであった。また、その方針に基づいて目指されたのは、祖父吉宗の「享保の改革」であり、仁君が執り行う政治（仁政）に基づく幕府権力の強化なのであった。

それに対し、西山拙斎や頼春水ら「正学派」儒者たちが目指したのは、朱子学の理念を藩政や幕政に反映させることであった。彼らが望んだ為政の姿とは、朱子学的世界観に基礎づけられたもので、正学たる朱子学によって士民の道義や社会秩序が確立されたものであった。何を最優先させるかについて、定信が見定めたものがあくまでも幕府権力の再強化であったのに対し、「正学派」儒者たちが見据えたものは朱子学的イデオロギーの浸透であったと見ることができる。

昌平坂学問所の発足　ともあれ、定信の学政改革は「異学の禁」申達直後から進められた。定信は聖堂の改築に着手し、一七九二（寛政四）年に総建坪四〇〇余坪の聖堂を竣工させた。また同年からは林大学頭とともに、儒官柴野栗山・岡田寒泉・尾藤二洲らも庁堂にて講義を開始するとともに、この年の九月からは「学問吟味」も始められるようになった。「学問吟味」により、非役の小普請や部屋住みの旗本・御家人たちが、小姓組・書院番・大番などの役職に任じられる「番入り」の可能性が開かれたことは、幕政における人材登用の道を具体化させる意味をもつものであった(23)。

こうして定信が老中を退いた後、その施策を継承した松平信明《のぶあきら》（三河吉田藩主、一七六三〜一八一七）が老中のときの一七九七（寛政九）年一二月に、林家の家塾は幕府直轄の昌平坂学問所に改組され(24)、新たに校舎が増築されるとともに聖堂が再建された。また、一八〇〇（寛政一二）年三月には旗本・御家人に学問と武芸との修行に努めるべき旨の布達が発せられた。昌平坂学問所の改革に象徴される幕府の人材養成政策は、諸藩の藩政改革に重大な影響を及ぼしていく。江戸時代の寛永年間から慶応年間（一六二四〜一八六七年）において開設が確認されている二四一の藩校のうち、寛政年間以後に設立された藩校は一四七校と、全体の約六割を占めているが(25)、この動向すなわち藩校での人材養成という諸藩の施策を牽引したものが、寛政期における幕政の改革動向であったことは間違いない。

(2) 民衆教化政策

『孝義録』の刊行　一方、民衆教化政策については、それを象徴するものが『官刻孝義録』（以下『孝義録』と表記する）の刊行であった。これは、松平定信が柴野栗山の勧めを受けて、林大学頭以下の学問所関係者に命じて作成させたものといわれる。一七八九（寛政元）年、幕府は全国に向けてそれまで各地で善行者として表彰された事例の記録を書き上げた文書の提出を求めた(26)。その表彰事例の記事を、幕府が整理し編集して、一八〇一（享和元）年に刊行されたものが『孝義録』である。そこに掲載された善行者は八千六百名近くを数え、またそのボリュームも全巻五

○巻に及ぶ膨大な善行集録である。すでに第五章にて若干紹介したように、八代将軍徳川吉宗はその民衆教化策として、全国各地の庶民の孝義の風聞を代官・領主が調査した上で幕府に上申することを指示し、孝行者の褒賞を積極的に行っていた。祖父吉宗の治政の継承者を自認する定信は、同様に善行者褒賞の施策を講ずることで、風俗と世相の安定・向上を計ろうと意図したのであった。

『孝義録』に掲載された善行者については、各国ごと（五畿七道の順）にその表彰項目と支配所、職業・身分と名前・年齢などが記され、またそれらが表彰年ごとに整理されている。表彰された徳目は、「孝行」「忠義」「忠孝」「貞節」「兄弟睦《むつまじ》」「家内睦」「一族睦」「風俗宜《よろし》」「潔白」「奇特」「農業出精」の一一項目であるが、そのうち六割以上が「孝行」者の表彰に宛がわれ、そのうち殊に優れた者の事跡については、四九八の「伝文」（評伝）が設けられている。[27] この「伝文」の最古の事例は一六四六（正保三）年、最新のものは一七九七（寛政九）年のものとなっている。また凡例に「書上しうちにも若党以下の者ハしるし、徒以上の者ハ記さす[28]」と記されるように、掲載された人物のほぼ全員が庶民であることに、民衆教化というこの書物の政策的意図が明示されている。

孝行者の表彰事例

それでは、具体的にどのようなケースや人物が表彰されたのか、二、三の事例を眺めてみる。『孝義録』の記述のうち、その最初の「伝文」に紹介されたのは、次のような京都の孝行者清七であった。

> 清七ハ京都新町通下長者町を下る元頂妙寺町の借屋にすめり、おさな名を駒吉といふ、九歳の時母のつるといふもの、これをつれて赤尾屋清七に嫁せしより継父実母によくつかへしか、継父病に臥て世ワたるワさもなしかたけれハ、幼き身にて昼夜となく介抱し医者をたのミ服薬せさせ、いさゝかなる商をなせとも、継父の好める物ハもとめてすゝめ、病のいえん事を仏神にいのり、さま〳〵に心をつくしけり、天明八年大火の時も継父をたすけてワさはひをさけ、親しきものを頼みて借宅せしか、かゝる者なれハ人々のあハれミをうけ、野菜なとあきなひてやう〳〵に世をワたれり、継父は寛政元年七月病重り今ハのきはに駒吉か年若き身に心を尽して養ひくれしことハ言葉にものへかたしといひてうせけるとそ、其後名を清七とあらため、寒暑をいとはす昼夜をワかたす己か

業をはけミ母と弟を養ひ、すきはひあしき時にも母にハつゝみてよきさまにいひなし、…母にハ仏にまうつる事のミをすゝめ、弟には親につかふるワさを教へけれハ、同三年井上美濃守菅沼下野守町奉行たりし時聞えあけしに、その五月御褒美ありて銀そこはくたまハりけり(29)

この記事に紹介された清七は、継父によく仕え、火事に見舞われたときも、継父が重病に陥ったときも孝行の姿勢を貫くとともに、継父没後もその家をよく保守したことで、一七九一（寛政三）年に京都町奉行支配所より褒美を賜ったとのことであった。清七、一八歳のときのことであった。

次に紹介するのは、一七〇七（宝永四）年薩摩国にて表彰された池田庄右衛門（町人）のケースである。その「伝文」は、次のように綴られている。

池田庄右衛門は鹿児島の城下恵比寿町の人なり、父うせにし後、家貧しくなりゆきしかハ、作花又ハ髪ゆふわさをなして母を養へり、母中風をやミて手足も心にまかせねは常に抱きかゝへて起居をたすけ、朝夕の食も箸とりてくはせ、好める物あれハやかて求め進めけり、夜ことに母の側にさま〳〵の物語して其ねふるをまち、我身ハ全き衣なしといへとも、寒き夜ハ母のふしとに蒲団衾の類を重ね、其身をもて母の肌を暖め、夏の夜はあふきつゝ涼しからしむ、かゝる貧しき中にて孝養を尽しけるを、人も感しあひて衣服米銭なとあたふる者あれハ、衣服ハ母にきせ己ハ母の古き衣を着けり、年頃にもなりしかは妻むかへよと隣の人のすゝめしに、母一人を養ふたにかく心の侭《まま》ならぬに、妻なと持へき身にあらすとて持さりけり、其後母も天年をもてをはりぬ、宝永四年十月、領主に聞えて恵比寿町にて町屋鋪一所と鳥目《ちょうもく》（金銭のこと）そこはくをあたへて賞せり(30)

その後、庄右衛門は鹿児島城下にて「孝行庄右衛門」と称され、また彼に与えられた町屋敷の傍らの橋が「孝行橋」と名づけられたと伝わる。また庄右衛門が一七二四（享保九）年に没した後には、その橋の柱に「幾世々をかけて朽せぬ人の子の道ありし名ハ橋に残て[31]」との一首が書き付けられたとのことである。

もう一つ事例を紹介すると、これは信濃国安曇郡の農村女性の事跡である。二一歳にて夫と死別したたよが、再婚を拒んで姑への孝養に励むとともに子どもたちの養育にも心を尽くしたとのケースである。

たよハ安曇郡塩嶋新田村の百姓織右衛門か母なり、二十一の時夫の助右衛門にをくれけるに、姑をはしめ所縁のものなと父母の家に帰りて再ひ人にまミへよなといひしかと、さらにしたかはすなかく姑の側にありて、おさなきものゝおひさきをもミまほしといらへて、姑の養ひにのミ心を尽し身の行ひ正く、夫にわかれて産業に懈《おこた》りなハ家のためによろしからす、孝養もをろそかになりぬへしとて、みつからおもひおこし男女をめし置、己も男増りに耕作をいとなミ、その子を教ふる事もねんころなりしかハ、織右衛門も又まめやかに生立て田畠の業に怠らす、二人の娘をもさるへきかたに嫁らせ、織右衛門にも妻むかへて姑の心をそ安からしむ、…夫にをくれてより二十五年の間露はかりも姑の心に逆はす孝養を尽し、耕作を励ミ家を治る事残れるところなかりしかハ、領主にも聞えて天明七年十二月褒美ありき[32]

こうして『孝義録』は、諸国の善行者を列挙するとともに、象徴的な事例についてはその具体相を示すことで、善行を一般民衆の生活上の模範たらしめようとの政策的意図に基づいて刊行されたのであった。その意図が民衆教化に特化されたものであったことは、善行が民衆の生活に根づいた価値意識に結びつけられたことからも窺知することができる（仇討ちなどは取り上げられていない）。

『孝義録』の編纂意図

ただし、幕府の『孝義録』の編纂意図が民衆教化のみにあったか否かについては、同書が厖大な事例を収録した書物であること、しかもその内容の大半が伝文のない名簿の形式になっていること、値段が高価であったこと、あるいは挿絵がないことなどから、異説も提示されている。すなわち、この書物の刊行を幕府の「寛政改革」の諸動向に位置づけることで、この政策的意図が田沼時代に喪失しつつあった公儀権威の回復、すなわち、儒教倫理に基づく勧善懲悪を通じて、一般民衆の心を封建社会の枠組みの内部に組み直すことにあった、との所論である。さらには、善行者に関する情報収集に取り組んだのが幕臣（武士身分）であったことから、この書物の刊行が結果的に武士階級の綱紀粛正にも効果をもたらすとの政策的意図を、そこに読み取ろうとする所論である。その意味で、『孝義録』の刊行は、そこに民衆教化との政策意図が顕著に認められるにしても、その施策のより包括的な含意は、「寛政改革」の最大課題であった幕府権威の回復という文脈において捕捉されるべきものと考えることができるだろう。(33)

なお、『孝義録』が刊行された後、この種の表彰事例編纂の試みが繰り返されている。一八〇七（文化四）年には、老中牧野忠精《ただきよ》（一七六〇～一八三一）が『孝義録』での書き漏らしやそれ以降の表彰事例を幕府に報告するよう命じた。その後も追加通達が発せられ、多くの事例が幕府に提出された。その様子については佐藤一斎の『言志録』（一八二四年成稿）にも、

近代孝子を賞するに、金帛粟米《きんぱくぞくべい》を賜ひて以て之れを旌《あら》はす。頽俗《たいぞく》を風励するの意に於ては則ち得たり。但だ其の之れを賞するには、当に諸《これ》を孝子の心に原《もと》づくべきを可と為す。孝子の心は、親を愛するの外に他念無し。其の身の艱苦《かんく》すら、且つ甘んじて之れを受く。況や敢へて名を求めんや。(34)

と描出されている通りである。だがその後、こうして収集された史料が成書になることはなかった。(35)ただし、近代以後に刊行された『明治孝節録』（全四巻、宮内庁、一八七七年）や、『明治功臣録』（全四冊、明治功臣録刊行会、一九一五～一八年）などに象徴されるように、「孝節者」や「功臣者」を表彰することで、政治的権威の所在を鮮明にしようとする権力の志向は、その後も継承されていったと見ることができるかもしれない。

ともあれ、こうして「寛政異学の禁」に象徴される幕府の文教諸施策は、一方で学問奨励に基づく「人材養成」と、多方で幕府権威を背景とする「民衆教化」との二つの路線を顕著に表出するものとなった。もちろん、この動向は寛

政期に俄に生じたものというよりも、むしろ享保期以後次第に形づくられていったものと見るべきかもしれない。だが、この二つの路線が幕政の重要な方向性を明確に指示するに至ることで、「教育」に関する施策は、より強固な政治的関心に包摂される傾向を顕著なものにするようになるのである。

2　尾藤二洲――朱子学正学派の教育思想

(1)二洲の思想形成過程

既述のように、「寛政改革」を主導した思想の枠組みとは、「朱子学正学派」と称される学的立場であった。それでは同正学派の主要な学説とはいかなるものだったのか。またその教育に関する所論にどのような内容と傾向を認めることができるのか。ここでは尾藤二洲を例にとってこれを概述しておく。(36)

若き日の学問修行

上述の通り、尾藤二洲は一七四七(延享四)年、伊予国宇摩郡川江《かわのえ》村の船運業(海運業)の家に生まれた。名は孝肇《こうちょう》、字は志尹《しいん》、通称は良佐《りょうすけ》で、二洲の他に約山とも号した。五歳のとき不慮の足疾に見舞われ(崖下の船溜まりに転落)、また生来病気がちであったため、船運の家業を嗣ぐことはできなかった。だが頭脳明晰な少年であったために、祖父が学問で身を立てさせようと考え、村の儒医宇田川楊軒《ようけん》(一七三五～九三)に就いて句読を学ばせることにした。その当時の様子について、二洲は後年、

> 肇《ちょう》、生れて五歳、足疾を得て進退す可からず。性又た多病。十四歳の時、大父強ひて肇をして里師に従つて句読を受けしむ。十五歳の春より明年の夏に至るまで、病甚しく歩むこと能はず。八月に及んで始めて癒ゆ。大父又た師に就かしむ。爾後病むと雖も、手に巻を釈《す》てず。大父乃ち喜んで曰く、吾が孫能く此の如くならば、郷人為《た》るを免るるに庶からんかと。(37)

と回顧している。この宇田川楊軒は古義学派の香川修庵（一六八三～一七五五。かつて伊藤仁斎に師事した）に学んだ経歴をもつものの、当時顕著な普及を見ていた徂徠学を崇信する人物であった。その影響もあり、川江村にて学問の道を歩み始めた二洲は、徂徠学に親しむことになった。それについても、二洲は「蓋し僕、成童の時、既に善く書を読む…。爾後、典籍の間に涵濡し、好んで物氏復古の学を為《おさ》む。当時以為らく、聖人の道は此に求めて備はれりと(38)」との言葉を遺している。ただし、若き二洲の学的志操が必ずしも徂徠学に見定められていたわけではなかったことは、

道の多岐なる、学の多方なる、これを弁ずることの明らかなるに非ずんば、何を以て正路を識つて差《たが》はざるを獲《え》んや。余、少《わか》くして伊物に惑ひ、また陸王に溺れ、彼に出で此《これ》に入り、止《とど》る所を知らず。歳の壮なるに及び、始めて洛閩《らくびん》の説を与り聞き、乃ちその初を顧み、悚然《しょうぜん》として自ら悔ゆ(39)。

との、後の二洲の述懐が物語る通りである。

片山北海からの教唆　ここに記された「洛閩の説」とは二程子（洛〈河南〉の出身）および朱子（閩〈福建〉の出身）の学問のことを指すが、こうして二洲が自らの志操を宋学に認めるに至ったことについては、二四歳のときに大坂に上り片山北海に入門したことが重要な契機となった。その様子についても二洲は次のように語っている。

歳の庚寅、大坂に来り、病を医古林氏に養ふ。偶《たまたま》蘐園随筆を読み、是に於て始めて物氏の説に疑ふこと有り。乃ち文一篇を著はして、之を片北海に質《ただ》す。北海乃《すなは》ち教ふるに孟子を熟読するを以てす。因つて其の教の如くすること数月、稍稍《やや》物氏の古の古ならざることを覚る。然る後、中庸を読み、又溯《さかのぼ》つて易を読み、是に於て疑ふ者日に解け、喟然《きぜん》として北海の先覚たることを歎ず。而して猶ほ未だ適従する所を知らず。支離して日を曠《むなし》ふし、汎濫《はんらん》して月を過ごす。而して其の程朱の言に於て、半ば信じ半ば疑ふ。既にして四書集注、易伝、及び太極図説、二程全書等の書を読み、信ずる者益《ますます》定まり、疑ふ者益《ますます》解け、乃ち始めて程朱の言の、深く聖人の意を

得、万古易ふ可からざる者を識る[40]。

この述懐に認められるように、二洲が自らの学問を当初の徂徠学から朱子学に転じさせるについて、片山北海の教唆が重要な意味をもったことは疑いない。

　片山北海（一七二三～九〇）は、越後国弥彦村の農家の出で、早くから非凡な才能を示したため、長岡、新発田、高田などに遊学するも相応しい師が見つからずにいた。一八歳のときに京都に出、一七四〇（元文五）年に折衷学派の宇野明霞《めいか》（一六九八～一七四五。京都における徂徠学普及の嚆矢的存在であったが、その後徂徠学の批判に転じたといわれる）に出会い入門する。この師弟関係はほぼ六年間に及んだが、明霞の死後、その門弟であった大坂の富商たち（北海と知己の関係にあった）によって北海が大坂に招かれ、開塾することとなった。その人柄と学説とによって高い評判を得たことから、北海の塾には三十数年に延べ三千人を超える門弟が集ったといわれる。

　その後の一七六四（明和元）年、大坂に片山北海を盟主とする学問所「混沌詩社」が創設される。混沌詩社は、当時の大坂にあって「懐徳堂」や「梅花社」と並ぶ有数の学問所として知られ、その同人には儒者・医師・武士・商人など身分差を超えた多彩な顔ぶれが集っていた。本書の関心からは、この詩社のメンバーの中に、頼春水、尾藤二洲、古賀精里ら「寛政異学の禁」の思想的基盤を形成した儒者たちが加わっていたことがとくに注目される。

　ともあれこうして朱子学への志操を固めた二洲は、

> 学は一也。何為れぞ正と称す。世に蓋し正ならざる者有れば也。何をか正と謂ふ。孔孟の説く所、程朱の伝ふる所、是れ也。何をか不正と謂ふ。陸王の知覚を主とし、陳葉の功利を専らにする、是れ也[41]。

との所述に象徴されるように、二程子および朱子の学的系譜によって定立された朱子学こそが「正学」であり、陸象山（一一三九～九二）や王陽明（一四七二～一五二九）の心学はもとより、陳亮《ちんりょう》（一一四三～九五）・葉適《しょうてき》（一一五〇～一二三）らいわゆる事功学派の学なども悉く異学だとして斥けるのである。

私塾の開設

二洲は、一七七二（安永元）年、二六歳のときに塾を開設する。「伊予屋良佐」と名乗られたその塾は、大坂各地での転居を重ねる小さな塾であったが、次第に二洲の学徳が知られるようになり、門人も諸国から集うようになる。二洲が、諸藩から招聘されるようになったり(42)、遂には幕府からの召命が下るようになったりしたことは、その声望の高まりの何よりの証左である。彼の塾活動でもとくに注目されるのは、古賀精里や頼春水らと「作文の会」を設け、正学の復興に努めたことである。すなわち二洲の、

肥前古賀淳風（古賀精里の字）、余と千秋（頼春水の字）とに要《もと》めて、作文の会を為《つく》り、月に一たび其の僑《きょう》に集ふ。二三の同志、又来り会する者有り。是に於て将に会約を定めんとす。余曰く、吾輩平素の志は古の道を明かにするに在り。奚《なん》ぞ辞藻《じそう》を以て為さん。物を玩《もてあそ》びて志を喪ふは、固より其の戒め也。今や乃ち斯の会を為《つく》る。宜しく詞章の徒の若く然るべからず。当に必ず称述する所有りて、而して素志に負《そむ》かざるを期すべし。抑も世の正学を言ふ者、文字の類皆一途に出ず。之を読むも啓発せらるる所無く、徒に人をして睡《ねむり》を思は使む。今且《まさ》に期《斯?》の陋習を一洗し、直ちに其の所見を陳べて、以て其の蓄ふ所を発せんとす。文成り論立ち、或は辞義の未だ安からざる者あらば、則ち互に相詰難《きつなん》し、以て我が馳駆《ちく》を失はず、必ず道義の正に帰し、而る後止まん(43)。

との所述に、作文会の趣旨と方針とが明示されている。従来の学問が、徂徠学の詩文派に象徴されるように、辞藻（すなわち美しい詩文）を好む傾向にあったことを批判するとともに、「正学」たる朱子学の講究についても、単なる一通りの字義解釈に留められるのではなく、同志相互の周到な議論に基づいて経綸の道を窮めるべきものであることが高唱されているのである。

こうして「正学」の復権を志操とする二洲は、その主著と評される述作をすでに大坂の地にて著している。すなわち、『正学指掌』『静寄余筆』（ただし刊行は一七八七〈天明七〉年）や『素餐録』（刊行は遅れて一八三六〈天保七〉年）など

がそれである。ここで、それらの述作に基づきながら、二洲が朱子学を「正学」と説く上で、最も意識的に対峙した徂徠学および仁斎学の何をどのように批判したのか、を簡単に確認しておこう。

仁斎学批判

まず仁斎学への批判についてである。二洲は、仁斎学の基底をなす学的趣意が、天地万物の存在とそのあり方を「気」の一元論にて捕捉したことにあったとした上で、次のような批判を呈示する。すなわち、

古義学トイフハ、伊藤仁斎ヨリ起レリ。仁斎モ初ハ程朱ノ書ヲ読ミタレドモ、得ル所ナクシテアリシガ、一朝偶《たまたま》然《ふ》ト天地ハ一元気ノミト心ツキ、サテハ此気ノ外ニ物ナク道トイフモ此気ナリ、天地トイフモ此気ナリト、目覚タル心地シテ、手ノ舞ヒ足ノ踏ムヲモ忘レ、我コソ道ヲ知リタレ鄒魯ノ血脈ヲ得タレトテ、高ク自ラ標持シ、新ニ一流ヲ造為セル者ナリ(44)。

との所説に象徴されるように、仁斎の意図が自恃・自矜に流れるものであったに過ぎないとの批判である。そしてその上で、

今試ニコノ一句ニツキテ、理気ノ説ヲ考ヘテ看ヨ。物ハ気ナリ、則ハ理ナリ。天下物ナキノ則ナシ、則ナキノ物ナシ。二ツノ者離レテ立コトナシ。物ハ気ナル故ニ形象アリ。則ハ理ナル故ニ声臭ナシ。天ノ日月星辰、地ノ山川草木、人ノ父子君臣夫婦昆弟、ミナ物ニシテ則ナキハナシ。宋賢ノ所謂理ハコノ則ヲ指シタルニテ、気ノ外別ニ一物アリトイフニハアラズ(45)。

と述べ、万物の存在を理解するには、その存在のありよう（気）とともにそのありようを規定する根拠（理）に視線を投ずる必要があること、さらに、その「気」と「理」とは論理的には区分されつつも、現象としては完全に一体化

していること、などを強調することで、仁斎の「気一元論」を皮相な議論として排除する。万物の存在とは、論理的には「理」と「気」との相互関係から成り立っているが、それが現象として姿を現すのは両者の不可分の関係に基づく、との朱子学の所論こそが「正学」であることが改めて確認されているのである。

なお、仁斎が「理気二元論」を退けて、「気一元論」を説いたことに対する二洲の批判は、「仁斎は却つて気の活処を見得て、即ち気を以て道となし、理を以て死となす。気の活ならば則ち理も亦た活なるを知らず。気外に何ぞ曾て死理あり来らんや[46]」との文言に集約されるが、その「気一元論」なる立論の枠組みが、「性」や「道」や「徳」などの儒学の重要概念に対する仁斎学の誤謬を招来させていると、二洲は強調する。「仁斎は気を以て道となす[47]」や、「仁斎は四端を以て性となし、仁義を以て徳行の名となす。渠《かれ》、平生最も孟子を崇むれども、その説かくの如し。亦た長歎す可し[48]」などの批判的言説は、そうした二洲の立ち位置を象徴的に言い表している。朱子学を信奉する二洲にとって、「性」「道」「徳」などはいずれもその根源が「理」に求められるべきものであったことは論を俟たない。こうして二洲は、仁斎学の最大の難点を、

> 余、仁斎の言を看て、義理の明らかにし難きを知る。渠《かれ》、程朱の書に於いて読まざるに非ざるなり。唯だ其れ、偏執自ら信じ、乃ち後の悖繆《はいびう》を致すこと、かくの如し[49]。

と、その立論が仁斎自身の主観的な偏執に基づいて組み立てられたことにあったと概括するのである。

徂徠学批判

一方、徂徠学に対する二洲の批判については、すでに第七章の冒頭でも若干の言及を加えたが、その焦点に据えられたものは、徂徠学が「功利の学」に堕しているとする認識であった。すなわち、二洲は、

> 古文辞学ハ、物徂徠ヨリ起ル。余初年学ビタル故ニ能ソノ意ヲ知レリ。其学ノ主トスル所ハ功利ニアリテ、聖人ノ言ヲ仮《かる》ハ縁飾《えんしよく》マデナリ。道ハ先王ノ作リ玉ヘル者ニテ、自然ノ理ニアラズ、安天下ノ具ニテ、当行ノ路ニ非

ズトイフコト、其綱要ノ処ニテ、皆功利ニ本ヅキタリ(50)。

と述べ、その学の大意が聖賢教説の本意たる「道」ではなく、聖賢の言説を仮飾した「功利」を基軸とするものであることを論難する。そうして、

今試ニ古聖賢ノ書ヲ考ヘテ看ヨ。徳義ヲ後トシテ、事功ヲ先トセル教アリヤ。又天下ヲ先トシテ、脩身ヲ後トセル教アリヤ。又庶民ニ信ゼラレン為ニ身ヲ脩ムト説ケル書アリヤ。コノ処ニ意ヲ着テ看バ、カレガ功利ノ心腸、鏡ニカケテ見ルガ如クナラン。凡ソ彼ガ言ヘルコト行ヘルコトハ、皆聖賢ノ為ザルコトノミナラズ、深ク悪ミ恥サセ玉フコトナリ(51)。

という具合に、徂徠学の「功利」的な方略は、庶民の心証をよくするために「徳義」と「事功」、あるいは「修身」と「平天下」などの先後を反転させる所論となって現出していると批難するのである。

その上で、徂徠学を特徴づける主要な立論についても厳しい批判を繰り返す。例えば、徂徠が「道」の根拠を聖人の作為に認めたことについては、これを「其の、道を以て先王の作る所となし、及び聖人は学んで至る可からず等の説に至つては、則ち真に寐語《びご》のみ。深く弁ずるに足らず(52)」と一蹴する。また、徂徠学が「性」の善悪を問わなかったことについても「徂来の性を論ずるや、告子を以て是《ぜ》となす。是れ徂来に昉《はじ》まらず。象山に既にこの説あり(53)」と、その所論のオリジナリティに疑問を呈する。加えて、徂徠に対してはその人となりについてでさえも、

徂来初め仁斎の学を慕ひ、深くその説に服す。但だその資稟の矯悍《けうかん》なるを以て、久しく人の下風に立つ能はず。乃ち凌駕して仁斎の上に出でんと思ふ。既にまた仁斎のその書に報ぜざるを怨む。ここに於いて更に異撰の言を造為して、以て仁斎を排撃し、併びに程朱に及ぶ(54)。

という具合に、厳しい批判の声を浴びせるのである。若き徂徠が、仁斎の学問を称賛する書状を送ったにも拘わらず、病床にあった仁斎から返書が届けられなかったことについては、すでに紹介した通りであるが、このいわば一つの事件が仁斎学批判の端緒となっていたことが、徂徠学攻撃の恰好の素材とされたのであった。

ともあれ、こうして仁斎学ならびに徂徠学に象徴される「古学」が、次のような二洲からの徹底的な論難に晒されるのである。

> 伊物諸子の説は、みな明儒の唾余のみ。一士人あり、余に謂つて曰く、「天下の学に四家あり、曰く朱陸伊物」と。余、笑って答へず。
> 仁斎・徂来の徒、みな自ら古学を称す。所謂る「古」とは、程朱に従はざるの名のみ。その説みな新奇にして謂《いは》れなし。何の古か之れあらん。
> 所謂る古学とは、これを字句に求めてこれを義理に求めず。文辞を巧みにするに務めて行事を善くするに務めず。その最下なる者に至つては、独り伊物二家の書、及び嘉隆七子の詩文を読むを知るのみ。顧みて猶ほ儒を以て自ら居る。嗚呼、是れ何の儒ぞや。(55)

すなわち、「古学」といっても、それは単なる反朱子学とでも称すべきもので、その由来は明代の儒学にあり、しかもその主たる学的関心が字句や文辞の修飾にあって、義理や行事には何ら資するものがない、というのである。

こうして二洲は、その朱子学正学派儒者としての学識の評判の高まりとともに、一七九一（寛政三）年、幕府より任官の召命を受けることになる。このとき、二洲四五歳であった。ただし、二洲にとって召命は思いも寄らぬことであったため、当初はこれを辞退しようとしたが、それは到底許容されることではなく、遂に出仕を決意したのであった。「寛政異学の禁」が発令された翌年のことであった。

（2）幕府儒官としての活動とその思想

教育方法改善への取り組み　幕府儒官として任用された二洲は、柴野栗山・岡田寒泉とともに「寛政の三博士」と称されるようになり（前述のように、一七九四年に岡田寒泉が常陸の代官として転出した後、一七九六年に古賀精里が儒官に任ぜられた）、その後一八一一（文化八）年に六五歳で退官するまで、二一年余りにわたり、昌平坂学問所の学政を掌った。足疾多病の身を押しての勤めであった。

一八〇〇（寛政一二）年、二洲は大学頭林述斎と打ち合わせた上、古賀精里との連名において、同学問所での教育方法改正に関する書付（聖堂御改正教育仕方に付申上候書付）を幕府に上申している。その主だった規定[56]によれば、

一　御目見以上以下、当人幷悴厄介共、学中寄宿又は講堂え往来稽古仕度段申出候者は、皆差免《さしゆる》し可申事

という具合に、幕臣であれば旗本・御家人に拘わらず、また寄宿生・通学生に拘わらず、昌平坂学問所にて学問に従事することが認められたこと（事前に儒者の承諾を要す）が注目される。あるいは、

一　講堂え儒者幷見習毎日不明様に出席仕、講釈経書会読詩文点削等は儒者相勤、素読歴史等は見習相勤候様可仕候、若稽古人多相成り、手に余り候様に相成候て、見習より儒者相勤候儀を相助け、稽古人上達の者より見習相勤候義を相助候様可仕候

との規定のように、講釈・会読や詩文などは儒者の担当、素読や歴史などは見習の担当としつつも、受講者数に応じて儒者を見習が助け、受講者のうちの上級者が見習を助けるといった授業方式が工夫されている点も注目される。さらに寄宿生の在学期間についても、

一　学中寄宿之儀、十二ヶ月を一限と相定め、一限相済候上、心懸厚き者は又一限宛、幾年も寄宿為仕可申候

との規定のように、学問への心掛けに応じて継続的な寄宿が可能とされている。加えて特筆すべきは、同学問所では一八〇一（享和元）年に「書生寮」が増築され、同寮にて幕臣以外の武士の入学が認められるようになったことである。その様子について、同書生寮増築を申請した上書（「学問所書生寮増之儀申上候書付」）には、

学問所御再建の節、尾藤良佐元御役宅を其儘相用ひ書生寮と名付書生共三四人指置、仰高門講釈稽古所素読手伝等勤させ候様取計置申、其後倍臣浪人之遊学人共入寮相願候もの有之、且良佐弥助御役宅え入塾願候ものも有之候得共御役宅手狭に付差置かたく候に付、いつれも右書生寮え指置稽古仕らせ置申候処、此節人数弐拾人余に相成り右寮内には居余り申候、学問所御主法替後は惣体御家人の教育第一に仕候に付、前々の如く陪臣浪人等は不差置心得に候へ共、畢竟其本末軽重は有之候へ共志厚き候もの陪臣浪人たりとも相拒み候筋に有之間敷奉存候に付、書生寮明き候丈けは入れ置候儀に御座候所…、左候得は御家人御教育之余波相及ひ陪臣浪人共にても志有之もの御教育之御恩恵も御座候へは、御教化広大之御模様も有之可然哉に奉存候、(57)

と記されている。この当時、学問所の教育事業は、林大学頭と聖堂付儒者との担当となっていたが、一七九七（寛政九）年以後一八一一（文化八）年頃までは尾藤二洲と古賀精里の二名が官舎に住して学事を中心となって担っていた（柴野栗山は、同一七九七年に奥儒者〈将軍の侍講〉となっていた）。その意味でも書生寮での教育（その後七、八〇人ほどの定数が上申された）に果たした二洲の役割は、極めて重要な意味をもったはずである。

試験制度と「策問」

因みに、すでに前述したように、聖堂の学問所にて「学問吟味」が開始されたのが一七九二（寛政四）年九月、「素読吟味」の開始が翌一七九三年四月のことであった。二つの試験制度はともに一七九七（寛政九）年に改訂され、「素読吟味」は対象が一七歳から一九歳までの者で、「四書五経」と『小学』の素読が

吟味の対象となるとともに毎年一一月上旬に行われた。「学問吟味」は三ヶ年に一度のペースで一月中旬に五日間（初日『小学』、二日目「四書」、三日目「五経」、四日目「歴史」、五日目「文章」）かけて実施するものとされた(58)。またこれら以外にも、毎月三・八日に口頭試験として行われる「三八試業」（毎月試業）、学問吟味に類似する出題がなされた「春秋試」（毎年春・秋の二回実施）など、試験制度が次第に整備されていく。

なお、諸藩から集った書生寮の門人たちには、学問所での「学問吟味」の受験資格は与えられていなかった。だが彼らに対しては、儒官から別形式での試業も行われていた。それが「策問」と呼ばれるもので、儒官がある問題を与え、それに対する門人の解答を巡って、儒官が添削・批評を与えたり、門人同士が相互に批評し合ったりする試業のことである。例えば二洲は、次のような「策問」を諸生に示している。

問ふ。学之名尚し、而して古は未だ必ずしも正学を称へず、及び後世に至りて此称有るは何ぞや。且つ世の学を為す者、誰も以て已正を謂はず、今我徒を為す者、必ず自から正学を称す。而して正学は専ら我家之名に似たり、此れ何ぞ為して然るや。今国家学政を脩め、師儒を増し、以て大に教事を習ふ。亦之を命じて曰く、正を崇び邪を斥け、以て士風を振るひ以て民俗を起こすと。是れ必ず説を有す。諸生各《おのおの》其の所見を陳べ、以て我が士に教えよ(59)。

「正学」の継承者としての二洲の面目が、この「策問」の内容にも十分に反映されていると見ることができるだろう。

儒官時代の述作

なお、昌平坂学問所儒官時代の二洲は、『称謂《しょうい》私言《しげん》』、『冬読書余』三巻（いずれも一八〇〇年頃）、『択言』（刊行は一九三五年）などの述作を著している。『称謂私言』は、「皇家の朝は、天朝皇朝と称す。大府の朝は、宜しく大朝府朝と称すべし。斉しく朝と称すと雖も、尊卑の分、自から明らかなり(60)」という具合に、天皇家と幕府との尊卑の分が自明であることを説いたもので、二洲の尊皇思想を凝縮した著述といえる。『冬読書余』は、「今歳季春、国学新成し、学制改定す。官員亦た定額有り。祭酒一人、学事を総領す(61)」というように、昌平坂学

問所の新築や学制の改定を称える記述から始まり、中国と日本の政治機構とその歴史・文物に関する記述を展開した上で、

今人の学を問ふ。曰く経義を講究し、務めて践履を事とする者を上と為す。経義を遺さず、普く子史に通ずる者を次と為す。古文を作為する者、又之に次ぐ。考証の学を下と為す。雑濫自ら喜ぶ者は、下の最も下也。(62)

という具合に、当時の学問世界の諸相を見渡しながら、改めて経義講究と道徳実践を事とする朱子学を「上」としつつ、その一方で、古文を作為する徂徠学や考証学（徂徠学の古文辞崇拝との関連が示唆される）・折衷学（雑濫自ら喜ぶ者）などを「下」に据えている。

さらに『択言』は、その冒頭の「感有れば輒ち記す。初を素餐と曰ひ、次を択言と曰ふ。初の言は、猶を考證する所有るがごとし。次は則ち直に意の趣く所を写し、修めず飾らず、語次倫《すじみち》無し。択んで之れを取るは、覧る者に在り(63)」との序言に象徴されるように、二洲の意の趣くままに修飾を加えず自説を述べたものとされている（その趣旨は、前著『素餐録』が文献考証に基づく著述であることと対比されている）。同書では、まず、

未だ天地有らざるの先、畢竟是れ此の理有り。所謂理なる者は只是れ天地万物の理のみ。物有り混成す、天地に先だつの謂に非ず。此の理有れば、便ち此の気有り。理は只是れ此の気の然る所以のみ。(64)

という具合に、朱子学の「理気論」が概略的に祖述され、その上で、「学者は須《すべか》らく先づ理気の分を知るべし。然らざれば事皆《ことみな》気に徇ひ、其の義と以為へる者も、亦私意に堕つ。気の変態は窮まり無し。理を以て之れを裁するに非ずんば、終に規矩無し(65)」や、「学は徒だ理を明らかにするを貴ぶのみに非ず。須く気を養ふを務むべし。気を之れ養わざれば、知識有るが如しと雖も、亦た竟に畏縮して用を成さず(66)」などの所論のように、学者に対し、一方で理と気とを

弁別することの必要とともに、他方で気を養うことの必要を説いている。まさに朱子学説の概要が凝縮的に祖述されるとともに、

夫れ聖人は必ず聖人を知りて、之を祖述す。豪傑は必ず豪傑を知りて、之に尸《し》祝《しゅく》す。後者の前者に従ふは、乃ち事理の自然也。故に後世閩洛の出づる有れば、亦必ず閩洛を祖述す。…別に一径を開かんと欲する者は、正路有ることを知らざれば也。既に之れ有るを知らば、自ら由らざるを得ず[67]。

との所論に象徴されるように、その朱子学こそが聖人の教説そのものであるとともに、その教説に遵うことこそが後生の学者にとっての正路であることが強調されている。

二洲のこの学的立ち位置からは、「徂徠云ふ、理は定準無き者と。然るか否か。曰く、臣為り忠、子為り孝、豈に定準に非ざらんや。手の容は恭しく、足の容は重し。豈に定準に非ざらんや。乃ち零細の事物に至るまで、其の定準有る、推して知る可し[68]」や「俗儒の説、意《い》必《ひっ》固《こ》我《が》を以て義と為す者有り。妄論此に至る。亦甚しからずや。仁斎徂来奇を出すに務めて、怪誕濫妄、今に至るまで已まず。歎く可き哉[69]」という具合に、徂徠や仁斎らの古学が繰り返し辛辣な批判に晒されているのである。

朱子学正学派としての立論

ただし、この朱子学者二洲の立論として興味深いのは、純然たる朱子学を標榜したはずの闇斎学に対して、次のような批判的な言説を投じている点である。

山崎氏の徒、其の朋に非ざれば与に語らず。其の説に非ざれば与に論ぜず。是れ何ぞ褊隘《へんあい》の甚しき。余曰く、闇斎広博の学、是れ則ち末流の弊のみ。其の教の然ら使むるに非ざる也。曰く、凡そ弊は必ず由て来る有り。闇斎に在りて其の源無からんか。曰く、天資厳急、人を容るる能はず。是れ或は其の源ならんか[70]。

すなわち、闇斎学とはそれが広博なる学的内容を誇るが故に、却って朱子学説の本旨から離脱した些末な議論に陥る傾向にあると指摘するとともに、闇斎その人の偏狭な学的態度が批判の対象となっているのである。二洲のこの批判的言説について、闇斎に対する人物評がそこに含意されていることは理解できるにせよ、闇斎学の広博さが批判されていることの含意をどう捕捉するかについては、必ずしも判然というわけではない。闇斎学の顕著な学的傾向が「神儒一致」に認められることはすでに述べた通りであるが、その広博さの趣意が神儒一致に見定められたものであったか否かについては、不透明といわざるを得ない。ここではこれが、闇斎学と朱子学正学派との思想的関係に纏わる重要問題であることを指摘するに留めておく。

その後二洲は一八一一（文化八）年、病を理由に儒官の職を辞し、その二年後の一八一三（文化一〇）年に没した。享年六七歳であった。二洲が、いわゆる朱子学正学派を代表する人物であることは繰り返すまでもない。その学的立場を最も鮮明に物語るものは、主著『正学指掌』に描出された次の文言であったと認められよう。

> 此邦ノ学者ハ惺窩・羅山以来、得失互ニアリシカドモ、大様正シキ方ナリシニ、仁斎出デ浅近ノ説始マリ、徂徠出デ功利ノ説起リ、又風流好事トナリ、又放蕩不軌トナリ、今ニテハ学者トイフモノハ、士人ニ歯《し》セラレヌコトトナリタリ。是シカシナガラ、天下ノ風俗ニ係ルコトナレバ、政ヲ為ル人ノ心アルベキコトナラズヤ。余平生古今ノ学者ヲ観ルニ、漢土ノ人ハ高遠ニ馳セ易ク、此邦ノ人ハ卑近ニ堕チ易シ。是此邦ノ人ハコザカシク思慮短キ故ナリ。今其高遠ナラズ卑近ナラヌ道ヲ学ビント思ハヾ、唯程朱ノ教ニ遵ヒテ学ブベシ。自ラ大中至正ノ路ヲ見得ルコトアラン。(71)

二洲の、朱子学説の本旨とは高遠でも卑近でもなく、自ずと「大中至正ノ路」を教唆するものだとする所論は、まさに朱子学正学派の立論を最も象徴的に表明したものと見ることができるだろう。

第一〇章　一九世紀前期における教育思想史動向

1　一九世紀前期の幕政状況

(1)「寛政改革」の動揺

前章に概述した「寛政異学の禁」に基づいて、朱子学正学派が導き出した諸施策が教育史上に及ぼした重要な意味とは、幕府教学たる儒学（朱子学）の教義内容における正統性を確保するとともに、その正統性を根拠（思想的かつ政策的根拠）に据えながら教育の組織化を推し進めた点に集約させることができるだろう。武士（幕臣）に対しては、昌平坂学問所の官学化に基づいて人材の選別と登用とを図り、一般庶民に対しては諸般の施策（「人足寄場」の設置や『孝義録』の作成などに象徴される）に基づく積極的な民衆教化政策が導入されたのであった。大胆な見方をすれば、この公権力による教育組織化の諸施策は、一種の「公教育」としての方向性を示唆するものと評することが可能かもしれない。さらにいえば、この「人材養成」と「民衆教化」との二系統の教育施策が統合されることで、この国の近代教育政策が形づくられていったとの見方も成り立つことだろう。明治以後の日本近代教育は、すでに寛政年間頃から、その体制構築への準備が不十分ながらも始まっていたとの理解にも、それ相応の趣意と理由を認めることができるかもしれない。

だが、「寛政改革」のこうした教育政策動向は、これ以後、必ずしもその当初の方針のまま順調な進展を遂げたわけではなかった。松平定信が幕政から退いた後の享和・文化年間（一八〇一〜一八）頃までは、前述の松平信明を筆頭に定信の盟友たち（「寛政の遺老」と呼ばれる太田資愛《すけよし》、安藤信成《のぶなり》、牧野忠精《ただきよ》ら）が健在であり、寛政期の政治姿勢はそのまま継続されていたと見ることができる。だが、一八一七（文化一四）年に信明が死去すると、他の「寛政の遺老」たちも老齢や病気などの理由で老中職を退くようになる。そうした中、第一〇代将軍家斉（一七七三〜一八四一）は翌一八一八（文政元）年に側用人の水野忠成《ただあきら》（一七六二〜一八三四）を勝手掛（老中執務のうち財政と農政を分離専管）・老中首座に任命したのであった。

忠成の義父水野忠友《ただとも》（一七三一〜一八〇二）は、田沼意次の四男意正《おきまさ》（一七五九〜一八三六）を養子に迎えていたように、田沼派の中心人物の一人であったが、第九代将軍家治の死去に伴って意次が失脚すると、意正の養子縁組を解消・離縁し、新たに忠成を婿に迎えたという経緯があった。その後田沼家（遠江相良五万七千石から陸奥下村一万石に減封）は意正が家督を継ぐことになったが、忠成は老中に就くと意正を若年寄に抜擢し、田沼家を旧領の遠江相良へ復帰させた。こうして文政年間には忠成を中心とする幕閣が形成され、旧田沼派が復権することとなった。

この幕閣は、寛政改革の厳粛な政治動向に対する反動的な傾向を示すようになる。忠成は、文政年間から天保年間にかけて繰り返し貨幣の改鋳（金・銀の含有率を落とす）と大量発行を実施したが、これが却って物価の高騰を誘発した。また周知のように、将軍家斉は幕閣から宿老たちがいなくなると奢侈な生活を送るようになり（四〇人以上の側室をもったといわれる）、五五人に及ぶ子どもたちの縁組みに出費（結納金や下賜金）が嵩んだ。さらに対外的にも、フェートン号事件（一八〇八年）や大津浜事件（一八二四年）などに象徴されるように、外国船が日本近海に姿を現すケースが頻出するようになり、その結果「異国船打払令」（一八二五年）などに伴う海防費支出が増大するようになった。これら幕府財政の破綻を誘発した幕政の腐敗や綱紀の乱れについては、文化年間に刊行された書物『世事見聞録』（武陽隠士著、一八一六年）が、信義は次第に失せて国家の根本は衰ふるなり。国家根本衰へて、武士いやましに義勇を失ひ、奢侈懦弱《だじゃく》に流れ、また聚斂《しゅうれん》の臣、盗臣など出で来て、主君を犯し欺き、下人を貪り、また土民は利益の道に犯され、国用の諸産に労倦して、民の本情を失ひ、困窮にいたり、枝葉の町人・遊民の道のみ繁茂するなり。当世億万の諸町人・諸遊民は、全く武士と農民を犯し費す蠱《むし》なり。二百有余年以来だんだんに蠱のわき出で、別して百年以来増長したるものなり。(1)

というように伝えている。

(2) 幕臣教育の思想的座標

以上のような幕府の財政破綻や綱紀の乱れは、当然のように文教政策にも影響を及ぼしていく。昌平坂学問所の学的営為についても、例えば一八一一(文化八)年の一二月には「諸費節約ノ令出ツ、由テ翌九年ヨリ十三年ニ至ルマテ五年ノ間聖堂諸士ノ試科ヲ止メ」(2)という具合に、「諸費節約ノ令」に基づいて旗本・御家人子弟の試験(素読吟味・学問吟味)が五年間中断されている。一八二四(文政七)年一一月には「文武芸術ノ儀ハ常々相嗜候ハ勿論ノ事ニ候得共、何レモ御奉公一廉御用立候心得ニテ修行可有之候」(3)と、いわば奨学令が発せられてはいるが、これは裏返しにいえば、「諸稽古場近来風儀不宜向モ有之哉ニ相聞候、畢竟師弟共深切薄ヨリノ事ニ候、教候者モ修業イタシ候モノモ互ニ実意精入候儀専要タルヘク候」(4)との所述に窺われるように、すでに学問所を怠惰の気風が覆っていたことを物語るものともいえる。しかもこのような動向ないし諸相は、天保年間に入っても顕著な変化が認められなかった。一八三六(天保七)年一一月の幕府令に記された「文武芸術ノ儀ハ常々相嗜候ハ勿論ノ事ニ候得共、何モ御奉公一廉御用立候心得ニテ修業可有之候、因テハ稽古モ実意ニ精出シ且今日ノ行跡等心カケ是亦専要ノ儀候、毎々相達置候趣弥不怠、於頭支配モ無油断世話可有之候事」(5)との文言は、学問所を覆う怠惰の気風が依然として改まっていないことを示唆するものである。

こうした事態は、寛政年間以後の幕政が、幕臣の教育に必ずしも重大な関心を寄せ続けてはいなかったこと（就学や奨学に関する積極的な施策を講じていなかったこと）を含意している。それは必然的に、昌平坂学問所の学問を「朱子学」に定位した「寛政異学の禁」の綻びを意味するものでもあったはずである。では、寛政年間以後の幕臣教育とは、実際的にどのような思想的座標に基づいて推し進められていたのか。

これを論ずるには、寛政年間以後、天保年間に至るまで大学頭を務めた林述斎、あるいは文政年間から天保年間の学問所を中心となって担った御儒者古賀侗庵（古賀精里の三男。一七八八〜一八四七）らの所論を吟味することが必要である。しかしながら述斎の著述活動は、主に『徳川実記』や『寛政重修諸家譜』など幕府の編纂事業の統括や、中国で散佚し我が国に伝存する漢籍を収録した『佚存叢書《いつぞんそうしょ》』の刊行などに充てられ（『家園漫吟《かえんまんぎん》』や『蕉窓永言《しょうそうえいげん》』などの詩文集を残してはいる）、必ずしも自らの儒学説に関する体系的な述作を残しているわけではない。侗庵も、学問所御儒者という地位のため、生前に自著（四三〇余巻の著作を有したといわれる）を一冊も刊行していない。また侗庵の主著『侗庵新論』（一七巻）、『海防臆測』（二巻）、『劉子』（三〇巻補遺一巻）などは、深刻化する対外危機に触発されて著されたもので、体系的な儒学説それ自体を論じたものではない。『侗庵新論』には「教義の正統性」に関する所論も見られるが、その関心の中核に据えられたものは、むしろ対外危機が増大する状況下における「政治的正統性」の問題なのであった(6)。

それゆえ、ここではやや周縁的な立ち位置からではあるが、文化・文政年間から天保年間にかけての幕政に見られる教育思想史動向の一つの重要な潮流を、長らく林家塾の塾頭を務め、最晩年に昌平坂学問所の儒官に就いた佐藤一斎（一七七二〜一八五九）の思想を通して吟味しておく。一斎が昌平坂学問所の儒官に就くのは林述斎が没した一八四一（天保一二）年のことになるが、その時点で一斎がすでに七〇歳であったことに鑑み、その思想と足跡とを敢えて本章にて取り扱うこととする。

2　佐藤一斎――儒学的思惟に基づく「心学」の高唱

（1）一斎の生涯とその足跡

藩籍離脱と懐徳堂への遊学　佐藤一斎は、一七七二（安永元）年（田沼意次が老中に就いた年）に江戸日本橋浜町の美濃岩村藩邸内に、父佐藤信由《のぶより》（同藩家老、一七二八～一八一四）と母留《とめ》（生没年不詳、下総関宿藩の家老の五女）の次男として生まれた[7]。名は信行、後に幾久蔵、捨蔵などと称した。字は大道《たいどう》で、一斎、愛日楼、老吾軒などは号である。岩村藩主松平乗蘊《のりもり》（一七一六～八三）の三男（松平乗衡《のりひら》）が、後の林述斎であったことから、両者はその後七〇年にも及ぶ親密な関係を結んでいくことになる。

一斎は、幼にして読書を好み、七歳にして書（隷書・篆書）を学び、一二、三歳の頃には成人並の書を綴ったという。その彼が一〇代を過ごした天明年間は、将軍が家治から家斉に替わり、老中も田沼意次が失脚して松平定信がその首座に就くなど、幕政が大きく転換した時期であった。「異学の禁」が発せられた一七九〇（寛政二）年、一斎は一九歳にして岩村藩主松平乗保《のりやす》（一七四八～一八二六）の近侍となる。このとき、一斎はまだ江戸浜町の藩邸内に居住していた林述斎とともに井上四明（岡山藩儒、一七三〇～一八一九）や鷹見星皐《せいこう》（一七五一～一八一一）らの門に学んでいる。だが、翌一七九一年、故あって近侍職を免ぜられ（同藩の友人と隅田川で船遊びをしていたところ、友人が誤って水死したとの説がある）、願い出て仕籍を脱することを許される（幾久蔵から捨蔵への改称は、これが理由とも考えられる）。これ以降、一斎は一八二六（文政九）年五五歳のときに岩村藩の老臣の列に加えられる（同年岩村藩主に就いた松平乗美《のりよし》に対し、一斎は長らく輔導の任を務めていた）まで、処士として過ごすことになる。

翌一七九二（寛政四）年二月、一斎は、林述斎の勧めで大坂に遊学し、懐徳堂の中井竹山に師事する。懐徳堂では竹山やその実弟中井履軒とも経義をめぐって議論を重ねている[8]。またこの間、京都に赴いて皆川淇園《きえん》（一七三四～一八〇七。易学に通じ、字義・音声・文脈の関連を研究する「開物学」を提唱。晩年の一八〇五年に学問所「弘道館」を開く）を訪ねたりもしている。同年六月に江戸に戻った一斎は、翌一七九三年、林家塾に入門するが、その直後に大学頭林信敬が没し、林述斎がその後を継いだため、一斎はそのまま述斎の門人となった。

なお一斎は、一七九一（寛政三）年、士籍を離れる直前に徂徠学の批判書『弁道薙蕪《ていぶ》』を著している。

徂徠学批判

同書は、徂徠の『弁道』の所論を二五則にわたって批判するもので、「経書」はもとより後世儒学の諸述作に関する一斎の広範囲に及ぶ学識に基づいて、徂徠の立論の矛盾や古典解釈の誤謬を指摘する内容となっている。例えば、徂徠の「孔子の道は先王の道なり。先王の道は天下を安んずるの道なり」（第六章の注10を参照）との所述に対して、

> 孔子の道は、仁義礼智孝弟忠信にして、皆《みな》天地自然の道なり。物子の所謂先王の道は、礼楽刑政を以て言と為す。それ礼楽刑政は教へなり。これを道と謂ふべからず。古先《いにしえ》は聖王の天下における、天下を治むるに意あるにあらず。自然の道に循《したが》つて、天下自《おのず》から治まる。故に粛《ただ》さずして治まり、厳《いまし》めずして成る。…物子の説を以てすれば、すなはち士庶人以下道を行ふの名絶《た》ゆ。聖道は必ずしも然らず。(9)

と、明確な批判を加えている。「道」の含意とは「仁義礼智孝弟忠信」であり、その根拠はそれらが「天地自然」に遵うことで行われるものであることに見出されている。一方、徂徠が「道」の内実を「礼楽刑政」に認めたことに対しては、それらは先王によって建てられた「教え」であって「道」ではないと反論する。こうして一斎は、「道」を道徳実践と説くことで、士庶人一般もその「道」を行う主体者との趣意を明らかにしたのであった。

また徂徠が、人の気質は変化しないと説いたこと（「気質は何としても変化はならぬ物にて候。米はいつ迄も米、豆はいつまでも豆にて候」第六章の注29を参照）に対しても、

> 物子は気質を変化するの義を解すること能はず。所謂変化とは、人欲を遏《とど》めて天理を存するなり。天地の性を変

ずるの謂を謂ふにあらざるなり。(10)

と述べ、「変化」の語意に対する徂徠の理解が、「経書」の趣意とは異なる飛躍した論理に基づくものであることを批判する。あるいはまた、徂徠学の鍵概念の一つというべき「物」に対する理解についても、

凡そ先王の教へは、理を以てして物を以てせず。何ぞや。理なきの物なければなり。…物子の所謂物とは礼楽なり。それ礼楽の至りは敬と和とに在るなり。…所謂敬と和とは、迺《すなわ》ち理なり。それ理を明かにするは、致知・力行の階梯なり。物子は理と力行とを廃し、すなはち物のみ孤《ひと》り行けり。(11)

という具合に、徂徠の学的態度を、「物」（具体的事物）とはその働きが「理」によって規定されることを無視し、「物」の趣意を事物の「容れ物」の次元のみで意味づけようとするもの、と論難するのである。

一斎の学的立ち位置

以上のように一斎は、すでに二〇歳前後の時期において、当節流行の徂徠学に批判の眼差しを向けていた。ただし、だからといって自らの学的立場を朱子学にのみ定位していたわけでもなかった。一斎は、懐徳堂を去って江戸に戻るとき、中井竹山から「因而後寤、仆而復興（因しみて後寤《さと》り、仆《たお》れて復た興《お》く）」との語を贈られたが、これについて後年に「首句は先生の造語、末句は則ち王文成（文成は王陽明の諡）の語。蓋し余文成を信ずるを以て、故に二句を駢べ、以て警と為す(12)」と述懐している。懐徳堂での学的経験は、一斎に陽明学への関心を深める契機ともなったのであった。

こうして陽明学に接近しつつあった一斎が、朱子学を正学とする林家塾に入門するに至ったことは奇妙に感ぜられるかもしれない。だが、一斎は後年、朱熹と陸象山（王陽明の学的先駆者）との関係を、

学人、徒らに訓詁の朱子を是非して、而も道義の朱子を知らず。言語の陸子を是非して、而も心術の陸子を知ら

ず。道義・心術は、途《みち》に両岐無し。(13)

という具合に理解し、学に志す者は朱・陸の異同に拘るよりも、両者が力説した主張をそれぞれに酌み取りながら一貫する学説を組み立てることが肝要と説いていた。さらに江戸朱子学の嚆矢である藤原惺窩や林羅山についても、一斎は、

紫陽《しよう》（朱子のこと）は篤実にして邃密《すいみつ》、金渓《きんけい》（陸象山のこと）は高明にして簡易なり。人其の異なるを見て、其の同じきを見ず。一旦貫通すれば、同じきか、異なるか、必ず自ら知り、然る後已《や》まん、と。余謂《おも》ふ、我が邦首《はじめ》に濂洛《れんらく》の学（周濂渓と二程子に象徴される宋学）を唱《とな》ふる者を藤公と為す。而して早く已に朱・陸を并せ取ること、此くの如し、と。羅山も亦其の門より出づ。(14)

と述べ、彼らの学が朱・陸を併せ取るものであったことを強調している。一斎は後年に「陽朱陰王」と誇られることもあったが、(15)少なくとも、彼自身の学的立場の基軸のうちに朱子学が据えられていたことは疑いなく、それにより林家塾への入門が許されたと見ておくことができるだろう。

既述のように、一七九七（寛政九）年、この学塾は幕府の公的機関たる昌平坂学問所に改組され、林家の家塾はそこから切り離される。(16)また、その二年後の一七九九年には同学問所の聖堂、学寮、講堂、教官の官舎、馬場などが増築される。その間一斎は、林家の邸内に寓していたが、やがて一八〇四（文化元）年に林家邸の東隣に「愛日楼」と称する私邸を新築するに至った。一斎の「愛日楼賦」に「家君の幼なるや、服子子遷に従ひて業を受く。時に書楼有り、服子愛日を以て之に名づく」(17)と記されているように、かつて一斎の父信由が服部南郭に師事していた時、南郭が信由の書斎に「愛日」と名づけたのが、「愛日楼」という言葉の由来とされる（その書斎に掲げられた「愛日楼」の扁額は、中井竹山の書になるものであった）。一斎の詩文集『愛日楼全集』（五六巻、佐藤立軒編、編年は未詳。『愛日楼文詩』は一

八二九〈文政一二〉年に成る）もこれに因んで名づけられたものと見られる。

林家塾の塾長に

翌一八〇五（文化二）年、一斎は林家塾の塾長に抜擢される。三四歳のときのことであった。林家塾は、前述した昌平坂学問所の書生寮（諸藩士や処士を収容。一八〇一年設置）との間に深い関係を有していた。書生寮には、林家の紹介により、林家塾からそこに入学する者が少なくなかったからである。それゆえ書生寮の学生たちは、学問所や書生寮での講義などに出席するに加えて、林家塾の儒者の屋敷にて講釈や会読の場に参加していた。美作国津山藩儒として活躍した昌谷《さかや》精溪《せいけい》（一七九二〜一八五八）などは一斎門下から昌平坂学問所に移った代表的儒者といえる。また、これは書生寮を経由した事例ではないが、幕末の儒者安積艮斎《あさかごんさい》（一七九一〜一八六一）はかつて佐藤一斎の門に学び、後に昌平坂学問所儒官となった人物であった。

なお一斎は、林家塾に学んでいた頃から、諸国を遊歴する機会に恵まれている。すでに一七九六（寛政八）年、二五歳のときには京畿に赴いて大和・伊勢・摂津・播磨などを巡り、一八〇〇年には平戸藩主松浦静山（一七六〇〜一八四二）の招聘で長崎や平戸を訪ねた。長崎では清国の文人たちと筆語にて交流し、平戸では藩校維新館にて講義を行った。このときの帰途では、大坂にて皆川淇園（淇園は松浦静山の師でもあった）との再会を果たしている。また、やや後年のことになるが、一八一八（文政元）年には日光廟に詣で、その帰途には鹿島神社を訪ねている。一八二一（文政四）年、五〇歳のときには美濃国に入って先祖の墓を詣で、さらに近江国小川村の藤樹書院を訪ねた。一斎は、藤樹に対する敬慕の念いを複数の詩文に刻んでいるが、例えば「湖西の小川村に過《よぎ》りて藤樹書院に詣る」との詩には、その念いが、

碩人《せきじん》已《や》んぬるかな幾星霜　景慕今ま顔《がん》す徳本堂《とくほんどう》　遺愛の藤棚《とうほう》荒《すさ》みて益々古く　孤標の松幹《しょうかん》老いて逾々《いよいよ》蒼《あお》し　気
常《つね》に和する処　春　長《とこしな》へに燠《あたた》かに　月正《まさ》に霽《は》るる時　風も亦た光る　尚ほ見る士民の礼譲に敦《あつ》きを　疆《きょう》に入れば
問はずして君が郷なるを知る(18)

と綴られている。

さらにその後京都に足を運び、林家歴代の影堂である奉先堂を参詣したが、京都を離れるに際しては、頼山陽（一七八〇～一八三二）が送別の宴を催したと伝わる。山陽は、広島藩儒にして「寛政異学の禁」の導火線ともなった頼春水の子で、かつて昌平坂学問所の書生寮に学んだが、その後広島藩を脱藩し廃嫡され、菅茶山（一七四八～一八二七）の廉塾《れんじゅく》（備後国神辺に所在）の講師を経験した後、京都にて私塾を開いていた。山陽は、一八二七（文政一〇）年に源平から徳川氏に至る武家の興亡を記した『日本外史』を完成させ、これを松平定信に献上したが、同書（初刊は一八三六～三七年頃）はやがて幕末の尊皇攘夷運動に影響を与えていくことになる。

「言志四録」と「欄外書」

一斎の著述として最もよく知られた『言志録』（二四六条）は、一八一三（文化一〇）年頃（すなわち一斎四二歳頃）より執筆が開始されている。同著は、一八二四（文政七）年に稿が成り、一八三〇（文政一三）年、一斎五九歳のときに刊行された。またこれに続けて著された『言志後録』（二五五条。一八三七〈天保八〉年刊と推定される）、『言志晩録』（二九二条。一八五〇〈嘉永三〉年刊）、『言志耋録《てつろく》』（三四〇条。一八五四〈安政元〉年刊）などを併せた四書が「言志四録」と総称されている。『言志耋録』の刊行年、一斎はすでに八三歳を数えていた。また同年は幕府がアメリカとの間に和親条約を調印した年でもあった。なお「言志四録」については、後述にて、そこに描出された主要な教育思想を吟味する。

また、一斎が自らの思想を綴った著述として重要なものに「欄外書」がある。これは『近思録』『伝習録』『論語』『孟子』『周易』『尚書』『大学』『小学』『中庸』など儒学の経書や古典籍に対し、一斎がその本文の欄外に記した注釈（頭注や訳注）を集成したもので、文化年間から天保年間に至る一斎四〇歳代から六〇歳代の頃に著されている。このうち刊行されたものは『小学欄外書』と『伝習録欄外書』のみで、これ以外は写本のまま今日に伝わっている。

「欄外書」には、一斎の思想形成の道程、すなわち彼の思想が儒学経書類の熟読玩味を通して形成されたその痕跡を認めることができる。『論語欄外書』での一例を挙げるなら、例えば「為政第二」の「子曰、由、誨女知之乎、知之為知之、不知為不知、是知也（子曰わく、由《ゆう》〈孔子の門人子路《しろ》のこと〉、女《なんじ》に之れ知ることを誨えん乎、之れを知るを之れを

知ると為し、知らざるを知らずと為す、是れ知る也）」との文言に対し、一斎は、

行ひて真に之を知る。是れ知るなり。行はずして徒《た》だ之を知るのみなれば、仍《すなは》ち是れ知らざるなり。真に知るを以て知ると為し、徒だ知るのみを以て知らずと為す。而して一点の虚偽を容るること無し。即ち是れ良知の本体なり。[19]

と注釈して、「真に知る」ことの含意をいわば「知行合一」に認めている。この文言に対する朱子の注釈が、「知る所は則ち以て知ると為し、知らざる所は則ち以て知らずと為す。此の如くするときは、則ち或は知を尽くすこと能はずと雖も、而して自から欺くの弊無し、亦た其の知為るを害せず[20]」という具合に、「知」の内実をあくまでも「知」と「不知」との自覚的弁別に求めていたことからすれば、一斎の解釈は明らかに陽明学的傾向を帯びたものと見ることができるだろう。

しかし重複を恐れず敢えて繰り返すなら、一斎の学的立場については、彼が一八三三（天保四）年六二歳のときに表明していた次の所述を注視すべきである。

世間兎角誤伝致し、拙子は陽明学なりと申すよし。元より陽明非常之人物に候得は、時々激賞致し候事有レ之候。然しながら拙子何も陽明学と申すものには無レ之候。伝習録昔年より熟読候得共、其説一々取用候にも無レ之に付、是迄寄宿諸生へも、ついに伝習録質問など課し候事は不レ致候。拙子之学は、宋学と申すものにて、其本原周程之意に外ならす候。[21]

すなわち、一斎の学問とは決して陽明学を基軸に据えるものではなく、周敦頤や二程子らによって切り拓かれた宋学に依拠するものであると明確に表明しているのである。もちろん、林家塾塾頭としての彼の学的立場がこの表明を発

出させたとの見方もあるだろう。だが、一斎自身が発した言葉の重みは、簡単に等閑視できるものではなかろう。

大塩中斎との関係

なお同一八三三年に、一斎は大坂の与力大塩中斎（通称平八郎、名は後素《こうそ》、字は子起。中斎は号。一七九三〜一八三七）よりその著『洗心洞箚記《せんしんどうさつき》』を寄贈されている。中斎は一八〇六（文化三）年頃から大坂東町奉行所に出仕し、一八三〇（天保元）年三八歳で職を退くまで与力として職務に精励した。とくに東町奉行高井実徳《たかいさねのり》（一七六三〜一八三四）に信任され、一八二七（文政一〇）年の切支丹逮捕（偶然に捕らえた不届者の一味が切支丹邪宗門の信徒であることを発見し、その関係者を洩れなく京摂の間に捕らえた事件）など、少なくない功績を挙げていた。中斎はかねてより学問に励み、与力の職を辞した後は私塾洗心洞にて門人の教育にあたっていた。『洗心洞箚記』の記述内容は多岐にわたるが、門人から「先生の学を論ずること、人情に協《あ》はざるもの五有り(22)」と評された「太虚」「良知を致す」「気質を変化す」「死生を一にす」「虚偽を去る」との五者の所論の吟味を一つの趣意に据えるものであったと見ることはできるだろう。このうち、「太虚」と「致良知」について、中斎は、宇宙の本体たる「太虚」をもって心の本体と理解しながら、

陽明先生訓《おし》ふる所の良知を致すの実功を積むに非ざれば、則ち横渠先生の謂《い》は所《ゆ》る太虚の地位に至るべからず。故に心《こころ》太虚に帰せんことを欲する者は、宜しく良知を致すべし(23)。

という具合に、「致良知」の実践こそが太虚に帰依することだと説いていた。こうした「致良知」説への信奉を以て、中斎の学問的立場を陽明学と評する傾向が看取されるが、中斎自身の、

小程子曰く、「一人の心は即ち天地の心にして、一物の理は即ち万物の理、一日の運は即ち一歳の運なり」と。吾れ姚江《ようこう》（王陽明のこと）の良知を致すの教を奉ずと雖も、二程子の説を以て徴《ちょう》と為すなり(24)。

との所述に凝縮されるように、彼の理解では「致良知」とは宋学の系譜それ自体に学的由来が認められる所論なのであった。

同著を寄贈された一斎は返書を認め、中斎が太虚説の自得に努めていることに敬意を表しつつも、一斎にとっては太虚の理解がともすれば私意に流れてしまって容易でないことを吐露した上で、

> 姚江之書元より読候得共、只自己之箴砭《しんぺん》に致し候のみにて、都而之教授は並之宋説斗に而殊に林氏家学も有之候へは、其碍にも相成、人之疑惑を生し候事故余り別説も唱不申候事に候。…兎角人は実を責ずして名を責候ものかと被存候。名に而教之害成す事少からず候へは、務而主張之念を祛りて、公平之心を求め度候。[25]

と述べている。一斎の返書の趣意は、太虚を自己の心の内に認識することの容易ならざること、また林家塾が宋学説をもって正学としていること、などを踏まえつつ、だからこそ公平の心をもって学や徳の実（名ではなく）を探究することの必要を強調するものであった。

周知のように、その四年後の一八三七（天保八）年二月、中斎は飢餓に苦しむ民衆を坐視するに忍びず、奸吏・奸商を討つために蜂起した（自己の蔵書を売り払って資金を得、近在農民に挙兵の檄文を撒いた）のであるが、この乱は一日で鎮圧され、その後中斎は捕吏に迫られ自尽した。一斎が、私心を太虚と思い誤ることに慎重を尽くしていたのに対し、中斎は、「学は多端なりと雖も、要は心の一字に帰するのみ。心正しければ、則ち性と命と皆了すべし[26]」や、あるいは「心《こころ》太虚に帰すれば、則ち非常の事も皆亦た道なるを知る[27]」などの所論に象徴されるように、挙兵もまた「致良知」の已むに已まれぬ一つのあり方と理解したのかもしれない。

幕府儒官就任　その後の一斎の生涯にとって、重大な転機となったのが、一八四一（天保一二）年に林述斎が没し、それに伴って彼が幕府の儒臣に召し出されたことであった。このとき一斎はすでに七〇歳を迎えていた。同年は、大御所徳川家斉が没し、それに伴って若年寄林忠英《はやしただふさ》（一七六五～一八四五）ら家斉の側近勢力が罷免される

ともに、老中水野忠邦（一七九四〜一八五一）による幕政諸改革（「天保の改革」）が具体的に推し進められた年でもあった。幕府儒官に就いたときの心境を一斎は、

公（林述斎のこと）既に館を損《す》つ。其の翌辛丑《しんちゅう》、朝政一新し、図らざるも、余濫《みだ》りに擢挙《たくきょ》を蒙《こうむ》り、晩にして仕途に就く。官事諳《そら》んぜずして、暗室に入るが如し。忽ち公の言を憶《おも》ひ、奉じて以て周旋す。(28)

と述懐している。これ以後一斎は、一八五九（安政六）年、八六歳にて没するまで、幕府儒官の職を全うすることになる。その間、一八五三（嘉永六）年のアメリカ東インド艦隊司令長官ペリー（Matthew Calbraith Perry、一七九四〜一八五八）の浦賀来航と翌年の日米和親条約締結、あるいは一八五五（安政二）年の江戸大地震などに象徴されるように、この国の社会情勢は内外とも多難な問題に直面し続けた。だが、その間の一斎の思想の基調をなしたのは、朱子学を基本としつつそれを陸王学と折衷させながら、あくまで自己の心の修養に学問の内実を求めようとするものであった。それは同じく幕府儒学を担った古賀侗庵のように広範囲に及ぶ知的素養に基づいて積極的な海防論を提唱する立場や、あるいは、人々の意識を天照大御神以後の神格に向かわせることで「国体」の価値を高唱する後期水戸学の立場（これについては後述）などとは、対極に位置づけられるものと見ることができるだろう。

一斎の家族と門人

なお、一斎は三度妻を娶っている〈最初の妻 栞《しおり》は一八〇四年に三〇歳で早逝し、二度目の妻〈坂本氏。名は未詳〉とは一年ほどで離縁〉が、三度目の妻庸《よう》〈高遠藩儒中根東平の娘で、一斎とは一八五二年に七四歳で没するまで四五年間連れ添う〉との間に生まれた三男立軒《りっけん》（一八二二〜八五。なお長男は坂本氏との間に生まれた滉で幕府徒士田口家の養子になる。庸との間に生まれた次男は夭折）は、一八五六年に幕府儒者に召し出されている。

一斎の門人には実に多彩な人物の名を挙げることができるが、中でも安積艮斎《あさかごんさい》（一七九一〜一八六一。ペリー来航時の昌平坂学問所儒官）、渡辺崋山（一七九三〜一八四一。蘭学者、画家。蛮社の獄にて投獄され自刃）、山田方谷（一八〇五〜七七。備中松山藩の藩政改革を断行）、横井小楠（一八〇九〜六九。越前藩主松平慶永の政治顧問）、佐久間象山（一八一一〜六四。信

州松代藩士。西洋砲術家。洋学と儒学の兼修を提唱)、大橋訥庵《とつあん》(一八一六〜六二。幕末の攘夷論者)、中村敬宇(一八三二〜九一。明治期の代表的啓蒙思想家)ら傑出した人物の名を特筆しておく。

なお、一斎に私淑した人物として、西郷隆盛(一八二八〜七七)の名がしばしば引き合いに出される。西郷は、一斎の「言志四録」を愛読するに留まらず、そこから重要な条を抜粋して(「言志四録」全一一三三条から、一〇一条を抜粋)自らの戒めや後進の指導のために反芻していたと伝わる。その内容は「西郷南洲手抄言志録」として今日に伝えられている。また、西郷の思想を伝えるものとされる「南洲翁遺訓」や「遺教」(編集者は西郷から恩沢を受けた旧庄内藩士)の内容には、「言志四録」との思想関連を窺わせるものがあると指摘されている。(29) 一斎の思想的影響の大きさを物語る一つのエピソードとして、ここに敢えて記しておくことにする。

(2) 一斎の教育思想

以上のような生涯を辿った一斎の思想的関心とは、実に多岐にわたる学的範囲に及ぶものであり、その全容を紹述することは困難である。それゆえ、ここでは本書の主題たる教育思想を関心の焦点に据えながら、一斎の所論の主要な内実を「言志四録」に基づいて吟味する。実際、『言志録』には例えば、

> 能く子弟を教育するは、一家の私事に非ず。是れ君に事ふるの公事なり。君に事ふるの公事に非ず。是れ天に事ふるの職分なり。(30)

との所述のように、「教育」という言葉の用例が認められる。子弟の教育が、一家の私事や一国(藩)の公事に留まらず、「天に事ふるの職分」だと説かれていることからも、一斎が教育に並々ならぬ関心を寄せていたことが窺われる。このことを踏まえ、「言志四録」なる述作のうちに描出された一斎の所論から、とくに「教育」に関わる認識を抜き出し、これを整序的に配置することにする。

「立志」の強調

第一に、一斎教育思想の基軸をなす認識として「立志」の強調を取り上げることができる。『言志録』の中で「志」という言葉が最初に登場するのは、その第六条の、

学は立志より要なるは莫し。而して立志も亦之れを強ふるに非ず。只だ本心の好む所に従ふのみ。(31)

という文言においてである。「立志」とは、「学」の起点にして要点であること、そして「立志」が何よりも自律的な営みであるべきことが強調されている。「立志」が自律的であるなら、「学」の営みはいかなる状況下にてもこれを有為に推し進めていくことができる、というのである。すなわち、

緊《きび》しく此の志を立てて以て之れを求むれば、薪を搬《はこ》び水を運《はこ》ぶと雖も、亦是れ学の在る所なり。況や書を読み理を窮むるをや。志の立たざれば、終日読書に従事するも、亦唯だ是れ閑事なるのみ。故に学を為すは志を立つるより尚きは莫し。(32)

との所論のように、薪や水の運搬といった力仕事の最中にあっても、「志」が自覚的でさえあれば「学」の営みは何ら問題なく進展を遂げることができる、とされるのである。そもそも『言志録』という書物の主題たる「志」それ自体が、「学」の営みと不可分の関係に据えられていた。もとより「学」の重視とは、儒学思想全般の最も基本的な主張といえるが、社会の動揺と混乱が増幅された一九世紀前半期にあって、学び手たちに改めて「学」への自覚と自律とを訴えようとする一斎の姿勢が、「立志」の強調として表明されたものと見ることができるだろう。

さらに、こうして「立志」が「学」を発動させる動的な根拠だとするならば、「学」の土台をなす（その意味で静的な）根拠が「心」だと理解されている。「学を為すの緊要は、心の一字に在り。心を把《と》りて以て心を治む。之れを聖学と謂ふ」(33)や「学ぶ者は当に先づ自ら己れに心有るを認むべし。而る後に存養に力を得ん。又当に自ら己れに心無き

（何のとらわれもないこと）を認むべし。而る後に存養に効を見ん」[34]などの所述に、一斎のその意図を認めることができるだろう。この「心」と「志」との関係は、「経書」へのアプローチへの相違として、

古人は経を読みて以て其の心を養ひ、経を離れて以て其の志を弁ず。則ち独り経を読むを学と為すのみならず、経を離るるも亦是れ学なり。[35]

というようにも語られている。学の根拠として「養心」と「弁志」のことが説かれているが、「弁志」の方により動的な含意（「経を離るる」と説かれるような）が与えられていると見ることができるだろう。

なお、「立志」に基づいて行われる「学」の営為は、

人は須らく自ら省察すべし、天何の故にか我が身を生出し、我れをして果して何の用にか供せしむる、と。我れ既に天物なれば、必ず天役有り。天役共せずんば、天咎必ず至らむ。省察して此に到れば、則ち我が身の苟《かりそめ》に生くべからざるを知らん。[36]

という具合に、学び手の心の内奥へと歩みを進めるものと、

吾既に善を資《と》るの心有れば、父兄師友の言、唯だ聞くことの多からざるを恐る。読書に至りても亦多からざるを得んや。聖賢云ふ所の多聞多見とは、意正に此くの如し。[37]

との所論に指摘されるように、学び手の外側の世界への「多聞多見」を求めるものとの双方が想定されている。このように学的営為の要件を、学習者自身の内と外との双方に見定めようとする見解（学における「内外一致」との所論）

は、「凡そ教は外よりして入り、工夫は内よりして出づ。内よりして出づるは、必ず諸《これ》を外に験《ため》し、外よりして入るは、当に諸を内に原《たず》ぬべし(38)」と説かれるように、一斎所論の強調点の一つと見ることができるだろう。

「自得」「自律」の力説

第二に、「立志」を起点とする「学」への取り組みとは、周囲からの督促や強制によるものではなく、あくまで主体的・自律的に展開されるべきものであることが説かれている。「学」の営みが、周囲からの強圧的な働きかけに依拠するものであってはならない、との一斎の認識は、

学を為すには、人の之れを強ふるを俟たず。必ずや心に感興する所有りて之れを為し、躬《みずか》らに持循する所有りて之れを執り、心に和楽する所有りて之れを成す(39)。

との所論に明示されている。また、学び手の自律の必要を最大限に訴えようとする一斎の認識は、学の対象を自力で獲得することを意味する「自得」の強調と結びつくことにもなる。「学」の営みとは、他者からの導きを俟つことで展開されるものではなく、あくまでも学び手自らが自力で対象となる素材を獲得することを基調とするものだというのである。

学は自得を貴ぶ。人徒《いたず》らに目を以て字有るの書を読む。故に字に局《かぎ》られて、通透するを得ず。当に心を以て字無きの書を読むべくんば、乃ち洞して自得有らん(40)。

此の学は、己れの為《ため》にす。固より宜しく自得を尚ぶべし。駁雑《ばくざつ》を以て粧飾《しょうしょく》と做すこと勿れ。近時の学は殆ど所謂他人の為に嫁衣装《かいしょう》を做すのみ(41)。

などの所論は、そうした一斎の認識を最も顕著に物語るものといえるだろう。

もちろん、このように、一斎が学び手の「自律」や「自得」を強調するのは、そもそも人間の本性を「善」と見ていたからに他ならない。ただし、一斎は人間の本性が「善」であると認めつつも、その肉体的形質が「善悪混在」であることに注意を促している。すなわち、

> 性は諸《これ》を天に稟け、躯殻は諸を地に受く。天は純粋にして形無し。形無ければ則ち通づ。乃ち善に一なるのみ。地は駁雑《ばくざつ》にして形有り。形有れば則ち滞《とどこお》る。故に善悪を兼ぬ[42]。

との所論にその趣旨が凝縮されている。こうして一斎の「性論」は、本来の性を絶対善としつつ、肉体の形質を善悪混在と見る朱子学説のそれを踏襲するものといえる。また、「耳目有りて而る後に声色に溺れ、鼻口有りて而る後に臭味に耽《ふけ》り、四肢有りて而る後に安逸を縦《ほしいまま》にす[43]」と語られるように、肉体の形質たる耳目鼻口四肢の欲をもって悪の誘因とする主張も、朱子学説の論旨に沿うものと見ることができる。それゆえに、

> 人は欲無きこと能はず。欲は能く悪を為す。天、既に人に賦するに性の善なるものを以てして、而も又必ず之れを溷《みだ》すに欲の悪なるものを以てす。…凡そ生物は欲無き能はず。唯だ聖人は其の欲を善処に用ふるのみ。孟子曰く、欲すべき、之れを善と謂ふ、と。孔子曰く、心の欲する所に従ふ、と。舜曰く、予れをして欲するに従ひて以て治めしめよ、と。皆善処に就きて之れを言ふ[44]。

と述べて、孔孟および舜の足跡に範を求めながら、肉体的形質に起因するところの「欲」を修めることを、「学」の課題の一つに据えるのである。繰り返すように、この所論が朱子学説に依拠するものであることは疑いないものの、「欲」を排除・否定するのではなく、「欲」を「善処に用ふる」ことが強調されている点には、一斎独自の思考様式を認めることもできるだろう。

気質への視線

こうして「欲」にも積極的な人間形成的含意を認めようとする一斎は、人の気質（体質）についても、次のような注目すべき認識を示すのである。

> 気に自然の形有り。結んで体質を成す。体質は乃ち気の聚《あつま》れるなり。気は人人異なる、故に体質も亦人人同じからず。諸々其の思惟・運動・言談・作為する所、各々其の気の稟くる所に従ひて之れを発す。余、静かにして之れを察するに、小は則ち字画・工芸より、大は則ち事業・功名まで、其の迹《あと》皆其の気の結ぶ所の如くにして、之れが形を為す。人の少長は童稚の面貌よりして、而して漸く以て長ず。既に其の長ずるや、凡そ迹を外に発するものは、一気を推して之れを条達すること、体躯の長大にして已まざるが如きなり[45]。

すなわち、人の体質は「気」の集結によって構成され、それが各人の思考や言動の相違となって現れるが、その体質の相違が字画・工芸や事業・功名に至る様々な社会的営為を現出させるのであり、また、そうした社会的営為が形を成すにはその担い手である個々人の成長を俟たねばならない、というのである。

朱子学の「理気二元論」は、通常、人間形成の基軸を「理」に見定めて論ずるものであるが（「理」への復帰が人間形成の要件）、「気」（体質）の側に人間の成長の根拠と要因とを見出そうとする発想は、一斎思想の独自性を示唆するものといえよう。もちろん、人の「性」と「質」とに関する一斎の基本認識は、

> 性は同じくして質は異なれり。質の異なるは教の由つて設くる所なり。性の同じきは、教の由つて立つ所なり[46]。

との所論のように、「性」が万人共有である一方、「質」は個人差に覆われるとするもので、これが朱子学説の枠組みに同調するものであることはいうまでもない。だが一斎は、教説の出来を「性」に認めるとともに、その一方で、教説の多様性の根拠を「質」の相違に見出そうとしている。この点に、彼の教育認識の実際的な側面が描出されている。

なお、一斎の教育思想の基軸に「自律」や「自得」などの主体的営為が据えられたのは上述の通りであるが、その営為とは、

学は諸《これ》を古訓に稽《かんが》へ、問は諸を師友に質《ただ》すことは、人皆之れを知る。学は必ず諸を躬《み》に学び、問は必ず諸を心に問ふものは、其れ幾人有るか(47)。

と説かれるように、書籍の学びや師友への質疑など自己の「外」に向かうものに留まらず、自己の身心という「内」にも働きかけるものであった。上記に言及した、学における「内外一致」とは、「自律」や「自得」についてもその要件とされる所論だったのである。

植物類推

第三に、こうした学び手の自律や自得を基調とする一斎の認識は、これを教える側からの視点から捉え返すならば、そこに一斎教育思想の基調をなす所論を見出すことができる。その一つがいわゆる「植物類推」と評すべき主張である。すなわち教育とは、積極的な働きかけによって学び手を望ましい姿へと変化させていく営みというよりも、むしろ植物の栽培のように、学び手の自然な成長の時期や進度と歩調を揃えながら諸般の働きかけを施す営みだというのである。

草木の移植には、必ず其の時有り。培養には又其の度有り。太《はなは》だしく早きこと勿《なか》れ。太だしく遅きこと勿れ。多きに過ぐること勿れ。少なきに過ぐること勿れ。子弟の教育も亦然り(48)。

との文言は、教育のありようを植物の栽培になぞらえながら説くもので、教育の要点とは、単に絶えず積極的に教え込めばよいというものではなく、「時間」と「程度」への配慮に基づいて行われるべきことを訴えるものである。加えて、植物の栽培にはそれに相応しい環境や条件を選ぶ必要があるように、子弟の教育もまた、他邦によき環境・条

件があれば、そこに学び手の身を移すべきことまでをも説いている点が注目される。すなわち、

草木の萌芽は、必ず移植して之れを培養すれば、乃ち能く暢茂条達《ちょうもじょうたつ》す。子弟の業に於けるも亦然り。必ず之れをして師に他邦に就きて其の橐籥《たくやく》に資せしむれば、然る後に成る有り。(49)

との所論のように、教育的環境への配慮を意識的に論じている点も一斎の教育認識の一つの特徴といえる。「可愛い子には旅をさせろ」との諺や、「孟母三遷の教え」との故事を彷彿とさせる所論と見ることができるだろう。(50)

教育方法の多様性　もう一つは、教育の具体的方法における多様性の重視である。すなわち端的にいえば、教育には、一つの固定的な方法を遵守するのではなく、むしろ多様な方法を、様々な状況に応じて、また働きかける対象者のありようの違いに応じて、臨機応変に駆使することが肝要だというのである。例えば、

誘掖《ゆうえき》して之れを導くは、教の常なり。警戒して之れを喩《さと》すは、教の時なり。躬行して以て之れを率ゐるは、教の本なり。言はずして之れを化するは、教の神なり。抑へて之れを揚げ、激して之れを進むるは、教の権にして変なるなり。教も亦術多し。(51)

との所論は、教育の方法には誘掖なる常道（教の常）とともに、一時的な方法（教の時）やその場に応じた手法（教の権、教の術）があることを説いたものであるが、そうした多彩な方法の中で、教える側が模範を示す手法が「教の本」とされ、さらに言葉を発することなく自然に変化させることが「教の神」と提唱されていることが注目される。

また、対象となる学び手の状態に基づく方法の違いについても、

勧学の方は一ならず。各々其の人に因りて之れを施す。称《ほ》めて之れを勧むること有り。激して之れを勧むること

有り。又称めず激せずして、其の自ら勧むるを待つ者有り。猶ほ医人の病に応じて剤《くすり》を施すに、捕瀉《ほしゃ》一ならず、必ず先づ其の症《やまい》を察して然《しか》するがごとく然り(52)。

との所論のように、褒めたり激励したり、あるいは見守ったりなど、多彩なものを準備する必要が説かれている。またそれが、医師が病人の症状の相違に応じて多様な処方を施すことになぞらえられている。

元来、儒学思想の説く教法のありようについては、孟子の「君子の教ふる所以の者五つ、時雨の之を化するが如き者有り。徳を成さしむる者有り。財を達せしむる者有り。問に答ふる者有り。私《ひそ》かに淑艾《しゅくがい》せしむる者有り。此の五つの者は、君子の教ふる所以なり」(『孟子』尽心章句上、第四〇章)との所論に象徴されるように、状況に応じて多彩な方法を駆使することをその理解の基調に据えるものであった。その意味では、教育に関する一斎の所論もまた儒学思想の基本認識を踏襲したものと見ることができるだろう。

生涯学習への視線　第四に、これは一斎の教育認識の先進性とも評し得るが、学の営みとは一個人の生涯を通じて行われるべきものと説かれていた点が特質される。一斎のその認識を象徴するものが、

此の学は吾人一生の負担なり。当に斃れて後已《や》むべし。道は固より窮り無く、堯舜の上にも、善尽くること無し。孔子は志学より七十に至るまで、十年毎《ごと》に自ら其の進む所有るを覚え、孜孜《しし》として自ら彊《つと》め、老の将に至らんとするを知らず。…凡そ孔子を学ぶ者は、宜しく孔子の志を以て志と為すべし(53)。

との文言である。これは、八十有数年の生涯を通して学問の営みを貫徹し得た一斎であったからこそその所論と見ることができるかもしれない。一斎は、少年期・壮年期・老年期それぞれの時期の学びを連続的なものとして理解する。「少《わか》くして学べば、則ち壮にして為す有り。壮にして学べば、則ち老ゆとも衰へず。老いて学べば、則ち死すとも朽ちず(54)」との所論はその理解を最も雄弁に物語っている。

もちろん、人は年齢を重ねるとともに肉体的な衰えに直面することが避けられない。しかし、「常人の如きは、躯と寿と力との分数、之れを奈何ともすべからず。独り心の智愚に至りては、以て学んで之れを変化すべし(55)」や「身に老少有れども、心に老少無し。気に老少有れども、理に老少無し。須らく能く老少無きの心を執りて、以て老少無きの理を体すべし(56)」などと説かれるように、一斎が学問の意義の中心的所在とする心の鍛錬とは、永続的に行われ得ることだと考えられていた。また、そのためにもとくに四〇歳以降、肉体の衰えと因業の広がりへの戒めを自覚すべきことが強調されている。

学ぶ者、当に徳は歯《とし》と与に長じ、業は年を逐ひて広かるべし。四十以後の人、血気漸く衰ふ。最も宜しく牀第《しょうし》を戒むべし。然らずんば神昏《くら》く気耗《こう》し、徳業も遠きを致すこと能はず。独り戒むることの少《わか》き時に在るのみならず(57)。

との所論は、学びの営みを永続させるために、「不惑」の年齢に達した以後もなお、自らを戒めるべきことを説いたものである。一斎のこの所論は、『論語』の「君子に三戒有り。少《わか》き時は、血気未だ定まらず、之れを戒むること色に在り。其の壮なるに及びてや、血気方に剛《かた》し。之れを戒むること闘に在り。其の老いたるに及ぶや、血気既に衰ふ。之れを戒むること得に在り」（季氏第十六、第七章）という文言との関連が示唆されるが、このように生涯にわたる学の必要を説いた一斎の所説が、儒学元来の諸教説の祖述に基づくものであった、ということは改めて確認しておくべきであろう。

なお、生涯にわたる学の必要性に対する一斎の認識は、例えば「学は一なり。而れども等に三有り。初めには文を学び、次には行を学び、終りには心を学ぶ(58)」や、「教に三等有り。心教は化なり。躬教は迹なり。言教は則ち言に資す。孔子曰く、予、言ふ無からんと欲す、と。蓋し心教を以て尚と為すなり(59)」などの所論のように、教学のあり方を系統的に（等級を設けながら）論ずる姿勢と結び合わさっているようにも見られる。またそれぞれの所論について、学の等級の終着地点に「心を学ぶ」が据えられたり、あるいは「心教」にこそ最も貴い意味が与えられたりしている点に、一斎の思想が「心学」と称せられる所以を認めることができるだろう(60)。

一斎における「実学」

こうして生涯にわたって繰り広げられる学の営みが、単に書物から知を吸収するだけのものでなく、実生活での諸課題に身をもって取り組む「実学」であることが求められたのは指摘するまでもない。一斎のその認識は、

> 経を読む時に方《あた》りては、須らく我が遭ふ所の人情事変を把《も》つて注脚と做すべし。事を処する時に臨みては、則ち須らく倒《とう》に聖賢の言語を把つて注脚と做すべし。事理融会して、学問は日用を離れざる意思を見得するに庶《ちか》し(61)。

との所述に象徴されるが、そこでは学問の知見が日用の諸問題と有為に結び合わされるべきことが強調されている。なお、この所述と同趣旨の主張は、一斎の『初学課業次第』（一八三二〈天保三〉年、一斎六一歳の著録と伝わる）でも「経学の心得は、心に得て身に行ひ、事業に施すの外なし。故に経を読むに至りては、道義を以て本となし、文義を以て次となし、考拠を以て又其の次となす。仮令《たとい》考拠あるに似たれども、文義道義に合はざれば、考拠とするに足らず、三のもの悉く得たるを以て尚しとなすべし(62)」という具合に述べられている。この引用文では、「実学」の含意が「実際性」に留まらず、「実証性」にも見出されていることが注目される。これら二つの文面には「実学」の文字が記されていないものの、一斎の学それ自体が「実学」を志向するものであったことは、

> 孔子の学は、己を修めて以て敬するより、百姓を安んずるに至るまで、只だ是れ実事実学なり。…人の言に曰く、某の人は学問余り有りて行儀足らず。某の人は行儀余り有りて学問足らず、と。孰れか学問余り有りて行儀足らざる者有らんや(63)。

との言葉に明示されている。さらに附言するならば、この「実学」が「知」と「行」との合一を志向するものであっ

たことは、一斎の「知は是れ行の主宰にして、乾道なり。行は是れ知の流行にして、坤道なり。合して以て体躯を成せば、則ち知行なり。是れ二にして一、一にして二なり(64)」との所論に明記されるところである。

もちろん、このように学を生涯にわたって貫徹させたり、その学に「知行合一」としての含意を担保させたりしていくについては、学び手自身こそがその営みの主宰であるとの強靱な自覚が求められることになる。一斎の、

> 人は当に自ら我が躯に主宰有るを認むべし。主宰は何物たるか。物は何れの処にか在る。中を主として一を守り、能く流行し、能く変化し、宇宙を以て体と為し、鬼神を以て迹《あと》と為し、霊霊明明、至微にして顕はるるもの、呼びて道心と做《な》す(65)。

なる文言には、学の営みがまさにこれを主宰する当事者（学び手）の「道心」に依拠するものであることが強調されている。「道心」とは、『書経』大禹謨篇の「人心惟れ危く、道心惟れ微なり。惟れ精、惟れ一、允に厥の中を執れ(66)」との所述を出典とする言葉であるが、学の根源を「人心」ではなく「道心」に認めようとする思想的態度もまた、朱子学に依拠するものといえるだろう(67)。

洋学（窮理学）への視線

第五に、一斎が当時の時代状況を意識して語った学問観・教育観として注目すべきものについてである。その一つは、急速に興隆する洋学に対する一斎の認識である。すでに『言志録』には、

> 泰西の説、已に漸く盛なる機有り。其の所謂窮理は以て人を驚かすに足る。昔者《むかし》程子、仏氏の理に近きを以て害と為す。而るに今、洋説の理に近きは、仏氏より甚し。且つ其の出す所の奇技淫巧は、人の奢侈を導き、人をして覚えず駸駸然《しんしんぜん》として其の中に入らしむ(68)。

との記述があり、西洋の窮理学（物理学）への強い警戒心が吐露されている。窮理学としての洋学が自然現象の諸原

理を精緻に分析・解明しようと試みる様子を「奇技淫巧」と批判的に捉えていることが注目される。そして、新興窮理学としての洋学の台頭に対し、あくまでも旧来の窮理学たる朱子学の立ち位置から、

窮理の二字は易の伝に原本す。道徳に和順して、義を理《おさ》め、理を窮め性を尽くし、以て命に至る、と。故に吾が儒の窮理は、唯だ義を理《おさ》むるのみ。義は我れに在り、窮理も亦我れに在り。若し外に徇《したが》ひ物を逐ふを以て窮理と為さば、恐らくは終に欧邏巴《ようろつぱ》人をして吾が儒より賢ならしめん。可ならんや。(69)

と述べ、個々人の心の外に所在する事物の「理」を窮める学としては洋学に先進性があることを容認しつつも、窮理の本質とは個々人の心の内に所在する「理」の探究にあることを強調することで、あくまで儒学の優位性を担保させようと説くのである。

一斎のこの姿勢は、最晩年の『言志耋録』でも、「西洋の窮理は、形而下の数理なり。周易の窮理は、形而上の道理なり。道理は譬へば、則ち根株なり。数理は譬へば、則ち枝葉なり。枝葉は根株より生ず。能く其の根株を得れば、則ち枝葉之れに従ふ。窮理せんとする者は、宜しく易の理よりして入るべきなり(70)」との所論のように保持され続ける。すなわち、事柄をその根源（根株）に相当する形而上の原理と、その派生（枝葉）ともいうべき形而下の現象とに峻別した上で、洋学が枝葉の議論レベルに留まる学であるのに対し、儒学はあくまで根株という根源的レベルの問題を取り扱う学であることが、強調されるのである。押し寄せる洋学の嵐にどう対峙するかに関わる江戸思想界の全般的な姿勢を象徴するかのような所論が、一斎によって明示されていたといってよいだろう。

女子教育論

注目されるもう一つのものは、女子教育に関する一斎の所見である。一斎の時代、諸藩はすでに学問所や演武場を設置して、子弟の教育に取り組んでいたが、その施策のうちに女子教育が包摂される傾向は稀薄であった。以下の引用文にある「宮閫《きゆうこん》」とは江戸城の大奥を指すものと見なされるが、その「宮閫」での女子教育について、一斎は次のような所見を示している。

方今、諸藩に講堂及び演武場を置きて、以て子弟に課す。但だ宮閫《きゅうこん》に至りては、則ち未だ教法有るを聞かず。吾れ意欲す、閫内に於ては、区して女学所を為《つく》り、衆女官をして女事を学ばしめ、宜しく女師の謹飭《きんちょく》なる者を延《まね》き、之れをして女誡・女訓・国雅の諸書を講解せしめ、女礼・筆札・闘香・茶儀を并せて、各々に師有りて以て之れを課し、旁ら復《ま》た箏曲・絃歌の淫靡ならざる者を許すべし、と。則ち閫内は必ず粛然たらん(71)。

すなわち、大奥に女学所を設け、信頼に足る女教師を招いて、女官に求められる教養と技芸とを身に備えさせるための措置を積極的に講ずるべきだというのである。ここで説かれた女子教育とは、幕府（大奥）に奉公する者へのそれに限られ、広く女子教育全般を視野に含め入れるものではなかったかもしれない。教育の内容についても、女官に求められる知とワザとに限定されている点も等閑視することはできない。しかしそれでも、女官に求められる素養を育む方式を風習や慣例に委ねるのではなく、女学所での組織的教育に委ねようとする発想には、時代の制約を乗り越えようとする一斎の意図を酌み取ることができるだろう。

「女子を訓《おし》ふるには、宜しく恕にして而も厳なるべし。小人を訓ふるには、宜しく厳にして而も恕なるべし(72)」との言葉のように、女子教育の基本方針として「恕」（思いやり）を基軸とすべきとの所論も、一斎の教育認識として敢えて紹介しておく。「厳」であることを担保しつつも、被教育者のもって生まれた自然性を踏まえた働きかけを配慮すべきとの認識は、

父の道は厳を貴ぶ。但だ育幼の方は、則ち宜しく其の自然に従ひて、之れを利道すべし。助長して以て生気を戕《そこな》ふこと勿くんば、可なり(73)。

との所論にも認められるものである。

一斎思想の独自性

ともあれ、こうして一斎によって発出された教育認識とは、宋明儒学のそれを精密に踏襲するものであったと理解することができる。もちろん『言志録』との題目に象徴されるように、学にとっての最重要の起点を「志」に見出し、「志」の意義を前面に押し出した点に一斎教育思想の独自性を見出すことはできるだろう。しかしそれでも、その所論が宋明儒学の思想系譜に位置づけられ得ることは否定できないはずである。

むしろ敢言するならば、一斎の独自性とは、幕政を取り巻く内外情勢が絶えず深刻な危機的状況に晒され続けた時流にあって、その学的所論を、時事的問題への対応というよりも、むしろ学問や思想の根源に立ち返って組み立て続けた彼の姿勢にあった、と見ることができるのではないか。複雑に進み行く諸般の社会現象への対応をより確かなものにするには、人と社会の諸問題に関わる最も根源的な問題を繰り返し熟視・熟考することこそが最も大切な要件なのだとの認識を、一斎の姿勢と所論から読み取ることは十分に可能なことといえるだろう。

以上、佐藤一斎の教育思想からは、幕政での教育施策が朱子学を正学とする「異学の禁」の方針を踏襲する姿勢を保ちつつも、その内実が次第にそこから乖離していく傾向を認めることができる。一九世紀を迎えてからこの国を覆いつつあった急速な社会の変化と危機とは、すでに一つの学派的所論に依拠しながら諸施策を構築するだけでは、対応不能な複雑さを醸成していた。社会的危機が増幅される状況下にあって、一斎が示した基本的姿勢とは「立志」であった。襲来する様々な社会的危機に対応するには、それぞれの危機への対処法をそれぞれに案出するのではなく、まずは各人の内面を充実させることが優先されたのであった。一斎の思想に陽明学的傾向が認められるのも、「立志」に象徴される内面の重視を立ち位置としたからに他ならない。

寛政年間以後の幕府教育政策の方向性が、窮迫する政治的・社会的危機に応答する人材養成を喫緊の課題とするものであったことは疑う余地がない。それでも幕政への危機対応を巡って、実利的に有用とされる諸知見の獲得よりも、個々人の立志を根源的な問題に据えようとする立論が、幕府儒官たる一斎によって表明されていたことは、やはり江戸教育思想の豊かさを物語るものと見られよう。以下では、その思想的豊かさが同時代の江戸社会にどの程度波及したのかを確認しようと試みる。その象徴的事例として、独自の組織的な教育実践に取り組んだ広瀬淡窓と、この国固有の思想史系譜を解き明かしながら個性的な立論を提示した平田篤胤を取り上げる。社会のあり方が急速に変動する状況下において、教育認識のありようにどのような多様性を読み取ることができるのか、吟味を加えていく。

3　広瀬淡窓――「敬天」思想と組織的教育の実践

(1) 淡窓の生涯と事績

広瀬淡窓（一七八二～一八五六）もまた、安政年間まで生を過ごした人物であり、それゆえこの第Ⅲ部にて取り上げることは相応しくないかもしれない。だが、第Ⅲ部と第Ⅳ部との時代区分を設定する上での重要な着眼点たる「天保の改革」が開始された一八四一（天保一二）年において淡窓はすでに六〇歳であったこと、その時点で『迂言』『約言』などの主著がすでに脱稿していたこと、さらにはそれら淡窓の著述内容のうちに一九世紀前半期の教育思想史動向の重要な思潮が看取できることなどに鑑み、敢えてここで淡窓の思想の吟味を試みることにする。

淡窓の出自

広瀬淡窓は、一七八二（天明二）年、豊後国日田郡豆田魚町の広瀬宗家博多屋の長男として生まれた[74]。幼名は寅之助、名は簡、後に建、字は廉卿《れんけい》、後に子基と改めた。淡窓は号であるが、彼の自叙伝『懐旧楼筆記』には、一八二六（文政九）年の記事として、「初余淡窓ト号セシ時、菅茶山ニ乞ウテ、其扁字ヲ得タリ、此ニ至ツテ之ヲ斎中ニ掲ケテ、斎ノ名トセリ[75]」と記されている。菅茶山（一七四八～一八二七）とは備後国福山に廉塾《れんじゆく》（この私塾は一七九六〈寛政八〉年、学舎と付属の田地を福山藩に献上して神辺学問所となった）を開いた人物で、頼山陽の師として世に聞こえた碩学であった。淡窓四五歳頃より、この号が好んで使用されるようになったと見ることができる。

天領日田の代官は、九州各地の諸藩の監察（租税、訴訟、その他民事など）を行う任務を請け負っていたが、その諸藩への取次事務を担当したのが日田の御用商人（御用達）であった。日田では八家の御用達（鍋屋〈森〉二軒、京屋〈山田〉二軒、丸屋〈千原〉、桝屋〈草野〉、博多屋〈広瀬〉、伊予屋〈手島〉の八軒士と称された）にそうした権限が与えられており、広瀬家は淡窓の父三郎右衛門のときに、岡藩、杵築《きつき》藩、府内藩、鹿島藩、大村藩の五藩（後に蓮池藩、対馬藩の二藩も加わった）の御用達となっていた。八軒士は両替商を営む（諸藩への御用金貸付で利潤を得る）とともに、諸藩のさまざまな物資の輸送や販売の代行などにより収益を上げていた。広瀬家には住み込みの使用人とその家族の他、通いの使用人も大勢いたと伝わる。なお、淡窓の父三郎右衛門と母ユイとの間には八男三女の子どもが生まれたが、うち四人は早世してしまっている。

淡窓は二歳から六歳まで、伯父平八（広瀬家四代目当主。俳号は月化。隠居後、堀田村に秋風庵と称する居宅を構えていた）の元で育てられた。平八は日田有数の文人として知られ、淡窓もこの伯父から手習いを授かった。六歳のとき生家に戻り、能書家として知られた父から「四書」の句読を受けたが、八歳にして長福寺の法幢《ほうどう》上人に、九歳にして頓宮四極（油屋三郎兵衛）に弟子入りした。さらに、故あって日田を訪れていた久留米藩の浪人松下勇馬（西洋と号す）や、九州三才子の一人といわれた竹田村広圓寺の法蘭上人にも学んでいる。淡窓は一七九四（寛政六）年、一三歳のときに日田の代官所に招かれ、代官や役人たちの前で『孝経』の講義を行った。新任の代官が神童との評判高い淡窓を試したものと見られるが、淡窓はその面目を立派に果たしたと伝わる。またこの年、淡窓は前髪を落として元服している。

亀井塾への入門

翌一七九五年、淡窓は佐伯藩の儒官に招聘されていた松下西洋を訪ねて佐伯に赴いたが、ほどなく日田の実家に戻った。その直後、上記の頓宮四極が日田に招いた客人の中に福岡藩の亀井南冥《かめいなんめい》（一七四三～一八一四）の門人藤左仲《とうさちゅう》（生没年不詳）がいた。その左仲の薦めもあって亀井塾への遊学を決意する。こうして一七九六年の八月、左仲とともに福岡城下の亀井塾を訪ねたが、このとき南冥は蟄居中（表向きは南冥の不品行な振る舞いが理由とされたが、実際は「寛政異学の禁」に伴う藩内の学閥争いの影響があったといわれる）であったため、息子の昭陽（一七七三～一八三六）に入門を許されたのであった。翌一七九七（寛政九）年、淡窓は一六歳のときに、亀井塾に正式に入門し南冥に謁することになる。ただし当時亀井塾は、南冥の蟄居により他国者の入塾が許されていなかったため、筑前林田村（福岡藩の支配地）の内山玄斐の養子の名（内山玄簡）を借りての入塾であった。

福岡藩は一七八四（天明四）年に、東学問所修猷館《しゅうゆうかん》と西学問所甘棠館《かんとうかん》との二つの藩校を設立していた。修猷館は貝原益軒の学風を継承する朱子学者竹田梅廬《ばいろ》（一七三八～九八）が、甘棠館は徂徠学を奉ずる亀井南冥が、それぞれ館長となっていた。上述のように淡窓が亀井塾に入門した時点で、南冥は甘棠館長を罷免されていたが、甘棠館は継続しており、淡窓はその学舎内に起居しながら学問に励んだのであった。だが一時日田に帰省していた淡窓の元に、火災によって甘棠館の学舎すべてが灰燼に帰したとの報が伝えられた。こうして一七九八（寛政一〇）年、福岡藩は甘棠館の廃止と修猷館への統合を決定した。もとより「寛政異学の禁」は幕府学問所を対象とする措置であり、諸藩の学問所に適用されるものではなかったが、朱子学を講ずる修猷館の関係者が幕府官学への追随を声高に主張したことに基づく決定であったと見なされる。

亀井南冥・昭陽親子はその後町屋に居を移して塾活動を継続させた。淡窓もその塾にて学問に励んだが、生来多病に悩まされた健康状態の問題もあり、一七九九年末に昭陽に申し出て塾を辞するに至った。「大帰」が認められての退塾（いわば卒業）であった。一六歳の春から通算三年の在学（長期不在の期間があったため、実質は二年未満）であった。

学塾活動への契機

繰り返しになるが、淡窓はその生涯を通して健康状態に悩まされ続け、福岡から帰郷した一九歳から二三歳頃までの五年間は、何度も病魔に襲われていた。淡窓の「余十九歳ヨリ此年ニ至ルマテ、五年。病ヲ養フヲ以テ名トスルト雖モ、又身計ノ落着無キヲ以テ憂トセリ」[76]との述懐は、彼が直面していたその当時の厳しい状況を物語っている。両親は、生来利発な息子に家業を継がせることを期待したが、健康に不安を抱える淡窓に御用商人の激務が務まるはずもなく、淡窓もまた眼医を目指そうと考えたこともあった（医師を目指すには他国に良師を求める必要があったが、眼医であれば日田在住のままでも可能と考えた）。だが、眼医への道は、淡窓の本志に叶うものではなかった。

淡窓は、その学才が周囲より評価されていたため、健康状態が回復した時期に童子数名の教育に携わることもあった。だが、学問で身を立てるには諸侯に仕官の道を求めるか、あるいは三都へ出て門戸を構えるしかないと考えていた淡窓にとって、その道は健康問題に苛まれた彼に務まるものではなかった。己の身の立て方に窮した淡窓は、二三歳のときに最も信頼を寄せていた医師倉重湊（生没年不詳）に教えを請うた。倉重は、淡窓が日田の地にて学問に従事することを躊躇する様子を批判して、次のように告げた。

足下…日田ハ儒業ヲ立ツヘキ地ニ非スト云フ。是日田ノ風土悪シキニ非ス。足下教授ノ道ヲ尽サヽルカ故ナリ。足下毎日僅ノ書ヲ講スルノミニシテ、未タ曾テ教育ノ術ニ心ヲ用ヒス。講説ト雖モ、一日作レ之テハ両日休レ之コト多シ。如レ此ニシテ、生徒ノ多カランコトヲ求ムルコト、又難カラスヤ。…足下今年二十三、家ニ在ツテハ、一事ヲ勤メス。安然トシテ父母ノ養ヲ受クル而已ナリ。…若又今ヨリ粉骨砕身シテ、身計ヲ営ミ、力足ラサルニ及ンテ、父母ノ助ヲカルコトハ、誰カ之ヲ咎ムル者アランヤ[77]。

倉重のこの言葉により、自身の優柔不断な姿勢を悔い改めた淡窓は、教師として自立することを父母に告げ、自宅から遠くない長福寺内の学寮を借り受け、そこに移り住んで学塾を開業した。一八〇五（文化二）年、淡窓二四歳のときのことであった。

だが、淡窓が長福寺学寮にて学塾を営んだのは短期間であり（長福寺には修行僧が相次いで現れたため、学寮の明け渡しを求められた）、その後、大坂屋林左衛門の家に転居し（八畳と六畳の二間を借りた）、ここを成章舎と名づけた。淡窓は、この成章舎において初めて後述する「月旦評《げったんひょう》」を作り、寄宿生・通学生を合わせた一五名の塾生の成績評価を四等にランク分けしている。だが、健康に不安を抱える淡窓にとって、成章舎の居住環境は好ましいものではなかったため、一八〇七（文化四）年新たに塾舎を築き、これを桂林園と名づけた。二階建てで淡窓と塾生たちの居室を備えたほか、炊事場や厠、風呂場などが屋外に別置されていた。この時点までの入門者はおよそ三五名ほどであったと伝わるが、淡窓はこの桂林園にて初めて入門簿を作成している。しかし、絶えず病魔に脅かされていた淡窓にとって、同塾内にて日常の暮らしを続けることは困難であり（一八〇七年の秋には疫病が流行し、淡窓はそれに感染して大厄を蒙った）、自宅と桂林園との往復を余儀なくされるに至った。その後淡窓は一八一二（文化九）年、二九歳のときに合原善兵衛の娘ナナと結婚したことを機会に、塾の側らに一屋を増築して住まおうと考えたが、これも周囲の賛意が得られず、

結局自宅と学塾との往復が続けられた。そうした事態について淡窓は、

> 予カ身ハ魚町ニ在リ。桂林園ニ在ルコトハ半日ニ過キス。桂林園ハ魚町ヲ去ルコト、二丁ニシテ遠シ。且ツ隠僻ノ地ナリ。塾生ノ行事ニ於テ、耳目行届カサル事多シ。是ヲ以テ規律厳ナラズ。遊惰ノ徒、常ニ慣焉《かいえん》トシテ自ラ恣ニセリ。…後ニ思フニ桂林園十年ハ頗ル失策セリ(78)。

という具合に、自己批判している。失策という言葉には、桂林園が自宅から離れていたため、塾生の監督が行き届かず、放逸に流れる者が存在したことが示唆されている。

咸宜園の始まり

そうして一八一七（文化一四）年、三六歳を迎えた淡窓は、堀田村（伯父月化が秋風庵と称する居宅を構えた地。前述の通り、淡窓は二歳から六歳までこの地にて過ごした）の新塾に転居した。これが「咸宜園《かんぎえん》」の始まりとされる(79)。新しい塾舎の主要部分は、桂林園を解体してその用材を運び込んだもので、竣工直後の畳数は楼下一五畳、楼上六畳の規模であったに過ぎない。新塾完成時の入塾者は一五名、この他魚町の広瀬家に留まる六名と市中の旅宿に寓する三名とを併せて、塾生数二四名であったと伝わる。もちろん、この新塾舎はこれ以後塾生の増加に伴って、遂次増改築されていく。

すなわち、一八二一（文政四）年には、淡窓の「予濠梁（堀田村のこと）ニ転居セシヨリ、此ニ至ツテ五年、塾ハ唯西塾アルノミナリ。此ニ於テ又一塾ヲ添フ。故ニ西塾ニ対シテ、東塾ト称ス。即チ今ノ講堂是ナリ。今所謂東塾ハ、又後年ニ建ツル所ナリ(80)」との言葉のように東塾が建てられ、授業はすべて東塾にて行われることとなった（西塾を塾生の居住場とした）。これ以後、塾生がさらに増加したため（翌年四月に六〇名、九月には七〇名に達した）、一八二三（文政六）には咸宜園の北側に隣接する民家を借り上げて塾生一〇余名を移し、こうして外塾と呼ばれる寄宿舎が塾の外に設けられた。また同年中に塾舎が新築され、改めてこれが東塾と呼ばれるようになった（従前の東塾を講堂とした）。なお、塾生の増加はその後も続いたため、一八三一（天保二）年に外塾の制を改め、甲舎・乙舎・丙舎の三つの外塾

を加えた（一八五四〈嘉永七〉年には、これに丁舎を加えた四つの外塾が置かれるに至った）。

淡窓自身については、一八二六（文政九）年、彼が四五歳のときに西塾敷地内に書斎を設けた。これが、管茶山の書による「淡窓」との扁額が掲げられた前述の書斎である。『懐旧楼筆記』では、この書斎に移り住んだ時期のことが、病褥から離れられたこともあって「淡窓再生」[81]と表記されている。その後、淡窓は書斎を幾度も移したが、一八四九（嘉永二）年に東塾敷地内に建てられた遠思楼（階下は書庫、階上は読書と思索、あるいは詩会や小宴の場として使われた）が淡窓晩年の書斎となった。なおこの間一八三〇（文政一三）年、四九歳のときに塾の経営を末弟の謙吉（号は旭荘。一八〇七〜六三）に委ねている（その後代官の命や謙吉が日田を離れたことなどで、淡窓が塾政に復帰する）。

三奪法　この咸宜園が、教育活動の基本方針として「三奪法」を採用したことは周知の通りである。それについて淡窓は、

我が門に入る者、三奪の法有り。一に曰く、其の父の付くる所の年歯を奪ふて、之を少者の下に置き、入門の先後を以て長幼と為す。二に曰く、其の師の与ふる所の才学を奪ふて、不肖なる者と伍を同じくし、課程の多少を以て優劣と為す。其の君の授くる所の階級を奪ふて、之を卑賤の中に混じ、月旦の高下を以て尊卑と為す。是れ三奪の法也。[82]

と述べている。すなわち第一には、儒教道徳の一要件である「長幼の序」を廃し、入門の先後によって序列を定めようとした。これは、当時の江戸学塾一般の風潮、すなわち「当時諸生、師ニ随フ者、大抵年十五六ヨリ二十七八迄ノ間ニシテ、誠ニ血気未タ定ラサルノ輩ノミ也。是ヲ以テ、同居スル者多キ時ハ、種々ノ悪習ヲ生シ、其弊事挙テ述ヘカタシ。凡在塾中、長ハ幼ヲ侮リ、強ハ弱ヲ凌キ、童弱ノ徒ハ、身ヲ措クニ処ナシ。固ヨリ定リタル課程モナク、何ホトノ遊惰ヲ恣ニスルトモ、誰モ咎ムル者ナシ[83]」と語られるような、年齢によって学塾内の序列を定めようとする風潮を、淡窓が排除・克服しようと考えたことによるものであった。ただし実際には、入門後何ヶ月経っても成績が伸

びず、遅れて入門した後輩が次々と先輩を追い越すケースが生じたことから、入門の先後にて序列を定めることは有名無実化するに至った[84]。

第二に、「其の師の与ふる所の才学を奪ふ」とは、入門前の学歴を一切問わないこと、すなわち、入門者はすべて無級からスタートし、その後の成績如何によって等級や順列を定めるというものである。ただし、すでに他の学塾にて相当レベルの勉学を終えた者が、無級の授業を受けることは却って学業上マイナスであり、これも見直しが繰り返された（例えば、一九三八〈天保九〉年の「月旦評」では、新入生が無級ではなく一クラス上の一級下に編入されるケースが生じた）。また、その見直しの一つとして「超遷」（飛び級）を指摘することができるが、この言葉は一九三九（天保一〇）年七月の「月旦評」に初めて登場する。また翌年九月の月旦評からは、「超遷」が新入生にも適用されている[85]。

第三に、主君から授けられた階級を奪い、「月旦評」の上下で序列を定める、というのは江戸社会の基本的枠組みである身分秩序を不問に付すことを意味した。実際、咸宜園では士農工商の身分階梯は学の営みに何ら関係するものではなく、武士と町人・農民が対等に机を並べ、同じ部屋にて起居した。学塾での序列はすべて成績評価に基づいて決定された。「月旦評」の上下がそのまま各人の評価基準になるという、徹底した実力主義が導入されたのであった。上記の「奪年齢」や「奪学歴」については、様々な難点が認められ相応の修正が施されたのに対し、「月旦評」に基づく実力主義（「奪身分」）は、九〇余年を数える咸宜園の歴史において終始一貫して徹底された措置なのであった。

月旦評

その「月旦評」について、ここで簡単な言及を加えておく。「月旦評」とは、毎月末に塾生一人ひとりの学業成績を集計・評価し、その得点数を翌月初めに発表する成績簿のことを指す。得点数の大小によって、塾生たちがそのまま原級に留まるか、あるいは昇級するかが決定されるのであった。前述のように、淡窓が最初に「月旦評」を作成したのは、成章舎時代の一八〇五（文化二）年八月のことであった（このとき淡窓二四歳）。『懐旧楼筆記』に、「此年ノ八月、成章舎ニ於テ、始メテ月旦評ヲ作ル。其中ニ入ル者十五人、階級ヲ分ツテ、四等トナセリ[86]」と記されているように、一五名の塾生を四ランクの等級（一等三名、二等三名、三等一名、四等八名。この時点では一等が最上級クラス）に分けて実施されたものであった。「月旦評」を設定した理由について、淡窓は「月旦評ヲ設ケテ、其勤惰ヲ明ニシ、勤ムル者ハ上ニ擢《ぬき》ンテ、惰《おこた》ル者ハ下ニ抑へ、栄辱ヲ分チテ、惰夫ト雖モ、一度我門ニ入レハ、勉励ノ心ヲ生セシム[87]」と述懐している。学に励むかそれとも怠るかを、すべて塾生の姿勢のみに委ねておくのではなく、教育上の工夫によって勉励への意識を喚起しようと考えられている点に、注目しておきたい。すなわち、

> 凡人ヲ率ヰルノ道二ツアリ。一ハ治。二ハ教ナリ。世儒ノ人ヲ率ヰル、教アリテ治ナシ。是儒者ハ教官ナルカ故ナリ。孔門ニモ黜陟《ちゅつちょく》賞罰ノ法アルコトヲ聞カス。余ハ則《すなわち》思ヘラク。師ニ孔子ノ徳ナケレハ、弟子ニモ顔閔ノ行ヒハ責メカタシ。然ルニ、数百桀鷔《けつごう》ノ少年ヲ一室ニ聚メ、唯経義ノミヲ伝へ、規約賞罰ヲ施サズバ、是レ之ヲ駆ツテ放逸ニ赴カシムルナリ。故ニ余カ人ヲ教フルハ、先ツ治メテ、而後之ヲ教フルナリ。余カ長所、此外ニアルコトナシ[88]。

という所論に象徴されるように、淡窓は、教育活動には「治」と「教」との両者が必要だと理解していた。敬慕する孔子の場合には、その徳が「治」の作用をも満たしていたが、淡窓は敢えて「月旦評」を導入することで、自らの教育活動に「治」と「教」との二道を貫徹させようと試みたのであった。

「月旦評」はその後試行錯誤を繰り返しながら何度も改編され、一八三九（天保一〇）年三月にいわゆる「月旦九級制」が構成された。同じく『懐旧楼筆記』には、

> 月旦ノ階級ヲ改制ス。凡十階ナリ。最下ヲ無級ト称ス。其上、一級ヨリ九級ニ至ツテ止ム。従来ハ無級ヲ合シテ九階ナリ。今一階ヲ新ニ加ヘタルナリ。但シ無級ノ中ヨリ、一級ヲ分チ出シタルナリ。故ニ二級即本ノ一級也。九級本ノ八級ニ相当セリ。数ハ九ヲ以テ限リトス。…三十年ノ旧法、是ニ至ツテ一変。此ヨリ永制トナレリ[89]。

と記されている。これにより月旦評の等級は、「無級」「一級上下」「二級上下」「三級上下」「四級上下」「五級上下」

「六級上下」「七級上下」「八級上下」「九級上下」となった（これ以前の「一級上下」を「二級上下」に定位するとともに、各級を一級ずつ繰り上げることで、旧来最上級であった「八級上下」が「九級上下」に改められた。これに伴って新たな「一級上下」が設定された）。実質一〇級となっているが、淡窓の「数ハ九ヲ以テ限リトス」との所見に基づき、通例「月旦九級制」と称されている。なお、各級それぞれに上下級が設けられたため、全等級は無級を含めて一九にランク分けされた。この「月旦九級制」は淡窓の没後も変更されず、咸宜園の閉校（一八九七〈明治三〇〉年）まで継続されている。

成績評価についても、翌一八四〇（天保一一）年九月の「月旦評」から、各級ごとに一層詳細かつ厳密な基準が採用された。『懐旧楼筆記』はこれを「真権ノ法」と述べている。すなわち、

月旦評ニ於テ、始テ真権ノ法ヲ立テタリ。昔年ヨリ、上等ノ諸生、専ラ試業ヲ以テ、甲乙ヲ定メ、階級ヲ加ヘタリ。此ニ至ツテ、其階級ニ応シテ、課程ヲ定メ、読書若干、詩文若干ト定メタリ。加級スト雖モ、課程満タサルヲ権トシ、満ツルヲ真トス。課程多ク滞ル者ハ、二権三権等ノ目アリ。中下等モ、会読輪講等ノ外ニ、其句読ヲ検閲シテ、真権ヲ立テタリ[90]。

という具合に、従来行われてきた試業の得点数による昇級を原則として「権」（仮進級）とし、その上で、下等（無級）および中等（一級上下〜四級上下）の塾生は会読・輪講の他に句読が点検され、上等（五級上下〜九級上下）の塾生も読書と詩文の課程を修了することで「真」（本進級）の認定がなされた。課程未修了の数だけ「権」の文字が多く付される（二権や三権など）ことも行われた。こうして「権」の文字を一つずつ消して「真」に至る課程（消権の課程）を設けることで、着実な学力を身につけた上での昇級の道を開こうとしたのであった。この「消権《しょうごん》」という方法は、先述の「超遷」と並んで、塾生各人の学力を可能な限り詳細かつ正確に捕捉し、それぞれの学力に見合った指導を行うための措置であったといえるだろう。

咸宜園での教育活動

咸宜園での授業の実際については、淡窓の門人にして緒方洪庵から西洋医学を学んだ武谷祐之《たけやゆうし》（一八二〇～九四）が記した「南柯一夢抄録《なんかいちむしょうろく》」が最も纏まった記録といわれる(91)。そこには「教科ハ素読、輪読、輪講、会講、独見、質問、詩文推敲等ナリ。生徒学力ノ優劣ニ出リ、席序等級ヲ頒ツ。席序表、又月旦ニ改正スルヲ以テ、月旦評トモ云ヘリ(92)」と、咸宜園での教科と月旦評のことが紹介されている。以下、ごく簡単に主要な教科活動の様子を紹介してみる。

まず「講義」（同抄禄には「蚤旦《そうたん》講義（早朝講義）」と表記されている）が紹介されている。これは都講、副監、舎長のうち一、二名が担当し（淡窓自身が講義を担当することもあった）、経史子詩文集から塾生の要望する二書を講ずるものである。「講義」の後、「素読」が行われた。これは「五級六級ノ生多ク之ニ任ス。素読師ト云フ(93)」と記されるように、五、六級の上級生が四級以下の塾生を対象に実施するものであった。

「輪読」については、「何ノ書ニテモ預定シテ、書ヲ朗読。五行ヲ賞点一トス。誤読アレハ、孰ニテモ早ク糺読スルモノ、代リ朗読ス。音読精詳ノ者、三葉以上朗読スレハ、賞点二十ヲ与。順次ノ生ヲシテ代ラシム。列坐三周シテ席ヲ収ム(94)」と記されている。予め指定されたテキストを塾生が順番に読んでいくもので、朗読中に誤読があればそれを指摘した者が交代するという方式である。テキストの五行を正しく読めば賞点一が与えられ、三頁以上を精密に朗読できれば賞点二〇を得て他生と代わるというもので、出席者全員が三周して終了とされた。

「輪講」は、出席者が事前に調べたテキストを輪番にて講義するもので、「廿字説明スレバ、賞点一ヲ与フ。説キ能ハサレハ、他生代リ講ス。賞点三ヲ得ル者、退テ他ノ生ニ譲リ講セシム。是亦三周ニシテ席ヲ収ム(95)」と説明されるように、二〇字を誤りなく説明すると賞点一が与えられ、うまく説明できなかった場合と、賞点三を獲得した場合に、他生と交代するもので、これも出席者全員の三周をもって終了とされた。

「南柯一夢抄録」の中で最も詳細に紹介されているものが「会講」である。これは淡窓が三日間講義したテキストを教材とし、七級以上の上級生を会頭として出席者が順次質疑応答を重ねるものである。質問に答えられない場合には、担当者が入れ替わることから「奪席会」とも称された。講堂に集まった出席者が一〇名から一二名程度のグループに分けられ、また会頭が指名される。教室（講堂の一席が充てられる。会頭の居塾が使用されることもある）では会頭が上座に坐り、生徒は前回の席次に従って甲乙二列に分かれて着座する。席次第一位の生徒に対して、第二位から第四位までの生徒が順次テキストの難解な箇所について質問する。第一位生徒が答えられなかった場合には、質問した生徒が席に上ることになる。これが「奪席」である。第二から第四位までの三名の生徒からの質問に対し、すべて明確な解答がなされると賞点三が与えられる（三名中二名からの質問に答えられたときも賞点一が与えられる）。そうして第四位生徒までの質問にすべて応答できた場合、今度は第一位生徒が第五位の生徒に質問を発する。第五位生徒がその質問に答えられた場合、第一位生徒に代わって席に上がり、第一位生徒は甲席に着座する。また、この遣り取りを通して適切な解答が見られない場合には、他の生徒が説明することも可能であり、その場合には他生が席に上ることが許される。こうして順次質問と回答を重ねていくが、この「会講」も出席者全員が三周して終了する。なお、淡窓が会頭を務める場合や、取り扱うテキストが難解な場合には、賞点がプラスされることもあったと伝わる。

成績の評定

こうして日常の課業にて得られた賞点と、毎月九回実施される試業での得点とが、毎月末に集計されて「月旦評」の資料となった。なお試業については、線香二本を焚く制限時間内に文字を書くものや唐本の句読を点ずるもの、さらに線香三本を焚く時間内に詩文を綴るものなどが実施され、いずれも賞点は五〇点が満点とされた（詩文の優れたものには六、七〇点が与えられることもあった）。賞点はその得点数に応じて上・中・下に分類され、三ヶ月連続して上を獲得した場合、一月《ひとつき》に三つの上を獲得した場合、さらには二月《ふたつき》かけて四つの上を獲得した場合などに昇級が認められた。逆に、一月《ひとつき》目と二月《ふたつき》目に上や中を獲得しても、三月《みつき》目に下の判定が下されると、それ以前の成績は無効とされた。

こうして咸宜園では、塾生たちは毎月末に集計される成績によって、その学力が評価された。「三奪法」を教育方針の基軸とする咸宜園では、月旦評はほとんどオール・マイティであった。また「超遷」や「消権」などの評価方法が、そうした傾向に拍車をかけたことは間違いない。だが、塾生たちが点数獲得のための勉学に終始する傾向を、淡窓が問題視していたことは、次の言葉に明らかである。

宜園諸子の詩文、概ね簡短瑕《きず》無きを以て主と為し、雄放の気に乏し。蓋し試業の弊也。…試業の設は、優劣を判ずるに在るのみ。故に月二三次に過ぎず。其の学力を増し、筆路を弘むるの工夫、固より与《あずか》らず。然して其の稿を観るに、試業に作る所、十の七八に居る。則ち常日詩文を課とせざること知る可き也。其の才力安《いずく》んぞ進発するを得んや。(96)

淡窓の憂慮は、塾生たちが点数の多寡のみを意識し、基礎から順次段階を踏み進めながら展開される学の技法を十分に理解し体現することのない状況に向けられていた。だが、塾生が常時百人を超えるほどの盛況を誇った最盛期の咸宜園では、塾生一人ひとりの学力を正確に知ろうとすれば、客観的な数値にてそれを判定できる月旦評は何よりも有効な評価方式であった。淡窓の「抑《そもそも》百事皆一得有レハ一失有リ。一利アレハ一害アリ。後人此事ヲ論センニ、余ヲ以テ功首トセンカ。将タ罪魁トセンカ」(97)との所述に見られるように、彼自身もこの評価方式をもって十全と見ていたわけではない。だが、圧倒多数の塾生に対する客観的な評価がこの月旦評に最も顕著に具体化されている点にこそ、淡窓がこの評価方式を貫いた理由を認めることができるだろう。

官府の難

しかし、咸宜園での教育を巡って、淡窓に最も深刻な憂慮を投げかけたものは、塾内での教育方針をめぐる問題というよりも、それ以上に、咸宜園の教育方針が塾外すなわち現実の政治勢力からの圧力に晒されるという事態であった。時代はやや遡るが、一八一七（文化一四）年、日田代官に塩谷《しおのや》正義（通称塩谷大四郎、一七六九～一八三六）が着任した。淡窓三六歳、堀田村に咸宜園を新築した年のことである。その二年後の一八一九（文政二）年、淡窓は官府への出頭を命ぜられ、用人格とされた。代官塩谷の家来となったわけである。この時の心境を淡窓は、「予既ニ命ヲ聴畢ツテ、以為ラク明府ノ尊命、此身ニ於テ過分ノ寵栄ナリ。抑《そもそも》我レ竊カニ察スルニ、明府ノ人トナリ、羽倉三河口諸公（先代の代官羽倉秘救《やすひら》や三河口輝政らのこと）ト同シカラス。予カ不才ナル。必罪ヲ獲ルコトアラント。心中疑懼シテ定マラス」(98)と吐露している。

翌一八二〇年、咸宜園の塾生全員が官府に出頭する命を受け、さらに一八二三（文政六）年より咸宜園塾生が毎年正月に官府への出頭を命ぜられるようになる。そしてこれと歩調を揃えるかのように、咸宜園の教育や経営方針に対し、代官から注文が寄せられるような事態が次第に顕在化する。一八二〇年には、代官の命で商家での饗応に招かれた塾生が大酔して高歌乱舞したことを咎められることがあった。そのとき淡窓は、教育の不行届を謝罪して自宅謹慎したが、こうして塾のあり方を揺るがすような干渉や介入がなされることが危惧された。一八三〇（文政一三）年に、淡窓が咸宜園の経営を弟謙吉に譲ったことについても、代官は「今謙吉若年ナルニ、塾生ヲ託シテ、己レハ閑居スルコト、一身ノ安逸ヲ謀ツテ、子孫ノ為ニスルノ慮ナキニ似タリ[99]」と、不機嫌な態度を隠そうとしなかった。

実際、代官塩谷はその後、咸宜園の教育と経営にあからさまな干渉を加えていく。翌一八三一（天保二）年四月、塩谷は塾生のうち代官所用人の子弟の取り扱いに不正の疑いがあると称して、月旦評と分職の榜《ふだ》（職任に関する規約）の提出を命じた。これは、前月に句読師を務めた三級の塾生が翌月には五級に下がって使令（雑用係）となり、前月四～五級の塾生が翌月三級に上がって句読師に就いたことへのクレームであったが、そもそも句読師や使令などの職任は成績とは無関係であった。だが、代官は咸宜園側の説明に納得せず（使令に下された子弟の父親は、江戸から随従した代官の家来であった）、代官所家来の子弟を一斉に退塾させた。広瀬家では直ちに閉門して謹慎の意を表し、授業もすべて停止した。淡窓自身も病を押して官府に出頭し、謝罪の意を表することで、ようやく授業が再開された。

介入事件の頻出

一八三三（天保四）年には、塩谷による咸宜園への介入が頻出する。正月には入門者が減少したことを理由に淡窓の塾主への復帰が命ぜられたり、月旦評に難があるとしてその変更が命ぜられたりした。それについて淡窓は、

謙吉二月ノ月旦評ヲ造リテ官府ニ奉レリ。其昇進旧例ニ従ハス。大抵府君ノ意ヨリ出ツル者、半ニ居レリ。…予退隠ノ後モ、月旦ハ自ラ之ヲ造リシカ、此後ハ謙吉ニ委ネタリ。…此ニ至ツテ、明府愛憎《あいぞう》ノ私ニ奪バレ、旧法ヲ失ヒシコト、歎息スルニ余アリ[100]。

と述べ、月旦評の作成をこれ以後謙吉に委ねることで、代官の無理難題への抗議の姿勢を示している。同年三月にも、月旦評が代官の意にそぐわないとして改訂を命ぜられた。代官所家来のうち君寵を得た者の子弟が降級したことへのクレームであった。このときも淡窓は謙吉を伴って官府に出頭して謝罪し、新しい月旦評を作成した。一方四月には、代官お気に入りの茂知蔵なる塾生が昇級を続けたことに対し、代官は祝いの酒肴を咸宜園に下賜した。その様子について淡窓は、「茂知蔵加級スルニ因ツテ、明府ヨリ酒肴ヲ賜ハレリ。茂知蔵例ニ於テ、未タ進ムコトヲ得ス。明府ノ旨ニ因ツテ之ヲ進メタリ。塾法ノ頽壊スル所以ナリ。嘆スヘシ[101]」と、咸宜園の教育方針が崩壊してしまうことへの深い憂慮の気持ちを吐露している。

翌一八三四（天保五）年一月には、淡窓が塾生の経費が過多となる状況を危惧して「倹約ヲ勧ムルノ説」を作成し、これを官府に示したところ、代官から強く責譲された。その理由について淡窓は、「一ハ、明府侈靡《しび》ヲ好ミ、倹約ヲ喜ヒ玉ハス。二ハ、邦言ノ文、自ラ得意トシ玉フ所ナリ。故ニ他人ノ文ヲ見テ、妬心アルナリ[102]」と記している。代官が必ずしも倹約を好まなかったことと、同説が和語で記されていたことが、和語を得意とする代官の妬心を買ってしまったことがその理由だというのである。五月には、代官より「塾式」二巻が与えられた。その趣意は「旧法ヲ全ク変シ尽サンカ為ナリ[103]」と指摘されるように、従前の規約類の改変を求めることにあった。また六月には、代官がその従弟であった僧真道の咸宜園からの追放を命じた。真道が生家の宗旨である浄土宗ではなく、禅宗の僧になったことを咎めた措置であった。謙吉はこの命令を受け入れたものの、直ちに実行に移さなかったため、代官は怒りを爆発させることになった。結果として、真道が塾を退去した後、咸宜園ではすべての授業を取り止め、淡窓以下が閉門蟄居するに至った。

さらに一八三五（天保六）年三月には、都講の人選に官府が介入する事件も起こった。たまたま都講が空席となっていることを知った代官が、前年末に七級下で大帰となっていた僧来真の招聘を命じたのであった。この人事について淡窓は、「予塾ヲ開キシヨリ三十年。未タ嘗テ人ヲ地方ヨリ招キヨセテ、塾ヲ治メシメタルコトナシ。且彼人得カタキノ才器アルニモアラス。是全ク府君愛憎ノ私ヨリ出テタルコトナリ[104]」と、代官の命によって押し付けられた人事への不満の意を表明している。

その後代官塩谷は、同一八三五年八月に江戸への出府を命ぜられた。塩谷が進めた新田開発などの諸役に苦しむ領民が幕府に訴え出たためであった。こうして塩谷は翌年四月に日田代官の任を解かれるに至った。なお、「官府の難」とも称される代官塩谷の在任期間中にも、淡窓は繰り返し病魔に襲われていた。とくに一八三三（天保四）年八月には、「此病、乙酉（一八二五年のこと）大病以後ノ重症ナリ。…余此度ノ病ニ於テ、死ヲ慮ルノ心、大ニ発セリ(105)」とまで述懐させるほどの大病に見舞われていた。代官塩谷の解任について、淡窓はその施策の中に広瀬家に恩遇を与えるものがあったことを認めつつも、「恨ムラクハ、予カ退隠ノ後、塾政此カ為ニ撹乱セラレ、遂ニ家業衰微ニ及ヒシコト、歎スヘシ。…予ハ寵ヲ得ルコト、辱ヨリ多ク。謙吉ハ辱ヲ得ルコト、寵ヨリ多シ(106)」と述べている。なお、塩谷の解任後淡窓が没するまで、日田の地は四人の代官を迎え入れているが、その後「官府の難」とまで称されるような事態には遭遇していない。ただし、幕末の政情不安定な時代であったがゆえに、官府との関係が絶えず緊張に包まれたものであったことは間違いない。

咸宜園のその後

なお、上記にしばしば登場した謙吉は、淡窓より二五歳年下の末弟である。上記のように一八三〇（文政一三）年二四歳のときに咸宜園の塾主となったが、それゆえしばしば代官塩谷の怒りを真っ正面から受けとめる立場に据えられた。そのためであったか、一八三六（天保七）年四月江戸に遊学し、さらに一八三八年二月に再遊してから、短期の帰国を除いては日田に戻ることがなかった。以後、堺や大坂にて居を構え、私塾浪華塾を主宰するに至った。淡窓夫婦には実子がなかったため、謙吉を義嗣とすることが代官所から許可されたが、上記のような事情により、結局淡窓が咸宜園の塾主に復帰せざるを得なかった。一八四四（弘化元）年、淡窓は門生中の一人の秀才を謙吉の義弟とし、広瀬青邨《せいそん》（一八一九～八四）と名乗らせた。その前年には、謙吉の子（後の広瀬林外。一八三六～七四）が咸宜園にて勉学するために日田に帰国していたが、一八五一（嘉永四）年、淡窓は林外を養子とすることを決断した。こうして塾相続の順位は、青邨よりも林外の方が上位に置かれたものの、一八五五（安政二）年三月に淡窓が塾政を譲ったのは、青邨に対してであった。これは林外がまだ若輩であったことによる措置と見なされる。実際、青郁が一八六二（文久二）年六月まで塾政を務めた後には、林外がその後継者となっている。なお、咸宜園はその後一八九七（明治三〇）年まで継続されていく。淡窓が長福寺内に学塾を開業した一八〇五（文化二）年を起点とするなら、ほぼ九〇年もの歴史を刻んだことになる。

教師としての淡窓については、講席での厳粛な態度が知られている。例えば、

> 講堂の正面最も高き処を淡窓の講席、其の左側の稍や高き処を、都講席、而して正面に近き処を講師の席と為し、講義に先んぢて都講以下着席し、淡窓の入るを待てり。淡窓講堂に入らんとする時、都講、柝を撃つこと二声すれば、門生一斉に頭を低れ平伏し、一も仰ぎ見る者なし。淡窓席に着くや、都講又柝を撃つこと一声すれば、門生又一斉に頭を擡げ、静粛に書籍に対す。而して後講師は当日講義せらるべき処を素読せり。右了りて淡窓は厳に講義を始めけるが、言語明晰、雄弁快利、皆謹聴して宛も一座水を打てるが如し。講義了れば、都講又柝を撃つこと一声すれば、門生亦頭を低れ平伏すること初めの如くす[107]。

と伝えられるような様子である。講席では、まず当日予定された箇所を講師が素読し、それを踏まえて淡窓が厳かに講義を始めるのであるが、その内容は「言語明晰、雄弁快利」であったという。その間門生たちは文字通り謹聴し、講席は水を打ったような静粛さに包まれたというが、それは淡窓の講義が聴講者すべてを圧倒し納得させるものであったことを物語ってもいる。

他方で淡窓は、「温恭篤敬、言笑を苟くもせず、而して門生を率ゐること懇切を極めぬ[108]」と評されるように、講席以外の場では温顔を絶やさない、穏やかな教師でもあった。またその人物像は、亀井昭陽が「其の世に於けるや、爾は爾為り、我は我為り、未だ嘗て人と旗鼓を争はず。身を立つるに方正、未だ嘗て名利の為に首を回《めぐ》らさず[109]」と称したり、あるいは、帆足万里（一七七八〜一八五二）が「其の人と為《な》りを視るに、温厚の長者、恂恂然として、其の能を以て人に驕らず[110]」と評したりしている通りである。なお、こうした淡窓の人柄は、詩作を尊重する彼の姿勢とも結び

合わさっているが、それについては後述する。

淡窓の逝去

なお、淡窓がその生涯を通して病に苛まれ続けたことは繰り返し述べた通りであるが、一八三七（天保八）年五六歳のときに「尿管斂縮」に襲われ、医師から手術を受けるという重篤な状態に至った。だがその結果、「苦悩頓ニ除ケリ。家人ヨリ医師ニ及フマテ、皆手ヲ打ツテ狂喜セリ(111)」という具合に快方に向かった。これ以前、旅にはあまり縁の無かった淡窓であったが、その後積極的に旅程を重ねた。六〇歳のとき馬関海峡を渡り、赤間関（今日の下関市）に游んだ。六一歳のときには亀井昭陽の七回忌に詣でるため福岡を訪ねたり、大村藩の招聘にて藩校五教館《ごこうかん》での講義を行ったりした。五教館での講義は、六四歳のときにも実施している。七三歳のときには、日田代官に随行して肥前田代に赴き、幕府勘定奉行の川路聖謨《としあきら》（一八〇一～六八。日田代官所役人の長男に生まれる）に面会する機会に与っている。

しかし七〇歳代に入ると、従来より悩まされてきた眼病が悪化する。淡窓が病魔に侵され続けた苦難を克服しようと試みていた「万善簿」の取り組み（日々の生活の中で、善行に白丸、悪行に黒丸をつけ、その差し引きの数が一万善となることを目指すもの。五四歳からのほぼ二〇年間は、一日も休まず積善の努力が記録された）も七三歳のときに途絶えた。体調のよいときに実施していた講義も、七四歳のとき、すべて行われなくなった。生涯を通して断続的に記された日記も七五歳の春に閉じられている。淡窓が亡くなったのは、一八五六（安政三）年一一月のことで、享年七五歳であった。

（2）淡窓の教育思想

淡窓の学的立場

淡窓は、生前その墓誌銘に「其の学大観を主とし、人と同異を争はず、旁ら仏老を喜ぶ。世称して通儒と曰ふ(112)」と、自身の学的立場を記している。「通儒」と自称しているように、一つの儒学派の学説に固執することなく、ときには仏教や老荘思想をも歓迎するというのである。

もちろん、若き淡窓が直接に学んだ亀井南冥・昭陽父子は、通常徂徠学派の影響を受けた儒者（南冥の師、永富独嘯庵《ながとみどくしょうあん》〈一七三二～六六〉は医師としては山脇東洋〈一七〇六～六二〉の門下であったが、儒学は山県周南に学んでいる）と称されることから、淡窓の思想に徂徠学の影響が認められることは間違いない。例えば、淡窓が強調した「六経の旨、一言にして尽す可し。敬天是れなり(113)」との所論は、荻生徂徠の「聖人の道、六経の載する所、皆天を敬するに帰せざる者莫し。是れ聖門の第一義なり(114)」という主張と同趣旨と見ることができる。しかしながら、「道」の根源を聖人の作為に認めようとする徂徠学の主軸をなす認識について、淡窓は、

五倫ノ道モ、上天ヨリ定メ玉ヒタルコトナレハ、謹ンテ之ヲ奉行スヘシトナリ。其外聖人ノ一言一事、天命ヲ本トシテ説ヲ立テ玉ハサルハナシ。然ルニ道ヲ天ニ関ラスト云フハ、聖人ヲ以テ天下後世ヲ欺クトスル也。豈儒者之言ナランヤ(115)。

と、否定的見解を提示している。「自然から作為へ」と称される徂徠学の「道」理解の核心を、淡窓は必ずしも継承していないのである。もちろん、だからといって淡窓が朱子学説の祖述者とは評し得ないことも疑う余地はない。例えば、その「性」論についていえば、淡窓は「性ヲ以テ性ヲ論スレバ、告子ノ善悪ヲ分ケザルノ説ヲ的当トス。上天ノ本意ヲ論スレハ、性善ニ帰ス(116)」と論じている。この所論は、一瞥の限りでは「性」を「気質の性」と「本然の性」との両面から捉える朱子学説に理解を示しているように見えるものの、そこに「性即理」という朱子学説の根本命題が援用されることはないからである。

さらに附言すれば、淡窓の主著は通常『約言』『析玄《せきげん》』『義府』の「三説」と評されるが、その一つ『析玄』は、「数を制するの道」（淡窓はこれを、「老子ノ学ハ、数ノ一字ニ帰スルナリ。天ニ昼夜寒暑アリ。人ニ生壮老死アリ。国ニ興廃盛衰アリ。皆是数ナリ。…老子此数ヲサシテ自然ト云フ(117)」と説明する）を説いた老子の思想を論じたものである。また、淡窓には『老子摘解』という著述も遺されているが、そこでは、

老子ノ道ハ、無欲ヲ貴ブ。常人ハ金銀財宝ヨリシテ、一切ノモノ、皆己ニ積ミ蓄フルヲ貴ブ。老子ハ少シモ己ニ

蓄フルト云フコトナク、之ヲ散ジテ人ト共ニスルナリ。(118)

という具合に、老子の「無為自然の道」をむしろ有用の学として評価する姿勢を示してもいる。

こうして淡窓の学的立場については、これを「折衷学」とする見方が提示されてきている。だが、本書では淡窓の思想の基軸をなした所論に重大な視線を注ぐことで、彼独自の学的立場とはその「敬天」思想にあったと理解しておくことにする。(119)淡窓の思想的立ち位置を理解するには、これをある一つの学派に定位することよりも、むしろその思想の基軸が何に据えられたのかに視線を傾注すべきと考えるからである。

「敬天」思想の趣意　さて、その「敬天」思想の趣意についてであるが、その根源をなす認識とは、「天」こそが万物の主宰者であるとの所論だといえる。それについて淡窓は、次のように端的に指摘している。

> 夫れ万物の生何《いず》くより出でて、その死何くに帰するや。誰か之《これ》を寿夭し、誰か之を窮達するや。固より吾人の測知する所に非ず。古昔の聖人、仰ぎて観《み》俯して察して、宇宙の理を窮め、以て彼の蒼々の中に主宰存するを知る。乃ち之を尊んで上帝と曰ふ。猶ほ人間《じんかん》に帝王有るが如きなり。天の為す所、之を称して命と曰ふ。猶ほ王者に命令有るが如きなり。(120)

すなわち、万物がどこから生まれ、死後どこに帰するのか、各人の寿命や立身栄達がどうなっているのか、などについて、私たちは何一つ測り知ることができない。この宇宙を動かし、万物を主宰するのは「天」だということを知るに至ったのは、古昔の聖人であった。その「天」は上帝とも呼ばれ、人間社会に帝王が存在することに比せられる。その「天」の所為を「命」というが、これは地上の王者が下す命令のようなものである、というのである。

この超越的・絶対的存在である「天」の働きは、常人には到底測り知ることができない。それゆえ常人は、聖人の教えの通り、「天」をひたすら畏れ敬い、「天」から降される命に須く従わねばならない。そして、これがすなわち

「人の道」に他ならない。江戸社会の身分秩序についても、

均しく之れ人なるに、或は王侯と為り、或は臣庶と為るは、天の命ずる所なり。故に上の下に於ける、頑嚚聾昧《がんぎんろうまい》の徒有りと雖も、敢て之を愛育せずんばあらず。曰く、是れ天の我に命じて之を教へしむるなり。…下の上に於ける、労役煩苦の事有りと雖も、敢て之を供給せずんばあらず。曰く、是れ天の我に命じて之を奉ぜしむるなり。(121)

と説かれるように、その根拠が天命に置かれている（ただし身分社会にあっても、人としては均しく生まれている、との所述には注意を要する）とともに、その身分差に応じて定められた役務（上は下を愛育し、下は上に供給する）を果たすことも天命とされている。

淡窓思想の基軸をなす「敬天」とは、最も包括的には、「敬天の旨、天命を楽しむを以て主と為す(122)」という具合に、この天命を楽しむことにあると説かれる。そしてその趣意が、次のように指摘されている。

天を敬ふ者は、敢て其の生を有せざるなり。目の視、耳の聴き、四肢の運用し、心識の知覚する、皆天機の動く所、我に於て何をか有らん。…聖人以為らく、生なる者は天の有にして、我は之を仮る。性命猶ほ然り、況んや窮達毀誉の朝に来つて暮に去るにおいてをや。…衆人は則ち然らず。妄りに天の有を認め、以て己が物と為す。不敬これより大なるは莫し(123)。

すなわち、生の営み（耳目や四肢心識の働きに象徴される）とは元来天が本有するものであって、人はこれを借用しているに過ぎないことを理解し、それゆえに「敢て其の生を有せざる」との意識を保持することが、「天命を楽しむ」ことを意味するというのである。また、そうすれば「人天を敬することを知らば、則ち善勉めずして成り、悪禁ぜずして去る(124)」という具合に、自ずと善を行い、悪を遠ざけることができるというのである。

「敬天」「持敬」「良知」　こうして説かれる「敬天」とは、朱子学の説く「持敬」や陽明学の説く「良知」と近似する所論のようにも見えるが、淡窓はその異同についても説明を施している。まず「持敬」との関係については、

持敬ノ敬ハ、斉整厳粛ノ謂ヒナリ。敬天ノ敬ハ、尊崇敬畏ノ謂ヒナリ。…唯一心一向ニスヘキコトヲ為シテ、他事ニ心ノ散乱セサルヲ以テ、持敬トスルナリ。…幽室闇夜無人ノ境ト云ヘトモ、天ノ見玉ハサル所ナシ。敬畏ノ心片時モ忘ルヘカラスト。是敬天也。(125)

と説かれる。自らの心をもって自らの身を持するものが「持敬」であり、天威をもって自らの身を正すものが「敬天」と理解されているのである。さらに、「良知」との関係についても、

良知ハ即チ性善ノ説也。天ヲ敬スルヨリシテ云ヘハ、人々良知アリト云ヘトモ、悪ヲナスコトヲ免レス。然ラハ良知モ恃ムニ足ラス。必ス天ヲ敬スルコトヲ知ツテ、而後ニ良知用ヲナス也。…唯敬天ヲ本トシテ、其後ノ所ハ或ハ窮理或ハ良知、何レヲ用ヒテモ害ナシトス。(126)

という具合に、「良知」とは自らの本性が天に由来することを意味するものであり、それは「敬天」を前提として成り立つ所論であることを強調するのである。

さらには、「敬天」が仏教の教説と近似する（仏を天に置き換えることを通じて）との指摘に対しても、

仏説ニハ、造化ト云フモノヲ廃シテ用ヒス。一切ノ世界ヲ衆生ノ心ヨリ生スルモノトシテ、三界唯一心ノ説アリ。人善ヲナセハ天堂ニ生シ、悪ヲナセハ地獄ニ墜ス。天堂地獄ミナ我心ヨリ現スル所ニシテ、外ニアルニ非スト云

フ。然ラハ人心即造化ナリ。儒ノ教ハ然ラス。善悪ヲナスハ人ナレトモ、禍福ヲ降スモノハ天也。其外天地万物ミナ造化ノ生スル所ニシテ、我心ノ如何トモスルコト能ハサル所ナリ[127]。

と述べ、仏教の説く三界（欲界・色界・無色界）がすべてただ一つの我心から現出することを説くものであるのに対し、「敬天」とは万物のあり方を制する「天」への畏敬を指すものであることが強調されている。仏教が悟りを開いて成仏することを説くことで、我心のあり方を基軸に据える傾向を呈するものであるのに対し、儒学は絶対者である「天」への畏敬を教説の根底に据えるもので、しかもその敬天なる行為実践は臣・子の君・父に事えることへと推し及ぼされていくものなのであった。

　こうして淡窓の「敬天」思想は、その基軸をなす所論が人倫秩序の構築に据えられていく。すなわち淡窓の、

父母の我を育て、妻子の我を奉じ、兄弟朋友の我と相助くるは、皆天命なり。故に我は必ず孝なり、慈なり。友悌忠信なり。是れ敬天の道なり[128]。

との所論に象徴されるように、父子・夫婦・兄弟・朋友の人倫秩序にこそ「敬天の道」の主意が認められている。繰り返しになるが、「凡天地ノ間ニヲルモノハ、必天ヲ敬スルハ、国ニ在ル者ノ君ヲ敬シ、家ニ在ル者ノ父ヲ敬スルニ同シ。是聖人ノ教也[129]」と説かれるように、「敬天」とは、天に対して向けられる「敬」なる心の働きを国君や家父へと推し及ぼしていくことを含意するものなのである。

「敬天」の要件としての「学」

だが、そうした「敬」の推及ないし拡充とは、当人の意識や覚悟のみによってよくなし得ることではない。そのための必須の要件とされるのが「学」なる営為である。「敬天」とは、何よりも「学」によって育まれるものなのである。すなわち淡窓は、

天を敬ふ者は必ず学ぶ。学ぶとは即ち敬天なり。猶ほ親を愛する者必ず孝なるがごとし。孝豈《あに》親を愛するより外ならざらんや。天烝民を生じ、之に命ずるに職を以てす。王侯有り、士大夫有り、庶人有り、巫医百工有り。其の職を善くせんと欲す。乃ち其の道を講ず。其の道を講ぜず、其の職を善くせずんば、何を以てか天に事へん。故に我は我が職に善からざる所あれば、将に之を心に求めんとし、将に之を人に求めんとし、将に之を古書に求めんとす。三者皆我が師なり。孰れを先にし、孰れを後にす。要は其の求むる所を得んと期するのみ。故に学ぶに書を用ひざると曰ふ者は、非なり。必ず書を読んで後に学を為すと曰ふ者も、亦非なり。(130)

と述べて、「敬天」が親愛はもとより、諸身分それぞれの職を善くすることをも包摂する営為であることを説くとともに、そのためにも「心」と「人」と「書」とを拠り所とする学びの意義を強調するのである（必ずしも読書が学びの不可欠の要件とされているわけではない）。

このような認識に基づいて、いわゆる経書の類いにも「敬天」に資する意味合いが与えられていく。すなわち、

聖人の事、天を敬ふに非ざるは無く、六経の義、天を敬ふに非ざるは無し。…天に則り、天に事へ、天を欽し、天を楽しみ、天威を畏れ、天命を奉行する、其の言殊なりと雖も、之れ均しく敬のみ。四子の書、先儒徳に入るの門と為す所以なり。大学は首《はじ》め誠意を言ひ、重きを慎独に帰す。中庸は首め戒慎恐懼を言ふも、亦重きを慎独に帰す。慎独即ち屋漏に愧じざるの謂、本敬天より来る。…論孟の旨は、散じて統無し。然れども天命を畏るると曰ひ、天命を楽しむと曰ひ、我を知る者は其れ天かと曰ひ、命を知らざれば以て君子為ること無しと曰ふ。…蓋し曰く、千載の後、必ず此門に由って以て道に入る者有らんと。況んや天を敬ふ者は、群聖の同じく由る所にして、尤も当世の務めに切なるに於てをや。(131)

との所論に象徴されるように、「六経」（詩経・書経・易経・春秋・礼記・楽記）はもとより、「四書」についてもすべて

その内容の趣意が「敬天」に見出されているのである。
こうして、淡窓は「敬天」なる営みを具体的に推し進めるための方法論を提示していく。それは咸宜園での教育方針として実際的に採用された方法でもあったが、そこにこそ淡窓の教育思想が凝縮されていると理解することができる。以下、淡窓のその所論の要点を端的に整理してみる。

教育の必要　第一に、教育の必要に関する認識についてであるが、当然のごとく、淡窓はこれを国家（幕府や諸藩）経営の観点から論ずる。すなわち、「夫《それ》賢ヲ進メ不肖ヲ退クルハ、国ヲ治ムルノ本ニシテ、賢者用ヒラルレハ国興リ、不肖者用ヒラルレハ国亡フルコト、古今ノ通理、人ノ徧ク知ル所ナリ(132)」と、国家の興亡が人材の登用に左右されることを議論の前提に据えながら、しかし旧来より封建社会での家禄制が慣例となって継続している現状（新家を設けて有為な人材を積極的に登用することが困難）に鑑みるなら、現実的には旧家に配慮を及ぼしつつ、

只旧家ノ子弟タルモノヲ教育シテ、善ニ趣キ、悪ヲ棄テシメ、国家ノ用ニ供スルヨリ外ハナシ。然ラハ、人才ヲ教育スルコト、今時諸侯ノ国ニ於テ、第一ノ要務ナリ。人才ヲ教育スルノ法、学校ニ如クハナシ(133)。

と論ずるのである。当面は旧家の子弟を積極的に教育することと、その教育はこれを専務とする学校にて行われるべきことが高唱されている。

早期教育の主張　第二に、その教育のありようについて淡窓は、若年子弟が当時の諸藩の悪弊に染まらないよう、早期教育を施す必要を訴えている。淡窓は、当時における諸藩の困窮・衰乱の要因を「六弊」（「一、国君ヨリ群臣ニ至ルマテ、其行儀尊倨高大ニ過キタリ」「二、誇張矜伐ヲ務ムル」「三、諸事秘密閉固スル」「四、門地ノ高下ヲ論スル」「五、先格（旧例）ニ因循スル事」「六、文盲不学ナルコト」）と呼び、これを二百年来の風習と見なしたが、これを改めるために、

童牛之レ牿スト云フコトアリ。コレハ、幼少ノモノヲ教育スルニ付テノ喩ヘナリ。…人ヲ教フルモ亦此ノ如シ。幼少ノ内ニ、早ク教フヘシトナリ。…只学校ヲ設ケテ、家中ノ子弟ヲ其中ニ遊ハシメ、幼少ヨリノ見聞スル所、一切世俗ノ流弊ニ異ナルコトノミナレバ、自然ト其中ニ化シテ、六弊モ改ムルトモナク止ムヘキナリ。(134)

と説かれている。ここで強調されたのは、早期教育の必要と学校開設の必要であった。とくに学校という特別な環境の必要が叫ばれたのは、若年子弟を社会の一般的風習から隔離された世界に囲い込むことで、旧来より流布する封建社会の悪弊に染まらないようにするとの意向に基づくことと見られよう。

身分差の解消　第三に、これも旧来の風習からの離陸を説くものといえるが、国君の嫡子の教育を国人一般の子弟とともに行う必要が叫ばれている。すなわち、

国君ノ嫡子ヲ学校ニ出シテ、国人ト一同ニモノヲ学ハシメ、尊卑ノ差別ヲセス、群臣諸民ノ子ト打混シテ、只年齢ノ長シタルモノヲ、上座ニオクコトナリ。サスレハ、世子タル人、自然ト賢者ヲ尊ヒ、長者ニ譲ルノ道ヲ知リ玉ヒ、成長ノ後、君ノ位ニ居玉ヒテモ、必ス自ラ高ブラス、賢者ノ言ヲ用ヒ玉フナリ。(135)

という具合に、教育の場での尊卑の差別を否定するのである。これは、淡窓の「今諸国ノ学校、世子並ニ諸公子、出席シ玉フコト、格別聞及ハス。大方ハ師ヲ招イテ教ヲ受ケ玉ヘリ。又家中ノ子弟出席スルモノハ、家格ニ因リテ、座席ヲ序テ、長幼ヲ論セス」(136)との所論に象徴されるような、当時の諸藩の学校全般を覆っていた封建身分秩序からの脱却を図ろうとする所論であった。咸宜園では、淡窓のこの認識に基づいて「三奪法」が採用されたわけであるが、それが旧態に馴染んだ代官からの抵抗に遭っていたことはすでに述べた通りである。

敢えて繰り返せば、君臣子弟の教育を同一の学校にて実施しようとする淡窓の認識は、次の所論にも顕著に描出されている。

諸公子以下ヲ混合スルコト、人才ヲ育シ幣俗ヲ変スルノミニ非ス。外ニモ其功多シ。右ノ如クスレハ、生員タル者ハ、貴賤上下ノ隔ナク、皆朋友ノ好ヲ結ヒ、至ツテ心安クナルナリ。故ニ後年公子ハ国君トナリ玉ヒテ後モ、下情ニ能ク通シ、歩卒ニ至ルマデモ、其人柄ノ大畧ヲ諳知シ玉フ。故ニ之ヲ使役スルニ便アリ。家老諸大身ノ子モ亦然リ。(137)

淡窓の咸宜園が私塾であったこと、さらには淡窓自身が商家の出であったことなどが、こうした所論（君主子弟をも含めて、塾に学ぶ生員がすべて貴賤上下の差別なく、朋友の交わりを結ぶとの所論）を提示させ得た背景であったとも考えられる。ともあれ、江戸の社会構造を覆っていた堅牢な封建身分制に対する挑戦とも見なし得るような大胆な認識を表明していた点に、淡窓の教育思想の重要な特質と意義を認めることができるだろう。

なお、学校にて身分や門閥に基づく差別を撤廃することを表明した淡窓の所論は、学びの空間はこれを共有することを唱えつつも、座席順はこれを学力に基づいて定めるべきことを強調するものであった。その方針はすでに紹介した「月旦評」に凝縮されていたが、淡窓自身の認識としては、

学校中、専ラ学業ノ高下ヲ以テ、席順ヲ定ムル時ハ、門地ノ論ハ無用ナリ。書ヲ読ンテ古今ニ通セハ、因循ノ弊、文盲ノ害ハ、自ラ免ルヘシ。然ラハ、子弟其中ニ生長スル者ハ、知ラズ知ラズ、当世ノ俗習ヲ脱シテ、成人ノ後、家ニ居リ官ニ任スルニ至ツテモ、其作事必観ルヘキモノ有ルナリ。(138)

というものが示されている。学業の高下に基づいて席順を定めることは、学び手を真なる知識の獲得へと赴かせることを目指すもので、その真知に基づいて俗習から脱することが、将来の治世にも必ず有益だというのである。「三奪法」の採用が、君臣がともに真知の獲得に心掛けることを目論むものであったことが、この所論にも示唆されているのである。

学習内容に関する所論　第四に、学習内容に関する淡窓の所論についてである。これもまた咸宜園にて実際に取り組まれた方針を、淡窓が自らの言葉として語ったものであるが、例えば、「学校ノ制ハ、文武ノ両学ヲ分ツテ、之ヲ建ツヘキナリ。…学校ニ出テ学フ所ノ生員ハ、諸公子ヲ始トシテ、家老ヨリ歩卒迄ノ子弟、十歳ヨリ二十四五歳マテ、部屋栖ノ者ハ、不レ残出席セシムヘシ(139)」との所論では、学習内容が「文」と「武」との両学から構成されるべきことや、上下身分の別なく一〇歳から二四、五歳までの生徒が学ぶべきことが提唱されている。その課程についても、「入学稽古之次第ハ、初ニ素読ヲ授カルヘシ。…其上ハ輪読ヲナサシムヘシ。其傍ニ講釈ヲ聴カシムヘシ。…其上、輪講ヲセシムヘシ。…其上ハ文章ヲ試ムヘシ。…素読ヨリ文章ノ稽古マテ、十一二歳ヨリ学ヒテ、速カナルハ五六年、晩キハ八九年、大抵二十歳ヨリ内ニ修行成就スヘシ(140)」という具合に、素読・輪読（傍ら講釈）・輪講・文章との流れが端的に説かれている。また、学内での生徒の配列についても、「生員ノ坐席ノ次第、文章生ヲ上トシ、次ハ輪講生、次ハ輪読生、次ハ素読生ト、居間ヲ限リ、公子ト雖モ、相当ノ席ニオクヘシ。一日ニ一度、生員教官ニ礼謁スヘシ。コレモ、科目ノ高下ニ従ヒ、其序ヲ分チ、三四段トナスヘシ(141)」との所論が示されている。ここでも公子を特別視せず、他生と同等の対応をとるべきことが指摘されている。学校という学習空間では、封建的身分秩序とは異なる座席次第（学力本位）の意義が繰り返し強調されているのである。

これらは、淡窓の教育思想が咸宜園での教育方針となって具体化されたものと評することができるが、こうした所論との関連において、注目される淡窓の教育認識に次のようなものがある。

学校稽古ノ次第、素読ヨリ文章ニ至ル迄ハ、一統ノコトナリ。其上ハ人々ノ志ニ随フヘシ。或ハ経義ヲ研究シ、或ハ、百家ヲ博覧シ、或ハ詩漢文ヲ学ヒ、或ハ和学蛮学ナト、各其師ニ随フヘシ。若シ右体ノ事、好ム所無クハ、一切セストモ可ナリ。但シ閑隙ニ書ヲ見ルコトハ、士分以上ノ人ハ、生涯廃スヘカラス。…正シキ人ニテモ、才智アル人ニテモ、書ヲ読マサレハ、見識ト云フモノナク、其為《す》ル所皆俗見ニ堕ツルナリ(142)。

すなわち、学習課程を素読から文章に至る経路として見定める手法は、いわば江戸学問塾での通念とも評し得るものであるが、淡窓はそれらの課程を学び終えた後も「人々ノ志」に随って学問への取り組みを継続させるべきこと、さらに士分以上の者についてはその学習を生涯にわたって継続させるべきことを提唱している。江戸の儒者たちにとって、学問への取り組みが生涯にわたって継続されることは常識だったかもしれないが、生涯にわたる学習の必要を学び手全般（対象を「士分以上」とする制約は、これを江戸社会の限界として認めざるを得ない）に訴えた点は、淡窓の教育思想の先進性を雄弁に物語るものと評してよいだろう。

詩文の重視　第五に、淡窓の教育認識として「詩」の重視ということを特筆しておくことができる。淡窓の詩才は、その『遠思楼詩鈔』の刊行（一八三七〈天保八〉年）によって周囲から評価されるようになったと伝わるが、それがために「世儒、経術文章ヲ以テ自ラ許シ、先生ヲ卑メテ詩人トス」(143)というような中傷が淡窓に寄せられていることも塾生から聞かされていた。だが淡窓は、その種の風聞を意に介することなく、詩作に励むことの人間形成的意義を自認していた。淡窓のその自認は、

> 詩ヲ作ル人ハ温潤ナリ。詩ヲ好マザル人ハ刻薄ナリ。詩ヲ作ル者ハ通達ナリ。詩ヲ作ラザル者ハ偏僻ナリ。詩ヲ作ル者ハ文雅ナリ。詩ヲ作ラザル者ハ野鄙ナリ。其故何ゾヤ。詩ハ情ヨリ出ツルモノナリ。詩ヲ好マザルハ、其人ノ天性ニ情少ナキガ故ナリ(144)。

という言葉に集約されている。すなわち、詩作を好む人と好まざる人とを比べてみれば、前者が温潤・通達・文雅であるのに対し、後者は刻薄・偏僻・野鄙に流れるというのである。それは詩が人の情より生ずるものだからであり、詩を好まざる人というのは天性において情の薄い人というべきだからなのであった。

もちろん、淡窓にとって詩作は一部の人間の専有物ではなかった。その著『淡窓詩話』において、淡窓は、歴代の古詩への批評・解釈を交えながら、門人たちに詩を学ぶ心得や作詞の方法を詳述しているからである。そうした淡窓

の方針を象徴するものは、「夫レ詩ハ人々ノ志ヲ言フモノナリ。人心不レ同若二其面一ナレバ、詩モ随ツテ不同アルベキコトナリ。…故ニ予ハ只予ガ好ム所ニ従フノミ。広ク世人ヲ誘ヒテ予ガ説ニ従ハシムルノ意ナシ(145)」との文言に示されるように、詩を詠むとは当人の好むところを自由に表現することだとの認識であった。

「月旦評」に基づく競争原理の導入と、詩の尊重に集約される学び手の内心の自由の尊重とは、淡窓の教育方針の矛盾を示唆するものと見えなくもない。だが、淡窓教育思想の基調をなしたものは、

> 我学問ヲスルハ、古人ニ奉公ノ為ニ非ス。唯己カ身ノ為ニスルナリ。故ニ聖人ノ言ト雖モ、己カ身ニ於テ切ナラサルコトハ之ヲ除キ、諸子百家ノ言タリトモ、己ニ益アル事ハ之ヲ取ル。其ノ弟子ヲ教フル、亦カクノ如シ。予カ門ニ入ル者、前後数千人ニシテ、其ノ儒ヲ業トスル者、数十人ニ過キス。然レハ、大抵皆己カ一身ノタメニ学フ者ニシテ、道ヲ当世ニ伝フルコトヲ任トスル者ニ非ス(146)。

との所論に象徴されるように、学び手が「己カ一身ノタメ」に学ぶことを最大限に尊重しようとする彼の姿勢なのであった。その姿勢ゆえに、淡窓の教育活動において「月旦評」の採用と詩作の尊重とが矛盾なく共存できていたと見ることができるだろう。それは「道ヲ当世ニ伝フル」という政治的文脈を意図する教育観とは一線を画すものなのであった。

緊迫する幕末情勢への対処

なお、淡窓の最晩年は一八五三（嘉永六）年のペリー来航を一大契機とする外交政策が国を挙げての重要問題となった時期でもあった。淡窓はすでに一八〇八（文化五）年の英船フェートン号事件について、「此年八月、西戎諳尼利亜ノ船、長崎ニ来リ乱暴ヲナセリ。大尹ヨリ兵ヲ発シテ伐タントセラレシカトモ、兵備足ラサルヲ以テ、力ニ及ハス。賊船帰国セリ(147)」と記していたが、その後も一八二八（文政一一）年のシーボルト事件、さらには、一八四四（天保一五）年にフランス軍艦が琉球にて交易を求めたり、オランダ国王が開国を進言する書簡を幕府にもたらしたりした事件、などについてコメントを残している。だが、ペリー来航という未曾有の大事

件に対する「蛮船浦賀に至ると聞けり。伝に云ふ。亜墨利加大船数艘、国王の書を齎すに至る。交易を乞ふ。警備極厳。人心洶々と云ふ[148]」との記述からは、その衝撃の大きさが示唆されている。

淡窓は、翌一八五四（安政元）年に諸侯の求めに応じて『論語三言解』と題する海防策を著している。そこでは諸国からの開国要求に対して、従来通りの鎖国を上策、交易を通ずるを中策、合戦に及ぶを下策としつつも、「交易ヲ通ズルハ、長久ノ策ニ非ズ。誠ニ姑息ノコトナリ。然レドモ、数年ノ無事ヲ保ツベシ。戦闘ニ至ツテハ、…今我ガ勝算乏シキニ似タリ[149]」という具合に、当面は開国に応ずべきとの現実的施策を提示している。また、開国に及んだ場合に懸念されるキリスト教の伝播についても、「天草ノ乱ヨリ、天教ノ禁厳ニシテ、蕃船ノ往来断エタリ。今ハ其時ヲ去ルコト二百年。人心全ク改マリ。愚夫愚婦ト雖モ、天教ノ邪説タルコト、知ラザルハナシ[150]」と、すでにこれを恐れる必要はないと断ずるのである。ただし交戦への備えとして、兵備軍糧の充実、参勤交代規模の五分の一への縮小、兵力の増強（現状の「官兵」に加えて「郷兵」〈兵を募集して苗字帯刀を許す〉や「童兵」〈一四歳から一九歳までの武士子弟〉を編成）などを提案するとともに、諸侯の冗費節約と富商からの財用献納などを提唱している。こうした諸施策の中で、淡窓の個性が発揮されていると見なされるものに、

> 竊ニ思フニ、上ヨリ一切ノ事ヲ深ク秘シ玉フヨリ、下々ニ却テ疑心ヲ生ズルナリ。凡テノ事ニ秘スベキアリ。秘ス可ラザルアリ。用兵ノ機ハ計ノ洩レサルヲ貴フ。故ニ味方ニモ秘スルコトアリ。此度ノ軍ハ何ノ為メニ起リ、何ノ事ヲナスト云フカ如キハ、一同ニ知ラシメテ、力ヲ尽サシムベキナリ。…異船ノ如キハ、我邦君臣上下、一同ニ心ヲ同シクシ、力ヲ併セテ、之ヲ憂フベキコトナリ[151]。

との所述がある。黒船来航に関する諸情報を可能な限り国中に開示して、人心を安定させ一致させることの必要を高唱するものである。

黒船来航に伴う対外的危機への対応として、淡窓は教育のあり方に関する直接的な言及を試みているわけではない。

しかしながら、兵力増強のために一般庶民から構成される郷兵を募るべきと論じたり、軍事政策に関わる情報についても可能なものは極力これを公開すべきと説いたりしたその思想的関心とは、武家を主軸に据える旧来型の社会構成の枠組みを、一般庶民をも含めた国民によって担われる新たな社会構成の枠組みへと移行させる意図を有するものであったと評することも可能であろう。

淡窓の思想史的定位　淡窓の思想史的立ち位置をどう評価するかについては、諸説がある（折衷学派か徂徠学派か、あるいは他の学的位置づけが可能か）にせよ、その教育思想の意義については一定の理解が可能であるように思われる。上記（注133）に紹介した「人才ヲ教育スルコト、今時諸侯ノ国ニ於テ、第一ノ要務ナリ」との所論に象徴されるように、淡窓にとって教育が「人材の養成」を趣意とするものであったことは間違いない。もちろん、教育の趣意を人材養成に認めようとする認識は、すでに徂徠学の隆盛によって普及していたと見ることができる。しかし淡窓は、その「人材」に、それまで教育・学問の世界への参入が十分には認められてこなかった一般庶民を組み入れるとともに、その学的優劣を門地・身分から切り離した客観的評価（月旦評）に基づいて判定しようとしたのである。ただし、このような淡窓の思想と取り組みには、一方で、競争原理に基づく人材養成との趣意が色濃く示されつつも、他方で、詩作の重視に象徴されるように、人間の内面たる「心」の充足という双方への視線が担保されていた。そのことを看過してはならないはずである。だが、従来ともすれば、淡窓の教育思想の歴史的意義については、その組織的な教育実践への取り組みに着眼しながら、これを近代教育の枠組み――すなわち、全国民を教育の対象としつつ、その成績を試験という客観的方法によって評価することで、人材を選別しようとする教育の枠組み――を準備する意味合いを有するもの、とする評価が優位を占めてきた感が否めない。

もちろん淡窓の思想と実践とが、江戸時代の教育のあり方に、近代的な内実（国民形成と人材選別を基軸とする）を付与する意味合いを有するものであった、と評することはできるだろう。だが淡窓の教育思想史的事跡が、その一面への視線のみに集約され、もう一面たる「心」の充足なる所論が見過ごされてしまうことはなかったのか、慎重な吟味が待たれるところである。

4　平田篤胤――「幽冥界」への誘い

（1）篤胤の生涯とその思想

篤胤の出自と宣長学との邂逅

第八章にて言及したように、いわゆる復古国学は本居宣長によってその学的地歩の一つの頂点を極めたが、そこに包摂されていた古道学の領域を独自の方法論にて再編し、やがて幕末から明治初期の思想界に重大な影響を及ぼす役割を演じたのが平田篤胤（一七七六～一八四三）であった。

篤胤は一七七六（安永五）年、出羽国久保田藩士大和田清兵衛祚胤《さちたね》（生年不詳～一八一九）の四男として生まれる[152]。幼名は正吉。八歳のとき、儒学を中山菁莪《せいが》（一七二八～一八〇五。久保田藩主佐竹義明《よしはる》の侍講、藩校明道館の初代館長）に学び、一一歳にして医学を叔父の大和田柳元（生没年不詳）から学んだ。この頃、名を玄琢と改めたが、一五歳で元服し胤行と名乗った。詳細な事情は不明ながら、二〇歳のときに脱藩し、資金僅か一両を携えて江戸に出たと伝わる。だが江戸の地でも、「故有テ藩ニ寄ラズ、朋友ヲモ恃マズ、唯正義博学ノ良師ヲ得ムトシテ、諸所遊学シテ試ミ玉ヒ、或ハ学事ノ為ニ使ハレ、或ハ糊口ノ為ニ人ニ雇ハレ、又ハ仮ニ主取ヲモシテ打過玉ヘルヿ凡四五年。其間ノ辛苦艱難、云ベキヤウ无カリキト、後ニ御自ラ語リ玉ヘリ[153]」と伝えられるような苛酷な生活の日々を過ごすことを余儀なくされた。

篤胤の人生に転機が訪れたのは一八〇〇（寛政一二）年、二五歳のときに備中松山の板倉藩士平田藤兵衛篤穏《あつやす》（生没年不詳）の養嗣子となり（篤穏は山鹿流の兵学者であったが、実子がなかった）、板倉家に仕えたことであった。これを契機に篤胤と名乗るようなった。この転機を篤胤に提供したものは、その読書家としてのひたむきな姿勢であったと伝わるが、翌一八〇一（享和元）年、たまたま本居宣長の著書を手に入れて、「古学」への志を固めるに至った。そして同年七月、伊勢国松坂の鈴屋に入門名簿を捧げ、宣長の実子春庭のはからいによって、宣長没後の門人となったといわれる（ただし、これは平田鉄胤の「大壑君御一代略記」に拠るものであり、今日の通説では、実際に篤胤が春庭に入門したのは一八〇三〈享和三〉年のこととされている。[154] 因みに、宣長の死去は一八〇一年九月のことであった)。なお篤胤は、同年に沼津藩士石橋宇右衛門常房（生没年不詳）の娘織瀬《おりせ》を妻に迎えているが、彼に『古事記』を読むことを薦めたのは織瀬であったとの逸話も残されている。

なお篤胤は、後に自らの学問歴を、

予弱《おのれわか》かりし時は、いはゆる性理の学をまなび、それより進みて古学といふ漢学をなし、また進みて、世に、名たかき儒者《ずさ》どもの書《ふみ》を読みわたり、また進み進みて、故翁の教へまし、古の道に入り、初めて、これに勝れる、正道《まさみち》なきことを知り、さてもなほ、余《ほか》の学びの道々をも、なるべきたけは明らめずは、事に当りて固陋《かたくな》ならむと、その道々を、学べば学ぶまに〳〵、その書等《ふみども》を、読めばよむまに〳〵、わが古の道の、似なく尊ことを覚りぬる。[155]

と述懐している。篤胤は、朱子学や古学など儒学全般を一通り学びつつも、宣長の学問に接することでこれに深く傾倒し、自らがその正統を継承するものとの自負の念を固めていく。さらにその後、

此の身死《まか》りたらむ後に、わが魂の往方《ゆくへ》は、疾《と》く定めおけり。そは何処にといふに、「なきがらは、何処の土に、なりぬとも、魂は翁の、もとに往《ゆ》かなむ」と、今年先たてる妻をも供《いざな》ひ、…直に翔《かけ》りものして、翁の御前に侍《さもらひ》居《を》り、世に居るほどはおこたらむ歌のをしへを承賜はり、春は翁の植おかし、花をとも〴〵見たのしみ、夏は青山、秋は黄葉《もみぢ》も月も見む。冬は雪見て徐然《のどやか》に、いや常磐《とことは》に侍らなむ。[156]

と述べられるように、自身と宣長との間に神秘的・霊的な幽契の関係が取り結ばれていることを強く意識するようになる。現世にて宣長に知られることのなかった篤胤が、宣長学の正統的継承者であることを訴えるために、霊的真実としての没後の門人であることが強調されたのであった。

著述活動と塾活動の開始

こうして自らの学的志操を固めた篤胤は、二八歳の一八〇三（享和三）年に最初の述作『呵妄書《かもうしょ》』を著した。これは太宰春台の学説に対する批判書であり、春台が、儒学伝来以前の日本には「道」なる観念は存在しなかったと説いたことに対して、

太宰純独《ひとり》皇国の古には、道なかりしことを云ひ顕して是を弁ず。実に卓見とも云ふべきか。然れども此人、いたく西土の道に拘泥《なづめ》る心に道なきはいと悪しきことよと僻心得《ひがこころえ》して、漢土に道有ることをたけき事に云ひて皇国をいひ貶《おと》さんとする心よりいひへる説《こと》なれば、是も倶《とも》に僻説《ひがごと》をのがれず。殊に此人皇国の書籍《ふみ》をば、掻撫《かいなで》に少し計り読ていひへる言なれば、書中皇国の古をいへる、すべて軽卒《うき》たる事のみにて、甚々《いと》稚《をさな》く、更に云ふにも足らぬものなる…。(157)

というような、辛辣な批判を浴びせたものである。その基調をなす所論は、皇国は天地の初発から皇神たちの御所為により平穏に治まっていたが、やがて大陸から儒仏が伝来するに至り治乱が生ずるようになったとする、宣長の主張をほぼ踏襲するものであった。

このように国学者としての地歩を築きつつあった篤胤は、一八〇四（文化元）年に門人を募って塾活動を開始するようになる。家号を「真菅乃屋《ますげのや》」と称する塾で、同年中の門人は三名と伝わる。同塾では、広く古道の講説を行うとともに儒道・仏道などをもその講述内容に盛り込んでいった。さらに、一八一六（文化一三）年には、居所を京橋三十間堀に移したのを契機に、塾の家号を「気吹之屋《いぶきのや》」に改めた（以下では篤胤の『気吹舎文集』や『気吹舎筆叢』などの著述名に因んで、「気吹舎」と表記する）。塾開設以来、入門者数は毎年二、三名から一二、四名程度であったが、この年の入門者は八七名を数えている（なお、「大壑君御一代略記」には篤胤が没した一八四三〈天保一四〉年までの「束脩之門人」を凡五百五十三人と記している。また没後の入門者は一千三百三十人と紹介されている）。

この頃より篤胤の著述活動が活発化し、一八〇五（文化二）年に『鬼神新論』を著したのをはじめとして、古道や

神道、漢学や仏道に関する講義内容が門人筆記という形（後に『古道大意』『俗神道大意』『西籍概論（儒道大意）』『出定笑語（仏道大意）』『志都の石屋（医道大意）』などとして刊行）にて纏め上げられていく。これら「大意」類の著述には、宣長思想の摂取とともに篤胤独自の思想構成への歩みも看取される。

例えば宣長の場合には、この国元来のありようをすべて神の御所為に由るものとし、規範や礼儀などは元来「おのづからよく知てする事」と説くとともに、それゆえに「教ノナキコソ尊トケレ」とまで高唱されていた。規範・礼儀・教説などの必要は、漢意に覆われてしまった現実世界の諸相に目を遣った上での所論であり、その本来相と現実相の間に横たわる懸隔を熟視する姿勢が認められた。一方、篤胤の場合、その本来相と現実相との境界への意識が必ずしも鮮明ではないように見える。例えば、『古道大意』を一瞥するなら、

其真《まこと》ノ道ト云モノハ、…誰《たれ》シノ人ニモ心安ク出来ルヿデ、…誰モ〳〵生レナガラニシテ、神ト君ト親ハ尊ク、妻子ノカハイヽト云ヿハ、人ノ教《をしへ》ヲ借ンデモ、ミゴトニ知テヰル。人ノ道ニ関《あずか》ルヿ、言《いひ》モテ行《ゆ》ケバ、…其元ハ、皇《み》産霊《むすびの》神ノ御霊《みたま》ニ因テ、出来ル人ジャニ依テ、其真《まこと》ノ情モ、直《たゞち》ニ産霊ノ神ノ御賦《つけ》ナサレタ物デ、夫故ニ是ヲ性ト云デゴザル[158]。

という具合に、「道」の根拠をこの国古来の神々の事跡に認めようとする認識と、君・親や妻・子への思いに象徴される現実世界の道徳に関わる認識とが直線的に結ばれている。「天津神国津神ヘノ神忠、コレガスナハチ恐レナガラ、天皇マタ大将軍家ノ御厚恩ヲ、粗略《おろそか》ニ思ヒ奉ラザル一端、是ガスナハチ両親ニ生出《うみいだ》サレテ、育テヽ、モラヒマシタル恩返シデ、直《たゞち》ニ人間ノ道デ有ラウト存ズルデゴザル[159]」という具合に、「道」を絶えず江戸社会の道徳規範に結びつけて説こうとする姿勢が、篤胤には顕著だと見ることができるのである。もちろん「教え」については、

御国人ハ自《おのづ》カラニ、武《たけ》ク正シク直ニ生レツク。是ヲ大和心トモ、御国魂トモ云デゴザル。然ルヲ侘ノ国々ノ小ザ

カシキ教説《をしへごと》ヤ、或ハ御国ヲ忘レテ、外国ヲ慕フヤウナ、生レモツカヌ情ガ添フト、其ヲ説《とき》サトシ、イヤサウデハ無イ、カウデハナイト、元ノ性ニ思ヒ返シ、思イ直サセルノヲ教《をしへ》ト云フデゴザル。(160)

との所論のように、自国の魂を忘却させてしまうような外国からの影響を排除するためのものとして、その必要が説かれている。「教え」を元来不要とする姿勢については、それを高唱した宣長思想を踏襲していることは間違いない。しかし、この国の本来相たる神々の世界と江戸の現実相との懸隔は、宣長ほど強く意識されたものではないように見える。その認識を篤胤に与えたものは、以下に述べる「幽冥界」に関する彼の立論であったとも見なされる。ともあれ、篤胤のこれら「大意」類の講説は、やがて一八一二（文化九）年の『霊能真柱《たまのみはしら》』の脱稿へと結びついていくのである。

主著『霊能真柱』

篤胤の主著と評される『霊能真柱』は、彼が三七歳のときに纏め上げられた述作であるが、同著が脱稿した一八一二年は、妻織瀬を亡くした年でもあった。愛妻の死は、篤胤に死後の霊や幽冥への関心を促すこととなり、これがその後の本格的な幽界研究に結びついていったともいわれる。その『霊能真柱』の所論は、宣長の門人服部中庸《なかつね》（一七五七〜一八二四）の『三大考』（一七九一〈寛政三〉年成稿）に依拠するところが少なくなかった。『三大考』とは、天地の成り立ちを皇国の古伝説（『古事記』ならびに『日本書紀』）に基づいて説き明かそうとしたもので、そこには、天地初発の虚空《おほぞら》に天之御中主神《あめのみなかぬしのかみ》、高御産巣日神《たかみむすひのかみ》、神産巣日神《かみむすひのかみ》の三柱神が成りませ、その虚空が次第に天《あめ》（天照大御神が降臨）・地《つち》（皇御孫命《すめみまのみこと》が降臨）・泉《よみ》（月読命《つくよみのみこと》が降臨）の三界に瓢箪状にくびれて分かれていき、最終的に分離して日・地・月の三天体となる様子（皇御孫命が「地」に降臨したとき、三者が分離）が描き出されている。宣長が服部中庸の卓見を評価して、『三大考』を『古事記伝』第一七之巻（『古事記伝』上巻の終巻）の附巻としたことも周知の通りである。(161)

なお、『霊能真柱』の刊行は翌一八一三（文化一〇）年であったが、これは複数の支援者たちの入銀（共同出資）によって実現されたことであった。未だ新進の学者であった篤胤の述作は、出版業者にとって直ちに利益が見込まれるものではなかったが、それでも彼の周囲にはこれを出版したいと考える人々が現れていたことを物語るエピソードといえよう。同書の内容は大きく「世界の創世記と日本の誕生」と「死後の霊魂のゆくえ」という二つのテーマから成るといわれるが、(162)この関心に応答するために、篤胤は和漢の古書の吟味に留まらず、西洋から流入した天文学的知見をも摂取しながら著述を進めている。その姿勢の背後には、隣国ロシアに対する脅威の念も看取することができる（篤胤には『千島白波《ちしまのしらなみ》』〈一八一三年編纂〉という、ロシアに関する諸情報を収集した述作も遺されている）。

同書の内容を一瞥するなら、まず古学を志す者の心得として、

> 古学する徒は、まづ主《むね》と大倭心を堅むべく、…その大倭心を、太ク高く固メまく欲《ほり》するには、その霊の行方の安定《しづまり》を、知ることなも先なりける。…その霊の行方の、安定を知まくするには、まづ天地泉《あめつちよみ》の三つの成初《なりはじめ》、またその有象《ありかたち》を、委細《つばら》に考察《かむがへみ》て、また、その天地泉を、天地泉たらしめ幸《さちはひ》賜ふ、神の功徳《いさを》を熟知《よくさと》り、また我が皇大御国は、万ノ国の、本つ御柱たる御国にして、万ノ物万ノ事の、万ノ国に卓越《すぐれ》たる元因《もとのいはれ》、また掛まくも畏き、我が天皇命《すめらみこと》は、万ノ国の大君に坐すことの、真理《まことのことわり》を熟《うまら》に知得て、後に魂の行方は知るべきものになむ有りける。(163)

と説かれる。古学を志す者の心得として、第一に大倭心を固めること、そのために霊の行方を安定させること、またそのために天地泉のありさまを理解すること、さらにそのために神の功徳とこの国の卓越さを知り、天皇が万国の大君であることの理を熟知すること、などの要件が重点的に述べられている。

世界の創世記と日本の誕生

この趣意を確認した上で、「世界の創世記と日本の誕生」については、前述の服部中庸『三大考』の所説に則りながら解説がなされていく。すなわち、虚空《おほぞら》に一物が生じ、その一物が天・地・泉《よみ》に分かれ、それが天（太陽）・地（地球）・月となっていく様子や、それらが悉く高皇産霊神《たかみむすひのかみ》と神皇産霊神《かみむすひのかみ》の二柱の産霊《むすひ》（いわば万物を生み出す不思議な霊力）に拠るものであることが説かれる（この二柱に天之御中主神を加えた三柱は、国土に降臨する神々とは異なり、いずれも虚空に成坐《なりませ》ている）。そうして形を現した地に降臨した伊邪那岐命《いざなぎのみこと》と伊邪那美命《いざなみのみこと》

とが結ばれて産まれた大倭豊秋津島《おおやまととよあきつしま》が日本の国土（大八州国《おほやしまくに》）なのであった。それに対し、「外ッ国は、二柱の神の産《うみ》給へる国に非ず。これ皇国と、初めより尊《たふとき》卑《いやしき》美《よき》悪き《あしき》差別《けぢめ》の分るゝところなり(164)」との指摘のように、外国の国土は二柱の神が産んだものではなく、潮の沫が集まって成り立ったものと説かれる。ただし、篤胤はこうした日本の優秀さを神話・伝説に基づいて強調する一方で、

天と地と月との大きさ小さなど、…実は遠西の人の製れる、測算の器を以て精《くはし》くこれを量るに、日の径三十二万九千五百里余り、月の径九百三十八里余り、地の径三千四百三十里余り、さて地より日の遠きこと二千六万九千六百里余り、月の地を離るゝこと六十万三千百里余り、と見ゆる也。然れば日の径は地の径より大きなること九十六倍余り、月の径より大きなること三百五十一倍余り、さて地径は月の径より大なること三倍半余にあたるなり、抑《そもそも》かゝる事どもをさへに云ふを、世の古学者等のいかにぞやと云ふべけれど、こは先年或人と共にかの器を以て自ら測り見たりしに争ひがたきことなれば記せるなり(165)。

という具合に、天（太陽）・地（地球）・月などの天体の大きさや各天体間の距離などについては、西洋天文学の方法や知見を疑っていない。篤胤は、彼の時代に打ち寄せてきている西洋文化を決して拒絶してはいないのである。その意味で独善的な排外論者ではなかった。天地の万物が日本の神々の霊力によって産み出されたとする篤胤にとっては、諸外国も、突き詰めれば、その起源が日本の神々に求められることに違いはないはずなのであった。西洋諸国は異境の地点に存在するが故に、その文化がすべて正しいとは限らないにせよ、汲み取るべき側面はこれを摂取するとの構えが篤胤の姿勢であった、と見ることができるだろう。

死後の霊魂のゆくえ

こうして同書の叙述が「死後の霊魂のゆくえ」へと進行していく。篤胤は、太陽・地球・月という実体としての天体について、太陽は「天つ国」（神話の中の「高天原」）であり、そこには天照大御神をはじめとして八百万の善き神々が成坐《なりませ》ると説く。他方、月は神話に伝わる「夜見の国」（穢れた暗い世界とされる）

であり、そこには伊邪那美命《いざなみのみこと》や須佐之男命《すさのおのみこと》が成坐《なりませ》ている。また、地球は瓊々杵命《に、ぎのみこと》（天照大御神の孫神。皇室の祖先神）が降臨してより、歴世の天皇が人々を治めてきた世界とされる。では人々の死後、その魂はいかなる世界へと誘われていくのか。篤胤はこの問いに対する回答として、

　此の国土の人の死て、その魂《たま》の行方は、何処《いづこ》ぞと云ふに、常磐《とことは》にこの国土に居ること、古伝の趣きと、今の現《うつ、》の事実とを考へわたして、明《あきらか》に知らる…(166)。

と高唱する。そして、死後の魂が所在する国土のことを、「大国主神《おおくにぬしのかみ》の治《しら》する、冥府」と呼び、その冥府のことを「此顕国《このうつしくに》をおきて別に一処《ひとところ》あるにもあらず。直《たゞち》にこの顕国の内いづこにも有なれども、幽冥《ほのか》にして、現世《うつしよ》とは隔《へだ》り見えず」と説く(167)。ここで説かれる「幽冥界《ゆうめい》」とは、地上の実世界（顕国＝現世）と隣り合わせるかのように存在する世界で、現世の住人の目には見えないものの、地上の至る所に所在し、大国主神によって治められている世界だというのである。

　すなわち幽冥界とは、現世と表裏一体をなす世界だとされ（明方《あかきかた》である現世に対する闇方《くらきかた》が幽冥界）、そこに住まう死者たちの暮らしについても「実は、幽冥も、各々某々に、衣食住の道もそなはりて、この顕し世の状ぞかし(168)」と、現世との違いが認められていない。さらには、幽冥界に住まう死者たちも、「かの大国主ノ神の隠坐しつゝも、侍居《さもらひ》たまふ心ばへにて、顕世《うつしよ》を幸ひ賜ふ理《ことは》りにひとしく、君親妻子《きみおやめこ》に幸《さちは》ふことなり(169)」という具合に、その魂は幽冥界にありながら、現世を生きている君・親・妻・子に幸いを与えるのだと説かれている。

　篤胤に従えば、「死」という最も恐ろしい事態を通過した後に私たちを待ち受けている世界とは、実は、私たちに親しみのある国土のうちにある別世界なのであり、それゆえ、死後の世界とは穏やかで安心できる身近な世界なのであった。このように描き出された幽冥界とは、かつて本居宣長が「豫美《よみ》と申すは、地下の根底に在リて、根国底国《ねのくにそこのくに》とも申して、甚ダきたなく悪《あし》き国にて、死せる人の罷往《まかりゆく》ところなり(170)」と説いた「豫美（黄泉）の国」とは別世界と評す

べきであろう。宣長は、人はその死後に誰もが汚く悪しき世界に趣かねばならないことについて、「伊邪那岐大御神《いざなぎのおほみかみ》すら、かの女神《めがみ》のかくれさせ給ひし時は、ひたすら小児のごとくに、泣悲《なきかなし》みこがれ給ひて、かの豫美国まで、慕ひゆかせたまひしにあらずや、…無益のこざかしき料簡はなくして、たゞ死ぬれば豫美国にゆくことと、道理のまゝに心得居て、泣悲《なきかなし》むよりほかはなかりしぞかし(171)」と、死後のことを凡智をもって測り知ろうとすること自体を否定した。それに対し篤胤は、人はその死後も現世と表裏一体の関係にある幽冥界において、現世にて生を営む私たちとともに存在し続けている、と説くのである。篤胤によれば、現世が成り立ってから、人々は神々と死者に囲まれ、その恩恵に浴しながら暮らし続けているのであり、何げない日常生活も幽冥界との一体関係において営まれているのである。

篤胤の仏教批判

篤胤のこうした所論の立場からは、当然のごとく、仏教は妄説として厳しく批難されることとなる。すなわち、

天竺の国の説《こと》どもは、師ノ翁の歌に、「釈迦《さか》といふ、大をそ人の、をそ言《ごと》に、をそ言そへて、人まどはすも」と詠れたる、実《まこと》に然《さ》ることにて、その初発《はじめ》は、少ばかり存《のこ》れる、古伝の片端を種として、釈迦法師が妄《みだり》に作れる説《こと》になむ。…西土《から》も大倭《やまと》も、貴き賤き、戈《かど》あるも戈なきも、皆この妄り説に、陥溺《おちいりおぼ》れたりしこそ、甚《いと》はかなけれ(172)。

との所論のように、仏教の初発のかたちとは釈迦が古伝説から引き出した妄説に由来するものだというのである。篤胤はすでに『出定笑語（仏道大意）』において仏教教説を幻想的なものと批判していたが、例えば、仏教が大乗と小乗とに大別されることを踏まえた上で、「大乗ノ経々ハモトヨリ、小乗阿含部モ、トモニ釈迦ノ入滅後、迦葉阿難ノ輩ガ、三蔵ヲ結集シタル時ヨリ、遙《はるか》後ノ世ノ人ノ書タモノデ、其ノ内小乗阿含部ノ経々ハ、先ニ記シタルモノ故、十ノ中ニ三ツ四ツハ、実ニ釈迦ノ口カラ出タルマヽノコトモアレド、大乗トイフ諸〻ノ経ドモハ、凡テ全ク後人ノ、釈迦ニ託シテ、偽リ作ツタモノニ違ヒハ无イデゴザル(173)」という具合に、その教説自体の信憑性に疑いの視線を投ずるのである。

篤胤による仏教へのアプローチは、その後『密法修事部類稿』や『印度蔵志』（後述でも簡単に触れる）などに継承されていく。前者は、神道に密教を包摂させようとする篤胤の姿勢を示唆するものであり、また後者は、仏教教説の中に日本の古伝説の訛伝を探ろうとするものであった。篤胤は、やがて彼の思想の総仕上げとして、中国やインドの思想・文化もまたその由来が日本に存することを論証しようとする姿勢を顕著なものにしていくが、篤胤学の肉づけと補強のために、仏教もまたその内部に取り込まれていくのであった。

なお、前述のように『霊能真柱』は、妻織瀬が亡くなった直後に成稿した述作であったが、経済的にも困窮する篤胤を支え続けた織瀬の病没が、篤胤に与えた衝撃の大きさは測り知れない。織瀬の霊魂が輪廻転生を繰り返したり、魂魄《こんぱく》に消散したり、あるいは汚く穢れた黄泉の国に赴いたりすることなく、絶えず幽冥界から篤胤を見守っているとすれば、それは篤胤にとって何物にも代え難い慰めとなったことであろう。篤胤は織瀬を亡くした六年後の一八一八（文政元）年に再婚するが、わずか四ヶ月で離縁してしまう。さらに同年、三度目の妻を迎え、この妻と生涯を共にすることとなる。篤胤はこの妻に織瀬を名乗らせるが、最初の妻との間に生まれた娘千枝（後に養嗣子平田鉄胤の妻となる）も、晩年には織瀬を名乗るようになるのであった。

幽冥界伝承の探索

こうして篤胤は、幽冥界を神話の中から紡ぎ出したが、他方でそれは各地の至る所に出没し、それぞれの土地の伝承や遺跡にその姿を認めることのできるものとされた。篤胤は、幽冥界からこちら側の世界に漏れ出てきた痕跡にアプローチするため、常磐・下総地域を何度も訪ねている（家号を気吹舎と改めた一八一六〈文化一三〉年を皮切りに、その後一八三一〈天保二〉年に至るまで、繰り返し巡遊を重ねている）。この地域には、鹿島神宮や香取神宮を中心とする神職者とそこを訪ねる和学者との繋がりを通して、講筵や歌会などが盛んに催され、また利根川沿岸の水運を通して文化的交流を深める素地が形成されていた。当地を遊歴した篤胤は、豊富な学識と俗語を交えての庶民性豊かな講義を通して、多くの入門者を獲得していく。

なかでも注目されるのは、下総国香取郡松沢村の名主宮負定雄《みやおいやすお》（一七九七〜一八五八）という人物である。宮負は一八二六（文政九）年に篤胤に入門し、その後神道に基づく「講」を村内に設置してその指導に当たった。宮負は、その晩年に下総各地に伝わる奇談を盛り込んだ地誌『下総名勝図絵』を著したが、そこには幽冥界への実感を喚起させる内容が盛り込まれていた。その篤胤門人としての本領は、「国益の本は教道にあり。天下の人民《たみ》道立てば、鬼神之に感じて、民に福《さいわい》を下す。苟《いやしくも》人民道に乖《そむ》けば、鬼神之に怒て、民に禍《わざわい》を下す。其損益推《おし》て考ふべし。其道とは、人倫の所行、常に天地の鬼神に質して、聊《いささか》も愧《はず》る事なく、専《もっぱら》善行善心正直《せいちょく》なるをいふなり(174)」や「吾も他も身の行ひ心の状まで善悪ともに神の見做しになりて御評定にあづかると思へば、眼に見えぬ幽冥の神に対して恥かしく恐しく、悪事とては心にさへも思はれず、蔭日向なくする事なす事道に差ふ事なり難く、忠孝仁義は堅く立つなり(175)」などの所論に見ることができる。宮負は篤胤の幽冥説に基づいて、地域の村民たちを教化するとともに、地域の共同体としての秩序を取り戻そうとしたのであった。こうして、幕末への時流を通じて一般庶民の間に流布した国学は、通常「草莽の国学」と称せられるが、篤胤学が「草莽の国学」の普及に与えた影響は、決して小さなものではなかったといえるだろう。

『玉襷』の所論

一方、江戸の気吹舎での講義活動も徐々に入門者を増やしていき、それに伴って必要なテキストも私家出版されていった。一八一六（文化一三）年には『毎朝神拝詞記』が出版され、毎朝必ず畏《かしこ》み拝むべき神々と、その拝式の方法が列挙された。また、それに対する詳細な注釈や解説を尽くした『玉襷《たまだすき》』（刊行は一八三二～三六〈天保三～七〉年）も執筆された。同著においてとくに注目されるのは、

> 天つ御国、謂ゆる高天原《たかまのはら》に御坐《おはしま》せる、男女二柱《めをふたばしら》の皇産霊大御神《みむすびのおほみかみ》、まづ天地《あめつち》の基本《もとゐ》を成し給ひ、伊邪那岐《いざなぎ》伊邪那《いざな》美二柱神《みふたばしらのかみ》に詔命《みことのら》して、この大八島国《をほやしまくに》を生《うま》しめ、島の八十島《やそしま》、外国々《とつくにぐに》をも造《つくら》しめ給へるは、其ノ時の御語《おむことば》に、この漂《ただよ》へる国を、修固《つくりかため》成せとのみ有れど、要《むね》とは、人種《ひとくさ》を生成《うみな》せとの、御語《みこと》にぞ有リける。其《そ》は国土《くにつち》を造り堅むる御事《みわざ》は、人民《みたから》を生成《うみな》し、住《すま》しめ給はむとの御心《みこころ》ならずは、何の用とかせむ(176)。

との所論のように、神々がこの国土を造ったことの趣意が、人民が住まう場所を用意することにあったとされている

点である。さらには、

伊邪那岐《いざなぎ》伊邪那美《いざなみ》二柱神《ふたばしらのかみ》、その大御心を御心として、国土《くに》を生成《うみな》してのち、直ちに青人草《あおひとくさ》を生殖《うみふや》し、然して後に、その青人草を蕃息《ふえひろご》り栄ゆべき事をし、種々《くさぐさ》に物し給へり。其《そ》は風火金水土の神等《かみたち》を始め、数多の神たちを成《なし》給ひ、日ノ神月ノ神を生《なし》給へるも、言《いひ》もて行《ゆ》けば、実《まこと》には、人草のために成坐《なしま》せり、と申さむも強言《しひごと》に非ず。(177)

という具合に、伊邪那岐・伊邪那美が青人草（人民）を生んだ後、種々の物を用意したのも、風・火・金・水・土などの自然を掌る神々が成り坐したのも、青人草が健やかに成長し繁栄するためであった、というのである。ここには、日の神（天照大御神）や月の神（須佐之男命）でさえ、窮極的には青人草のために存在する、との認識が示されている（天照大御神を含めすべての神々は、青人草のために存在することが示唆されている）。価値の中心が人民に据えられ、天照大御神でさえその存在は人民が生命を捧げて服従する対象ではなく、絶対的権威をもって人民に君臨するものでもない。むしろ神々の存在は、人民の生命や生活を豊かに育むためにある、とまで説かれるのである。いうまでもなく、価値の主軸を人民の側に据えるようなこうした神話解釈は、本居宣長はもとより、従来誰一人として試みたことのないものであったといえよう。

さらに篤胤は、迩々芸命《にゝぎのみこと》（前述の表記は「瓊々杵命」）が地上に降臨したときに、神々がこの地を治める方法を説諭したというのであるが、それについて次のように述べている。

さて迩々芸命《ににぎのみこと》の天降《あもり》ます時に、御祖神《みおやかみ》たち、此ノ国土《くに》を治め給はむ御政事《みまつりごと》の方《さま》をも、委曲《つばら》に諭し給へるが、其ノ趣何《さまいか》に有リしと言ふに、世にある事は尽《ことごと》く、天神地祇の御霊《みたま》に資《よる》ことなる故に、神祭りの事を専《むね》と御伝《みつた》へまし。まづ荒ぶる神は、祭り和《なご》めて祟《たり》あらせず、諸神《もろがみ》たちを夫々に斎《いは》ひ祭りて、その御恵《みめぐ》みの、いや益々《そは》に加るべく御《み》定《さだ》めませり。其みな天《あめ》の下の青人草をまつろへ、恵み給ふ御態《みわざ》より他の事なく、外国風《とつくにざま》の小賢しき教へ語《ごと》は更に

無し。(178)

すなわち、この地のあらゆる事ごとはすべて天神地祇の御霊に由来するものであり、それゆえ国土を治めるための御政事とは専ら「神祭り」として行われるものであるが、それらはすべて青人草を順良ならしめるための方途であり、外国の小賢しき教説には決して見られないものだというのである。

天皇統治と徳川政権

こうして篤胤は、天孫降臨の後、この国を治める役割は、代々続く歴世の天皇によって担われることになったと説く。この天皇統治の正統性について篤胤は、

かくて世の青人草の成出《なりいで》しもとは、皇産霊大神《みむすびのおほかみ》の御霊《みたま》に頼《よ》りて、伊邪那岐伊邪那美神の生成《うみな》し給ひ、天照大御神に属《ことよさ》し給へるを、また其詔命《そのみことのり》に依て、迩々芸命《ににぎのみこと》より次々に、天皇命《すめらみこと》の知り治め給ふなれば、…実《まこと》には国土人民ともに、天照大御神の御物《おもむの》にて、天皇命は其《そ》を治め給ふ御職に坐《ます》こと著《しる》く、かつ国土人民の天皇命に御坐《おはしま》すを、国々の侯はそを持別《もちわけ》て、領《し》り治むる道理《ことわり》にて有リける。(179)

と述べるのである。ただし興味深いことに、篤胤は、歴世の天皇の統治とは必ずしもすべてが平安無事だったわけではないと主張する。そして、世の乱れの最も重大な要因について仏教の影響を取り沙汰し、次のように述べるのである。

正道を伝へ給ひし皇神《すめがめ》たちの、其ノ御旨《みむね》に違へる仏法を、あに嫌ひ坐《まさ》ざらむや。…然るにかの厩戸皇子《うまやどのみこ》、蘇我稲目馬子《そがのいなめうまこ》など、然《さ》る神意の深き弁《わきま》へも無く、仏法に心酔して、此《こ》を退けむと諌むる臣等《おみたち》をば、逆臣の如く奏《まを》し成して討亡《うちほろぼ》し、天皇にも用ひしめ奉りしが、果して物部中臣の臣等の、諫《いさめ》られし語《こと》に違はず、其ノ頃よりして、麻疹《はしか》疱瘡《もがさ》の病など渡り行はれ、漸々に天神地祇の御守《みまも》り薄く、畏《かしこ》けれど朝廷の御稜威《みいつ》も、衰へ坐《ま》す基《もとゐ》とは成れり。(180)

すなわち、皇神たちが挙って仏法を嫌ったにも拘わらず、厩戸皇子（聖徳太子）や蘇我氏らがそれに心酔し、仏教を退けようとする者たちを逆臣のごとく討ち滅ぼし、天皇に対してでさえ仏教を重視させようとした。だがその結果、疾病が蔓延し朝廷の権威も失墜するような事態を招いてしまった、というのである。その後、天下が武家の世に移っても、世の治乱状態は継続されたままであった。それを立て直す契機を形づくったのは織田信長および豊臣秀吉であったが、治乱を収束させ天下の人民に平穏な世を与えるための決定的な役割を果たしたのは誰よりも徳川家康であった、と評される。すなわち篤胤は、

さて東照宮より、将軍家の御代《みよ》々、無窮《とこしへ》に天皇の御手代《みてしろ》として、江戸の御城《おむしろ》に坐《まし》つゝ、諸蕃国を鎮《しづ》めて、天ノ下を治め、万民を撫育し給ふことは、畏《かしこ》けれど神世に、天照大御神、皇産霊大神の、青人草を愛しみ給ひ、其《そ》を治め給はむ為に、皇孫《すめみま》迩《に》二芸命《ぎのみこと》を、天降し給ひし大御恵《おほみめぐみ》を、天皇に代りて、将軍家のなし行ひ給ふ道理《ことわり》なるが、また国々所々を持分け領《し》らす侯等《きみたち》は、その御手代《みてしろ》として、預り治むる道理にぞ有リける。(181)

と述べて、徳川将軍家は、天照大御神をはじめとする神々や歴代の天皇が抱いてきた青人草への愛情を自分のものとして受け取り、天皇に代わって天下を治め万人を撫育する役割を担う存在だと強調するのである。さらに、その下で諸国を持ち分けて治める諸大名もまた、将軍家と同様の役割を果たすべき存在とされている。こうして、天皇はもとより将軍家にも諸大名にも、神々と繋がりながら人民のことを考え、本来の豊かで平穏な世界を維持させる役割が求められたのであった。またそのためにも神々を祀る神事には、最も重要な意義が与えられたのであった。この点において、篤胤学には、徳川社会の支配体制を全体的に擁護する思想としての顕著な含意を認めることができるだろう。

徳川身分秩序の正当性

ただし、篤胤学の思想的含意とはこの点だけに留まるものではない。篤胤によれば、古代において神々と庶民とは間違いなく繋がっており、陽射しや風雨がどのような僻地の小さな畑にも等しく恵みを与えていたように、庶民もまた享受した恵みを通して神々とのつながりを実感していたとされる。篤胤は例えば、

此ノ正朔《せいさく》（この国の暦法のこと）を奉ずる限りの人は、貴賤貧富を云ハず、誰《たれ》しの家にも、正月には、其ノ謂ゆる明《あきの》方《かた》に、歳徳棚《としとくだな》と云を設けて、注連《しめ》を引亘《ひきわた》しいみ清めて、種々《くさぐさ》の物を献りて、当年《そのとし》の穀物の生就《みなり》は更なり、幸福をも祈り白《しら》す事なるが、其ノ祭る意《こゝろ》ばへは、唐土の暦書の旨とは異にして、専と御年の皇神たちを祭る意なる…。(182)

という具合に、この国では誰もが年始めに歳徳棚を設けて祭礼を行う慣習が成り立っていたと説く。また国の豊饒さを象徴する農業の営み（豊受大神《とようけのおおかみ》に由来する）について、「皇神たちの、作り教へ給へる業《わざ》を農業《たつくりわざ》といひ、土著して其ノ農業に労《いたづ》く農人を、常に民といひ、百姓と云ふ。多美《たみ》は田持《たもち》の義《こゝろ》と聞え、百姓をおほみたからと云は、師説に大《おほ》御宝《みたから》の義なりと言れたり」(183)と述べ、農業に取り組む農民たちが大御宝と称される理由が語られる。加えて「但し大御宝とは、農人のみに非ず。其《そ》は率土の浜、王臣に非ずと云こと無しと云ッごとく、天皇の御正朔を奉ずる人の限り、謂ゆる士農工商までにわたる称なること(184)」と説いて、士農工商の四民に広く大御宝としての含意を与えるのである。

こうして、

然れば其ノ大御宝と有らむ人はも、常にその大御宝なる由緒《いはれ》を思ひ、また大御神の、天皇に属奉《つげまつ》り賜へる事本《ことのもと》を思ひ、其ノ御治めを辱《かたじけな》み奉り、各々某々の家業《いへのなり》を好《す》きて、怠らず勤むべきこと勿論なり。其《そ》は士たらむ人は、士の業を好き、農たる人は農業を好き、工商また某々《それぞれ》に其ノ業を好《すく》より、各々その業に上手となるは然《さ》る物にて、然しも其ノ道に至《いたり》深く成リなむ事は、神世の道に習ふ心ぞ本なりける。(185)

との所論のように、神々と結ばれた人々は、すべて大御宝として、それぞれの身分に応じた勤めを果たすことが「神世の道」に習う心として了解されていく。ここには、神々との直線的な関係を通して描き出される大御宝なる観念に基づいて、徳川封建社会における身分秩序の構造を、被支配者の側からも正当化する論理を認めることができるのである。さらに篤胤は、天神地祇《あまつかみくにつかみ》の御恵みは、言ふにも言ハれぬほど大キなれども、夫は天地に弥《わた》る事ゆゑ、広く係りますが、我カ家わが身に親《したし》く付《つき》たる神と云は、宗《まこと》に師の歌に詠れたる如く、先祖たちの霊魂で有リますから、返す返す、粗略の无いやうに致して、近く云はゞ、此身は先祖の神主と思ふが宜《よろし》いでござる。[186]

と説いて、天皇の祭祀に倣うような形式にて、庶民もまたそれぞれが神々と繋がり、響き合うことのできる存在であることを強調する。現世に住まう人々が、幽冥界に鎮まりながら絶えず傍らに坐します神々や祖先たちとの繋がりを意識すること、これが篤胤の考える世界構成の基軸なのであった。前述の『毎朝神拝詞記』とは、そうした繋がりがすでに曖昧になってしまった時代において、人々と神々とが呼応していた古の世のありようを江戸の世に再現することを意図した著述と見ることができるだろう。

大著『古史伝』

こうして篤胤は、その古道学において、本居宣長のそれとは異なる学的所論の構成へと歩みを進めていく。それを象徴する述作が大著『古史伝』（一八一〇〈文化七〉年頃の起稿と伝わり、篤胤生存中に二八巻まで出来上がったが未完に終った。今日に伝わる全三七巻は、矢野玄道が平田鉄胤の委嘱によって纏め上げ、一八八六〈明治一九〉年に完成）であった。周知のように宣長は、『古事記』をもって日本古代の姿を最も正しく伝える正統的テキストと理解し、そのテキストの内容を文献実証的に解き明かす作業を徹底した。それに対し篤胤は、『古事記』も『日本書紀』も正しい神話の断片が伝わるに過ぎない不十分なものとし、神前に奏上する祝詞（『延喜式祝詞』に代表される）を重要視しながら、記紀やその他の伝承を再編成することで、かつて存在したはずの正しい神話を復原する試みを展開した。これが『古史成文』という述作であり[187]、それに対する膨大かつ詳細な注解を加えた大部の著述が『古史伝』なのであった。前述のように、宣長が、人はその死後誰もが暗く汚れた「夜見の国」に趣かざるを得ないと説いた（宣長は基本的に死後の世界のことに学的関心を寄せなかった）のに対し、篤胤は、人は死んだ後もこの世と表裏一体なる幽冥界に住まわっていると論じた。両者のそうした死生観の相違が、古史の捉え方の相違にも反映されたと見ることができるだろう。

大部の述作『古史伝』については、その概要を略述することすら容易でない。またその最も際立った特徴を何に認めるかについても様々な見解があり得る。それゆえ、ここでは断片的な紹介に留まることを承知の上で、敢えて、筆者の視線からその注目点のみ紹介してみる。

「神」の概念

『古史伝』の際立った特徴をなす所述の一つは、「神」の概念に関する理解だといえる。それは本居宣長の所論を土台に据えつつも、そこに篤胤独自の見解を付加しようとするものであった。宣長は、神のことを、

さて凡て迦微《かみ》とは、古《いにしへの》御典等《みふみども》に見えたる天地の諸《もろもろ》の神たちを始めて、其《そ》を祀れる社に坐《まします》御霊《みたま》をも申し、又人はさらにも云ハず、鳥獣《とりけもの》木草のたぐひ海山など、其余《そのほか》何にまれ、尋常《よのつね》ならずすぐれたる徳《こと》のありて、可畏《かしこ》き物を迦微とは云なり、(188)

と説いて、それが神話に描出された神々を指すのはもとより、祠の御霊、鳥獣草木、海や山など、およそ尋常ならざる可畏き存在をすべて「神」と説く。さらに、「神」とは貴賤・強弱・善悪など種々様々なありようにて存在するが、その存在は人の小智にて測り知ることのできるものではないとされた。

それに対し篤胤は、こうして宣長に残されていた「神」理解の曖昧さを克服しようとする。すなわち、

まづ神と云ふ言義《ことのこゝろ》は、御紀《みふみ》の巻首《まきのはじめ》に、古《いにしへ》天地《あめつち》未だ剖《わか》れず、陰陽《めを》分れず、渾沌《まろかれたる》こと雞ノ子の如く、溟涬《くぐもり》て牙《かび》を含めり、云々と有る牙《かび》これなり。…さて加備《かび》の加は、彼《か》の意にて、物を其《それ》と指シて云ふこと。備は霊妙《あやしくたへ》なる物を云ッ語なり。(189)

と述べ、「神」の語源は『日本書記』巻頭の文言に記された「牙《かび》」に認められ、それは天地も陰陽も未分化な状態に

あって、鶏卵の中身のように形状の定まらないものに含まれる「牙」のことだというのである。その「牙」とは、形状が「決《きは》めて男《を》易《ばしら》の形なるべく所思《おぼえ》たり(190)」と述べられつつも、「しかるに此を含める物は、大凡女会の形なりし(191)」という具合に、男女交合の様相を呈するものと説かれる。つまり世界の初発のありようとは、形状の定まらない霊妙不可思議な状態から、最初に「牙」なるものが男易（男陽）のような形状をなして出現したが、その姿はすでに女会（女陰）が男易を包み込んだような様相であった、というのである。こうして篤胤は、

> 其物つひに抜出《ぬけいで》て萌騰り、天つ日と成り、天の御柱とも成て、宇麻志阿志訶備比古遅《うましあしかびひこじ》ノ神、天之底立《あめのとこたち》ノ神も、其に因りて生成坐《なりまし》て、いとも〳〵奇霊《くしび》なる物なるが、其物実は牙なりし故に、天ッ日を直《たゞ》に加備とも云ひけむ。…然れば加備とは、世に生出《なりいで》たる物の元始《はじめ》にて、いと〳〵奇霊なる物なるが、是より延《ひき》て、都《すべ》て奇霊なる物を云ふ称《な》とも為《な》れる事を弁へ暁るべし。…さて加備《かび》と加微《かみ》は同シ言にて、…凡《すべ》て世に奇《くす》しく霊《あや》しき功徳《いさを》ある者を加微と云ひ、其《そ》をやがて神と書《かけ》り(192)。

との所論のように、混沌たる原初の世界に形をなした最初の存在である「牙《かび》（加備）」が、造化神に象徴されるすべての霊妙なる存在の起源だとするとともに、この言葉がやがて「神」と記されるようになったと説くのである。

男女交合の含意

「神」の語源を「牙」に認めつつ、そこに男女交合の含意を与えたことは、篤胤学の根底に潜むものの正体を示唆するようにも思われる。すなわちそれは、万物を生み出し、生命を生み出す力を男女両性に収斂させようとする思想的態度である。篤胤が「高皇産霊ノ神は、男神に坐々て、産霊の外ッ事を掌《しり》坐し、神皇産霊ノ神は女神に坐々て、産霊の内ッ事をなむ掌給ふなる(193)」と説き、「此ノ二柱の男女《めを》ノ大神の、産霊の御徳《めぐみ》の間《なか》より、諸々の物類も事業も生成り、神たちも生坐《なりませ》ること(194)」と述べるように、天地の初発とはそれ自体が男女の交合の様相を呈するものであり、その後も伊邪那岐・伊邪那美の男女神によって日本の国土が産み出され、諸般の物類や事業も、そして八百万の神々も、こうして誕生したのだと強調される。つまり、「神」の起源をめぐる篤胤の所説の根底にあった

ものとは、その姿を男女の両性に認め、それゆえ世界と万物とが男女の交合によって成り立っているとする認識なのであった。

このような認識は、伝統思想の主軸たる仏教や儒学には決して見られないものであった。仏教において男女の交合とは「淫欲」や「煩悩」の象徴として克服されるべきものであり、儒学においてもそれは「礼」という社会規範の枠組みによって規制されるべきものであった。それに対し篤胤は、男女の両性をもって、天地の成り立ちとその中でのあらゆる事物・営為の根拠に据えようとした。もちろん篤胤が、

> さて皇産霊ノ大神の、諸神《かみたち》を生給へるは、唯その男女《めを》の産霊の、互に芽《きざ》し合ふ、妙《たへ》に奇《くす》しき御徳《みめぐみ》の間より、産成《うみなし》給へるにて、夫婦《めを》の道に資《よる》ことには非ず。夫婦の道は、伊邪那岐、伊邪那美ノ命よりぞ始まりける。是ぞ産霊の大御徳《みめぐみ》には有ける。夫婦の道に由らでは、子を生得ざる、凡人の上より疑ひ思はむは、産霊の徳を知ラざるものぞ。神等のみならず、諸の物類《もの》は更なり。…また生とし生る物ども、人は更にも云ハず、其神魂性情《たましひこころ》霊智《あやしきさとり》も、悉く産霊ノ神の賦物《たまもの》なる由をも弁ふべし。[195]

と述べるように、「男女の産霊」（諸神・諸物・生物・人間の生成の根源）と「夫婦の道」（その起源は伊邪那岐・伊邪那美の二神にあると説かれるが、周知の通り、伊邪那美神は黄泉国に隠れてしまう）とが単純な連続関係に結ばれていないことには注意を要す。その意味で、男女両性の対等な価値を社会生活全般に適用させるような認識を篤胤が有していた、とまで指摘できるわけでは決してない。だがそれでも、この天地が男女両性の霊妙なエネルギーに満ち溢れていること、またそれによって諸物および生命の営みが絶えず更新され続けていることに、篤胤の重要な視線が投ぜられていたことは疑いないであろう。

幽冥界の側の視線

『古史伝』での所論の第二の特徴として掲げるべきことは、現世のあるべき姿を、死後の世界である幽冥界の側の視線から論じようとする思想態度が鮮明になっている点である。この二つの世界について、

まず篤胤は現世のことを、

> 既にかく現世に生出ては、其ノ現事顕事治看《しろしめ》す、皇美麻ノ命の御治《みをさめ》を畏みて、己が身に好くも悪くも、其御制度《みのり》に従ひ、産霊ノ大神の分賦賜《くまりつけたま》へる、正しき善《うるは》しき真性《まごゝろ》のまに〳〵、敬《つゝし》みて、上たるに事へ、下たる者を愛《うつく》しみ、各々某々に、属《つき》たる職業《なりはひ》を営み、神の御徳を探《たづ》ねて、現事神事のわかち、世ノ中の道理《ことわり》をも学び弁ふる事は、人の常道《つねのみち》なり。此を纂疏に、顕事ハ人道也、と言《のたま》へるなり。[196]

と、それが皇美麻命《すめみまのみこと》（瓊瓊杵尊。天皇の祖先神）の治める世であることを確言するとともに、人々がその世にてそれぞれに生業を営み道理を学び弁えることが顕事であり、人道であると説く。一方、幽冥界については、

> 年老期《としおいとき》至りて死《しぬ》れば、形体《なきがら》は土に帰り、其霊性《たましひ》は滅《きゆ》ること無れば、幽冥に帰《おもむ》きて、大国主ノ大神の御治《みをさめ》に従ひ、其御令《みおきて》を承《うけ》給はりて、子孫《うみのこ》は更なり、其ノ縁《よしみ》ある人々をも、天翔《あめかけ》り守る。是ぞ人の幽事にて、産霊ノ大神の定メ賜ひ、大国主ノ神の掌《しり》給ふ道なる故に、纂疏に、幽事ハ神道也と言《のたま》へりと通《きこ》ゆ。[197]

という具合に、それは人がその死後（肉体は土に帰るが、魂は不滅）に住まう世界であり、その世界を治めている大国主神に従いながら、死者たちが子孫はもとより縁者をも庇護することが幽事であり、神道であると説かれる。そしてこの二世界観に立った上で、「此世にある間は、大かたの人は、百年には過ざるを、幽世に入ては無窮なり。然れば此世は、人の寓《かり》ノ世にて、幽世の本《もと》ッ世なること決なし」[198]というように、現世がせいぜい百年の時空を過ごす仮の世であるのに対し、幽冥界とは死者が永遠に身を置くことのできる本ッ世だと強調される。

この二世界に関する所論だけに着眼すると、篤胤の認識は幽冥界の方に価値を据えるもののように見えるかもしれない。もちろん、生者が住まう現世が仮住まいであるのに対し、死者の住まう幽冥界こそ本来の住まいである。これ

はすべての人々にとって不可避の定めである。だが現世が仮住まいということの趣意は、そこでの生活が怠惰・乱雑であってよいことを意味するものではない。仮住まいたる現世をどう過ごすかについては、篤胤が、

抑《そもそも》此世は、吾人の善悪きを試み定メ賜はむ為に、しばらく生《あれ》しめ給へる寓世《かりのよ》にて、幽世《かくりよ》ぞ吾人《われ》の本ッ世なるを、然《さ》る故《ことのこゝろ》義をば弁へずて、仮の幸《さち》を好み、永く真《まこと》の殃《わざはひ》を取《とる》ことを知ざるは、最《いと》も悲《かなし》き態《わざ》なり。凡そ道を行ひ、世の過を救ふ人は、生涯《よのかぎり》その作事《なすこと》によりて、辛苦を受ることは、大国主ノ神に似《にた》るなりけり。(199)

と指摘するように、善行への自覚をもって様々な営みを展開すべきことが強調される。「世の生々なる学びの徒、幽冥は見むとすれど見えざる故に、無《なし》と思ふもあるは、痴心の極ミにぞ有ける。何国《いづく》にても冥府は、現世人の、見むと思ひて、見らるゝ所に非ざる故に、漢人も幽冥、また冥府など云へりしなり」(200)という言葉に象徴されるように、幽冥界が目に見えない世界であるからといって、その存在を認めないことは「痴心」として戒められるのである。

ここで注目されるべきは、次の所論に見られるように、篤胤は人の性を元来善と論じている点である。

徳行の意義

すなわち篤胤は、

さて人の性《まごゝろ》は、…産霊ノ大神の霊性《みたま》を、分賦《わかちつけ》賜へる物にし有れば、元より至善《うるは》しきを、世に彼ノ妖神邪鬼《まがかみまがもの》の如く有て、左右《かにかく》に世の道を乱し、人を其ノ党《とも》に誘《ひきい》入れむと計りて、人の心に入率《いりまじこ》り、彼善《かのうるはし》き性《まごゝろ》の外なる、邪《よこしま》なる心をつけ、悪行を勧むるを、人此ノ義《ことわり》を悟らず、省《かへりみ》て改めず、其ノ悪行の顕《あらは》なれば、君上《きみ》より是を誅《つみ》し給ふ。(201)

という具合に、人の性を産霊大神の霊性の分与と理解し、それゆえ本来は至善であると説いている。人々の悪行とは、妖神・邪鬼によって邪心を外側から植え付けられたことによるものなのである。この「性」が、いわゆる儒学の性善悪論にて取り上げられてきた人間本性を含意するものか否かについては、慎重を要するものの（「性」に「むまれつ

き」ではなく「まごゝろ」とのルビが付せられている)、これを「元より至善《うるは》しき」と説くとともに、本来善行が期待されるはずの人々が悪行を犯してしまった場合、これを誅するのが君上の役割とされている点も興味深い。この点は、先行者本居宣長が「心」や「情」に深い関心を寄せつつも、「性」についてはそれへの言及がほとんど見られなかったこととも対照的である。

さらに現世においては、善が福を呼び、悪が罰を招くことが道理であるにせよ、そこには妖神・邪鬼の影響により、善人が災難に遭い、悪人が幸福を得るということも起こり得る、とされる。篤胤の、

> 善は必《かならず》福あり、悪は必ス罰ある。平常《つね》の道理《ことわり》を述るにこそ有れ。現世の有趣《ありさま》を見れば、此ノ道理の如《ごとく》ならで、善人の禍事《まがごと》に逢つゝ世を終り、悪人の幸福《さいはひ》を得て、世を終る類《たぐひ》はいと多かり。此は何《いか》なる謂《いはれ》による事ならむと云に、是また彼ノ妖神邪鬼《まがかみまがもの》ども、所為になむ有ける。(202)

との所論が、その認識を端的に表明している。仮住まいである現世では、人の禍福がその善行・悪行とストレートに結びつくわけではないのである。ただし、人々の振る舞いにおける善と福、悪と殃との関係とは、現世では妖神・邪鬼の所為によって齟齬を来すことがあったとしても、死後に赴く幽世においては必ず明確な連関関係にて結ばれることになる。すなわち篤胤は、

> 抑《そもそも》徳行に苦める者、幽世に入ては、永く大神の御《み》賞《めぐみ》を賜はりて用ヒらる。是を真の福《さいはひ》といふ。傲遊に耽《ふけ》りし者、幽世に入ては、永く大神の御《み》罰《とがめ》を蒙りて棄《すて》らる。是を真の殃《わざはひ》といふ。総て思ふに、善悪既に分れ、功と罪と定マりて、善を賞《めで》み悪を罰《きた》むるは、幽世ノ大神の大権《おほこと》にて、軽重遅速の差《たがひ》こそ有れ、其善悪に適ふ賞罰を行ひ給はずと云こと無れど、現世に其賞罰を見ルこと能はず。幽世に帰りて後に判《ことわ》り給ふ。(203)

と述べて、現世での振る舞いとしての善悪は、幽世（幽冥界）にてその統治者たる幽世大神（大国主神）によって厳正に裁かれ、その所業に関わる賞罰は必ず適格に行われる（善を賞《めで》み悪を罰《きた》むる）ことになると強調する。

こうして篤胤学においては、現世に生きる人々に対し、その振る舞いを善へと赴かせる営為、すなわち徳行の意義を、幽冥界の側の視線から説く姿勢を顕著なものにする。篤胤の、

然れば徳行に志有らむ人は、よく此義を弁へて、日々に其ノ念《おもひ》と行ヒとを、自ラ省《かへり》み自責《せめ》て、人は何と誹《そし》り、何と誉《ほむ》るとも、其に愧拘《はぢかゝ》はる事なく、唯幽冥ノ大神は更なり、凡て神の照覧《みそなは》し給ふ所をのみ愧畏《はぢかしこ》みて、其ノ徳行を磨く、是を神ノ教《をしへ》に習ふと云なり。(204)

との所論は、まさに現世に生きる人々の実践態度を、幽冥界の側の視線から方向づけた最も端的な思想表現と見ることができるだろう。この思想表現をもってそこにある種の教育思想としてのカタチを読み込もうとすることには飛躍があるかもしれない。だが、篤胤におけるある種の教育観が、彼の死生観から導き出されていたと評することは許容されることといえよう。

世界的規模での古道探索

第三に、これも『古史伝』に限られることではなく、むしろ『古道大意』から一貫して提示されてきている所論であるが、篤胤の神道学の特徴を鮮明に伝える傾向として、この国古来の神々の営みを、日本の古伝のみに（一国史観的に）囲い込むのではなく、これを世界や宇宙規模の営為にも（全世界の古史にも）適用させて論じようとしている点が指摘できる。

篤胤が当時の西洋天文学の知見を丁寧に読み解きながら、これを自らの神道学説に取り込もうとしたことはすでに紹介した通りである（例えば、注164を参照）。だが彼にとっては、太陽系の星々の運行に関わる当時最先端の知見なども、そのありさまとは、もともと「是天日《これあまつひ》の御国に神留《かむづまり》坐《ま》す神の、天之御柱を立給へる其霊機《みはかり》に資《よる》こと」(205)なのであり、その言い伝えについても「異国にも某々に、…少《いさゝか》づつは遺りたれど、皇国の如く、正しき古伝の、一ッも有ルか

は、蠢《むくつ》けき蕃説に、惑ひたらむ人々、熟思《よく》ひてよ、御国の古事学は、万ノ学の基原なる物ぞ[206]」という具合に、日本の古伝説こそが最も正しいものであることが強調される。その上で、例えば太陽系の姿に関する所見を、

> 先《まづ》日の旋りは、大地の二十五日半に一旋するを、水星は、第一郭に在て、日に最《もつとも》近けれど、日の運より遅くして、大約八十八日不足《たらず》にて、其郭を、西より東に一周し、其の次は金星なり、日の第二郭に在て、二百二十四日半余にて一周し、其次は大地なり、日の第三郭に在て、三百六十五日三時ほどにて一周す、是を一年といふ。其間に、北に浮み昇りて冬をなし、南に沈み降りて夏をなし、寒暑の往来ありて、万物の生成《なる》ことは、伊邪那岐、伊邪那美二柱ノ神の、国中に御柱を衝立て、固メ給へる、御恩頼に資ルことは、云も更なり。大地の次は火星なり、日の第四郭に在て、六百八十七日不足にて一周し、其次は木星なり、日の第五郭に在て、四千三百三十二日半ほどにて一周す、十二年には少し寡《すくな》し。其次は土星なり、日の第六郭に在て、大約一万七百五十九日余にて一周す、二十九年半ほどなり。是皆日輪の運転る勢ヒに掣《ひか》れ従ひて運るなる故に、愈《いよいよ》近きは愈早く、愈《いよいよ》遠きはいよゝ遅く、運ること、是を以て暁るべし。是即チ天ツ日の御柱を立給へる、神機にぞ因れりける[207]。

という具合に描き出すのである。篤胤はかねてより、「抑《そもそも》わが大御国は、万ノ国の本つ御国にして、我が古ヘ学は、則《すなはち》万国の本つ学びなる[208]」や「外ツ国の事は、絶て学ぶに及ばず、我が大御国の事だに知らば、足ラはぬ事なし、と思ふ由なるは、甚《いた》く固陋なり。実は外国の事をも知らざれば、大皇国の学問とは云べからず[209]」との主張に象徴されるように、西洋から流入する学的知見に学ぶことが皇国の学問への理解を一層深化させる（神々が万国にも渡っている限り、その事跡が必ず遺されている）との自覚を保持していた。そうした姿勢が『古史伝』にも顕著な形となって反映されていたのである。

前述のように、『古史伝』は篤胤の生前に完成することはなかった。それは、篤胤が日本の古伝説に基づいて、神代のありようを一応に解明した時点にて、その研究の方向が外国の古代学や神話学に傾いていったからに他ならない。

『印度蔵志』（一八二六〈文政九〉年頃ほぼ成稿）や『印度蔵志稿』（未定稿）などの著述は、わが皇国が本ツ国であり、天皇が万国に王たるの道理であること（すなわち神代の故実）を、「万国の風体」へのアプローチを通して明らかにすることを試みたものであった。これは『古史伝』からの引用ではないが、篤胤の、

抑《そもそも》天地世界は、万国一枚にして、我が戴く日月星辰は、諸蕃国にも之を戴き、開闢の古説、また各国に存《のこ》り伝はり、互に精粗は有ルなれど、天地を創造し、万物を化生せる、神祇の古説などは、必ず彼此《かれこれ》の隔《へだて》なく、我が古伝は諸蕃国の古伝、諸蕃国の古説は、我が国にも古説なること、我が戴く日月の、彼が戴く日月なると同じ道理《ことわり》なれば、我が古伝説の真正を以て、彼が古説の訛《あやま》りを訂《たゞ》し、彼が古伝の精を選びて、我が古伝の闕を補はむに、何《な》でふ事なき謂《ことわり》なれば、…見む人その意を得て、訝《いぶか》る事勿《なか》れ。(210)

との所述は、日本の古伝研究とは諸外国の古伝への周到な考察を通してはじめて完成段階へと到達する、という彼の認識を最も顕著な形にて表明したものといえるだろう。

幽冥界の体験者

こうして篤胤学は、その独創的所論たる幽冥界のことを明らかにするために古史学へのアプローチを基軸に据えるのであるが、もう一つその学を支えたものがいわば幽冥界に赴いた者の体験を直接に聴取するアプローチであった。篤胤の幽冥界研究として纏められた最初の本格的な述作は、『古今妖魅考』（一八二一〈文政四〉年草稿成）だといわれる。同書は、平田鉄胤が「古今妖魅考といふ書は、林ノ羅山先生の説《ときごと》に依りて、我父の、世に化物《ばけもの》と云ふものある、其本縁《もとのいはれ》を考《かむがへ》覈《きは》められたる書なり」(211)と解説するように、林羅山の『本朝神社考』での所説を踏まえながら、妖魅たる天狗についての考察を展開したもので、必ずしも直接的な聴聞に基づくものではない。一方、体験者への聴聞というアプローチを本格的に試みたものとして知られるのが、『仙境異聞』（一八二二〈文政五〉年成稿）や『勝五郎再生記聞』（一八二三年成稿）などの述作である。

『仙境異聞』は、一八二〇（文政三）年の秋、天狗小僧として話題となっていた寅吉という少年に対して行った聞き

書きを一書としたものである。寅吉は、一八〇六（文化三）年に江戸下谷の商人の家に生まれた少年であったが、このとき薬種商で随筆家として知られた山崎美成《よししげ》（一七九六～一八五六）の宅に寄食していた。篤胤の聞き書き(212)によれば、寅吉は一八一二（文化九）年、七歳のときに上野東叡山の五条天神にて、薬を売る老人と出会った。その老人は、日暮れ時になると薬や敷物などを径五、六寸ほどの壺にしまい込むとともに、自らもその壺の中に身を入れ、そうして壺は大空へ飛び上がってしまったという。不思議に思い、その後も同所に向かうと、あるとき老人から「其方も此壺に入れ」と告げられ、躊躇していると作菓子を与えられた上、「卜を知たくは此壺に入りて、吾と共に行べし」と勧められ、そうして壺の中に入ったかと思うと、日の暮れないうちに常陸国の南台丈（加波山と我国山の間に所在、獅子ヶ鼻岩という行場がある）という山の嶺に立っていた。夜になり両親が恋しくて泣きじゃくる寅吉に、老人は「必この始末を人に語ること無く、日々に五条天神の前に来るべし、我送り迎ひして習はしめむ」と告げ、大空を飛んで連れ戻してくれた。寅吉は老人の言葉に従い、今日まで父母にもこのことを語ることはなかった。

次の日に五条天神に赴くと、老人が寅吉を背負って山に連れて行った。その山は久しく南台丈であったが、やがて行き先が同じ常陸国の岩間山になった。寅吉はここで老人から祈祷の仕方、符字の記し方、呪禁《じゆごん》（まじない）や幣《ぬさ》（神前に供える幣帛）の切り方、さらには文字の事などを教えられた。寅吉はこうして江戸と常陸国の山とを往来することが一一歳の一〇月まで続いたが、一二、三歳頃には老人が江戸に姿を現して諸事を教えるようになった。聞き取り前年の一八一九（文政二）年には師たる老人に伴われて空中を飛行し、遠国に赴いた後、岩間山に至って師より白石平馬との名を賜り、さらに同年秋には師と同道して江の島・鎌倉などに赴き、伊勢神宮を参拝し、その他の諸国を見廻った上で、本年（文政三）三月に家に戻ったというのである。

篤胤は、寅吉への聴き取りを通して、当時一五歳の少年が一般には知り得ないことを淀みなく答えるので、これを寅吉の実際の体験談と理解し、その体験を克明に聴き出すために寅吉を篤胤の自宅に居候させた。そうして交わした数々の問答が『仙境異聞』に書き綴られたのであった。また、天狗小僧寅吉には多くの知識人が興味をもち、気吹舎を訪れて寅吉への聴き取りを行っている。その席には、山崎篤利（一七六六～一八三八）、佐藤信淵（一七六九～一八五〇）、大国隆正（一七九三～一八七一）ら篤胤の門人たちに加え、伴信友（一七七三～一八四六）や小山田与清《ともきよ》（一七八三～一八四七）らの国学者、国友能当《くにともよしまさ》（一七七八～一八四〇）という鉄砲鍛冶、山田大円（一七六五～一八三一）や臼井玄中（生没年不詳）らの医師、さらには水戸学者の立原翠軒（一七四四～一八二三）も名を連ねていた。寅吉の語る「仙境」が、これらの知識人たちを惹き付けたことは、篤胤の説く「幽冥界」がどこか朧げながらも人々の知的欲求を動かすものであったことを示唆するものといえよう。

一方、『勝五郎再生記聞』なる述作は、武蔵国多摩郡中野村の百姓源蔵の次男で当時九歳の少年であった勝五郎が、自分は同郡程窪村の百姓久兵衛の子で、一八一〇（文化七）年に死去した藤蔵の生まれ変わりとして、六年後の一八一五（文化一二）年に再生したと称していることについて、篤胤自身が直接勝五郎本人および源蔵から聴き取った記録を綴ったものである。聴き取りは一八二三（文政六）年に気吹舎にて実施されている。勝五郎の「息の絶《たゆ》る時は、何の苦《くるし》みも無りしが、其後しばしが程苦しかりき、其後はいさゝかも苦しき事もあらず」や、「僧共が経をよめども何にもならず、すべて彼等は、銭金をたぶらかし取らむとするわざのみ」、「其ノ時に白髪を長く打垂れて、黒き衣服着たる翁の、こなたへとて、誘《いざ》なはるゝに従ひて、何処《いづこ》とも知らず、段々に高き、綺麗なる芝原に行て遊びあるけり」、「或とき彼ノ翁と家の向ひの路を通るとき、家とは源蔵が家をいへり。翁この家を指て、あれなる家に入て生まれよといふ」、さらには「其後母の腹内へ入たりと思はるれど、よくも覚えず、…生るゝ時は何の苦しき事も無りき」などの証言[213]は、彼の冥界体験を生々しく伝えている。

この聴き取りを通して篤胤が強調するのは、「人の世に生れ出ることは、神の産霊《むすび》によりて一日《ひとひ》に千人《ちびと》死《しぬ》れば新《あらた》に千五百人《ちいほびと》生るゝ由縁《ゆゑよし》なる[214]」と説かれる「神の幽事の中の秘事」であり、天堂地獄・再生転生・因果応報などの趣意については、その由来が決して仏教に求められるものではない、ということであった。それゆえに、「いまだ仏説のわたり来《こ》ざりし以前の、和漢の書の古事を委くよみ味ひて思ひ弁ふべき事ぞかし[215]」との所論が繰り返し提起されるのであった。なお、篤胤が幽冥界へのアプローチを試みた著述には、これら以外にも『幽郷真語』（一八三一〈天保二〉年成稿）や『稲生物怪録』（成稿時期不詳）などがある。こうして幽冥界は、人々の実体験を通してその実在が説かれていくのである。

上京と松坂訪游　一八二三（文政六）年、篤胤は四八歳にして初めて上京の機会に恵まれる。すなわち篤胤は同年七月に江戸を発ち、熱田神宮参詣を経て京都に到着し、詩文や歌俳を掌る富小路家の仲介や門人たちの協力を得て仙洞御所（光格上皇）や禁裡御所（仁孝天皇）に著書を献上した。その後、大坂を経て若山（和歌山）に赴き本居大平（一七五六～一八三三）を訪ねた。篤胤と大平とは、かつて服部中庸の『三大考』を巡って認識を異にする関係にあったが（大平は『三大考』の批判書『三大考弁』を著していた。一方、篤胤が『霊能真柱』にて『三大考』の所説を踏襲したことはすでに指摘した通りであるが、篤胤はさらに『三大考弁々』にて服部中庸の説を擁護していた）、この対面の場では終始好意的な雰囲気に包まれたと伝わる。その後、篤胤は大和を経て伊勢神宮に参拝し、松坂山室山の本居宣長の墓所に詣でた。その墓所では、

束の間も忘れずあればけふ殊に、偲び申さむ言の葉もなし
をしへ子の千五百《ちいほ》と多き中ゆけに、吾を使ひます御霊畏し
我か魂よ人は知らずも霊幸ふ、大人のしらせは知らずともよし[216]

などの歌を献じている。また、この松坂の地では鈴屋《すずのや》を訪ねて本居春庭（一七六三～一八二八）との面談を果たしている。

篤胤のこの旅は、鈴屋門人たちに少なからぬ波紋を投げかけることになった。かつて篤胤が宣長の門人と称して『霊能真柱』を公刊したこと（一八一三〈文化一〇〉年）や、『三大考』をめぐる篤胤の論説を認めるべきか否かということなどをめぐって、鈴屋門人たちの間に動揺が再燃したのであった。この旅程の途上にて篤胤に接した門人たちは、篤胤を賞揚するものと排斥するものとに分かれたが、それぞれの所見は書状に認められて大平のもとに送られた。それらの書状は後にその写本が篤胤に伝わり、後に鉄胤によって『毀誉相半書《きよそうはんしょ》』（一八三四〈天保五〉年）として刊行された。概していえば、京都の鈴屋一門からは篤胤のことを異端視する声が多数派であったが（ただし篤胤は京都にて服

部中庸と対面する機会があり、中庸から賞揚されていた）、和歌山と松坂の地にて本居宗家から特別の待遇を得たことで、彼は自分自身こそが宣長学の正統を継承するものとの自信を深めたのであった(217)。

この上京の後、一八三九（天保一〇）年頃まで（六〇歳台前半まで）の時期は、篤胤が自らの学問の総仕上げを進めた時期だといえよう。すでに紹介したインド学の成果としての『印度蔵志』に加え、篤胤の中国学研究を象徴する『赤県太古伝』（一八二七〈文政一〇〉年成稿）や『三五本国考』（一八二八年成稿）『天柱五岳余論』（一八二九年成稿）などの他、未完成の草稿ながら『孔子聖説考』が著されたのもこの時期のことであった。同書には排儒教・親道教という中国学に対する篤胤の思想的態度が凝縮されているが、その態度は『太昊古易伝』（一八三六〈天保七〉年成稿）という彼の易学書にてより鮮明に表明されることになる。その他、『天朝無窮暦』（一八三八年成稿）に代表される暦法書や『皇国度制考』（一八三四年頃、未定稿）のような度（尺度）制研究、さらには『古史本辞経』（一八三九年成稿。同著は篤胤の最終著作といわれる）などの古辞研究書など、篤胤の著述活動は膨大にして広範囲に及ぶ領域を覆い尽くしていく。だが、「大壑君御一代略記」が「著述之書、凡百余部、巻数千巻ニ近カルベシ(218)」と伝える篤胤の著作群について、彼の生前に刊行されたものは全体の五分の一にも及ばなかった。それでも篤胤の生前刊行書が大部に及ぶものであったことは間違いない。篤胤が大部の著書を出版できたのは彼自身の借金と、門人たちによる募金とに基づくことなのであった。

神道家および御三家への接近

篤胤の生涯において、その後期と称される時期を特徴づける事柄は、江戸社会における実際的権威への接近であった。前述の上京の際（一八二三年）、篤胤は諸国の神社や社家を統括する吉田家（吉田兼倶〈一四三五〜一五一一〉によって集成された吉田神道は、当時の神道界の中心的存在であった）を訪問し、当家より神職教導を委嘱されている。篤胤はかつて『俗神道大意』（一八一一年成稿）にて、

> 朝廷ニ於テハ、サシモ御用ヒハナケレドモ、将軍家御創業以来、奸計ヲ以テトリ入リ、ソノ家ヲ、実ニ神祇ノ長官ト思ハセ参ラセ、ソノ威光ヲカリ、彼ノ偽《いつは》リノ綸旨ドモヲ、諸国ノ神人ニ示シテ、オドシ掠《かす》メテ配下ニツケ、今

> ハ大半、カノ家ノ配下ノ如クニ致シタガ、扨々ニクキヿノカギリヂヤ。(219)

という具合に、吉田神道を痛切に批判していたが、その後この所論を撤回し、『ひとりごと』（一八二三年）と題する一書の中で、

> 今しこそ神職たちも、仏意を悪ふ事となりつれど、彼の中比ハ、世と共に仏をこのめること、此にて知るべく、…中世より吉田家にて、仏意を混合せる神道行吏《ぎようじ》を物せるハ、深く思ひて世風にならへる、姑くの術計なりし事を弁ふべし。(220)

と、吉田神道の本来の姿は神事の宗源でありつつも、現実の時流を通して発展してきたことを擁護するのである。さらに一八二三（文政六）年には『吉家系譜伝』を著して、従来天児屋根命《あめのこやねのみこと》を祖とすると伝えられてきた吉田家の系譜を造化三神の一柱である天之御中主神《あめのみなかぬしのかみ》から始まるものと書き改めている。さらに篤胤は、吉田家とは対立関係にあった神祇伯（いわば神祇官の長官）白川家にも接近し、一八四〇（天保一一）年には白川家関東学寮の学師職に補任されている。

篤胤はまた、徳川御三家たる尾張藩や水戸藩との関係を深めようともした。彼は一八二二（文政五）年頃から尾張藩に著書を献じていたが、一八三〇（文政一三）年には同藩より三人扶持を給せられるに至った。篤胤はすでに一八二三（文政六）年に備中松山藩士を辞して浪人となっており（学業を理由に暇を請い許された）、尾張藩から正式の藩士として取り立てられることを希望したが、それは叶わず、後述するような幕府の意向もあって、一八三四（天保五）年には同藩からの扶持支給も打ち切られることになった。

水戸藩についても、篤胤は一八二八（文政一一）年に幕府の祐筆で国学者の屋代弘賢《ひろかた》（一七五八～一八四一）を介して著書を献上していたが、その後同藩への出入を許されるようになった。篤胤が尾張藩への仕官を志願していたこと

について、一八三二（天保三）年には水戸藩主の名をもって同藩家老から尾張藩家老に推挙されるに至っている。一八三四年に篤胤は、藤田東湖宛に古道の振興に関する内願書を送付しているが、さらに一八三五年には、上述の屋代弘賢が篤胤の意向を承けて藤田東湖に篤胤の彰考館出仕を依頼している。藤田東湖は、会沢正志斎宛の書状にて、篤胤の人物評を、

> 平田大角なるものは、奇男子に御座候、野生も近来往来仕候処、其性妄誕にはこまり申候へ共、気慨には感服仕候、…大角の著述、先公（斉脩）へ献候分御預に相成候ゆへ、もし試に御覧被レ成候はゞ、御用に仕り差下し可レ申候、三大考を元にいたし、付会の説をまじめに弁るは、あきれ申候へ共、神道を天下に明にせんと欲し、今以て日夜力学、著述の稿は千巻に踰候気根、凡人にハ無レ之候、乍レ去、奇僻の見は、最早牢固不レ可レ破候、可レ憾、[21]

と綴っている。人物としての気概や好学の姿勢は相応に評価されているものの、奇僻の説が固陋だとする所見は、水戸藩側の篤胤評を象徴するものと見ることができるかもしれない。

尾張藩や水戸藩が、篤胤に対し好意的な姿勢を示しつつも、その反面、一定の距離感を埋めようとしなかった理由には、幕府の姿勢が関与したものと考えられる。すなわち一八三四（天保五）年頃、篤胤の学問が儒学・仏教・神道などの伝統教学を謗り、世人を欺くものとの批判が高まり、幕府がこの事案を林大学頭に諮問するに至った。篤胤が、詳細な古書研究に基づいて天皇を祭主とし神々の世界と民衆とが直接的に結ばれる世界像を呈示したことが、民衆の上に立つ武家権力を否定するものとの懸念が示されたのであった。だが、当時の大学頭林述斎は「其著述者《は》、一時を欺き候迄に而、後年に至り候而《て》者《は》、誰有りて看読仕候者もこれ無く、遂には反故《ほご》と相成申すべき事、顕然に御座候間、絶版之御沙汰には及び中間敷哉に御座候」[22]と、これを取り立てて問題視することなく、篤胤が筆禍を蒙る事態には至らなかった（ただし、前述の尾張藩からの扶持召し上げは、こうした事態の影響によるものと見なされる）。

さらに一八三七（天保八）年に勃発した「生田万《よろず》の乱」も、平田一門に大きな衝撃を与えるものとなった。生田万

（一八〇一～三七）は、上野国館林藩士で篤胤に入門しその逸材ぶりが評価されていたが、藩政改革を進言して追放処分に遭うという経歴の持ち主であった。その後越後柏崎に移ったとき（当地の平田門人たちの支援によって、学問を教えた）、天保の大飢饉による惨状に接し、民衆救済を唱えて代官所を襲撃するという乱に及んだのであった。篤胤は、自身の信念を貫いた生田万を評価しつつも、気吹舎に降りかかった政治的危機には危惧の念を抱かざるを得なかったのであった。

秋田への退去と篤胤の死去

そして、その危機は一八四一（天保一二）年、ついに顕在化するに至る。同年の正月元日、篤胤は秋田藩邸から呼び出され、幕府老中から著書の出版禁止と秋田への退去が命ぜられた旨申し渡されたのであった。その直接の原因となったのは、一八三六（天保七）年に出版された『大扶桑国考《だいふそうこくこう》』という著書であった。同書は、その冒頭の、

諸越《もろこし》の古書《ふるきふみ》どもを閲《けみ》するに、其ノ国の古伝説に、東方大荒外に、扶桑国と称する神真の霊域、君師の本国ありて、その国初に出興せし、三皇五帝など云ふは、謂ゆる扶桑国より出て、万づの道を開きたる趣《さま》に聞ゆるに、採り集めて熟《つばら》に稽ふるに、其ノ扶桑国とも謂へるは、畏《かしこ》きや吾が天皇命《すめらみこと》の、神《かむ》ながら知食《しろしめ》す、皇大御国《すめらおほみくに》の事にして、其ノ三皇五帝と聞えしは、我が皇神等《すめがみたち》になも御坐《おはしま》しける。[223]

との文言に象徴されるように、中国の伝説的皇帝たる三皇五帝（伏羲・神農・女媧の三皇と、黄帝・顓頊・帝嚳・堯・舜の五帝）が、扶桑国（日本）から渡ったものとの所論（中国の始原も日本の神々に求められること）を様々な漢籍を引きながら立証しようとするもので、この所論が世の中の人心や風俗に悪影響を及ぼすとの理由により、絶版が申しつけられるとともに、秋田への帰藩が命ぜられたのであった。この幕府命令の真相がどこにあったのかの詳細は必ずしも鮮明ではないが、実は『大扶桑国考』には生田万の跋文が載せられており、そのことが改めて吟味の対象になった可能性は否定できない。加えて、この幕府命令については、篤胤の著述『大朝無窮暦』（一八三七～三八年成稿）が幕府天文

台より問題視された（同書が江戸幕府の暦制を批判するものと疑われた）ことが関与した、との見方もある。

篤胤は、既述の通りかつて秋田佐竹藩を脱藩した人間であったが、「大壑君御一代略記」によれば、一八三八（天保九）年に佐竹藩より帰藩すべきとの内命があり、本姓も平田のまま許されたと記されている。[224] ともあれ、時流が次章にて概述する「天保の改革」へと向かう中、言論弾圧の波が篤胤の身辺にも押し寄せたことは間違いないであろう。

こうして同一八四一年、篤胤夫妻は秋田へ向けて江戸を出立する。江戸では、篤胤の養子鉄胤（話が前後するが、門人碧川篤真《みどりかわあつまさ》は一八二四〈文政七〉年に篤胤の養子となって平田鉄胤と名乗り、娘千枝と結婚していた）が気吹舎の運営を継続させた。篤胤は久保田城下に住み、邸宅も与えられた。篤胤は秋田においても著名な学者であり、講釈を行えば多数の聴衆が集まり、門人の数も増加を見た。だが、江戸にて構築した学者間のコミュニケーションは失われ、何よりも大量の蔵書は江戸に遺されたままであった。自著を世に流布させるについても、江戸はその条件が最も整った拠点であった。篤胤は秋田に退去して以来、絶えず江戸への帰府の可能性を様々に探った。気吹舎を江戸に残したまま鉄胤にその運営を委ねたのも、江戸への帰府を信じていたからと見なされる。だが一八四三（天保一四）年の夏頃、篤胤は病に伏せるようになる。そのときに詠んだ、

ながつき十まり九日の日、こゝちことによからず、今やしぬべくおぼえしかば、思ふ事の一つも神に勤めをへず、
けふや罷るかあたら此世を。[225]

というものが、篤胤の辞世の詩となった。享年六八歳であった。強く所望した江戸への帰府は叶わず、膨大量の著述書が未整理のまま遺されることになった。篤胤の咎が赦免されたのは一八四九（嘉永二）年のことで、第一一代将軍徳川家斉（一七七三〜一八四一）の七回忌によるものであった。

(2) 篤胤の教育思想

以上に概述したように、篤胤の学は文字通り「古道学」と称すべきものであり、そこに明確な教育思想の体系を認めることは困難である。だが、その古道学の成り立ちや内実などを説いた所論には、彼の学問論と見るべき主張が豊富に包含されており、さらにはその学問論を通して、篤胤の教育思想の一端を窺知することもある程度可能である。以下、ごく端的に篤胤の学問論と、そこから導き出され得る教育思想の概略を描出してみる。

教育の要不要

先行者本居宣長は、この国は元来「道」が自ずと行われる国であり、それゆえ「教ノナキコソ尊トケレ」との極言を発出していたが、その認識は篤胤も踏襲している。すなわち、

> 我が大御国の古へは物ごと寛裕《おほらか》にして、強て教の書を読習《よみなら》はしむる如き事は無《なく》て、唯何事も、天津御神の御教《みのり》のまに〳〵、神の御世より受継ぎて、天の下の政《まつり》ごち給ふ事にし有れば、よろづ大君の御令式《みのり》を畏《かしこ》みて、殊にさかし立たる事とては絶て無りき(226)。

との所論に象徴されるように、この国元来の姿とは人々に強制的に教説を読習させようとするようなものではなかった、と説くのである。そうした古来の良俗が改められざるを得なくなったのは、

> 応神天皇の大御世よりして、漢籍参渡《からぶみまゐわた》り、次々に学問と云こと始まり、後には謂《いは》ゆる学校など云をも建置《たておか》して、万づ彼ノ国風《くにぶり》に教へ立る事と成り、論語、千字文、大学、中庸、孝経など云ッ物を、次々読習はしむ事と為《な》れるが、それ終《つひ》には、大皇国《おほみくに》の学則《まなびののり》の如くなむ為リにける(227)。

というように、大陸からの学問・文化の流入を契機とすることであり、その結果この国に学校や教則が形づくられたとする所見も宣長と同様である。ただし宣長にあって、江戸社会に教育が必要とされるのは、そうした漢意に染まっ

てしまった悪弊を払い去るための方便であり、この国本来のありように鑑みる限り教育は不要との原則はその思想に貫徹されていた。

それに対し篤胤の場合は、教育の要不要に関する問題よりも、その内容が漢籍に基づくものかそれとも大皇国の御典に拠るものかという問題に、その思想関心が傾注されていく。そうして江戸時代以降、大皇国の道を講究する営為が教学の主軸となったことをむしろ評価する所論を提示するのである。すなわち、

> 畏《かしこ》くも東照神祖ノ命、天皇《すめら》命《みこと》の御手に代りて、大御世を治め給ひて、普く古書を召問《めしとは》せ給ひ、敬公、義公其ノ御志を受継《うけつぎ》給ひて、古ヘ学の道を起し給へるより、荷田、県居、鈴ノ屋の大人たち、次々に、大皇国の道を委く講明《ときあか》し給へれば、今しは誰も惑ふべきふし無く、幼き者等までも、容易《たやす》く伺ひ知べく成りぬる…。[228]

という具合に、徳川の世になってから、徳川家康、徳川義直、徳川光圀らによって古え学びの道が開かれ、さらに荷田春満、賀茂真淵、本居宣長らの活躍によって大皇国の道を講究する営為が、学の主軸となったことを評価するのである。ただし篤胤の時代の学問環境については、

> 斯しも学問《まなび》の道の開くるに付ては、其ノ学校学則もなくば有ルべからず。然れば近頃国国の大守たち、国学或は和学など称して、講習すべき所を建て、皇典《みふみ》を説聞《ときゝか》しめ、古事記の序など読しめ給へるも、間間有る由なるは、最も珍《めで》たき事には有れど、先《まづ》幼童らの読書に為べき、便《たより》利《よ》き書は、未《いまだ》見当らず。[229]

と、諸藩が学問所を開設しそこで国学・和学が講ぜられている状況を歓迎しつつも、初学者に向けての有用な教本が欠けていることを問題視する。篤胤が、初学者のための入門書『童蒙入学門』（成稿年不詳。平田鉄胤の弟碧川好尚《みどりかわよしひさ》の後序には天保一二年九月と記されている）を著したのは、こうした事態に対する彼なりの応答であったと見ることができる。

「皇国の学」の高唱

その『童蒙入学門』は短い内容ながら、学のありようを「敬神」「国体」「祭祖」「浄潔」「子弟」「食飲」「読書」の七章に分けて略述している。このうち「国体ノ章」は、「夫れ皇国は、神真の本域大易（太陽）の初出する所、国土の始立する所、固より大地の元首にして、万法の根拠する所なり。皇孫世を嗣て終古易らず万世一世の如くにして、君臣の大義備はるなり。君臣の大義備りて、人倫の道立ち、人倫の道立ちて、天下安らかなり(230)」という具合に、いわゆる後期水戸学の「国体」論と同調するような所論（「君臣の大義」を「人倫の道」の基軸に据える）となっている。「子弟ノ章」の「凡そ君長に事へ、賓客に接し、朋衣《ママ》に対し、及び独居連進、当に厳粛整斉にすべし(231)」や、「読書ノ章」の「凡そ書を読む者は、几案を払拭して書冊を開き、身体を整正にして、気息を調へ、分明に字を看て之を誦して、音韻の軽重、篇章の断続、句読訓点、一も誤ること無く、字字響の亮なるを要とし、句句意の見るゝを要とす(232)」などの所論は、江戸時代の学術入門書として至極一般的なものと認められる。しかしながら、それらの所論を総括する「凡そ古道学を勛まるの人、恒に報国の志を懐くべし。昇平の世干戈を用ること無しと雖も、弓馬槍剣の術、亦怠る可からず。是れ則ち皇国の風儀、武備を欠く可からざるを以てなり(233)」との主張は、幕末期以後の国体論に基づく皇国民思想を先取りしたものと見ることもできるだろう。

篤胤の学問論を凝縮した著述に、もう一つ『入学問答』（一八一三〈文化一〇〉年成稿）がある。同書は、篤胤学を形づくる学的内実を端的に説いたもので、そこでは、

> 一体真の道と申候物は、実事の上に、備はり有るものにて候を、世の学者等は、とかく教訓の書ならでは、道は得られぬ事のやうに、心得居候へども、甚の誤に候。其故は、実事が有れば教はいらず、道の実事が無き故に、教へは起り候なり(234)。

という具合に、学びの対象を「実事」と「教訓」とに大別した場合、その内実を構成するものは「実事」であることが強調されている。その上で、「実事」としては、

すべて道の本は、古に稽《かむが》へ求め候が真の事にて、…古に稽へ徴せず道を説候は、謂ゆる無稽に候也。たゞ政事のみならず、徳行言語文学も、みなこれより出《いで》申候[235]。

と、何よりも日本古代の道に、それが求められることが確認される。そして、この意味での「古学」の理解にこそ篤胤独自の学的態度が表明されている。すなわち、篤胤にとって「古学」とは、漢学や神学、和学、国学、仏学などと並列的に理解される個別の学ではなく、それらを悉く包摂しつつもその中核をなすもの、あるいはその基軸となるものを説き明かす学のことを指すのであった。そうしてその学のことが「皇国の学」と高唱される。それゆえ「皇国の学」とは極めて広大な領域と内容とを包含するものと説かれる。重複を恐れず繰り返すなら、

凡て外国々の説、また他の道々の意をも、能く尋ね比考いたし候はでは、我が道の実に尊き事を、知らざるにて候へばなり。外の道々をも、よく知り候上にて、信じ候こそ、実に知りて信ずると申す物に候なり。拙子は右の心得に候ゆゑに、他の道々の意、及び其説々をも、及ばむ限りは、明らめむと致し候事に候。されば、儒学仏学蘭学に依らず、何にても他の道々を、御精究なさるべく候[236]。

というように、諸外国にて興隆し諸外国にて説かれる「道」の含意をも包摂させながら、「道」本来の内実を見極める学こそが「皇国の学」なのである。篤胤が「古学とは、熟《よ》く古への真《まこと》を尋ね明らめ、そを規則《のり》として、後を糺すをこそいふべけれ[237]」と定義づけた「古学」には、そうした包摂と基軸との関係性（包容なるもののうちに基軸なるものと見定める。あるいは、基軸なるものへの関心から包容なるものを統合する）が含意されていたのである。

「学習法的教育観」

こうして篤胤の学問論とは、人が学ぶべき対象とその内実とを基軸に形づくられている。その対象と内実への学びをいかに支援し育むか、に関わる所論が明確に提示されているのなら、そこに篤胤の教育思想の枠組みを認めることも可能であろう。だが、いわば学の対象に関する認識を極めて明確に表明しつつも、そ

の対象への知をどう育むかに関する方法について、篤胤は必ずしも顕著な所見を提示しているわけではない。例えば篤胤は、

　人は固より、生得《うまれえ》たる性に、皇産霊《みむすびの》大神の御霊《みたま》に依て、親は我レより尊き者と云ふ事は知てをる故、その親の為《し》方《ざま》を見馴《みなれ》る事も、やがて習ひ性と成て、育ち上るでござる。(238)

と述べて、子の成長の基軸は、親の行動様式を見倣うことで、それが習い性となることだと強調する。手本たる親自身の自覚的な振る舞いこそが、教育的営為の基盤をなすものと説かれるのである。また、この意味での親の躾が日常生活上の営為に関するものとすれば、学術的な営為を支えるものこそ学者の職分との認識も、

　異国は知らず、我が大皇国の人は、…其ノ生れ得たる性に率《したがっ》て行くを、人の道とは云ひ、其ノ道のなりに、をしへ立て行くを教と云て、これは親の為《す》べき事で、…其親々の手の廻らぬ処を、助けて回るが、学者の職分で、此方のいたす処は、それでござる。(239)

と示される通りである。だが、親による躾が直接的に教えを授けるものというよりも、むしろ親の行動様式を手本として子どもに見倣わせるものであったように、学者の振る舞いも組織的・計画的に教授活動を施すものと考えられたわけではなかった。篤胤の、

　拙者は一人で書を読《よん》で、其ノ学び得たる真の所を人に諭して、其レを聞取られさへすれば、宜いやうにすると云が、此方の立た流儀でござる。必スともに、学者に成《なら》うなど、思はれず、只々我が説く古道の趣きを聞覚えて、今日の心得にせうとさへ思はるれば宜しい。(240)

との所論こそ、彼のその姿勢を最も集約的に表明したものといえる。教える側の「教諭」よりも、むしろ、学ぶ側の「聞き取り」「聞き覚え」をもって、自らの教授方針の要点に据えようとするのである。

本書序章の注（1）にて、かつて中内敏夫が前近代日本人の教育認識の傾向を「学習法的教育観」（一つの教育的世界を「教授」の観点ではなく、「学習」の観点から理解する）と評したことを紹介したが、篤胤のこの所論はまさしく「学習法的教育観」に依拠するものと見ることができるだろう。最も端的な所論を紹介するなら、「いつそ親の心がけを淑《よ》くして、子の其《それ》を真似るやうに為《す》るが、子を教ふるの道[241]」というものが、篤胤の教育認識の要点なのである。

近代以後の篤胤像

飛躍を承知の上で敢言するなら、篤胤の古道学は近代以後、この国の「国体論」と強靱に結びつけられた。その動向を最も象徴的に物語るものは昭和戦前期に文部省によって刊行された『国体の本義』（一九三七年）と評し得るが、そこでは、

> 国学は、文献による古史古文の研究に出発し、復古主義に立つて古道・惟神《かむながら》の大道を力説して、国民精神の作興に寄与するところ大であつた。本居宣長の古事記伝の如きはその第一に挙ぐべきものであるが、平田篤胤等も惟神の大道を説き、国学に於ける研究の成果を実践に移してゐる。…実に国学は、我が国体を明徴にし、これを宣揚することに努め、明治維新の原動力となつたのである[242]。

と、篤胤学が国体明徴の宣揚に大きく貢献したと強調されている。様々な解釈はあり得ようが、篤胤学の思想内容については、それが近代日本の「国体論」の一脈流となったことは否めないであろう。だが、その教育認識についていえば、上記の「親の心がけを淑《よ》くして、子の其《それ》を真似るやうに為るが、子を教ふるの道」との篤胤の所論は、本居宣長の「教ノナキコソ尊《ト》ケレ」との所論とともに、近代日本の「国体論」からは全く等閑視された、と見るべきであろう。国体思想とその価値は、徹底的に国民精神に埋め込められねばならず、そのために強圧的に教え込まれねばならなかったからである。

篤胤や宣長に象徴される国学・皇学の教育認識に皇国思想が色濃く滲み出ていることは論を俟たないものの、その思想内容がすべて直線的に近代日本の国体論と結びついているわけでないことには、十分な注意を払う必要が認められる。皇国思想や国体思想の一源流と目される篤胤学ではあるが、その思想内容とは必ずしもこの国の歩みのみに視線を傾注するような一国史観に覆われたものではなかったこと、さらにその思想を教え学ぶ方法論があくまでも「自学」的発想によって形づくられていたことは、篤胤学の肥沃な思想的土壌を物語るものである。篤胤学への学的アプローチについては、その思想的土壌の肥沃さに視線を投ずることが不可欠の前提となるはずである。

第Ⅳ部　幕末における教育思想の諸相——一九世紀中期から維新期まで

第一一章　「天保の改革」とその文教施策

1　「天保の改革」をめぐる幕政動向

(1)「内憂外患」の時代情勢

天保年間（一八三〇〜四四）とは、江戸幕府とその社会に様々な危機が押し寄せた時期であった。その危機意識を強くした第九代水戸藩主徳川斉昭（一八〇〇〜六〇）は一八三八年（天保九年。この年の干支は「戊戌」）、幕府に「戊戌封事《ぼじゅつふうじ》」と呼ばれる意見書を提出し、その危機の内実を「大筋は内憂と外患との二つに御座候。内憂は海内の憂にて、外患は海外の患に御座候」[1]と語っている。文字通り「内憂外患」との認識が表明されたのであった。

同意見書にて指摘された危機とは、幕政が先例旧格の墨守に陥るとともに将軍側近の権勢に覆われていること、飢饉や兵乱への備えを怠ったために一揆や奸賊の乱（一八三七年の「大塩の乱」が強く意識された）が続発していること、農政の破綻や貨幣改鋳に伴って幕府財政が悪化し物価の高騰を招いていること、外国貿易が異国より無用の玩物を招き寄せていること、などを指している。また、こうした危機的事態への対応として、幕政における言路の開通、飢餓対策と良貨の鋳造、さらには武備の充実、キリスト教と蘭学の厳禁、打払令の断行などとともに、「大船建造禁止令」（一六三五〈寛永一二〉年の「武家諸法度」に規定された）の廃止や水戸藩の蝦夷地拝領を求めている。

もちろん、幕府側は斉昭のこの意見書に示された諸施策を受け入れたわけではない。当時の幕府は、第一一代将軍徳川家斉が一八三七（天保八）年に将軍の地位を徳川家慶に譲った後も、大御所として確然たる権勢を誇り、水野忠《ただ》篤《あつ》（生年不詳～一八四三）、林忠英《ただふさ》（一七六五～一八四五）、美濃部茂育《もちなる》（生没年不詳）らの家斉側近が実権を握っていた。幕政改革への動きは決して顕著ではなかった。一八三九（天保一〇）年に老中首座に就いた水野忠邦（一七九四～一八五一）は、水戸藩主斉昭が示した危機意識には相応の理解を示したが（ただし、大船建造の解禁や水戸藩の蝦夷地拝領などは、容認できるものではなかった）、家斉とその側近たちの理解なしに危機対応への施策を講ずることはできなかった。一八四一（天保一二）年一月、大御所家斉が死去し、それに伴って家斉側近たちも罷免・粛清されていく。こうして水野忠邦は、同年五月頃より積極的な幕政改革を断行することになる。同年五月には、将軍家慶の、

御政事之儀、御代々之思召は勿論之儀、取分《とりわけ》享保、寛政之御趣意に不レ違様思召候に付何れも厚く心得可二相勤一候。[2]

との上意が幕閣に示された。幕政改革が「享保の改革」ならびに「寛政の改革」を手本とすべきとの趣意が強調されたのであった。忠邦もまた、「享保、寛政も第一は驕奢を被レ禁候儀、何れ之箇条にも顕然仕候。百年五十年以前より既に其の弊は有レ之、まして文政以来之風習、澆漓《ぎょうり》之極に御座候…」[3]と、この度の幕政改革に寄せる危機意識を鮮明に言い表している。こうして老中水野忠邦によって推し進められた幕政改革は、一般に「天保の改革」と称されている。

(2)「天保の改革」の諸施策

その諸施策のうち主要なもののみを時系列的に略述すると、一八四一年六月の「倹約令」により、人々の日常生活における奢侈を厳禁し、倹約を徹底させることによって諸経費節減を計ろうとした。また風俗矯正を趣意として、劇場・寄席・遊郭等への厳重な取締りが行われた。とくに歌舞伎については、それが華美な衣服や贅沢な生活の流行を招くものとして厳しく弾圧された。同年一二月の「株仲間解散令」も、問屋組合の廃止を断行することで、物価の高

騰を防ぐこと（株仲間の独占的な専売が物価高騰の主因と見なされた）を企図するものであった。翌一八四二（天保一三）年六月には「出版統制令」が出され、江戸の綱紀粛正や風俗醇化を目的として、出版物の検閲規制が厳しく実施された。柳亭種彦（一七八三〜一八四二）の戯作本や為永春水（一七九〇〜一八四三）の人情本などが処分の対象となったことで知られる。同年七月には「薪水給与令《しんすいきゅうよれい》」が出され、これに伴って一八二五（文政八）年の「異国船打払令」が撤回されたが、これは外国の漂流船に対する恩恵的措置であり、その一方で江戸湾防備策を具体的に推し進めたこと（江戸湾北部を幕府が直接防衛し、南部の防衛を忍・川越両藩に委任する）を看過することはできない。

一八四三（天保一四）年には三月に「人返しの法」が出された。前章にて略述した「大塩の乱」の誘因に象徴されるように、天保年間には一八三三年から三六年（天保四年から七年）にかけて連続的凶作と大飢饉が発生し、それに伴って江戸の人口が急激な上昇を来していた（江戸への流入者の比率が増加し、その一方で農村での荒地増加という事態を招いた）。忠邦は、帰農策や人別改めを通して、江戸の人口削減を推し進めようとした。この施策については、改革路線に抵抗の姿勢を示した南町奉行矢部定謙《さだのり》（一七八九〜一八四二）を罷免し（一八四二年末）、忠邦の腹心である鳥居耀《よう》蔵《ぞう》（一七九六〜一八七三。大学頭林述斎の実子）を同奉行に任命することで、取締りの町触を頻繁に発出させることになる。なお、このとき罷免された矢部定謙は、一八四〇（天保一一）年に忠邦が主導した武蔵国川越藩、出羽国庄内藩、越後国長岡藩の「三方領知替」問題についてその必要性を認めず、結局将軍家慶の裁断によって転封中止となった事案の当事者の一人でもあった。

そして同一八四三年の六月に「上知令《あげちれい》」が発令された。これは江戸・大坂周辺の領地を幕府直轄地にするというもので、幕府はその理由を「御取締りのため」としか説明していないが、年貢率の高い江戸・大坂周辺の領地を幕領とすることによる幕府財政の補強、全国支配権の再確認による幕府権力の再強化、あるいは対外的危機に対する江戸・大坂周辺の防備強化、などの諸事由が指摘されている(4)。だが、この「上知令」に対しては諸大名・旗本から強硬な反対が起こる。上述の「三方領知替」に加え、「上知令」をめぐっても、幕府と諸大名・旗本との間に亀裂が生じたことは、水野忠邦による幕政改革の挫折を象徴するものとなった。結局、忠邦は同年九月に「上知令」を撤回し、老中を罷免される。「天保の改革」はほぼ二年半という短期間にて挫折することになるのであった。

質素倹約・経費節減・風紀粛清などの施策を中核とする「天保の改革」は、農業経済への回帰を基軸に据える復古的色彩を強めるものといえ、すでに商業資本経済が浸潤した江戸社会での現実的施策として有効なものとはなり得なかった。都市政策の要点とされた風俗取締りに関し、寄席・芝居などの規制を基軸に据えた水野忠邦の意向に対し、上述の南町奉行矢部定謙や北町奉行遠山景元（一七九三〜一八五五）らはその施策が江戸の衰微を招来するとして反論を示していた。幕閣内の異論を汲み取ることのなかった施策遂行にも、「天保の改革」の挫折要因を認めることができるかもしれない。

(3) 幕政の混乱

ともあれこれ以降の幕政は、同年九月忠邦と入れ替わるように老中に就任した阿部正弘（一八一九〜五七）に引き継がれていく（水野忠邦失脚後の老中首座は土井利位《としつら》〈一七八九〜一八四八〉であったが、一八四四年の江戸城本丸火災などにより辞任に追いやられる）。阿部正弘は、一八四五（弘化二）年に老中首座に就くと、水戸藩主徳川斉昭との書簡の遣り取りなどを通じて、斉昭の政策的意向に理解を示すようになる。従来、江戸幕府の政策決定システムは、少数の老中と若年寄によって策定されてきた。しかもこうした幕閣は、中・小藩の藩主から選ばれてきた。有力大名が幕政の中心に所在することは、将軍の権力を脅かすものと考えられたからである。これに対し阿部正弘は、斉昭の意向を汲み取り、雄藩の幕政参加への道を開いた。越前藩の松平慶永《よしなが》（号は春嶽。一八二八〜九〇）や薩摩藩の島津斉彬（一八〇九〜五八）らの政策提言を受け入れ、さらに海防掛（海岸防禦御用掛）参与という特別職を設け、その任に徳川斉昭を起用するなどした。

阿部正弘は、一八五七（安政四）年老中在任のまま急死するが、この間一八五三（嘉永六）年のペリー来航に象徴される国家緊急事態に際しては、開国の是非を巡って朝廷に伺いを立てるという先例のない手法を採用した。国家の非常時にあっては老中を中心とする幕閣政治ではなく、朝廷と幕府・諸大名とが一体となって時代の変化に対応すべきという徳川斉昭の意向が、実際の幕政に採り入れられようとしたのであった。

ところが翌一八五八（安政五）年、事態は急転する。彦根藩主井伊直弼（一八一五〜六〇）が大老に任じられたのである。井伊直弼は、幕政を旧来のシステムに戻し、緊急時にはそのために置かれた大老が非常時大権を振るうことを当然と考えた。阿部正弘の跡を継いだ老中堀田正睦《まさよし》（一八一〇〜六四）は、アメリカとの条約調印の勅許を得るべく上洛するも、これが得られず悶々としていた。だが、直弼にとって堀田の行動は無意味であり、幕政に朝廷が口を差し挟むことは元来「禁中並公家諸法度」にて幕府が禁じたことであった。こうして大老井伊は、幕政に老中政治システムを取り戻すとともに、同年六月「日米修好通商条約」の締結に踏み切った。さらには条約調印への抗議のため、江戸城に無断登城した徳川斉昭ら（水戸藩主徳川慶篤、尾張藩主徳川慶勝、福井藩主松平慶永、一橋慶喜らも同行）に謹慎処分を命ずるなど、独裁的な強権を発動する。

大老井伊直弼のこうした施政に対し、同年八月には朝廷より「戊午《ぼご》の密勅」が下され、幕府が朝廷の意向を無視して外交条約を結んだことが批難されるとともに、国家の大事については御三家以下諸大名との衆議を尽くすよう命ぜられた。この勅諚は幕府に下される事前に、水戸藩京都屋敷に届けられ、しかも全国諸藩に回覧させる旨の但書まで付されていた。当の水戸藩では藩論が大混乱に陥ったが、そうした中、同年九月から井伊直弼によって厳しい施政措置が講ぜられていく。いわゆる「安政の大獄」である。徳川斉昭は終身蟄居、水戸藩の執政たちが死罪に処せられた他、密勅に関与したと目された公家たちも罰せられた。だが、その反動が一八六〇（安政七）年三月の「桜田門外の変」となって大老井伊直弼が暗殺されたことは周知の通りである。その後の幕政の動揺と混乱について、ここでは敢えて触れないが、こうして「内憂外患」の大嵐は、幕末の政治動向全体を覆い尽くしていくのである。

2　蛮社の獄

改めて教育史関連の動向に視線を転ずるなら、天保期以後の文教政策にどのような諸相を認めることができるのか。

ここでそれをごく簡単に確認しておく。

この時期における幕府の文教政策上の姿勢を象徴するものとして、「蛮社の獄」（一八三九〈天保一〇〉年）を取り上げることができる。一七九二（寛政四）年のロシア使節ラクスマン（Adam Laxman、一七六六～没年不詳）の蝦夷地渡来や、一八〇四（文化元）年の同使節レザノフ（Nikolai Petrovich Rezanov、一七六四～一八〇七）の長崎来航に象徴される海防問題の頻発を踏まえ、幕府は一八二五（文政八）年に「異国船打払令」を発布した。だが、この措置の実効性が疑われる契機となったのが、一八三七（天保八）年のモリソン号事件、すなわちアメリカ船モリソン号（当時はイギリス船と理解されていた）が日本の漂流民七名を伴い、浦賀に来航した事件であった。同船は日本との紛争を回避するため非武装であったが、日本側の砲撃が拙劣であったため、江戸湾に長時間停泊し続けたのであった（同船はその後鹿児島湾にも立ち寄ったが、薩摩藩の砲撃に遭い、日本との貿易交渉という目的を断念してマカオに帰港した）。

翌年、オランダ商館長が同船来航の顚末を記した機密文書を入手した長崎奉行は、とくに日本の漂流民の取り扱いについて幕府に伺書を進達した。幕府では老中水野忠邦が、評定所にこれを諮問した。これに対し勘定奉行や大目付・目付に加え、大学頭林述斎らは、漂流民をオランダ船に託して送還させることに賛意を示したが、評定所の衆議はこれに異を唱え、モリソン号が再び来航した場合には、打払令をもって臨むべしとの強硬姿勢を示した。こうして水野忠邦は、一八三八年末に、前述の鳥居耀蔵（この時は目付）および伊豆韮山代官江川英龍（一八〇一～五五）に江戸湾の備場巡見を命ずるとともにその防備改革案の立案を命じた。

これらの動向は直接的には外交・防衛上の施策と見られるものの、その背後には蘭学・洋学を異端としてその排撃を試みようとする関係者の意向も働いていた。その意向について、当時の代表的蘭学者高野長英（一八〇四～五〇）は、

鳥居殿は、林大内記殿の次男、大学頭殿の弟なれば、儒家に出身して文人なる故、蛮学を嫌忌せられけるに、近来蛮学頗《すこぶ》る旺盛にして、上は公卿より下は庶人に至る迄、往々これを賞揚し、儒生といへ共、これを心酔するもの少《すくな》からざるを以て、常に不平を懐かれける。今度モリソン航海の事は、必竟茫洋《ぼうよう》信じ難き風説なるに、…概

して蛮学禁制然るべしなど、、唱へられしとなん(5)。

と述べて、幕府の外交政策の背後に、興隆しつつある洋学に対する強い嫌悪感が林家関係者の間に存在したことを指摘している。高野の「嗚呼或人の蘭学を悪む、敵讐より甚し。然らば則《すなわち》、我に夢物語（『戊戌夢物語』）の挙なく、花山翁（渡辺崋山）に小記（『鴃舌《げきぜつ》小記』）・機論（『慎機論』）の編集なきも、遂には其讒害《ざんがい》を免かるゝ事難し。今既に其計中に陥る(6)」との所述は、蘭学を親の敵以上に憎み、それに対する激しい敵愾心を懐く林家の姿勢を端的に言い表している。

こうして、事態は高野長英が危惧した方向へと進行していく。上記の江川英龍は、江戸湾防備政策を立案するため、渡辺崋山（一七九三〜一八四一）に意見を求めた。崋山は、三河国田原藩士として藩政改革や殖産興業に尽力し、同藩江戸詰家老として海岸掛を務めた経歴の持ち主で（谷文晁に学んで独自の画風を完成させたことや、佐藤一斎に儒学を学んだことでも知られる）、この当時、小関三英《こせきさんえい》（一七八七〜一八三九）や高野長英らと交わり「尚歯会」と称する結社にて蘭学研究に取り組んでいた。実際に崋山は、複数の稿本類（『西洋事情書』『外国事情書』など）を英龍に送っている。

だが、こうして崋山が江川英龍を支援したことを知り、これに敵意を懐いた鳥居耀蔵は、配下の目付に密命を下して調査させ、それに基づいて作成した告発状を水野忠邦に上申した。鳥居にとっては、陪臣に過ぎない崋山が幕命の業務に、しかも蘭学の知見をもって介入したことが不快であったものと推測される。その告発状には、渡辺崋山が当今の幕政を批判したり、高野長英が異国を称美し日本を譏る書物（『戊戌夢物語』）を著したりしているなどと記されていた。一八三九（天保一〇）年五月、渡辺崋山は北町奉行所に召喚され、またこれを知った高野長英も自首を余儀なくされた(7)。国元蟄居を申し渡された崋山は、翌年田原に護送され、一八四一（天保一二）年に自刃した。永牢の処分を下された高野長英は、その後牢屋敷の火災に乗じて脱獄し、蘭書翻訳を続けながら逃亡生活を送ったが、一八五〇（嘉永三）年、江戸の自宅にて奉行所の捕吏に捕らわれ、絶命した。

「天保の改革」の施策の一つに出版統制が含まれたことは上述の通りであるが、その動向は、錦絵や人情本などの取締りが従来のような町奉行所ではなく、林家・昌平坂学問所によって行われる文脈を招来させた。上記のモリソン号事件などの対外政策に関して、林大学頭が老中の諮問を受けたことに象徴されるように、幕末期には林家・昌平坂学問所が相当程度の政治的権威をもって幕府の文教政策を担う文脈が切り拓かれていた、と見ることができるだろう。では、その学問所での教育施策の基本方針にどのような動向を認めることができるのか。以下にて、このことを端的に確認しておく。

3 幕末期における昌平坂学問所

(1) 入学者の拡充と入学年齢の引き下げ

昌平坂学問所への入学が、幕臣以外に諸藩の藩士、郷士・浪人の他、場合によっては庶民にも許されるようになったのは、すでに述べたように、書生寮が設置された一八〇一(享和元)年のことであった。書生寮に入寮するには学問所儒官の門人として推薦されることが要件であったが、石川謙の分析[8]によれば、一八四六(弘化三)年から一八六五(慶應元)年にかけてのほぼ二〇年間における書生寮入寮者の学門を見ると、総計四八三名のうち、古賀門(古賀精里の学統)が一一五人、佐藤門(佐藤一斎の学統)が六二名、林門が一〇〇名、安積門(安積艮斎の学統)が一〇六名、これら以外が一〇〇名となっている。また、同じ二〇年間において林家塾のみに藩士を送った藩は六三藩、林家塾・書生寮双方に送ったのが四六藩、書生寮のみに送ったのが一〇八藩となっている。書生寮入門者のうち林門が全体のほぼ二割に留まり、他方で書生寮のみに藩士を送り出した藩が全体のほぼ半数に及ぶことに鑑みるなら、幕末期の昌平坂学問所においては林家の学的勢力がもはや優勢とはいえない状況が生じていたことが看取できる。こうして昌平坂学問所は、その入門者の動向に鑑みても、発足当初の林家塾という文脈から完全に離脱して、幕府官営の総合的学問所としての内実を備えていった、と評することができるだろう。

幕末期における同学問所の変化を象徴するものに、もう一つ入学年齢の引き下げがあった。一八〇〇(寛政一二)

年から一八四〇（天保一一）年までの時期における同学問所の入学資格は四書・五経の素読終了とされていたが、一八四一（天保一二）年には入学年齢を一四、五歳と規定する（実質引き下げを意味した）とともに、四書のみの素読終了者にも入学を認めた。一八六五（慶應元）年になると入学年齢を一二歳にまで引き下げたが、さらに一八六七（慶應三）年には八歳入学の制度を立てて、素読段階から学問所にて教授することとした。こうして同学問所での初等教育機関として「素読所」（入学者に「四書」「五経」『小学』などの素読を授ける）、「復習所」（既習の書を復習する）、「初学所」（素読終了者に諸漢籍の独り読みをさせる）などの独立した校舎と教授陣容が構想されたのであった。もちろんこの構想は時局難のためそのまま実現されたわけではなかったが、少なくとも構想のレベルで見る限り、幕末期には近代的な小学校の源流とも呼ぶべき教育形態が創出されつつあった、と理解することができるだろう。

(2) 相互学習方式の導入

一方、初等段階を終えた後の学習方式について、講釈・会読・輪講などが定型として重視される契機となったのが、尾藤二洲と古賀精里とが立案した「聖堂御改正教育仕方に付申上候書付」（一八〇〇〈寛政一二〉年）であったことはすでに紹介した通りであるが、この方式は幕末期における学問所学則として定着・踏襲されていく。一八六八（明治元）年の「学政御更張之儀に付申上」という文書には、慶長年間以来の林家塾の歩みをも視野に含み込みながら、今後の学政の進展・拡張に関する認識が記されていた。そこには「学問所修業次第」として、「素読所」「復習所」「初学所」「講釈」「諸会業」「諸試業」の六項目が掲げられているが、そのうち「諸会業」の項目については、

初学所え罷出《まかりいで》候者、夫々学力之次第に寄《より》、諸会え割入れ、最初小学会え入れ、夫より四書、夫より五経、或は左伝より順に修業為致《いたさせ》、旁《かたはら》漢土歴史を始め、刑政等の会業え資質学力に寄割入《よりわりいれ》、研究為致候事、但年長して罷出候者は其学力之次第に寄、直に諸会え割入候儀も有之候事[9]

と記されている。すなわち、素読所・復習所の課程を終えて初学所に入所した生徒たちについては、それぞれの学力に相応しい会業に参加させるものとされたのである。この会業の学科については、「経科」「漢土史料」「本朝史料」「刑政科」などが設定されていた。昌平坂学問所での初学段階以後の学習課程について、「会業」がいわば必須の課業に組み込まれていたことは、教授者が既存の知識を授ける営みとともに、学習者がその知識内容を相互に批判・吟味する契機を重視しようとする意向が、同学問所の教育方針に組み込まれたことを示唆する。

繰り返すように、この方針は幕末維新期における社会の混乱と昏迷とにより、そのまま実施に移されたわけではなかった。だが教育思想史の関心からは、こうした学習者の自学や共学を重視する教授方針がどのような思想史的背景から構成されたのか、という問題の解明が待たれる。以前に紹介した学問所儒官佐藤一斎の『初学課業次第』（一八三二〈天保三〉年）には、初学諸生の学習方法として「素読」「講釈」「会読」「独看」の四者が掲げられていた。すなわち「素読」より始め、教師の「講釈」があり、教師立ち会いのもとに「会読」が行われ、そうして「独看」に進むとの課程である。同文書の「会読」の項目には、『小学』『十八史略』『春秋左氏伝』『史記』などのテキストが紹介された上で、

> 右の書にて、大抵文義に通ずるやうに成るべし。但し類書の会終るに拘はらず、此の内二三種すみても、文義通ずる者は、独看を始むべし。…以上の数種、大抵卒業する輩は、同志と言ひ合はせ、「四書」『小学』「詩書」の類を輪講するも可なり。尤も教授の人、是れを聴きて誤解を正すべし。(10)

という具合に、諸書の文義探究について相互学習の意義が強調されている。

(3) 「江戸の学び」の再評価

江戸の教育思想史を振り返ると、「会読」に象徴される相互学習という方式は、早くは伊藤仁斎の「古義堂」（その

原初形態である「同志会」の発足は一六六一〈寛文元〉年頃）に認められ、その後江戸期の学問塾一般に見られる学習方式として定着していた。だが、それが幕府官学たる昌平坂学問所での定準的学習方式となったこと（もちろんこの動向は、一八世紀後期以後、盛んに開設されるようになった諸藩の藩校でも同様であった）の意義をどう評価するかは、この国の教育史動向の一軌跡――すなわち、教育活動の主軸に学習者の側の学的営為を定位しようとする認識の成立事由――を読み取る上で、極めて重要な論点となり得るはずである。

「素読」「復読」という初等段階の学習方式は、近代小学校では、むしろ子どもの個性や自発性を抑圧する前近代的な学びの強要として批難される傾向に晒された。それらが学習者の個別学習を基本に据えることの意義は等閑視され、近代小学校では「一斉授業」がその効率性ゆえに盛んに導入された。「会読」という、相応の学習経験を経た後の学習方式も、近代学校の頂点たる帝国大学に継承されることはなかった。帝国大学では、大教室での講義方式こそが教授活動の主軸となり、「会読」という相互学習を基調とする学習方式は、むしろ後景に退けられたのであった(11)。このように昌平坂学問所での教授方法や学習形態に象徴される江戸の教育文化が、そのままの形式にて近代学校教育に接続されなかったことについては、それが学びの営みを旧態依然たるものに留め置く前近代的（非効率的・非文明的）な陋習として退けられたから、との理由が想定される。だが、「素読」や「会読」に象徴される江戸の教育文化が、本当に非効率的にして非文明的なものと評し得るものだったのかについては、繰り返し慎重な吟味を要する問題というべきである(12)。

上記の「蛮社の獄」への関与に象徴されるように、幕末期における昌平坂学問所の教育史的役割（幕府の教育政策動向）とは、幕藩体制下の封建システムを擁護し強化するための思想統制に流れた側面が否めない。思想・文化の面では極めて守旧的な役割を担っていたといえる。だがその一方で、学問所内部の教育システムについて見れば、就学年齢の引き下げとそれに伴う初等から高等段階に及ぶ教育課程の創出や、「会読」に象徴される学習者を主体に位置づける学習方法の案出など、相当程度に近代的と評し得るものを準備していたことも注目されるべきである。その意味でも、教育政策・思想の歴史的動向を読み解くには、これを一面的な理解に閉じ込めようとする姿勢を戒め、それが多面的性格を有することを踏まえながら、その全体像を構造的に捕捉することが求められるのである。

第一二章　「水戸学」とその教育思想

天保年間以後、江戸幕府終焉に至る時空のことを「幕末」と呼ぶならば、幕末思想史の主軸を担ったものが「水戸学」（いわゆる後期水戸学）であったことは論を俟たない。そのことを踏まえ、本章では「水戸学」の思想史動向の概説を試みる。

「水戸学」とは、江戸時代の水戸藩にて形成された独特の学風を有する学問のことをいう。通常、第二代藩主徳川光圀（諡号は義公。一六二八～一七〇一）の頃より編纂が進められた『大日本史』に象徴される歴史学的な学風を有するものが前期水戸学と呼ばれ、第九代藩主徳川斉昭（諡号は烈公。一八〇〇～六〇）の時代の「弘道館記」を中心とする政教学的な学風を鮮明にするものが後期水戸学と称せられる。ここで、その独特の学風とはいかなるものであったのかを概述する前に、それを生み出した水戸藩の特質について簡単に確認をしておく。

1　天保期以前の水戸藩の諸相

（1）水戸藩の特殊事情

水戸藩（初代藩主徳川頼房は、徳川家康の十一男）が徳川御三家の一つとして、尾張藩（初代藩主徳川義直は、家康の九男）、紀州藩（初代藩主徳川頼宣は、家康の十男）と並び称されることは周知の通りである。だが、明治初年の太政官調査に基づく数字では、水戸藩の石高は三五万石に過ぎず、これは尾張藩の約八五万三千二百石や紀州藩の約五三万九千四百石と比べると、著しく低いものであった。頼房が始めて水戸に封ぜられたときには二五万石で、他の両家の半分にも及ばなかったとも伝わる。(1)

官位についても、尾張・紀州の両家がともに「権大納言」(大臣に次ぐ官で、正三位相当)であるのに対し、水戸藩は一段低位の「権中納言」であった。それにも拘わらず、水戸藩には「定府」といって、将軍の膝元江戸に常住する制度が課されていた(江戸常住に伴う「天下の副将軍」との自負の念が、官位の処遇によって剝奪された自藩への誇りを回復させたとの見方もあり得る)。参勤交代の義務が免除され、常に将軍補佐役の待遇が与えられたわけであったが、藩主が江戸に常住することは、家老・執政らの重臣から下士軽輩の者に至る多数の人員が江戸屋敷に在住する必要を意味するものでもあった。一八三二(天保三)年の調べでは、水戸藩士の総勢六一九四人のうち、二五一五人が江戸詰であったと伝わる。(2)大都市江戸にて華美な消費生活を余儀なくされるとともに、江戸で消費される生活物資を遠路輸送する経費負担などから、水戸藩の財政は絶えず窮乏の危機に晒されていた。光圀の『大日本史』編纂事業に象徴される文化事業も、藩財政を一層苦しめる結果を引き起こすものでもあった。

「定府制」はまた、藩政それ自体に対しても、重大な問題を生じさせていた。藩主が支配地である水戸藩領を離れた江戸に常住するために、領国経営のための指令はすべて江戸の藩庁より発せられた。それゆえ、江戸家老と国元水戸城代との間で連絡が緊密に執り行われない限り、領民不在の藩政に陥ってしまう危険性に絶えず晒されていた。実際、安政年間以後の幕末期になると、情報の誤伝・歪曲や隔絶などによって、水戸藩には江戸と水戸との二つの藩政府が存在するような事態に陥り、様々な混乱を生じさせていた。藩主が国元水戸に滞在するためには幕府の許可が必要であった。初代水戸藩主頼房や二代光圀らはそれぞれ一一回の水戸帰藩を行ったが、第八代斉脩《なりのぶ》(一七九七～一八二九)のように一度も水戸の地を踏まなかった藩主もいたと伝わる。(3)斉昭は水戸在住期間の最も長かった藩主であり、一五年間の藩主在任中その三分の一強を水戸で過ごしている。斉昭を中心に推し進められた水戸藩の改革が、定府制に伴う領民不在の藩政を改めて、領民との接触に基づく藩政運営を期するものであったことは間違いない。

（2）『大日本史』編纂のイデオロギー

水戸藩の置かれたこの理不尽ともいうべき特殊な状況を甘受するには、何か鮮烈なイデオロギーが必要だったはずである。そのイデオロギーが意識されるについては、二代藩主徳川光圀の置かれた状況とそこから生まれた思想とが深く関与している。光圀は、初代藩主頼房の三男として生まれた。頼房の次男は早逝していた。長男（後の讃岐国高松藩主松平頼重）は、光圀と同じ母（頼房の正妻でも側室でもなかった）の子であったが、頼房は光圀の方を世継ぎと認めたのであった。『史記』「伯夷伝」（殷の皇帝に仕える国に伯夷と叔斉という兄弟が生まれ、弟の叔斉が跡継ぎに指名された。その結果兄の伯夷が国を去ったが、その事態に「長幼の序」に悖る不義を認めた叔斉も国を去ったというもの）に親しみ、兄を差し置いて弟が君主となる国に正義はないと考えた光圀は、王朝の変わる国に正義がないことをも強く意識するようになる。光圀は、水戸藩の正義を貫くため、兄頼重の子を養子に迎え入れ、自らの後継者に据えた（三代藩主綱條《つなえだ》。なお、光圀には実子鶴松がいたが、頼重も鶴松を養子〈第二代高松藩主松平頼常〉として自らの後を継がせた）。そして、それにも増してこの国に正義が貫かれるべきこと（王朝の不変）を意識し、その歩みを跡づけるために修史事業（『大日本史』の編纂事業）に取り掛かったのであった。

上述のように「定府制」は水戸藩に様々な問題をもたらしていたが、他方で学問の進展については有利に作用した。光圀が史局を江戸駒込の水戸藩中屋敷に設けて修史事業を開始したのは一六五七（明暦三）年のことであったが、水戸藩主に就いた後の一六七二（寛文一二）年にこれを小石川の水戸藩本邸内に移して「彰考館」と名付けた。以後修史事業が本格化するが、その編纂作業を担う史館員については江戸をはじめ各地から招聘され、一七世紀末から一八世紀初期（貞享から元禄年間）には四〇人台から五〇人台に累増したと伝わる。(4) 彼らが光圀の招きに応じたのは、御三家の権威や光圀の名声とともに、彰考館が江戸に置かれたことも重要な要因であったと考えられる。一六八三（天和三）年に彰考館初代総裁に任ぜられた人見懋斎《ぼうさい》（一六三八〜九六）は林鵞峰の門人であったが、彼にとっても江戸にて林家との交流が保持できる学的環境は望ましいものであったに違いない。なお、その林家では幕命によって『本朝通鑑』（一六七〇年脱稿）の編纂が進められていた。光圀はしばしば林鵞峰と面談を交わす関係にあったが、(5) 編年体（歴史を時系列で描出）を基本とする『本朝通鑑』に対し、『大日本史』は紀伝体（歴史を「紀」〈本紀、すなわち年代記〉と、「伝」〈列伝、すなわち人物史〉とから叙述）を採用したことからも、水戸学における林家学への対抗姿勢が窺われる。

（3）朱舜水と安積澹泊

なお、水戸学の興隆に重要な役割を果たした人物として、朱舜水（一六〇〇～八二）の名を挙げておかねばならない。朱舜水は明末の儒学者で、満州族王朝・清の脅威を押し返し明朝再興への支援を図るため、日本や安南を何度も訪れていた。(6) 一六五九年に明の遺臣鄭成功（一六二四～六二）の率いる北征軍の南京攻略に加わるも敗走し、亡命者として長崎に逃れてきた。中国人の居留を認めていなかった幕府に懇願を繰り返して舜水の留日を実現させるとともに、舜水に師事し禄高の半ばを奉じて支援したのは柳川藩儒安東省菴であった。(7) 徳川光圀が水戸藩主に就いたのは一六六一（寛文元）年のことであったが、その三年後、光圀は長崎に正式な使者を送って舜水を水戸藩の儒者に招聘した。そうして一六六五（寛文五）年に江戸の水戸藩邸に迎え入れられたとき、舜水六五歳であった。

以後、光圀は朱舜水を賓師として礼遇する。舜水は一六六五年と六七年に水戸の地を訪れたが、光圀も舜水の別荘を江戸駒込に新築している。舜水は、明王朝が倒壊した中国では儒学の価値体系たる中華思想は実現不能と考え、その価値の再現は王朝が絶えることなく継続されている日本でこそ可能、との認識を保持したのであった。舜水は、光圀の求めに応じて『学宮図説』（一六七〇年）を著すとともに、中国古代の祭器を作成するなど、興学の気運を高めた。光圀は『学宮図説』に基づいて学宮の三〇分の一の模型を作らせたが、後の藩校弘道館はこれに基づいて造営されたといわれる。舜水はまた、藩士たちに釈奠の礼を教授するとともに、諸儀礼書の注釈を改定するなど、儒学精神の普及と定着に尽力した。舜水のもとには、多くの儒者が集うようにもなる。加賀藩主前田綱紀（一六四三～一七二四）は実母が初代水戸藩主頼房の娘だったこともあり、同藩の儒者を舜水に学ばせたが（加賀藩儒であった木下順庵もその一人）、同じく舜水に学び、後に水戸藩士として初めて彰考館総裁に就いた安積澹泊《あさかたんぱく》（一六五六～一七三八）が順庵門下の新井白石や室鳩巣らと親しい関係を取り結んだのも、そうした事情に基づくことであった。

一六九〇（元禄三）年、幕府から隠居が許された徳川光圀は、領内に住居（西山荘。現常陸太田市に所在）を構えて、引き続き『大日本史』の編纂事業を継続させた。一六九八（元禄一一）年には、彰考館の主体が江戸藩邸から水戸城内に移され、これ以後同書の編纂事業は江戸小石川藩邸の「江館」と水戸城内の「水館」との双方にて進められていく。光圀は一七〇一年（死去時の元号は元禄一三年）に死去するが、その後も安積澹泊を中心として編纂作業は継続された。同書の本編ともいうべき紀伝（本紀・列伝）は、一七一五（正徳五）年に原稿が完成し、光圀の廟に献ぜられた。さらに朝廷および幕府への献上を企図して校訂作業が継続され、一七二〇（享保五）年には幕府に献上されるに至った（本紀七三巻、列伝一七〇巻などからなる総計二五〇巻）。だが、朝廷への献上はこの時期には実現されなかった。『大日本史』は南朝正統論を唱えたが、一三九二（明徳三）年の南北朝統一後、朝廷は北朝の系譜を相伝してきたからであった。

その後、編纂作業は次第に衰退していく。この作業を中心となって担った安積澹泊が一七三八年（死去時の元号は元文三年）に死去すると、編纂作業は完全な中断状況に陥ってしまった。その最大の原因は、水戸藩財政の破綻により、優秀な人材を招聘するゆとりが失われたことにあった。水戸藩は、恒常的な財政難への対応として年貢増徴政策を進めてきたが、それにより農家の破産と農村の荒廃が進行した。その結果、農村人口が著しく減少し、それが労働力の低下と農村衰微という悪循環を引き起こしていた。従来の彰考館は他国者の館員が大多数であり、領内の藩政とは無関係な世界であったが、水戸藩の財政状況はそうした旧習をもはや容認できないほどの深刻な事態に覆われていた。

(4) 立原翠軒による編纂事業再興

編纂事業再興の契機を担ったのは、立原翠軒《たちはらすいけん》（一七四四～一八二三）であった。翠軒の家は、祖父の代に士分に取り立てられた下士であった。翠軒は、一七六三（宝暦一三）年に江戸彰考館の写場傭《やとい》に採用された後、一七六六（明和三）年には水戸彰考館編集に登用され、『大日本史』編纂に携わる地位に就いた。だが、農民出身三代目の下士であることや、かつて大内熊耳《ゆうじ》（一六九七～一七七六）や田中江南（一七二八～八〇）らから徂徠学を学んだ経歴が、朱子学を本位とする彰考館の学風にそぐわないとの理由などで疎外されていた(8)。

一方、翠軒の学者としての活躍は顕著であった。水戸では家塾を開いたが、多くの門人が集まった。徂徠学を学び博覧を好んだ翠軒の学問は、詩文・書画・音楽・系図など多岐に及んだ。これは、『大日本史』編纂事業において作業の進んでいなかった分野別の歴史編纂（志表）に展望を開く意味を有した。翠軒はまた、柴野栗山・尾藤二洲ら中央の学者とも学派の別なく幅広い交際関係を保持していた。こうして、藩内にてその評価は次第に高まっていった。一七八三（天明三）年、翠軒は江戸に召されて第六代藩主徳川治保《はるもり》（一七五一～一八〇五）の侍読となった。このとき、翠軒は治保に『大日本史』編纂事業の再開を建言し、これが認められて一七八六（天明六）年に彰考館総裁に就任した。これ以降、彰考館員が藩内農村の衰微を問題視し、その対策や藩政全般に関する意見を積極的に陳述するという新しい事態が生ずるようにもなった(9)。

翠軒の『大日本史』編纂への取り組みは、水戸藩政改革のための理論形成をも意識に含み込むものであった。そのため、翠軒は彰考館に人材を積極的に登用した。小宮山楓軒《ふうけん》（一七六四～一八四〇）や藤田幽谷《ゆうこく》（一七七四～一八二六）らは、その代表格である。とくに藤田幽谷は、水戸城下の古着商の次男に生まれ、翠軒の門にて儒学を学び、一六歳のとき翠軒の推挙にて彰考館の館員となった。その年（一七八九〈寛政元〉年）翠軒に従って江戸に赴いたとき、幽谷の俊才たることが老中松平定信の耳に入り、その求めに応じて『正名論』（君臣の名と上下の分との正厳なるべきことを説く）を書き上げたことはよく知られた逸話となっている(10)。幽谷は、さらに一八歳のときに士分に登用され、一八〇七（文化四）年には彰考館総裁にまで登り詰めている。こうして翠軒が牽引した彰考館の学風は、『大日本史』の編纂事業と藩政改革とを不可分の関係にあるものと認識するとともに、その認識の拠り所として二代藩主光圀の意志を尊重するものとなった。

だが、それでも翠軒とその門下の館員たちの間で、編纂事業に関わる認識が常に共有されていたわけではない。例えば、翠軒は迫り来るロシアの脅威を意識し、晏然として編纂事業に従事できる状況にはないとの認識から、「志表」の廃止を提案した（一七九二年のロシア使節ラクスマン来航に際して、水戸藩は翠軒の弟子木村謙次〈一七五二～一八一一〉と武石民蔵〈一七五三～一八三五〉を蝦夷地調査に派遣している)。だが、これに対し小宮山楓軒をはじめとする多くの館員たちは反対を唱えた。藤田幽谷も「校正局諸学士に与ふるの書」(一七九七年。なおこの文書の趣意は、『大日本史』との書名を『史稿』に改めるべきとの提言にあった)という文書にて、「義公の意は、紀・伝・志・表のことごとく成るを竢《ま》ち、然る後にこれを天闕に奏し…(11)」と述べ、志表の編纂は徳川光圀の意向だとして、その継続を訴えた。

なお、幽谷は同じく一七九七(寛政九)年に「丁巳封事《ていしふうじ》」なる文書を藩主治保に上呈した(「封事」とは藩主や将軍に直接上呈する機密文書のことを指す)。そこには例えば、「借金の息は、微を積んで大を成し、国の貧弱は、歳一歳より甚し。今の時に及んでこれが処置をなさざれば、徒らに幕府の金穀を仮りて、彼此転質《ひしてんち》し、以て吾が目前を支ふといへども、豈にまた以て長久の利となすに足らんや。その極は必ず更に士の禄を奪ひ、民の税を増すに至らざれば、すなはち止まず。豈に悲しからずや(12)」という具合に、辛辣な藩政批判が盛り込まれていた。その結果、幽谷は不敬の罪を問われて免職となり、翠軒からも破門されるに至った。これが、その後の水戸学における立原派と藤田派との分裂の淵源となった。

(5) その後の編纂作業と『大日本史』の完成

幽谷は、一七九九(寛政一一)年に再び彰考館員に登用されるが、こうして史局内部の対立が表面化するなか、一八〇二(享和二)年には幽谷が志表編纂の頭取《かしらどり》に任命され、志表の廃止を唱えた翠軒の主張が退けられるに至った。さらに翠軒がその継続を主張した「論賛」についてもその删除が決定された(「論賛」とは各列伝の趣旨と人物の道徳性を論ずるものであるが、天皇は道徳性を超越した存在との理由に基づく)。翠軒は翌一八〇三年、致仕を命ぜられ、彰考館総裁も辞任に追いやられる。この事態は、かつて藩主治保から寄せられた翠軒への信頼が、徐々に薄らいでいったことを物語っている。

なお、翠軒門下にて幽谷と並び称される小宮山楓軒(立原派を継承)は、一七九九(寛政一一)年に郡奉行に任命され、以後一八二〇(文政三)年まで農村復興の任に当たることになる。幽谷もまた、一八〇八(文化五)年から一八一二年まで彰考館総裁のまま郡奉行を兼務した。ただし、楓軒の農政論は、彼のブレーンとなった坂場流謙（生没年不詳）の『国用秘録』（一八一三年）に象徴されるように、幕藩体制の制度的原則にとらわれず商品経済を発展させることを（養蚕や薪炭などの産物を運用）を説くものであったのに対し、幽谷のそれはその著『勧農或問』（一七九九年）での所論のように、自給自足的な農村のあり方を取り戻そうとするもの（人材の登用、賦役の軽減、検地に基づく年貢負担不公平の解消など）であった。こうして立原派と藤田派とは対立する所論を包有しつつも、その一方で、農政改革については協力してこれを阻む門閥保守勢力と対峙した。この時期における水戸藩の農村復興への取り組みは「化成改革」とも称せられるが、第七代藩主治紀（一七七三〜一八一六）が一八一六（文化一三）年に死去すると、同改革は後退させられていった。第八代藩主斉脩《なりのぶ》（一七九七〜一八二九）は病弱のために、藩政を守旧勢力の重臣に委ねたからである。

因みに、ここでその後の『大日本史』編纂作業について言及を加えるなら、『大日本史』という書名が勅許されたのは一八〇九（文化六）年のことであった。これ以降、同書の原稿補正作業が継続的に進められていく。後述するように、徳川斉昭が九代藩主になると、一八三〇（天保元）年に江戸の彰考館を縮小して総裁と大部分の編修員を水戸に移し、従来より問題視されてきた江戸・水戸両彰考館の意思の疎隔を解消させようとした。一方、水戸には優れた彫り師が少なく彫刻場・版木倉庫も不備との理由で、一八四二（天保一三）年頃より江戸にて版木が彫り始められた。こうして一八四九（嘉永二）年、徳川光圀の一五〇年忌に本紀・列伝二四三巻一〇〇冊がその廟前に供えられ、一八五二（嘉永五）年には本紀・列伝の刊行を完了した。一方、志表の編纂については廃藩後も水戸徳川家に引き継がれたが、十志・五表の計一五四巻が完成し、すでに出来上がっていた本紀・列伝二四三巻と目録五巻を加えた『大日本史』総計四〇二巻が、徳川家蔵版として刊行されたのは、一九〇六（明治三九）年のことであった。(13)

2　徳川斉昭の藩政改革

（1）九代藩主徳川斉昭とその教育政策

一八二九（文政一二）年、八代藩主斉脩が病に倒れると、その継嗣問題が持ち上がった。重臣たちは幕府からの財政援助を期待して、将軍家斉の子、清水斉彊《なりかつ》（一八二〇～四九。清水徳川家の当主、後の紀州藩主）を迎えようと画策する。そうした動向を知らされた改革派の人々は、国禁を犯して江戸に出立し、斉脩の弟斉昭（当時の名は敬三郎《けいざぶろう》。藩主就任とともに斉昭に改名）の擁立に奔走した。この運動には立原派も藤田派も協力したが、その中心人物が幽谷の子藤田東湖（一八〇六～五五）であった。結局、斉脩の遺書に斉昭を継嗣とする旨が記されていたことから、徳川斉昭が水戸藩第九代藩主に就くこととなった[14]。このとき斉昭三〇歳であった。

斉昭は、藩政府から守旧派を一掃し、人事を大胆に刷新した。会沢正志斎と藤田東湖を郡奉行に抜擢したのも、その改革姿勢を象徴する取り組みであった。藤田東湖はその後御用調役に抜擢され、側用人などを務めた戸田忠敞《ただあきら》（一八〇四～五五）とともに、斉昭を補佐する「両田」と称されるようになる。藩政改革の当面の中心的課題は農村復興に据えられたが、いわゆる天保検地を実施して、年貢納入高を従来より軽減する（田方は一万四千石、畑方は九万三千石の軽減）とともに、「三雑穀切返し法」を廃止し、畑方の換算率も二石五斗一両から一石二斗五升一両に改めた[15]。さらに、田畑の位付けを従来の四段階から五段階にして納税基準をより実態に即したものに改めたり、年貢納入における定免制（年貢を一定期間、豊凶の別なく、定率で納入させる）を導入したりした。

本書の関心からは、斉昭によって推し進められた教育政策がとくに注目される。斉昭は、藩校の設立を襲封当初から計画していた。その著述『告志篇』（一八三三〈天保四〉年、斉昭が初めて水戸に帰国した際に家臣に示した文書）での、

子孫教育の儀は、其の親々如在《じよさい》も有るまじく候へども、当時の風俗、大臣の子弟は、其の父兄の故を以て、人も

疎略に致さず、無理をいひても其の儘に通し置き候故、我が儘のみ増長し、小臣を見下し候類も之れ有ると聞く。…子弟の教育は厚く心を用ふる事、我等への大きなる奉公と存じ候。(16)

との文言に象徴されるように、斉昭は、藩士（とりわけ重臣）子弟の教育に並々ならぬ関心を寄せていた。だが藩校設立は水戸藩の財政難などの理由で容易に実現されなかった。藩政改革を軌道に乗せようとした斉昭は、一八三七（天保八）年、藩校設立の趣意を記した碑文の撰定を藤田東湖に命じた。東湖は、江戸の佐藤一斎ならびに水戸藩の会沢正志斎や青山拙斎（一七七六〜一八四三）らの意見を聞きながら草案を取り纏め、最終的に斉昭が吟味した。こうして完成した碑文は「弘道館記」と命名され、翌一八三八年に斉昭の名で公表された。そこには、

嗚噂《ああ》、我が国中の士民、夙夜解《おこた》らず、斯《こ》の館に出入し、神州の道を奉じ、西土の教を資《と》り、忠孝二《な》无く、文武岐《わか》れず、学問・事業、その効を殊にせず、神を敬ひ儒を崇び、偏党あるなく、衆思を集め群力を宣《の》べ、以て国家無窮の恩に報いなば、すなはち豈にただに祖宗の志、墜《お》ちざるのみならんや、神皇《しんこう》在天の霊も、またまさに降鑒《こうかん》したまはんとす。(17)

という具合に、藩校弘道館建学の精神が描き出されている。ここに示された「忠孝無二」「文武不岐」「学問事業不殊其効」「敬神崇儒（神儒一致）」などの所論は、水戸学教育思想の理念を明確に表現するものとなった。なお、これらの教育理念は、後述する藤田東湖の『弘道館記述義』によって、改めてより鮮明かつ詳細に説明されることになる。

(2) 藩校弘道館の運営

こうして一八四一（天保一二）年、藩校弘道館が水戸城内三の丸の敷地に仮開館されるに至った（鹿島神宮からの分神遷座が済んでおらず、学則も不備であった。正式な開館は一八五七〈安政四〉年になる）。弘道館の運営は、藩の重職（家

老・側用人）から任ぜられた学校総司・学校奉行が指揮し、教授頭取（総教）がこれを統轄した。創設時の教授頭取には、会沢正志斎と青山拙斎が任命された。教授陣も含めて、弘道館の主要な人事（文館では教授・助教・訓導、武館では師範・手副など）には彰考館の館員が任命された。とくに注目されるのは、弘道館の役職と藩の職務とが兼務される（教授頭取は小姓頭、教授は小姓頭取、助教は小納戸を兼務）ことで、「学問事業不殊其効」という上記の理念を人事面で具体化したことであった。

創設に際して藤田東湖が斉昭に上申した意見書（弘道館創立に関する意見書）には、館内に鹿島神社・孔子廟・御碑（「弘道館記」を記した碑）を建立するとともに、その学的環境について、

学校と申候へば、御家中の子弟大勢広き処へごた〳〵相詰め、読書等仕様に人々心得候処、手習ひ子達等と違ひ、一席は数十人寄合居《よりあひをり》候ては、真の読書は罷成《まかりなり》不レ申候間、細かに仕切、一人前又は弐人寄合、三人寄合位に相定《あひさだめ》、其内に面々罷出《まかりいで》、机等をかまへ、読書仕候様仕度ものと奉レ存候、…段々学問上達に随ひ、よき部屋を受取候処に、賞の意味を含み可レ申奉レ存候[18]、

という具合に、大部屋ではなく一人から三人程度の小部屋に区切り、成績によってよき部屋が宛がわれるよう工夫すべき、と説かれていた。これは近代学校が多人数教室での一斉授業を原則としたことと、著しく対照的な方針と見ることができる。さらに学問吟味（試験）を厳格に実施する必要も強調されたが、それは、

学問は人の人たるを学び候道にて御座候段、不レ及二申上一候処、学問と申候へば何歟《なにか》一芸の様相成候儀嘆敷儀《なげかはしきぎ》に御座候。此度の学校は天下一に不レ被レ遊《あそばされず》候而は、御建立の甲斐も無二御座一候間、何とぞ学問事業一致に被レ遊《あそばされ》候様不レ堪二至願一《しがんにたえず》候[19]

との所論に記されるように、弘道館を天下一の学校にするとの高い目的意識に基づくことであった。

弘道館の構成は、①敷地中央エリア（社廟区）に鹿島神社、孔子廟、八卦堂（「弘道館記」碑を納める）などが、②敷地東側エリア（学校区）の中央に学校御殿（正庁）、北側に文館（居学・講習・句読・寄宿の四寮）、南側に武館（剣術・槍術・居合薙刀柔術等。江戸の剣客斎藤弥九郎や千葉周作らが招かれたりもした）、武館の西側に医学館（一八四三年開館。本草・蘭学・調薬・製薬の各局が付属。人命尊重と実用主義の立場から種痘の実施など西洋医学も採り入れた）などが設置され、さらに、③敷地西側エリア（調練区）に馬場や操練場などが設けられた。この他、歌学局・兵学局・音楽局・諸礼局・天文数学所・軍事局などの各部局が敷地内に配置された。江戸時代に開設された藩校としては文字通り最大規模を誇るものであった。[20]

　就学規則によれば、藩士とその子弟のうち一五歳から四〇歳までの者に、日割に基づく就学義務が課された（藩士子弟には一〇歳より城下の私塾〈水戸藩ではこれを家塾と呼んだ〉にて句読・書礼などの学習が課された。一五歳になると家塾の教師が保証人となって入学願を提出し、指定の日に登館して『論語』『孝経』等の考試が行われた。合格者には講習寮への入学が許可され、不合格の者は私塾での学習が繰り返された。二〇歳になっても不合格の者には講習別局が用意された）。日割とは、身分や石高に応じて定められるもので、例えば、布衣《ほい》（従六位相当、幕府から布衣の着用を許された者）ならびに三〇〇石以上の当主・嫡子は一五日間、同次男以下および物頭《ものがしら》（いわば中間管理職）ならびに一五〇石以上の当主・嫡子は一二日間、物頭ならびに一五〇石以上の次男以下および平士の当主・嫡子は一〇日間、平士次男以下は八日間であった。ただし、年齢による免除措置があり、三〇歳以上および職務のある者は半減され、四〇歳以上は免除された。学習方法では「輪講」と「会読」が重視され、居学生と講習生とに分かれて毎月相当数の席が設けられた。試験については、月二回（三と八の日）家老や番頭が臨席して行われる小試に加え、年一回（秋季）藩主臨席のもと実施される大試が設定された。成績優秀者には昇進や加禄などの褒賞が与えられた。

　だが、以上のような取り組みに基づいて幕末教育史に重要な地歩を築き上げた弘道館も、その後の状況は藩内抗争の激戦の渦に巻き込まれていく。一八六八（明治元）年には文館・武館・医学館などが焼失し、一八七二年の「学制」発布とともに閉館となるに至る。こうして施設設備・教育環境において近世最大規模を誇った藩校も、僅か三〇年余の期間にて教育機関としての役割を終焉させることになる。なお水戸藩の藩校について、江戸の小石川藩邸内には従来武道場だけが置かれていたが、一八四三（天保一四）年から文武の教場を併設し、これを江戸弘道館と称した。

(3) 藩内郷校と尊皇攘夷運動

以上のように、弘道館はあくまでも藩士教育を目的とするものであり（ただし、他藩からの遊学希望者も受け入れていた）、また上記のように、基本的には地位や身分の相違を前提に据える教育的世界であった。これに対し、水戸藩での教育普及においてとくに注目されるのが藩内各地に設立された郷校であった。郷校とは、農村対策を企図して、在村好学者を対象に各種講習（医療や農法、その他殖産興業に関連する領域）を施すとともに、これを広く一般庶民にも開放することを企図して設置された学校であった。その代表的存在となったのは、一八〇七（文化四）年、郡奉行小宮山楓軒が行方郡延方《のぶかた》村に設立した延方郷校であった。その運営については、

> 昌秀（楓軒のこと）始テ此挙アリ、因テ其管邑富民ニ諭シ書ヲ購シ之ヲ納レシメ、郷士若シクハ村医等文学アル者ヲシテ館事ヲ掌ラシメ、衆庶好学ノ者就テ講習スルヲ許ス、又農隙ヲ以テ衆ヲ会シ経ヲ講シ庶民ヲシテ傍聴セシム、天保中ニ至リ益々其制ヲ弘メ郡邑便宜ノ地ヲ択ミ学ヲ建ツ[21]

との記事に認められるように、郷士や村医者らによって担われ、地域の好学者に講習を実施したり、その傍聴を一般庶民に開放したりした。楓軒は、これ以前の一八〇四（文化元）年にも茨城郡小川村に医学を講ずる稽医館《けいいかん》を設けていた（天保年間に小川郷校に改称）。天保年間以後、那珂郡湊村の敬業館《けいぎょうかん》（一八三五年）、久慈郡太田村の益習館《えきしゅうかん》（一八三五年）、多賀郡大久保村の暇修館《かしゅうかん》（一八三九年）、那珂郡野口村の時雍館《じようかん》（一八五〇年）など、郷校の設置は陸続と実施されていく（一五校の郷校が確認されている）。これらも、斉昭による文教施策の一環として推し進められたもので

あった。

ただし、これらの郷校はその後、幕末の社会的危機に対応するため、そこに集う人々が郷士から農民に至る農村在住者全般へと拡大され、彼らに尊皇攘夷思想を伝授し、その実践に役立つ武力訓練を行う場として機能していく。一八六〇(安政七)年の「桜田門外の変」以後は、水戸藩および諸藩の勤王志士(脱藩浪人)や尊皇攘夷運動に身を投じようとする郷士・農民らが盛んに集うようになった。こうして一八六四(元治元)年の天狗党挙兵(同年三月、藤田東湖の子・小四郎ら尊攘激派藩士・郷士ら六〇余人が、筑波山に挙兵。その後一千人超の勢力となる)前後には、これら郷校は過激な尊皇攘夷運動の拠点と化してしまうことになる。翌一八六五(慶應元)年の天狗党の乱鎮定後(天狗党一行は禁裏御守衛総督一橋慶喜を頼りに京都を目指すも、追討軍の総攻撃を前に加賀藩に投降。藤田小四郎や武田耕雲斎らが斬罪に処せられる)には、水戸藩門閥派(諸生派)政権によって郷校と農兵の廃止が進められ、一八七一(明治四)年の廃藩置県後はすべて廃校となった。

(4) その他の諸施策と斉昭の人物評価

斉昭の水戸藩改革の諸施策としては、これら以外にも、軍備の増強(鉄砲の鋳造や大型船の建造)やいわゆる「南北二策」の取り組み(「南」は鹿島・銚子周辺の一五万石の封地増、「北」は蝦夷地の拝領、を幕府に要求。北策はロシアの脅威への対応を意図するものであったが、幕府から蝦夷地への領土的野心が疑われた)、あるいは領内の廃仏毀釈による思想統制(寺院の釣鐘や仏像を没収して大砲の材料としたり、廃寺や地蔵撤去などを進めたりした。また村ごとに神社を設置し、人別改めなど民衆管理を神官の管理に移行させようとした)などが実施された。だが、これらは幕政に叛くものとの嫌疑を招く結果となり、また藩内における反斉昭勢力の運動もあって、一八四四(弘化元)年、斉昭は幕府より致仕・謹慎を命ぜられ、家督を嫡男慶篤(一八三二〜六八)に譲ることになった(「弘化甲辰の変」と称される。なお謹慎は同年中に解除されるが、藩政関与が許されるのは一八四九(嘉永二)年のこと)。

前述のように、その後斉昭は、一八五三(嘉永六)年のペリー来航を契機として、幕府の海防掛参与に任ぜられると、藩政でも主導権を握り、砲術教練場（神勢館）の設立、那珂湊の反射炉建設、農兵組織の整備などに取り組んだ。これらは水戸藩での「安政改革」と称せられるが、一八五五（安政二）年にこの国を襲った大地震によって江戸藩邸が倒壊し、腹心の藤田東湖と戸田忠敞を喪うことになった。その後（一八五八年）、大老井伊直弼の無勅許条約調印に抗議するため、江戸城に押しかけ登城し、結局謹慎処分を受けたこと、さらに「安政の大獄」にて終身蟄居処分となったこと、はすでに述べた通りである。一八六〇（万延元）年、斉昭は蟄居処分のまま、水戸城にて没している。享年六一歳であった。

斉昭については、攘夷論の中心人物との評価が一般的であるかもしれない。だが、他方でこれとは異なる評価があったことにも注意を要す。徳川慶喜の、

烈公の攘夷論は、必ずしも本志にあらず。…非常の改革を行うには、何等かの名目なかるべからざるをもって、一時の権宜として、改革は武備充実のためなり、武備の充実は、近頃頻々近海に出没する異船を打攘わんがためなりと称せられたるなり。すなわち、攘夷の主張は全く藩政改革の口実たるに過ぎざりし…。もとより我が砲術の拙きを知り給えば、新たに西洋の砲術を学びて神発流と名づけ、…自ら師範者となりて藩士を訓練せられたり。(22)

との回顧には、実子の目を通した敬愛の念が込められているかもしれないが、同時代人の松平春嶽（一八二八〜九〇）は、

老公即斉昭公は、尊皇攘夷の論を盛んにして、攘夷家の巨魁たりといふ。天下これをしらざるものなし。…初て米利堅《メリケン》ペルリ渡来の頃は、世上一般に外国人をにくむこと甚し。老公はさす賀に賢明の君にして、最早外国人と交際せねばならぬといふ事は、已《すで》に着眼されたり。…これにて交易和親せねばならぬといふ事、攘夷論の不被行事をしり給ふは、さす賀なる事と於余は感賞せり。(23)

という具合に語り、斉昭は外国との交際は時流の必然事であることを理解していた、と評している。実際、斉昭が西洋の学術・文化に対し相当の関心を寄せていたことは、

西洋の風俗は、天文、地理を始め諸事委しく物の理を究め、既に鉄炮は神国にても第一の武器にいたし候如く、その工夫、細工に至り候ては、用ひやうにて神国の益に相成り候儀も御座有るべく候。(24)

との所論に凝縮されている。しかしその一方で、人々の精神的土壌を形成するものについては、

一体、外国の教は、仏法にても、邪教にてもその道一筋に相立ち居り候ゆゑ、愚民どもにも呑込みやすく候ゆゑ、次第に盛に相成り候。神国の儀は、第一に神道にて教をたて申さず候ては相成らざる筈に候処、…依て其の神道の教を本に仕り、教化を遠くおし弘ろめ候儀肝要と存じ奉り候。(25)

という具合に、外国由来の宗教からの影響を排除し、頑なまでにこの国固有の神道に基づく教化の必要を強調している。物質面については外国由来のものを容認しつつも、精神面は自国古来の伝統を固守しようとする斉昭の姿勢は、近代日本の国家戦略を方向づける意味合いを有した、と見ることができるかもしれない。だがその思想史的評価を見定めるには、斉昭の思想的態度が、例えば幕末の開明的思想家と称される佐久間象山（一八一一～六四）の「東洋道徳、西洋芸術、精粗遺《のこ》さず、表裏兼該《けんがい》し、因りてもつて民物を沢《たく》し、国恩に報ゆる(26)」との所論とどう異なり、どこまで重なり合うものだったのか、について丁寧な吟味が必要といえるだろう。

それでは、幕末期におけるこの国の思想的土壌を覆った後期水戸学とはどのような思想的内実を有するものだったのか、また、それがこの国の教育思想史に及ぼした影響をどう評価することができるのか。以下、後期水戸学の中心的主導者と評される会沢正志斎と藤田東湖の所論を通して、この問題の吟味を試みる。

3　会沢正志斎——「国体」思想の源流

(1) 正志斎の生涯

正志斎の境涯とその時代　会沢正志斎は、一七八二（天明二）年、水戸城下下谷に父会沢与平（一七四七?～一八〇四）と母のゑ（一七五九?～一八〇四）の長男として生まれる。諱《いみな》（本名）は安《やすし》、字は伯民、元服して恒蔵と称した。正志斎は号である。会沢家は代々農民であったが、父与平の代に武士の列に加えられた（郡方手代、中間頭格、評定所守などを勤めた後、一八〇三年に扶持米を賜って武士の身分となる。大坂蔵屋敷に赴任する途中で病魔に襲われ、一八〇四年に五八歳で死去する）。正志斎がその地歩を進める契機は、一七九一（寛政三）年、一〇歳のときに父の勧めで同じ町内の藤田幽谷に入門したことにあった（幽谷の私塾が「青藍舎」と名づけられるのは、一八〇二〈享和二〉年のこと）。このとき、幽谷は一八歳にして士分に取り立てられたばかりであったが、上述のように、すでにその学識は周囲より高い評価を得ていた(27)。その後、正志斎は一七九八（寛政一〇）年に元服し、その翌年一八歳のときに彰考館の館員（始めは写字生という低い地位）となる。以後、師幽谷とともに『大日本史』の編纂に従事する。さらに一八〇七（文化四）年には、七代藩主治紀《はるとし》（一七七三～一八一六）の諸公子の侍読を命ぜられている。公子の中には、後の八代藩主斉脩や九代藩主斉昭らがいた。とくに斉昭については、その後正志斎が一八二〇（文化三）年に馬廻組となって水戸に帰藩するまでのほぼ一三年間に渡り、その教育掛を勤め続けている。後に斉昭の藩政下において、正志斎が絶えず政治顧問的な役割を果たしたのも、両者の間に育まれた特別な信頼関係に基づくものといえよう。

この当時、一七九二（寛政四）年のラクスマンの根室来航（ロシア初の遣日使節。大黒屋光太夫ら日本人漂流民三名を乗船させていた）に象徴されるように、諸外国の脅威が現実的問題となりつつあった。正志斎も対外問題に関心を寄せ、一八〇一（享和元）年に『千島異聞』を著している。その後一八〇四（文化元）年にロシアのレザノフが長崎に来航したが（上述のラクスマン来航時、幕府は長崎入港許可書を与えたが、レザノフはこれを携えていた）、このときレザノフは軟禁状態を強いられた上に通商交渉を拒絶されたため、一八〇六年に樺太、一八〇七年に択捉島を襲撃するという事件も勃発していた（とくに択捉島の銃撃戦では、日本兵は全く抵抗できなかったと伝わる。ただしロシア皇帝の許諾なしに行われた戦闘であったため、不快感を示した皇帝の命令にて戦闘は中止された）。

大津浜事件　これら対外的危機に関して水戸藩に直接の衝撃を与えたものは、一八二四（文政七）年、水戸領内常陸大津浜にイギリスの捕鯨船が現れ、二艘のボートに乗った船員一二名が上陸するという事件が勃発したことであった（当時、水戸藩内の漁師たちが内密にイギリス捕鯨船に上船し、物品の交易を行うという事態がしばしば発生していた）。イギリス船員は直ちに捕らえられたが、このとき大津浜の仮留置所に取り調べ役として派遣されたのが、当時彰考館総裁代理の地位にあった正志斎であった。正志斎は、勇三郎という大津村の漁民（イギリス船に乗り込んだ経験があり、片言の英語を使うことができた）を介してイギリス人に訊問を行った。後に正志斎は、訊問の結果を『諳夷《あんい》問答』（諳は諳厄利亜《アンゲリア》の諳。夷は異国人を指す）という報告書に取り纏めている。同文書に描出されたのは、

諳虜今度《このたび》渡り来りし事、交易のために来るとも云。又漁猟のために来るとも云。巷説紛々なれ共、皆信するに足らす。総て西洋の諸国、犬羊の性とはいへとも古より通商を事とし万里の波濤を凌き、殊方異域を経歴し聞見も広きに随ひ、自然に志気も広大になり四海万国を併呑するを以て業とす。是を助るに耶蘇の邪教を以てし、通商を名として至る所の国と親み、近つきて窃に虚実を察し、怠惰虚弱なるをは兵を挙て是を襲ひ、又其虚の乗すへき事なきをは邪教を以《もつて》民心を誑《たら》し、其国を奪ふの術を施す。是に於て絶海万里の外迄も其属国に成もの多し(28)。

との記述のように、表面上は交易や捕鯨などと称えつつも、その真意は日本の属国化・植民地化にあると疑われたイギリスの脅威であり、その脅威に対する強烈な危機意識であった。

この「大津浜事件」は、派遣された幕府代官の取り調べの結果、食料と薪水を与えた上でイギリス人全員を帰船させるという結末となる。事件の報に接した藤田幽谷は、息子の東湖にイギリス人全員を斬り殺すよう伝え、東湖もそ

の旨を承諾して旅支度を急いだが、この赦免の知らせが届き愕然とする。正志斎も幕府の対応に憤然たる思いに包まれるが、同事件での経験を通して心底に根づいた強烈な危機意識が、翌一八二五（文政八）年、正志斎四四歳の述作『新論』に凝縮されていくことになる。同書は、第八代水戸藩主斉脩《なりのぶ》への上呈を目的として纏め上げられたものであったが、内容が過激との理由から敢えて公刊はされなかった（公刊されたのは一八五七〈安政四〉年）。だがその後、写本の形で全国に伝播し（写本には正志斎の署名がなく、「無名居士題」「無名氏題」などと記されていた）、同書全編を貫く尊皇攘夷の主張が幕末期の尊攘志士たちに甚大な影響を与えていくことになる。なお『新論』の主要な内容については、後述にて紹介する。

学政への取り組み

一八二六（文政九）年に藤田幽谷が死去すると、正志斎は彰考館総裁代役の職に就く。このとき四五歳であった。一八二八年には『豈好弁《がいこうべん》』を著し、「聖人は首として生養を言ふて、夷は則ち専ら寂滅と言ふ。聖人は勤勉を努めて、夷は恐嚇を事とす」(29)という具合に、儒学的観点からキリスト教とともに仏教にも論難を加え、自らの学的立ち位置を改めて鮮明にした。さらに前述のように、一八二九（文政一二）年、藩主斉脩の継嗣問題が起こると、斉昭の擁立に注力した。このとき藩庁に無断で江戸に出向したことにより、同志三十余人とともに逼塞《ひっそく》（閉門、白昼の出入り禁止）を命じられた。だがこの処罰は期間が三旬（三〇日）と形式的なものであり、逼塞が解除されると、一八三〇（天保元）年郡奉行に、さらにその翌年彰考館総裁に任用されている。これ以後も、斉昭の藩政改革（それは幕府の「天保の改革」に先鞭を付けるものと評される）を藤田東湖らとともに中心となって担っていく。その間、『迪彝篇《てきいへん》』（刊行は一八四三年）を著して日本固有の道徳のあり方（国体、君道などに象徴される。また師道の名のもとに「君臣の義」「父子の親」「夫婦の別」「長幼の序」「朋友の信」などが語られている）を概述したり、『草偃《そうえん》和言《わげん》』（刊行は一八五二年）にて日本の祭祀を通年的に叙述したり（それを通して孝敬の含意を確認）している。

藩校弘道館の創設についても、一八三八（天保九）年に学校造営掛に任ぜられ、また一八四〇（天保一一）年には教授頭取に就いた。同校の開設に先立って正志斎は、『周礼』に基づいて学制のあり方を論じた『学制略説』を著している。そこでは、「教法ノ原ハ人君ノ躬行ト政治ノ得失トニアルヿニテ、人君道ヲ信スルヿ厚ク治ト教トヲ一致ニスルニ非レハ行レサルヿナリ。…故ニ古ハ治ト教トヲ一ニシテ、政治ハ道徳仁義ヲ本トシ、教法ハ政治ヲ羽翼トシテ…人才モ成就スルヿナリ。是《これ》学ヲ建テ教ヲ設ル大眼目ナリ[30]」と、「政教一致」の方針が高唱されている。なお、正志斎には斉昭への「封書」が少なからず遺されているが、一八三七年の「封書」には学校組織に関する詳細な記述が認められ（同封書は「足食」「足兵」「民信之」から成る「対問三策」と称され、学校組織については「民信之」にて詳述されている）、これが弘道館開設の参考に供せられたものと見なされる。

学校組織に対する提言

その内容を略述すれば、正志斎は「人材を仕立るに、小学にて下地を拵《こしら》へ、大学へ出て、物ならしをする事[31]」と述べ、学校教育について小学と大学との二系統を設ける必要を説いている。このうち小学は、必ずしも幼少者の学校を指すのではなく（規模と人数をもって小学と語っている）、「門閭の学」（王・公卿・大夫の子弟の学問所）と「郷党の学」（人物を撰み、賢才の挙るの本）とから成るものと説かれる。小学は、そのすべてが藩校であるには及ばず、私塾・家塾の運用を認めているが、注意すべきは、「教化の要は厚禄の人を教て、用に立るを本とす。小身の者は自然に化すべし。但其内にて俊秀なるをば、夫々に教立て挙用べき也[32]」という具合に、依然として藩内の身分序列を前提に構想されている点である。またその基本理念が「神儒一致」ならびに「治教一致」に見出されている点も、水戸藩藩校の特質を示唆している（それゆえ祭日には神社を遙拝したり、講堂にて「祝詞」を講じたりすることなどが提唱されている）。藩校での教育内容や等級の進度については、

文学・武芸の稽古所、夫々に設置、文学は経史・詩文・歌道・素読・書法・算数等の科を立、局を分つべし。神道・国学は別に科を不レ立、経史と同局にて学べし。即ち神儒一致の意也。…文学の者は三等に分て、幼少のものは、素読を教へ、三等 素読終らば文義を解す事を習、二等 文義稍々通ぜば問難講究すべし。一等 其中より秀士を挙て、子弟の世話役の如く指引き、句読をも授しむべし。又其中の人物を撰て、舎長とし、助教・教授ともすべし[33]。

と、江戸藩校の全般的傾向と大きな相違はないものの、やはり「神儒一致」が強調されている点に、正志斎の学校構

想の趣意を顕著に認めることができる。この他、幼学者は毎朝素読を授かり昼に書法を学ぶとともに復読に励むこと、素読終了者は毎朝経書を読み昼に歴史書に進むこと（一七歳までは手習いも継続）、それ以上の学進者は朝に経義、昼に史学、昼以後に雑書・雑芸を基本としつつ、舎長・秀士と講論に努めること、加えて一五歳以上の者はすべて未の刻（午後二時前後）以後、武芸を学ぶべきことが説かれている。講義は通例辰の刻（午前八時前後）前後に執り行われ、教授による経書講が一月に六回、助教のそれが同じく六回、これ以外に神書講や兵書講が月一回実施されるものと説かれている。また輪講は『孟子』『史記』『左伝』などをテキストに、素読終了者から秀士に選ばれた者の間にて実施されるものと記されている。

また同封書には学校の職掌が、「総教（家老が兼職）」「学頭（学士の勤惰、行跡を吟味）」「学校奉行（官府との連絡・調整）」「学校目付（学校中の諸法度を管掌）」「教授」「助教」「舎長」「句読・詩文・歌道・書法・算術・兵学・音楽の師」などと細かく記されているが、なかでも「教授」については、「経書・神書等の講釈、学士を教育する事を掌り、時々学舎を見廻り、学士の勤惰・行跡の善悪を察し、学頭の職へ申出べし[34]」というように、その職掌に「教育」という言葉が宛がわれている点が注目される。なお、入学者については「厚禄の子弟は八歳より必、学に入て書を読。私塾にて学ぶものは、各好に任すべし。勤学にて行跡正きは国子学に入べし。小身の子も、八九歳より十歳位にして学に入べし。郷党の小学に入、又私塾にて学ぶものは好に任ずべし[35]」という具合に、身分序列の枠組みを前提とするものであったことを繰り返しておく。

藩政改革への尽力と挫折

正志斎自身は、弘道館教授頭取にして、藩の行政職である小姓頭を兼務したが、これは教職員の地位と発言力を高めるとともに、教育と政事とを一体化させるための措置を象徴するものでもあった。なお、正志斎には『退食間話』（一八四二年）という述作があるが、これは斉昭の命により、前述の「弘道館記」に対する解説を和文にて施したものであった。

こうして藩政改革に邁進した正志斎であったが、その後、その歩みにも障碍が立ちはだかるようになる。上述のように、藩校弘道館の仮開館式から三年後の一八四四（弘化元）年、斉昭が幕府の嫌疑（繰り返しになるが、水戸の東照宮の祭事を神道に改めたこと、弘道館の土手を高く築いたこと、藩内の寺院を多く破却したこと、などが嫌疑の理由）を受けて致仕・謹慎の処分を受けるに至る（弘化甲辰の変）。正志斎は、藤田東湖や戸田忠敞ら改革派の人々とともに斉昭の雪冤《せつえん》運動に奔走するものの、同年に東湖、忠敞らは免職・蟄居の上幽閉され、正志斎も翌一八四五年に致仕（正志斎六四歳）を、さらに一八四六（弘化三）年には蟄居・幽閉を命ぜられた。

幽閉中、『孝経考』『江湖負暄』『下学邇言《かがくじげん》』などの著述を纏め上げていくが、とくに『下学邇言』（一八四七年稿了）は、前述の『新論』と並ぶ正志斎の代表的述作と評すべきものである。同書全七巻は「論道」「論学」「論礼」「論政」「論時」の五論編成であるが、このうち「論学」の中では、例えば、「大夫士の子を教育する事、尤も急務となす」や「古の教育は、要するに国事に任ずべからしむるにあり」などの所論[36]に象徴されるように、門人子弟の教育に重大な関心が寄せられている点に注目しておきたい。従来、江戸時代における「教育」という言葉の使用例については、必ずしも丁寧な探索がなされてこなかったが、少なくとも正志斎の諸述作にはこの言葉の用例が頻出していることを、ここで敢えて指摘しておく[37]。

前述のように、一八四九（嘉永二）年に斉昭が藩政関与を許されると、正志斎も禁錮を解かれる。以後、正志斎は攘夷問題・外交問題に注力しながら、藩政に忠勤を尽くしていく。一八五五（安政二）年には藩主慶篤に任ぜられて小姓頭に復職するとともに、再び弘道館教授頭取に就いた。同年には、第一四代将軍徳川家茂（一八四六～六六）への謁見が許され、多年の学的功績が称賛されている。この頃、正志斎は全国各地の尊王志士の来訪を受けるようになるが、その一人として長州藩士吉田松陰（一八三〇～五九）の名を挙げることができる。

松陰の事跡については改めて後述するが、彼は一八五一（嘉永四）年、熊本藩士の宮部鼎蔵《ていぞう》（一八二〇～六四）らと相諮って東北各地への歴遊を計画する。だが長州藩からの許可が下りないうちに、まず水戸に向かってしまう。水戸の地で会沢正志斎と数回の面談を交わした松陰は、

> 会沢を訪ふこと数次なるに率《おほむ》ね酒を設く。水府の風、他邦の人に接するに款待《かんたい》甚だ渥《あつ》く、歓然として欣《よろこ》びを交へ、

心胸を吐露して隠匿する所なし。会々談論の聴くべきものあれば、必ず筆を把りて之れを記す。是れ其の天下の事に通じ、天下の力を得る所以か(38)。

というように、正志斎の人物と思想とを高く評価している。松陰もまた、かつて正志斎の『新論』の写本を手にし、そこから多大な影響を蒙った人物なのであった。

晩年の正志斎

その後一八五八（安政五）年の「安政の大獄」を契機に幕府と水戸藩との関係が険悪化する。さらに同年朝廷より下された勅諚（戊午の密勅）の取り扱いをめぐって水戸藩内の意見が対立し、尊皇攘夷勢力が鎮派と激派とに分裂するようになる。正志斎は同年すでに七七歳を迎え、弘道館教授頭取の辞職を願い出るも、藩主慶篤は慰留して隠居を認めず、その代わりに教授頭取を免じて教授とし、さらに風雨の時には出仕に及ばずと申し渡していた。正志斎が水戸藩の重鎮として、周囲からの厚い信頼を得ていたことを窺わせるものである。その正志斎はこの勅諚問題については、鎮派の領袖として勅諚返納を主張する。だが、激派の藩士らにとってこの主張は到底容認できるものではなく、ついに翌一八五九年、大老井伊直弼を暗殺するに至る。こうして水戸藩の政局は大混乱に陥る。加えて、その翌年には天保年間以後藩政の支柱であった徳川斉昭が没してしまう。一八六二（文久二）年、正志斎は将軍後見職に就いた一橋慶喜（一八三七～一九一三）に対し、『時務策』と題する小論を上呈している。その中で正志斎は、

当今ノ勢ハ、海外ノ万国皆和親通好スル中ニ、神州ノミ孤立シテ好《よしみ》ヲ通ゼザル時ハ、諸国ノ兵ヲ一国ニテ敵ニ受ケ、国力モ堪ヘ難キニ至ルベシ。時勢ヲ料《はか》ラズシテ、寛永以前ノ政令ヲモ考ヘズ、其以後ノ時変ヲモ察セズシテハ、明識トハ云難《いいがた》カルベシ(39)。

と訴えている。時勢の推移とともに、開国が避け難くなっている状況を冷徹に見定めた所見が示されている。このた

め正志斎は、激派から「老耄《ろうもう》」と批判されたと伝わる。幕末社会の昏迷が一層深まる中、正志斎は一八六三（文久三）年に死去する。享年八二歳であった。

（2）正志斎の思想とその教育認識

「国体」の趣意

では、正志斎の思想とはいかなる内実を有するものだったのか。また、その教育思想とはどのように描出され得るものなのか。まずは、その主著『新論』での所述を通してこの問題を吟味してみる。

上述のように、『新論』は一八二四（文政七）年の「大津浜事件」を契機に著されたもので、迫り来る欧米列強の脅威と対峙しながら、日本の独立と矜持を保つための諸方策を、「国体（上・中・下）」「形勢」「虜情」「守禦」「長計」の五論七篇に基づいて詳述している。その所論は、次のような文言から描き始められている。

謹んで按ずるに、神州は太陽の出づる所、元気の始まる所にして、天日《あまつひ》の嗣、世々宸極《しんきょく》を御し、終古易《かは》らず、固《まこと》に大地の元首にして万国の綱紀なり。誠に宜しく、宇内を照臨し、皇化の曁《およ》ぶ所、遠邇有る無かるべし。今、西荒蛮夷、脛足《けいそく》の賤を以て、四海に奔走し、諸国を蹂躙し、眇視跛履《びょうしはり》、敢て上国を凌駕せんと欲す。何ぞそれ驕れるや。(40)

すなわち、日本とは原始の国にして歴世天皇が統治する国家であり、万国の綱紀たるべき神聖にして卓越した国家なのであるが、しかし現実にはその国家が西洋蛮夷の脅威に晒されてしまっている、というのである。それゆえ同書の内容は、この国の神聖性・卓越性をその根拠に基づいて確言するとともに、そこに押し寄せる脅威の所在と、その脅威を克服するための実際的方途を明示することに主眼が注がれている。

まず「国体」の項目では、この国の神聖性・卓越性の内実が繰り返し確言される。すなわち、昔は天祖肇めて鴻基《こうき》を建て、位は即ち天位、徳は即ち天徳、以て天業を経綸す。細大の事、一も天にあらざるものなし。徳を玉に比し、明を鏡に比し、威を剱に比し、天の仁を体し、天の明に則とり、天の威を奮ひて以て万邦に照臨し給ふ。(41)

との所述のように、この国の麗しき大業は、悉く天祖によってその基盤が構築されたものであり、そのことは、天祖が皇孫に伝えた三種の神器、すなわち「玉（八坂瓊曲玉）」「鏡（八咫鏡）」「剣（草薙剣）」が、君主の徳たる「仁徳」「明知」「勇威」に比定されることに象徴される、というのである。こうして、「国体」観念とは、何よりも「天」を根拠に措定されるこの皇国の神聖性・卓越性を指すものなのである。

この神聖にして卓越した「国体」とは、元来「天」に根源を据えるものではあるが、それを現実の国家のかたちとして継承させてきたものが、歴世の天皇と群臣の間にて執り行われてきた儀礼なのであった。その様子は、

夫れ、天祖の遺体を以てして天祖の事に膺《あた》り、粛然、曖然として、当初の儀容を今日に見るときは、則ち君臣観感し、洋々乎として、天祖の左右に在るが如し。群臣の天孫を視ることも亦、猶ほ天祖を視るが如し。其の情の自然に発するもの、豈に已むを得んや。(42)

というように描出される。「天祖の遺体」とは現今の天皇の姿を指すが、その天皇が執行する儀礼とは、天祖によって執り行われた当初の儀礼を今の世に再現するものであり、それゆえ群臣が視る今世の儀礼での天皇の姿とは、当初の儀礼を執り行う天祖の姿を鏡に映し出すようなものだ、というのである。

「国体」の要件たる「忠孝」　この儀礼において極めて重要な意味をもつものが、天祖と歴世天皇との間にて国体観念の支柱をなす「徳」が受け継がれてきたことであるが、さらにその徳の継承とは、天祖と群臣との間にも、また歴世天皇と群臣子孫との間にも行われてきたことなのであった。そして、その徳こそがまさに「忠」と「孝」なの

である。「忠孝」が儒学の重要概念であることは間違いない[43]。ただし、『新論』においてこの二者の典拠は、儒学の経書ではなく、日本の記紀神話に見出されている。「忠孝」の高唱それ自体は、儒学思想の系譜に定位されるものの、その典拠を記紀神話に求めている点に水戸学の独自性がある。「忠孝」の起源について、正志斎は別著『退食間話』の中でより詳細に描出している。その当該箇所を紹述するなら、

君臣の義と申は、天照大神、高天原《たかまのはら》にましく〳〵て、皇孫天津彦彦火瓊々杵尊《あまつひこひこほのににぎのみこと》に天位を伝へまいらせし時、八坂《やさか》瓊《に》の曲玉《まがたま》・八《や》咫鏡《たのかがみ》・草薙剣《くさなぎのつるぎ》、三種の神器を授《さずけ》給ひて、「葦原《あしはらの》千《ち》五《い》百《ほ》秋《あき》之《の》瑞穂国《みずほのくに》は、是吾子孫可レ王之《これあがみこきみたるべき》地也《くになり》」と宣《のたま》ひしより、此神器を以て、永く天位の信《しるし》となし給ひ、是より君臣・父子の大義著《あらわ》れて、天位の尊き事、天地と共に窮りなく、天地闢《ひら》けし日より今日の今に至るまで、一人も天位を犯すものなきは、則ち、君臣の義にして、言語を待たずして、其教《そのおしえ》自然に備れる也。父子の親と申は、天照大神、神器を授給ひし時、御手に宝鏡を取らせられて、「吾児《あがこ》、視二マサムコト此宝鏡一ヲ、当レ二猶レクス視レルガ吾《あれ》ヲ」と宣ひしより、床《みゆか》を同くし、殿《みあらか》を共にして、宝鏡を以て、天祖の神となし給ひ、是より父子の親彰《あらわ》れて、天日嗣《あまつひつぎ》を受継せ給ふ君は必《かならず》日神の御末にましく〳〵て、神代の古より今に至るまで、皇統易《かわ》らせ給はず、…宝鏡に映し給ふ御容《みすがた》は、即ち、日神の遺体にましませば、玉体は即ち日神と同体にまします。万億年といへども、同体の親み尽きさせ給はざるは、父子の親、是より惇《あつ》きはなし[44]。

と述べられている。ここでは「忠」が「君臣の義」、「孝」が「父子の親」として語られているが、両者ともにその起源は、天照大御神が皇孫天津彦彦火瓊々杵尊に告げた「神勅」――それは『日本書記』「神代下」の叙述を典拠とするものであり、「忠」が「葦原千五百秋瑞穂の国は、是れ、吾が子孫の王たるべき地なり」との神勅（天壌無窮の神勅）を、「孝」が「吾が児、此の宝鏡を視まさむこと、当に吾を視るがごとくすべし」との神勅（宝鏡奉斎の神勅）を起源とするものとされる――に措定されている。繰り返しになるが、道徳の根本を「忠孝」として定位するとともに、その根拠を記紀神話の神勅に措定するとの思考様式は、水戸学の重要な特質（この特質は、一八九〇年の「教育勅語」に

そのまま継承されていく）と評することができる。

重複を恐れず繰り返すなら、歴世天皇が天祖に思いを致す「忠」と「孝」、群臣子孫が歴世天皇に思いを致す「忠」、群臣子孫が群臣祖先に思いを致す「孝」とが重層的に紡ぎ上げられる最も重要な機会が、「儀礼」には含意されているのである（上述の「教育勅語」の普及・浸透にとって学校儀式が不可欠の契機であったことも、勅語体制と水戸学との強靱な親和性を物語るものといえる）。『新論』の中で描かれた、

> 惻然《そくぜん》、悚然《しょうぜん》として、乃祖《だいそ》・乃父《だいふ》の、皇祖天神に敬事する所以の者を念《おも》ふ。豈に其の祖を忘れ、其の君に背くに忍びんや、是に於いてか、孝敬の心を父は以て子に伝へ、子は以て孫に伝へ、志を継ぎて事を述ぶ。千百世と雖も、猶ほ一日の如し。孝は以て君に忠を移し、忠は以て其の先志を奉ず。忠孝は一に出で未だ嘗て二あらず。…祭は以て政となり、政は以て教となる。教と政と、未だ嘗て分れて二とならず。故に民は唯々天祖を敬し、天胤を奉ずることを知るのみ。嚮《むか》ふ所一定して、異物を見ず。是を以て民の志は一にして、天人合せり。これ帝王の恃んで以て四海を保つ所以にして、祖宗の国を建て、基を開く所以の大体なり(45)。

との記述は、忠孝道徳が歴世の天皇・群臣に連綿と継承されてきたこと、そこから道徳的には「忠孝一本」、政治的には「政祭教一致」という皇国の「国体」を規定する理念が導き出されたこと、を最も象徴的に描出するものである。

ともあれ、こうして、

> 天祖既に此の二者（「忠」と「孝」）を以て人紀《じんき》を建て、訓《おしえ》を万世に垂る。夫れ君臣と父子とは天倫の最も大なるもの、至恩内に隆《さかん》に、大義外に明らかならば、忠孝立ちて、而して天人の大道は昭々としてそれ著はれん。忠は以て貴を貴とし、孝は以て親《しん》を親とす。億兆能く心を一にして、上下能く相親しむは、良《まこと》に以《ゆえ》あるなり(46)。

という具合に、日本の「国体」の至上の価値とは、天照大御神の「神勅」を起源とする「忠孝」道徳が、歴世の天皇と群臣とに継承され実践されてきたことに見出されているのである。

世界情勢とそれへの対応措置

一方、この国を取り巻く世界の状況と、この国に押し寄せる西洋列強の脅威について論じたのが「形勢」および「虜情」である。「形勢」では、中国戦国時代の七雄になぞらえながら、鄂《オロ》羅《シア》・度爾《トルコ》・莫臥兒《モゴール》・百兒亞《ペルシヤ》・佛郎察《フランス》・伊斯把《イスパニア》・諳厄利《アンゲリヤ》等のことが西洋七雄と紹介された上で、「而して各国の皆、既に南海の諸島を併せ、海東の地を呑み、大地の勢、日に侵削に就かば、…其の殊に擯《しりぞ》けざるを得ざるは、鄂羅《オロシア》に若くはなし」[47]と、西洋列強とりわけロシアの脅威への警戒の必要が強調されている。その上で「虜情」にて、

彼の其の恃みて以て技倆を逞うする所の者は、独り一耶蘇教あるのみ。夫れ、彼の所謂教法は邪僻、浅陋にして、固より論ずるに足るなし。然れども、其の帰は易簡にして、其の言は猥瑣《わいさ》、以て愚民を誑誘《きょうゆう》し易し。言を巧みにし辞を繁しくし、天を誣《し》ひて以て天を教ふとなし、人道を滅裂して以て倫理を暁《さと》るとなす。[48]

という具合に、西洋列強の脅威の所在がキリスト教による人心の掌握にあることが声高に叫ばれている。軍事力とともに、宗教的な影響力によってこの国が不浄に塗れてしまうことへの鮮烈な危機意識が表明されているのである。

次の「守禦」の項目では、以上の脅威への対応策として、「内政を修む」「軍令を飭《ととの》ふ」「邦国を富ます」「守備を頒《わか》つ（全国的防衛体制の構築）」の四者が指摘されている。本書の関心からは、このうち「内政を修む」の具体的施策の一つに、「賢才を挙ぐる」が掲げられていることが注目される。もちろん、この所論は「必ず天下の賢才を致さんと欲せば、士を取るの法、其の要を得ざるべからず」[49]と説かれるように、藩政をリードする士人の人材登用に主眼を注ぐものと見られる。だが、他方で「古は賢才を挙げ、限るに門流を以てせず」や「聖賢は、天下の賢俊を致す所以の者に於いて、尤も心を尽せり」などの所論[50]には、人材登用の範囲が相当程度に推し拡げられている可能性も示唆される。正志斎が賢才のことを語る際、その視野に一般庶民のことがどこまで含み込まれていたのかは、解明の俟たれる

問題というべきであろう。

なお「守禦」では、以上の四者に加え、今後新たに取り組むべき方策として「屯兵を設く」「斥候《せっこう》を明らかにす（軍令の伝達や偵察の仕組みを整える）」「水兵を繕《つくろ》ふ」「火器を練る」「資糧を峙《たくは》ふ」の五者が指摘されている。このうち「屯兵を設く」には兵士の土着策が含まれているが、これは荻生徂徠が『政談』の中で説いた所論「旅宿の境界を改むる」（武士を城下ではなく知行所に居住させる）との親和性を看取させるものといえるだろう。これについては、改めて後述することとする。

そうして「長計」の項目では、この国の長久を計るための諸施策が呈示される。そこでは、天下の大勢を見極めた上で、戦守の計略をなすことなども述べられてはいるが、最も根本的な方策とは、「政令刑禁」（もしくは「慶賞威罰」）と「典礼教化」とを並陳兼施することで、天意と民心とを一体化させることにあると説かれる。正志斎の言葉では、

> 慶賞威罰は一時を鼓動する所以にして、典礼教化は永世を綱紀する所以なり。故に曰く、善政は民、之を畏れ、善教は民、之を愛すと。之を畏るゝは一時の威にして、之を愛するは永世の固《かため》なり(51)。

と表記される。この意味でも、天祖より歴世天皇へと継承されてきた上記儀礼とは、「天下を大観し、万世を通視し、一定不易の長策を立つる所以のもの(52)」として、最高度の価値が置かれるべきものなのであった。再三の繰り返しになるが、神道儀礼をもって、国家神道と国民教化の基軸に据えようとする思想態度は、その後のいわゆる「教育勅語体制」の構図を形づくるものとなる(53)。

政祭教一致

以上、『新論』の要点のみ瞥見したが、そこに教育思想が鮮明な形となって描出されているとは指摘しがたい。その理由は、「忠孝」に象徴される諸教説が語られるとしても、それらの典拠がすべて神道（記紀神話）に見出されているからであり、それゆえ上述したように、諸教説もすべて上記に触れた「政祭教一致」の文脈に解消されてしまっているからだと指摘できるだろう。それゆえ、

昔、天祖、神道をもつて教を設け、忠孝を明らかにし、以て人紀を立つ。其の万世を維持する所以の者は、固より既に瞭然たり。太古に始りて無窮に垂る。天孫奉承し、以て皇化を弘む。天祖の教を設くるの遺意にあらざるなし。(54)

との所論にこそ、『新論』の思想的手法、すなわち教育に関する諸問題を政治・宗教上の教義の内部に封印するとの手法、を顕著に認めることができるのである。

ただし、正志斎の思想や述作に「政祭教一致」の文脈が色濃く認められることは確かであるにせよ、そこに定位される教育認識の文脈が全く不透明というわけでもない。その文脈を捕捉するには、彼の儒学者としての立ち位置を吟味しておくことが有効だといえる。『新論』の中に、当時の西洋事情に関する所論が少なからず盛り込まれていたことに象徴されるように、正志斎の思想とは膨大量の読書を通しての学的探究に基づいて形成されており、そこには儒学を主軸とする学問の歩みに関する周到な論考も顕著に認められるからである。では、正志斎の儒学とはいかなる学的系譜に定位されるものなのか。

正志斎の思想的立ち位置　水戸学には、その初期の学的営為に重要な役割を果たした朱舜水の影響もあって、朱子学を学問の基調に据える含意が認められる。正志斎もまた、

朱元晦の心性を論ずること、其の説は周程に祖《もとづ》いて、自ら一家の言をなす。聖経の外に於いて、創意立論する者ありと雖も、而も天資英特にして、素より大志あり。夙に天下の憂を懐き、慨然として人心を正し風俗を礪《まれい》磨せんと欲す。故に其の漢儒の陋習を破り、人をして専ら躬行を務めしむるが如き、則ち大に世に益あり。(55)

と述べ、儒学史上における朱子学の意義を、漢唐の「訓詁偏重の学」から宋代の「実践躬行の学」へと転換させたことにあるとして、これを評価している。一方、朱子学と対峙した陽明学に対しては、

> 明に至りては、則ち王伯安、良知良能の説を唱ふ。其の人聡明絶倫にして、一代の英豪なり。其の事業に於いては、則ち他人の能く及ぶ所にあらず。然れども其の学の如きは、則ち専ら聡明を恃んで稽古に務めず、心性を主として禅機《ぜんき》に浸淫す。(56)

との所論のように、その学説の主観的傾向（「心即理」に象徴される）が禅の教説に相通ずるものだとして手厳しい批判を加えている。しかし、だからといって正志斎の学的立場が朱子学に据えられていたかといえば、単純にそう指摘できるわけでもない。確かに正志斎は、「藤惺窩・林羅山は、称して一時の巨擘《きよへき》となす。起つて宋学を唱へ陋習を一洗せり。其の世に益せしところ多し」(57)という具合に、江戸朱子学の嚆矢たる藤原惺窩・林羅山に一定の評価を与えている。だがその一方で、彼は、次のような所論も呈示しているからである。

> 貝原益軒は篤行の君子にして、始め後儒の説に疑あり。然れども大本大経に於いて、未だ明説を見ず。伊藤仁斎は徳を尚び行を修め、当代の儒宗たり。首《はじ》め古学を発明し、後人の説と聖経とに同異あるを弁ず。而して拡充・長養の旨、日用常行の義を論ずること、極はめて詳明なり。…荻生徂徠は豪邁の資を以て、大に古学を唱へ、後儒を排撃し、礼楽・政刑の義を論じ、有用の学を講ず。而して時務を論じ用兵を説くが如きは、甚だ痛快となす。(58)

すなわち、ここでは朱子学に対し微妙な立ち位置を示した貝原益軒を始め、朱子学と真っ向から対峙した伊藤仁斎や荻生徂徠らの学説を紹介しつつ、彼らの学説に一定の評価を与えている。その意味で、正志斎の思想的立ち位置とは、仁斎学および徂徠学に対する彼の評価を通してこそ、より確かな捕捉が可能と見ることもできるはずである。

仁斎学への評価

正志斎が仁斎学を評価する文脈は、仁斎の仏老批判や理学批判などにも向けられているが、注目されるのは次のような評価である。すなわち、伊藤氏は古学を唱へ、天地を以て活物となす。其の言は仁を以て旨となし、拡充・培殖・火燃・泉達の義を発明す。其の親愛の徳に帰し、内よりして外に及び、発生長養、活動進往するは、実に陽を先きにし陰を後にするの義を得たりとなす、夫れ、日域は生気の発する所にして、太陽の出づる所なり。…聖人の陽を貴ぶの意を得、以て東方発生の気に応ず。蓋し亦、天地の気の之をして然らしむる者あるか(59)。

との所論に示されるように、仁斎が天地を一大活物と説いたり、「四端の心の拡充」を「埋み火の火勢の拡がり」になぞらえたりしたことが、この国（太陽の出づる国）の陽性を貴ぶ風土との著しい親和性を看取させるもの、との評価である。もちろん正志斎は、「伊藤氏曰く、聖人は徳を言ひて心を言はずと。知言なりと謂ふべし(60)」との所論のように、仁斎の個々の学説をそれ自体として評価するような姿勢も示してはいるが、それでも仁斎学評価の大枠は、その「陽を貴ぶ」との学的傾向がこの国の風土に著しく合致することに据えられている。正志斎の、

聖人は陽を貴ぶ。其の道は仁を以て旨となす。仁とは親愛の徳にして、心に根《ねざ》して事に施す。発生長養して、内より外に達し、己より物に及ぼす。其の中実して活動し以て進む者は陽の徳なり。其の教は天叙に因つて人倫を明かにす。曰く、徳行道芸、曰く、文行忠信、曰く、博文約礼、曰く、詩書執礼、皆教ふるに実事を以てして、空言を以てせず、的然として著明なること、太陽の当に天するが如し。易簡にして知り易く、人をして徳を進め業を修め、生々として息まざらしむる者は陽の道なり(61)。

との所論は、彼が理解し評価する限りの、仁斎学の最も基本的な学的内実（陽性を尊ぶ）を端的に描出したものといえるだろう。

徂徠学「人材登用論」との親和性

一方、徂徠学への評価については、その人材登用論や礼楽制度論との関係性を指摘することができる。もちろん、正志斎は徂徠学の所論をそのまま踏襲しているわけではない。例えば、

正志斎の「聖人ノ道ハ自然ノ天道ニシテ造作シタル道ニ非ズ(62)」との主張は、道の根拠を聖人の作為に認めた徂徠学の基本姿勢と相反するものである。だが、その人材登用論については、

学に志あらん人々は、必《かならず》神聖の大道に本づき、深く心を用て、識見も開け、学業の大本も立て、…その好むに任せて是を学び、各々其長ずる所の材を成就し、国家の用をも成すに至らば、何の害かあらん(63)。

との所論のように、国家の諸業務への視線よりも、各人の素養への眼差しを優先させてこれを論じている点が注目される。人材登用への着眼は、天保年間以降、藩主斉昭によって進められた政策の流れに棹さすものとも見られようが、その所論の細部において徂徠学との親近性（「役」以上に「材」の価値を優先させる）が認められるのである。

また、正志斎の人材登用論に関わる徂徠学との親近性について、上述した武士の土着論を指摘することもできる。荻生徂徠は「旅宿」について、

旅宿ノ所ヲイハヽ、諸大名一年カハリニ御城下に詰居レハ、一年夾ミノ旅宿也。其妻ハ常ニ江戸ナル故、常住ノ旅宿也。御旗本ノ諸士モ常ニ江戸ニテ常住ノ旅宿也。諸大名ノ家中モ大形《おおかた》其城下ニ聚居テ面々ノ知行所ニ居ラサレハ旅宿ナル上、近年ハ江戸勝手ノ家来次第ニ多ク成ル。是等ノ如ク、総シテ武士ト云ル丶、程ノ者ノ旅宿ナラヌハ一人モ無。…江戸中ノ者旅宿ト云心ハ夢ニモ着《つか》ス、旅宿ヲ常住ト心得ル故、暮シノ物入莫大ニシテ武士ノ知行ハ皆商人ニ吸取ラル也(64)。

というように問題視し、それゆえに武士の「土着」をもって封建体制本来の姿を取り戻すための要件と説いていた。封建体制下の統治機構や経済システムへの着眼に基づくものといえよう。これについて正志斎は、「扨又諸大名・御旗本衆江戸ニ居住シテ、旅宿ノ境界ユヘ、費多キコトヲ物徂徠ノ論ゼシハ卓見ニテ(65)」との評価を与えていた。実際、

正志斎は、

　夫れ、兵は地を守る所以にして、地は兵を養ふ所以なり。兵と地とは相離る、を得ず。離るれば則ち、地は空虚となり、兵は寡弱となる。是れ自然の勢なり。故に休養、生息、日たること已に久し。戸口は古に倍して、兵の寡きこと、此の如くそれ甚だし。(66)

というように、徂徠の指摘する「旅宿」の弊害について、その認識を共有する姿勢を示している。だが、すでに武士の城下町集住が定着している現状に鑑みるとき、すべての武士を知行地に居住させる方策が現実的とは認められなかった。その現状認識に基づいて正志斎が説いたのは、徂徠が説くような知行地型の土着ではなく、いわば下層武士を対象とした近郊型の土着なのであった。それは、

　今封建ノ姿ニ相応ズル兵制ヲ立ンニハ、……城下士屋敷ノ比近ノ地ニ足軽町ヲ置キ、田畠ノ中ヲ幾石也トモ、其給分ニ当ル程ノ年貢ヲ除キ与ヘテ足軽トシ、其中ニテ伍長ヲ立テ、五家ヲ指引キ、十人ヲ一隊トシテ、隊長ニハ郷士或ハ諸士ノ二男三男等、其人物ヲ択ビ田宅ヲ与ヘ、土著セシメ、下士ノ列ニ列シ、戦陣ニハ組下ノ十人ヲ家子・郎党ノ如召連レ、平日ハ共ニ耕ナガラ食ミ、文学・武芸ヲ勤シムベシ。(67)

との所論のように、城下の侍屋敷の近郊に足軽町を設け、軽卒の武士に戦場の労苦を模擬体験させる集団生活を求めるものであった。あるいは沿岸の海防拠点に、士卒を駐屯させるような方策も提唱していた。その意味で、正志斎の説く土着とは、まずは当代の統治機構に弛緩が生じていることへの刺激策として提唱されたものであったといえよう。

徂徠学「礼楽制度論」との親和性

　また礼楽制度についてであるが、その最も象徴的な所論は、正志斎の民衆教化論に抽出されている。例えば彼の、

今、之を施行せんと欲せば、宜しく民をして之によらしむべくして、之を知らしむべからず。若し夫れ民をして之によらしむる所以の者を論ぜば、則ち曰く、礼のみと。礼の目は五（吉・凶・賓・軍・嘉の五者）にして民に敬を教ふるは、祀より大なるはなし(68)。

という主張である。一般民衆に対しては、言語による教化よりも、むしろ習俗に基づく馴化の有用性を説くもので、この主張自体には徂徠学との顕著な親和性が認められる。もちろん、正志斎の礼楽制度論に徂徠学のそれと見解を異にする側面が含まれることには注意が必要である。例えば、徂徠の礼楽制度論は、幕藩体制の動揺と一般民衆の風俗頽廃傾向に対する改善策として提唱されたもので、それは幕政それ自体を取り巻く諸状況への危機意識が重要な背景をなしていた。一方、正志斎のそれは徳川家康の統治機構（これは中国古代の『周礼』の制度論と重なり合うものと理解された）への信頼を前提に、その卓越した制度への復帰のための応変の処置として説かれたものであった。正志斎の、「夫れ、方今天下に封建の勢あるは、固より、太祖の治を制する所以なり。東照宮の忠孝を以て基を立つるは、太祖の彝訓を垂るゝ所以なり(69)」との所述は、現存する礼楽制度が、そこに弛緩が認められるにせよ、信頼に値するものであることを力説したものといえる。もちろん、その動揺や弛緩に対しては改革の必要が認められる。正志斎の、

国家ノ法制・禁令モ、東照宮ノ深意ニ於テハ、豪毛モ移動スベカラザレドモ、ヨク時勢ヲ斟酌センニハ、今ノ世ニ当テ、東照宮再生シ給ハヾ必ズ変通更張アルベキ事モ少カラズ。故ニ東照宮モ古法ヲ改ル事ヲバ深ク戒メ給ヒシカドモ、古法ノ中、慥ニ諸人ノ苦ム事アラバ、思案工夫ヲナシ、老功ノ臣ト相談シテ、改ル事モ亦忠孝也ト仰セラレタリ(70)。

との所述は、礼楽制度の改革もまた「東照宮ノ深意」に根ざすものである限り、容認されることを説くものである。ともあれ、幕藩体制の統治機構において、その基盤に礼楽制度を措定しようとする思想態度そのものは、正志斎と徂

徠学との思想的親和性を物語るものと評することができるだろう。

核心たる尊皇思想

こうして朱子学に相応の理解を示しつつも、その学的基盤に仁斎学や徂徠学との親和性が認められる正志斎の思想は、ある意味では折衷学と評することができるかもしれない。もちろん、正志斎の所論に旧来学説を複合的に取り込もうとする姿勢が見られることは確かである。だが、それは単なる折衷というよりも、むしろ一つの核心的な認識をより堅牢な体系に組み立てるための思想戦略とでもいうべき措置であったと見るべきだろう。そしてその核心的な認識とは、師藤田幽谷の学を継承することで、その完成形態が目論まれた鮮烈な尊皇思想であったといえるだろう。幽谷はその『正名論』の中で、

> 赫々たる日本は皇祖の開国より、天を父とし地を母とし、聖子・神孫、世々明徳を継ぎ給ひ、以て四海に照臨す。四海の内之を尊びて天皇と曰ふ。八洲の広、兆民の衆、絶倫の力・高世の智ありと雖も、古より今に至るまで、未だ嘗て一日も庶姓にして天位を奸すものあらざるなり。君子の名・上下の分、正しく且つ厳かなること、猶ほ天地の易ふべからざるがごとし。是れを以て皇統の悠遠・国祚の長久、舟車の至る所、人力の通ふ所、殊庭《しゅてい》絶域、未だ我が邦の若《ごと》きはあらざるなり。豈に偉ならずや。[71]

と述べ、この国ではその始原より連綿と継承されてきた国のかたち（国体）があることを強調する。また、その国体を継承させるための当代幕府の取り組みを、

> 今夫れ幕府は、天下・国家を治むる者なり。上に天子を戴き、下に諸侯を撫づ、覇主の業なり。其の天下・国家を治むる者は、天子の政を摂するなり。天子垂拱《すゐきよう》して、政を聴き給はざるや久し。久しければ則ち変じ難きなり。幕府の天子の政を摂するも亦其の勢を称す。…然りと雖も天に二日なく、土に二王なし。皇朝自ら真天子あれば、則ち幕府宜しく王と称すべからず。則ち王と称せずと雖も、其の天下・国家を治むるは王道にあらざるな

し。[72]

と説いている。幕府が現実の治世を担っているのは摂政としての役割であり、その役割の自覚に立って天皇の政務を執り行う限り、それは王道と称すべきだというのである。そうして、

日本は古より君子礼儀の邦と称す。礼は分より大なるはなく、分は名より大なるはなし。慎まざるべからざるなり。夫れ既に天子の政を摂すれば、則ち之を摂政と謂ふも、亦名正にして言順ならざるか。名正しく言順にして、然る後礼楽興る。礼楽興つて然る後天下治まる。[73]

と、天皇に代わって政務を執り行う幕府の立ち位置が「名分論」において正当化されることを前提に、礼楽に基づく治世の正当性と安定性とが高唱されるのである。この点に、正志斎がその諸述作の中で、天祖の儀礼を繰り返し描出し、その至上の価値を高唱した理由を認めることができる。正志斎によって描出された儀礼の姿とは、江戸幕府の支配体制をその最も論理的かつ整合的な構図において、人々に明示したものでもあったのである。

正志斎の教育認識

最後に、改めて正志斎の教育に関する所論の特質を確認しておこう。正志斎の思想には、教育に関する認識が確かに包含されていたといえる（注36にて紹介したように、彼の述作には「教育」という言葉の用例が頻出する）。またその最も象徴的な営為は、「忠」と「孝」との徳目を基軸に据え、それを天祖儀礼に象徴される礼楽の文脈の中で、子孫臣民に伝授することをもって理解されるものであった。その意味で、正志斎の理解する教育とは、天皇の儀礼や幕府の支配構造という文脈の内部に埋め込まれるものであった。ただしそこには一見すると、教説の根拠に関わる矛盾とも見える所論が認められる。例えば正志斎は、

天祖三種の神器を授け給ひ、君臣の分定りてより、忠の道著はれ、是より皇統一姓にまし〳〵て、父母の恩厚く

孝の道著れたり。忠孝の教立ちぬれば、夫婦・長幼・朋友の道も随つて厚き事定まれる道理なり。(74)

と、すでに述べたように、徳の根本たる「忠」「孝」の起源とは、天祖が皇孫に授けた神勅に求められることを強調している。しかしその一方で、

教といふは、天地自然の大道也。大道は道路の如し。人の往来すべき所には、何人の教ふるともなく、自然に一条の道を踏み分け、便道にして往来繁ければ、自然に大道となる。人道もこれに同じ。億兆の人、皆、履み行ふべき道なる故に、自然に一条の大道備はる也。人倫に君臣・父子・夫婦・長幼・朋友の五品あるは、天造の自然なり。五品ある時は、親・義・別・序・信の五典備はれる事、又、自然の大道なり。(75)

という具合に、いわゆる教説の基軸たる「五倫五常の道」の根拠を、明確に自然に見定めているのである。「道」の根拠を一方で天祖の神勅に求めながら、他方でこれを自然に認めようとする、この矛盾のようにも見える正志斎の主張をどう理解すればよいのか。

仮設の域を出ないが、敢えて私見を述べるなら、正志斎にとって天祖が皇孫に神勅を授ける営為とは、それ自体が自然を根拠とするもの（人為的な所為とは次元を異にする）であったように考えられる。そのような正志斎の認識は、

人情、神を敬するは天下皆同じければ、神は不測なれども、天地を祭り祖先を祀り、是を以て教を立つる時は、自然に人心も服する事、即ち天朝にて天神地祇を祭り給ひ、人民敬服し奉るが如し。故に聖人は神道を以て教を設きて天下服すと云ふ。是れ、天朝の神道と自然に暗合する所あるを見るべし。(76)

との所述に顕著に認められる。「忠孝」に象徴される道徳も、それを子孫臣民に伝える儀礼も、その根拠は「神道と

自然との暗合」に見出されているのである。この正志斎の思想的立ち位置を明らかにする上で有用なのが、本居宣長の所論に対する彼の評価だといえよう。

宣長学との関係

正志斎には、『読直毘霊』という著述に象徴されるように、宣長学に対する言及が少なくない。また、宣長がこの国の肇国起源を古事記に求めて詳述したことを、「天朝の万国に勝れて尊き事を論ぜしは卓見にして、俗儒の輩の及ぶ所にあらず(77)」と評価している。だがその一方で、宣長が、後世のこの国が漢意に侵されて儒教道徳を受容してきたことを痛切に批判したことに対し、正志斎は、

> 儒者の皇国を道なしと云ふは、君臣・父子の大道、万国に勝れて明らかなる事を知らざるの過なり。…人倫あることは自然の大道なれば、四海万国に人倫なき国ある事なし。是を行ふに正偏《せいへん》の別あり。神州と漢土とは其の道正しく、就中、君臣の義・父子の親に至つては、神州の正しきに及ぶ者なし。…本居も天地の道を知らず、徒に道の名なきを善とす、さらば夷蛮戎狄尽く有道の国ならんか(78)。

という具合に、辛辣な批判の刃を切り返すのである。すなわち宣長が、君臣・父子の道に象徴される儒教道徳を中国古聖人の制作物と見なしたのに対し、正志斎はそれらをあくまでも自然の大道と理解するのであった。その意味で、正志斎にとって道徳とは、あくまでも自然を根拠とするものであり、それは人為によって制作される法律とは異次元の別物なのであった。彼の、

> 仁義礼譲・孝弟忠信などの名を設けて人を教ふるを後世の法律と同じと云ふは、教と法律との差別を弁知せざるなり。教は将然《しやうぜん》の前に人に善を勧め導く。…法律は悪を已然《いぜん》の後に懲す(79)、

との所述は、そのことを明確に指し示している。だが、それでも後世において挙行される儀礼までもが自然を根拠と

する営為だと説かれることに、論理の飛躍は認められないのか。その点について正志斎が説くのは、「道の本」と「道を弘むる」所為との連続性だと見なされる。正志斎は、両者の関係を道路の開通とその路程における利便物の設営になぞらえながら、以下のように説明する。

> 道は大路のごとし。衆人の往来する所は、人跡多ければ自然に道路をなす。道を弘むるとは、自然の道路に随て、駅亭を立て、廬舎を設け、担夫・駄馬を置《おき》て、四海の隈《はて》までも往返滞《とどこお》る事なからしむるごとく、広く天下の人をして、人倫の大道に由らしむるを云ふ。…大道既に明にして、士民皆向ふ所を知り、曲塗《きょくと》旁径《ぼうけい》に迷はざる時は、人々自ら己が心性を尽さん事も、各才徳の長短によりて、其人の長ずる所を成就する事を得べき歟と存候也。(80)

すなわち、「道の本」が自然を根拠とするとの主張は、衆人の往来によって道路が自ずと開通することになぞらえられる。一方「道を弘むる」との所為もまた、たとえそれが駅亭・廬舎、担夫・駄馬などの設営を含意するとしても、その営み自体はやはり「自然の道路に随」うものと理解されている。その自然の道路を歩むことで、士民がその向所を知り、心性を尽くし、才徳を長ずることを可能にする営みが、天祖の儀礼には含意されているのである。

「自然の道」と「皇国の道」との暗合

その意味で、「聖賢、上にあれば、政教を施して、道を天下に行ひ、下に在れば、言を立て材を育して、道を後世に伝ふ(81)」や、「教なければ、人の有るべき限りを尽す事あたはず。聖人の教は、人をして有るべき限りを尽さしむるの道なり(82)」などの正志斎の所論も、あくまで自然を根拠に語られた教育言説と理解されるべきものといえるだろう。すなわちこれらの所論は、個々人の成長の意味と方向性とを、天地自然の「道」に準拠させることで、説き明かそうとする思想態度から発せられたものと見られるのである。

ただし注意すべきは、正志斎の説く「自然の道」について、その窮極の姿とは「皇国の道」と暗合するものであり、それゆえ、何よりも「国体」との密接な関係に結びつけられるものであった、という点にある。正志斎の「自然」観念において前面に押し出されるものは、個々人の身体性や人と人との相互関係性などではなく、あくまでそれらを覆い尽くす「国体」なのであった。正志斎の説く「自然の道」の含意を読み解く上で極めて重要な問題とは、それがすべて「国体」観念に吸収され封印されるものだ、ということの理解だといえよう。

正志斎が教授頭取の任を担った藩校弘道館の教育上の趣意が「尊攘」（尊皇攘夷）に見出されていたとしても、その「尊攘」なるものは当事者たちにとっての合自然を含意した可能性すら看取される。「国体明徴」を高唱し、その体現を推し進める教育とは、まさに昭和戦前下の教育体制に最も顕著な動向であったと評し得るが、短期間の命脈しか担保できなかったとはいえ、藩校弘道館がこの国の歴史に刻印した教育上の含意とは、まさに「自然」や「道」なる観念を、すべて「国体」観念のうちに封じ込める役割を担った点に定位されるだろう。もちろん、弘道館が近世最大規模を誇る藩校であり、儒学や皇学以外に洋学関連の学術内容を具備していたこと、その学校経営が藩を挙げての組織的体系に満たされていたこと、などを視野から外すことは正当な歴史的評価とはいえない。だが、そうした優れて近代的な動向の内部に、超時代的な「国体」観念が正座を占めた論理をどう説明できるのかが、藩校弘道館の理解に留まらず、この国近代の思想的趨勢を説き明かす上でも重要な問題だと見ることができるはずである。

「国体」観念に包摂される教育思想

ともあれ、こうして正志斎の教育思想の基軸には、万国に比類なき皇国の優秀性を高唱するとともに、内憂外患の厳しい時代状況にあってもその優秀性を持続的に担い得る強靱な覚悟を人々に説くことが据えられていた。繰り返しになるが、この意味で正志斎の学的立場とは、単なる折衷学というよりも、それ以上に最も鮮烈な「国体論」、すなわち、この国孤高の神聖性に学的関心を傾注した上で、その神聖性の浸潤に貢献を果たし得るあらゆる思想を呑み込むことで形づくられた立論、と評することが許されるだろう。それゆえ正志斎の学的立場を儒学と称することが容認されるとしても、それは日本の「国体」を基軸として再構築された儒学（記紀神話を淵源とする「忠孝」を教説の基軸に据える儒学）であったと見るべきである。その意味においても、

教学の本は忠孝の二つ也。忠孝の教は天祖三器を伝へ給ひし時より起れり。君臣の分正しく、皇統一姓に限りて、人臣覬覦《きゆ》するものなきは忠の教也。宝鏡を以、天祖の神となし、永世まで追遠申孝の義を諠《わす》れ給はざるは、孝の

教也。…是神儒一致の大旨也。学校の教は此義を本とし、文学・武芸を其身に習得て、是を忠孝の実行に施すべき為なれば、治るも教るも、忠孝を目当とし、教官徳行・道芸を考るも、又有司の賞罰も皆忠孝の詮議を本として、徒法を用ひず。是治教一致の眼目なるべし。[83]

との所述は、記紀神話を淵源とする天祖の神勅がこの国の教学の内実を根本的に規定するものであること、そしてその神勅に描き出された教説が「忠孝」であること、さらに「忠」と「孝」とが一体関係に結ばれること（忠孝一本）が、この国の教育文化の一大特質である「治教一致」を成り立たせていること、などを最も鮮烈に描出したものと見なされよう。正志斎の教育思想とは、国体論に包摂される水戸学教育思想のかたちを最も象徴的に表明するもの、と評することができるのである。

4　藤田東湖――「治教一致」の教育思想

(1) 藤田東湖の生涯

若き日の東湖

藤田東湖は、一八〇六（文化三）年に藤田幽谷とその妻梅（水戸藩士丹家の娘）の次男として、水戸上町梅香《ばいこう》に生まれる（兄は幼くして没したため、東湖が藤田家の実質上の跡継ぎとなった）。幼名は武次郎、のち虎之介に改めた。諱は彪《たけき》、字は斌卿《ひんけい》で、東湖はその号である。[84] 六歳の時に、父幽谷の門人堀川潜蔵（生没年不詳）から『孝経』の句読を授けられ、また、八、九歳の頃には南宋の文天祥（一二三六～八二）の『正気歌《せいきのうた》』を吟唱し、正しき気に満ちた日本の尊さ、忠孝の道の大切さを心に刻み込んだと伝わる。

一八一九（文政二）年、一四歳のときに幽谷の江戸出向に同行し、太田錦城や亀田鵬斎ら（考証学派や折衷学派に分類される）と出会うとともに、神道無念流の岡田十松（一七六五～一八二〇）に入門して剣術に励んだ。若き東湖は、剣術修行に熱心に取り組むとともに、弓術や槍術の稽古にも力を入れていた。対外的にロシアの脅威が実感されるとともに、国内でも農村一揆や都市部での暴動が頻発する社会情勢が、東湖の武人としての意識を高揚させたことは間違いない。

上記にて言及したように、一八二四（文政七）年、イギリス船数隻が常陸大津浜沖に姿を現すとともに、小舟二艘に分乗した一二名の船員が浜辺に上陸するという、いわゆる「大津浜事件」が勃発した。その船員取調の報に接した幽谷は、時の藩主斉脩宛に上書を奉呈したが、斉脩の指示は幕府役人の到着を待ってその判断に従えとのことであった。その直後、幕府代官の判断はこの事件を重大事とは考えずに船員らを釈放するらしい、との噂を耳にした幽谷は、東湖を呼び、船員らを斬り尽くした上で、自首し裁きを受けよとの指示を命じた。東湖は「謹んで命を奉ず」と返答した上で、水戸出立の準備を整えたが、その直後すでに船員らが釈放されたとの報が寄せられた。このときのことを東湖は、「是《これ》彪の死を決して、而も死せざるの一なり(85)」と、後に述懐している。

藩政への参画

一八二六（文政九）年、父幽谷の死によって藤田家の家督を相続した東湖は、父の喪が明けた一八二九年頃より、諸活動を精力的に進めるようになる。同年には水戸彰考館の総裁代役に任ぜられ、同学館の低迷腐敗ぶりを改革するために、江戸史館の総裁青山拙斎に意見書を提出している。この年、藩主斉脩の病状が悪化し、世継問題が浮上していた。これも前述したが、藩の重臣たちが跡継を将軍家から迎え入れようと画策したことに対し、東湖は同志を募り斉脩の実弟敬三郎（斉昭）の藩主擁立のために江戸に向かった。東湖二四歳、脱藩を覚悟しての決死の行動であった。「此《これ》彪の死を決して、而も死せざるの二なり(86)」との述懐は、このときのことを語ったものである。

同一八二九年、斉脩は三三歳の若さで死去するが、その遺書により、斉昭が第九代藩主となることが幕府から認められた。だが東湖は、翌一八三〇（天保元）年、無許可にて脱藩し江戸に出たことを理由に逼塞《ひっそく》の処罰を受ける。藩主斉昭も、藩庁に無断で脱藩した者を咎めなしにて放置することはできなかったのである。だが処罰は軽度にて済み、同年中に八田郡（現那珂郡大宮町八田）の郡奉行に任ぜられる。一八三二（天保三）年には、藩主の側近たる小姓頭取として江戸に移り住んだが、さらに一八三五（天保六）年、三〇歳のときに御用調役となり、藩政を与える地位に就くに至った。この間、斉昭の命によって神道の研究（神道関連書籍の考訂）にも取り組むが、これが後の「弘道館記」の起草や『弘道館記述義』の執筆に役立てられることになる。

これも繰り返しになるが、斉昭は一八三三年の初めての水戸帰国に際して、いわば施政方針を記した文書（著述『告志篇』）を家臣団に示したが、その中で藩校開設の計画を重要案件に掲げた。保守派旧臣の反対や凶作などの影響で、この計画は直ちに実行に移されたわけではなかったが、一八三七（天保八）年には東湖に対し「学校御碑文」の起草が命ぜられた。これが「弘道館記」となることも前述の通りである。その後、東湖は領内検地を実施する土地方改正掛や弘道館建設のための学校造営御用掛などを命ぜられ、さらに側用人という重職に任ぜられた。藩校弘道館の仮開館式が盛大に挙行された一八四一（天保一二）年、東湖は三六歳で御勝手改正掛の地位にあった（その二年後には弘道館掛に就く）。

こうして水戸藩における「天保の改革」が推し進められつつあった一八四四（弘化元）年、水戸帰国中の斉昭に対し、幕府から突然に召喚の命が下された。このとき東湖は病の床に伏していたが、側用人として自らを奮い立たせ、これに随行した。そのときの様子を東湖は、「彪、…病に臥す。是に至つて悪寒頭痛殊に甚し。衆医為めに其の行を難《がた》んず。彪、心に謂へらく、斯の行、死だに且つ辞せず。区々たる病痾《びやうあ》奚《なん》ぞ意を経るに足らんと。慨然として自ら奮ひ、別を萱堂《けんどう》（母親のこと）及び妻孥《さいど》に告げ、心に永訣《えいけつ》を誓ふ[87]」と述懐している。御三家当主の江戸参府に際しては、将軍が閣老を藩邸に遣わして賀詞を述べさせることが慣例となっていたが、この時の江戸到着時にはそれが執り行われなかった。幕府からの処罰が相当に厳しいものになることに憂慮の念を抱いた東湖は、斉昭の冤罪を訴えるため自害を決意する。ただし冷静になって考えると、幕府の処分はすでに決しており、また自死は却って斉昭の罪を認めることになりかねないため、これを敢えて思い止まったのであった。東湖は後にこのときのことを、「此れ彪が死を決して、而も死せざるの三なり[88]」と振り返っている。

苦難の幽閉生活

既述のように、このとき斉昭は隠居謹慎を命ぜられ、当時一三歳の長男鶴千代麿（慶篤）に跡目を相続させることになった。東湖もまた免職蟄居との処分により、小石川藩邸内の長屋の一室（八畳一間程度

と伝わる）に幽閉された。ときに東湖三九歳であった。幽閉中の様子を東湖は、

余の禁錮せらるゝや、既に自ら戸を閉ぢて黙処す。幾ばくもなくして、監察府の僚吏、工を率ゐて来り、舎の東西、及び南北隣の境を検視し、凡そ寸隙ある者は皆板を以て之を塞《ふさ》ぎ、最後に又、板を以て門戸を掩ひ、固く釘《くぎ》して去る。奴僕と雖も、理、出入する能はず。然れども、米鹽継がず薪水通ぜず、飢渇《きかつ》して死せば、則ち亦恐らくは禁錮する所の意にあらじ。是に於て、北隣の主人鱸《すゞき》氏に請ひて、竊《ひそか》に其の牆《かき》を穿《うが》つ。…是れより奴僕、鱸氏の門に因て出入するを得たり。…故を以て、家奴、井を汲むこと、率ね一日一再に過ぎず。僅に朝夕爨炊《さんすゐ》の用に供するのみ(89)。

というように伝えている。門戸が厳重に釘打ちされたが、自身を死に追い遣ろうとする措置とは考えられず、北隣の住人に依頼して密かに板壁に穴を開け、そこから家僕に出入りしてもらい、一日に一、二回ほど炊事用の水が使用できるようになった、というのである。こうして東湖は、小石川長屋の陋屋での生活難に苦しめられながらも、著述活動に専念する。この間、執筆に取り掛かったのは、『東湖随筆』『回天詩史』『常陸帯』などの述作である。このうち『回天詩史』は、東湖が詠んだ一四句の漢詩を通して、幽閉に至るまでの自身の歩みを回顧しながら胸中の思いを披瀝した著述である。その一四句中の最後の四句は、

苟明大義正人心、皇道奚患不興起、斯心奮発誓神明、古人有云斃而已（苟も大義を明かにして人心を正さば、皇道奚《なん》ぞ興起せざるを患《うれ》へん。斯の心奮発、神明に誓ふ。古人云ふ有り、斃れて已む）(90)。

というもので、ここに謳われた東湖の心境は、その後の彼の生涯を貫通する志操ともいうべきものとなる。

翌一八四五（弘化二）年、不惑の年を迎えた東湖は、幽閉先を小梅村（現在の墨田区向島付近）の水戸藩下屋敷に移

された。幽閉された一室もまた約六坪ほどの狭い部屋で、これを二室に区切り、一室を東湖が、もう一室を家僕が使用したと伝わる。この一室もまた外部との連絡が遮断され、米や味噌なども隣人を通して支給された。小梅村幽閉中での一つのトピックは、東湖が自身の「正気の歌」を綴ったことに認められる。東湖が八、九歳の頃より、父幽谷から与えられた文天祥の『正気歌』を吟唱していたことは上述の通りであるが、東湖の「正気の歌」の序文では、「先君子之を誦する毎に、盃を引いて節を撃ち、慷慨奮発す、正気の天地に塞つる所以を談説して、必ず推して之を忠孝の大節に本づけ、然る後に止む(91)」と、『正気歌』に纏わる父幽谷の様子が回顧されるとともに、

嗚呼、彪の生死は固より道《い》ふに足らず、公の進退に至りては、則ち正気の屈伸、神州の汚隆繋《かか》る。…正気とは道義の積むところ、忠孝の発するところなり。…我が所謂正気とは、万世に亙りて変ぜざる者なり。天地を極めて易《かは》らざる者なり。因つて天祥の歌を誦し、又之に和し以て自ら歌ふ(92)。

と、幕府処分に関わる徳川斉昭の進退がこの国の興亡に繋がる一大事であり、それゆえに道義の蓄積たる「正気」を自ら発揮する上での一層の覚悟が綴られている。その「正気」が「忠孝」と密接に結ばれている点も、東湖の思想傾向を鮮明に表現するものと見られよう。東湖の「正気の歌」は、その後幕末志士たちの志操を鼓吹するものとして、盛んに愛唱されるものとなる。

蟄居解除後の東湖

東湖は、翌一八四六年末に幕府から蟄居を解除され、一八四七（弘化四）年正月に水戸に帰国する。だが水戸藩は「遠慮」との処分（閉門するが夜中の出入りは容認）を継続させた。東湖は、体調不良と格闘しながら、『弘道館記述義』を脱稿させた。すでに四二歳を迎えていた。水戸学の縮図にして結晶とも称される同書の内容については、後述にてその概要を紹介する。

一八四九（嘉永二）年、東湖の謹慎は完全には解除されていなかったが、健康の回復もあり、家塾「青藍舎」の再興に取り組んだ。青藍舎は、幽谷亡き後、東湖が継承していたが、斉昭が幕府より隠居謹慎の処分（上述の「弘化甲辰

の変」）を受けた時から途絶状態に陥っていた。東湖は同年中に『孝経』と『論語』の会読を開始するが、こうして塾生の数が増加すると女子の入塾も見られるようになり、青藍舎には男塾（一五歳以下の童子組、二〇歳までの少者組、二〇歳以上の冠者組とに分かれた）と女塾ができ、嘉永年間には盛況を誇ったと伝わる。なお上述したように、同年間中（一八五一年）には吉田松陰が宮部鼎蔵とともに水戸藩を来訪するという出来事があったが、東湖は謹慎中のため、松陰との面談は叶わなかった。謹慎中に他藩の武士と面会することは、さすがに憚られたものと思われる。松陰が水戸を去った一八五二（嘉永五）年、東湖はようやく謹慎を解除されることになる。

翌一八五三（嘉永六）年、四八歳を迎えた東湖は、医者の勧めもあり、藩の目付に願い出て阿武隈山中の湯岐《ゆじまた》温泉にて療養した。そのときに勃発した一大事件がペリーの浦賀来航であった。この事件を契機に徳川斉昭が幕府の海防参与に就くのは前述した通りであるが、東湖も江戸への出府を命ぜられ、ほぼ一〇年ぶりに斉昭との再会を果たすとともに、海岸防禦御用掛に任ぜられて定江戸《じょうえど》勤《つとめ》となった。このとき東湖には、藩主慶篤から「誠之進」との名が与えられたが、これは同じく海岸防禦御用掛を命ぜられた戸田忠敞に与えられた「忠太夫」との名と併せて、両者の「忠誠」への期待が込められたものと見ることができるだろう。

順境と急死

翌一八五四（安政元）年には、御側用人兼務を命ぜられ、水戸藩内にて重要な地位を占めるようになるが、それとともに、幕府要路の人々や諸藩の有力者たちとも、活発な交流が展開されるようになる。諸藩有力者の代表格としては、越前福井藩の橋本左内（一八三四〜五九）や信州松代藩の佐久間象山、あるいは薩摩藩の海江田信義（一八三二〜一九〇六）および西郷隆盛らの名を挙げることができる。こうしてようやく東湖の歩みが順境と呼ぶべき時期を迎えたそのとき、すなわち一八五五（安政二年）年一〇月、いわゆる安政の大地震が江戸の街を襲う。東湖はその日小石川藩邸にて来客に応対していた。地震発生直後、年老いた母親をかばって一旦は屋敷の外に出たが、火鉢の火を消さずに出たことを危惧した母親が屋敷の中に戻ってしまった。それを見て屋敷内に飛び込んだ東湖の頭上に、屋敷の天井が崩れ落ちた。東湖は咄嗟に肩と背にて梁を受けとめ、母親をかばって庭に送り出したが、再度襲った大きな揺れにより、梁の下敷きとなって圧死してしまった。享年五〇歳であった。

なお、東湖とその妻里子との間には三男四女が生まれたが、妾土岐氏との間に生まれた四男小四郎は、その後一八六四（元治元）年、同志とともに筑波山に挙兵し、尊皇攘夷を掲げて各地を転戦しながら京都を目指したが、翌一八六五（慶應元）年、越前敦賀にて斬刑に処せられてしまう。二四歳の短い生涯であった。

（2）東湖の思想とその教育認識

『弘道館記述義』という述作　こうして非業の死を遂げた東湖であったが、その思想的影響力には会沢正志斎と並び称されるものがあった。とくにその著『弘道館記述義』（以下『述義』と略称する）は、正志斎の『新論』とともに、水戸学思想の真髄を説き明かす代表的述作と理解されてきた。その理解とは、『新論』が国家的危機に直面した幕藩体制を再編強化するための政治論として構成されたものであるのに対し、『述義』は藩校弘道館の教育精神を宣明するとともに、武士の生きる道を説いた道徳論から成るものとの趣意に基づくものであった。東湖思想の主軸を捕捉するために、まずは『述義』の内容を瞥見しておこう。

同書は、東湖が藩主斉昭の命を受けて述作した「弘道館記」の解説書と呼ぶべきもので、一八四七（弘化四）年に脱稿している（東湖は、豊田天功、青山延光、会沢正志斎に校閲を願う意向であったが、水戸藩を取り巻く厳しい状況から書通すら容易でなかった。この脱稿本については豊田天功の校閲を受けていた）。『述義』は、「弘道とは何ぞ、人能く道を弘むるなり。道とは何ぞ、天地の大経にして、生民の須臾も離るべからざる者なり(93)」なる一文から起筆されているが、そもそもの「道」なる観念の由来について、次のように述べられている。

上古、世質《しつ》に人朴《ぼく》にして、未だ書契有らず、所謂道なる者も亦寞然《ばくぜん》聞くことなし。然らば則ち道は固より上古に原《もと》づかざるや。曰く、奚《なん》ぞ其れ然らん。当時特に其の名なきのみ。乃ち其の実の若《ごと》きは、則ち未だ始めより天神に原《もとづ》かずんばあらず。何を以て之を言ふ。夫れ父子、君臣、夫婦は、人道の最大なる者、上古、父子、君臣、夫婦の分、厳として一定す、猶ほ天尊く地卑《いやし》きがごとし(94)。

この冒頭文にて高唱されているのは、上古の日本には「道」なる言葉はなかったがその内実は確かに存在した、ということである。「道」とは、何よりもこの国の天神に由来するもの（原初の時代には、ただその名がなかっただけ）だというのである。この立論は、宣長学に象徴される復古国学の所論と基本認識を共有するものと見なされよう。

もちろん、「道」なる観念は百済より儒学が伝来してから「五典（父子の親・君臣の義・夫婦の別・長幼の序・朋友の信）」として重視されてきたが、それらは「皆な我が固有する所、特に彼の文物に資《と》り、以て之を推弘し、諸《これ》を我が父子、君臣に施し、諸を我が夫婦、長幼、朋友に用(95)」いたものに他ならない、というのである。さらに、こうして儒学流の「道」が元来我が国に固有することを強調する一方で、仏教については「仏法、西より来るに至つては、則ち然らず。其の教《をしへ》たるや、先づ其の三宝《さんぽう》なる者を奉ず。曰く仏、曰く法、曰く僧、皆蛮夷の物にして、神州の固有する所にあらず(96)」という具合に、それがあくまでも外来の教説だということが確言される。そして、その異教たる仏教と日本固有の教説とを判別するために、固有の教説の方を「神道」ないし「古道」と称するようになった、というのである。繰り返しになるが、

蓋し天地あれば、則ち天地の道あり。人あれば、則ち人の道あり。天神は生民の本、天地万物の始め、然らば則ち生民の道は、天地に原《もと》づき、而して天神に本《もとづ》くや亦明《あきら》けし(97)。

との所述に象徴されるように、「天地の道」も「人の道」も、教説が成立する以前に、その内実がこの国には存在したのであり、その統一的根源は天神（天祖）たる天照大御神だというのである。

「道」の内実

従って、「道」の内実を正しく理解し継承するためには、何よりも天祖・天孫の事跡に依拠しながら、これを推し進めなければならない。だが、神代に「道」が自ずと行われていたことは確かであるにせよ、その実態や真相を精密に捕捉することは至難の極みである。記紀神話であっても、その事跡の捕捉については諸説紛々、牽強付会たる謗りを免れない。それゆえ、義公（二代藩主徳川光圀）は『大日本史』を纂修するについて、

「其の（道の）極を立て統を垂る、の迹、昭然明白なる者を挙げ、而して諸《これ》を上古神聖の功化に帰す[98]」との方針を貫いたのであった。

もちろん、天祖・天孫に由来する「道」を捉まえる上で、学問が極めて重要な要件であることは論を俟たない。藩校弘道館の創設も、そのための学的素養を培うことを趣意とするものであったことは間違いない。だが、少なくとも「道」の学びにおいて求められる態度とは、

天神の盛徳大業、載《のせ》て古典に在る者、大抵神異《しんい》測られず、固より常理を以て論じ難し。然れども蓋し皆天地ありてより以来相伝の説、決して疑を容れず、亦附会依託以て真を淆《みだ》るべからざるなり[99]。

と説かれるように、常理や私智（儒学の古学派や老荘思想に加え、西洋学もこれに該当）をもって神代を測ることなく、古典《ふるきふみ》に記載された諸事とは諸吟味・諸批判を超越した真理であるとの確信に基づいて、これを解釈することなのであった。古典に描出された諸事とは私智を超越した真理である、との確信もまた、宣長学と思想的態度を共有するものと見なされよう。

では、その真理とはいかなるものかというと、東湖は、

天孫の下土に降臨するや、天祖手に宝鏡を持つて之を授け、因つて祝して曰《のたまは》く、吾が児《みこ》此の宝鏡を視ること当に吾を視るがごとくすべし。与《とも》に殿《でん》を同うし牀《しょう》を共にし、以て斎鏡《いはひのかがみ》となすべしと。照々たる明訓、実に聖子神孫の遵奉する所にして、祭祀の道、孝敬の義、豈に復《また》是に踰《こ》ゆる者あらんや[100]。

と述べ、この国において「道」の内実とは何よりも「孝敬（忠孝）」であり、それは天祖が天孫に宝鏡を伝授した際に与えた「神勅」に基づくことだというのである。それゆえ、後世の人間が「道」を理解し継受するには、何よりも

天祖・天孫の威霊を推弘する儀礼に依拠しなければならない。祖先を追慕し、その美徳を崇拝することが「道」の継承のための必須の要件として強調される。すなわち、

> 天祖、上《かみ》、体を天日に同じうし、下《しも》、霊を宝鏡に留む。然らば則ち赫《かく》々たる太陽、巍々たる勢廟、実に天祖精霊の在《まします》所、歴代の天皇、之を尊び之を奉ず、而して天を敬し祖に事ふるの義兼存《かねそん》す。…嗚呼、聖子神孫、克く其の明徳を紹《つ》ぎ、公卿士庶、皆其の鴻恩を体し、維れ孝維れ敬、以て威霊を推弘す(101)。

との所述に象徴されるように、天祖・天孫を敬慕する儀礼こそが、「道」を受け継ぎ、さらに後世へと伝授するための不可欠の要件と説かれるのである。

「国体」の高唱

こうして天祖（天照大神）によって開かれ、天孫に継承された皇統こそが、この国の「国体」を象徴するものと高唱される。神代には「日本」なる呼称がまだ現出していなかったとしても、この国が「日の本」を意味する太陽神によって統治されてきた事実は、神代から厳存する。歴史の進展を通して、この呼称が使用されるようになったのは、この国が太陽神たる天照大御神の皇統によって統治される国だからなのである。『述義』では、この国の「国体」の尊厳が高唱された上で、「国体」に固有する道徳がいかに継承されてきたか、またその一方でいかに混乱させられてきたか、が説明される。繰り返しになるが、儒学については、

> 神州の尊きこと万国に冠絶する固よりなり。然れども質《しつ》余りありて文《ぶん》或は足らず、実既に完うして名或は闕《かく》るあり。…則ち彼の有余《いうよ》を資りて以つて我が不足を補ふは、亦天地の常理にして、聖知の用心なり(102)。

という具合に、その「文」をもって自国の不足を補うことに「聖知の用心」としての意義が認められている。一方、仏教に対しては、

抑々浮屠の害、古人之を論ずること詳なり、其の怪妄虚誕、固より道《い》ふに足らず、…富貴なる者は死後の貧賤を恐る、患難者は身後の安楽を倖《ねが》ふ、其の善をなす者は彼岸《ひがん》に到らん事を欲し、悪をなす者は呵責《かしゃく》を免れん事を祈る、…愚俗の仏を信ずる、皆其の欲に狗《したが》ふなり(103)。

と、「怪妄虚誕」の四字なる弊害をもってこれを排斥するのである。東湖のこの姿勢は、九代藩主斉昭が廃寺や釣鐘・仏像の没収に象徴される廃仏政策を推し進めたことと歩調を揃えるものであったが、仏教を異端邪説の象徴に据えようとする姿勢は水戸学思想の主脈流と評することができるだろう。

こうして『述義』は、異端邪説との対峙をも含めて、日本の「国体」（神州の道）を推弘した史的動向を詳述する。また「尊皇攘夷」なる表現が、「国体」推弘の理念として強調される。さらに「国体」推弘のための実践的基盤を形成した威公（徳川頼房）および義公（徳川光圀）の功績が称えられる。そうして、この国の神国としての成り立ちやその理念などが確認された上で、その神国のあり方を発揚するための道徳観念が高唱されるのである。その道徳観念のかたちとは、例えば、「神州の道を奉じて、西土の教を資り(104)」との教説に象徴されるように、それがともすれば両義的（この教説では「神州の道＝皇道」と「西土の教＝儒教」）に捕捉され得るものであることを見据えた上で、しかし一方に偏することなく、絶えず統一的な中正の道を歩むべきものと説かれる。その主軸をなすものが「忠孝無二（忠と孝との統一）」「文武不岐（文と武との統一）」「学問事業、不殊其効（学問と事業との統一）」「敬神崇儒、無有偏党（神と儒との統一）」などの所論である。

『述義』所論の主軸

まず、「忠孝二無し」の項目では、「忠」「孝」両者の一体性が力説される。すなわち、「忠」は君主への徳義、「孝」は父親への徳義、という具合に単純に分化されるものではなく、両者はその徳義の根本が「誠を尽くす」ものであることにおいて「一なるもの」なのである。すなわち、

人道は五倫より急なるはなく、五倫は君父より重きはなし。然らば則ち忠孝は名教の根本、臣子の大節にして、

忠と孝と途を異にし帰を同じうす。父に於いては孝と曰ひ、君に於いては忠と曰ふ。吾が誠を尽す所以に至つては則ち一なり。昔、孔子の曽参《そうしん》に教ふるや、曰く、夫れ孝は親に事ふるに始まり、君に事ふるに中し、身を立つるに終ると。一の孝を言つて、而も忠其の中に寓す。…是に由つて之を観れば、忠孝の二なきや亦明けし。(105)

との所論に、その趣意が凝縮されている。そして、この「忠孝無二」にこそ真の日本精神が体得されるべきことが強調されるのである。

なお、この項目では触れられていないが、「忠孝無二」なる所論の最も根源的な論拠が、上述の天照大御神の「神勅」に据えられたこと（天照大御神が皇孫に「吾が児《みこ》此の宝鏡を視ること当に吾を視るがごとくすべし」なる神勅を授けたことで、天祖に対する天孫の道徳が「忠孝」として成立。注100の引用文を参照）は、指摘するまでもない。さらには、この、「忠孝」道徳の成立根拠を記紀神話に認めようとする思想的態度も、会沢正志斎と共有されるものであったことも、ここで確認しておく。

次いで、「文武岐《わか》れず」の項目では、

天祖、天孫の統を垂れたまひ、神武、崇神諸帝の天業を経綸するや、其の武を尚ぶこと論なきのみ。然り而して其の神を敬し民を愛し政を為し治を図るの迹、豈に之を文と謂はざるべけんや。聖子、神孫、世々其の緒を承け、内、万民を安んじ、外、四夷《しい》を撫す。諸王、諸臣も亦皆、文能く衆を附け、武能く敵を威す。(106)

という具合に、「文武不岐」の根拠が天祖・天孫に由来するとともに、それが歴世の君臣に継承されてきたことが強調される。「文の弊や弱、武、以て弱を矯《た》むべし。武の弊や愚、文、以て愚を医すべし」(107)と、両者には相互補完的な意味合いが与えられている。東湖は、江戸最古の藩校とも称される岡山藩校について、池田光政や熊沢蕃山らによる文武一体の趣意が発揚されたものと評価するのであるが、それゆえにこそ、「我が公深く其の国体に通達するを嗟賞《さしょう》し、斯の館を建つるに及んでも、亦其の美意に倣《なら》ふ。文武不岐の戒ある所以なり。学者其れ服膺《ふくよう》せざるべけんや[108]」と、蕃山ら先人の美意を継承して「文武不岐」の趣意を貫くことこそが、弘道館教育の理念だと改めて確認されている。

そして、「学問事業、其の效を殊にせず」の項目では、まず、「学は道を学ぶ所以、問は道を問ふ所以なり。而して事業は其の道を行ふ所以なり。諸《これ》を工匠に譬ふるに、必ず先づ規矩を学びて然る後経営に従事す[109]」という具合に、「道」を問い学ぶ「学問」と、「道」を実地に施行する「事業」との相違が確認される。しかし両者の相違にのみ目を配る理解とは決して本来的なものではなく、むしろ世の学的趨勢から生まれた弊害であることが強調される。すなわち、

> 学問事業の一なり難きは、其の故多端にして大弊四あり。曰く、躬行を忽《ゆるがせ》にす。曰く、実学を廃す。曰く、経に泥む。曰く、権に流る。…天下の学道、此の四弊を免るゝ者或は寡し、是れ猶ほ工匠にして其の規矩を廃するがごとし。道の行はれざる、其の不幸にあらざるなり[110]。

という具合に、両者の統一を阻害する四つの要因として、「躬行・実践を怠る」「実用的・実際的な学を排除する」「典籍の文義にのみ意を傾ける」「権力者に媚びる」などが声高に指摘されるのである。そうして、この四者の弊害を矯正するために、孔子の学的態度が参照され評価される。すなわち、孔子の事跡として伝えられた様々な学的態度（例えば、『論語』「学而第一」の「賢を賢として色に易へ、能く君父に事へ、朋友に信あり」）が評価され、そこに学問と事業との統一の契機を認めようとする。このような立論は、『述義』の学的所論の基軸が「神州の道」に留まらず、「西土の教」にも見定められていることを、明確に物語るものといえるだろう。

さらに、「神を敬ひ儒を崇《あが》めて、偏党有る無し」の項目である。これは、前述した「神州の道を奉じて、西土の教を資る」と趣意を同じくするものと見ることができる。その趣意は、次の文言に凝縮されている。

> 神を敬するは上文に所謂神州の道を奉ずる者、儒を崇ぶは所謂西土の教を資る者なり。世の神道を奉ずる者、鴻《こう》

荒《こう》を談説し、幽眇《ゆうびょう》を張皇《ちょうこう》し、或は隠を索《もと》め恠《くわい》を行ふの弊あり。是れ神に偏するなり。其の儒教を学ぶ者は異邦を大にし神州を小にし、動もすれば本末を顚倒するの失あり。是れ儒に党するなり。皆学者の宜しく戒むべき所なり。蓋し其の偏党ある者なきは、乃ち神を敬し儒を崇《あがむ》むるの至なり。(111)

すなわち、神道を信じて神道に囚われず、儒学を参酌して儒学に拘泥しない、という学的姿勢の強調である。この姿勢を象徴的に物語るものが、「我が公恒《つね》に言へるあり、曰く、西土の書を読む者、宜く其の堯舜を尊ぶ所以を以て、我が神皇を尊ぶべし。其の上帝に事ふる所以を以て、我が天祖に事《つか》へよと(112)」との烈公斉昭の言葉だといえる。神道の真髄を体得する上で、儒学教説の核心を諒解することが極めて重要な意味をなすとの所論である。水戸学における「神儒一致」の立場が、こうして繰り返し表明されているのである。

　これら水戸学の根本精神の実践を強靭に推し進めるために、「天下は大物なり。必ず能く天下の賢者を任じ、天下の能者を用ふ。智者は其の思を竭《つく》し、勇者は其の力を效《いた》す。上下一体、彼此《ひし》間《へだ》ることなく、而して後、鴻業を無窮に保つべし(113)」との所論が必須の要件として強調される。すなわち、何よりも求められるべきことは、人君と臣下とが一体となること、そして、人君・臣下の祖先と子孫とが一気となること、だというのである。この「君臣一体」「祖孫一気」なる理念を実際的ならしめるために、水戸学は崇祖儀礼の価値を極めて重視したのであり、さらに、藩校弘道館が設立されたのはまさにこの理念を具体的ならしめる（その理念を諸藩士の心身に埋め込む）ためであったことが確言されている。

東湖教育思想の趣意

　この意味で、『述義』には東湖の教育思想の一端がすでに暗示されていると見ることができる。実は、東湖は藩主斉昭に取り立てられた頃より、教育施策のことに関心を寄せていた。すなわち、一八三二（天保三）年に斉昭に提出した「封事」の中で、

人君一国の人才を御教育被ㇾ遊候儀、彌張《やは》り上手の師範門人の子弟を其向きにより夫々取立候ごとくに無ㇾ之候而

は罷成間敷奉レ存候処、…何卒前件古人の確言御熟思被レ為レ在…御風教の相化し候様仕度奉レ存候。(114)

と、藩政改革の重要案件として「人材教育」の必要性を強調している。このとき東湖二八歳であった。さらに東湖は、幽閉期間中に著した『回天詩史』(一八四四年成稿)の中でも、次のような所論を提示している。

子弟を生長せしめ、人材を教育せんとする者は、未だ嘗て風土郷里の美に由らざる者非ざるなり。…士、苟も子弟を教育せんと欲せば、則ち其の幼なるや、之を城下に居らしめ、武を講じ文を学び、以て其の志を立てしめ、…其の心術志操奪ふべからざるに及んでは、則ち之を江戸に出し、…以て其の固陋を広うし、…以て其の粗俗を医すれば、…大なる過不及なかるべきに庶《ちか》からん。(115)

すなわち、武士子弟の教育には、風土郷里の美的環境の中で諸素養を鍛えた後、江戸にて心術志操を磨き上げることが有効だとするのであるが、これは東湖自身の経験を踏まえた所論とも見なされよう。

東湖は主著『述義』の中でも、子弟教育の意義と藩校弘道館設立の趣意を次のように説いている。

慶元の建櫜《けんこう》、文運日に開け、列国の諸侯、学校を城邑《じょうゆう》に設け、子弟を教育する者、枚挙に遑あらず。我が水藩、前《さ》きに威・義二公其の基を建つるあり、…義公の学を設けざるは、道の或は廃せんことを恐れてなり、後世の学を設けざるは、道の或は興らんことを恐れてなり。(116)

すなわち、義公(徳川光圀)は、儒者とは「道を学ぶ者」すべてを指すとして敢えて藩校を設けず、一方烈公(徳川斉昭)は儒者の専門学者化が進行する事態を危惧し、敢えて藩校を設立して史館をその内に組み入れた、というのである。それゆえ、藩校弘道館での教育の趣意とは、「我が公始めて国に就くや、文武の衰弊を察し、乃ち慨然として興学の志あり。…其の大要は、文武を合せ治教を一にするを以て務となす。而して諸《これ》を忠孝の大義に帰す[117]」と強調される「治教一致」の文脈に回収されるものであった。繰り返しになるが、「治教一致」が忠孝の大義に帰すと説かれるのは、記紀神話に描出された天照大神の「神勅」（忠孝道徳の定立）によってこの国の「国体」が形づくられたことに根拠づけられるものといえよう。

こうして、東湖における教育の趣意とは、『常陸帯』（一八四四年成稿）での「忠孝は其本一なり。…幕府を敬ひ給ふは孝を東照宮に竭《つく》し給ふ所以、天朝を尊び給ふは忠を天祖に竭《つく》し給ふ所以なり[118]」との所述に象徴される「敬幕（孝）・尊朝（忠）」に布置されているように考えられる。この国が西洋列強の脅威に晒される深刻な危機的状況下にあって、その危機を克服するための確かな拠り所として、繰り返しこの国の「国体」の絶対的価値を高唱し、その価値意識を臣民の心身に埋め込むことに教育の最も積極的な意義を見出した点において、東湖の所論は会沢正志斎のそれと通じ合うものであったと評することができる。それはまた、水戸学教育思想の根幹をなす所論でもあったといえるだろう。

東湖と正志斎との思想異同　ただし両者の間には、その思想的立ち位置を異にする微妙な相違があったことにも、視線を投じておく必要がある。正志斎の思想の背景には、一般民衆に対する不信感があった。正志斎にとって、民衆とはあくまで教化の対象であり、民衆の間に上下秩序を重んずる風俗を形成することが支配の目的であった。藩士についても、弘道館教育の主軸は上士身分の者を優先させることが自明視されていた。正志斎の思想に徂徠学との親和性が看取されるのも、この意味での愚民観が背景をなしていたと理解することができるだろう。民衆に対する激しい不信感ゆえに、上からの支配を通して幕藩体制の強化を説くのが正志斎の思想的立ち位置であった。正志斎が「尊皇」を説いたのは確かであるが、それは天皇を戴いての国家統一を成し遂げるためであって、必ずしも天皇が政治的君主であることを求めるものではなかった。正志斎の姿勢は、何よりも幕藩体制の強化それ自体に趣意を据えるものであった。正志斎の思想が政治的色彩を強く帯びる傾向にあった理由も、この点に見出すことができる。

一方、東湖は本居宣長の所論を参照しながら、この国の「国体の尊厳」とは古来維持されてきた固有の風俗に基づくと説いた。宣長は、万国に比類無き日本には「道」は自ずと備わっていると説いた。宣長にとって、風俗とは支配の目的ではなく、国家の基盤であった。東湖の神代・古代賛美の思想の背景には、この宣長の所論からの影響が看取される。もちろん、宣長が儒学を漢意《からごころ》として排除の対象としたのに対し、東湖は神道と儒学との一体を説き、「神の道は大和魂の本にて、皇国の元気なり。されば其元気を本とし、風土の似よりたる漢土の教を取りて大和魂を助け、忠孝の大節明かならしむ」(119)との趣意を強調した。この点は、両者の思想的立場の懸隔を象徴するものである。しかし東湖が、民衆教化を通して政治支配に従順な風俗を形成することではなく、古来この国に伝承されてきた風俗にこそこの国の根源的な尊厳性があると強調した点は、宣長学との親和性を看取させるものといえるだろう。もちろん、『述義』での所論が幕藩体制の擁護をもって結ばれている点は疑いようがない。しかし、それとともに天皇に身命を捧げる精神を高唱している点も看過することはできない。こうして、この国神代の姿を凝視し、その姿への復帰を追求しようとする学的態度が、東湖の思想に特有の道徳論的色彩を与えたことは確かであろう。

水戸学教育思想の思想史的定位

ともあれ、窮迫する社会的危機を克服するために、天祖の「神勅」の権威性・超然性を極限にまで高め、その権威(宗教的・政治的権威)に基づいて人間形成の営みを操作的・支配的に制御しようとする思想傾向こそが、水戸学教育思想の最も象徴的な特質であることは論を俟たない。この意味で水戸学教育思想については、それが幕末期に高揚した「内憂外患」なる危機的状況の中で培養された思想であった点に、その最も重要な歴史的意味が所在する。だがそれとともに、その歴史的影響がこの国近代の教育的世界を覆い尽くした「教育勅語」体制の最も顕著な源流として定位されるものであった点についても、その思想史的含意を丁寧に解読する必要がある。あらゆる教育的価値を「国体」の明徴に集約させ、その実践のための最も根源的な徳目を「忠孝」に措定した「教育勅語」体制とは、水戸学を最も顕著な思想史的淵源とする特異な教育体制であったと評することが可能だからである。

第一三章　幕末維新期における教育思想史の潮流

前章にて概述した後期水戸学が、幕末維新期におけるこの国の思想史動向に重大な影響を及ぼしたことは論を俟たない。一八世紀末（寛政年間頃）より次第に顕在化した「内憂外患」の危機意識が、それを克服するための絶対的な尊皇思想を醸成させたこと、それゆえに「尊皇攘夷」なるスローガンが水戸学思想の基軸に据えられたことは、すでに述べた通りである。だが、その尊攘思想の理解と受容とはそこに様々な付加や改変を与えながら推し進められていく。また、そうした水戸学思想に対する諸般の解釈や認識が再集約・再評価され直していく思想史動向が、明治以後の「教育勅語」体制の主脈を構成することになる。本章では、水戸学思想から有意な示唆を与えられながらも、その独自性に満ちた思想の形成と表明とを通じて、幕末維新期の教育思想史に重要な軌跡を刻んだ二人の人物を取り上げることにする。それは、この国近世の最終局面にて形づくられた教育思想が、いかなる様態と内実とにおいて近代以後の教育思想へと連なっていったのかを吟味するための重要な素材になると考えられるからである。その一人は吉田松陰（一八三〇〜五九）であり、もう一人は横井小楠（一八〇九〜六九）である。

両者の思想の要点のみ先取りして概述するなら、松陰は旧来的な階層秩序に基づく尊皇思想（将軍・大名・藩士がそれぞれ直属の主君に忠誠を尽くすことが尊皇に通ずる）ではなく、草莽崛起《そうもうくっき》の尊皇思想を強靱に打ち出すことで、「一君万民」なる皇国思想の形成を先導した。それゆえ、松陰の行跡に対しては、近代日本の国家社会体制を準備する思想史的意味を有するものとの見方が可能である。一方、小楠は当初水戸学を評価しつつも次第にその偏向性（朋党の禍）

を危惧するようになり、その結果、反尊攘のイデオローグとして活躍するとともに、儒学思想を可能な限り開明的な方向へと理想化することを試みた思想家であった。しかし、小楠のこの種の思想的立ち位置もまた、明治近代思潮の含意を吟味するための極めて重要な座標軸となり得るはずである。繰り返しになるが、幕末維新期という歴史の大きな転換点において、両者が果たした思想史的役割を注視することで、この国の近世と近代とを連結させる教育思想の複層的局面に焦点を充てることが期待できるはずなのである。

1　吉田松陰——救国済民の教育思想

(1)　吉田松陰の生涯

松陰の出自と学的環境　吉田松陰は、一八三〇（天保元）年、長州萩藩士杉百合之助（一八〇四〜六五）とその妻滝（一八〇七〜九〇）の次男として、長門国萩松本村に生まれる。幼名は虎之助、後に寅次郎に改める。名は矩方《のりかた》、字は義卿《ぎけい》または子義《しぎ》と称した。松陰は号である。(1)杉家は萩藩の下士に相当し、禄高は二六石と伝わる。松陰は、一八三四（天保五）年、五歳のときに叔父吉田大助（一八〇七〜三五。父百合之助の次弟）の仮養子となるが、その叔父が翌年死去したため（仮養子との措置は、当主の不慮の死に備えてのことと考えられる）、六歳にして吉田家の家督を継ぐことになる。

松陰は、その年少期に手習塾で学んだことは一度もなかった。物心ついてからの彼の勉学は、すべて父百合之助ともう一人の叔父玉木文之進（一八一〇〜七六。父百合之助の三弟）の指導によって行われた。百合之助は城勤めの時期以外は田畑にて野良作業に励んだが、その際松陰兄弟（松陰には二歳年上の兄梅太郎がいた。なお松陰には梅太郎のほかに四人の妹と二人の弟がいた）を同行させ、草取りや耕作をしながら様々な書物を授けた。玉木文之進は、山鹿流の兵学を学ぶとともに西洋砲術にも興味を示した兵学者として知られ、さらに経史に通じた博学者でもあった（後述のように藩校明倫館の都講も務めた）。文之進の指導は、厳格無比のスパルタ教育と伝わるもので、幼い松陰の物覚えや読書の態度が少しでも悪かったりすると、書物を取り上げてその身を庭前に放り投げたり、講義中の姿勢がよくないと竹鞭で容赦なく殴りつけたりしたという。

なお、この文之進は一八三九（天保一〇）年頃から松陰の養家先の吉田宅（杉家から二、三百メートルほど離れた地点。年少の松陰は杉家に暮らしていたため空き家だった）を借家としていたが、その前年から藩の御蔵元順番検使役に任ぜられたため、松陰兄弟の指導に以前ほど時間を充てることができなくなった。だが、翌一八四〇年に部下の公金横領の責任をとって免職、自宅謹慎となったことを契機に、再び松陰兄弟への指導を日課として繰り返すようになる。さらに一八四二（天保一三）年頃には、この授業に近所の子弟も加わるようになる。こうして次第にその自宅が学塾としての体裁を整えたため、「松下村塾」の名札を掲げたと伝わる。このとき文之進は三三歳の働き盛り、松陰も一四歳になっていた。この塾の名称の由来は、郷里である「松本村」の塾を言い換えたものといわれる。

ただし、文之進は開塾後一年を経た一八四三年に公務に戻され、その後藩の諸役を歴任した後、一八四八（嘉永元）年には藩校明倫館の都講に取り立てられ、次第に村塾での教鞭を執ることが困難になった。詳細は不明ながら、松下村塾ではこの年より休講が多くなり、閉鎖を余儀なくされるに至った。なお、松陰の外戚久保五郎左衛門（一八〇四～六一。松陰の養母久満は久保家の養女であった）は、一八四四（弘化元）年の致仕後、自宅に近所の子どもたちを集めて教授活動を行っていたが（久保塾と称された）、同久保塾が後に松下村塾の塾名を襲用するようになったと伝わる。[2]

山鹿流兵学教授見習および同師範として

松陰は、一八三八（天保九）年九歳のときに、家学教授見習として藩校明倫館に出勤する。吉田家当主としての初仕事であった。さらに翌年には、始めて家学である山鹿流兵学の授業を行う。だが、これらは授業の名義人になったものに過ぎず、実際の授業は家学後見人や代理教授者によって担われたものと考えられる。松陰は家学後見人らの授業に立ち合う形式をとりながら、授業を聴講する側に回っていたと見るのが自然であろう。なお、多くの家学後見人の中で、松陰に大きな影響を与えたのは林真人（一七九六～一八五一）と山田宇右衛門（一八一三～六七）であった。林真人は山鹿流兵学者として知られ、松陰を自宅に寄宿させて指導したこともあった。松陰はその後、一八歳の一八四七（弘化四）年に大星目録の免許返伝を、さらに二二歳の一八五一

（嘉永四）年に三重伝の印可返伝を、いずれも林真人から受けている。(3) 山田宇右衛門は、松陰に『坤輿図識《こんよずしき》』と題する世界地理書を贈り、万国の地理形勢を指し示しながら、眼を広く海外に向けて宇内の情勢を探り天下の推移を詳知するよう励ました。山田自身も山鹿流兵学に安住することに飽き足らず、西洋兵学にも盛んに興味を示したが、この姿勢はそのまま松陰に受け継がれた。

もちろん、松陰は家学教授見習として藩主の前で講義を行う機会をもった。一八四〇（天保一一）年の親試（文武の師範を城中に召して学芸を試みる）の際、藩主毛利慶親《よしちか》（一八一九～七一）から一一歳の松陰に御前講義の命が下った。このとき松陰は、山鹿素行の主著『武教全書』の戦法篇三戦（「三戦」とは「先をとる事」「後の勝の事」「横を用ふる事」の三つをいう）を講じたが、その文章の明晰さ、論述の巧妙さに藩主が大いに驚いたと伝わる。一八四二年と一八四四（弘化元）年の親試でも、松陰は藩主の前で『武教全書』を講じたが、後者の際には、藩主よりとくに『孫子』虚実篇の講義を命ぜられ、その講述ぶりが藩主を大いに感賞させたため、褒美として『七書直解』（『六韜』など兵法書七部を解釈した書）を賜っている。その後も藩主慶親は、繰り返し親試にて松陰に講義を命じたり、あるいは藩校明倫館に臨んで松陰と後見人の家学講義などを視察したりしている。後述するように、松陰は一八五二（嘉永五）年、藩による過書（関所通行許可書）の発行を待たずに東北諸国を遊歴した咎で士籍を削除され、父百合之助育《はぐく》みとなるが、その翌年早々、松陰が一〇ヶ年間の諸国遊学を許されたのは、松陰のことを惜憐した慶親の意向を窺わせるものと見られる。

一八四八（嘉永元）年、松陰は一九歳にして独立の師範となる。一人前の教師となった松陰は、「明倫館御再興に付き気附書」（一八四八年）「水陸戦略」（一八四九年）「文武稽古万世不朽の御仕法立気附書」（一八五一年）などの上書を積極的に提出している。だが松陰が主宰する授業については、若年のためもあってか、それほど多くの学生が集まったわけではなかった。嘉永元年中の出席者は延べ二六名で、毎日の出席者は平均四・八名という数字となっている。(4) 兵学者として未完成であることを実感した松陰は、こうして遊学への意志を固める。後見人にして兵学の師でもある林真人の勧めにより、山鹿流兵学者で平戸藩士葉山左内（一七九六～一八六四）の存在を知り、翌一八四九年藩政府に遊学を願い出た。家学修業が本務であるものの、おそらくは当時海外に開かれた唯一の窓口である長崎への憧れもあったものと推察される。

こうして一八五〇（嘉永三）年、松陰は長崎経由にて平戸に向かった。長崎では、高島秋帆（一七九八～一八六六）の塾を訪ねており（このとき塾主秋帆は一八四二年の長崎事件――長崎会所の杜撰な運営や密貿易の疑いにより投獄された――によって幽閉中であり、その子浅五郎と会った）、松陰が西洋兵学にも強い関心を寄せていたことが窺われる。また唐館（唐人屋敷）や出島の蘭館を見学したり、オランダ船に乗り込み船内にて葡萄酒や洋菓子を供されたりしたと伝わる。平戸では葉山左内の歓待を受け、中国の兵書とともにアヘン戦争やロシアの南下政策などの海外事情に関する書物にも接している。会沢正志斎の『新論』に接したのも、葉山塾においてであった。平戸には山鹿流兵学の一宗家である山鹿万介（生没年不詳）の積徳堂があったため、松陰は同塾にも入門している。このときの遊学は同年末までの四ヶ月ほどのものだったが、帰路熊本を訪ねた松陰はその地にて終生の友となる宮部鼎蔵《みやべていぞう》（一八二〇～六四）と出会うことになる。宮部も山鹿流兵学者で、このとき熊本藩の兵学師範に任ぜられたばかりであった。

江戸出府　翌一八五一（嘉永四）年、松陰に兵学稽古のため江戸出府が命ぜられた。江戸でも山鹿流兵学嫡流の山鹿素水（生年不詳～一八五七）に学ぶことが第一目的であったが、松陰は素水のことをあまり評価しておらず、むしろ幕府儒官の安積艮斎や古賀謹堂（一八一六～八四）らから熱心に学んでいる(5)。安積艮斎は当時長州藩が江戸藩邸に設けた藩校有備館《ゆうびかん》にて、毎月二の日に講筵を設けていた。古賀謹堂は海外事情に明るく、洋学の知識も豊富な人物として知られていた。なお、この江戸の地では前述の宮部鼎蔵との再会を果たすことができ、自前の勉強会を始めている。

さらに、このときの江戸遊学にて大きな影響を受けたのは佐久間象山（一八一一～六四）であった(6)。象山は信濃国松代藩士の家に生まれ、一八三三年に江戸に出て佐藤一斎に学んだ。一八四一（天保一二）年、主君真田幸貫《ゆきつら》（一七九一～一八五二）が老中に抜擢され海防掛に就任すると、その命によりアヘン戦争にて厳しさを増した海外事情を研究し、『海防八策』を主君に上書した。これを契機に蘭学研究の必要を痛感してオランダ語を学び始める。松陰が江戸出府した一八五一年、江戸木挽町に私塾を開き、西洋砲術と儒学とを教授していた。この頃、すでに西洋砲術家としての象山の名声は天下に知れ渡っていた。後述するように、一八五三（嘉永六）年のペリー来航に際して、松代藩の軍議役に任ぜられ、老中阿部正弘に「急務十条」を奏上するとともに、松陰に海外密航を勧めたのが象山その人であった。なお繰り返しになるが、こうして洋学研究に没頭しつつも、洋学と儒学との兼修を積極的に説いた象山の学的姿勢は、「東洋道徳、西洋芸術、精粗遺《のこ》さず、表裏兼該《けんがい》し、因りてもって民物を沢《たく》し、国恩に報ゆる」（前章の注26を参照）なる所論として知られている。

同一八五一年中に松陰は、宮部鼎蔵とともに相模や安房の海岸線を順検（藩に旅行願いが出されている）している。当時、黒船来航の風説はしきりに流れたが、まだ現実化してはいなかった。この順検が松陰の心境にどう影響したのかは必ずしも判然としないが、ともあれこの直後、松陰は江戸藩邸に東北旅行の許可を願い出ている。水戸、仙台、米沢、会津など、文武の盛んな地域を巡りながら家学修業を図りたいとの願書であった。この東北旅行には宮部鼎蔵とともに、南部藩士安芸五蔵（別名江幡《えばた》五郎。一八二八～七九）が加わることになった。出立日は赤穂義士（松陰はその『東北遊日記』の中で「赤穂の義士」と表記している）が討ち入りを果たした一二月一五日と定めたが、これは大石内蔵助（一六五九～一七〇三）の率いる赤穂浪士が山鹿流兵学を学び、万事その作法に従って出処進退したことに因んだものといわれる。

脱藩と東北遊歴

ところが、出立を数日後に控えた時期に、過書（関所通行許可書）の発行が遅れるという事態が生じた。このとき松陰は、厳しい処罰を覚悟の上で、過書を持たずに出立を強行する。これは藩命に抗しての出立であり、すなわち脱藩を意味することであった。松陰が脱藩を犯してまで旅行に踏み切った理由として、国元の兄梅太郎宛の書状には、「官倘《も》し允《ゆる》さざれば吾れ必ず亡命せん。仮令《たとえ》今日君親に負《そむ》くとも、後来決して国と家とに負《そむ》かじ」、あるいは「夫れ大丈夫は誠に一諾を惜しむ。区々の身は惜しむに足らず。待つに国体を辱むるの罪を以てするも辞すべからざるのみ」などと記されていた。[7] 他藩士との約束を違えることが萩藩の恥辱になるというのだが、真相がこの通りであるか否かは、必ずしも判然としない。

一八五一年一二月一四日、松陰は藩邸を出た。予定日の前日に出立したのは、所用での外出を装ったものと見られる。同月一九日、水戸城下に辿り着いた松陰は、江戸練兵館の斎藤新太郎（一八二八〜八八。新太郎はかつて萩を訪れていた。後に長州藩江戸屋敷道場の指導にもあたった）に紹介された水戸藩士永井政助（生没年不詳）の家を拠点としながら、ほぼ一月ばかりの期間水戸に滞在している。その間、会沢正志斎や豊田天功（一八〇五〜六四）ら水戸学の牽引者たちを訪ねている（正志斎については、訪ねること七回に及んでいる）。また常陸大田の瑞龍山（水戸徳川家累代の墓所）や西山荘（徳川光圀の隠居所）を訪ねたり、鹿島神宮や銚子への小旅行を試みたりしている。

その後、白河（安芸五蔵とはここで別れる）から会津に赴いている。この地では藩校日新館を訪ね、その学政について、「童子十歳以上は必ず素読を学ばしめ、十五歳以上は必ず弓馬槍刀を学ばしめ、十八歳以上は必ず長沼氏の兵法（信濃国松本藩士長沼澹斎によって編み出された兵法・軍学の流派。山鹿流と並ぶ兵法学の双璧として知られた）を学ばしむ。午前文を学び、午後武を講ず(8)」というように、藩士皆学と文武両道の様子を評価している。その後、新潟と佐渡を訪ね、さらに北上して久保田（秋田）藩や津軽藩にまで足を伸ばしている。盛岡城下にて安芸五蔵と再会を果たした後、中尊寺を詣で、仙台藩に赴く。仙台藩でも藩校養賢堂を詳しく見ている。その後も、米沢や日光に向かい、東照宮や足利学校を訪ね、一八五二年四月に江戸に戻っている。ほぼ一四〇日間に及ぶ旅行であった。

だが、松陰のこの脱藩行為は藩から厳しく咎められることとなり、萩への帰国命令が下されるとともに処分が決するまで謹慎の身となった。松陰にとっては、旧師山田宇右衛門から絶交が宣言された（脱藩よりも、志半ばでの帰国と見なされたことが原因であった）ことも大きな衝撃となった。謹慎生活七ヶ月を経た同年一二月に藩から下された処分は、吉田家の断絶と士籍削除の裁定であった。加えて実父杉百合之助育《はぐく》みとなった。ただし、これらの処分が申し渡された同日、父百合之助による内意伺書（一〇ヶ年の諸国遊学願い）の提出が許されており、翌一八五三（嘉永六）年正月にこれが許可された（士籍は削除されたまま）。繰り返しになるが、これには松陰のことを憐れんだ藩主慶親の意向が働いたものと考えられる。

黒船来航と松陰

こうして松陰は心機一転を期して萩城下を発つことになる。船便にて大坂に赴き、奈良、伊賀上野から津城下を経て伊勢神宮を参拝し、さらに伊勢街道・東海道から中山道へ入り、同年五月に江戸に着いている。そしてこの年の六月、松陰の生涯にとっても重大な事件に遭遇する。萩藩の江戸藩邸にて黒船来航の報に接したのであった。松陰は直ちに舟行・疾歩を通して浦賀に赴き、船団の様子を凝視している。これは六月六日の記述であるが、松陰は黒船の様子を、

> 陸を離るること里許《ばかり》に、賊艦四隻を繋泊《けいはく》す。共に北亜墨《アメ》（利《リ》）加《カ》洲話聖東《ワシントン》国人の船に係《かか》り、相距ること皆五町許りなり。内二隻は蒸気船に係り、船身皆三十間《けん》許り、備砲二十余門…、二隻はフレガツト船（快速帆船）に係り、船身三十五間、備砲二十六門、脚船（はしけ）各々八を備ふ。皆寂然として声なく、唯だ砲声の時を報ずるのみ。…午時、四隻の内、蒸気船一隻江戸に舦入す。来り見る者は往々急ぎ江戸に帰る。而して賊船は杉田に至り、導くに脚船四隻を以てして海深を測重す。会津の船兵往いて之れを止《とど》むれども従はず。ここに於て彦根・川越・忍《おし》の船兵も亦会し、環《めぐ》りて進みしに、申《さる》時（午後四時頃）、前《さき》に泊せし処に還る。(9)

というように描出している。諸藩士との遣り取りを通じて知り得た情報も含まれるものと推察される。同月九日、久里浜に浦賀奉行が出張し、アメリカ合衆国大統領の国書を受け取った。その様子を目撃した松陰は、宮部鼎蔵への書簡の中で、

> 九日浦賀の隣津栗浜《くりはま》にて両奉行出張、夷の図書受取の次第僕《ぼく》細かに之れを見る。誰れか之れが為め泣憤せざらんや。かの話聖東《ワシントン》国なるもの新造の陋邦《ろうほう》、乃ち堂々たる天朝を以て屈して之れに下る、如何如何。唯だ待つ所は春秋冬間又来るよし、此の時こそ一当にて日本刀の切れ味を見せ度きものなり。(10)

と悲憤慷慨の気持ちを吐露している。

黒船退去の後、松陰は佐久間象山の塾に熱心に出入りし、海外事情の収集や西洋兵学の修業に打ち込んだ。だが、佐久間塾での勉学を通して、西洋砲学が圧倒的に優勢であることを思い知らされる。象山は、若くて優秀な人材を外国に送り込んで学的素養を高めることを持論とし、そのことを時の勘定奉行川路聖謨（一八〇一～六八）に迫ったが、この計画が実現されないことが分かると、海外密航を敢行しようと考えるようになる。その候補者に選ばれたのが松陰であった。

同一八五三年七月、ロシア提督プチャーチンが軍艦四隻を率いて長崎に現れた。松陰は、かねてより自国の北辺を脅かしている隣国ロシアの存在を意識していたこともあって、ロシア軍艦への乗り込みを企てた。このとき松陰は、象山から金四両の餞別と三年後の帰国を願う詩を送られていた。途中、熊本城下に入った松陰は、帰藩していた宮部鼎蔵とともに、熊本実学党の盟主として知られた横井小楠を訪ねている。松陰は、小楠の詩文や述作「学校問答書」などを受け取り、大いに感服するとともに、自藩のみでなく国家的見地に立って事態に対処する必要を改めて意識したのであった。だがこの年一〇月に長崎に辿り着いた松陰を待っていたのは、プチャーチンの軍艦がすでに出港したという事実であった。この後、郷里の萩に戻るとともに、京都、伊勢などを経て江戸に着いたのは同年末のことであった。

密航計画の挫折

一八五四（嘉永七）年正月、江戸湾羽根田沖にペリーの艦隊七隻が再び現れた。このとき松陰は慎重に事を進め、三月に周囲の関係者に密航計画を打ち明けた（当時、兄梅太郎が江戸に出府していたが、兄には計画を伝えていない）。宮部鼎蔵もこの壮挙に理解を示した。こうして松陰は、同行を強く求めた萩藩邸雑役の金子重之助《しげのすけ》（一八三一～五五）を伴って保土ヶ谷に向かった。このとき松陰は、国禁を犯してまでも五大洲への周遊を願望する趣意を綴った「投夷書」を作成している。二人は、保土ヶ谷に着いた三月六日から湘南海岸や伊豆半島を転々としながら繰り返し黒船に接近することを試みるも、事はうまく運ばなかった（依頼した船頭が気後れしたり、盗んだ舟を上手く操ることができなかったりした）。

三月二七日、下田の柿崎海岸にて夷人に出会い、「投夷書」を手渡すことができた後、舟を物色して乗り込み、沖に漕ぎ出した[11]。翌朝八ツ時（午前二時頃）のことと伝わる。最初に漕ぎ着けたミシシッピー艦からは旗艦ポウハタン（提督ペリーが乗船）に向かうよう指示され、荒波に翻弄されながら同艦に辿り着いたが、接舵を拒否する水兵と争いながら飛び移ったため、乗ってきた舟を所持品を残したまま失ってしまった。船中では、日本語を解する夷人（松陰の『回顧録』にはウリヤムスと記されている）がいたため、筆談を交えながらアメリカ行きを懇願した。前日夷人に手渡した「投夷書」も彼らの手に渡っていた。しかし結局この願いは聞き入れられず、ボートで送り返されることになった。海岸に戻された二人は、所持品を残したままの舟を探したが、夜明けを迎えても見つけることができず、自首を決意して柿崎村の名主に事を告げ、下田番所に出頭した。

その後、両名とも江戸に移送され伝馬町牢に投獄された。入獄後五ヶ月を経た同年九月に判決が下され、松陰は国許蟄居を命じられた（金子も国許蟄居となったが中間身分の金子への処遇は入牢中から苛酷を極め、翌年萩の岩倉獄で病没した）。なお、このとき佐久間象山も松陰らの密航計画の張本人と疑われ、伝馬町牢への入牢を命ぜられた上、信州松代藩へ引き渡されて在所蟄居となっている（佐久間象山の在所蟄居は九年間にも及び、赦免の後の一八六四〈元治元〉年、一橋慶喜に招かれて上洛する。要人たちに公武合体論と開国論を説くが、当時の京都は尊皇攘夷派志士の潜伏拠点となっており、同年七月に暗殺されるに至る）。

野山獄での学的営為

国許での在所蟄居との判決であったにも拘わらず、松陰は萩の野山獄に繋がれることになった。藩政府による幕府への深慮が働いたものと考えられる。一八五四年一〇月のことであった。このとき野山獄には女性一名を含む一一名の囚人（すべて士分）が入獄していた[12]。獄中の人となった松陰は、その直後から猛勉に励むこととなる。松陰がいかなるジャンルの書物を読み進めたかについては、彼の『野山獄読書記』に詳細に描かれているが、出獄する翌年一二月までの間に六〇〇冊を超える書物を精読している（松陰の旺盛な読書欲を満たすため、膨大な書物を差し入れたのは兄梅太郎であった）。同読書記では『迪彝篇《てきいへん》』や『草偃和言《そうえんわげん》』など会沢正志斎の述作が、「右二書、皆平仮名にて記し、童蒙にも解し易からしむ。童蒙に授けて熟読せしめば、国体を知らしむるの功少なからず[13]」

と高評されていることが注目される。

囚人たちは、当初そうした松陰の姿勢に理解を寄せることがなかったものの、国内外の諸問題についての議論を重ねるうちに、次第に松陰に対し畏敬の念を覚えるようになった[14]。こうして野山獄にて、松陰が教師となって進められる講義が始められるようになる。テキストは『孟子』で、その講義は一八五五（安政二）年四月から始められ、それを読了した六月からは同じく『孟子』を数人が順番に教師となって講義する輪講が進められた。その合間を縫って『論語』の講義や『日本外史』の会読なども行われた。テキストについては参加者全員に行き渡ったわけではないにせよ、松陰の『講孟余話』の序に、

吾れ罪を獲て獄に下り、吉村五明・河野子忠・富永有隣の三子を得て、相共に書を読み道を講じ、往復益々喜びて曰く、「吾れ諸君と与に其の境逆なり、以て励みて得ることあるべきなり」と。遂に孟子の書を抱き、講究礱《ろう》磨《ま》して以て其の所謂道なるものを求めんと欲す。司獄福川氏も亦来り会して善しと称す[15]。


と記されるように、三、四名の顔ぶれであれば筆写も可能であったかもしれない。この記述のように、司獄官（福川犀之助）が講義に参加していたことは、松陰の活動に対して相応の配慮がなされたことを示唆する[16]。また、松陰が兄梅太郎に宛てた便りに記された「燈火の事追々御心配成し下され難有《ありがた》く存じ奉り候。…今は此の三種（発句、文学、書法のこと）の内なにかを学び申さぬ人迚《とて》は之れなく、且つ孰《いず》れも出精の趣なり[17]」との文言から、講義にて夜間灯火が許されたこと、加えて、すべての囚人が学業に取り組んでいた様子が窺われる。

松陰はこの獄中講義を経験することで、「獄中」を「福堂」に変化させることが可能だと確言している。これは松陰の人間観や教育観を理解する上での要点たり得るものと思われる。すなわち、松陰は獄中にて記した「福堂策」において、

余野山獄に来りてより、日々書を読み文を作り、傍《かたわ》ら忠孝節義を以て同囚と相切磋《せっさ》することを得、獄中駸々乎《しんしんこ》として化に向ふの勢あるを覚ゆ。是れに因りて知る、福堂も亦難からざることを。且つ人賢愚ありと雖も、各々一二の才能なきはなし、湊合《そうごう》して大成する時は必ず全備する所あらん(18)。

と述べ、人はたとえ罪人であっても教育によって善へと誘うことが可能であると訴えるのである。この「福堂策」では、「獄中」を「福堂」へと変化させるための処方箋の一つとして「獄中にては、読書・写字・諸種の学芸等を以て業とす(19)」と、学芸の必要が強調されるのであるが、この所論が「罪は事にあり人にあらず、一事の罪何ぞ遽《にわ》かに全人の用を廃することを得んや。況や其の罪已に悔ゆる。固より全人に復することを得るをや(20)」と説かれるような、「性善説」的人間観に立脚している点に、松陰の教育認識の立ち位置を見定めることができるだろう（これについては後述する）。松陰が『孟子』を重視した理由の一つもこの点にあった、と見ることができるかもしれない。

松下村塾の主宰

この後、松陰は一八五五（安政二）年一二月に野山獄より釈放され、杉家にて蟄居の身となる。周囲の者と接することは禁じられたが、獄中にて行われていた『講孟箚記』講述の中断を惜しむ近親者の声もあり、四畳半の幽室にて『孟子』の講義が行われた。当初の聴講者は、父百合之助、兄梅太郎、外叔父久保五郎左衛門らに限られたが、次第に縁者や隣家からの聴講者が加わるようになった。その後聴講者数が増加し、一八五七（安政四）年の四、五月頃には、久保五郎左衛門の塾（「松下村塾」を名乗っていた）の門人も、多くが松陰の幽室にて学ぶようになった。こうして同年一一月、松陰は久保五郎左衛門の協力を得て、杉家宅地内の八畳一間の小舎を修補して塾舎に宛て、「松下村塾」の号をこの塾舎に移した（「松下邨塾」と書した額が掲げられた。同額は「安政の大獄」によって獄中病死した小浜藩士・梅田雲浜〈一八一五～五九〉の筆によると伝わる）。この塾の名目上の塾主は久保五郎左衛門であったが、実際の主宰者は松陰であった。なお、この塾には同年七月に野山獄を出処した富永有隣（一八二一～一九〇〇）が賓師として招かれた。

松下村塾（以下、村塾と略称）は、その後も聴講者が増え続けたため、翌一八五八（安政五）年三月に一八畳半の塾舎を造営する。塾生について、海原徹の整理に従えば、松陰が再び野山獄に投獄される同年一二月までに九二名の入門者を数えている。(21) 塾生の中から、久坂玄瑞（一八四〇〜六四）、吉田栄太郎（一八四一〜六四）、品川弥二郎（一八四三〜一九〇〇）、伊藤利助（博文。一八四一〜一九〇九）、高杉晋作（一八三九〜六七）、山県小助（有朋。一八三八〜一九二二）ら、幕末維新期以後のこの国のあり方を方向づけた人材が輩出されたことは周知の通りである。村塾は同一八五八年七月に、藩府より正式開塾が許されている。

塾生には武士身分で萩城下の在住者が多かったが、中には藩内遠隔地からの寄宿生もいた。また村塾がしばしば「出入り自由」の塾と称されるように、ほとんどの塾生は必ずしも毎日登塾したわけではなく、自らの希望するテキストを学ぶ期間だけ熱心に往来していた。渡辺蒿蔵《こうぞう》（後の官営長崎造船局初代所長、日本郵船社長。一八四三〜一九三九）の「伊藤公（伊藤博文のこと）なども、もとより塾にて読書を学びたれども、自家生活と、公私の務に服せざるべからざる事情のために、長くは在塾するを得ざりしなり(22)」との回想は、そのことを象徴している。束脩（入学金）や謝儀（授業料）について、同証言では「なし、却つて食事の御馳走になる事もあつた(23)」と述べられているが、これはそれらに関する規定がとくに設けられていなかったことを物語るものと見られよう。

村塾での教授活動

村塾での教授活動については、その様子を最も象徴的に伝えるものが、次の記述だといえる。村塾では、何を学ぶかや、どのようなテキストを選ぶかは、塾生各人によって異なっていた。すなわち、

> 有隣（前述の富永有隣のこと）已に村塾に入り、塾生大いに振ふ。十数歳の童にして傍訓を仮らずして文字を読む者、駸々《しんしん》として輩出す。就中四生あり、二十二史及び資治通鑑を以て各々自ら課と為し、専ら修めて功を見んと欲す。一浮屠あり、専ら諸集を修む。夫れ経は則ち大なり、子は則ち難し、童子の治め易き所に非ざるなり。数年の後、史より経に入り、集より子に入るもの、未だ必ずしも人なしとせず。吾れの待つ所は是れなり。然りと雖も是れ皆漢学者流のみ。又二生あり、一は加茂・本居二先の軌轍《きてつ》に従ひて、古学を講じ古書を読まんと欲す。一は水藩及び頼氏の流派を泝《さかのぼ》り、国体を明かにし皇道に通ぜんと欲す。是れ益々楽しむべきなり。(24)

なる文言に、その様子が描き出されている。松陰が塾生に強調したことは、「学者になつてはいかぬ、人は実行が第一である、書物の如きは心掛けさへすれば、実務に服する間には、自然読み得るに至るものなり[25]」との言葉に象徴される「実行」であり、それゆえ、その教授姿勢も、「先生の坐処定まらず、諸生の処に来りて、そこにて教授す[26]」と、所定の形式に拘るものではなかった。そうした自由闊達な松陰の姿勢は、「杉の邸内に畑多し、春夏の交先生出でて草を除く。門人も亦従ひて之れを助く。先生草を除きつつ読書の方法又は歴史の談話を為す。門人愉快に勝へず、之れを楽しみとす[27]」と伝えられるような屋外での教授活動にも反映されている。

松陰はまた、「単に学者に止まらず、医師あり画家あり武術家あり神官・僧侶あり、農工商に熱心又は熟達する者、凡そ一芸一能に秀でたる者は皆先生の家に出入せざるはなく、遠隔の人は常に書信を以て往復せり[28]」と語られるように、交流関係において職業や身分などを一切問わなかったが、特筆すべきことは、彼が女性の教育にも頗る熱心であった点である。その様子については、

> 先生最も婦人教育に熱心し、常に其の良書なきを憂ふ。時に先生の外叔父久保翁隠居して詩書筆礼を以て邑中の子弟を教授す。先生乃ち門人富永有隣をして曹大家の女誡七篇を訳述せしめ、之れを翁に致して子女に授けしむ[29]。

と、指摘される通りである。ただし、以上のような自由闊達な空気を尊重した松陰にも、決して妥協を許さない思想的境位が存在した。敢えてそれを一言で断ずるなら、「憂国への念い」とでも語っておくことが許されるだろう。

山県太華との論争

松陰のそうした姿勢を象徴する一事例は、藩校明倫館学頭を務めた山県太華《やまがたたいか》（一七八一〜一八六六）との論争である。松陰は一八五六（安政三）年に脱稿した『講孟余話』（『講孟劄記』を改題）を太華に呈して批評を請うた。この論争の内容は多岐に渡るが、当時の政情に関わるもののみ取り出すなら、まず一八五三年とその翌年にアメリカおよびロシアの使節が来朝したことについて、松陰が、

癸丑《きちゅう》・甲寅《こういん》墨魯の変、皇国の大体を屈して陋夷《ろうい》の小醜《しゅう》に従ふに至るものは何ぞや。朝野の論、戦の必勝なく、転じて変故を滋出《じしゅつ》せんことを恐るるに過ぎず。…世道名教に志ある者、再思せよ、三思せよ。(30)

と、開国を迫る外夷については、断固としてこれを排除すべきと唱えたのに対し、太華は、

亜墨利加・魯西亜は海外の別国にて、其の使臣、主命を奉じて我が邦に来る。固より我が属国に非ず。何ぞ必ずしも一々我が言ふ所に従はん。彼れ利害を説きて其の請ふ所を求む。何ぞ深く是れを怒らん。且つ彼れ大国にて、匹敵の礼を以て来る。少しき不遜の形ありとも、亦或は是れを恕《ゆる》すべし。何ぞ必ずしも兵を以て是れを撃つに至らん。(31)

と、性急な攘夷論を戒めている。太華の所論は、日本のみを尊き国とし、外国をひたすら蔑視する風潮に対して批判的である。またこの国の政治体制のあり方についても、松陰は、

吾が国は辱《かたじけな》くも国常立尊《くにのとこたちのみこと》より、代々の神々を経て、伊弉諾尊《いざなぎのみこと》・伊弉冊尊《いざなみのみこと》に至り、大八洲《おおやしま》国及び山川草木人民を生み給ひ、又天下の主なる皇祖天照皇大神を生み給へり。夫れより以来列聖相承け、宝祚の隆、天壌と動きなく、万々代の後に伝はることなれば、国土山川草木人民、皆皇祖以来保守護持し給ふものなり。…毛唐人の口真似して「天下は一人の天下に非ず、天下の天下なり」などと罵り、国体を忘却するに至る。惧《おそ》るべきの甚しきなり。(32)

という具合に、この国の起源は神代にあり、その神聖な系譜を継承する天皇こそが国家の頂点にあるべきことを強調する。皇祖皇宗の政治支配の正統性を前面に押し出そうとするこの所論は、水戸学の影響を受けた幕末尊王論そのものともいえるだろう。これに対し太華は、この国が神武天皇によって統一され歴世の天皇によって治められてきたこ

とを認めつつも、一二世紀中頃の「保元・平治の乱」以後、武家政権が次第に政治を主導してきたことを国勢の自然とする立場から、

天子は土地人民を有し給はず、武将の供給を受け給ふことは、我が邦の人は勿論外国の人も皆知る所なり。此くの如く国勢自然と定まり、人力の如何ともすべからざる処、これ天と云ふべし。これを以て天下は一人の天下に非ずして天下の天下なる理は、我が国といへども之れあるを知るべきなり。(33)

と述べ、改めて天下は一人の天下ではなく、天下の天下であることの趣意を合理的に説き明かそうとするのである。この遣り取りからも窺知されるように、国家の基軸を理念的に観想してこれを皇統に認めようとする松陰と、これを歴史的現実から読み解いて幕藩体制に据えようとする太華との間の認識の懸隔が埋められることはなかった。松陰の、

凡そ皇国の皇国たる所以は、天子の尊、万古不易なるを以てなり。…吾れ生来未だ嘗て幕府を軽蔑せざれども、而も独り其の甚しく朝廷を尊ぶを以て、太華の黜斥《ちゅつせき》する所となる。…然れども太華の論は幕府の美疢《びちん》（美味しい食物）なり。吾の言は幕府の薬石なり。美疢を進めて薬石を斥《しりぞ》くるは少しく智識ある者の敢へて為さざる所、況や幕府をや。(34)

との所論は、両者の立論での懸隔の所在を、彼の立ち位置から捉えたものといえるだろう。注目すべきは、この論争時点での松陰には、倒幕論なる主張はまだ明確には現れていないことである。では、松陰の思想内部に倒幕論的所論が形づくられるに至るのは、いかなる契機に基づくことなのか。

月性との交流

それを示唆するものが、僧月性《げっしょう》（一八一七～五八）および黙霖《もくりん》（一八二四～九七）との邂逅と交流であった。月性は、周防国出身の浄土真宗僧であり、諸国遊学の後、一八四七（弘化四）年頃に同国

遠崎村に私塾時習館（清狂草堂とも呼ばれる。「清狂」は月性の号）を創設し、尊皇・勤王を説く政治教育を推し進めていた。月性はまた、長州藩士周布《すふ》政之助（一八二三〜六四）らが同志を募った結社・嚶鳴社の人々とも親交があった。この結社には松陰の兄梅之助も名を連ねていた。月性は水戸学の信奉者であったが（会沢正志斎の『新論』を長州藩にもたらしたのは月性であったといわれる）、次第にその所論が倒幕に傾くようになる。一八五四（嘉永七）年、長州藩が藩政改革意見を広く一般に募ったとき、月性は意見書を藩政府に提出（翌年三月）している。今日に伝わるのはその草稿（「封事草稿」）であるが、そこには、

上古に在りては皇州の武威を海外に耀かせるに、今の徳川将軍は外人の跋扈を坐視して之を駆攘する事能はず、…若し今日にして、政権を朝廷に復し、三百諸侯を統一して礼楽征伐天子より出で全国一致して外夷に当るに非ずんば、折衝禦侮せんこと思ひもよらず、此に由て我公宜しく速かに幕府追討の宣旨を請ひ、先づ第一着に徳川氏を討滅し以て其の失職の罪を正し、然る後に今上皇帝の聖断を仰ぎ、三百藩各々その力を外夷に注ぎて之を掃攘することに尽さんことを乞ふ。(35)

と、極めて先鋭的な倒幕論が提示されていた。実力で幕府政治を排除し、天皇政権を回復させるというのは、水戸学ですらそこに踏み込むことのできなかった所論というべきだが、月性はこの一線をすでに跳び越えていた。

この月性と松陰とは、松陰が野山獄に収監されていた頃から、書簡での遣り取りを通して交流が始まっていた。翌一八五五（安政二）年三月、松陰が月性に寄せた書簡には、この「封事草稿」を踏まえた意見が次のように綴られている。

僕上人の名を歆《うらや》むことここに十年、而して遂に相見るに因縁なし。向《さき》に辱《かたじけな》くも上書の稿本を垂示せらる。一読して快と称し、覚えず案を拍つて曰く、「方外に寧《いずく》んぞ此の時務を知り国事を憂ふるの奇男子あらんや」と。已

にして反覆して之れを思ひ、私心甚だ悦ばず、竊《ひそ》かに之れを駁議《ばくぎ》するあらんと欲して、未だ暇《いとま》あらざりき。[36]

すなわち、月性の封事について一読した時点ではこれを評価しつつも、その倒幕にまで及ぶ過激な所論には抵抗を覚えたというのである。すなわち松陰は、

> 上人の志、恐懼戒慎、益々武備を厳にして而して之れを待つに帰せば、則ち未だ深く咎むるに足らざるなり。天子に請ひて幕府を討つの事に至りては、殆ど不可なり。…大敵外に在り、豈に国内相責むるの時ならんや。唯だ当に諸侯と心を協《あわ》せて、幕府を規諫《きかん》すべく、与《とも》に強国の遠図を策すべきのみ。[37]

と記し、国難の非常時にあっては国内で相争うべきではなく、諸侯が心を合わせて幕府を諫め、共に富国強兵を目指すべきことを強調している。ただし、月性の倒幕論に対して異見を示しつつも、松陰は月性の人となりやその活動については、「独り清狂師、真宗の功、先づ已に村里を化し、延いて封内に及び、将に往いて天下に施さんとす。余其の功を嘉《よろこ》ぶ」[38]という具合に評価している。実際、松陰は出獄後にしばしば萩城下にて行われた月性の講筵に、松下村塾生を出席させている。月性との間で詩文の批評を交換したり、時事を論じ合ったりもしている。月性は、一八五八（安政五）年に死去するが、その勤王論の根底をなす思考様式、すなわち政治的絶対者としての天皇とその天皇に対し均等化された王民とを構想する「一君万民」の思考様式が、朝廷と幕府との公武合体論を自明視してきた松陰の思想を動揺させる意味を有したことは間違いない。

黙霖からの教唆

月性の所論により、倒幕を不可としながらも政権のあり方についての思索を巡らせるようになった松陰に、強烈な影響を与えたのは安芸国賀茂郡出身の僧黙霖であった。黙霖は遊学旅程中の二一歳の頃、大病を患ったため聾唖の身となり、人々とは筆談を通して交わっていたと伝わる。二二歳にして浄土真宗本願寺の僧籍に入ったが、これ以後は勤王活動に顕著な足跡を刻むようになる（黙霖は、幕政を批判し勤王思想を鼓吹した山県大弐

〈一七二五～六七〉の『柳氏新論』を座右の書とした）。弘化年間（一八四四～四八）より嘉永年間（一八四八～五四）にかけての六、七年間に四〇余国を訪ね、その間に独自の尊皇倒幕論を説いていく（その尊皇倒幕論を危険視した幕府は、一八五三年、芸州浅野藩に黙霖の追補を命じた。実際に黙霖は、一八五八年に備後国三原で広島藩に捕らわれ投獄されている）。

　松陰との出会いは、黙霖が一八五五（安政二）年に長州萩藩士・土屋蕭海《しょうかい》（一八二〇～六四）の家に滞在したとき、松陰の『幽囚録』を示されたことが契機となった。このとき黙霖三六歳、松陰二六歳であった（因みに月性は三九歳）。黙霖は野山獄中の松陰に書簡を送り、「嗟呼、足下の義烈忠憤は神霊の照鑑したまふ所、志士の感服する所、若し夫れ一蹶《いっけつ》の故を以てして其の志を屈せずんば、必ず大切を奏するの時あらん[39]」と松陰の思想と行動とを賛美している。この書簡を得た松陰もこれを歓び、直ちに返書を送り寄せている。その時点で、黙霖は月性の私塾清狂草堂に滞在していたが、やがて九州方面に旅立ったこともあり、両者の交流はしばらく途絶えてしまう。

　翌一八五六年、萩に再来した黙霖は杉家に幽室蟄居していた松陰との出会いを求めたが、他国人との面会を極力避けようとした同家の意向もあり、結局両者は生涯一度も顔を合わすことはなかった。だが以後、黙霖と松陰とは往復書簡の頻繁な遣り取りを通じ、真摯な議論を積み重ねていく。だが松陰が、「僕、上人の書を読む数十篇、具《つぶ》さに上人の心を知る。上人、僕の書を読む数十篇、蓋し亦具さに僕の心を知らん。然り而して一事の合はざるものあり[40]」と語るように、危急の国難状況下にあって幕府の存在をどう理解するかの一事については、両者の認識が共有されることは困難であった。すなわち松陰は、

> 僕は毛利家の臣なり、故に日夜毛利家に奉公することを錬磨するなり。毛利家は天子の臣なり、故に日夜天子に奉公するなり。吾れ等国主に忠勤するは即ち天子に忠勤するなり。然れども六百年来我が主の忠勤も天子へ竭《つく》さざること多し。実に大罪をば自ら知れり。…吾れ天下の士と交はるを得る時は天下の士と謀り、先づ我が大夫を諭し六百年の罪と今日忠勤の償とを知らせ、又我が主人をして是れを知らしめ、又主人同列の人々をして悉く此の義を知らしめ、夫れより幕府をして前罪を悉く知らしめ、天子へ忠勤を遂げさするなり[41]。

と述べて、武家政権発足以後、朝廷への忠勤を尽くす姿勢が幕府にも諸武家にも稀薄となっていたことを悔悟しつつ、しかしそれでもその前罪を諸藩・幕府がともに悉知し、改めて朝廷への忠勤に努めることが、国難に対する最重要の対処法であることを強調する。これに対し、黙霖は、

さにてはなし、僕胸中千万言あり。しかれども天下に於て誰にも心のままにこの志を話せんや。…たとひ少々王室を奉ずる人ありても、その心堅き人に乏し。屢々試むること五年なり。僕も王室に志を傾けたるは五年前のことなり。それより已前は大義はしらず候。…しかるに今此くの如くなるはいかがなれば、これは足下の洞察を仰ぐ。(42)

という具合に、幕府・諸藩が勅旨を遵奉して王政を実施するとの所論は、すでに五年前より試みられてきたものの、全く実際的効力をもたず、幕府にもその感悟は見られないと結論づけている。両者の所論の相違を松陰は、彼自身の「一誠兆人を感ぜしむ」と、黙霖の「一筆姦権を誅す」との乖離(43)と表現するのであるが、こうした遣り取りを繰り返した結果、松陰は、

此の間已来《いらい》胸中鬱々たり、昨夜抔《など》は眠を廃し候程なり。…雀躍懽抃《かんべん》言ふ所を知らず、横涙《おうるい》之れに従ふ。黙霖と吾れと同志たること疑なし。質《ただ》さざれば道著《あら》はれず。初めて上人の本志を得たり。是れ迄は上人の皮相のみなりし、愧《は》づべし。上人の首領を以て万世の大義を明すこと貴意領したり。…此の上は僕が志と何ぞ同じからざらん。(44)

と、次第に黙霖の所論の真意を了解し、その深慮を実践に移すことに意識を傾けるようになる。黙霖との往復書簡に付記した松陰の、「黙霖は一向宗の僧なり。耳一向聞えず言舌《げんぜつ》不分りなれども、志は至つて高し。漢文を以て数度の応復之れあり候処、終に降参するなり(45)」との記述は、彼の「憂国への念い」が、月性や黙霖との激論を通して、倒幕論へと突き進んでいったことを窺わせるものである。

草莽崛起への歩み　こうして従来の公武合体論者から倒幕論者へと自らの思想的立ち位置を転換しつつあった松陰であったが、その転換を決定づけたものが、一八五八（安政五）年六月の日米修好通商条約の締結（いわゆる違勅事件）であったことは間違いない。翌月この報に接した松陰は、藩主に「大義を議す」と題する建白書を提出し、その中で、

国恩を思はず、国辱を顧みず、而して天勅を奉ぜず。是れ征夷の罪にして、天地も容れず、神人皆憤る。これを大義に準じて、討滅誅戮《ちゆうりく》して、然る後可なり、少しも宥《ゆる》すべからざるなり。(46)

と、倒幕論を鮮明に打ち出していく。これ以後、村塾での教育活動も急激に政治的実践に直結するものに変転していく。山鹿流兵学師範であった松陰は、従来村塾でも操銃法（竹片を銃に代用）の演習を実施することもあったが、この頃より他の家塾や郷校（戸田村堅田家塾や須佐村育英館など）と共同して銃陣調練を活発化させていく。(47)同年八月には、朝廷から水戸藩に下った「戊午の密勅」の写しが長州藩にも届けられる。だが、長州藩はそれへの対処として静観を選択する。同藩のこの姿勢は、上記のような建白書を認めた松陰を大いに落胆させるものとなった。こうして松陰は、老中間部詮勝《あきかつ》（一八〇四～八四）や紀州藩付家老水野忠央《ただなか》（一八一四～六五。違勅調印や水戸・尾張・越前の三藩主処罰に関与したといわれる）らの暗殺計画を立案するに至る。松陰はこの計画を内密にではなく、志を同じくする藩政府の要路と相談しながら実行に移すという大胆な行動をとった（老中間部暗殺については、藩祐筆・周布政之助に願書案文を示し、手元役・前田孫右衛門に銃砲・弾薬の貸下げを願い出た）。藩政府もさすがにこの行動を見過ごすことはできず、「学術純ならず人心を動揺す」(48)との理由で、同年一一月松陰に自宅監禁を命ずることとなった（野山獄への投獄が図られたが、叔父玉木文之進の願い出によって自宅監禁となった）。だが、松陰の気焔・激論は収まることがなかったため、翌一二月、野山獄に再投獄されるに至った。

この処分に対し、村塾生たちは怒りを発し、重役の屋敷へ大挙して押しかけたが、却ってその粗暴な言動が問題と

なり、品川弥二郎・吉田栄太郎ほか八名が家囚を命ぜられた。松陰については、格別の罪状もないままでの検束的な投獄ということもあって獄中での処遇は緩やかであり、門生・知己との面会や書簡の遣り取りは相当程度に容認された。実際に松陰は、獄中にて政治的画策を熱心に執り進めている。攘夷派の公家大原重徳《しげとみ》（一八〇一～七九。当時正三位左衛門督。公武の間を奔走し朝権の振張に努めた）を長州に迎え、有志数藩で倒幕の旗挙げを決行しようとするもの（大原三位西下策）や、参勤交代途上の藩主を村塾の有志が伏見に迎え、大原ら攘夷派公卿を擁して上洛、勅を奉じて幕府の執政を止そうとするものなど、入獄以前から画策されていた計画の実行を有志に求めたが、これらはいずれも失敗に帰した。謀議が事前に漏れたり、有志間に意見の食い違いが生じたりしたこともあるが、失敗の最大要因は事の成否に拘わらず何よりもその実行を強引に推し進めようとする松陰の先鋭的手法に、多くの塾生が追従できなかったことにあった。

こうして塾生たちからの書状も途絶えてしまう。一八五九（安政六）年二月に松陰が諸友宛に出した書状には、「僕去月二十五日より一臠《れん》の肉、一滴の酒を給《た》べず。是れにてさへ気魄を増すこと大なり。僕已に諸友と絶ち諸友も亦僕と絶つ。然れども平生の友義の為めに区々の一言を発す。…血気尤も是れ事を害す。暴怒亦是れ事を害す。血気暴怒を粉飾する、其の害更に甚し」(49)と認《したた》められている。いわば四面楚歌の境遇に追い遣られた松陰は、飲食を絶ちながら、その極限状況の中で活路を見出そうとした。松陰にとってその道とは、

> 天未だ神州を棄てずんば草莽崛起《そうもうくつき》の英雄あらん。此の英雄奸雄ならば国事益々嘆ずべし。唯だ忠義の極已むを得ざるに逼《せま》り茲《ここ》に出でば、天照霊ありと謂ふべし。(50)

と語られた「草莽崛起」なのであった。逆境にあっても孤立を怖れず、敢えて自己の信念を貫くこと、すなわち、在野の草莽としてあらゆる可能性を信じ、一身をかけて諫争を繰り返すことで、自己の信念を継承する者が出現することに、松陰は窮極的な期待を寄せたのであった。時勢の到来を待つのではなく、時勢を創り出すために崛起の人とし

て、率先して「勤王の死」を目指したのであった。

幕府への身柄引き渡し

一八五九年四月下旬、幕府より長州藩江戸藩邸に松陰の身柄引き渡しの命が下される。この幕命が松陰側に伝えられたのは翌五月のことであった。幕命が記された文書には、「此度於公儀御吟味筋有之候[51]」とだけ記され、身柄引き渡しの具体的理由は示されていなかった。時はまさに安政大獄の進行中であり、幕政への反動が嫌疑されるような動向には、幕府も極めて敏感であったといえよう。こうして松陰は同年五月下旬、江戸に向けて長州の地を発った。

江戸評定所での最初の訊問（大目付、勘定奉行、町奉行三名による取り調べであった）は七月九日に行われた。訊問の内容は、松陰が後述する『留魂録』に「一に曰く、梅田源次郎長門下向の節、面会したる由、何の密議をなせしや。二に曰く、御所内に落文《おとしぶみ》あり、其の手跡汝に似たりと、源次郎其の外申立つる者あり、覚《おぼえ》ありや。此の二條のみ[52]」と記されている。すでに政治犯として捕らえられていた梅田雲浜（「幕政批判」を内容とする「戊午の密勅」降下や、一橋慶喜擁立や井伊直弼排斥などを画策）との密議の疑いと、御所内に残された落文（大原重徳に長州下向を請い、戦を起こそうとする策謀が記される）の手跡に関する疑いとであった。松陰は、梅田雲浜との関係については「夫れ梅田は素《もと》より奸骨あれば、余与《とも》に志を語ることを欲せざる所なり」と、また、落文については「吾が性公明正大なることを好む、豈に落文なんどの隠昧《いんまい》の事をなさんや」と返答して、身の潔白を主張した[53]。理路整然とした松陰の弁明は、幕吏を納得させるものであったかもしれない。だが、奉行らが罪状への訊問とは別に、「汝一箇の心赤、汝の為めに細かに聴かん[54]」と尋ねたのに対し、松陰は、当今の危機的政情を打開するために大原三位の西下策を練ったが確報が得られなかったことともに、「会々《たまたま》間部侯上京して朝廷を惑乱するを聞き、同志連判し上京して侯を詰《なじ》らんと欲す[55]」と縷述してしまった。老中刺殺の意図を疑わせるようなこの口上が致命的となったことは間違いない。

取り調べは、その後九月五日、一〇月五日と行われた。奉行らの吟味は穏やかであり、処分は国許蟄居や他家お預けなどの軽いもので済むことも予期された。だが四度目となる一〇月一六日の審理の席にて、「下総殿（間部老中のこと）へ旨趣申立て御取用ひ之れなき節は差違《さしちがへ》へ申すべく、警衛人数相支へ候はば切払ひ候て御輿へ近づき申すべく云々[56]」との口上書が厳しい調子で読み告げられた。これに対し松陰は、陳述と異なると激しく抗議したが、結局死罪が免れがたいことを覚知するに到った。これは、この取り調べ以前（同年七月中旬）に記されたものではあるが、高杉晋作宛の書状に綴られた、

死は好むべきにも非ず、亦悪《にく》むべきにも非ず、道尽き心安んずる、便《すなわ》ち是れ死所。世に身生きて心死する者あり、身亡びて魂存する者あり。心死すれば生くるも益なし、魂存すれば亡ぶるも損なきなり。[57]

との文言には、すでに当時の松陰の屹立たる覚悟のほどが描出されている。

松陰の終焉

松陰は、処刑二日前の一〇月二五日に遺言となる『留魂録』を書き始め、翌日脱稿した。同書には、幕府法廷での取り調べの様子や獄中の動静、死を覚悟した松陰の心境や塾生への遺託などが記された（『留魂録』は、萩城下に送付されたものと、同囚沼崎吉五郎に託されたものとの二部が作成されたが、前者は塾生に回覧されているうちに行方不明となったため、今日に伝わるものは沼崎が一八七六年に神奈川県令野村靖〈村塾の旧門生〉に呈したものといわれる）。同録にはその冒頭にて、「身はたとひ武蔵の野辺に朽ちぬとも留め置かまし大和魂」なる辞世の句が詠まれているが、そこに綴られた、

十歳にして死する者は十歳中自《おのずか》ら四時あり。二十は自ら二十の四時あり。三十は自ら三十の四時あり。五十、百は自ら五十、百の四時あり。十歳を以て短しとするは蟪蛄《けいこ》（蟬のこと。短命の譬え）をして霊椿《れいちん》（長生する霊木）たらしめんと欲するなり。百歳を以て長しとするは霊椿をして蟪蛄たらしめんと欲するなり。斉《ひと》しく命に達せずとす。[58]

との所述こそは、このときの松陰の偽らざる心境、すなわち、いわば死生を超越した平静かつ透明な境地を吐露する

ものといえよう。一八五九（安政六）年一〇月二七日の朝、松陰は評定所に呼び出されて死罪を宣告され、そのまま刑場へ引き立てられて斬首となった。享年三〇歳の若さであった。

（2）吉田松陰の教育思想

松陰が自身の思想的営為の焦点にいかなる領域のものを据えたのかについては、諸説があり得ることだろう。だが、少なくともペリー来航以後のその思想動向に着眼するなら、それを政治的色彩の濃密な皇国思想と評することができるはずである。もちろん松陰が、長州藩兵学師範としてのキャリアに加え、野山獄や村塾での学的活動などを通じて、ある種の教育思想を培ったことは確かだといえよう。上記に紹介した「人賢愚ありと雖も、各々一二の才能なきはなし、湊合《そうごう》して大成する時は必ず全備する所あらん」（注18参照）との所述などは、松陰の教育思想家としての立ち位置を象徴的に表明したものと見ることもできる。それゆえ以下では、思想系統としてはそれが皇国史観を基調とする政治思想に包摂されるものであることを重々承知の上で、敢えて教育思想と呼び得る所論を松陰の諸言説の中から浮上させる作業を試みることにする。

『講孟余話』に見る教育思想　教育の関心から松陰の思想にアプローチを試みるについて、まず着眼点を据えるべき著述は『講孟余話』（旧名は『講孟劄記』、後に改題された）だといってよいだろう。同著は『孟子』を素材としながら、松陰が野山獄中にて同囚たちと取り交わし、さらに、杉家幽室にて親戚縁者と論じ合った学的内容を纏め上げた書であり、その意味で村塾での彼の教育活動の基軸をなす書と見ることもできる。また、『孟子』なる書はそれ自体が多彩な思想関心に応答するものといえようが、『講孟余話』はこれを学問や教育の関心から吟味しようとする傾向が顕著だと評し得る。『孟子』尽心章句上の「君子に三楽有り」との文言（同章句に記された「得天下英才而教育之」なる文言が、「教育」という言葉の出典たることは周知の通りである）を巡って、松陰が、

夫《そ》れ君子何を以て英才を教育することを楽しむや。固《もと》より其の材能徳行を人に耀《かがや》かさんとにはあらず。君子の任

とする処は天下後世にあり。故に身天下に王たりと云へども、英才を教育せずんば、何を以て後世に法《のり》せん。已《すで》に英才を育せば、身天下に王たらずと云へども、天下後世必ず来りて法を取る者あるなり。…故に吾れ苟も英才を得て是れを教育せば、是れ即ち其の人ならん。是れ余が志なり。君子の楽しみなり(59)。

と述べ、英才の教育をもって「余が志」と称している点も大いに注目される。教師たる人間に求められる自覚として、「蓋し学の道たる、己が才能を衒《ひけらか》して人を屈するの所以に非ず。人を教育して同じく善に帰せんと欲する所以なり(60)」と強調することで、いわば教育の目的を「同じく善に帰せん」と説いている点も、松陰の教育観を凝縮させて表現するものといえよう。

このように松陰の描き出す教師像とは、いわば牽引者としてのそれではなく、あくまで同行者としてのそれであった。彼の、

人の師とならんことを欲すれば、学ぶ所己が為めに非ず、博聞強記、人の顧問に備はるのみ。而して是れ学者の通患なり。吾が輩尤も自ら戒むべし。凡そ学をなすの要は己が為めにするにあり。己が為めにするは君子の学なり。人の為めにするは小人の学なり。而して己が為めにするの学は、人の師となるを好むに非ずして自《おのずか》ら人の師となるべし。人の為めにするの学は、人の師とならんと欲すれども遂に師となるに足らず(61)。

との所述は、『論語』（憲問第一四）の「古の学ぶ者は己の為にし、今の学ぶ者は人の為にす」との文言を踏まえながら、「己が為めにするの学」を貫徹しようとする教師松陰の立ち位置を明示するものと見られよう。また、松陰が同行者としての教師像を表明し得たのは、例えば野山獄の同囚たちに対し、「但だ相共に斯の道を研究し、縲絏牢狴《るいせつろうへい》何物たるを知らざるに至らば、豈に楽しみの楽しみに非ずや。願はくは諸君と偕《とも》に是れを楽しまん(62)」や、「今此の章を読みて益々奮発す。願はくは徐《おもむ》ろに諸君と是れを謀らん(63)」などと呼び掛けていたことに象徴されるように、獄中に

あっても学を志すメンバーとは対等な学的関係にあるとの確信に基づくことであった。

「性善説」への支持

こうして松陰が、野山獄同囚たちの学的姿勢を自明と認めたのは、彼が孟子教説たる「性善説」を支持していたことを物語る。松陰は「性善説」について、『易経』『詩経』『書経』のほか、『論語』にもその含意が確認でき、さらに子思（孔子の孫。『中庸』の作者とも伝わる）によって根本教説としての趣意が立てられたとしつつ、これを学説として完成させたのが孟子だと説く。松陰は、「人性」に関する議論が、人間の肉体的形質に目を奪われてなされがちな傾向を問題視し、「性（本性）」と「気質（肉体的形質）」とを切り離して理解すべきことを強調する。すなわち「天地」になぞらえるなら、「性」とはあくまでも「天の法則（天理）」であり、一方、肉体的形質とは「地の実態」であって、両者の質的差異は明らかだというのである。それについて松陰は、

> 人性は即ち天理なり。天理は悪なし。故に性豈に悪あらんや。且つ天地を以て論ずるに、天は善あるのみにて地は善悪混ず。何となれば、天は唯一の太陽ありて万物を発育生長するのみ。…地善く太陽の気を受けて、万物を発育生長す。若し地なくんば、太陽ありと雖も、発育生長すべき様なし。是れ地の善なり。然れども諸々の水旱《すいかん》・飢饉・疾疫・皆地気の然らしむる所にして、是れ地の悪なり　天は関《かかわ》らず。[64]

と述べ、「天」の法則とは万物を発育生長させるもので「善」そのものであるが、「地」はその法則を発現させる場としては「善」であっても、そこに様々な災害・疾病をもたらすことにおいて「悪」だとする。人間の場合も、「性」は純善であるが、肉体的形質には善悪が混在する故に、そこから様々な悪が生み出されることが避けられない。こうして、人は自らの本性が善であることを自覚し、その善をさらに確固たるものとして安定させるために（肉体的形質から悪の要素を取り除くために）、学問に励まねばならない。その学問とは、

> 人性は性の善なるものなり。聖学は学の美なるものなり。人の性を以て聖の学を学ぶは、此の上もなきことにて、

> 善の善と云ふべし。今の人も鳥獣にも非ず、木石にも非ず、二目一口、上頭下趾《かし》の人なり。今の学ぶ所の四書五経は、皆聖人の学なり。然るに善の善に至らざるは、熟の一字を欠く故なり。熟とは口にて読み、読みて熟せざれば心にて思ひ、思ひて熟せざれば行ふ。行うて又思ひ、思ひて又読む。誠に然らば善の善たること疑なし(65)。

と説かれるように、聖学に熟すること（読み、思い、行うことで、聖人の境位に熟達する）に尽くされるものである。こうした人性論や学問観は、儒学全般に認められる主張であり、そこに松陰独自の解釈を見出すことのできるものではない。

「善」の軽重

ただしこの所論についても、そこに松陰自身の理解を投入しようとする傾向が全く見られないわけではない。例えばその「性善」の主張である。松陰は、必ずしも万人の善を全く同等と理解してはいない。例えば朱子学の理解では、「性善」の根拠たる「理」とは万人が共有する原理であって、人々に素養の差異をもたらすものは「気」に基づくことだとされる。それに対し松陰は、「理」とはいわば質的には万人が共有するものであるが、量的には聖人と一般人との間に大きな懸隔が存在することを説く。すなわち、

> 聖は純金の如し。其の軽重に至りては、聖たる所以に非ざるなり。故に聖人中に在りて自ら軽重あり。尭舜・孔子の如きは百両金なるべし。文王・周公は七八十両、湯武は五六十両などと、各々軽重の差はあれども、純金たることは同じ。今吾が輩と云へども私欲を消尽し天理純全ならば、亦自ら一両や二両の純金はあるべし。然れども後世の学者力を此の処に用ひず、徒らに才力智力を尚ぶは銅鉄を混じて金の量目を重くせんとするが如し。故に愈々学んで愈々聖を去ること遠しと云へり(66)。

との所論のように、「性善」の含意を純金になぞらえるなら、吾人も聖人もその「性」が純金であることは同等だが、その軽重においては、吾人が一、二両の量目であるのに対し、聖人のそれは百両から五、六十両にも相当すると説く

のである。松陰は、封建身分社会の中で役職に就かない武士（平士）の存在意義が不透明になりつつある状況を危惧し、その役割を、

> 蓋し農は耕し、工は家宅器皿《きべい》を製し、商は有無を交易す。各々其の職ありて国に益あり。士の仕ふる者、家老は家老の職あり、奉行は奉行の職あり、番頭は番頭の職あり、…独り平士は上にしては未だ仕ふるの職あらず、下にしては又農工商の職あることなし、頗《すこぶ》る素餐に似たり。…平士の職は一身の修治を本とし、一世の風俗を以て己が任となすべし。然らば其の素餐せざるの功、豈に農工商の比すべきならんや。(67)

という具合に、一身の修治に基づく風俗の純化に見出している。「性善」を万人に認めながら、その「善」の発露を身分差・職分差に応じて見定めようとする所論を組み立てている点に、封建身分制を自明の社会的枠組みとする中での「性善説」の一つの受容態度（善なる観念は同義でも、その発現様態は個々人の境遇に応じて多様に異なる）を見ることができるかもしれない。

原理論（養）と実際論（権）

このように、儒学思想に対する松陰のアプローチの手法には、儒学説における原理論への理解と、その原理を現実の江戸社会において実相化させる方策の吟味との、二重の含意が組み合わされているように見える。例えば、松陰が教育の方法に関する所説を示す場合、原理論的には、

> 養とは涵育薫陶《かんいくくんとう》して其の自ら化するを俟つを謂ふなりと云ふ。涵はひたすなり。綿を水にてひたす意なり。育は小児を乳にてそだつる意なり。薫は香をふすべ込むなり。陶は土器を灶《かまど》にて焼き堅むるなり。人を養ふも此の四つの者の如くにて、不中不才の人を縄にて縛り杖にて箠《むち》うち、一朝一夕に中ならしめ才ならしめんとには非ず。仁義道徳の中に沐浴《もくよく》させて、覚えず知らず善に移り悪に遠ざかり、旧染の汙《お》自ら化するを待つことなり。是れ人の父兄たるの道にして、父兄のみにあらず、人の上となりて政を施すも、人の師となりて教を施すも、一の養の

字を深く味ふべし。(68)

と説かれるように「養」（涵育薫陶の意味合いが含意される）の一字に意識を傾注させることが高唱される。縛縄策杖になぞらえられるような作為的な人才の形成ではなく、あくまでも自然な感化に基づく生長との趣意が提示されている。他方、これは幕末社会の厳況を見据えた所論と見なされるが、松陰は、

譬へば春夏の草木花葉鬱蒼《うつそう》たるが如き、是れ才を生ずるなり。然れども桃李の如きは、秋冬の霜雪に逢ひて皆零落凋傷《ちょうしょう》す。独り松柏は然らず、雪中の松柏愈々《いよいよ》青々たり。是れ才を成すなり。人才も亦然り。小年軽鋭、鬱蒼喜ぶべき者甚だ衆《おお》し。然れども艱難困苦を経《ふ》るに従ひ、英気頽敗《たいはい》して一俗物となる者少からず。唯だ真の志士は此の処に於て愈々激昂して、遂に才を成すなり。(69)

と、桃李ではなく松柏のような人才が輩出されることに期待を寄せるとともに、その人材は艱難困苦を克服することで養われると強調する。理念として語られる「養」も、現実社会の実相を踏まえたときには「艱難困苦を経る」として読み替えられるのである。あるいは、『孟子』尽心章句上に描出された「君子の教ふる所以の者五つ」（「時雨の之れを化する」「徳を成さしむる」「財を達せしむる」「問に答ふる」「私《ひそか》に淑艾《しゅくがい》する」）なる所論について、これは通常、君子の教えの自然な浸透力を教唆するものとして読まれるが、松陰は、

君子の人を教ふるは、人君の人を用ふると異ることなし。人を用ふるの法、大才能の人は始めより大任重職を命ず、…若し大才能の人を瑣事《さじ》賤役に役使すれば、其の人必ず厭怠《えんたい》して之れが用たらず。教も亦然り。…徳ありて材なき者あり、材ありて徳なき者あり。材なき徳なきと云ふ者は、某材某徳と指し云ふべきなきを云ふ。愚鈍無材狂悖失徳の人を云はず。君側諸官並びに目付役等は必ずしも材を要せず。只だ徳を選ぶべし。治民の職は治民の材あり。理財の職

は理財の材あり。軍務の職は軍務の材あり[70]。

と述べて、各人材の資質に応じた役職配分を説くものとして読み直している。

「権」重視の姿勢

　このように儒学教説への理解を、時流・時勢を見据えながら推し進めようとした松陰は、教学場面での「権」なる方法を重視する。「権」とは、例えば佐藤一斎が「抑へて之れを揚げ、激して之れを進むるは、教の権にして変なるなり[71]」と述べていたように、通常、学び手の状況や学びの場面に即応した一時的な手法と理解されるものである。だが、松陰はこの「権」について、

> 権の一字是れ中を執るの法にして、全章の帰宿なり。…君臣父子夫婦長幼朋友の五つの物、親義別序信の五つの事、是れ人倫なり。然れども…不幸にして人倫の変に遇《あ》ひたる時は軽重を衡《はか》り、或は仕を辞して親に随ひ、或は国に殉じて家を顧みざる、皆時と勢とに因りて義を生ずる、是れ権なり。故に徒《いたず》らに忠孝の道を学びて、権の字に心付かざれば、不忠不孝に陥ること多し。余常に是れを憂ふ[72]。

という具合に、その手法の意義を「中を執るの法」として強調する。時勢に応答しながら「義」を生じせしめるものこそが「権」だというのである。「五倫五常」なる人倫道徳の価値を高唱しつつも、その道徳の実践について、時勢や現況を十分に見極めた上で「権」なる措置に走る必要を説くこの姿勢こそ、黒船来航以後の松陰によって貫徹されたものと見ることができるかもしれない。

　『講孟余話』には伊藤仁斎の学説を引用する所論が散見されるが（本章・注59を参照）、松陰は、仁斎の説く「四端の心の拡充」について、「余謂《おも》ふに其の語意は更に親切なるを覚ゆ。…是れ今人の通情、最も官途上の人に於て観るべし[73]」という具合に評価しつつ、しかしその趣意を、

> 畢竟国の為めにするの志、身の為めにするの私に勝ち得ず。抑々余が如き、正直国を憂ふるを以て自ら任ず。…然れども自ら反省するに、遂に言を以て之れを餂《と》るの私心未だ全く銷尽《しょうじん》せず、豈に甚だ慙づべきの甚しきに非ずや。…然らば則ち之を餂《と》るの愧恥《きち》たる、士自ら是れを知るに非ずんば、義気まさに天地間に滅絶せんとす。是れ吾が党の任なり(74)。

と読み替えている。国を念う志も、単に言葉を舐めるに過ぎないものであれば、それは私心の域を超え出るものではなく、却って義気を絶滅させるものになってしまう。それを、国を念う真志へと磨き上げることに、「拡充」の含意を見定めようとするのである。

　学問の趣意を理解しつつも、その理解を実効させるための「権」の価値を高唱する松陰にとって、彼の眼に映った幕府・諸藩の為政者の姿は、憂国の念を抱く田夫野老《でんぷやろう》にも及ばない存在のように見えていた。それについて松陰は、

> 今如何なる田夫野老と雖も、夷狄の軽侮を見て憤懣切歯《ふんまんせっし》せざるはなし。是れ性善なり。然れども堂々たる征夷大将軍より、列国の諸大名より、幕府の老中・諸奉行より、諸家の家老・用人より、皆身を以て国に殉じ、夷狄を掃蕩するの処置なきは何ぞや。…而して皆形気の欲なり。唯だ形気の欲あり。故に堂々たる高貴にして、田夫野老に及ぶこと能はず、国を憂へ夷を疾《にく》むこと能はず(75)。

と語り、その慨嘆の念を吐露するのである。

現実的課題への応答としての「権」

　こうした松陰の、「正道」の実相を「権」を通して読み取ろうとする姿勢（この姿勢に松陰の儒学理解の独自性を認めることができるだろう）こそが、その思想全体に政治的色彩を与える傾向をもたらしたことは間違いない。繰り返しを厭わずその色彩への同調具合を略述するなら、松陰はまず、儒学思想の伝習・来歴を尊重する。それゆえ、「孟子は子思の門人に学び、子思は曽子に学び、曽子は即ち親しく孔門の高弟なり。

又宋儒の如き周濂渓より二程に伝へ、二程より張横渠・羅予章・李延平等の諸賢を歴《へ》て朱子に伝ふ。…故に常に心を虚にし懐を披《ひら》き、古人の真面目を窺ふを以て志とす(76)」との言葉のように、道統の継承者たることを自認する。「学問の道、人の禽獣に異る所以を知るより要なるはなし。其の異る所は、五倫五常を得ると失ふとより外はなし(77)」と語られる「五倫五常」の道徳や、「格物致知、誠意正心の工夫を以て身を修むるは、人の本にて已むべからざることなり。家を斉《ととの》へて国天下に及ぶは、厚より先にして薄きに及ぶなり。是れ大学通篇の旨(78)」と説かれる『大学』「八條目」などの重視は、まさに儒学思想の「正道」を紹述する姿勢そのものといえる。

だがその一方で、例えばその「八條目」についても、松陰は、

癸丑《きちゅう》・甲寅《こういん》の変（嘉永六年・安政元年の米・露二国使節の通商要求）に当りて、余同志と国家天下を憂ひ、共に論じて云はく、身を修め而る後に家を斉へ、而る後に国を治め、而る後に天下平かなりと云ふは一定の論なれども、是れは尋常の事にて、非常を論ずる所以にあらず。且つ今日の事天下相互に維持するの形勢なれば、天下正論有志の士と謀り、上列侯より下大夫士庶に至る迄心を協《かな》へ力を戮《あわ》せ、相共に幕府を諫争し、天朝を尊奉し、外夷を撻伐《たつばつ》せんこと然るべし。是れ則ち己れを成し物を成し、身を修め家を斉へ、国を治め天下を平かにすること一斉並び下るの工夫、今日の急務なり…(79)。

という具合に、非常の事態においてはその趣意を「権」の観点から読み改めて、幕府を諫争することも辞さない姿勢を明確に打ち出すのである。あるいは、孔子が祖国を去るには遅々とし、他国を去るには急いで出立したとの記述（「孟子曰く、孔子の魯を去るや、遅々として吾行《さ》ると曰《のたま》えり。父母の国を去るの道なり。斉を去るや、淅《かしごめ》を接《すく》いて行《さ》る、他国を去るの道なり」〈『孟子』尽心章句下、第一七章〉）を巡って、松陰は、

夫れ人情自国を恋ふること斯に至るもの他なし、君あり、親あり、墳墓あり、室家あるを以てなり。苟も思を爰《ここ》

に致さば、忠臣二君に仕へざるの理自ら明かにして、防長の臣民は防長に死生すべく、皇国の臣民は皇国に死生すべきの義に至りて何ぞ疑を容《い》れん。是れ余講孟劄記を作る第一義なり。(80)

という具合に、その趣意を鮮烈な愛郷心・愛国心を高唱するものと読み解いていく。当然の如く、この愛国（愛郷）心は、

又武士道を以て考ふべし。武士たる所は国の為めに命を惜しまぬことなり。弓馬刀槍《とうそう》銃砲の技芸に非ず。国の為めに命さへ惜しまねば、技芸なしと云へども武士なり。技芸ありと云へども、国の為めに命を惜しむは武士に非ず。…唯だ夫れ人の人たる所を知りて主本とし、傍《かたわ》ら記誦詞章を玩《もてあそ》んで技芸とするは真の君子なるべし。猶ほ真の武士の国の為めに命を惜しまざるの膽《たん》ありて、又武芸に長ずるが如し。(81)

と語られる、武士道精神の根幹をなすものに結びつけられていく。こうして松陰は、儒学の本義への理解を基軸に据えつつも、切迫するこの国の窮状に応答するためのその「権」の躬行を自身の学的課題とする道を択び取っていくのである。

皇国学の固守

さらに、松陰の時代にはすでに西洋窮理学の流入により、「惑ふ者は、西洋名物分析等の学を以て吾が修身治国の教の上に加へ、憎む者は或は其の学を外道邪魔として一切に拒絶する」(82)と指摘されるような状況が生じていたが、それに対し松陰は、

其の誹るも恥づるも皆瑣《さ》事《じ》小節にして、其の道に於て軽重なきは同じきなり。今更云ふも事新しけれども、道の大本を云はば、人と生れては人たる所以を知り五倫を明かにし、皇国に居りては皇国の体を知り、本藩に仕へては本藩の体を知り、以て根基を建て、扨《さ》て其の上にて人々各々其の職掌を治むべし。(83)

と述べ、儒学に象徴されるこの国伝統の学問こそが学の根基であり、その根基が整然と立てられている限り、些末な西洋窮理学など殊更に廃棄するには及ばない、と喝破するのである。もちろん、とはいえ、風気を異にする西洋諸国の学問と日本の学問との間に相通じ合うことのできない懸隔が存在する場合、その西洋学を敢えて導入する必要のないことは論を俟たない。それについては松陰が、

道は天地の間一理にして、其の大原は天より出づ、我れと人との差なく、我が国と他の国との別なしと云ひて、皇国の君臣を漢土の君臣と同一に論ずるは、余が万々服せざる所なり。…水府の論の如く、漢土は実に日本と風気相近ければ、道も大いに同じ。但だ欧羅巴・米利堅《アメリカ》・利未亜《アラビア》諸洲に至りては、土地隔遠にて風気通ぜざる故にや、人倫の大道さへも其の義を失ふことあり。況や其の他の小道に於てをや。然れども彼れに在りては亦自ら視て以て正道とす。彼れの道を改めて我が道に従はせ難きは、猶ほ吾れの万々彼れの道に従ふべからざるが如し。然るに強ひて天地間一理と云ふとも、実事に於て不通と云ふべし[84]。

と強調する通りである。この国の学問には、一切の妥協を許さない「人倫の大道」が存在する。その大道を固守し続けることなくして、皇国の学を語ることは、松陰には決して容認できなかったことだといえるだろう。

松陰の思想・学問が儒学を基調として培われたことは、その主著と称されるものが『講孟余話』であることからも自明だといえる。だが、彼自身が「余深く水府の学に服す。謂へらく、神州の道斯に在りと[85]」と述懐するように、その思想形成に及ぼした水戸学の影響も重大であった。また、既述のようにその思想形成の最終局面では月性や黙霖との遣り取りを通して、仏教への相応の理解を保持したことも間違いない。実際に、「仏法の如き皇国に行はるること亦已に千三百年、人心の帰依する所、闔師は必ず欠くに非ずんば、安んぞ窮鼠却つて猫を嚙まざるを知らんや。…因つて仏害論一篇を作り、仏の害ある所を古今を證引して是れを条列し、此の害悉く除去せば、仏法固より亦国に益ありと云ふに帰せんと欲す[86]」との所述が示唆するように、松陰は、仏教の教説が国益に資するものであることを疑って

はいない。

こうして松陰はその生涯の最終局面において、儒学を基軸に据えつつ、そこに水戸学や仏教教説までをも咀嚼しながら独自の思想（皇国学）を紡ぎ上げていった。その思想形成の道程にあって、彼の心を絶えず揺り動かし続けたものが、押し寄せる対外危機と、しかしその対応に窮迫する幕政の諸状況であったことは疑いない。学問や教育それ自体の在り方を、いわばそれらに内在する諸課題に即して吟味するゆとりを、松陰がどこまで保持し得たのかは不透明といわざるを得ない。繰り返すように、結果として彼の学問は、極めて深刻な政治的・社会的危機への応答を最優先の課題として構成されていった。彼のその強烈な危機意識は、

> 俗論の輩交々《こもごも》…云はく、自国だに治まらぬに、争《いか》でか天下の列藩と事を謀らんや、争でか幕府を諫争せんや、争でか天朝を尊奉せんや、又争でか外夷を撻伐せんや、宜しく先づ内自ら治むべしと。此の説遂に頑乎として国是《こくぜ》となれり。然れども余を以て思ふに、是れ皆身家を惜しみ妻子を顧み、分毫《ぶんごう》も天下国家を憂ふる心なき不忠不孝の徒の言にして、其の徒却つて吾が輩を側目して云はく、事を好むは浪人の常にして世禄の臣の志に非ずと。噫《ああ》、天下浪人少なくして世臣多し。是れ其の今日の晦盲否塞《かいもうひそく》を致す所以なるか。悲しいかな、悲しいかな。[87]

なる言葉に鮮明に綴られている。学問や教育とは、国家の安定と永続に奉仕することを不可欠の使命とする、との認識を一層強靱なものにすることにより、松陰は自らの思想に顕著な政治的含意を与えていった、と見ることができるだろう。

武教論と女子教育論

松陰に多くの文稿が遺されていることは周知のところであるが、『講孟余話』と並んで、その講義を纏めた著述書に『武教全書講録』がある（纏め上げられたのは『講孟余話』と同じ一八五六〈安政三〉年。今日に遺されているのはその序に相当する「武教小学」の部分のみ）。同講録は、山鹿素行『武教全書』の入門書というべきものであり、その学的関心が兵学に寄せられていることは指摘するまでもない。もちろんそこにも、「当今の時に

当り、砲台を築き砲門を鋳《い》て、海岸防禦異賊手当など罵る位の怯懦《きょうだ》にては、迚《とて》も神州の保全は出来ぬなり。早く偸《とう》安《あん》の習を止め、四夷出征の策を定めずんばあるべからず(88)」という具合に、海外列強の脅威への軍事的対応策が明確に綴られている。また、「武教は修身・斉家・治国・平天下より初め、戦勝、攻守の術に至るまで包《か》ねざることなし。天子諸侯より一士一卒に至る迄、学びて不可なるあるなし。…又武教の外に更に儒道も経術もあることなし。儒道経術は皆武教中の事なり(89)」というように、武教なる学問領域に包括的な学的内実を与えてもいる。この意味では、同講録もまた政治的関心を優先させて綴られた述作といえるかもしれない。

だが他方で、同講録での所述について看過できないことは、そこに立てられた項目の一つに「子孫教戒」が据えられている点（これ以外の項目は「武教小学序」「夙起夜寝」「燕居」「言語応対」「行住坐臥」「衣食居」「財宝器物」「飲食色欲」「放鷹狩猟」「与受」「総目録」など）と、同項目にてとくに「女子の教戒」の意義とその必要とが滔々と述べられている点である。すなわち松陰は、

夫婦は人倫の大綱にて、父子兄弟の由つて生ずる所なれば、一家盛衰治乱の界全く茲にあり。故に先づ女子を教戒せずんばあるべからず。男子何程剛腸にして武士道を守るとも、婦人道を失ふ時は、一家治まらず、子孫の教戒亦廃絶するに至る。豈に慎まざるべけんや(90)。

という具合に、一家の盛衰治乱が女子への教戒に左右されることを強調する。それは当節における一家一般の現況を、「滔々《とうとう》たる父兄、要は皆其の忠心なし、故に児女其の教戒を聞かず。児女其の教戒を聞かず、故に人の妻となりて貞烈の節顕《あら》はれず、人の母となりて其の子を教戒することを知らず。是れ父兄女孫矇昧《もうまい》にして無教戒の世界に生死す(91)」と概述しているように、女子への無教戒が顕著な傾向となってしまっていることへの危機意識に由来することであった。またそれゆえにこそ、女子教育振興のための具体的施策として、

士大夫の寡婦、年齢四五十以上にて貞節素《もと》より顕《あら》はれ、学問に通じ女工を能くする者数名を選挙し、女学校の師長となし、学校中に寄宿せしめ、扨《さ》て士大夫の女子八歳若しくは十歳以上の者は日々学校に出だし、願ひに因つては寄宿も許し、専ら手習、学問、女功の事を練熟せしむべし。教法極めて厳整を要す。(92)

との持論を開示するのであった。もちろん、これら女子教育振興への所論も、幕末期の社会的危機を視野に含めることなく構成されたものではないだろう。また、敢えて今日的視点から捕捉するなら、女子教育の考え方それ自体が守旧的・封建的な価値を前提に据えている点に問題を認めないわけにはいかないだろう。だが、それでも松陰が女子教育の振興を重要な立論に掲げていたことは、彼の教育思想の所在とその意義を注視するためにも、敢えて特筆しておきたい。江戸思想の全体傾向として、女子教育に視線を投ずる動きは微細であったと指摘できるからである。

近代以後の松陰評価

以上、松陰教育思想の最も基本的な（しかし注目すべき）枠組みとして、「養」（涵育薫陶）の強調とそれに伴う学び手の個性や自由の尊重、しかしその一方で、社会情勢の急激な変化を見据えることに基づく「権」（時勢への応答）の提唱、さらに、それでも「人倫の大道」を本義に据える皇国学の固守、などを指摘することができ、また、これに女子教育振興の高唱を加えておくことも容認されるだろう。そして、「養」の強調それ自体には純然たる教育思想としての含意が認められるものの、「権」の提唱と皇国学の固守とによりそこに政治思想としての意味合いが増幅されていったと見なすことができるだろう。

ここで敢えて附言するなら、教育思想が政治思想に回収されてしまう傾向や状況とは、近代以後のこの国の思想史動向を象徴するものとも評し得る。幕末思想を代表する水戸学には、すでにこの「政教一致」の姿勢が顕著であったが、明治期以後のこの国では、教育思想は政治思想と不可分の関係に結びつけられる傾向にあった（それを象徴するものが一八九〇年の「教育勅語」だと評し得よう）。松陰に対する評価も、近代思想界のそれは「政教一致」を自明視する思想史動向の中で行われてきた。実際、吉田松陰の名を一挙に高める契機となったのは、一八九三（明治二六）年に徳富蘇峰（一八六三〜一九五七）が著述書『吉田松陰』を出版し、「彼は維新革命の健児なり、…彼の生涯は血ある国民的詩歌《しいか》なり。彼は空言を以て教えず、活動を以て教えたり。…即ち松陰死すもなお死せざるなり[93]」と、松陰の生涯と活動とを称えたことにあった（同書は、日清・日露の戦争を経た一九〇八年に改訂版が出された）。一九〇九（明治四二）年には帝国教育会が松陰没後五十年の記念誌『吉田松陰』を刊行し、そこで松陰のことを「蓋し先生の志業終始一貫憂国忠君の事に非《あらざ》るはなし…皇室の尊厳国家の隆盛千古比無し英俊済々として其の門より輩出し憲政有終の美を済せるは多くは其の人の賛襄に由れるなり[94]」と顕彰した。さらに、一九三六（昭和一一）年には山口県教育会によって『吉田松陰全集』（全一〇巻）が刊行されたが、その「発刊の辞」にて、松陰のことが「書を読み、道を求めて、終に国体を知り、皇道の根本義に徹した[95]」と高評されるとともに、「その生涯を貫く奉公の至誠、その真摯なる求道、その熱烈、その勇猛、多難なる時局と共に歩みながらより根本的に維新回天の精神的運動に終始した三十年、それは一面に於て国民的自覚の歴程であると共に、他面に於て国民教化の源泉を穿つ難工事の完成でもあった[96]」という具合に、昭和戦前期における国家的使命と関連づけられ、賛美された。松陰の所論が倒幕論にまで踏み込むものであったことについても、これを「国民的自覚の歴程」とし、そこに「国民教化の源泉」を見定めようとする評価が、彼に与えられたのであった。

こうした明治から昭和戦前期にかけての松陰への評価は、時局の要請に彼の思想を応答させようとする顕著な傾向に基づくものと見なされる。もちろん、松陰の思想に皇国学的傾向が色濃く含意されていたことは否めない。だが、後世の時代要請からのみ過去の思想を評価し裁断する手法では、過去の思想自体が本有するところの思想的内実を丁寧に読み取ることに、著しい制約を与えてしまうことになりかねない。

松陰評価に関する未完の課題

松陰の教育思想に着眼してこの問題を考えるなら、国民皆学や体系的カリキュラム、あるいは初等・中等・高等なる学校系統を自明の原理とする今日の学校教育制度を視座に据えて、これを評価しようとする場合、入学・進級・卒業なる概念も存在せず、教える内容や方法などを一個人たる教師が決定するとともに、その反面、何をどのように学ぶかは学習者自身の意志に委ねる、というような村塾の方針は、私たちに違和感を惹起させるものにしかならないかもしれない。その違和感とは、今日的視点を自明の前提とし、その視点からのみ過去の営為を捕捉・裁断しようとするアプローチに基づくものといえよう。だが、今日の思想史研究は、すでにそうした一方向的アプローチをむしろ反転させることの方に重要な課題を据えているはずである。すなわち松陰の時代状況から、またその時代を生きた松陰の側の視座から、今日の教育認識（学校教育体系を前提とする）を捕捉するとき、そこにいかなる問題を浮上させることができるのかを精査することも、思想史研究の極めて重要な課題となっているはずである。[97] 教育思想に留まらず、その政治思想についても、あるいは軍事戦略をも内包させた大きな全体としての皇国思想についても、松陰の思想を思想史的に吟味する（松陰の側の視線から今日の諸状況を捉え返す）作業は決して完結されてはいないことを、改めてここに指摘しておきたい。

2　横井小楠――「三代の治道」の復権

(1) 横井小楠の生涯

学問への取り組み

横井小楠は一八〇九（文化六）年、熊本藩士横井時直とその妻員《かず》（両名とも生没年不詳）の次男として、熊本城下の内坪井町に生まれた。名は時存《ときあり》、字は子操《しそう》、通称を平四郎と称した。小楠はその号である。[98] 横井家の禄高は一五〇石と伝わるが、熊本藩での実収入はその四割程度（「四ツ物成」と称された）であり、さらに藩財政の窮乏によって、その暮らしぶりは決して恵まれたものではなかった（小楠が誕生した頃の手取りは一三石四斗程度と伝わる）。父時直は一八三一（天保二）年に逝去するが、次男に生まれた小楠が横井家家督を継いだのは兄時明が病死した一八五四（安政元）年のことで、このとき小楠はすでに四六歳であった。

下級武士の次男に生まれた小楠にとって、将来に展望を与え得る道は、何よりも学問で身を立てることであった。熊本藩では六代藩主細川重賢《しげかた》（一七二〇～八五）のときに藩政改革の一環として藩校時習館が創設（一七五五〈宝暦五〉年）されていた。時習館では、藩士子弟の入学を各自の意向に従って認めていたため（軽輩・陪臣および庶民にも門戸を開いていた）、小楠は八歳頃に同校に入学している。勉学に励んだ小楠は、一五歳のときに句読・習書に優れているとの理由で褒賞を受け、藩主のお目見えを許されている。こうしてその学才が周囲から認められ、一八三三（天保四）年、二五歳のときに藩の秀才が集う居寮生となり、藩費で運営される菁莪《せいが》斎に寄宿することとなった。さらに一八三六年には講堂世話役、居寮世話役などを務め、翌一八三七（天保八）年に居寮長に抜擢された。

時習館の改革とその挫折

小楠が居寮生であった一八三五年に、時習館訓導の自宅が焼き打ちに遭うという事件が勃発した。この事件を首謀したのは藩士子弟と近郊農民らであり（藩士子弟一九人と農民六七人の一揆連判状が作成された。処分については、士分一九人のうち、四人が死罪となった）、文政から天保年間にかけての凶作に対する藩政への不満を暴発させるものであった。この事件を契機に藩当局は時習館の改革に乗り出し、次席家老長岡監物《けんもつ》（米田是容《こめたこれかた》のこと。一八一三～五九。熊本藩には世襲家老が三家あったが、上席の松井家、次席の米田家に、細川家所縁の長岡姓の使用が許された。監物は米田家の通称）を文武《ぶんぶ》芸倡方《げいとなえかた》に着任させた。長岡監物は中老の平野九郎右衛門（生没年不詳）や奉行職の下津休也《しもつきゅうや》（一八〇八～八三）らの協力を得て、居寮制度の改革に着手し、入寮生を選抜制に改めるとともに人員を二五人に増員した（従来は請願による入寮で、十人程度の人員であった）。小楠が居寮長に抜擢されたのは、この居寮制度の改革に伴うことであったが、こうして後の肥後実学党を結成する長岡監物、下津久也、横井小楠の連携が確立されていく。さらに、同一八三七年に居寮生に選抜された元田永孚《もとだながざね》（一八一八～九一）が、後に荻昌国《おぎまさくに》（一八一三?～六二）が加わり、ここに実学党（後述のように、結成は一八四三（天保一四）年のことと見られる）の中心メンバーが出揃うことになる。

このときの改革によって一新された時習館の様子については、居寮生になって間もない元田永孚が次のように回想して、その学的状況が生徒間の奮闘と親睦とに包まれたことを語っている。

> 横井先生ノ塾長トシテ生徒ヲ誘導スル、大ニ発揮スル所アリ。長岡監物子国老ヲ以テ文武総教ヲ兼ネ居寮ノ生徒ヲ引テ親カラ会読シ、一時ノ盛ナル生徒皆奮進志ヲ合セ相共ニ親睦ヲ主トシ悖戻スル所無シ。[99]

また、この当時の小楠が元田に語った学問観とは、凡ソ学問ハ古今治乱興廃ヲ洞見シテ已レノ知識ヲ達スルニアリ。須ラク博ク和漢ノ歴史ニ渉リ近小ニ局スヘカラス。廿二史ノ書等一読スヘシ。然ラサレハ経国ノ用ニ乏シク共ニ為ルニ足ラス。且ツ文章ヲ学フベシ、吾見ル所ヲ陳べ志ス所ヲ達スルハ文章ニ在リ。[100]

というように紹介されている。歴史を通して国家の治乱興亡を学ぶための「経国」と、自らの見解を表明して志を達成するための「文章」とを、学問の基軸に据えようとした様子が看取される。また、この時の時習館改革により、居寮生の三年満期が経過すると、学業が精勤で所定の学科に精通し、人物が篤実・剛毅である者を江戸に留学させる制度が整えられることになった。こうして小楠は、一八三九（天保一〇）年に江戸留学を命ぜられるに至った。ただし、改革後の時習館の様子を伝える元田の回想には、上記に続けて

月ニ一回親睦会ヲ興シ杯酒欣歓更ニ心肝ヲ披豁《ヒカツ》シテ隠忌スルコト無シ。随テ酒興ノ余《アマリ》談笑戯《ギ》謔《ギャク》遂ニ忌嫉スル所トナリ、楯岡鎌田坂本沢村等辞シ去リ、横井先生モ亦江戸游学ヲ命セラレテ塾長ヲ去レリ。…之ヲ居寮ノ一変ト為ス。[101]

と綴られている。酒興に伴う談笑戯謔によって退寮者が続出するという事態は、上席家老松井家の一派（藩校改革への反対派勢力）による責任追及を激化させ、結局、下津休也が奉行職を解任され、長岡監物も文武芸倡方を辞するに至った。こうしたことから、小楠の江戸留学も居寮長罷免に伴う措置（必ずしも栄転を意味しない）と見るべきだろう。

江戸への留学

一八三九年の四月、小楠は江戸に到着する。このとき三一歳、老中水野忠邦によって「天保の改革」が着手されるほぼ二年前のことであった。翌五月には芝愛宕山の熊本藩邸に入り、諸藩の儒者が集う海鴎社の文会に出席している。さらに、幕府の昌平坂学問所を訪れ、林家当主と面会して入門の礼を取り、佐藤一斎と対面する機会を得ている。そのときの様子について小楠は、「五月二十八日林祭酒に謁し門下に入る、礼了

て佐藤一斎に対面す。一斎当年七十に成る由、壮健なる老人、言語しほらしく物慣たる容子言外に見るなり(102)」と伝えている。ただし一斎に対する小楠の評価は、「当時大儒一斎・慊堂と唱れども、其実は一斎中々慊堂に及ばず。唯一斎人物聡敏世事に錬通す、是れ二家名を斉する所以なり(103)」と語られるように、同じく林述斎の門人で一斎と学才を競ったと評される松崎慊堂《こうどう》（一七七一～一八四四。掛川藩に十年仕え、致仕後江戸西郊の羽沢に暮らした。一八四二年に幕府から表彰され将軍家慶への謁見を賜っている。門人渡辺崋山の赦免に尽くしたことでも知られる）に対するそれと比べ、高いものとはいえない。また昌平坂学問所に対する小楠の評価も、

吾初林門に入て思ふ旗本の人多く出入する可と考しに、存外の事なり爰日楼（佐藤一斎）の講釈に旗本の人或は一人も見ぬ程にて、更に平生出入の人なし。又旗本に林家のことを尋るに詳かなる不レ能、是れ読書せる人にて如レ此なれば武人一偏の人は其名も不レ知程なる可し。是にて旗本の様子も知れることなり(104)。

という具合に、その停滞状況と旗本の学問離れとを指摘するものとなっている。幕府関係者では、幕府勘定吟味役の川路聖謨《としあきら》（一八〇一～六八）を訪ね、文武双方に心懸けるその姿勢を評価するのであるが、他方で、やはり旗本全般の様子については、「武事専《もっぱら》にして文事は甚《はなはだ》疎なり。況して御政事是非の議論抔《など》は一切なきことにて風俗の様子大に諸藩と異なるなり(105)」という具合に、批判的視線を投じている。その他、幕府、諸藩の諸情勢に関心を寄せるとともに、伊豆韮山代官で西洋砲術の普及に努めた江川英龍のことを豪傑・強勇と評価している点が注目される。

水戸学への接近と当初のキリスト教認識

江戸の地にて、小楠が高い関心を寄せたのは、水戸学とその主導者藤田東湖（このとき水戸藩御用調役）であった。実際、小楠は江戸到着後の早い時期に水戸藩邸を訪ねているが、そこで面談を交わした藤田東湖について、

水藩藤田虎之助を訪《とう》。此人《このひと》久しく名を聞《きく》、当時しらべ方元締と云《いう》役也。…其人《そのひと》弁舌爽《さわやか》に議論甚《はなはだ》密、学意は熊

沢蕃山・湯浅常山抔《など》にて、程朱流の究理を嫌ひ専ら事実に心懸たる様子なり。…当年三十七歳、色黒の大男、中々見事なり。…当時諸藩中にて虎之助程の男は少かる可し。[106]

というように、その人となりと学識とを高評している。その後も、小楠はしばしば東湖を訪ね、当時の諸藩を取り巻く政治状勢などについて議論を交わしている。小楠の「酒を寒園に温めて夜蔬を摘み、虚心膝を交へて総べて予《われ》を忘る、議論熱せずして、水よりも冷やかに、集義内外の書を読むに似たり[107]」なる漢詩は、両者が肝胆相照らす間柄になったことを詠んだものといえよう。

同年一二月二五日に、東湖は列藩諸友を招いて酒宴を開いた。同席に招かれた小楠は、漢詩（七言古詩）を賦して自らの志を述べるとともに、銘々が互いに切磋することを願望するとの意向を示した。それは「上は三代より下は明・清、我が皇朝治乱の迹に及ぶまで、是《かく》の如くして治り此《かく》の如くして乱る、…究竟天下明君少く、是を以て乱日史冊に満つ、…徐《おもむ》ろに君の心を挌《う》つが是れ臣の職[108]」などという具合に、究めて政治色の強い所論でもあった。この宴席にて相当に過激な議論が交わされたことは、後日東湖より届けられた「過日は御枉顧被レ下、近来に無レ之快興、乍レ併甚失敬之事共汗顔仕候処、…尤何程酔中にても黒白邪正を取違へ候積りは無二御座一候へ共、右の通り忘却仕候仕合ゆへ頑鈍迂僻之病別而甚しく、過激の句を吐候得ば安心不レ仕、文字間未熟は勿論に御座候[109]」との書状（小楠の礼状に対する返書）からも推察されるところである。なお、このときの小楠の過激な政治論議とその姿勢が、後日の帰国命令に繫がっていく。

この江戸滞在中での出来事の中で、小楠の思想形成に少なからぬ影響を与えたものに、志筑忠雄《しづきただお》（一七六〇〜一八〇六）翻訳によるケンフェル（Engelbert Kämpfer、一六五一〜一七一六）の『鎖国論』との出会いがあった。同著に対し、小楠は未完の「読鎖国論」という短文を記しているが、そこで豊臣秀吉が万国との通交を絶ったことを「雄大之見」とするとともに、徳川幕府が中国・オランダの二国と交わったのは我が国の「覆天之仁」を示す所以であって、友好・交通の関係を取り結ぶものでも、万国の動静を窺知するためのものでもない、と強調する。その上で、方今五大州内列国分裂し、強弱呑并して帝と為し王と為す。朝《あした》に治まり夕《ゆうべ》に乱れて定まること無し。猶ほ我が永禄・天正の際のごとし。而して我が邦独《ひと》り泰平の治を願ふ。(110)

と述べて、日本の泰平維持は鎖国に基づくものとの理解を示すのである。さらにキリスト教について、「我邦吉利支丹教を禁ぜらる、こと深き所以を考へざりしに、ケンフルが鎖国論にて此の教の大害にして太閤以来厳禁に及ばれしことを知れり(111)」という具合に、それが日本の大害になる危険性を同書から読み取っている。それゆえに、「去れば吉利支丹を厳禁のことは甚《はなはだ》深遠の慮にて、第一は吾が愚民を誑《たぶらか》し信心弘通せしめ禍乱の基に成り、第二は我が貨財を輸し去り虚乏空耗なさしむるに至り、国家の大害此の教に如《し》くもの無し(112)」とまで、これを拒否する姿勢を鮮明にするのである。キリスト教を邪教とするこの時点での小楠の認識は、ペリー来航後、新たな情報や知見を獲得することで、大きく転換していくことになる。

帰藩処分と謹慎生活　江戸滞在中、小楠は水戸藩への遊学および奥羽諸国への遊歴を計画したが、前述した東湖主宰の宴席での酒失が原因となって、翌一八四〇（天保一一）年二月に国元への帰藩処分が下されることとなった。宴席にて殊の外酩酊し、その帰路、幕府御家人と激論の上、双方が抜刀寸前に至る（同行した会津藩士がこれを取り鎮める）という不祥事を引き起こしてしまったのであった(113)。この酒失事件の後、小楠はこのときの心境を、

予性酒を愛して而して乱に及ぶ者屡々なり。嘗て一たび飲を断ちしも月ならずして弛めり。此の春遂に小坂九郎（江戸詰の肥後藩士、小姓頭）と約し意を決して厳禁す。此の約に背かざることは江河の若くならん。詩を賦して心に銘す(114)。

と綴っている。これまで試みた幾度かの断酒も効果がなかったが、今回こそは厳禁とするとの悲壮な決意が表明されている。

こうして小楠は翌三月に不名誉な帰国を余儀なくされ、四月の熊本到着後は実家（父の死後、兄時明が当主となっていた）の六畳の一室にて失意のうちに謹慎生活を送ることとなった。加えてその半年後には、藩当局から七〇日の蟄居閉塞が命ぜられた。もともと豊かとはいえない横井家にて兄の厄介となり、生活が窮乏を極める苦難の中、小楠は改めて人生の立て直しのため学問に励むのであった。その様子について、後に元田永孚は、

横井子江府ヨリ帰リ、其江府ニ在ル酒後ノ過失ニ因テ官ノ責罰ヲ受ケ、七十日禁足ノ戒ニ服シ門ヲ杜《トジ》テ書ヲ読ミ、初メ陽明ノ書ヲ読ミ直ニ其学ノ偏ナルヲ看破シ、次ニ程朱ノ書ヲ読テ其純正ナル聖人ノ道果シテ茲ニ在リト信シ、下津子ニ之《ユキ》テ其所見ヲ陳シ、荻子余ニ語ルニ此理ヲ以テス。(115)

と回顧している。小楠は自らの学問再興の道を、朱子学こそ実践の学と捉え直すことからスタートさせたのであった。その学問は、抽象的な机上論ではなく、藩政改革の構想と結びついたものとなった。それを象徴するものが献策書『時務策』（一八四一年頃）である。同書は、「節倹の政を行ふべき事」「貨殖の政を止むる事」「町方制度を付る事」の三篇から成るもので、とくに教育施策に関する提言が綴られているわけではない。だが注目すべきは、

総じて政事は…民の耳目の向ふ方に導くときは如何成る厳敷《きびしき》法令も悦《よろこん》で用るものにて、又人情に逆らひ耳目の向はぬ方なれば差障《さしさわり》の無き些少の事も承引せざるものなり。(116)

というように、政事の基本的立ち位置として「民の耳目の向ふ方」を見定める姿勢を強調している点である。この姿勢は、これ以後の小楠学の思想傾向を示唆するものとも評し得るだろう。

実学党の結成

この頃、かつての時習館改革派の面々はそれぞれに自己の学問の追究に取り組んでいた。長岡監物が歴史学の知見を深めるため小楠を招いたのが一つの契機となり、これを承けた小楠が経学をも講

ずる必要を訴え、そうして長岡、下津、横井、荻、元田のメンバーによる「実学」研究会が構成されたのであった。その様子についても元田永孚の、

> 大夫（長岡監物のこと）曾テ山崎浅見二先生ヲ信シテ経学ニ得ル所アリ。…但歴史ニ渉ラサルヲ以テ横井子ヲ延テ史学ヲ講スルナリ。横井子余等ニ謂テ曰ク…吾儕未タ経学ニ達セス何ソ大夫ニ就テ経ヲ講セサルヘケン乎。是ニ於テ大夫ニ請ヒ先ツ近思録ノ会読ヨリ始ム。是ヲ長岡大夫下津横井二先生荻子余ト会合ノ始ニシテ実学ノ権輿トス。是ヨリ後、月ニ十回二十回或ハ隔日或ハ日々集会シ、集会スル毎ニ講学ニ非サルハ無シ[117]。

なる回想から、これを窺知することができる。この研究会の発足は、ほぼ一八四三（天保一四）年のことと見られる。こうして頻繁に開催された研究会が追究したものは、「堯舜ノ道、孔子ノ学、其正大公明真ノ実学[118]」であり、すなわちそれは、テキストの記述内容の暗誦に終始する「詞章記誦」の学と真っ向から対峙し、国を治め人々の生活を安定させるための基盤をなす「修己治人」の学であった。当時、藩校時習館の学風は徂徠学の影響にあったといわれるが、この研究会は徂徠学を批判的に捉え、心の修養を重点に据える点において朱子学とともに陽明学の系統を汲む熊沢蕃山の学を重視した。

実学研究の成果を藩政改革に結びつけようとした長岡監物は、翌一八四四（弘化元）年、藩主細川斉護《なりもり》（一八〇四～六〇）に上書（意見書）を提出し、熊本藩に実学を普及させるため諸施策を建議した。これに伴って、長岡監物は再び文武芸倡方に就任し、同藩の文教政策を推し進めることとなった。小楠らの研究会にも「実学」を旗印に多くの人材が集まるようになった。時習館での講学内容についても「己ヲ脩メ人ヲ治ムルノ実理時俗ヲ談ジ国政ヲ議スル等、曾テ有ラサル所[119]」と称されるような変革の気運が生じていた。ただし、こうして実学派の勢力が台頭する一方で、長岡監物らと対立する上席家老松井家の一派（学校党）は依然として大きな勢力を有しており、「長岡大夫横井氏等私ニ学派ヲ立テ党ヲ結ヒテ学校ト相反スルハ決シテ宜キニ非ス[120]」と、実学派に対する批判の声を挙げていた。

小楠が江戸留学中に、水戸学からの学的刺激を受けたことは既に述べた通りであるが、「学問事業、其の效を殊にせず」という水戸学の実学志向は、小楠らの研究会にも少なからぬ影響を与えていた。ところがこれも既述のように、同一八四四年、水戸藩主徳川斉昭が幕府より致仕・謹慎を命ぜられる（「弘化甲辰の変」）と、その影響は熊本藩にも及んだ。上記の学校党一派が、長岡監物・小楠のグループを「実学党」と名づけ、その党派が水戸藩の学問に通じているとの排斥活動を展開したのであった。このような藩内の対立激化を危惧した藩主斉護は、一八四六（弘化三）年、長岡監物を文武芸倡方から解任したが、その翌年には監物が事態収拾のため、自ら家老職の辞職を願い出るに至った。こうして熊本藩の改革派は再び挫折に追い遣られる。監物の家中には、家老辞職の責任を小楠に帰する動きもあり、それについては監物が説得して事無きを得たものの、これ以降、監物と小楠とが共同で研究会を継続させることができなくなった。

小楠堂の運営

他方で小楠は、実学研究会を起こしたのとほぼ同時期頃から門弟を取り始めていた。その入門者は葦北郡《あしきたぐん》佐敷郷《さじきごう》の徳富一敬（一八二二〜一九一四。徳富蘇峰・蘆花の父親）や益城郡《ましきぐん》中山郷の矢島源助（生没年不詳）ら惣庄屋（各郷の長として配下の庄屋を統べる。郷内の租税・法刑・教育・土木など一切を管理）と呼ばれる豪農層の若者たちであった。その頃の小楠の様子は、

自由にあこがれる若い横井は「俺は脱藩する、脱藩して了う」と時折身悶《みもだ》えしました。そんな時に逃るゝは兎角酒でした。酒の外の鬱霽《うさはら》しには、猟銃かついでよく山へ行き、川へも行きました。…それからぬれ網を肩にして熊本へ帰つて、直ぐ会読を始めたりしました。横井は相変らず貧乏でした。…四十を越してまだ定まる妻もない部屋住みの平四郎は門生の謝儀が唯一の収入でした。(121)

と叙述されるようなものであった。小楠の生活は、文字通り惣庄屋の門下生たちに支えられていた。一八四六年に横井家は、城下の水道町から相撲町に転居し、小楠も一二畳の居室を確保してこれを教場とした。さらに翌一八四七年

に門下生たちの献金によって塾舎を新築し、小楠堂と名付けた。こうして熊本実学党は、長岡監物を中心とする士族のそれと、小楠を中心とする豪農のそれとの二つの流れに分派していった。小楠に敬意を払い続けた元田永孚でさえも、小楠とは距離を置くようになった（ただし隣接する柳川藩からは多数の藩士が入門し、小楠の学問を肥後学と呼ぶようになった）。

小楠堂での彼の講義は、「学の義如何ん、我心上に就て理解すべし。朱註に委細備はれども其註によりて理解すれば則朱子の奴隷にして、学の真意を知らず[122]」と説かれるように、朱子学であれば「朱子が何を語ったのか」に留まらず、朱子が「何を問題に据えたのか」に溯って、その学的意味を探らねばならない、と強調されるものであった。ただし、この塾の学的雰囲気は、

相撲町の横井家塾には色々の人が集ひました。講読は古い〳〵経史、宋学の書類を借りて、問題は生々しい時のものを捉へました。修身から治国平天下まで打通しの講習です。師弟の間は親しく、互に手を引握つて碁の手を争ひ、撃剣なども猛烈にやつたものです。癇癪《かんしやく》も烈しいが、爽《さわやか》な人で、師の門を訪ふ弟子は二三里前から足が軽うなりました[123]。

と伝えられるようなものであった。小楠の実学は、書物の講読についても、実際に直面する問題を解決するための手掛かりを探究するという趣意を有していた。農村にて様々に切実な問題を抱える物庄屋の若者たちにとって、この趣意が極めて有用と実感されたことは間違いない。また小楠自身の学問も、こうした現実世界の諸問題へのアプローチを通して、一層洗練されていったのであった。なお、ここでもう一つ触れておくべきことは、女子教育に対する小楠の姿勢についてである。これは小楠の長女みや（一八六二〜一九五二。海老名弾正の妻）の後年の回想ではあるが、

父には多くの女の弟子があつたといつてもよいと思います。…嘉悦氏の御母堂がそれであり、安場氏の御母堂も

さうであつたと思ひます。其の他門下の方の母君や奥様が前に申す通り親戚以上の親しみをもつて出入りされ、先生々々と父を敬慕された様子を朧気《おぼろげ》ながら記憶して居ります。物について其の理を究むる所謂実学なるものは日常生活の上に及ぶべきものであるとして談話は卑近な事に亙つて参りますから、其の当時の女子に取つては非常に興味深かつたこと、思はれます(124)。

との所述は、大いに注目されるところである。女性に対する教育を、女性たちから歓迎される形で展開していた様子が十分に窺われる。上層農民であったり武家女子であったりとの制約はあるかもしれないが、身分や性別を超えた教育活動を奔放に繰り広げた点も、小楠の行跡として特筆しておくべきことだろう。

諸国遊歴　一八五一（嘉永四）年、かつて奥羽諸国への旅を計画しつつも酒失によって断念した小楠は、それからほぼ一〇年の歳月を経て、諸国遊歴の機会を得た。既に四三歳を迎えていた（この遊歴には門人徳富一義〈一敬の弟〉と笠左一右衛門〈長岡監物の家臣の子〉を同行させた。その様子は徳富一義に筆記させた「遊歴見聞書」に伝えられている）。同年二月に熊本を出立し、岩国、広島、松山、岡山、姫路、紀州を経て、四月に京都に入った。京都滞在中、小浜藩士梅田雲浜（吉田松陰の項目でも触れたように「安政の大獄」にて獄中病死した）と交わるとともに、大坂に出向いて、適塾に学んでいた福井藩士橋本左内（一八三四～五九。左内もまた「安政の大獄」にて死罪となった）と会談している。その後近江、伊勢、名古屋、彦根を経て六月に越前福井藩に到着した。福井藩では、かつて同藩藩士三寺三作《みつでらさんさく》（一八二一～九五）が小楠堂に学び、小楠を天下の大儒と評していたこともあって小楠の知名度は高かった。この遊歴にて小楠は金沢まで足を運ぶのであるが、福井にはその間二度滞在し、同藩の儒者・藩士に対し講義や研究会を開いている。小楠の講義に参加した三岡八郎（一八二九～一九〇九。「五箇条の御誓文」の起草者の一人となった由利公正）はその折の様子を、

十九歳の時（嘉永四年）肥後熊本の藩士横井小楠始めて福井に来遊し大学の三綱領を講演し、堯舜孔子の道を以

> て国家を経綸するの学と為し、道徳は経国安民の本として知識に依りて増進す、故に格物致知を先とし、己を修め人を治むる内外二途の別なしと説く(125)。

という具合に回想している。自藩にて異端として退けられがちであった小楠は、福井藩では藩を挙げて歓待されたのであった。同藩の儒学者吉田東篁《とうこう》（通称は悌蔵、一八〇八～七五）やその弟岡田準介（生没年不詳）とはその後も、書状での遣り取りが頻繁に交わされていく。越前からの帰路、小楠は長州藩にて吉田松陰に手紙を出したが、松陰が江戸遊学中であったため出会いは実現されなかった（二年後の一八五三年に、長崎に入港したロシア船に乗り込んでの密航を企んだ松陰が、熊本の小楠を訪ねたことは既述の通りである）。熊本帰藩は同年八月のことであった。この諸国遊歴により、小楠は自らの学的視線を熊本藩から全国へと拡充するための重要な機会を得たのであった。

「学政一致」と「文武一途」の高唱

小楠と福井藩との関わりをさらに深めたのは、翌一八五二（嘉永五）年に、同藩より藩校の設立について、小楠に意見が求められたことにあった。一八世紀後期以降、諸藩は積極的に藩校を開設するようになるが、一九世紀も中頃に差し掛かると財政難に象徴される深刻な内政課題に加え、外圧という新たな課題への対応も切迫し、改めて人材養成のあり方が問われるようになっていた。ところが福井藩では、かつて一八一九（文政二）年に学塾正義堂を設け藩儒前田雲洞《うんどう》（一七四六～一八三三）に運営を委ねたが、その後活動は廃れてしまい、一八三四（天保五）年に閉鎖されるに至っていた。嘉永年間（一八四八～五四）のこの時期、藩政をめぐる諸情況に危機感を抱いた上述の三寺三作は、藩主松平慶永（春嶽、一八二八～九〇）に大儒を招いて学校を起こす旨の政教刷新に関する建白書を提出した。その結果、春嶽より然るべき学者を探し出すようにとの命を受けたのであった。こうして福井藩からの要請を受けた小楠が、応答書として纏め上げたものが「学校問答書」（一八五二〈嘉永五〉年）であった。同書の内容については改めて後述するが、そこで小楠が声高に強調したことは、

> 大和にても漢土にても古も今も学校を興し玉ふは、其国其天下の明君の時にては無レ之候哉。此明君の興し玉ふ

学校にて候へば、初より章句文字無用の学問に成り行候は深《ふかく》恐れ戒られ、必《かならず》学政一致に志し人才生育に心を留め玉ふことに候。(126)

と述べられる「学政一致」であり、それを実施するための必須の前提としての明君の存在であった。しかも加えて注目されるのは、同書の末尾にて、

右問答の本意帰宿は人君の一心に関係いたし、君となり師となり玉ふの御身にて無レ之候ては、如何に制度の宜しきを得候共忽《たちまち》後世の学校に相成其益無二御座一候。然《しから》ば学校の盛衰は君上の一心に有レ之其他は論に不レ及候。(127)

という具合に、福井藩での藩校創設は時期尚早との意見を表明している点である。藩内の政治的対立が学校運営に重大な影響を及ぼすことを、熊本藩にて身をもって体験した小楠ならではの所見であったといえよう。なお、小楠の説く「学政一致」とは、教育や学問の課題を政治世界にて実践に移すことのできる人材の養成に据えるだけの、単純な所論ではない。その深い含意については後述にて説明を加えることにする。

翌一八五三（嘉永六）年の正月、小楠は福井藩の要人村田氏寿《うじひさ》（一八二一～九九）に「文武一途之説」という文書を送っている。この文書では、西洋諸国による脅威が江戸社会に押し寄せる情勢を踏まえ、改めて真の道とは「文武一途」であるべきことが強調され、「然れば朱子を学ぶもの、武事に疎く治乱常変に通ぜざるは…迂闊無用の学者」(128)だとの警鐘が発せられている。周知の通り、同年六月にペリー提督が四隻の黒船を率いて浦賀に来航し、開国を迫る事態が勃発するのであるが、小楠は同年五月、福井藩の岡田準介に宛てた書状にて、

近来は西洋之変動其沙汰紛々と有レ之、定て夏中には浦賀へ参り可レ申候。去れば弥益天下之勢武でなければならぬと、士気を興すと一偏の所に参り可レ申候。成程士気を興し武備厳重にならねば決して相成不レ申候得共、此一

偏に根本定候へば甚以恐敷事に御座候。先便村田君列に文武一途之説と申候一通指上申候。…聖賢豪傑心術事業一致に参り、治にも乱にも常にも変にも一偏ならざる修行尤以此学の心得と奉レ存候。(129)

と述べ、黒船来航以前にその事態を予知するとともに、そうした緊迫した情況に対処する上で、単に「武」のみに走りがちな兆候を危険視したのであった。こうして小楠が、「学政一致」と「文武一途」とを高唱したのは、治乱常変の波が押し寄せる厳しい時勢を見据えてのことでもあった、と見ることができるだろう。

沼山津への転居

一八五三年二月、四五歳の小楠は、熊本藩士の娘ひさと結婚したが、その翌年に兄時明が亡くなったため、小楠が横井家の家督を継ぐことになった（兄の長男左平太は一〇歳と幼少だったため、小楠が兄の養子となって家督を継いだ）。だが横井家の家計事情は苦しく、一八五五（安政二）年五月に熊本城下から東南二里ほど離れた沼山津に転居した。だが転居直後、誕生したばかりの長男が亡くなり、妻ひさも死去するという不幸に襲われた。翌一八五六年、小楠は郷士矢嶋家の娘つせと再婚している。つせとの間には、次男時雄（一八五七～一九二七。後の同志社長）と長女みや（一八六二～一九五二。後の同志社総長海老名弾正の妻）が生まれた。両者ともその後日本でのキリスト教活動に積極的な役割を果たしていくことになる。

なお、このときの転居にはもう一つ重要な理由があった。それは長岡監物との絶交であった。『大学』の「明明徳（明徳を明らかにす）」や「新民（民を新たにす）」なる所論（実学党が重視した）の解釈をめぐって、これを民衆の生活を変革させるための具体的改革と連結させようとする小楠と、治政を担う為政者の倫理の確立として読み取ろうとする監物との間に、歩み寄ることの出来ない決裂が生じてしまったのである。その事情については元田永孚が、

是ニ於テ一日先生大夫ノ宅ニ会シテ大ニ此処ヲ論シ遂ニ先生ノ説大夫ノ看ル所ト合ハス、復《マタ》再度之ヲ論究スルニ終ニ合一ナルコト能ハス。之ニ因テ已ムコトヲ得ス各々見ル所ヲ信シ、後日合フ所アルヲ待タント双方交際ヲ謝絶セラレ其門人モ亦各《オノオノ》信スル所ニ就テ交リヲ絶チタルナリ(130)。

と指摘している。さらには、鎖国・開国をめぐる対外政策や、鎖国を強弁に説く水戸学の評価なども、両者の決裂の要因となっていた。江戸にて藤田東湖らと親交を結んだ長岡監物は、水戸学に傾倒しそれゆえに攘夷論を固持していた。それに対し、嘗て水戸学に賛同していた小楠は、この頃には「真道理」なる観点から開国論を説くとともに、水戸学の固陋な思想態度を却って批判するようになっていた。そのような小楠の姿勢は、

惣じて和と云ひ戦と云ひ遂に是一偏之見にて時に応じ勢に随ひ其宜敷を得候道理が真道理と奉レ存候。…然れば墨・英等之夷に処するは応接之人其人物を撰び道理之已《やま》れざる自然之筋を以て打明け咄合《はなしあい》、聊《いささか》たり共彼が無理成る筋は論破いたし、又聞へたるは取用ひ、信義を主として応接する時は彼又人也理《ひとなるり》に服せざる事不レ能、…。(131)

段々江府之事情も承り申候処不二相変一依然たる光景痛心之至に奉レ存候。…必竟は水府之学一偏に落入り天地之正理を見不レ申処より、其流儀之大節義を却て失ひ候様に罷成り恐敷事に御座候。(132)

などの文言に凝縮されている。もし戦争になったとき、問われるべきは勝敗よりもいずれに道理があるかであり、日本の国是もこれに拠るべきだというのである。こうして、長岡監物との絶交と水戸学に対する不信は、小楠に熊本藩からの自立と、新たな思想構築のための自立とを促したのであった。

福井藩からの招聘

小楠の生涯においてその最も重要な転機となったものは、越前福井藩からの招聘であった。すでに小楠の名を聞知していた福井藩主松平春嶽が、改めて小楠の「学校問答書」（前述の通り、福井藩よりの諮問を受けて書き上げた）を高く評価したのであった。春嶽の命を受けた福井藩士村田氏寿は熊本沼山津に小楠を訪ね、春嶽の意向を告げるとともに小楠の内諾を得た。春嶽は自ら小楠の招聘依頼書を認め、これを持参して熊本藩江戸藩邸に出向くほどの熱心な姿勢を示した（両藩は、熊本藩主細川斉護の三女が春嶽の正室との縁戚関係にあった）。熊本藩は、小楠はかつて酒失にて帰国命令が下された人物であり、不都合なことを犯しかねないとの理由で、これを固辞

した。だが春嶽は再度招聘願いの書状を認め、小楠に関する危惧については春嶽が自ら責任を以て対処するとの意向を示したため、熊本藩としてもついに許諾の旨を伝えるに至った。こうして、一八五八（安政五）年二月、小楠は熊本藩から越前派遣への辞令を受け取り、四月に福井に到着した。その途上、京都では春嶽が信頼を寄せる同藩の橋本左内と会談を交わしている。時流はアメリカとの修好通商条約締結問題や一三代将軍家定の継嗣問題など、緊迫する政治状勢の渦中にあった。

小楠は、福井に賓師として迎えられ、五〇人扶持の手当によって熊本での借金も完済できるほどであった。福井藩到着時の様子は、上記の村田氏寿が、

扨又先生来着。政府且学校中諸役配追々及二面接一候処、一統心酔悦服に及び、就中七日着、翌日総教中御面会及二御熟談一候処、御情意大に流通し、甚以御都合宜、川端・東葵両君も分外賛嘆喜悦被レ致為二国家一奉レ賀候。其他の面々疑惑融解当分之処聊も差障無レ之、上々の都合に御座候(133)。

と伝えている。同藩の諸役面々から歓迎された様子が十分に窺われる。こうして明道館では四月一〇日に「登館式」が行われ、館員が麻の裃を着用しての儀礼が厳かに執り行われた。このとき江戸にいた春嶽もこの様子に満足し、小楠に書簡を寄せて、「元来邦中学流《がくりゆう》固陋狭隘之習気有レ之、人才生育之路壅錮いたし居、何分にも今後賢者之力に頼《たのみ》、右宿弊《しゆくへい》所二掃蕩一深《ふかく》企望之事に候(134)」という言葉を伝えている。小楠の藩校明道館への登館は毎朝五つ時（午前八時）より九時（正午）までとされ、会読日が七の日夕刻（御家老中）、一の日夕刻（御用人・諸番頭）、八の日・一八の日夕刻（御役人。以上、上級役人の会読は小楠の居宅にて実施）、三の日午前（高知）、五の日・六の日午前（役輩・学諭）、四の日午前（句読師・外塾師）、二の日午前（助句読師・典籍・外塾手伝。以上は明道館にて実施）、という具合にかなりの繁忙となっている。一般の藩士子弟というよりも、むしろ福井藩の指導者に対する教育こそが主たる仕事とされたのであった。小楠もまた、福井藩での自らの活動に自信を深めていく。その様子は、

只今之処は学校中有志者は申《もうす》に不レ及、武人少年輩に至る迄一統道に向ひ候勢にて、会業抔我《など》も〳〵と罷出《まかりいで》候事に相成《あいなり》、余り大勢にて届兼候間《とどきかねそうろうあいだ》近日制止を加へ、容易に出方相成不レ申様に都合を付け申候。[135]

という彼の言葉に鮮明に描出されている。

福井藩着任時の時勢

こうして小楠が、福井にて藩主春嶽の帰藩を待ちわびていた頃、江戸では大老井伊直弼がアメリカ駐日領事ハリス（Townsend Harris、一八〇四～七八）の強硬な態度に押し切られ、朝廷の勅許を得ないまま、日米修好通商条約に調印（一八五八年六月）するという事態が起こっていた。これに対し、春嶽は水戸藩の徳川斉昭・慶篤父子や尾張藩の徳川慶恕《よしくみ》（一八二四～八三）らとともに江戸城に推参登城して違勅問題を追及するとともに、将軍継嗣問題（周知のように井伊直弼らは紀州藩主徳川慶福の就任を画策していた）の再考を要求した。だが幕府は不時の登城を暴挙と見なし、四名に隠居謹慎を命じた。福井藩の家督も、分家糸魚川藩主の松平茂昭《もちあき》（一八三六～九〇）が継承することとなった。

この報が福井藩に届いたのは七月半ばのことであった。藩主隠居という事態を受けて、福井藩では小楠が熊本に帰国してしまうことが危惧された。だが、小楠は自らの去留は藩政府の評議に委ねるとの考えを示し、その結果、藩の意向として在留が要請されたため、小楠は福井に留まることになった。小楠は、福井藩士たちを激励し、この難局に立ち向かうことの必要を訴えた。小楠の働きによって藩士一同は勇気づけられ、明道館も平常の落ち着きを取り戻すに至った。その様子を小楠は、実弟の永嶺仁十郎（生年不詳～一八五八）宛の書状にて、

近日来は執政初中々勃興致し、日夜講習前日よりも一段の盛大に相成り、面白き勢に御座候。拙者宅にて熊沢集義和書の会相始《あいはじ》め、執政諸有司其外も参り種々討論、何時《いつ》も鶏鳴迄は咄合申候。憂愁中の楽事と何も悦申候。[136]

と伝えている。明道館での講義や小楠宅での会読が益々盛んに行われた様子が窺われる。だが、こうして福井藩にて

小楠の信望が一層高まり、次第に学事から藩政一般に関する相談が寄せられるようになっていたその折に、上記の実弟仁十郎が死去したとの通知が届いた（同年九月）。小楠は直ちに帰郷を願い出たが、福井藩の借り受け期間延長に対する熊本藩の承認を要したため、福井を出発したのは同年一二月のことであった。これには福井藩の三岡八郎も随行している。

熊本では旧知の仲間たちと会合する機会を得たが、そのとき小楠が語った福井での行跡を、元田永孚が記録した文書が「北越土産」として遺されている。その文書の中に、当時の小楠の教育観を象徴的に語った言葉が見られる。すなわち、

天下之事は唯徳之一つに帰着致し候段《そうろうだん》、明白に実験致し候由。其徳と云は心中一点之私《わたくし》を不ㇾ容、公平和順にして能《よく》人之情を尽すに有ㇾ之候事にて、…一日克己復礼天下帰㆓于仁㆒と申事《もうすこと》、初て歴然と相分申候《あいわかりもうしそうろう》故、…唯我に一念なく、人々之所ㇾ欲ㇾ言之言を尽さしめて其内に開発之機有ㇾ之候処より話合《はなしあい》候へば開き申《もうす》ものに有ㇾ之候との事にて、能《よく》人情を尽し申《もうし》たる体験之迹《あと》と相見へ申候。[137]

というものがそれである。一つには、公平和順の「徳」をもって人に接すれば、人もこれに応答するもので、「一日己れに克ちて礼に復れば、天下仁に帰す」（『論語』顔淵第十二）という言葉の含意もこの点にある、というものであり、もう一つには、人々に自由に語ってもらい、その話し合いの中から自然と人情に適う道を探ることが肝要だ、というものである。とくに後者の所論は自由な議論を通じて道を糺そうする趣意において、封建的価値観を乗り越えようとする所論ともいえ、小楠の教育思想を探る上で極めて重要なものといえるだろう。

一八五九（安政六）年五月に福井に帰任した小楠は、多忙を窮める日々を過ごすことになる。またこの年には、小楠所縁の人々が次々に亡くなっている。八月にはかつて共に熊本実学党を牽引した長岡監物の訃報に接した。小楠は熊本藩の旧友に対し、

小生事御案内之通り近年間《あい》違《だ》に相成候儀は唯々意見之相違にて其末は色々行き違に相成、時としては何やらん不平之心も起り候へ共、於二全体一旧相識之情態相替《あいかわり》申《もうす》様《さま》も無レ之、平生之心は依然たる旧交したはしき思《おもい》を起し候事は於二彼方一も同然たるべきかと被レ存候。況哉《いわんや》千里之客居にて此凶事承り、不レ覚旧情満懐いたし、是迄《これまで》間違之事共総て消亡、唯々昔なつかしく、思はれざる心地に相成《あいなり》落涙感嘆仕候。[138]

と、落涙の悲しみを抑えることのできない心境を吐露している。また、同年一〇月には、橋本左内が幕府に捕縛され処刑されている。吉田松陰の処刑も同じく一〇月のことであった。両名の死去について、小楠が心中悲嘆に覆われたことは想像に難くない。さらに、一一月には母親員《かず》が亡くなっている。母親の具合が思わしくない旨を知らされた小楠は一二月に福井を発ったが、そのとき母親はすでに逝去していた。その報に接した春嶽は、翌年正月、福井藩主茂昭に書状を送り「心付の儀」を遣わすよう指示している。小楠に対する春嶽の配慮には格別のものがあったと見られよう。

「国是三論」

一八六〇（安政七）年三月、福井に戻った小楠は、同藩内外の諸状勢への対応に追われていく。福井藩では、藩財政再建のため藩内に物産総会所、長崎に越前蔵屋敷を設ける事業を進めたが（その推進者が三岡八郎であった）、そうした殖産事業の件、あるいは国許の重役人事の件（藩主茂昭が福井で承認した人事に、江戸で隠居中の春嶽が異を唱えた）を巡って、藩内の対立が激化するようになっていた。小楠はこの対立に心を痛め、人心の和合一致を図るべく、三箇条から成る国是の提言書を纏め上げた。それが「国是三論」である。この書は、「富国論」「強兵論」「士道」の三論から成り、いずれも問答形式にて記されている。

その要点のみ紹介するなら、まず「富国論」での主要な議論は、開国の是非と幕藩体制への認識と評し得る。小楠は「交易の害」（「有用を以て無用に易ふ」「有用物の利用が不足する」「有用物の価格が高騰する」「少数の商家のみが利益を得る」「有用物の流通が減少する」）と「鎖国の害」（「奢侈に流れて物価高騰し、四民困窮する」「日本のみ鎖国を堅持すると外国からの攻撃を受ける恐れがある」）とをそれぞれ整理した上で、通商交易の事は近年外国より申立てたる故、俗人は是より始りたる如く心得れども決《けつし》て左にあらず。素より外国との通商は交易の大なるものなれ共、其道は天地間固有の定理にして、彼《かの》人を治る者は人に食《やしな》はれ、人を食《やしな》ふ者は人に治らるゝといへるも則《すなわち》交易の道にて、政事といへるも別事ならず民を養ふが本体にして、六府を修め三事を治る事も皆交易に外ならず(139)。

という具合に持論を提示する。交易の本義とは、治者が民のために働き、民がそれに応えて治者に報いることに他ならず、それゆえ「天地間固有の定理」だと高唱するのである。一方、徳川幕藩体制について、その実態とは徳川氏が一家の盛業のみに心志を尽くし、諸侯もそれに倣って自国の便宜安全を謀るのみだと喝破した上で、

日本全国の形勢如レ斯区々分裂して統一の制あることなければ、癸丑（嘉永六年）の墨使彼理（ペリーのこと）が日本紀行に無政事の国と看破せしは実に活眼洞視と云べし。…徳川御一家の便利私営にして、絶て天下を安んじ庶民を子とするの政教あることなし(140)。

というように、幕府の政治システムそれ自体を「無政事」（徳川家の盛業のみに心志を尽くす）として厳しく批判するのである。それに対し、むしろ諸外国の政治システムについて、

墨利堅に於ては…大統領の権柄《けんぺい》賢に譲て子に伝へず、君臣の義を廃して一向公共和平を以て務とし、…英吉利に有つては政体一に民情に本づき、官の行ふ処は大小となく必悉民に議《はか》り、…其他俄羅斯《オロシヤ》を初《はじめ》各国多くは文武の学校は勿論、病院・幼院・唖聾院等を設け、政教悉く倫理によつて生民の為にするに急ならざるはなし、殆《ほとんど》三代の治教に符合するに至る(141)。

と、これを高く評価している点が注目される。こうして小楠は、開国を時勢の必然と説くのであるが、その所論が単なる洋風への追従ではなく、あくまでも、「天徳に則り、聖教に拠り、万国の情状を察し、利用厚生大《おおい》に経綸の道を開ひて政教を一新し、富国強兵偏《ひとえ》に外国の侮《あなどり》を禦《ふせが》ん[142]」ことを趣意とするものであった点に注意を払う必要があるだろう。

「強兵論」の項目でも、アヘン戦争（一八四〇～四二）に象徴される西洋列強の強盛を踏まえ、「今は陸軍を後にして海軍を先とすべき時なるのみならず、驕兵をして強兵と変ずるも亦海軍に如くべからず[143]」と海軍の増強を優先させながら、やはり藩レベルではなく一国全体の海軍を興す必要を説いている。注目されるのは、当時強大な勢力を誇るイギリスの兵力データを紹介しつつ、

> 日本と英国とは国勢相似たれば強兵を務むるも英に則り、仮に英国の常用に擬して四百二十号の軍艦礮一万五千位を備へ、水手二万九千五百人、軍士一万三千五百人、将校九百人計《ばかり》を海軍となし、開港の諸地に於て兵営を設け兵艦を繫ぎ、不虞に備へ変に応じ互に相救はゞ略《ほぼ》大方の侮りを禦《ふせ》ぐに足るべし[144]。

と語られるようなレベルの軍艦砲、兵器、兵員の装備が必要だと論じている点である。兵力の整備・拡充についても、その構想は幕藩体制を超え出る次元（統一国家の創出を示唆）にて練られていたのである。

さらに「士道」の項目について、その主要な所論は改めて後述するが、そこで声高に強調されるものが、

> 凡天下国家を治るに治乱共に人を得るに非ざれば難し、人を得るは文武の道に非ざれば難し。於レ是古今人皆《ひとみな》文武の道人材を教育するの枢鈕《すうちゅう》たる事を知れども、其文武の本然心法に因る事を会せざる故、今の文武を以て人材を得んと欲するは譬へば砂を蒸して飯とせんと欲する如くなれば、人材は愈《いよいよ》得がたくして国家の治らざる事知るべし[145]。

と語られる「文武の道」なのであった（この引用文にて「教育」という言葉が使用されていることにも注目しておきたい）。ただし、それは「文」と「武」とを両途とする「今の文武」ではなく、夏・殷・周三代の学校にて行われた道、すなわち「文武一途」でなければならなかった。小楠によれば、武士道では何よりも「尚武」が強調されるが、この国の有識の将士たち（例えば柳生宗矩や宮本武蔵ら）は「尚武」の本意とは「技芸」ではなく「心法」にあることを理解していた、とされる。その「心法」を基軸に据えて、武士道の本義が糺されるなら、

> 武を説て文に及ばざれども、文、武の内に寓して武の文たる所以なり。如レ此なれば人に強るに道を以てせずして人自ら道を信ず。是を以て力を武道の講習に尽せば学校の施設を仮らずして文武並び行はる丶事を知るべし(146)。

という具合に、その真の姿が「文武一途」にあることが自ずと了解されるものだと強調される。こうして小楠は、学校の運営とは各党派が好む技芸ではなく、武士道の本義たる心法に則って行われるべきとの主張に基づいて、藩内の党派対立を解消させるべく力を尽くしたのであった。

江戸出府の実現

小楠のこの取り組みが春嶽からも深く感謝され、これを契機に小楠の江戸出府が実現することになる。その様子について小楠の知友宛書状には、

> 此許《ここもと》之事情は弥《いよいよ》以《もつて》都合宜敷、先は七八分之土台は築立《きずきたて》聊《いささか》安心仕《つかまつり》候。私も東行之命を蒙り来月廿日前後に此許発程之筈に御座候。此度《こたび》は中将様（春嶽）厚き思召《おぼしめし》にて出府仕候に付、此公御心術一変之場合尤《もつとも》以《もつて》肝要之儀に有レ之候(147)。

と記されている。こうして小楠は、一八六一（文久元）年四月、江戸に到着し、春嶽との初めての対面を果たすことになる。江戸にて小楠は春嶽から厚遇されるが、その様子は、

中将様（春嶽）へは日夜罷出《まかりいで》様々御咄合の中、尤も学術之要領至極に御了会被ㇾ成、御父子様（春嶽と藩主）幷に執政御一座之御咄合も既に及二四度一、毎に九ッ頃（正午）より暮に入り父子君臣誠に家人寄合の如くに有ㇾ之、面白き成り行に御座候(148)。

というように報告されている。春嶽および藩主茂昭をはじめ江戸藩邸の重臣たちが家人寄合のように相集い、学的諸問題を相互に吟味し合う席が設けられた、というのである。小楠に対する春嶽の思慕の念の深さを物語るものといえるだろう。小楠はまた、この江戸の地にて、幕臣の大久保忠寛《ただひろ》（一翁。一八一八～八八）や勝海舟（一八二三～九九）と親交を深めたことも付言しておく。

同年、熊本への帰郷が許された小楠は、一〇月に熊本沼山津に到着した。小楠堂での講義や来客への応対に追われる一方で、猟銃に出掛けることもあった。ところが、禁猟地（藩主の放鷹地）にて発砲し、自宅謹慎を余儀なくされるという事態を引き起こしてしまう。福井藩からは小楠の招聘継続の願書が出されていたが、解決には時間を要することとなった。翌一八六二（文久二）年には、薩摩藩の島津久光（一八一七～八七）が勅使大原重徳《しげとみ》（一八〇一～七九）に随従して江戸に下向し、幕政改革を強く迫るという事態が生じた（江戸到着は六月）。熊本にてこの動きを聞知した小楠は、同年三月春嶽に書状を差し出し、「方今天下の勢危難様々に候中、京師より密勅を被ㇾ下幕廷の非政を被二仰立一、干戈を被ㇾ為ㇾ起《おこせられ》候仰言御座候へ共、誠に一大事の御所置と奉ㇾ存候(149)」と、事の重大性を指摘している。幕府は、勅使の江戸到着に先立って、一橋慶喜と春嶽を赦免し、春嶽を政務参与に任じた（ただし幕府は、慶喜の将軍後見職就任には難色を示したため、これを不満とする春嶽は病気と称して藩邸に引き籠もった）。こうして春嶽は、政治顧問としての小楠を益々必要とすることになった。春嶽は、出迎えのために三岡八郎を熊本に派遣し、ようやく同年六月に小楠は熊本を出立することができたのであった。

「国是七条」

福井に向かう途中、春嶽からの急使に接した小楠は、急遽江戸に向かい、七月に江戸の福井藩別邸に到着した。幕政改革の勅命が暗礁に乗り上げ、春嶽も藩邸に引き籠もったとの経緯を説明された小楠は、春嶽に対し、幕府の独裁を改め幕政を「天下公共の政」に転換するよう堂々と主張してから進退を決すべし、と進言した。春嶽もこの忠告を受け入れて政事総裁職に就任した。さらに小楠は、幕政改革の基本方針を七箇条にまとめ、これを春嶽に建議した。すなわち、

大将軍上洛し、列世の無礼を謝する。
諸侯の参勤を止め、述職と為す。
諸侯の室家を帰す。
外藩譜代に限らず、賢を撰んで政官と為す。
大いに言路を開き、天下と与に公共の政を為す。
海軍を興し、兵威を強くす。
相対交易を止め、官交易を為す。(150)

というものであった。このうち第二条と第三条は、諸藩の経済的困窮の要因ともなっている参勤交代制の廃止を説く大胆な提言といえる。

春嶽は、この「国是七条」を幕政改革の方針に据えようとしたが、幕閣は取り合おうとしなかった。その最中、薩摩藩の島津久光一行が江戸からの帰国途上、イギリスの領事館員を殺害するという生麦事件を引き起こした。春嶽は、薩摩藩の暴挙を言上し、事の顛末を調査させる方針を取り纏めたが、これも受け入れられなかったため、憤慨して再び登城を拒否してしまった。状況を打開するため、幕府大目付の岡部長常《ながつね》（一八二五～六七）が小楠から事情を聴取し、「国是七条」に対する幕閣の賛同を取り付けた。だが春嶽は、その旨を伝えられても登城を聞き入れることはなかった。このため幕府首脳が小楠に春嶽の説得を依頼することで、ようやく八月に春嶽の政務復帰が叶うに至ったのであった。

こうして、諸大名の江戸参勤は三年に一度とし、さらに妻子を国許に戻すという参勤交代制の改革が実施に移されることとなった。将軍の上洛も翌年二月と決定された。このとき小楠は、将軍後見職にあった一橋慶喜を訪ね、この度の幕政改革の趣意を説明したが、これを聞いた慶喜は、「昨夜横井平四郎に対面せしに非常の人傑にて甚《はなはだ》感服せり。談話中随分至難と覚ゆる事柄に尾鬣を付て問ひ試むるに聊《いささかも》渋滞する処なく返答せしが、いづれも拙者共の思へる所よりは数層立登りたる意見なりし」(151)と、小楠のことを高く評価している。次第に幕閣の間でも、小楠を幕政改革の顧問として登用する案が浮上するようになった。だが小楠は、これを頑なに固辞し続けている。その理由を小楠は明確には語っていないが、春嶽ならびに熊本藩への忠誠とともに、幕府の将来に見極めがつかなかったことも、その理由であったかもしれない。

公武合体と破約攘夷を巡る情勢

この時点での幕政の焦点は、公武合体と破約攘夷に据えられていた。公武合体を象徴する動きは、一八六二（文久二）年二月に孝明天皇（一八三一～六七）の妹和宮（一八四六～七七）が第一四代将軍家茂（一八四六～六六）に降嫁することで具体的進展を見たが、この公武合体策は攘夷の実行を前提に執り行われたものであった。攘夷への要求が高まる中、小楠は、破約必戦の覚悟の上、諸侯会議の決議にて主体的な開国を推し進める、という策を構想した。その趣意は、春嶽の所見として以下のように伝えられている。

> 開国は公（春嶽のこと）固より多年の持論なれど、従前の条約は一時姑息を以て取結びたるものにて、国家永遠の計を立るため取結びたるにあらず。加ふるに勅許を経ずして調印せし如き不正の所為もある事なれば、此際断然此条約を破却し天下を挙て必戦の覚悟を定めしむべし。さて此事実際に行はれたる上は天下の大小諸侯を集めて今後の国是を議せしめ、全国一致の決議を以て更に我より進んで交を海外各国に求むべし。果して斯の如くならば始めて真の開国に進む事を得べし(152)。

すなわち、従前の条約は、アメリカの威嚇により無勅許のまま調印した不正の所為であるから、必戦の覚悟をもってこれを破棄し、その上で全国一致の決議に基づき自国から進んで海外諸国との交流を取り結ぶことが「真の開国」となる、というものであった。春嶽はこの所論を幕府の方針とすべきと説いたが、大勢は現状の開国保持との意見に傾いていた。事態が一向に進展しない中、小楠は幕府重臣の大久保忠寛に上記の主体的開国論を主張したところ、その方向で閣議を取り纏める意向が示された。その後の閣議では、閣老からの反対論は示されなかったが、一橋慶喜から、たとえ勅許を得ずに締結した条約であっても、これを不正とするのは国内の事情に過ぎず、外国からすれば政府と政府とが取り結んだものであって、破約必戦なるものは日本の「私」を押し通そうとする暴挙に過ぎない、との明快な反対論が提示された。

大久保から慶喜のこの所論を聞かされた小楠の様子は、「橋公の卓見と英断とに驚き一時は物をも言ひ得ずでありしが、実は己れの平生見る所に契合せし故、心窃《ひそか》に歓(153)」んだと伝わるが、ともあれ、こうして一〇月初めには幕閣の間で、慶喜が上京し朝廷に対して開国論を主張する、ということで方針が取り纏められた。だが同月末、朝廷は勅使として三条実美（一八三七～九一）と姉小路公知《あねがこうじきんとも》（一八四〇～六三）とを江戸に派遣し、再度攘夷の決行を迫った。このとき、慶喜と春嶽とが一時辞表を提出したり、将軍家茂が病に伏せったりしたため、勅旨の受諾は一二月初旬にずれ込んだ。幕府は一八六三（文久三）年二月に将軍が上洛し攘夷について天皇に上奏する方針を決定していたが、これに先立って慶喜・春嶽らが入洛することとなった。小楠も春嶽に随行し、京都にて諸侯会議を興して状況の打開を図る存念だった。だが、このとき不測の事態が小楠を襲った。

士道忘却事件　一二月一九日、小楠は、熊本藩江戸留守居役の吉田平之助（生没年不詳）が京都に赴くことになったのでその別邸を訪ね、同藩の藩士らと用談を交わした後、酒宴に入った。そのとき突然に刺客が小楠らを襲った。小楠は、刀を取る暇もなかったので階段を駆け下り、刺客をすり抜けて越前藩邸に駆け込んだ。大小の両刀を手に取って引き返したところ、吉田は重傷を負い後に死去した(154)。報告を受けた熊本藩邸は、この事態を「士道忘却」として小楠に対する切腹処分などを検討した。しかし春嶽は、熊本藩江戸藩邸に小楠の寛大な処分を求めるとともに、熊本藩主宛に直接書状を認め、「小生之不徳より平四郎身上に嫌疑を生じ、夫よりして禍災も相兆候事にて、畢竟は責小生に帰候事候得共、此処御深察被㆑下、何分にも拝接御示談申上候[155]」と、小楠の弁護に格別の意を用いている。こうして小楠の身柄は当面越前藩が預かることとなり、小楠は同年末に福井に戻ることになった。

一方、春嶽は一八六三年二月に京都に入ったが、小楠を同伴できなかったことの痛手は大きく、政局は混乱する一方であった。朝廷内の尊攘派は長州藩の勤王派と連携して、将軍後見職一橋慶喜に攘夷の期日を明らかにするよう迫った。慶喜は、春嶽や土佐藩の山内豊信（容堂。一八二七〜七二）さらに前年京都守護職に就いた会津藩主松平容保《かたもり》（一八三六〜九三）らと協議の上、攘夷決行を将軍帰府二〇日後（四月中旬）と返答した。だが春嶽は攘夷の期限を定めることには反対であり、「此際幕府より断然大権を朝廷へ返上せらる、か、朝廷より更に大権を幕府に委任せらる、かの中、いづれか其一方に定められずでは、最早天下の治安は望むべからず[156]」との強い意向を示した。慶喜も、政権の全面的委任を朝廷に申し出ることには理解を示したが、政権返上に賛同することはなかった。幕府内での意見不一致が明瞭となるに及んで、春嶽は政事総裁職の辞任を申し出、三月に帰国許可のないまま福井に戻ることとなった（追って幕府より政事総裁職の罷免と逼塞の処分が下された）。

壮大な政策構想

このような状況を睨みながら、小楠は福井にて壮大な政策構想を練り上げていく。それは、春嶽および藩主茂昭以下、一藩を挙げて上京し、朝廷と幕府とに重大な建議を言上するとの構想である。すなわち、関白・将軍など朝幕の要人が列席する場に在日の各国公使を呼び寄せて談判を重ね、鎖国と開国とのいずれが道理に叶うかを決議する、というのである。これが極めて実現困難な構想であることは、「身を捨て家を捨て国を捨るの決定にて、第一春嶽公・当公其御覚悟に御決心無㆑之ては迚も叶はざる事[157]」との言葉のように、小楠も十分に承知していた。だが、国内のみならず、海外諸国の声をも聞き入れながら、文字通り道理に叶った決議が得られるなら、加賀藩や薩摩藩など他の雄藩にも使者を差し向け協力を仰ぐことができる、と考えたのであった。この構想について、小楠が熊本の社中に宛てた書状には、「一藩中一人も異儀申者《もうすもの》無㆑之、何《いずれ》も御尤《ごもっとも》々々と競立《きそいたち》、何も必死の心底相顕《あいあらわし》、心地能き事に御座候[158]」と記されている。実際、福井藩では同年六月一日に藩士一同を城中に集めて、この構想の決定を布告したのであった。

だが、京都の情勢を探っていた福井藩士中根雪江（一八〇七〜七七）が帰藩し、慎重論を唱えると藩論が一変した。京都滞在中の将軍家茂が六月初旬に京都を出立してしまったことも影響した。藩論が分裂気味になるとともに、挙藩上洛を主張していた藩の重臣も次々と解任される事態となった（因みに、小楠の計画は三岡八郎らが使者となって熊本藩にも伝えられたが、当時京都に滞在していた元田永孚はこの計画に反対し、急遽熊本に帰国して計画に賛同しないよう画策している）。こうして挙藩上洛を巡って藩論が亀裂した状況は、小楠と春嶽との関係にも影を落とすことになってしまう。小楠の熊本帰国後のことであるが、春嶽は小楠を重用してきたことを「不徳の致す所」と反省しながら、「小楠堂論議間然無く、允当《いんとう》之事は多々之れ有り候。去乍《さりながら》又其説を誤り候て国政を紊乱する義も多々之れ有り候[159]」と、小楠の取り組みを批判する姿勢を示している。春嶽が小楠を最も強く批判したのは、上記の挙藩上洛策の中で、小楠が国（藩）を捨てる覚悟を促したことにあった。すなわち春嶽は、

天下之事は第一とは申し乍ら、国立たざれば諸事周旋も何も出来ざるなり。国つぶれ候へば尽力も出来ざるなり。故に我国力を謀りて万事為す可きなり。…妄に小楠の説に従ひ候へば国力尽果《つき》て、終には大方の笑を来たす。知らずんば有る可からず。弁せずんば有る可からず[160]。

と説いて、小楠の施策に論難を加えている。あれほど小楠の招聘を望み、小楠を厚遇した春嶽ではあったが、封建割拠制の弊害を克服して統一国家の形成を目指そうとする小楠と、諸藩の存立を前提に国家の体制的枠組みを強化しようとする春嶽との間には、埋め難い懸隔が存在したのであった（ただし両者の関係は決裂したわけではなく、その後も春嶽は小楠への経済的支援を続けている）。

熊本への帰国　一八六三年八月、小楠は福井城下を発ち、熊本に帰国した。同行した福井藩の使者が、春嶽と藩主茂昭とが連名にて熊本藩主に宛てた書状を携えてきた。そこには福井藩での小楠の功績が称えられるとともに、「士道忘却事件」について寛大な処置を願い出る旨が記されていた。だが同年一二月に熊本藩が小楠に下したの

は、知行召し上げの上、士籍剝奪という厳しい処分であった。家禄を失った小楠の生活を支えたのは、春嶽および福井藩門弟たちからの経済的支援と、熊本藩の小楠堂門下生たちによる諸般の協力であった。

だが、そうした状況下にあっても、小楠は決して隠遁生活に甘んじたわけではなかった。とくに勝海舟とはその後も書簡の遣り取りを通じて交流を続けている。一八六四（元治元）年二月には、長崎を来訪していた海舟が坂本龍馬（一八三六～六七）を小楠のもとに遣わし、支援金を届けさせている。このとき小楠は、海舟の厚意に感謝するとともに、甥（兄時明の子）の左平太および大平が海舟の塾に入門できるよう龍馬に依頼している。また、かねてより海軍の強化こそが日本の独立を保持する唯一の方法との所論を堅持してきた小楠は、「海軍問答書」を著して海舟に寄贈している。勝海舟が軍艦奉行並として総管した海軍操練所が神戸に開設されたのは、同年五月のことであった。上述の左平太・大平兄弟もここで学んでいる(161)。

「沼山対話」と「沼山閑話」

また同一八六四年秋には、当時藩校時習館の居寮生であった井上毅（一八四四～九五）が小楠を訪ね、その問答筆記を「沼山対話」として纏めている。その中で注目されるのは、キリスト教に対する小楠の認識である。すなわち小楠は、

近来に至て西洋に致し候ても其士大夫たるものは強《あなが》ちに耶蘇を信仰するにては無レ之、別に一種経綸窮理の学を発明致《いたし》候て是を耶蘇の教に附益致し候。其経綸窮理の学、民生日用を利すること甚だ広大にて、先は聖人の作用を得候(162)。

という具合に、キリスト教が「経綸窮理の学」（いわば実証的な国家経営学）と結び合うことで「民生日用」に有用だと強調するのである。ただし他方で、「耶蘇若しも日本に入込候えば必ず仏との宗旨争を起し乍《たちまち》に乱を生じ生霊塗炭と相成可レ申、此患《このわずらい》顕然たることにて何分にも耶蘇教を入れ込候ては相成まじく被レ存候(163)」と、キリスト教を日本に導入することに対しては慎重な姿勢を表明している。その理由が、すでに日本に根づいている仏教との宗旨争いに据え

られている点に注意する必要があるだろう。

さらに翌一八六五（慶應元）年晩秋には、元田永孚が小楠を訪ね、そのときの応答談話の要旨を「沼山閑話」として纏め上げている。そこでも神・儒・仏・洋の学問観が語られているが、やはり注目されるのは西洋学に対する小楠の認識である。とくに、

> 本朝は古昔より流儀の一定せし学なく神道・儒・仏法面々あり。当世に至りては西洋の事功も採用する様になれり。方今若《もし》三十万石以上の人に其人を得て、三代の治道を講じて西洋の技術を得て皇国を一新し西洋に普及せば、世界の人情に通じて終に戦争を止むることいかにも成る可なり。此道本朝に興る可し、後来何かになる可き乎。[164]

なる所論は、重大な影響力を有する人物が「三代の治道」と「西洋の技術」とに精通して日本を一新させ、その道を西洋に遡及させるなら、全世界の安定に貢献できると高唱するものである。小楠が一貫して「三代の治道」を評価し続けたのは、その道こそが「民生日用」を保全し「治国・平天下」の実現を約束するものと確信されたからに他ならない。ところが、現行の儒学は「三代の治道」から乖離した詞章・記誦の学に陥る傾向にあり、むしろ西洋学の方に四海を越えて百家交通の道を開く知見が用意されている、と小楠は見ていた。それゆえ今の世に何よりも求められるのは、西洋学をも取り込みながら学問の本旨を充足させることのできる人物の存在なのであった。「堯舜をして当世に生ぜしめば西洋の砲艦器械百工の精、技術の功疾く其の功用を尽して当世を経綸し天工を広め玉ふこと西洋の及ぶ可に非ず」[165]なる立論は、そうした小楠の認識を明確に表明したものといえよう。小楠に残された課題とは、西洋学をも取り込みながら「三代の治道」を実現させ得るような人物をいかにして養成するか、に据えられていたのであった。

新政に対する建言

一八六七（慶應三）年一〇月一四日、幕府は朝廷に大政奉還を奏請した。沼山津に在ってこの報に接した小楠は、一一月三日付で、新政に関する建言書を春嶽（いわゆる「八月十八日の政変」の後、島津久光・山内容堂・伊達宗城・一橋慶喜・松平容保とともに幕政参与に任命されていた）に送呈している。そこには、

幕庭御悔悟御良心被ㇾ為ㇾ発《はっせなされ》、誠に恐悦の至也。四藩（越前・薩摩・土佐・宇和島のこと）の御方一日も早く御登京御誠心一致の御申談、朝廷輔佐に相成候へば、皇国の治平根本此に相立申候《あいたちもうしそうろう》。…但朝廷も御自反御自責被ㇾ遊《あそばされ》、天下一統人心洗濯所ㇾ希《ねがうところ》也。[166]

というように、基本的に新しい政権の誕生（幕府の悔悟と朝廷の自責に基づくものと楽観視されている）を歓迎する意向が示されている。その上で、議事院（公家武家から成る「上院」と、広く天下の人材を挙用する「下院」とから成る）・勘定局・刑法局・海軍局などの政府機構の創設、百年不易の条約の締結、外国交易を円滑に進めるための商館（国外）・商社（国内）の設立、などが提唱される。それらの取り組みを「国体改正」と称している点、さらに、「学校を初《はじめ》御改政の諸事、愚存御座候へども政府の御基本相立候上御取り興《おこし》の事に奉ㇾ存候[167]」と、小楠の政権構想のうちに学校制度改革が組み入れられていた点、などが注目される。ただし、この建言書が福井藩にてどう取り扱われたのかは不明である。また小楠は、その後発足した新政府の施政方針が「大政奉還」の手順を断ち切り、一二月九日の「王政復古の大号令」発令に基づくクーデター的内実を有することを、とくに問題視する様子を示してもいない。アメリカに旅立った二人の甥（上述の左平太・大平兄弟）に宛てた翌一八六八（明治元）年一月の書状には、

全体之見込、幕府・薩州平穏之都合に相成候へば、其余は格別之難事とも不ㇾ被ㇾ存、此両所解け合ひ安着之所さし寄り心痛可ㇾ致と存候。海軍等は勿論大に起し候勢到来大慶此事に候。[168]

と、新政府の発足を楽観的に捉える姿勢が表明されている。かねてより旧体制たる幕府政治に批判的眼差しを投じてきた小楠にとっては、政治体制の変革それ自体に優先的価値が見定められていたのかもしれない。

新政府への出仕

その新政府が熊本藩京都留守居に小楠の召命を伝えたのは、「王政復古」の大号令が発せられた直後の一二月一八日のことであった。熊本藩では、小楠は士籍剥奪の処分を行った者であり、加えて罹病

であることを理由に一旦はこの召命を断っている。だが、一八六八年三月に新政府の参与に任じられた最後の熊本藩主長岡護美《もりよし》（一八四二〜一九〇六）に対し、岩倉具視（一八二五〜八三）が小楠の召命を強く要請したため、同藩は三月二〇日付で小楠の士籍を回復させ、出京させる措置を講じたのであった。こうして小楠は同年四月に入洛し、当初は制度局判事を命ぜられたが、同月二一日の制度改革によって新参与（小松帯刀・後藤象二郎・大久保一蔵・広沢真臣・三岡八郎・福岡孝弟・副島種臣、そして小楠の八名に人員が絞り込まれた）に任ぜられた。小楠は、自らに付託されたこの人事について、「此節太政官御改正、格別之御抜擢被㆓仰付㆒従四位下に拝任、匹夫の身誠に未曾有の天寵を蒙り実以《じつにもつて》奉㆓恐入㆒候(169)」と、感激の様子を伝えている。熊本藩からは排除され、福井藩でも志半ばにて身を退いた小楠は、還暦を迎えたこの年に、自らの栄誉を実感することができたのであった。

　だが入洛後の小楠は、絶えず病に脅かされる状況を余儀なくされた。同一八六八年五月に熊本の家許に宛てた書状には、

> 江戸は去る十五日に上野に集り居候賊御討伐官軍大勝と相聞え申候。…其上にて会津御征伐に御議定に御座候。…会津落着いたし候へば治り候に相違有㆑之間敷候。…禁中日々多事繁用誠に困り入申候。…主上日々御出座、議定・参与被㆓召出㆒万事被㆓聞召㆒候(170)。

などと、いわゆる戊辰戦争の戦況や禁中での繁忙の様子が認められている一方で、「私も癇病寸斗勝れ不㆑申、是には困り入申候(171)」と、すでに身体の具合が芳しくない様子も記されている。その状態が快方に向かわなかったことは、同年末の書状の、「私不快も相替り不㆑申日々出勤は仕り申候。然し出血とんと治り兼、且疼痛頻作も同様にて誠に困り入申候(172)」との記述から十分に窺われるところである。ただし、そうした厳しい状況に置かれても、子どもたち（時雄とみや）に対しては、

又雄（時雄のこと）弥以《いよいよもつて》書物手習等出精可レ致呉々祈申《いのりもうし》候。定て礼記は数遍読み、文字失念も無レ之事に被レ存候。此上四書・詩経・書経等跡よみ大切に候。太平記も下し候間読み方すら〳〵出来候様万々祈申候。おみや手習益々出精と存候、定て人物も上り候ておとなしく相成候と存候。此上弥以《いよいよもつて》出精珍重に存候。此暮比《くれころ》には何を遣し候やら、出精之都合により品物も宜敷事と相待可レ申候。(173)

という具合に、勉学を励ますとともにその御褒美に思いを巡らすという愛情に満ちた姿勢を示している。

小楠の死とその「良心」観

翌一八六九（明治二）年の正月を迎えた小楠は、五日に烏帽子と直垂《ひたたれ》の正装で太政官に赴き、天皇への拝謁を終えた午後二時過ぎに帰宅の途に着いた。小楠を乗せた駕籠が丸太町通りに差し掛かった辺りで、一発の銃声が鳴り響くとともに数名の者が駕籠に向かって斬りかかってきた。小楠は短刀にて応戦したが、病身だったこともあり、その場で絶命した。小楠の暗殺に及んだ実行犯は十津川屯所と呼ばれる道場に出入りする郷士たちであった。彼らの「斬奸状」に記された、「今般夷賊に同心し天主教を海内に蔓延せしめんとす。邪教蔓延致し候節は皇国は外夷の有と相成候事顕然なり(174)」との文言から、小楠が日本へのキリスト教導入推進者と目されたことが暗殺理由だったと見なされる。小楠がキリスト教に関心を寄せたことは確かであるにせよ、その理由は、キリスト教に「三代の治道」を実現するための方途としての役割の可能性を見出したからであった。キリスト教の日本への導入自体について、小楠が慎重な姿勢を示していたことは上述の通りである。

なお小楠には、この死の半年ほど前に、京都の住まいに門人たちを集めて口述した「遺表」（明治天皇に宛てた遺言）が残されていた。その中で高唱されたものは、

人ノ良心ハ道ノ本也。…王者、天意ヲ受ケ天下ヲ治ムルハ他無シ、只此良心ニ発シテ行フ是レ而已。…惟夫耶蘇教、仏教等及ブ所ノ外国ノ風習ヲ見《ミル》ニ、尽ク利害一途ニ出テ、惻怛慈愛、善悪憤怒ノ情、渾テ本然ノ良心ニ基カズ、終ニ倫理綱常ヲ廃棄シ、刻剥ヲ極テ、我欲ヲ成スニ至ル可。…此時ニ当テ、皇上能ク不忍《シノビザル》ノ心ヲ以テ行ヒ、

不忍之政玉ハゞ、大道分明、条理粲然トシテ、不知《シラズ》々々正路ニ帰ス。[175]

との所述に象徴される「良心」であり、「良心に基づく治政」であった。明治天皇に対する小楠の思いを記したものには、これ以外に「忠興の立志七条」と呼ばれる文書があり（執筆年月不明）、その中でも「戦争の惨怛万民の疲弊、之を思ひ又思ひ、更に見聞に求れば自然に良心を発すべし」[176]という具合に、「良心」という言葉が引かれている。小楠がこの言葉を重視した契機を、一八六八年九月にアメリカから帰国した森有礼（一八四七〜八九）および鮫島尚信《さめしまなおのぶ》（一八四五〜八〇）との間でなされた会談を通して聞き及んだトマス・レイク・ハリス（Thomas Lake Harris、一八二三〜一九〇六。アメリカの神秘主義的宗教家）の所論に求める見解もある。[177]だとすれば、小楠が「良心」を高唱した理由について、キリスト教からの影響を看取することが可能かもしれない。

だが小楠は、すでに福井藩の国是を定めようとした「国是三論」（一八六〇年）の中で、諸物品の生産・流通の術について、「是を民に施し教へ導くに惻怛《そくだつ》の良心を以てすべし」[178]と説いたり、あるいは、執政大夫に求められる覚悟として、「衆に先だち怛懐無我、言を容れ人に取るの良心を推して諸有司に議《はか》つて人君の盛意を奉行し善を挙て不能を教ゆ」[179]と論じたりしている。「良心」という言葉の出典が、『孟子』（「告子章句上」第八章の「其の良心を放つ所以の者も、亦猶斧斤《なおふきん》の木に於けるがごとき也」）に求められることからしても、小楠の「良心」論をキリスト教への接近としてのみ読み取ることには、やや飛躍の感が否めない。小楠がその胸中に理想の世界として刻み込んだものが、「三代の治道」であったことは間違いないからである。[180]小楠が、この国の新たな進展に直接的な地歩を刻むことなくその生涯を閉じたのは、六一歳（数え年）のことであった。

（2）横井小楠の教育思想

以上に概述した小楠の生涯の歩みを振り返るとき、彼の思想上の輪郭が定まっていくのは、ほぼ四〇歳代の前半期以降と見ることができるだろう。私塾を開いて惣庄屋子弟に対する教育活動を展開する（三九歳の一八四七年に塾舎小楠堂を新築）とともに、山陽道・畿内・北陸道への遊歴を経験した（四三歳の一八五一年）のが、この時期のことであった。それは、彼の思考回路を、社会階層としての士人や地勢的範囲としての熊本一藩に閉じ込めるのではなく、むしろ身分秩序や幕藩体制に象徴される江戸社会の旧態的構造から解き放つ意味をもったに違いないからである。それゆえ、小楠の教育思想についていえば、この時期に福井藩に送り届けられた「学校問答書」（一八五二年）や「文武一途之説」（一八五三年）なる論説にその主要な立論が綴り込まれている、と見ることができるはずである。

もちろんそれ以前に、小楠が長岡監物・下津休也・元田永孚・荻昌国らと結成した「実学党」での講学・講習・討論の経験が、彼の教育思想形成の重要な土台となったことは間違いない。だが、それらの営為がいわば原体験となり、それに基づく思惟の過程が「学校問答書」に象徴される彼の教育思想を形づくったと見ることは許されるだろう。この点を踏まえつつ、以下では主に「学校問答書」に基づいて、小楠教育思想の要点を捕捉してみる。

「学政一致」の高唱

「学校問答書」にて一貫して表明された小楠の主張は、「学政一致」であった。通常、「学政一致」が説かれるについては、その対極にテキストの章句文字を学ぶばかりの「詞章・記誦」の学を据える傾向がある。小楠もまた、かつて唐の太宗（五九八〜六四九）の興した大学が八千人にも及ぶ生徒を擁したにも拘わらず、章句文字の俗学に陥ったため、有用の人才が一人も現れなかった、と指摘する。それゆえ、学問によって獲得された知見を治政上の施策に連結させる必要が強調される。この意味での「学政一致」は広く一般に認められる所見といえるだろう。だが、小楠の説く「学政一致」とはこの意味に留まるものではなかった。すなわち小楠は、学政一致なる所見の嵌まりがちな陥穽として、

> 政事の有用に用ひんとの心直様《すぐさま》一統の心にとおり候て、諸生何《いずれ》も有用の人才にならんと競立《きそいたち》、着実為レ己の本を忘れ政事運用の末に馳込、其弊互に忌諱娼疾を生じ、甚しきは学校は諠譁場所に相成候。(181)

という問題を鋭く指摘する。すなわち、学校の任務を政治上の運用のみに目を奪われた人材養成（小楠はこれを「人才

の利政」と批判する）に求めるなら、それは動もすれば教育を競争原理に委ねてしまい、「人才を生育せんとして却て人才を害《そこな》ひ、風化を敦せんとして却て風俗を壊《やぶ》り(182)」といった事態を惹起することになると警告を発するのである。

小楠は、古今の明君ですら陥りがちなこうした事態の原因について、学問のあり方への理解が、一方で読書に基づく知的素養の涵養（「学」）を重視する指向と、他方で実務への精通と対応能力の養成（「政」）を歓迎する指向とに、分離されがちな状況を指摘する。さらには、この「学」と「政」との一致とは、学問の営みに両者を含み持たせることで自ずと成り立つものではない、と強調する。小楠の「学政を一致にせんと欲し候は一通《ひととおり》尤に聞へ候へ共、元来基本無くして治を求るの心《こころ》急に有レ之、前に申通り人才を生育し有用に立んと欲す心主に成り候て、其実は一致にて無レ之候(183)」との所論は、ともすれば「人材の利政」に眼を奪われ、「学政一致」の基本たるべきものを等閑に附しがちな当該社会の実相を鋭く批判したものである。

それでは、小楠の説く「学政一致」とはいかにすれば可能なのか。「学政一致」のための基本とは何であるのか。それについて小楠は次のように高唱する。

天地の間唯是一理にて候へば、人間の有用千差万変限り無く候へ共、其帰宿は心の一にて候。去れば此心を本として推して人に及し万事の政に相成、本末体用彼是のかわりは候へ共二《ふたつ》に離候筋にては無レ之候。此二に離れざるが一本より万殊にわたり、万殊より一本に帰し候道理にて候へば政事と申せば直に脩レ己に帰し、脩レ己れば即政事に推し及し、脩レ己治レ人の一致に行れ候所は唯是学問にて有レ之候(184)。

すなわち、学問も政治もその帰宿する所は「心」それ自体なのであり、「心」を本とすることで学問が成り立ち、「心」を人に推し及ぼすことで政治が営まれるというのである。本たる「心」を度外視し、末たる政治のみで天下国家を治めようとするのは「覇術功利の政」に他ならない、というのが小楠の立ち位置なのであった。「学政一致」の含意を「心」に帰一させようとする小楠のこの所論は、学校は人道を教る所也。治国・平天下は、心を正しくするを本とす。是政の第一なり。其上大君、諸侯を親しみ給ひ、父子のごとく兄弟のごとく心服するは、学校あるによってなり(185)。

と説いた熊沢蕃山の主張を彷彿とさせるものと認められよう。小楠が蕃山学を評価する理由もこの点にあったといえる。

身分制の超克　小楠が理想とする世を「三代の治道」に求めたことは、再三触れた通りであるが、その世にて「学政一致」が行われたことは論を俟たない。そのありようは、

三代の際道行候時は君よりは臣を戒め、臣よりは君を儆《いまし》め、君臣互に其非心を正し、夫より万事の政に推し及《およぼし》、朝廷の間欽哉戒哉念哉懋哉都《すべて》兪《いよいよ》吁咨の声のみ有レ之候。是唯朝廷の間のみにて無レ之、父子兄弟夫婦の間互に善を勧め過を救ひ、天下政事の得失にも及び候は是又講学の道一家閨門《けいもん》の内に行れ候。上如レ此講学行れ、其勢下に移り、国天下を挙て人々家々に講学被レ行、其至りは比屋《ひおく》可レ封に相成候。是其分を申せば君臣父子夫婦にて候へ共、道の行れ候所は朋友講学の情誼にて、所謂学政一致二本なきと申は此にて有レ之候(186)。

と描出される。すなわち「三代の治道」にあっては、治世の根本が人々の「心」のありように見定められ、君臣は互いの相互批判を通じて高め合う関係となり、その相互関係に基づく政治が推し進められた。さらにこうした関係がより広範な父子、兄弟、夫婦の間にまで波及されることで、やがて一国全体が「朋友講学の情誼」にて結ばれる学問共同体として意識されるに至った、というのである。通常、封建社会の人倫関係とは、君に対する臣の従属、父に対する子の従属、あるいは兄・夫に対する弟・妻の従属というような一方向的従属関係が自明視されるものであるが、小楠はこの従属関係を解体させて、それぞれの人倫間に相互批判からなる新たな関係を保障させようとする。それが実現されたとき、学校は政治支配から自立し、その結果学問上の真理を政治に反映させることが可能となる。小楠の説く「学政一致」の真の姿とは、まさにこの点に見出されたのであった。

それゆえにこそ小楠は、学校の意義を「学校は政事の根本にて候へば元より興さゞれば不レ叶事に候。国天下に学校無レ之ときは彝倫綱常何を以て立可レ申哉、人才志気何を以《もって》養ひ可レ申哉、風教治化何を以て行れ可レ申哉[187]」と称え、それが一国の倫理道徳の基準を明らかにし、人々の才能と志気を養い、さらには風教治化を推し進める拠点たるべきことを強調する。繰り返しになるが、その人々については、重臣・下役の異なり、老若の差異や職務の繁多、さらには学識の深浅の違いなどを超えて学校に集うことが求められ、その場で政治や文化、学術内容や倫理道徳などが、自由な議論を通じて語り合われることが構想されている。小楠の、

抑此学校と申は彝倫綱常を明にし、脩レ己治レ人天理自然学術一定の学校にて候へば、此に出で学《まなぶ》ものは重き大夫の身を云ふべからず、年老ひ身の衰たるを云べからず、有司職務の繁多を云べからず、武人不文の暗を云べからず、上は君公を始として大夫士の子弟に至る迄暇まあれば打まじわりて学を講じ、或は人々身心の病痛を儆戒し、或は当時の人情政事の得失を討論し、或は異端邪説詞章記誦の非を弁明し、或は読書会業経史の義を講習し、徳義を養ひ知識を明にするを本意といたし…候[188]。

との所論は、彼のそうした認識を象徴的に描出したものである。この自由闊達な議論を通して確立された所論を、いわば公論として政治の世界にて実践していくことが、小楠の高唱する「政教一致」なのであった。

政府要職と教職との兼務

この「政教一致」を進める上で重要な役割を果たすのが、教育者であることは論を俟たない。小楠は、従来の教育者像について「此に二りの人有レ之候、一人は知識明《あきらか》に心術正しく候へ共、経学文詩の芸に達し不レ申候。一人は篤実謹行に候へ共知識明ならず、乍レ然経学文詩の芸は格別に有レ之候[189]」と述べ、いわば物事の道理に明るい人物と、書物の学識に通じた人物との二つのタイプがあるとする。通常、学校の教師には後者（書物に精通した者）こそが適材と見なされる傾向にあるが、これに反し小楠は、「一藩教授先生と被レ仰候人、知識明《あきらか》に心術正しく無レ之候て、何を以て人の神智を開き人の徳義を磨き風俗の正しきを得せしめ可レ申哉[190]」と述べて、知識

（物事の道理）に通じ、しかも心術の正しい人物こそが教育者に相応しいことを強調する。この「知識明に心術正しく」という素養が最重要視されるのは、教育者に限らず、側用人や奉行などの役職についても同様のことである。それゆえに小楠は、側用人・奉行・教授について「此三職は必一人をして総べ司《つかさど》らしむ[191]」ことを強調する。これも小楠の唱える「政教一致」のための必須の要件なのであった。

藩政府の要職と藩校の役職との兼務という施策は、水戸藩の弘道館でも採用されたことであったが、「学問事業、其の效を殊にせず」と説かれる水戸学の方針と、小楠の提唱する「政教一致」なる取り組みとの間に、どこまで親和性を認めることができるのかの吟味は、重要な研究課題だと評して差し支えないだろう（筆者は、水戸学の方針が政治的政策課題を担うための人材養成を藩校教育の目的に据える〈政治を起点に据えて教育を考える〉ものであったのに対し、小楠の所見は藩校教育の要務たる人格形成を政治的取り組みの根本に立てようとする〈教育を起点に据えて政治を考える〉もの、との仮説的見解を立てている）。

海外教育事情への視線

既に述べたように、小楠はこの「学校問答書」を福井藩に提出したものの、同藩での学校開設を時期尚早と指摘している。明君松平春嶽を擁する福井藩ですら、小楠の提唱する「学政一致」のための要件はまだ整っていないと理解されたのであった。それに対し、すでにこの当時の小楠は、海外の教育事情にも目を配り、例えばロシアの学校を例示しながら、その様子を次のように語っている。

> 其学校之法は一村の童男女より教を入、其内之俊秀を一郷之学に挙、其より一郡其より一部々々よりペートルヒユルクの都城之大学校に入候由、当時学校生員一万に余り、政事何ぞ変動之事総て学校に下し衆論一決之上にあらざれば決して国王政官之所存にて行候義は相成不ㇾ申、将又《はたまた》執政大臣等要路之役人是又一国之公論にて黜陟《ちゅっちょく》いたし候…[192]。

すなわち、この国では一村から一郷、一郷から一郡へという具合に、俊秀を上級学校へ進学させ、最終的に都城の大学校に一万名余りの学徒が入学する。それらの学校の運営は関係者の衆論一致に基づくもので、国王といえども学校が決議した公論には従わねばならず、要路の役人もまた公論に基づいて官位が与えられている、というのである。小楠は、こうした仕組みが西洋諸国全般に見られるとしつつ、その背景について、西洋世界の思想的基盤たるキリスト教がかつて一六世紀の天文年間に日本に伝来した頃のそれとは異なり、「上は国主より下庶人に至る迄真実に其戒律を持守いたし、政教一途に行候教法と相聞申候」[193]という具合に、政教一途の原理を提供したからだと説明する。

それに対し、日本では「学政一致」の趣意が未だ十分には理解されておらず、それゆえ人材養成の取り組みがともすれば富国や殖産を目的とする方向にのみ流れがちだとする。小楠は、日本の学政が抱え続ける弊害を鋭く指摘したのであった。その意味で、小楠が「学校問答書」に据えた論点とは、学校のあるべき理念に関わる問題でもあったと見られよう。その理念としての「学政一致」は、その後も、小楠の教育的思惟の主たる経路として見定められていくのであった。

「心法」の重視と「公共」の思想

既に紹介したように、小楠が「学校問答書」と並んで、福井藩への提言書として纏め上げたものに「文武一途之説」がある。この小論での主張は、ほぼ後年の「国是三論」（一八六〇年）に盛り込まれていた、といえる。敢えて繰り返すなら、「国是三論」にて小楠が最も強く訴えた論点とは、「文武」なるものは心法を本源とするにも拘わらず、両者を「芸」や「術」に置き換えようとすることから、その分岐が生ずるということであった。すなわち小楠が、

凡《およそ》人と生れては必父母あり、士となりては必君あり。君父に事るに忠孝を竭すべきは人の人たる道なる事を知るは固有の天性にして教を待て知るに非ず。其道を尽さん事を思ふよりして徳性に本づき条理に求め是を有道に正すは文の事也。其心を治め其膽を錬り是を伎芸に験《こころ》み事業を試るは武の事也。[194]

と強調するように、「文武」の本源とは人間固有の天性たる心の働きに求められるものであり、それゆえ文武の試業

とは本来「心に興って術に試みる」ものとされる。ところが、こうして「文武一途」とは心を修めることで自ずと実現されるにも拘わらず、現状は「術に縋《すが》りて心を治めん」とする顕著な傾向によって、「文」と「武」とが分岐されてしまっている、というのである。小楠の「今の文武是《これ》譬ば源の濁れるを措て末流より清ましめんとするが如し(195)」との指摘は、ややもすれば文武の源流が「心」にあることが見過ごされがちな当世の風潮を鋭く指摘したものといえるだろう。

もちろん、だからといって小楠は文武の修養が元来無作為のまま行われ得ると楽観視したわけでは決してない。「三代の治道」においても、聖賢は教えを敷き学校を設けて人材を育んでいた。小楠の時代にあっては、なおさら人君・執政大夫（家老や重臣）・諸有司・文武師範がそれぞれ文武興隆のために応分の勤めを果たさねばならない。すなわち、

人君は上に在て慈愛・恭倹・公明・正大の心を操って…臣僚を率ひ黎庶を治む。執政大夫は此人君の心を躰して…身を以て衆に先だち怛懐無我言を容れ人に取るの良心を推して諸有司に議つて人君の盛意を奉行し善を挙て不能を教ゆ。諸有司も亦君相の意を稟て敢て己我《いが》の念を挟まず… 各《おのおの》力《ちから》を其職分に尽し廉介正直共に士道を執て其僚属を奨励し公に奉じ下を治む。又文武術の師範に諭して…門弟子を誘ふに真文真武を以てし治教を裨益せん事を誨ゆ。如レ此なれば文武の教・学校の政已《すで》に廟堂の上に立を以て臣僚自から道に嚮ひ、士道の尽さん事を思ふは自然の勢にして、…空文偏武の伎能に流れず悉く其用を為さずといふ事なし(196)。

という具合に、君主はもとより諸士一同がそれぞれに心法を磨くことで、政治を牽引する主体としての自己形成を果たすことが可能となる。小楠にとって武士道とは、「三代の治道」を実践する主体の形成を意味するものなのであった。

このように小楠の教育認識上の強調点が、藩行政の責任者や門弟らによる講習や講論に据えられていたこと、また、

その講習・講論の重視が彼の「公共」の思想の背景にあったこと、を指摘したのは源了圓であった。それについて源は、

小楠の「公論」「公共」の思想は、彼がその生活経験の中で体得し、儒学思想の中で学んだ「講学」「講習討論」の中で実際に彼が経験したことと別ちがたい関係にあり、たんなる西欧思想の翻訳語から学んだにすぎない場合より比較にならないほど根を深く下したものであることは間違いなく言えると思う。(197)

と指摘している。公議・公論とは自由な講習・討論の過程を通して形づくられるとの実感は、小楠が実学党での経験によって獲得し、さらに小楠塾の活動を通してその認識を確かなものにしたに違いない。学校こそが公論形成の場とのこの構想は、人民主権（武士階層に限られた面は否めないものの）の原則を教育から政治へと波及させる意味合いを有するものであったと見ることができるだろう。小楠が構想したこの意味での「政教一致」をどう評価するのかは、彼の教育思想を吟味する上で一つの重要な論点たり得るものといえるはずである。

補助線として
の福澤思想

飛躍を承知の上で略述するなら、近代以後、政治と教育との関係をめぐる議論については「政教分離」なる方針が原則として浮上した、と見ることができる（もちろん近代日本においてこの原則が貫かれたとは評し難い）。その議論を象徴するものが、福澤諭吉（一八三五～一九〇一）の「政事と教育と分離す可し」との論説であったといえよう。その趣意の要点を、福澤は、

政治は人の肉体を制するものにして教育は其心を養ふものなり。故に政治の働は急劇にして教育の效は緩慢なり。…其（政治の）細目に至ては、一年農作の飢饉に逢へば之を救ふの術を施し、一時商況の不景気を見れば其回復の法を謀り、敵国外患の警を聞けば直に兵を足し、事平和に帰すれば復た財政を脩る等、左顧右視、臨機応変、一日片時も怠慢に付す可らず、一小事件も容易に看過す可らず。政治の働活溌なりと云ふ可し。…之に反して教育は人の心を養ふものにして、心の運動変化は甚だ遅々たるを常とす。…蓋し人生の教育は生れて家風に教へら

れ、少しく長じて学校に教へられ、始めて心の体を成すは二十歳前後に在るもの、如し。(198)

という具合に説いている。政治上の施策の策定・遂行には臨機応変な対応が求められる一方、個々人の成長・発育を促す教育の営為は少なくとも二〇年のスパンを視野に据える必要がある、というのである。もちろん、福澤のこの論説の趣意を読み取るには当該社会の状況を踏まえねばならない。この論説が『時事新報』誌上に掲載された一八八三（明治一六）年当時とは、国家の教育政策が徳育強化の方針を掲げるようになり、徳育のあり方をめぐる議論が活発に展開された時期であった。福澤論説の趣意が、時の政治支配が人々の道徳的志操までをも制御しようとする動向に対する強い警戒心にあったことは疑いない。それゆえにこそ、あくまで急施速効が求められる政治と、二〇年スパンの視線を要する教育との相違を象徴的に語ったものと見られよう。

だが、この所論は必ずしも福澤思想の基軸をなす「一身独立して一国独立する」（『学問のすゝめ』三編）との視点から、政治と教育との関わりを論じたものとはいえない。この視点から説かれた福澤の所論では、

今の世に生れ苟も愛国の意あらん者は、官私を問はず先づ自己の独立を謀り、余力あらば他人の独立を助け成す可し。父兄は子弟に独立を教へ、教師は生徒に独立を勧め、士農工商共に独立して国を守らざる可らず。(199)

と説かれている。いわばすべての国民がそれぞれに自己の一身を独立させることが、一国全体の独立のための必須の要件とされている。すべての国民こそが一国全体の運営の責任主体であると説かれている。もちろん、一国全体の運営には経済や産業から文化・教育など多方面に及ぶ領域が想定されているはずであり、すべてが政治に集約されるものではないだろう。しかしそれでも、国民一人ひとりの独立心（これが学問を基盤とすることは論を俟たない）をもって一国全体の政治力の源泉とする認識が福澤にあったことは間違いない。福澤もまた、国民一人ひとりが学問に取り組むことが、一国の政治的発展・安定のための不可欠の基盤であることを重視したのである。福澤の説く「政事と教育

との分離」とは、教育が政治の力学に覆われ支配されてしまう危険性を指摘するものであって、教育・学問に基づく政治的主体の形成という考え方それ自体を否定するものではなかった、と見ることができるはずである。

小楠教育思想の歴史的意義

繰り返すように、小楠が「政教一致」の担い手として、国民全体を想定していたとまで見ることは困難である。そこに小楠の思想的営為の時代的制約があるとともに、福澤思想との決定的な相違が所在することを認めないわけにはいかない。しかし、小楠の説く「政教一致」が人々（たとえ武士中心であったとしても）の講習・討論を起点として公議・公論を構築し、人々に、その公議・公論に基づく政治の担い手としての覚悟を育み、その実践を要請するものであったことは間違いない。この点に、教育・学問に基づく政治的主体の形成という、福澤思想に比肩する立論を見出すことは十分に可能といってよいだろう。その意味でも、江戸時代の歴史文脈の内部から、前近代的体制の枠組みを乗り越えようとする試みが立ち現れたこと、そしてその新たな試みを最も象徴的に探究した人物こそ横井小楠であった、と見ることは容認されるはずである。従来、小楠のことが教育思想史の関心から取り上げられることは稀少であった。だが、小楠の教育思想が私たちに強く示唆するものは、前近代から近代への通路（主体的に国運を担おうとする「国民」の育成）を切り拓こうとする刺激的な思想営為が日本の思想史土壌の内部に存在した可能性である、と評することができるだろう。

終章　江戸教育思想の思想史的定位

以上、江戸時代の教育思想史の主要動向について、それを担った人物の足跡とそれが形づくられた歴史社会の諸動向を踏まえながら、筆者なりの概述を試みた。序章にて触れたように、筆者が描出した各種各様の思想を「教育思想」として意味づけたのは、教育の含意を「人間形成に関わる諸々の営み」とする仮説的立論に基づくことである。ただし、「人間形成」といってもその意味合いには、相当程度の振幅があったことを認めないわけにはいかない。

人物でいえば、例えば、「凡テ人ヲ教ヘテオモムカスルハ、モト正シキ経《ツネ》ノ道ニハアラズ、…教ノナキコソ尊トケレ、教ヲ旨トスルハ、人作ノ小道也[1]」と高唱して教育不要論とも評し得る所論を提示した本居宣長と、「人才を教育し、賢能を挙げて治教を明かにし、世世に伝へて国家の命脈を長久ならしむる[2]」という具合に国家の命脈を担う人材形成を積極的に説いた会沢正志斎との間には、教育認識上、相当の懸隔が認められる。この懸隔を復古国学と後期水戸学との学問的立場の相違に基づくものとする見方があり得るかもしれないが、両者は国家観念や尊皇思想においては相通じ合う認識を有していた。そのことに鑑みれば、教育思想面での懸隔が著しく対極的なものとなっていることに関心を傾けざるを得ない。

時代でいえば、例えば、江戸思想の一特質ともいうべき神儒一致傾向に着眼しながらその思想史動向を捉まえようとするとき、江戸前期と後期の論者の間には思想上の乖離が看取される。前者でいえば、例えば山崎闇斎は、「人能く静謐にして混沌の始を守り、邪穢《じやわい》を祓ひ清明を致し正直にして祈祷すれば、則ち正神福を申ね、邪神禍を息む、豈に敬まざる可けん乎[3]」と説いて、儒学の説く「持敬」を神道教説（「邪穢を祓ひ清明を致し正直にして祈祷する」）に重ね合わせている。ここで説かれているのは、自身の心を神の宿り場とするための個人的修養のあり方だといってよい。一方後者でいえば、後期水戸学を代表する藤田東湖の、「忠孝は其本一なり。…幕府を敬ひ給ふは孝を東照宮に竭し給ふ所以、天朝を尊び給ふは忠を天祖に竭し給ふ所以なり[4]」との所論は、天朝を尊び天祖に尽くす心構えに「忠孝」の含意を認めようとするもので、国家の永続と繁栄を主軸に据えた人間形成論と呼ぶべきものである。

このように江戸時代の教育思想とは、その全体的傾向を一枚岩なるものとして捕捉しようとしたり、あるいはその思想史展開を一筋の経脈にて描出しようとしたりする手法を容易に許さない、複層性と多様性とに覆われている。本書にて筆者は、江戸時代に立ち現れた諸般の教育思想の叙述を、大きく四つの時代区分に基づいて試みたが、その作業を通して改めて確認されたのは、江戸教育思想なるものが実に複雑・多彩な諸述論に満たされている、ということであった。

しかしそれにも拘わらず、本書が「江戸教育思想史」を標榜する限り、この時代の思想史展開に一定の脈流ないし系列を見出し、これを整序的・系統的に描出することが期待されるべき要件であるはずである。ただし、上記のような江戸教育思想の複層性と多様性とに鑑みれば、この描出作業が相当程度マクロな視線に依拠せざるを得ないことは論を俟たない。以下の思想史理解とは、あくまで筆者のマクロな視線に基づくものであることを確認しておく。

江戸教育思想史の全体像を捕捉する上で、筆者が改めて着眼点に据えるものは、次のような時代区分である。すなわち、江戸時代の教育思想史全体の主軸を担った思想を一つに見定めることは困難であるにせよ、その思想史の大きな潮流についていえば、一七世紀の主軸を「朱子学」に、一八世紀の主軸を「徂徠学」に、そして、一九世紀の主軸を「水戸学」に読み取ろうとすること（仮説的立論）は可能ではないか、ということである。もちろん、一七世紀にはすでに反朱子学的動向も顕著であった。一八世紀の思想史動向がすべて徂徠学に覆い尽くされたわけでないことは論を俟たない。一九世紀についてもその当初から水戸学の思想的隆盛が認められるわけではない。この意味で、主軸をなした教育思想とは、必ずしもそれが当該時代の思想界を席巻したということを意味するものではない。そうではなく、その思想との対峙においてこれ以外の多様な思想を生起させ進展させる役割を果たしたという意味合いにおいて、「主軸」と表記しているのである。

敢えて繰り返せば、少なくとも一七世紀において様々な教育思想が形づくられるには、その重要な契機が朱子学との対峙にあった。一八世紀には、諸思想がその所論の精度を高めるために向き合うべき思想として、徂徠学が大きな役割を果たした。一九世紀には、諸思想が必然的に相対すべき思想として、水戸学に視線が傾注される動向が形成された。こうした思想史的含意を前提に、筆者は「主軸」という言葉を使用しているのである。このことを確認した上で、以下、江戸教育思想史の全体像を、各世紀の主要動向に着眼しながらスケッチしてみる。

一七世紀の教育思想史動向

繰り返しになるが、一七世紀の動向でいえば、この時期の教育思想史の主軸を形成したものが京学や闇斎学の系譜に象徴される朱子学であったと指摘することは容認され得ることだろう。ただし、その朱子学が中国宋代の純然たるそれではなく、そこから形而上学的性格が削ぎ落とされ、さらには神儒一致の視点から宣揚された朱子学であったこと、その意味で言葉としては「朱子学」と表記されるにせよ、その思想的内実はすでに「日本化された朱子学」であったことに注意する必要がある。それゆえ一七世紀には、言葉としての朱子学が主軸となり、そこから日本化された朱子学が多様に案出された、との見方が成り立つかもしれない。さらに、その朱子学と対峙することで、中江藤樹や熊沢蕃山らの陽明学的傾向を内包させた思想、貝原益軒の脱朱子学的思想、そして伊藤仁斎の古義学思想などが構築されていった、との見方も可能であろう。この場合の朱子学との対峙については、すでに「日本化された朱子学」のみならず、それとともに書物を通して伝播した大陸の朱子学（あるいは朱子学説をめぐる様々な所論）との対峙も積極的に試みられていたことに注意する必要がある。江戸の思想史は、その初期からすでに東アジア文化圏を視野に含み入れて理解されるべきものだったのである。

さて、こうして多彩な展開を遂げた一七世紀の教育思想について、その全体的な特質を指摘することがどこまで可能なのか。再三繰り返すように、その特質とは文字通り多様性に満たされたものと説くことが第一義的な評価であろう。天から賦与された本性への復帰を強調する藤原惺窩や林羅山（両者とも「復性」の含意を「心」の確立に見出した。羅山については神・心・理を一体として考える傾向を有した）、本性への復帰の含意を「敬」として読み直すとともにその実践のために「神儒妙契」を高唱した山崎闇斎、心の内面に存する「孝」の道理（最晩年には「致良知」）を道徳実践の根拠に据えた中江藤樹、子どもの個性に着眼しながら早期教育の必要を唱えた貝原益軒、個々人を人倫的世界に参入させることに教育の根本義を見出した伊藤仁斎など、決して一枚岩的な理解を許さない多様性に満たされている。だが、この時期の教育思想には、これら多種多彩な所論にも拘わらず、人間形成の要点を「教育（他者からの形成作用）」よりもむしろ「学習（成長主体の自己形成）」に見出そうとする傾向が顕著であることにおいて、一定の共有認識が形成されていたように思われる。

断片的紹介（系統的叙述については各人物を取り上げた項目を参照）となってしまうことを承知の上で、敢えて各論者の最も象徴的な所論をピックアップするなら、朱子学の忠実な祖述者を自認した山崎闇斎は、

聖人是の道に因て之を品節し、以て法を立て、訓を天下に垂れる、是れ則ち所謂教なり。…然れども亦未《また》だ始めより人の天より受くる所の者を外にして、強て之を為すにはあらず。(5)

と説き、教育場面での強制的な働きかけを否定する主張を表明していた。自身の学説のうちに陽明学的傾向を組み込んでいった中江藤樹は、

根本真実の教化は、徳教なり。くちにてはをしへずして、我身をたてみちをおこなひて、人のをのづから変化するを徳教といふ。(6)

という具合に、教育活動の要諦とは何よりも教える側が身をもって模範を示すことにあると強調した。朱子学に基づいて自身の思想を形成しつつも最晩年に朱子学説への疑問を呈した貝原益軒は、

　およそ、人に善をしへて行はしむるに、その人の生れつきたる所につきて、すゝめ行はしむべし。もし生れつかず、その人の不得手にて、心になきことを、しゐてせめすゝめても、つゐに従がはざれば益なし。必我が心のごとくにせんとおもふべからず。(7)

と、学び手の天賦の素養に従って「すゝめ行はしむ」ことをもって、教育活動の根本原則に据えようとした。儒学の本義を何よりも孔孟思想に見出そうとした伊藤仁斎も、

　蓋し聖人の人を教ふるや、開導誘掖《かいどうゆうえき》、薫陶涵育《くんとうかんいく》を以て本《もと》と為《し》て、束縛羈紲《そくばくきせつ》、矯揉鞭策《きょうじゅうべんさく》を以て事と為《せ》ず。諸《こ》れを樹《う》を種るに譬う、幹を屈《ま》げ枝を蟠《めぐ》る者は、其の観を悦ぶに足ると雖も、然れども其の材を達するを見ず。岑蔚《しんい》の間に生ずる者は、人力を煩はさず、自ずから棟梁《とうりょう》の材有り。所謂《いわゆる》時雨《じう》の之《これ》を化するが如き、是《こ》れなり。夫子の童子に於ける、其の材を長育せんと欲して、強ひて之を成すことを欲せず。(8)

と、教育活動においては何よりも強制を排除し、学び手の自然な成長の過程に委ねる姿勢が大切であることを訴えていた。儒学思想の文脈において、朱子学と反朱子学との最も鮮明な対立を象徴したはずの山崎闇斎と伊藤仁斎とが、教育の基本的考え方において「強て之を為すにはあらず」（闇斎）と「強ひて之を成すことを欲せず」（仁斎）という具合に、共有する認識を示していたことは極めて興味深いことである。

　もちろん、表明された所論と実際の教育様態とが同一であったと単純に考えるわけにはいかないものの（例えば山崎闇斎の講義活動には、師説の絶対化傾向が指摘される）、少なくとも「思想」としては、江戸前期に立ち現れた主要な教

育認識が、その多様性にも拘わらず、「教えること」よりも「学ぶこと」を基軸に据えながら人間形成のことを論ずる傾向にあった点は、改めて注視しておくべきことといえるだろう。

教育思想におけるこの傾向については、かつて中内敏夫がこれを「学習法的教育観」と評していた（本書序章の注1を参照）。教える者と学ぶ者との関係性から成り立つ教育的世界が、学ぶ側の営みを基軸として成り立っていたとするこの立論は、前近代におけるこの国の教育思想を特徴づけるものとして、従来より学的関心が寄せられてきた。ただし、この「学習法的教育観」なるものが、いかなる歴史文脈や思想史的契機に基づいて形成されたのかについては、依然として不透明な要素が残されている。だが、少なくとも学説史的には、儒学の人間形成論が元来、学びに基づく自己形成を基軸に据えるものであったこと（本書の第二章「朱子学の教育思想」を参照）が「学習法的教育観」の重要な背景の一つとなった可能性は、指摘しておくことができるだろう。こうして教育主張それ自体には豊かな多様性が認められつつも、その基軸を構成した所論が「学習法的教育観」（教育のあり方を、学び手の「学び」の側から理解しようとする）であった点に、一七世紀日本における教育思想の重要な特質を見出すことができるのである。

一八世紀の教育思想史動向

一八世紀を迎えるようになると、思想界の基軸は徂徠学によって担われるようになる。もちろん、徂徠学もまた江戸の思想史文脈が育んだ儒学であり、基本的には上記の「学習法的教育観」を踏襲するものであった。徂徠の、

気質は天の性なり。人力を以て天に勝ちて之に反せんと欲するは、必ず能はず。人に強ふるに人の能くせざる所を以てすれば、其の究《きわま》り必ず天を怨み其の父母を尤《とが》むるに至る。聖人の道は必ず爾《しか》らず。孔門の、弟子に教ふるや、各々其の材に因りて以て之を成す。以て見るべきのみ。(9)

との所述は、その認識を象徴するものである。ただし、徂徠はこの教育観を江戸の身分制社会の中でより整合的に説

くために、支配者層と被支配者層との間で「学び」のありようが異なるべきことを強調した。煩を厭わず繰り返すなら、

君子は之（礼のこと）を学び、小人は之に由る。学の方は習ひて以て之に熟し、黙して之を識る。黙して之を識るに至りては、則ち知らざる所有る莫し。豈《あに》言語の能く及ぶ所ならんや。之に由れば則ち化し、化するに至りては則ち識らず知らず帝の則《のり》に順ふ。豈不善有らんや。是れ豈政刑の能く及ぶ所ならんや。(10)

という具合に、支配者層には「礼を学ぶこと（習熟する）」を、そして被支配者層には「礼に由ること（化する）」を求めた。徂徠学は何よりも「安天下」の実現を重視し、そのために武士教育では「安天下」に資する多様な人材を効率的に養成することが、民衆教化では被治者全般を江戸社会の統一的秩序に適切に組み入れること（習慣づけ）が目指されたのであった。ただし、この教育認識の二分極化は「学習法的教育観」の変容を促すものでもあった。徂徠は、武士教育については、武士の藩校入学強制に反対の意向を表明したように、「学習法的教育観」を保持したと見なされるが、もう一方の民衆教化にて強調された「習慣づけ」なる措置に、「学習法的教育観」との親和性を認めることは困難だからである。

一八世紀半ば頃より、徂徠学と対峙する諸思想の台頭が活性化する。儒学思想としては、徂徠学の表明した作為的秩序観（「安天下」の根拠は聖人の作為）に対し、改めて自然的秩序観（「安天下」の根拠は自然）をもって儒学の正学とする所論が活発に呈示されるようになる。しかし、ここで注目すべきは、それら反徂徠学と称される諸思想も、教育の趣意を「人材養成」に据える徂徠学の理解に対しては反旗を翻すことがなかった、ということである。折衷学儒者と評される細井平洲は、教育のあり方を君主・家臣団・一般庶民との三種に分けて論じたが、とくに家臣団の人材教育を重視するとともに、その基調をなしたものが、

無理にまげたはめねども、自然と成長せしめて、それぞれの徳を成就せしむることいたらぬ所もなきは、聖人の教なり。[11]

という具合に、強制を排除する植物類推的な教育観であった点において、徂徠学を踏襲する傾向が看取される。一般庶民に対する教育も、苛政とは対極的な仁政に基づくべきとの所論は、徂徠学のそれと大きく異なるものではなかった。柴野栗山や尾藤二洲ら朱子学正学派と評される儒者が、徂徠学に対して辛辣な批判を展開したことはすでに詳述した。幕府権威の再強化のために、徂徠学を排斥し、再度朱子学的イデオロギーの浸透を図ったのであった。尾藤二洲の、

今我徒を為す者、必ず自から正学を称す。而して正学は専ら我家之名に似たり、此れ何ぞ為して然るや。今国家学政を脩め、師儒を増し、以て大に教事を習ふ。亦之を命じて曰く、正を崇び邪を斥け、以て士風を振るひ以て民俗を起こすと。[12]

なる所論（策問）は、諸生に対し正学たる朱子学の学的意義を改めて知悉させようとするものであった。だが、その学問の目的に据えられたものが、幕政を担う人材の養成にあったことは疑いない。二洲の時代には、すでに顕著となった幕藩体制の動揺に対処するために、「人材養成」こそが喫緊の課題と理解されるようになっていた。もちろん、「人材養成」の高唱を呼び起こしたものは、あくまで時代の要請であって、徂徠学の踏襲とはいえないだろう。だが、教育の任務とは何よりも「人材養成」にあるとの認識が、時流とともに高揚したことは間違いない。加えて看過できない動向は、昌平坂学問所にて幕臣子弟の就学が積極的に勧奨されたり、試験制度が導入されたりしたことで、従来の「学習法的教育観」が退行を余儀なくされたと考えられることである（その背景に「士風の頽廃」に対する強い危機意識があったことは間違いない）。尾藤二洲その人には、書生寮（幕臣以外の武士を収容）での試業（策問）に象徴されるように、学習者本位の教育活動を指向する取り組みが見られたとも指摘できる。だが同学問所の教法自体は、

兼て教と申物は人に目を覚させ候様に致候が肝要にて御座候、人に目を醒させ候は賞罰の二ツにて無二御座一候ては参り不レ申、一人を賞して天下悦び、一人を罰して天下恐《おそるる》と申は、天下に目をさまさせ申候事に御座候。(13)

と説かれるような、「賞罰」という外的刺激に依拠する方針を採るようになったのである。他方、徂徠学の説くもう一つの教育施策である民衆教化は、幕政において実際的措置として講ぜられていく。こうして寛政期の幕政改革動向に集約されるように、一八世紀末の教育施策は「人材養成」（昌平校の官学化に象徴される武士教育）と「民衆教化」（『官刻孝義録』刊行に象徴される庶民教化）との二本柱に基づいて推し進められたのであった。

なお、反徂徠学としては、大坂町人たちによって担われた懐徳堂儒学も視野に含め入れる必要がある。懐徳堂の学問は、富永仲基や山片蟠桃らに象徴されるように極めて多彩で先進的な学理論を構築したことに重要な特質が認められる。だが、その教育認識に限っていえば、やはり徂徠学が強調した人材養成を基軸に据えるものであった。例えば、中井竹山は学校の普及を治道の要点とし、教員の養成にも格別の所見を示していたが、

近来御新政に付て、士大夫一統、文武の業に興起ある由、有がたき御ことなり。追々人才も成立し、国家の為この上なき御事と喜んで寐ざるものあり。(14)

との主張は、やはり教育の趣意を「人材養成」に見出していたことを物語っている。ただし、懐徳堂儒者によって説かれた人材養成論から、強制的な意味合いを窺知することは困難である。この点は懐徳堂儒学の教育認識の傾向を示唆するものといえよう。

また、石田梅岩や手島堵庵らに象徴される石門心学は、民衆教化を推し進めることに積極的な役割を果たした。もちろん、これも徂徠学からの直接的影響によるものとは評し得ないが、結果として、徂徠学が先導した「人材養成」と「民衆教化」という二方向の教育施策のうち、後者を担う役割を担ったことは確かだろう。石門心学の普及は、共

同学習としての「会輔」と、講者の巧みな「道話」とが重要な前提となった。このうち会輔については、

> 俊秀にあらざれば独学はなしがたし。常に良友の親交を離るゝは琢磨の功を捨るに似たり。…聖門のをしへ、朋友は貴賤親疎厚薄少しも挟む事なきを崇ぶ。[15]

という具合に、学び手たちの相互学習を重視しようとする意向が示されていた。もちろん、これを直ちに「学習法的教育観」に依拠するものと評することには慎重を要する。だが、「会輔」や「道話」などの手法が決して強制的なものではなく、学び手のニーズに応答したり、多数の聴衆を自ずと講者の話題に引き込んだりするような、ある種の自然性を指向するものであった点には注意を払う必要があるだろう。

一八世紀思想界の諸動向を捕捉しようとするとき、決して等閑視できないものがいわゆる復古国学の興隆であったことは論を俟たない。復古国学の思想も決して単純な一枚岩として理解され得るものではないが、その代表者たる本居宣長がこの国元来の姿を探究する上で、その道を阻害すると確言されたものが「漢意」(儒学に象徴される大陸からの流入思想)であったことは既述の通りである。宣長は、儒学思想の教説を「さかしら」と批判する一方、この国元来の思想の起源を「おのづから」(自然)に見出した。それゆえに、教育についても上記のように「教ノナキコソ尊トケレ」なる所論を自説の基軸に据えた。これは積極的な教育を不要とするとともに、成長主体の自覚的な学習をも不要とする特異な所論というべきである。この国元来の姿とは、その世界に身を置くだけで、自ずと必要な素養が育まれていく、というのが宣長思想の力点なのであった。

だが、これをこの国本来のかたちを踏まえた立論と称するなら、宣長の生きた時代はすでに「漢意」に覆われてしまった状況の渦中にあった。その現実社会のありようを注視した上で、宣長がいわば次善の策たる立論に据えたものが「道の学び」であった。「古道(記紀神話)」「有職」「歴史」「歌学」などの学びを通じてこの国元来の姿に立ち返ることが、宣長の次善策の基軸となった。その教育認識については、

まづかの学のしな〴〵は、他よりしひて、それをとはいひがたし、大抵みづから思ひよれる方にまかすべき也。…詮ずるところ学問は、ただ年月長く倦《うま》ずおこたらずして、はげみつとむるぞ肝要にて、学びやうは、いかやうにてもよかるべく、さのみかゝはるまじきこと也。(16)

との所論のように、教える側の作為的な強制を排除し、学ぶ側の「自学」や「自得」に委ねるべきことを強調するものとなっている。この所論が「学習法的教育観」と重なり合うものであることは疑いなく、その意味で、こと教育思想に限っては、宣長学と徂徠学（宣長が真っ向から批判した）との間で基本的な認識が共有されていたと見ることもできる。これは江戸教育思想史の大きな流れを読み解く上で、実に重要な含意を有する問題だといえよう。

ただし宣長には、この次善策的所論からさらに踏み込んで、より実際的な政策提言を発した言葉も残されている。そこでは例えば、

今の世の人はたゞ、今の世の上《カミ》の御掟を、よくつゝしみ守りて、己が私《シ》のかしこだての、異なる行ひをなさず、今の世におこなふべきほどの事を行ふより外あるべからず、これぞすなはち、神代よりのまことの道のおもむきなりける。(17)

という具合に、自力での振る舞いを極力抑制し、何事も現実社会の慣習やルールに従うべきことが強調されている。こうして江戸社会に暮らす人々の実際的営為については、そこから「学習法的教育観」が遠ざけられ、神々の意向を具現化した幕府施策に只管従順であるべき、と説かれるのである。宣長の最も実際的な所論もまた、徂徠学の「民衆教化」策と相通じ合う結果になったと見ることができるかもしれない。

ともあれ、こうして一八世紀の教育思想については、それ相応に多様な所論を内包させるものでありつつも、次第に徂徠学が提起した「人材養成」論が基軸となっていく様相を看取することができるのである。

一九世紀の教育思想史動向

一九世紀（ただし、これは江戸時代の枠内に限る。以下も同様）の教育思想は、その全体的傾向を捕まえるなら、何よりも「人材養成」に主眼が注がれるようになる。注目すべきは、諸藩が経世的危機への対応として開設した藩校の諸規定や、「内憂外患」なる時代状況下にて構築された後期水戸学の所論（とりわけ会沢正志斎。なお以下では、煩を避けて「後期水戸学」のことを「水戸学」と表記する）の中で、「教育」という言葉が盛んに使用されるようになっていくことであるが、併せて、この言葉の含意が人材養成に集約されていく傾向も窺知される(18)。

他方で、こうして人材養成と結びつけられた「教育」認識からは、従来の「学習法的教育観」が次第に稀薄化していく様子が窺われる。幕府・諸藩の需要に応答する人材の養成については、学び手の自発や自学に委ねるだけでその需要が満たされはしない、との認識が高調したからだと考えられる。なお、これは筆者の仮説に過ぎないが、以上のように「教育＝人材養成」思想が高調する一方で、徂徠学の興隆を一つの契機とする「民衆教化」については、その「思想」よりも実際的な「施策」の方に関心が寄せられていった（例えば、水戸学において「民衆教化」思想は必ずしも鮮明でない）、と理解しておくことができるかもしれない。

その、一九世紀日本の教育思想の主軸を担ったと評し得る水戸学の立論についてである。水戸学教育思想の趣意を最も象徴的に表明したものは、会沢正志斎の次の所論と見ることができる。

> 今、学館を設て人材を教育し給はんに、…各其才の長ずる所に随て国家の用をなすべき事を学びしが如く、…意見を述べ、性情を吟味するが如きも、其人の好む所に任すべき也。但、基本とする所は、神を敬し、聖を崇び、神道は即ち聖道也、聖道は即ち神道なりと心得て、…忠孝を尽して、国恩に報い、神聖の霊も降臨ましますに至《いたら》ん事を、片時も忘るべからざる也(19)。

この所論では、教育の趣意を「人材養成」に措定するとともに、学ばれるべき内実の基本が「敬神」「崇聖」であり、学び手が絶えず自覚すべき心得として「忠孝」と「報恩（国恩に報いる）」とが強調されている。学び手の主体性が排除されているわけではないが、それはあくまで「忠孝」や「敬神」に同調する限りのものである。この所論は、水戸学の世界にて正志斎と並び称される藤田東湖が『弘道館記述義』の中で強調した「忠孝無二」や「敬神崇儒」などの主張と重なり合うものと見ることができるだろう。

水戸学の中核をなした観念は「国体」であったといってよい。「内憂外患」の厳しい国家状勢の渦中にあって、改めて皇国の本源（国体）に立ち返り、伝統的に培われたこの国特有の父子・君臣関係に崇高な価値を見定め（歴世天皇間の「父子の親」、歴世天皇と歴世臣民との「君臣の義」、さらに臣民の祖先・子孫との「父子の親」が重層的に紡ぎ上げられ続けたことに、この国の比類無き卓越性がある）、その価値を今の世の君臣が改めて体現する文脈のうちに、教育なる営みが意味づけられたのである。至上の価値を占有するものは「国体の尊厳」なのであり、人々（君主も臣下も）に求められるものはその価値を体認し、その価値の宣揚・発現のための知と行とを体得・体現することなのであった[20]。

この水戸学の立論に基づいて組み立てられた教育認識に従えば、たとえ学ばれるべき素材（知・徳・技・芸など）に多様なものが想定されたとしても、それらはすべて「国体」を明らかにするためのものとして位置づけられる。「忠孝」なる観念も、皇祖と天皇、歴世天皇と歴世臣民との間に永続的に通行する最も崇高な徳として理解され、その徳を実践することの価値が学び手の意識に埋め込まれる。その意味で、教育とは予め想定された国家の価値（国体観念）を学び手に体認させ、その価値を学び手に体現させる営みとして考えられざるを得ない。学ばれるべき内容に多様性が担保されたとしても、それらはすべて国体観念を顕現するための素材として集約され、しかもその学びの様態からは、学ぶ側の「自主」や「自得」などの文脈は後景に押し遣られざるを得ない。こうして前近代日本の教育思想の一特徴とされる「学習法的教育観」なるものは、水戸学の枠組みから排除されてしまうことになる。「内憂外患」なる国家的危機は、従来多様な潮流が認められた江戸教育思想史の思潮を、大きく一つに取り纏める役割を果たしたものと評し得るだろう。敢えて大胆に表現すれば、水戸学の隆盛によって、教育とは国家の価値を国民の意識に埋め込む仕事と理解されるようになったのである。

こうして一九世紀日本の教育思潮は、水戸学がその主軸を担うことになる。もちろん、だからといってこの時代の教育思想がすべて水戸学の論理に覆い尽くされたわけではない。だが、それでもこの時代の教育思想史動向が、水戸学からの諸般の影響を受けていたことは、相応に看取できることである。以下、その例示的な諸相を端的に確認しておく。

まず、本居宣長の後継者を自認した平田篤胤の所論である。この国元来の姿とは人々に教説を強制的に読習させようとするものではなかったが、大陸からの学問・文物の流入によって学校・教則が形づくられるに至ったとする点で、篤胤は宣長の認識を踏襲していた。だが篤胤は、江戸の世においてこの国元来の道を講究する学問が行われることをむしろ評価する。そうして、漢学・国学・神学・仏学・蘭学という具合に並列される個別学ではなく、それらを包摂しつつその中核をなす「皇国の学」定立の必要を高唱する。篤胤の、

> 皇国の純粋と正き道を、説明さむとする学問ほど、広太なる学びはこれ無く。…たとひ外国の学に候とも、其好事は選びて、御国の用に致さむ為に、学び候事ゆゑ、実は漢土、天竺、淤蘭陀の学問をも、凡て御国学びと申候ても、違はぬ程の事にて、是が御国人にして、外国の事をも学び候者の、心得にて候。(21)

なる所論は、その認識を凝縮したものといえる。ただしその「皇国の学」とは、教える側の積極的な教授ではなく、むしろ学ぶ側の学的営為を基軸とするものと説かれていたことには注意を要する。すなわち、

> いつそ親の心がけを淑《ヨ》くして、子の其《ソレ》を真似るやうに為《ス》るが、子を教ふるの道で、…そこで拙者は一人で書を読で、其ノ学び得たる真の所を人に諭して、其レを聞取られさへすれば、宜いやうにすると云が、此方の立た流儀でござる。(22)

との所論が、そのような篤胤の認識を物語っている。篤胤の説く「皇国の学」には、水戸学の「国体」観念との親和性をある程度まで認めることができる（篤胤の強調する幽冥界も、その起源は神話に求められている）。他方、その学びから強制を排除しようとする文脈が担保されていた点には、注意を払う必要がある。

近世最大規模の私塾咸宜園の運営を担った広瀬淡窓は、「月旦評」の導入に象徴されるように優れて組織的な教育を実践した教育者であった。淡窓の思想の根幹に据えられたものは「敬天」であり、それは天威をもって自らを正そうとするものであった。また「敬天」の実践とは、何よりも「学び」によって育まれるものとされた。この点に教育や学校の必要が認識されている。早期教育の必要や君臣子弟が学びの空間を共有する必要を唱えた点、生涯にわたる学びの必要を説いた点なども淡窓教育思想の特徴である。だが、それでも淡窓の教育認識は、

人才ヲ教育スルコト、今時諸侯ノ国ニ於テ、第一ノ要務ナリ。人才を教育スルノ法、学校ニ如クハナシ。(23)

と説かれるように、「人材養成」をその要点に据えるものであった。オリジナリティに満ちた教育実践を展開した淡窓においても、教育の趣意を人材養成に据える点では、一八世紀以降の教育思想の系譜を踏襲していたのである。

幕末期の昌平坂学問所を担った佐藤一斎は、時事論的な所論の発信よりも、自身の学問論の錬磨に努めた儒者であったと評し得る。一斎が絶えず強調し続けた「立志」とは、「心」を拠り所とする学的営為の価値を説くものであり、その所論は「学習法的教育観」の系譜に定位され得る。一斎の、

学を為すには、人の之れを強ふるを俟たず。必ずや心に感興する所有りて之れを為し、躬らに持循する所有りて之れを執り、心に和楽する所有りて之れを成す。(24)

なる言葉が、そのことを雄弁に物語っている。教育の方法に多様な処方を認めたり、学びの営みを生涯に及ぶものと

論じたりしたこと、さらには「知行合一」を唱えたり、女子教育の必要を積極的に論じたりしたことなども、一斎教育思想の独自性と包容性とを物語っている。しかし、それでも幕府儒者としての一斎の教育認識に「人材養成」の文脈が色濃く窺われることは否定できない。一斎は、

能く子弟を教育するは、一家の私事に非ず。是れ君に事ふるの公事なり。君に事ふるの公事に非ず。是れ天に事ふるの職分なり。(25)

と説いて、教育の意義を「一家の私事」や「君に事ふるの公事」を超越した「天に事ふるの職分」に見出そうとするのであるが（この所論には、幕府儒者としての一斎の自負心が描出されている）、こうして強調される教育の含意が「人材養成」として理解されていることは間違いない。注意すべきは、同じく人材養成を説いた水戸学と一斎思想との関係である。一斎は、水戸学が一世を風靡した時流の中で学的営為を展開した人物であったが、必ずしも水戸学の国体思想に共鳴したわけではなかった。この国の体制的枠組みが動揺・混乱を来す渦中にあって、一斎が主眼を注いだものは国家体制というよりも、むしろ個々人の心のありようであった。心の修養（立志）と自学・自得の強調という儒学思想の王道（朱子学か陽明学かを問わない）を意識に刻み込みながら、人材養成の必要を高唱した儒者が一斎なのであった。

水戸学は、政治思想としては極めて濃厚な「国体観念」を宣明するとともに、教育思想としては国家価値の体認とその価値を体現できる人材の養成を基軸に据えるものであった。その政治思想において水戸学を最も鮮烈に継承しながら、教育思想において水戸学とは趣意を異にする所論を組み立てた人物が吉田松陰であった。その意味でも、松陰の思想を読み解くには、そこに複雑な重層構造が存在することを踏まえておく必要がある。その教育思想についていえば、松陰の基本的な立ち位置とは、

蓋し学の道たる、己が才能を衒《ひけらか》して人を屈する所以に非ず。人を教育して同じく善に帰せんと欲する所以なり(26)。

との所論にこれを認めることができる。「同じく善に帰せん」との文言に、教育者松陰の本意が込められている。より具体的な教育方法についても、松陰は「涵（自ら化するを俟つ）・育（綿を水に浸す）・薫（小児を乳にて育てる）・陶（土器を竈にて焼き堅める）」の四者を取り上げながら、

人を養ふも此の四つの者の如くにて、不中不才の人を縄にて縛り杖にて策《むち》うち、一朝一夕に中ならしめ才ならしめんとには非ず。仁義道徳の中に沐浴《もくよく》させて、覚えず知らず善に移り悪に遠ざかり、旧染の汙《お》自ら化するを待つことなり。是れ人の父兄たるの道にして、父兄のみにあらず、人の上となりて政を施すも、人の師となりて教を施すも、一の養の字を深く味ふべし(27)。

という具合に、強制的な働きかけを排除しようとする（土器を焼き堅めることも、素材たる土の性質を見極めてのこと）。この所論は「門人を教育するに、徳行・言語・政事・文学と、実徳を養ひ、実材を成す。皆、世の用をなす所以なり(28)」と説いて、実徳・実材の育成をもって教育の必須の要件とした会沢正志斎の教育認識とは、趣意を異にするものといってよいだろう。

ただし松陰の所論とは、この「養」（涵育薫陶）が強調される一方で、社会情勢の変化を見据えた「権」（時勢への応答）の提唱と、「皇国」の固守という傾向をも包有するものであった。重層構造からなる松陰思想の内部にあって、時代と社会の急劇な変化に応答する「権」に重みづけが与えられていくことにより、松陰の所論には政治思想としての含意が増幅されていく。すなわち、

夫れ人情自国を恋ふること斯に至るもの他なし、君あり、親あり、墳墓あり、室家あるを以てなり。苟も思を爰《ここ》

に致さば、忠臣二君に仕へざるの理自ら明かにして、防長の臣民は防長に死生すべく、皇国の臣民は皇国に死生すべきの義に至りて何ぞ疑を容《い》れん。(29)

との所論が、その傾向を象徴している。こうして松陰は、その生涯の終着局面の冀望を、皇国の永続的発展に身命を擲《なげう》つ人材の出現に賭することになる。幕政への危機意識を募らせるにつれて、松陰の思想は、水戸学をも超克するほどの皇国思想(水戸学は倒幕を表明するまでには至っていない)として醸成されていくのである。

この時代を風靡した水戸学との思想史的関係を吟味する上で、最も刺激的な視点を提供してくれるものは横井小楠の思想だと評し得る。水戸学は、その国体観念を基軸として、明治以後の教育動向にも少なからぬ思想上の影響を及ぼしていくが、すでに幕末期において、水戸学的思惟に基づくそれとは異なる国家像を構想し、その新たな国家像の基盤をなす教育のあり方を提唱した人物が小楠だったからである。小楠は、水戸学的な一国史観を乗り越えて、複雑に交錯する国際社会の諸動向の中に自国の立ち位置を見据えようとした人物であった。彼の教育構想もこのアプローチを思想的拠点とするものであり、それゆえ日本一国の国内状勢に対処するに留まらない、より包括的にして本質的な問題(小楠にとってはそれが「三代の治道」であった)に視線を投ずるものであった。その教育構想の要点とは「文武一途」や「学政一致」として語られるが、両者の根幹として小楠が強調したものが「心法」であった。すなわち小楠は、

古今人皆《ひとみな》文武の道人材を教育するの枢鈕《すうちゅう》たる事を知れども、其文武の本然心法に因る事を会せざる故、今の文武を以て人材を得んと欲するは譬へば砂を蒸して飯とせんと欲する如くなれば、人材は愈《いよいよ》得がたくして国家の治らざる事知るべし。(30)

と説いて、「文と武」であれ、「学と政」であれ、それらを一致へと導く本源が「心」の修養にあることを強調する。通常、教育上の施策とは国家社会の諸課題を事前に考え、それらの課題に応答する知やワザを学び手に授けるという

構図にて考案される傾向が看取される。それに対し、小楠は学び手の「心」の修養こそを教育の第一義的課題と高唱する。学び手がそれぞれに「心」を錬磨することで、様々に急迫する時代や社会の変化に主体的に対応できる素養を育むことに、教育の本源的な務めを見出そうとするのである。小楠の説いた「文武一途」や「学政一致」とは、あくまでも学び手の「心の修養」を必須の起点とする営為だったのである。

もう一つ、小楠の教育構想の独自性を物語るものは、

抑《そもそも》此学校と申は彝倫綱常を明にし、脩レ己治レ人天理自然学術一定の学校にて候へば、此に出で学《まなぶ》ものは重き大夫の身を云ふべからず、年老ひ身の衰たるを云べからず、有司職務の繁多を云べからず、武人不文の暗を云べからず、上は君公を始として大夫士の子弟に至る迄暇《いとま》あれば打まじわりて学を講じ、或は人々身心の病痛を儆戒し、或は当時の人情政事の得失を討論し、或は異端邪説詞章記誦の非を弁明し、或は読書会業経史の義を講習し、徳義を養ひ知識を明にするを本意といたし、…学校は貴賤老少を分たず学を講ずる所にて候…(31)。

という具合に、学校を「貴賤老少を分たず学を講ずる所」と定位している点である。小楠のこの所論は「儒教に立脚する『学校民主主義(32)』」とも評せられるように、講学・講習に基づく学び手の討論を通して「公論」の形成を目指そうとするものであった。江戸社会を覆う身分制の枠組みを、教育の世界から撤去しようとする大胆な構想であった。ただし、小楠のこの構想が「国民皆学」までを視野に含め込むものかどうかについては、必ずしも判然としない。だが、彼が熊本にて営んだ小楠堂が惣庄屋の門下生に支えられていたこと、さらに女子教育への積極的な取り組みを展開していたことなどに鑑みるなら、小楠の視線に「国民皆学」への道が開かれていた可能性は十分に示唆され得ることだろう。

一九世紀日本（江戸時代）の教育思想の最も主要な系譜が、水戸学に象徴される「国体観念の涵養」と「人材の養成」として定位されるとき、前者に対しては「国際社会」なる視座を設定し、後者に対しては「学び手の主体性と協

同性」なる所論を主軸に打ち出したのが小楠であった。明治を迎えてからもこの国の教育は、理念において「国体観念」に至高の価値を認め、実践において「人材養成」を優先課題に据えるものとの見方が成り立つだろう。近代教育のその全体的傾向を見据えたとき、小楠が提唱した「国際社会」なる視座がそこにどこまで組み入れられたのか、また「学び手の主体性と協同性」とが近代教育の「人材養成」にどの程度まで反映させられたのかは、この国の近代教育の傾向性と問題性とを読み解く上での重要な論点となり得るだろう。

江戸教育思想史の研究課題

最後に、極めてマクロな視線からの吟味であることを断った上で、繰り返し江戸教育思想史の全体的動向を振り返りながら、この領域の研究課題を展望しておこう。

第一に指摘できることは、江戸教育思想が実に多様な内実に満たされていたということである。儒学に基づく教育認識であれ、国学に基づくそれであれ、そこには多彩な所論が組み立てられていた。もちろん、多様性とは江戸教育思想全般に指摘できることであるが、とくに筆者が着眼点に据えるものは、明治以後の近代教育からほとんど顧みられず、それゆえ思想史の内部に埋もれてしまった一七世紀諸思想のもつ多様性である。実際、朱子学思想の基軸たる「本性への復帰」をめぐる諸議論（藤原惺窩・林羅山の「理」、山崎闇斎の「敬」、中江藤樹の「孝」など、様々な概念に基づいて発信された）や、仁斎学の主題たる「人倫世界への参入」などの所論が、近代教育の側から考慮された痕跡を認めることは容易でない[33]。もちろん近代以後、江戸教育思想に改めて視線が投ぜられるようになった時期が全くなかったわけではない。詳細は別著に委ねるが[34]、その動向が最も顕著だったのが昭和戦前期ということに象徴されるように、その視線は「日本精神の顕彰」からなるものであり、江戸の思想を歴史内在的に吟味しようとする関心は稀薄であったといわざるを得ない。

第二に、しかし一八世紀当初よりの幕藩体制の動揺に伴って、教育思想の主軸が「人材養成」と「民衆教化」とに集約され（徂徠学の隆盛）、さらに一九世紀を迎えて「内憂」とともに「外患」なる危機意識が顕在化するにつれて、教育思想の中核に「国体観念」が定位されるようになった（水戸学の台頭）。繰り返すように、一八世紀以降の教育思想もまた多様な内実（懐徳堂儒学、石門心学、復古国学、朱子学正学派などに象徴される）を有したが、国家社会の危機が増幅される中、教育思想が政治思想に取り込まれる文脈を通して、その主軸が一方で「人材養成」（「民衆教化」は思想史的には「人材養成」の後景に押し留められた）に定位され、他方で「国体観念」として描出されるようになったのである。

第三に、この「内憂外患」なる危機意識は、明治近代を迎えてからも解消されることはなかったため、近代教育も引き続き「人材養成」と「国体観念」とに重点を与え続けた。しかし、「人材養成」のためのツールは、儒学・国学などの伝統知から、西洋由来の近代知（自然科学や社会科学）へと悉く置き換えられたため、伝統知は「人材養成」の文脈から排除され、専ら「国体観念」との結びつきを通してその思想的影響力を保持・拡張させた。他方で、一七世紀の江戸教育思想はもとより、一八世紀以降のそれも、「国体観念」に関わるもの以外は、明治近代の教育視線から顧みられることは、ほとんどなかった。皇国思想が高揚する中で、吉田松陰の思想が注目されることはあっても、それは近代国家の課題に応答する部分が切り出されたものに過ぎなかった。一国史観を乗り越えた地点にて国家像を構想しようとした横井小楠については、その教育思想の意義が丁寧に吟味されることもなかった。明治近代にあって、江戸の教育思想は悉くその外部に置き去りにされ、継続的に受け継がれた「国体観念」ばかりが肥大化させられていったのである。

以上のような江戸教育思想史への従来型視線にある種の問題性を認めるとき、その問題を克服するためのアプローチは、私たちにこの研究領域に対する新たな展望と方向性とを呼び覚ますものになり得るはずである。では、そのアプローチとはいかなるものとして構想され得るのか。

従来型の教育思想史研究の基本線とは、思想史の到達地点を今日の動向に見定め、諸思想が今日の地点に辿り着くまでの経路を説き明かすというアプローチに基づくものであったように思われる。しかしそれが思想史研究のすべてのアプローチでないことは論を俟たない。とくに教育のように、今日の営みこそが最も発展したかたちとは、簡単には認知できない領域においては、今日のあり方を絶えず、それとは異なる視点から吟味し続ける自覚と工夫とが求められるはずである。その異なる視点へと私たちを誘ってくれる貴重な素材の一つに、過去の営為や思想が存在するはずである。江戸期の教育思想のうち、「人材養成」や「国体観念」に関する認識は、近代以後の教育と通じ合う含意を有することにおいて、これまで相応の継承がなされてきた。しかし、それは江戸教育思想の断片を、近代教育自身の内部に含め入れることに基づくものに過ぎなかったのではないか。

ここで求められるアプローチとは、私たちの視座をより豊かなものへと拡充させるために、一旦その視座を「今」とは異なる地点に据え直すことではないだろうか。敢えて私たちの視線を今日的な視線の外部に据え直し、ともすれば自明視されがちな今日的視線とは異質な視線から、教育のあり方・考え方を吟味し直すことも、教育研究に拡がりを与えるものとなり得るはずである。再三の繰り返しになるが、今日的な教育の文脈の中で、「本性への復帰」（朱子学）や「人倫世界への参入」（仁斎学）なる所論が、考慮の対象になることは極めて稀薄だろう。だが、視線を反転させて「本性への復帰」を視座に据えて今日の教育動向を捉え直したとき、そこにいかなる問題を浮上させることができるのか。「人倫世界への参入」なる視座から捉え返したとき、今日の教育情勢はいかなる姿のものとして理解されるのか。視線を反転させることで改めて可視化される教育のかたちを丁寧に吟味する作業にこそ、教育の豊かなあり方を再認させ再考させる重要な契機が存するのではないか。

江戸時代の教育思想の豊かな多様性は、私たちの教育視線を今日的なそれから反転させるための優れて貴重なツールとなり得るはずのものである。そのツールを江戸時代の鮮度を保ったまま、蘇らせるためにも、江戸教育思想史研究の持続的にして精度の高い取り組みを担う役割が、私たちに課せられているのである。

注

序章

（1）例えば、春山作樹『日本教育史論』（国土社、一九七九年）、および、中内敏夫『近代日本教育思想史』（国土社、一九七三年）、を参照。

なお、中内敏夫は同書において「大人またはその世代を代表する教師が次の世代の人格に働きかけてゆく世界…が、なにものかを「おしえる」大人や教師の行為によって成り立つものではなくて、なにものかを「まなぶ」学習者の行為によってなりたつものと考えられていた」（同上『近代日本教育思想史』、七〇頁）という具合に、前近代日本においては教育者と学習者との関係から成り立つ教育的世界の問題が、学習者の側から論じられる傾向にあると指摘した。そしてこれを「学習法的教育観」と呼び、この点に前近代日本の教育思想の特質が見出されると論じた。

（2）春山作樹「本邦教育学の祖益軒先生」（同上『日本教育史論』、所収）、二一六頁。

（3）「教育思想微弱説」については、前掲の中内敏夫『近代日本教育思想史』、一四〜一五頁、を参照されたい。

（4）こうした傾向の中にあって、横山達三『日本近世教育史』（同文館、一九〇四年）は、江戸教育史を幕藩体制の推移、すなわち「創設」（江戸初期）、「完成」（元禄）、「動揺」（正徳から天明）、「崩壊」（寛政から幕末）という推移に基づいて描き出した点において、独自性をもつ論考であった。

なお、近年の研究書として、前田勉『江戸教育思想史研究』（思文閣出版、二〇一六年）は、各章にて林家三代、山鹿素行、貝原益軒、太宰春台、細井平洲、平田篤胤、広瀬淡窓、吉田松陰らの思想を個別に取り上げていることから、人物研究のスタイルを採っているように見えるが、実際上は、江戸教育思想の歴史展開を極めて精緻（「会読」なる学びの形態を一つの座標軸に据えながら）に描き出している。

（5）江戸時代の教育思想史を通史的に描き出そうとする述作は、近年稀少化する一方であるが、そうした動向の中にあって、本山幸彦『近世国家の教育思想』（思文閣出版、二〇〇一年）は、近世国家の体制的教育思想の展開を一つの通史として纏め上げた高著と評することができる。同書は、江戸時代における幕府・諸藩の教育政策に主眼を注ぎ、それを支えた教育思想を叙述するという手法を採っている。それに対し本書は、江戸時代に形づくられた教育思想それ自体に主眼を注ぎつつ、それらを歴史の内部に定位するために、各思想が形づくられた時代の歴史的背景および政策動向に視線を投ずるというアプローチを採用している。

（6）石川松太郎『藩校と寺子屋』教育社、一九七八年、二九頁。

（7）「歴史内在的」評価という場合、それは、いわゆる一国史観に基づく江戸思想の評価ではなく、東アジアの思想史的営為のうちに江戸思想を定位することを意識した評価である必要を意味する。実際、近年の江戸思想史研究においては、そうした評価視線を担保することが必須の手続きとして要請されている。だが、江戸教育思想史の通史的叙述を優先的課題とする本書においては、各論者の思想形成過程を丹念に描出しつつ、それを東アジアの思想史動向との関連において吟味することには自ずと制約がある。各論者の思想形成過程を東アジアの思想史動向に定位する作業については、これを個別の専門研究書に委ねさせていただく旨を、敢えてお断りしておく。

なお、江戸思想を東アジアの思想史に定位する近年の代表的論攷としては、例えば、黄俊傑・辻本雅史編『経書解釈の思想史——共有と多様の東アジア』（ぺりかん社、二〇一〇年）、中村春作・市來津由彦他編『続「訓読」論——東アジア漢文世界の形成』（勉誠出版、二〇一〇年）、小島康敬編『「礼楽」文化——東アジアの教養』（ぺりかん社、二〇一三年）、などを参照されたい。

第一章

（1）中世までの農民は、武器を所有し、武士になることが可能であった。武士であるか否かは、主君に仕えているか否かにかかっていた。とくに戦国時代のように社会的流動性の大きい時代には、農民から武士になる者が少なくなかった。だが、豊臣政権のもとでの検地や刀狩りにより、農民は武装解除され、武士になる可能性を失うようになった。

「兵農分離」とは、武士と農民との身分上の区別を明確にするとともに、検地による石高制の試行により、武士と農民との間の支配・従属関係を、個別的・直接的なものから、組織的・間接的なものへと変化させたものであった。さらに兵農分離と並行して、農民と商工業者との分離も行われたが、商人や職人は、城下町や領内の港町に集住させられ、各業種ごとに営業の独占権などの特権が認められる一方で、武士の行使する行政権に従属させられ武装を奪われて農民同様に被支配者の地位に置かれた。このように、武士と農民と商工業者（町人）という三つの機能的に分離された身分制によって、江戸社会が成り立ち、これが江戸社会の重要な特色をなしたのであった。詳しくは、尾藤正英『江戸時代とはなにか——日本史上の近世と近代』岩波書店、一九九二年、三〇～四二頁、を参照のこと。

（2）丸山真男は、徳川幕藩政権下において儒教が支配的イデオロギーとなった理由の一つに、こうした認識の定着を見出している。詳しくは、『丸山眞男講義録』第一冊、東京大学出版会、一九九八年、七五～八一頁、を参照。

（3）儒学（明経道）の博士家を担ったのは、清原氏と中原氏であった。清原氏は、大外記で博士を兼任した清原頼業《よりなり》（一一二二～八九）が、藤原頼長（一一二〇～五六）の信任や九条兼実《かねざね》（一一四九～一二〇七）の知遇に与ったことで家運が開けた。一方、中原氏は、同じく大外記兼博士であった中原師遠《もろとお》（一〇七〇～一一三〇）が関白藤原忠実（一〇七八～一一六二）の知遇を得たのを契機に勢力を強め、師遠から三代後の師尚《もろひさ》（一一三一～九七）の頃には、清原・中原両家の勢力が互いに拮抗するようになった。

なお、博士家とその家学の歩みについては、和島芳男『日本宋学史の研究』吉川弘文館、一九八八年増補版、第三章、を参照されたい。

（4） 禅が日本に伝わったのは、遣唐使の一員として入唐し、玄奘に師事して法相教学を学んだ道昭（六二九～七〇〇）が帰国後に元興寺《がんごうじ》の東南隅に禅院を建立したのが最初といわれる。その後、平安前期に唐僧の義空（生没年不詳）が禅宗を弘める目的で招聘されたこともあったが、当時は禅宗を受け入れる宗教的地盤が形成されておらず（平安貴族は密教の祈祷を重んじた）、禅宗の系統は平安中期以後中絶してしまう。

中国の禅宗を日本に伝える上で、実質上の起点の役割を果たしたのは栄西（一一四一～一二一五）であった。栄西は比叡山で天台・密教を学びつつ、早くから入宋を希望していたが、一一六八（仁安三）年に半年間の入宋を果たし、そこで禅への関心を深めるようになる。一一八七（文治三）年に再び宋に渡り、天台山万年寺にて臨済宗の虚庵懐《こあんえ》敞《しょう》（生没年不詳）から禅法嗣法の印可を受ける。五年に及ぶ宋での修行の後、一一九一（建久二）年に帰国し、しばらく九州にて禅宗の布教に努めたが、京都では延暦寺の反対に遭って朝廷より禅宗停止の宣示が下される。その後鎌倉に下向し、幕府に頼って禅宗の弘布に努めたことで、一二〇〇（正治二）年には北条政子が創建した寿福寺の住持に任ぜられる。鎌倉に勢力を得た栄西は、将軍頼家の援助により、一二〇二（建仁二）年に京都に建仁寺を創建する。建仁寺には、真言・天台・禅の三宗が置かれ、延暦寺の別院として位置づけられた。また鎌倉時代に宋から多くの臨済僧が来日し、鎌倉武士の間に禅宗の信仰を高めることになったことは、本文でも述べた通りである。

なお、禅宗伝来の全般的動向については、大野達之助『日本歴史新書　日本の仏教』至文堂、一九六一年、一七二～一八八頁、を参照されたい。

（5） 禅僧によって説かれた「儒仏一致」論としては、例えば、南北朝期の臨済僧である中巌円月《ちゅうがんえんげつ》（一三〇〇～七五）の主張に重要な一事例を見出すことができる。その著『中正子』では、仏教を内典とし儒学を外典とする立場を基本としながらも、「春元・夏亨、秋利・冬貞は、天の行なり。仁もつて生じ、礼もつて明らかに、義もつて成り、信もつて誠あるは、人の行なり。…仁義は天人の道か。天の道は親を親とす。人の道は尊を尊とす。親を親とするの仁は信に生ず。尊を尊とするの義は礼に成る。天人の道殊なると雖も、推してこれを移せば一なり。これを一にするは、知と謂ふべきかな」（中巌円月『中正子』〈日本思想大系一六『中世禅家の思想』岩波書店、一九七二年、所収〉、一三〇～一三一頁）というように、人としてのあるべき行為や道徳のあり方に関する議論が儒学的な天人相関説に基づいて展開されている。

（6） 今田洋三『江戸の本屋さん――近世文化史の側面』日本放送出版協会、一九七七年、二六～二八頁。

（7） 『元禄太平記』巻之六（『江戸時代文芸資料』第五、国書刊行会、一九一六年、所収）、四四頁。

（8） 申維翰／姜在彦訳注『海游録』平凡社、一九七四年、一二〇頁。

(9)　徳川家康の政治認識も含め、近世初頭の政治過程の背景には、一七世紀前半期に流布した「天道」思想の影響があったといわれる。例えば、家康の重臣本多佐渡守正信（一五三八〜一六一六）の記録とされる（しかし著者の確論が得られていない）『本佐録』には、「天道とは、神にもあらず、仏にもあらず、天地のあいだの主《ある》じにて、しかも躰なし。天心は万物に充満して、至らざる所なし。縦《たとえ》ばひとのこゝろは目にも見えずして、一身の主じとなり、天下国家を治《おさむ》る事も、此《この》心より起ルが如し。彼《かの》天道の本心は、天地の間太平に、万人安穏に、万物生長するを本意とす。また天下を持《もつ》人を、天子といふ。天下を治《おさむ》べき其心器量にあたりたる人を撰び、天道より日本のあるじと定《さだむ》るなり」（『本佐録』〈日本思想大系二八『藤原惺窩　林羅山』岩波書店、一九七五年、所収〉、二七七頁）とあり、徳川将軍家が天下を治めることの正統性が「天道」に見出されている。「天道」が儒学の重要概念であることはいうまでもないが、近世初期前後の「天道」思想の構成には、儒学の知見に限られず、複数の由来・出自を見出すことができる。これについては、例えば、平石直昭『日本政治思想史』放送大学教育振興会、一九九七年、を参照のこと。

(10)　「名君」の顕彰については、小関悠一郎『〈明君〉の近世――学問・知識と藩政改革』吉川弘文館、二〇一二年、を参照されたい。

(11)　江戸初期の名君が儒者を招聘した事例としては、本文中で紹介した保科正之と山崎闇斎の関係以外にも、徳川光圀が明の文人官僚で日本に亡命した朱舜水を賓師として迎え入れたこと、池田光政が熊沢蕃山を藩政に登用したこと、徳川義直が藤原惺窩門人の堀杏庵を藩儒に取り立てたこと、前田綱紀が京学の系統を継ぐ松永尺五門下の木下順庵を藩儒としたこと、などがよく知られている。

(12)　この時の様子を『会津松平家譜』は、「…大将軍家光病大に漸《すす》む。正之を寝殿に召し其の手を執りて曰く、嗣子家綱尚ほ幼なり、今汝に託す善く之を補佐せよと。正之涙を揮ひて曰く、死生之を奉じ誓ひて他なし。復た台慮を労する勿れと。大将軍喜色あり曰く、吾が心始めて安しと。言ひ終りて瞑す」（『会津松平家譜』飯沼關彌発行、一九三八年、一四頁）と記している。

(13)　「末期養子」とは、実子のいない大名が危篤になったときに急遽養子を立てて家督相続を願い出ることをいい、幕府はこれを厳しく禁じていたが、その結果、多くの大名が改易されていた。幕府は一六五一（慶安四）年にこれを緩和し、五〇歳以下の大名の末期養子を許可することを表明した。末期養子は、その後一六八三（天和三）年の五代将軍綱吉の時代の「武家諸法度」で、五〇歳以上でも吟味の上可能となった。

「殉死の禁」については、正之はすでに一六六一（寛文元）年に会津藩にて実施していたが、幕政でも一六六三（寛文三）年に江戸城大広間にて口上で諸侯に申し渡された。それについて『会津松平家譜』には、「後三年癸卯五月幕府海内に令して殉死を禁ず。蓋し正之及び徳川光圀の建議に出づと云ふ」（同上書、三三頁）と記されている。因みに、殉死禁止も五代将軍綱吉の時に「武家諸法度」に明文化された。

「証人制」とは、大名家重臣の嫡男を人質として江戸に置く制度であるが、幕府は一六六五（寛文五）年にこれを廃止した。「殉死の禁」と「証人制の廃止」は「寛文の二大美事」と称されている。詳しくは、小池進『保科正之』吉川弘文館、二〇一七年、二〇八〜二三七頁、を参照。

(14) 前掲『会津松平家譜』、五六〜五七頁。

(15) 同上、二二頁。

なお、「朱熹の社倉法」について詳しくは、曽我部静雄『宋代政経史の研究』吉川弘文館、一九七四年、を参照されたい。

(16) 同上、三三頁。

引用文中にある『詩経』秦風「黄鳥」とは、秦の名君として名高い穆公（在位、前六五九〜六二一）が没したとき、一七七名もの臣下が殉職したが、その中に奄息、仲行、鍼虎という優秀な武将も含まれていたことを、秦人が哀れんで作ったとされる詩のことを指す。

(17) 正之の施政（藩政）の基本方針は、一六六二（寛文二）年に領地の家老・奉行に文書で示した、「深く心を政事に留めよ、倹約を厳守せよ、漫に法度を替定すべからず、必ず余に告げて後之を施行せよ。家屋を美飾する勿れ。若し民間の政に非法あらば速に之を改めよ。廻村の吏民力を労し、且其の供給に財を費さしむる勿れ。農民の衣食住を節倹にせしめよ。旅人を愍み病む者は医療せしめよ。田圃を算して人民を移すべし。封内貴賤男女を論ぜず、九十歳以上の者は皆俸米を与ふべし。火葬は不孝なり、能く之を諭すべし。産子を殺すは不慈なり、懇に之を教ふべし。新に社寺を建つるを停め、漫に僧となるを許さず。…其の意皆民を愍み倹を守り、諸政を勉励するにあり」（同上、三五〜三六頁）という誡諭に凝縮されている。なお「会津藩家訓」一五条については、同上書四四頁を参照のこと。

(18) 同上、五三頁。

(19) 同上、五四〜五五頁。

(20) 山崎闇斎『敬斎箴講義』（日本思想大系三一『山崎闇斎学派』岩波書店、一九八〇年、所収）、八〇頁。なお、引用については一部表記を改めた。

(21) 前掲『会津松平家譜』、二三頁。

(22) 同上、四六頁。

(23) 『伊洛三子伝心録』一六六九（寛文九）年、慶應義塾図書館所蔵、巻之三、所収の山崎敬義「三子伝心録の後に跋す」に基づく。

なお、三部書にはいずれも林鵞峰の一六七二（寛文一二）年の序文が載せられているが、同書の序文の一節を紹介すると、「羅は能く楊の心を伝え、李は能く羅の心を伝ふ。楊羅李の心は、便ち程子の心なり。程子の心は、便ち聖人の心なり。然る所以を知らんと欲せば、此の三巻を見て、其の大概を知る可し。大概既に挙ぐるときは、則ち其の余は推して之を知る可きなり」と記されている。林鵞峰もまた、治教の要を「聖人の心」の大概を知ることと論じていることが注目される。

(24) 笠井助治『近世藩校の綜合的研究』吉川弘文館、一九六〇年、一六頁。

これについて『会津松平家譜』には、「此年相謀りて会津桂林寺町に学問所を作り稽古堂と称し、禅僧如黙を師と為し学を講ず。家老田中正玄以下数十人講を聴く。正之聞きて其の地の免を除き、且修覆金を与ふ」（前掲書、三九頁）と記されている。

　なお、会津藩の藩学について、一六七四（延宝二）年には稽古堂の他に講所と呼ばれる学問所が設けられるが、講所はその後改変を繰り返しながら、一七八八（天明八）年に大規模な増築が行われた。さらに一七九九（寛政一一）年に日新館と名付けられ、その五年後の一八〇三（享和三）年に完成を見た。

(25)　花畠教場の発足について『池田光政公伝』には、「寛永十八年花畠の別邸を以て仮教場とし教師を聘して藩士の子弟に文武を教授す」（『池田光政公伝』上巻、石坂善次郎編輯・発行、一九三二年、八二七頁）と記されている。ただし、近年はこれを疑問視し、花畠教場の実態を一六五〇（慶安三）年頃に始まった、熊沢蕃山を中心とする岡山藩士たちの自主的な学習結社とする説もある。これについては、倉地克直『池田光政』ミネルヴァ書房、二〇一二年、七五～七六頁、を参照。

(26)　『池田光政日記』の慶安四（一六五一）年正月一六日の記事に、家老の池田出羽が「熊沢カ事かてん不参」と言ったのに対し、光政が「志ス処一ツニ無之候へハ、事之上ニて、わきより見候てハ左様ニ存物ニて候、其方も此学ニ志出来候ハヽ、右之儀皆かてん可参候、ちときかれ候へかし」と返答したと記されている。詳しくは、藤井駿他編『池田光政日記』国書刊行会、一九八三年、一四一頁、を参照。

(27)　同『池田光政日記』、一二二頁。

第二章

(1)　渡邉義浩によれば、「太学」に「五経」ごとの博士が置かれた時代は武帝の三代後の宣帝期であり、また、儒教が漢の国教となるのは後漢に入ってからのこととされる。詳しくは、渡邉義浩『漢帝国――400年の興亡』中央公論新社、二〇一九年、七三～七五頁、を参照のこと。

(2)　間野潜龍『朱子と王陽明――新儒学と大学の理念』清水書院、二〇一八年、一〇五～一〇六頁。
　なお、朱子は一一四八年、一九歳で進士に合格し、このとき（三三歳）は潭州（現在の湖南省長沙市一帯）南獄廟を監する奉祠の官（退職官吏や学者に対する優待の一つとして、所在地に赴任する必要のない名目的官職）に就いていた。

(3)　『朱子文集』巻第五八、答黄道夫（朱熹撰／朱傑人・嚴佐之・劉永翔主編『朱子全書』第二三冊〈全二七冊〉、上海古籍出版社・安徽教育出版社、二〇〇二年、所収〈以下『朱子全書』と略称〉）、二七五五頁。

(4)　例えば、天体運動については、「天地の初間只《ただ》是れ陰陽の氣。這の一箇の気運行して、磨《めぐ》来り磨《めぐ》去る。…気の清める者は便ち天と為り、日月と為り、星辰と為る、只《ただ》外に在て、常に周環運転す。地は便ち只《ただ》中央に在て動かず、是れ下に在るにあらず」（『朱子語類』巻第一、淳録〈『朱子全書』第一四冊、所収〉、一一九頁）というように説かれる。無数の「気」の回転運動によって衝突・摩擦が生じるが、運動を続ける部分が「天」となり、真ん中で動かない部分が「地」となる、というのである。

(5)　『朱子語類』巻第一、端蒙録（『朱子全書』第一四冊、所収）、一二一頁。

　なお、この認識をより詳しく述べた朱子の言葉に、「陰陽は気なり、此れ五行の質を生ず。天地物を生ずるや、五行独り先んず。地は即ち是れ土、土は便ち許多の金木の類を包含す。天地の間、何れの事にして五行に非ざらん。五行陰陽、七者袞合《こんごう》、便ち是れ物を生ずるの材料なり」（『朱子語類』巻第九四、謨録〈『朱子全書』第一七冊、所収〉、三一一八頁）というものがある。天地に存在する事物はすべて「五行」という「質」に還元されるとしながら、しかしその「五行」には必ず「陰陽」が内在し、その意味で「物を生ずるの材料」はあくまで「五行陰陽」（つまり「質」と「気」の両者）であると説かれている。

　因みに、「五行」を万物の素材とする認識は、すでに『書経』「洪範」の中に、「一に曰く、水。二に曰く、火。三に曰く、木。四に曰く、金。五に曰く、土。水潤下と曰ひ、火炎上と曰ひ、木曲直と曰ひ、金従革と曰ふ。土爰に稼穡す」（『尚書』〈『漢文大系』第十二巻、冨山房、一九七五年増補版、所収〉巻第七、三頁）という文言として現れている。また、朱子はこれを踏まえながら『太極図説解』の中で、「陰陽有れば、則ち一変一合して五行具はる。然れども五行は、質地に具はりて、気天に行はるる者なり。質を以て其の生ずるの序を語れば、則ち曰く水火木金土、而して水木は陽なり、火金は陰なり。気を以て其の行はるるの序を語れば、則ち曰く木火土金水、而して木火は陽なり、金水は陰なり。又統べて之を言へば、則ち気は陽にして質は陰なり。又錯《まじ》へて之を言へば、則ち動は陽にして静は陰なり。蓋し五行の変、窮む可からざるに至る、然れども適《ゆ》くとして陰陽の道に非ざるは無し」（『太極図説解』〈『朱子全書』第一三冊、所収〉、七三頁）と述べている。

（6）『朱子語類』巻第九四、節録（『朱子全書』第一七冊、所収）、三一一七頁。

（7）『朱子語類』巻第一、淳録（『朱子全書』第一四冊、所収）、一一五頁。

（8）朱子『大学或問』上（『朱子全書』第六冊、所収）、五〇七頁。

　朱子学では、このように元来「一なる理」が「多なる気」に内在しそれぞれに殊なる働きへと分化することを、「理一分殊」と呼ぶ。「理一分殊」とは、もともと程伊川の言葉であり、彼が張横渠の著『西銘』に対して「西銘は理一にして分殊なることを明かす」（「答楊時論西銘書」、河南程氏文集巻第九〈『二程集』上冊、中華書局、北京、一九八一年、所収〉、六〇九頁）と述べたことに由来する。

　なお、土田健次郎は「理一分殊」について、「朱熹は程頤の議論をもとに、①それぞれの物にはそれぞれの理がある、②それぞれの物は異なる、③しかしそれぞれの理は窮極には「一」である、とする。これが、彼が程頤から継承し拡大した「理一分殊（理は一であって分は殊である）」の論である。それぞれの「分（持ち前）」がそれにふさわしい特殊性を発揮している時にこそ、その「理」は一なのである」（土田『江戸の朱子学』筑摩書房、二〇一四年、二一一頁）と述べている。

（9）朱子『中庸或問』上（『朱子全書』第六冊、所収）、五五〇頁。

（10）程伊川『河南程氏遺書』巻第一八（前掲『二程集』上冊、

所収）、二〇四頁。

(11)『朱子語類』巻第四、無名（『朱子全書』第一四冊、所収）、一九六頁。

(12)「理気」論に基づく朱子学の人間観は、「人物の生ずる、必ず是の理を得て、然る後以て健順仁義礼智の性を為すこと有り、必ず是の気を得て、然る後以て魂魄五臟百骸の身を為すこと有り」（『大学或問』上〈『朱子全書』第六冊、所収〉、五〇七頁）との言葉のように、その道徳性の根拠を「理」に、その肉体的形質の由来を「気」に見出すものとなっている。

(13)同上、砥録（『朱子全書』第一四冊、所収）、二〇二頁。

(14)朱子『孟子集注』巻第一一、告子章句上（『朱子全書』第六冊、所収）、四〇〇頁。

(15)「復初」という言葉の出自の一つは、朱子が『論語』冒頭の「学んで時に之を習ふ、亦説ばしからずや」という文言に対して行った、「人の性は皆善にして、覚ることに先後有り、後覚者は必ず先覚の所為に效ひ、乃ち以て善を明らかにして其の初めに復す可し」（朱子『論語集注』巻第一、学而第一〈『朱子全書』第六冊、所収〉、六七頁）という注釈に認めることができる。

(16)これとの関連でいえば、朱子学の教説が多岐に渡ることが注目される。朱子学の説く「教」の具体的内容は、例えば、「聖人人物の当に行ふべき所の者に因つて之を品節し、以て天下に法を為す、則ち之を教と謂ふ、礼・楽・刑・政の属の若き、是れなり」（前掲『中庸章句』第一章、三二頁）というように、礼・楽・刑・政が挙げられるが、朱子はこれ以外にも、「古の教と為す者、小子の学有り、大人の学有り。小子の学は、灑掃応対進退の節、詩・書・礼・楽・射・御・書・数の文是れなり。大人の学は、窮理・脩身・斉家・治国・平天下の道是れなり」（『朱子文集』巻第一五、経筵講義〈『朱子全書』第二〇冊、所収〉、六九一頁）と述べ、「教」には日常的な立居振舞やいわゆる六芸を中心とする「小子の学」と、「窮理」から「平天下」に至る「大人の学」との段階があると説いている。

　朱子はまた、同じく古聖王の事績を踏まえながら、「昔者《むかし》聖王民の君師と作《な》り、官の分職を設け、以て長じ以て治む。而して其の民を教ふるの目は、則ち父子親有り、君臣義有り、夫婦別有り、長幼序有り、朋友信有りの五者のみ」（『朱子文集』巻第七九、瓊州学記〈『朱子全書』第二四冊、所収〉、三七六一頁）と、いわゆる「五倫」を「教」の綱目に充てたり、さらに、別の箇所では、「蓋し以て其の親疏の殺を弁ずること有つて、之をして各《おのおの》其の情を尽せしめば、則ち仁の教と為ること立つなり。以てその貴賤の等を別つこと有つて、之をして各其の分を尽せしめば、則ち義の教と為ること行はるるなり。之を制度文為と為して、之をして以て守つて失はざること有らしめば、則ち礼の教と為ること得るなり。之を開導禁止と為して、之をして以て別つて差はざること有らしめば、則ち智の教と為ること明らかなり」（前掲『中庸或問』上、五五一～五五二頁）という具合に、仁義礼智をもって「教」の内容と論じたりしている。このように「教」の内容が多岐にわたるのは、「教」が「道」と連続関係にあること、「道」に「体用」（形而上の「本体」と形而下の「作用」）があること、そして「道の用」とはその範囲が無限に広がっていることなどを踏まえれば、むしろ当然のことというべきである。

(17)『朱子語類』巻第五、銖録（『朱子全書』第一四冊、所収）、二二九頁。

なお、「性」「情」「心」三者の最も好ましい関係は、「仁義礼智は、性なり。惻隠・羞悪・辞譲・是非は、情なり。仁以て愛し、義以て悪《にく》み、礼以て譲り、智以て知るは、心なり」（『朱子文集』巻第六七、元亨利貞説〈『朱子全書』第二三巻、所収〉、三二五四頁）というように語られる。すなわち、「心」はその未発のとき（性）も已発のとき（情）も常に自らを統御し管理する主宰者である。仁義礼智の「道」が「性」の本体に不動のものとしてあるとしても、そのままで「道」が実践されるわけではなく、「道」を「道」として実践させるもの、それが一身の主宰としての「心」の機能なのである。「道」は本来「性」に従うことで行われ得るものであるが、各人をしてその「性」のままに行為せしめる主宰者こそまさに「心」なのである。

(18)『朱子語類』巻第九、廣録（『朱子全書』第一四冊、所収）、三〇一頁。

因みに、「心」との「居敬」との関係は、「人の心性は、敬すれば則ち常に存し、敬せざれば則ち存せず」（『朱子語類』巻第一二、卓録〈『朱子全書』第一四冊、所収〉、三七一頁）と説かれ、また「心」と「窮理」との関係は、「心は万理を包ね、万理は一心に具ふる。心を存し得ること能はざれば、理を窮め得ること能はず。理を窮め得ること能はざれば、心を尽し得ること能はず」（同上、巻第九、陽録〈『朱子全書』第一四冊、所収〉、三〇六頁）と説かれている。

(19) これについて、垣内景子『朱子学入門』ミネルヴァ書房、二〇一五年、八八～九八頁、を参照のこと。

(20)「窮理」と「格物」との関係について、朱子は「凡そ一物有れば、必ず一理有り、窮めて之に至るは、所謂格物なる者なり。然り而して格物も亦一端に非ず、或は書を読みて、道義を講明し、或は古今の人物を論じて、其の是非を別ち、或は事物に応接して、其の当否を処するが如き、皆窮理なり」（前掲『大学或問』下、五二五頁）と述べている。いわば「物」へのアプローチに着目する場合に「格物」と語られ、その「物」の「理」の探究に着目する場合に「窮理」と語られているのである。

(21) 朱子『朱子語類』巻第一八、洽録（『朱子全書』第一四冊、所収）、五九九頁。

なお、この積累の方法について朱子は、「若し一事上に窮め得ざれば、且《ま》た別に一事を窮むべし、或は其の易き者を先にし、或は其の難き者を先にす、各《おのおの》人の浅深に随ふべし」（前掲、『大学或問』下、五二五頁）と、各人の能力や素質に従ってアプローチすべき事物の順序を定めるべきとも論じている。

(22) 朱子『大学章句』経第一章（『朱子全書』第六冊、所収）、一七頁。

なお、「八條目」という言葉は、同引用文に附せられた「此の八者は、大学の條目なり」（同上）という注釈に由来する。また、「八條目」に「敬」が示されていないのは、「敬」は元来『小学』に述べられていたが、その書が失われて当時に伝わらなかったからだとされる。朱子の「敬の字は是れ徹頭徹尾なる工夫。格物・致知より治国・平天下に到るまで、皆此に外ならず」（『朱子語類』巻第一七、人傑録〈『朱子全書』第一四冊、所収〉、五七〇頁）との所論のように、「居敬」は「八條目」すべての起点であるとともに「八條目」すべてに含まれている。

(23) 同『大学章句』、一七頁。

(24) 同上、一六頁。

(25) 『朱子語類』巻第一六、人傑録（『朱子全書』第一四冊、所収）、五四九頁。

(26) 前掲『大学章句』伝一〇章、二四頁。

(27) 前掲『大学或問』下、五四一頁。

なお、「己を推して以て人に及ぼす」とは、「己に善有り、然る後以て人の善を責《もと》む可し、己に悪無し、然る後以て人の悪を正す可し。皆己を推して以て人に及ぼす、所謂恕なり」（前掲『大学章句』伝九章、二三頁）と指摘されるように、「夫子の道は、忠恕のみ」（『論語』里仁第四、第一五章）といわれる「恕」とほぼ同一の意味内容をもつものと見なされる。さらに、「絜矩の若きは、正に恕なる者の事なり」（前掲『朱子語類』巻第一六、銖録〈『朱子全書』第一四冊、所収〉、五六〇頁）や「忠信は、己の心を尽して、物に違はず、絜矩の本なり」（前掲『大学或問』下、五四四頁）などの言葉を勘案するならば、「絜矩」「推己以及人」「恕」「忠信」などの概念は、相互に極めて近似するものということができる。

(28) 前掲『朱子語類』巻第一三、道夫録（『朱子全書』第一四冊、所収）、四〇二頁。

(29) 前掲『孟子集注』巻第一三、尽心章句上、四四〇頁。

なお、この文言は、孟子の言葉として伝わる「君子の教ふる所以の者五つ。時雨の之を化するが如き者有り、徳を成す者有り、財を達する者有り、問ひに答ふる者有り、私《ひそか》に淑して艾《おさ》むる者有り。此の五つの者は、君子の教ふる所以なり」（同上、四三九〜四四〇頁）に対する朱子の注釈の一部である。

(30) 前掲『朱子語類』巻第一三、僩録（『朱子全書』第一四冊、所収）、三八七〜三八八頁。

(31) 前掲『孟子集注』巻第一三、盡心章句上、四四〇頁。

(32) 前掲『論語集注』巻第四、述而第七、一二二頁。

この文言に対し、朱子は程子の言葉を引きながら「程子曰く、憤・悱は、誠意の色に見れる辞なり。其の誠を待ちて後之に告ぐ。既に之に告ぐ、又必ず其の自得を待ち、乃ち復た告ぐるのみ。又曰く、憤・悱を待たずして発すれば、則ち之を知ること堅固たること能はず、其の憤・悱を待ちて後発すれば、則ち沛然たり」（同上）という解説を施している。

なお、孟子は君子の「教」の一つとして「時雨の之を化するが如き者」を挙げていたが、朱子はこれに「時雨は、時に及ぶの雨なり。草木の生ずる、種を播き封殖す、人力已に至りて未だ自ら化す能はず。少なき所は、雨露の滋するのみ。此の時に及んで之に雨《あめふ》れば、則ち其の化すること速やかなり。人を教ふるの妙、亦是れに由るなり」（前掲『孟子集注』巻第一三、尽心章句上、四四〇頁）という注釈を施している。「憤・悱」に対する「啓発」とはまさに、この「時雨」に相当するものといえよう。

(33) 前掲『孟子集注』巻第一三、盡心章句上、四四〇頁。

(34) 『朱子語類』巻第八、人傑録（『朱子全書』第一四冊、所収)、二七六頁。

(35) 朱子『孟子或問』巻一(『朱子全書』第六冊、所収)、九二五頁。

(36) 朱子学思想を「対立と統一の思考」として捕捉した研究書に、大濱皓『朱子の哲学』東京大学出版会、一九八三年、がある。

第三章

(1) 藤原惺窩の生涯と事跡に関する記述は、主に「惺窩先生行状」(『羅山林先生文集』巻第四〇〈京都史蹟会編『羅山先生文集』巻二、平安考古学会、一九一八年、所収〉)を参照した。

(2) このときのことを「惺窩先生行状」は、「是の時朝鮮の役有りて、秀吉公那護屋に在り。列国の諸軍之《これ》に従ふ。源君同じく来会す。先生始めて謁見を獲たり。既にして先生行きて豊の後州に遊び、西海の壮観を為す。文禄二年癸巳、武州の江戸に赴いて、源君に謁を執る。命じて貞観政要を読ましむ」(同上書、一九頁)と伝えている。

(3) 呉兢原著/原田種成著『貞観政要(上)』新釈漢文大系第九五巻、明治書院、一九七八年、二九頁。

(4) 前掲「惺窩先生行状」、一九頁。

(5) 『惺窩先生文集』巻之十(国民精神文化研究所編『藤原惺窩集』巻上、思文閣出版、一九七八年復刊〈原著は一九四一年〉)、一三五～一三六頁。

ただし、「宋儒の義」としながらも、五山禅儒であった惺窩には、古注に基づく訓点との混交も認められるといわれる。これについて詳しくは、村上雅孝『近世初期漢字文化の世界』明治書院、一九九八年、を参照のこと。

(6) 「惺窩問答」(同『藤原惺窩集』巻下、所収)、三九四～三九五頁。

なお「惺窩問答」は、林羅山が賀古宗隆(羅山が入門する以前からの惺窩の門人)を通して惺窩に謁し、惺窩の教示を仰いだ問答を記したものである。

(7) 前掲「惺窩先生行状」、二〇頁。

惺窩のこの思想的態度と関連して、参考となるのは、中村元の「日本人は、普遍よりも直観的・感覚的・具体的事物に重きをおき、また事物の流動的・端緒的な性質に重きをおく態度をとってきた。この思惟方法は現象世界そのものを絶対者と見なし、現象世界を超えて絶対者が存在するとの認識を拒否する」(中村元『日本思想史』東方出版、二〇一二年新装版、九七頁)との指摘だといえる。現象世界の流動性やはかなさを受容し歓迎さえするという日本人の思惟様式も、惺窩をして仏教から遠ざけ、儒学に接近させた理由の一つと考えられるかもしれない。

(8) 前掲「惺窩問答」、三九二頁。

(9) 同上、三九一頁。

(10) 藤原惺窩『大学要略(逐鹿評)』上(前掲『藤原惺窩集』巻上、所収)、三七九頁。

(11) 同上、三八五頁、および、三八六頁。

なお、従来惺窩の作と伝えられてきた『仮名性理』では、「明徳とは天よりわかれ来て我心となりて、いかにも明にして一もよこしまなる心なく、天道にかなふたる物を明徳と云なり」(『仮名性理』〈同『藤原惺窩集』巻下、所収〉、三九九頁)と述べられているが、この解釈は朱子のそれに近く、このことからも『仮名性理』は惺窩の作としては疑わしいとされている。詳しくは、金谷治「藤原惺窩の儒学思想」（日本思想体系二八『藤原惺窩 林羅山』岩波書店、一九七五年、所収）を参照されたい。

(12) 同上、三八五頁。

これ以外にも、「格物」を「物に格《いた》る」（事物の「理」を窮める）と読んだ朱子学に対し、「心上ノ物欲ヲ去ル」（同上、三八九頁）と解釈したことが注目される。

(13) 『惺窩先生倭謌集』巻第五（同『藤原惺窩集』巻上、所収）、二四二頁。

なお、引用にあたっては適宜送り仮名や濁点を付け加えた。以下も同様。

(14) 同上、二四二～二四三頁。

(15) 同上、二四一～二四三頁。

五倫のうち、これ以外では、例えば「夫婦」は「蓋し夫婦なる者は天地のごとし、天は地の外をつゝみ、地は天の中はに懐る、是故に男は外をいとなみ、女は内を調ふ」（同上、二四三頁）と、また「朋友」は「朋友は信あるを以て朋友とし、又五の是非を諫あひて益ある事最も多し、…諫ていさめ過せば、いふもの軽く、聴もの厭、親しみを求として反て疎せらる、是は義もなく信もなき朋友なり、かくのごとくなる者をば友とすべからず、此の真偽をよく弁て、信あるを友とす、これを朋友に信ありと云なり」（同上、二四四頁）と述べられ、やはり作為的努力（「理」に適った）の必要が説かれている。

(16) 前掲『大学要略（逐鹿評）』下、四一六～四一七頁。

(17) 『惺窩先生文集』巻之九（同『藤原惺窩集』巻上、所収）、一三一頁。

(18) 「理一分殊」説に対する惺窩の学的態度について、詳しくは、太田青丘『藤原惺窩』吉川弘文館、一九八五年、一三三～一三八頁、を参照されたい。

(19) 前掲「惺窩問答」、三九五頁。

(20) 朱子学的「理」を内面的な「心」の問題として受容し、「心」によって「理」を生起させようとする学問的姿勢は、陽明学の一つの思想的特質といえる。だが、こうした心学的傾向は、中江藤樹や熊沢蕃山ら陽明学派と称される儒者の思想に限られるものではなく、江戸中期の朱子学者室鳩巣や晩年に昌平坂学問所教授を務めた佐藤一斎《いっさい》らにも認められる。この意味で惺窩学は、以後の江戸朱子学の思想的傾向を予見的に特徴づけていた、と見ることもできる。

(21) 林羅山の生涯と事跡に関する記述は、主に、京都史蹟会編『羅山先生詩集』巻四、平安考古学会、一九一八年、所収（なお同書は『羅山先生文集』二冊と『羅山先生詩集』二冊との全四冊のうちの巻四である）の「年譜上」（『羅山林先生集附録』巻第一）、「年譜下」（『同附録』巻第二）、および「行状」（『同附録』巻第三）を参照した。なお「行状」については、これ以外に「羅山林先生行状」（日本教育思想大系一三『林羅山・室鳩巣』日本図書センター、一九七九年、所収）もある。

(22) このことについて、羅山の「年譜」には「先生二十一歳、徒弟を聚め筵を開き論語集注を講ず。来たり聞く者、席に満つ。外史清原秀賢其の才を忌して奏じて曰く、古より勅許無ければ、則ち書を講ずること能はず。延臣も猶《なお》然り。況んや俗士に於てをや。請ふ之を罪せん。遂に大神君に聞達す。大君莞爾《かんじ》して曰く、講ずる者の奇なりと謂ふ可し、訴ふる者は其の志隘し。是に於て秀賢口を緘む。是より先生書を講じて休まず。訓点を四書章句集註に加ふ。専ら程朱の説を以て主と為す」（前掲「年譜上」、四頁）と記されている。

(23) 羅山と惺窩との初対面の様子についても、「年譜」は、羅山二二歳のときのこととして、「先生惺窩の名を聞て相見へんと欲するの志有り。然れども未だ紹介を得ず。玄之惺窩に侍ること既に年有り。…先生書を作りて玄之に寄す。玄之惺窩に請ふて答書を作る。既にして先生経説数条を掲げ、玄之に就て惺窩に問ふ。今秋先生初めて惺窩に謁す。道学を論じ、文章を評す。其の求めに応じて陸舟の説を作る。惺窩深衣道服を寄す。先生是れより深衣を著て書を講ず。而して疑問条件を録して之を呈す。惺窩之れが批答を為す。いわゆる惺窩問答是れなり」（同上）と伝えている。

(24) 「儒仏問答」の成立事情やその内容などについては、大桑斉・前田一郎編『羅山・貞徳『儒仏問答』――註解と研究』（ぺりかん社、二〇〇六年）、を参照のこと。

(25) これについては、前田勉「林羅山の仏教批判――朱子の廃仏論との偏差」（同『羅山・貞徳『儒仏問答』――註解と研究』、所収）、を参照のこと。

(26) 同『羅山・貞徳『儒仏問答』――註解と研究』、九頁。なお、同書からの引用については、句読点を含む文章表現にするなど、読みやすい形に改めた。以下も同じ。

(27) 同上、九〇頁。

(28) 同上、一四一頁。なお、こうした仏教の出世間性への批判は、朱子学からの仏教批判の常套手段でもあった。例えば、朱子は「仏老の学は深く弁ずるを待たずして明らかなり、只是れ三綱五常を廃す、這の一事已に是れ極めて大罪の名なり」（『朱子語類』巻一二六、賀孫〈朱熹撰／朱傑人・嚴佐之・劉永翔主編『朱子全書』第一八冊、上海古籍出版社・安徽教育出版社、二〇〇二年、三九三二頁）と論じている。

(29) 同『羅山・貞徳『儒仏問答』――註解と研究』、九〇頁。

(30) 同上、一七七頁。

(31) 林羅山「釈老」（『羅山林先生文集』巻第五六〈前掲『羅山先生文集』巻二、所収〉）、二二六頁。

(32) 林羅山『理気弁』（前掲、日本教育思想大系一三『林羅山・室鳩巣』、所収）、五五～五六頁。

(33) 同上、五七頁。

(34) 林羅山『春鑑抄』（同上『林羅山・室鳩巣』、所収）、一四三頁。

(35) 前掲『理気弁』、六〇～六一頁。

(36) 同上、五九頁。

(37) 林羅山『三徳抄』（同上『林羅山・室鳩巣』、所収）、四一頁。

(38) 前掲『理気弁』、五七～五八頁。

(39) 同上、六一頁。

(40) 例えば、『春鑑抄』は「仁義礼智信ノ五ヲ、五常ト云ゾ、…此道ノカハルコトハアルマヒホドニ、常ト云ゾ、サルホドニ万代不易之法ト云ゾ」（『春鑑抄』〈同上『林羅山・室鳩巣』、所収〉、一四二頁）という文言から始まっているし、また『三徳抄』には「君臣と父子と夫婦と兄弟と友だちと、此の五の間は、古も今も、天地の間にあるものなり、此道あらたまる事なき故に、達道となづく、人間のしなを数ゆるに此の五の間を過ぎず、是れをよく行ふを聖賢の学問とす。何を以て行ふべきといふに、智仁勇の三徳を以て行ふなり。此の三は、古も今も、人々の心にうけへてあることわりなれば、達徳と名づく」（『三徳抄』〈同上書、所収〉、四九頁）という文言が載せられている。

(41) 林羅山「随筆二」（『羅山林先生文集』巻第六六〈前掲『羅山先生文集』巻二、所収〉）、三六〇～三六一頁。

(42) 林羅山「随筆五」（『羅山林先生文集』巻第六九〈前掲『羅山先生文集』巻二、所収〉）、四一九頁。

(43) 林羅山『神道伝授』十八「神道奥義」（日本思想大系三九『近世神道論 前期国学』岩波書店、一九七二年、所収）、一九頁。

(44) 前掲「随筆五」、四一九頁。
なお紙幅の都合上、本文中では論ずることができなかったが、羅山はキリスト教と真っ向から対決し、徳川家康が京都に禁教令を発する七年前の一六〇六（慶長一一）年にハビアン〈不干〉というキリスト教の修道士と問答を交わし、同修道士を論破している（その様子は『羅山林先生文集』巻第五六「排耶蘇」、に所載されている）。詳しくは、揖斐高『江戸幕府と儒学者――林羅山・鵞峰・鳳岡三代の闘い』中央公論新社、二〇一四年、六三～六七頁、を参照されたい。

(45) 山崎闇斎の生涯と事跡に関しては、主に、山田慥斎「闇斎先生年譜」（日本古典学会編纂『新編山崎闇斎全集』第四巻、ぺりかん社、一九七八年復刊、所収）を参照した。

(46) 闇斎の朱子学信奉の契機については、闇斎二五歳の時の記事として「仏を逃れ儒に帰さんとす。土佐侯悦ばず。是に於て京師に帰る。先生是れより前朱子の書を読み、既に仏の非なることを覚ゆ。然れども猶持戒す。谷時中庸首章を野中氏に講ずるを聴くに及んで、断然儒に帰す」（同「闇斎先生年譜」、三八九頁）とあるように、谷時中や野中兼山からの影響が決定的な意味をもったものと伝えられる。

(47) 「闇斎先生年譜」には「先生京師に帰る。依帰する所無し。兼山之を憐れむ。為に宅を佳屋街に買い、之に居せしむ。且つ粟百石を致し、又生徒六七人を属し、以て其の学を受けしむ」（同上、三九〇頁）とある。また、闇斎塾の開塾時期については、同年譜に「明暦元年乙未、三十八歳、春始めて講筵を京師に開く」（同上、三九三頁）との記述がある。
なお、闇斎塾の開塾に伴って野中兼山が送った門人が一斉に退去し、これを契機に闇斎と兼山との仲が疎遠になったと伝えられている。詳しくは、澤井啓一『山崎闇斎――天人唯一の妙、神明不思議の道』ミネルヴァ書房、二〇一四年、一四一～一四二頁、を参照のこと。

(48) 闇斎の『拘幽操』や『武銘考註』などの著作には、現実の政治として朱子学の知見をどう実践するかに関する所説が示されているが、これには稀代の為政者保科正之からの影響が示唆される。さらに、正之が「壮年専ら儒教を攻じ、又所謂神道を究めんと欲」（同前「闇斎先生年譜」、三九九頁）したことも、儒家神道としての闇斎学の成立と無縁ではあり得ない。

(49) 同「闇斎先生年譜」、四一〇～四一一頁。
闇斎学の朱子学信奉の様子については、これ以外にも

「闇斎派ノ学問、朱子ノ書ニ於テ、取捨スル所ハアレドモ、朱子ノ説ヲ非トスルコトハ無シ。其ノ学ヲ尊信シテ従フ者頗ル多ク、静座ヲ為テ、工夫ヲ費スニ至ル」（那波魯堂『学問源流』崇高堂版、寛政十一年刊）や、「闇斎子平生の朱子をしたへること、何さまつよきことと聞く。闇斎の闇の字も晦菴の晦をしたひ、嘉右衛門の嘉の字も、朱喜の喜の字をしたひ、平生朱の三尺手拭を腰にさげ、夏なども、布のかき羽織をきられ、これも朱子の朱をしたへり。自分のてにせる朱子派の書にても又は自身の述べる書にても、表紙みな丹がらとてあか色なり」（伊藤梅宇著・亀井伸明校訂『見聞談叢』岩波書店、一九四〇年、六八～六九頁）などの記事が伝わっている。

（50）山崎闇斎『敬斎箴講義』（日本思想大系三一『山崎闇斎学派』岩波書店、一九八〇年、所収）、八〇頁。引用文については、一部表記を改めた。
なお、闇斎が「敬」を以て学問の「始ヲ成シ終ヲ成スノ工夫」と規定したのは、朱子『大学或問』の「敬の一字は、聖学の始めと為して終わりを為す所以なり」という記述（朱熹撰／朱傑人・嚴佐之・劉永翔主編『朱子全書』第六巻、上海古籍出版社・安徽教育出版社、二〇〇二年、所収、五〇六頁）を踏まえたものと見なされる。

（51）前掲、那波魯堂『学問源流』の記述に基づく。
なお、後に荻生徂徠は闇斎学の権威主義的な学風のことを、「師の尚ぶ所、弟子之に効《なら》ふ。旁《かたは》ら従《よ》り筆を援《ひ》きて、其の講ずる所の言を録し、前後次第、一字も差《たが》へず」（荻生徂徠『訳文筌蹄初編巻首』〈『荻生徂徠全集』第二巻、みすず書房、一九七四年、所収〉、五五四頁）と、嘲弄的に語っている。

（52）山崎闇斎『闢異』（前掲『新編山崎闇斎全集』第三巻、所収）、四三二頁。

（53）同上。

（54）同上。

（55）同上、四三三頁。

（56）同上。

（57）同上、四三四頁。

（58）同上、四三三頁。

（59）山崎闇斎『仁説問答』（前掲『新編山崎闇斎全集』第四巻、所収）、五〇頁。

（60）闇斎は、「天の万物に付与するは之を命と謂ひ、物の天に稟受するは之を性と謂ふ」（『性論明備録』〈前掲『新編山崎闇斎全集』第四巻、所収〉、六〇頁）と、「性」を天命の付与になるものとした上で、「善は固より性なり。然れども悪も亦之を性と謂はずんばある可からず」（同上、六六頁）と述べ、「性」のことをしばしば「本然の性」「気質の性」の双方を含めて語っている。これに対し、「人の一身は五倫備りて、身に主たる者は心なり。是の故に心敬せば、則ち一身修りて五倫明かなり」（『敬斎箴』序〈同上書、所収〉、六頁）という具合に、「心」については絶えずその主宰性（絶対的善）が強調される傾向にある。これは「内なる『理』における『身』『心』の相即一体こそが、闇斎の求めたもの」（田尻祐一郎『山崎闇斎の世界』ぺりかん社、二〇〇六年、一五八頁）であり、「闇斎が『身』『心』を論じる時、陸象山・王陽明の『心』学を見据えた」（同上、一五九頁）からと理解される。もちろん、闇斎学におけるこのような「心」の優位性は、彼の「敬」説と密接な関わりがある。それについては、近藤啓吾『山崎闇斎の研究』神道史学会、一九八六年、一三八～一五六頁、を参照されたい。

(61) 山崎闇斎『大学垂加先生講義』（前掲『山崎闇斎学派』、所収）、二六頁。なお、引用文は一部表記を改めた。

(62) 前掲『敬斎箴講義』（同上『山崎闇斎学派』、所収）、八一頁。

(63) 同上、八二頁。

(64) 『周易』巻一「上経・坤」（星野亙・安井小太郎校訂『漢文大系』第一六巻、冨山房、一九七六年増補版、所収）、二五頁。

(65) 浅見絅斎「敬義内外説」（『日本儒林叢書』第六巻、鳳出版、一九七八年、所収）、一頁。

なお、闇斎の神儒一体的な学問姿勢に反発して、有力門人が闇斎塾から離脱する様子は、例えば「闇斎の学、大に世に行はれ、前後贄《し》を執る者、六千余人なり。其の神道を奉ずるに及び、高弟の弟子佐藤直方・浅見絅斎、其の余之れに反く者亦甚だ多し」（原念斎『先哲叢談』〈東洋文庫五百七十四『先哲叢談』平凡社、一九九四年、所収〉、一一四頁）と伝えられている。

(66) この問題については、前掲の田尻祐一郎『山崎闇斎の世界』、一五五～一八〇頁、に精密な議論が展開されている。

なお、澤井啓一は、闇斎が「内」を「心身」とした理由について、「内」を「心」だけと解釈すると、これは異端である「仏見」と同じになってしまう（「心」と「身」を対立的に捉え、「心」の修養だけに集中する）と述べている。詳しくは、前掲の澤井啓一『山崎闇斎』、二八七頁、を参照のこと。また周知のように、この「敬義内外」説をめぐって、闇斎と佐藤直方・浅見絅斎とが訣別するが、その経緯と事情については、同書三三四～三三八頁、を参照されたい。

(67) 山崎闇斎「二程治教録序」（前掲『新編山崎闇斎全集』第一巻、所収）、七五頁。

第四章

(1) 中江藤樹の生涯と事跡に関する記述は、主に「藤樹先生年譜」（岡田氏本）、「藤樹先生行状」および「藤樹先生事状」（藤樹書院編『藤樹先生全集』第五冊〈全五巻〉、岩波書店、一九四〇年、所収）を参照した。

(2) その批判の趣意は、「林道春、記性穎敏にして博物洽聞《こうぶん》なり。而して儒者の道を説いて、徒らに其の口を飾り、仏氏の法に効《なら》つて、妄りに其の髪を剃り、安宅を曠《むな》しうして居らず、正路を舎てて由らず、朱子の所謂能く言ふ鸚鵡《おうむ》なり。而るに自ら真儒と称す。倭国には聖人作《おこ》らず。而して異端の教へ日に新たに月に盛んにして、邪誕妖妄の説競ひ起り、生民の耳目を塗り、天下を汚濁に溺らす」（「林氏髪を剃り位を受くるの弁」〈日本思想大系二九『中江藤樹』岩波書店、一九七四年、所収〉、一三頁）というものであった。

(3) 「藤樹先生年譜」（『藤樹先生全集』第五冊、所収）、一四頁。

(4) この三命題について語った王陽明の言葉のみ紹介しておくなら、①「心即理」については、「心は即ち理なり。天下また心外の事、心外の理あらんや」（王陽明『伝習録』上〈『王陽明全集』第一巻、明徳出版社、一九九一年修訂版、所収〉、八四頁）、②「知行合一」については、「知はこれ行の主意、行はこれ知の功夫、知はこれ行の始めにして、行はこれ知の成なり」（同上、八九頁）、③「致良知」については、「知はこれ心の本体にして、心は自然に知ることを会す。父を見ては自然に孝を知り、兄を見ては自然に弟を知り、孺子の井に入《お》ちんとするを見ては自然に惻隠を知る。これ便ちこれ良知にして、外に求むることを仮らず」（同上、九四頁）などが、それぞれの趣意を最も端的に説いたものといえるだろう。

（5）中江藤樹『翁問答』上巻之本（『藤樹先生全集』第三冊、所収）、六一頁。

（6）同上、六三～六四頁。

（7）同上、六二頁。
なお、この引用文に続けて、藤樹は「生れながらにして、此たからを保合し給ふを、聖人と云。がくもんによつて、保合して、よくまもりおこなふを賢人といふなり」（同上）と述べ、聖人と賢人の含意を説いている。

（8）同上、六六～六七頁。

（9）藤樹は、「天」のことを超越的人格神たる「皇上帝」と理解する思想態度を有していたが、この「皇上帝」信仰はやがて「太乙神」信仰へと発展する。「藤樹先生年譜」は、藤樹三三歳の頃の記事として「今歳性理会通ヲ読ミ発明ニ感ジテ毎月一日斉戒シ太乙神ヲ祭ル。蓋シ古天子ハ天ヲ祭リ、士庶人ハ天ヲ祭ルノ礼ナシ。此祭ヲ以テ士庶人天ヲ祭ルノ事トス。是ヲ以テ此ヲ祭テ怠ラズ」（「藤樹先生年譜」〈『藤樹先生全集』第五冊、所収〉、二一頁）と、藤樹が道教の神である「太乙神《たいいつしん》」の祭祀を自ら執り行い、また人々にその必要を説いたことを伝えている。また、この記事にあるように、「太乙神」信仰は明代末期の書である『性理会通』に基づく藤樹の易学研究の成果でもあった。「太乙神」は、「皇上帝」により一層の神と人との神秘的な関わりを付け加えるものであったが、それとともに「太乙神」を士庶人ともに祭るべき神とした点に、藤樹独自の主張を読み取ることができる。儒学の正統思想では、天を祭ることは天子のみに許される行為とされていたからである。
なお、これについては、玉懸博之『日本近世思想史研究』（ぺりかん社、二〇〇八年）、一一三～一二二頁、も参照されたい。

（10）前掲『翁問答』上巻之本、六七～六八頁。

（11）同『翁問答』下巻之末、二一九～二二〇頁。

（12）同上、二二三頁。

（13）同『翁問答』上巻之本、六八頁。

（14）同上、六八～六九頁。

（15）同上、七〇～七三頁。

（16）同『翁問答』下巻之末、二五〇頁。
なお、藤樹には「学者宜しく至善を期して、其の迹に襲《よ》らず、聖心を得て以て師範と為すべし」（中江藤樹『論語郷党啓蒙翼伝』〈『藤樹先生全集』第一冊、所収〉、四〇五～四〇六頁）という言葉もあるが、これは「迹」（聖人の行為）よりも「心」（聖人の心）を学び、それを時・場所・地位とに規定される現実的場面において柔軟かつ活発に実践することを説いたものである。

(17) 中江藤樹『大学解』（『藤樹先生全集』第二冊、所収）、二七頁。
因みに、藤樹は『大学』八條目の「致知」について、「知至ルハ、良知呈露シテ明ナルヲ云。論語ニ所謂我仁ヲ欲スレバ、斯ニ仁至ルノ意ト同《オナジ》」（同上、三五頁）と述べ、「致知」の知を「良知」として論じている。

(18) 中江藤樹『文集一（経解）』（『藤樹先生全集』第一冊、所収）、一二頁。
藤樹は「格ハ正也。物ハ事也。…視聴言動思ノ節ニ中ラザル者ヲ正ス。此レヲ之レ格物ト謂フ」（同上、九頁）と述べて、「格物」の含意を、「視・聴・言・動・思」の「五事」を正すことと説いている。なお、「致良知」と「格物・致知」との関係について詳しくは、古川治『中江藤樹の総合的研究』ぺりかん社、一九九六年、四八八〜四九四頁、を参照されたい。

(19) 前掲『大学解』、三四〜三五頁。

(20) 中江藤樹『大学考』（『藤樹先生全集』第二冊、所収）、一六〜一七頁。

(21) この逸話は、藤樹三一歳のときの記事として、「大野了佐ト云者アリ。…稟質極テ愚魯鈍昧ニシテ、士業継グニ足ザルヲ以テ、父嘗テ賎業ヲ営シメンヿヲ計ル。了佐コレヲ憂テ先生ニ来テ曰、我医トナラント欲ス。願ハクハ医書ノ句読ヲ教ヘヨ。…先生ソノ医術ヲ暁得シガタキヲ以テ医筌ヲ作テコレニ授ケ、又コレヲ講ジテ其ノ義ニ通ゼシム。…先生ノ曰、我カレニ教フトイフトモ、彼勉メズンバアタハジ。カレ甚ダ愚昧ナリトイヘドモ、其ノ励勉ノ力ハ甚ダ奇ナリ。況ヤ了佐ガ如クナラザル者ハ其勉ムル所ヲ知ルベシ」（前掲「藤樹先生年譜」、一九〜二〇頁）という具合に伝えられている。

(22) 貝原益軒の生涯と事跡に関する記述は、主に「益軒先生年譜」、「益軒先生著述年表」および「益軒先生伝」（益軒会編『益軒全集』巻之一〈全八巻〉、国書刊行会、一九七三年、所収）を参照した。また、同全集から益軒の所述を引用するについて、原著が漢文体であるものはすべて読み下し文に改めた。
因みに、益軒のことを「本邦教育学の祖」と評したのは春山作樹であった。詳しくは、春山「本邦教育学の祖益軒先生」（春山『日本教育史論』国土社、一九七九年、二一一〜二二〇頁、所収。原著は『丁酉倫理学会倫理講演集』第三三七巻、一九三〇年、所収）を参照されたい。

(23) 「七去」とは、①夫の父母に従わざる、②子なき、③淫ら、④嫉妬、⑤悪疾、⑥多言、⑦窃盗、なるものを婦人の七悪として掲げ、このうち一つでも該当するものが妻の素行・性格に認められるなら、夫は無条件で妻を離縁することができる、とするものである。また「三従」とは、女性の「道」とは柔和にして人に従うことにある、との前提に立ち、女性の生き方の軌範を「父の家にありては父に従い、夫の家にゆきては夫に従い、夫死しては子に従う」ことに求めることをいう。

(24) 益軒における朱子学批判の態度については、荒木見悟「貝原益軒の思想」（日本思想大系三四『貝原益軒 室鳩巣』岩波書店、一九七〇年、所収）を参照のこと。

(25) 井上哲次郎『日本朱子学派之哲学』冨山房、一九〇五年、二六四頁。

(26) 貝原益軒『大疑録』（前掲『益軒全集』巻之二、所収）、一五八〜一五九頁。
(27) 同上、一五七頁。
(28) 益軒による伊藤仁斎批判について詳しくは、松村浩二「君子の知——益軒の『博学』をめぐって」（横山俊夫編『貝原益軒——天地和楽の文明学』平凡社、一九九五年、所収）、および、拙稿「仁斎と益軒——近世儒者における知の位相」（山本英史編『アジアの文人が見た民衆とその文化』慶應義塾大学言語文化研究所、二〇一〇年、所収）を参照されたい。
(29) 貝原益軒『慎思録』巻之五（前掲『益軒全集』巻之二、所収）、二一一頁。
(30) 例えば、益軒の「蓋し天下古今の人、只一性あり。天地の性と気質の性とを分析するを要せず。其れ天地の性も、亦豈に気質の稟に非ざらんや。苟も気質に非ざれば、則ち何処にか天性を稟受せんや。気質の性も、亦豈に天地より受くる所の者に非ざらんや。然れば則ち、気質の性も亦是れ天地の性なるのみ、分つて二と為すべからず」（前掲『大疑録』巻之上、一五八頁）という言葉は、彼が「性」の意味を「理気一元論」的立場から理解していたことを象徴的に言い表している。
(31) 前掲『大疑録』巻之上、一五一頁。
(32) 前掲、荒木見悟「貝原益軒の思想」、四六七頁、および、岡田武彦『江戸期の儒学』木耳社、一九八二年、三七頁、を参照のこと。
(33) 前掲『大疑録』巻之上、一五四頁。
(34) 同上、一五八頁。
(35) 貝原益軒『初学訓』巻之一（前掲『益軒全集』巻之三、所収）、七頁。
(36) 『孟子定本』巻五「滕文公章句上」（『漢文大系』第一巻、冨山房、一九七二年増補版、所収）、二一頁。
(37) 貝原益軒『五常訓』巻之一（前掲『益軒全集』巻之三、所収）、二三〇頁。
(38) 前掲『初学訓』巻之一、二頁。
(39) 前掲『五常訓』巻之一、二三〇〜二三一頁。
(40) 前掲『初学訓』巻之一、五頁。
(41) 前掲『五常訓』巻之一、二三一頁。
(42) 前掲『初学訓』巻之一、四〜五頁。
なお、「天道」と「人道」との連続関係についていえば、「天地の大徳をうけて、人の心に生れつきたる徳を名づけて仁と云。…仁は心の徳の総名にして、物をあはれむ理なり。仁をわかてば仁義となる。義は宜しきなり。宜とは万事に相応して各よき程に行ふを云。…天地に陰陽あり。春夏は陽也。秋冬は陰也。人心に仁義あるは、天地に陰陽あるが如し。…仁義を又こまかにわかてば、仁より礼いで、義より智わかれて、仁義礼智の四徳となる。一年をわかてば陰陽となる。陰陽をわかてば春夏秋冬の四徳となるが如し」（同上、五〜六頁）という益軒の一連の言葉は、「仁義」が「陰陽」とのアナロジー、「仁義礼智」が「春夏秋冬」とのアナロジーにおいて説かれている点で注目される。
(43) 貝原益軒『大和俗訓』巻之一（前掲『益軒全集』巻之三、所収）、五四頁。
(44) ただし「悪」の由来に関して、益軒には注目されるべき次の言葉が残されている。すなわち、「人の悪をすること三の故あり。気質の偏より悪をなすあり、又あやまちとはしれども、人欲の私によりてなすあり、又ならはしの誘によりてなすことあり。この三の内、気質の偏なるは悪の本なり、人欲の私は悪の幹なり、俗習の誘は悪の末なり。身の禍となることは共に同じ。気質のあしきをば変化して改むべし。人欲をば忍びて、ほしゐまゝにすべからず。俗習をばその非をしりてうつるべからず」（同上『大和俗訓』巻之七、一四七頁）というもので、これは悪の由来を気質の偏向だけに求めるのではなく、気質・人欲・俗習の三者に分けて論じている点で益軒思想の独自性を窺わせる。

(45) 同上『大和俗訓』巻之二、七二頁。

(46) 同上。

(47) 前掲『慎思録』巻之一、二頁。

(48) 前掲『大和俗訓』巻之八、一五四頁。

(49) 同上、一五一頁。

なお、この引用文中にある「恕」という言葉について、益軒は別の箇所で「人にまじはるに、恕を以てすべし。恕とは己をおして人に及ぼすなり」（同上、一五〇～一五一頁）と述べている。この「己をおして人に及ぼす」という主張が、朱子学の説く「絜矩の道」を意味することはすでに述べた通りである。

(50) 前掲『慎思録』巻之一、八頁。

(51) 同上、巻之二、四一～四二頁。

(52) 前掲『大和俗訓』巻之一、五一頁、および、五二頁。

(53) 同上、巻之八、一五六頁。

(54) 益軒の説く「随年教法」の詳細については、『和俗童子訓』巻之三（前掲『益軒全集』巻之三、所収）、一九四～一九七頁、を参照のこと。

なお、三宅米吉はその著『益軒ノ教育法』（金港堂、一八九〇年）の第五章（六五～六六頁）にて、益軒の「随年教法」に基づく科程表を呈示しているので、これも参照されたい。

因みに、「随年教法」とまで指摘するのは困難かもしれないが、熊沢蕃山もまた、簡略ながらも、八、九歳から三〇歳頃までの学習課程を綴っている。詳しくは蕃山『大学或問』下冊（日本思想大系三〇『熊沢蕃山』岩波書店、一九七一年、所収）、四五三～四五五頁、を参照されたい。

(55) 貝原益軒『和俗童子訓』巻之一（前掲『益軒全集』巻之三、所収）、一六五～一六六頁。

なお益軒には、例えば「人の善悪は、多くならひなるゝによれり。善にならひなるれば善人となり、悪にならひなるれば悪人となる。然ればいとけなき時より、ならひなるゝ事をつゝしむべし」（同上巻之二、一八六～一八七頁）や、「小児の時は、知いまだひらけず、心に是非をわきまへがたき故に、小人のいふことばにまよひやすし」（同上、一八九頁）など、早期教育の重要性をことさらに強調する所論が多く残されている。

(56) 同上巻之一、一七〇頁。

(57) 同上巻之二、一九一頁。

なお、益軒にはこれと同趣旨の発言が少なくない。その典型例として、「人の性、もと善なれば、悪をする心もとよりなしといへども、利害喜怒愛憎の私欲にひかれて、悪心生じ悪事を行ふ。故に善をする人常にすくなく、悪をするものつねに多し。わが心の中をかへりみて、その悪のおこる所をもとめ去りて、善心の生ずるをそだて、おしひろめ行ふべし」（前掲『大和俗訓』巻之六、一三三頁）という言葉を紹介しておく。

(58) 辻本雅史は、益軒の著作の大半が諸「礼」（『書礼口訣』『食礼口訣』『茶礼口訣』）や諸「術」、もしくはその前提としての「物の性」（『大和本草』『花譜』『菜譜』など）の記述と関わっていたことに着眼した上で、いわゆる「益軒十訓」として知られる和文教訓書も「術」と考え得ると指摘している（辻本「『学術』の成立」〈前掲、横山俊夫編『貝原益軒――天地和楽の文明学』所収〉、一七三～一七五頁）。それらの教訓書の一つである『和俗童子訓』には、子どもに教える「術」が煩瑣なまでに記されているが、益軒の説く「教」の中で朱子学の枠を超え出ているものは、ほとんどがこの「術」に関わる主張であった、とも見なし得る。ただし辻本は、具体的な「術」はばらばらに展開されているのではなく、「その『術』の前提には、必ず益軒の儒学にもとづく意味づけがあった」（同上、一七四頁）と述べている。

(59) 貝原益軒の教育思想の意義を西洋近代教育思想との近似性に認めた代表的述作として、明治期では三宅米吉『益軒ノ教育法』（金港堂、一八九〇年）を、昭和戦後期では中泉哲俊『日本近世教育思想の研究』（吉川弘文館、一九六六年）を挙げることができる。

(60) 伊藤仁斎の生涯とその足跡については、『伊藤家系譜』『伊藤氏族図』『家系略草』『家世私記』（すべて天理大学附属天理図書館古義堂文庫〈以下、古義堂文庫と略称する〉所蔵）、および『古学先生碣銘行状』（一七〇七〈宝永四〉年刊、林文会堂蔵版）、を参照した。

なお、本書の序章でも述べたように、江戸の思想家たちの思想形成過程を東アジアの学的営為の中に定位することは、近年の江戸思想史研究において必須の要件となっている。仁斎の思想形成について、その定位作業を最も鮮明に推し進めた研究書として、澤井啓一『伊藤仁斎――孔孟の真血脈を知る』ミネルヴァ書房、二〇二二年、を紹介しておく。

(61) 万物の根拠に「理」を据える朱子学（や仏教・老荘思想）の思惟様式について、仁斎は「禅荘の理、宋儒理性の学の若《ごと》きは、其の理隠微《いんび》にして知り難く、其の道高妙《こうみょう》にして行ひ難く、人事に遠ざかり、風俗に戻《もと》る。之を人倫日用に推すに、皆《みな》用ゆる所無し」（『童子問』巻之上、第二七章）というように批判している。

なお、仁斎著作からの引用は、原則として、古義堂文庫所蔵の仁斎生前最終稿本（林本）に拠った。以下も同じ。

(62) 伊藤仁斎『童子問』巻之上、第五章。

(63) 伊藤仁斎『語孟字義』巻之上、「道」第二條。

(64) 例えば仁斎は、「天道」のことを「日月星辰、東に升《のぼ》り西に没し、昼夜旋転《せんてん》して、一息の停機《ていき》無し。日月相推《あいお》して明生《な》り、寒暑相推《あいお》して歳《さい》成る。天地日月、皆斯《こ》の気に乗じて行れずといふこと莫し」（『童子問』巻之中、第六九章）と語り、それが天空の運行、昼夜の循環や季節の推移、あるいはその中で営まれる諸事象の変化や生命の生成などを指す（しかも一定の規則に基づいて運行されている）ものと説いている。

(65) 前掲『語孟字義』巻之上、「道」第一條。

(66) 伊藤仁斎『論語古義』巻之四、述而第七、第二二章、論注。

(67) 仁斎は、前者については、「禅荘の理、宋儒理性の学の若《ごと》きは、其の理隠微《いんび》にして知り難く、其の道高妙《こうみょう》にして行ひ難く、人事に遠ざかり、風俗に戻《もと》る。之を人倫日用に推すに、皆《みな》用ゆる所無し」（『童子問』巻之上、第二七章）と、後者については、「仁義礼智の四者は、皆《みな》道徳の名にして、性の名に非ず。道徳とは、偏《あまね》く天下に達するを以て言ふ。一人の有する所に非ず。性とは、専ら己《おのれ》に有するを以て言ふ。天下の該《か》ぬる所に非ず。此《こ》れ性と道徳との弁なり」（『語孟字義』巻之上、「仁義礼智」第三條）、あるいは「聖人は徳を言ふて、心を言はず。後儒《こうじゅ》は心を言ふて、徳を言はず」（同上、「徳」第四條）と論じている。

(68) 前掲『語孟字義』巻之下、附「堯舜既に没して邪説暴行又作《おこ》るを論ず」。

(69) 同上、巻之上、「徳」第一條。
　仁斎にはある場面では「仁義」と語り、またある場面では「仁義礼智」と語るケースがあるが、彼の「仁義の二者は、実に道徳の大端、万善の総脳、智礼の二者は、皆此れよりして出づ」（同上、「仁義礼智」第五條）という認識を踏まえれば、基本的に、二つの用例の意味内容に大きな相違はないと判断できるだろう。なお、仁斎は「仁義礼智」について「慈愛の徳、遠近内外、充実通徹至らずといふ所無き、之を仁と謂ふ。其の当に為《す》べき所を為《し》て、其の当に為《す》べからざる所を為《せ》ざる、之を義と謂ふ。尊卑上下、等威分明、少しも踰越せざる、之を礼と謂ふ。天下の理、暁然洞徹、疑惑する所無き、之を智と謂ふ」（同上、「仁義礼智」第一條）と定義している。

(70) 同上、巻之上、「徳」第三條。

(71) 前掲『童子問』巻之上、第一四章。

(72) 伊藤仁斎『孟子古義』巻之六、告子章句上・第六章、章注。

(73) 前掲『孟子古義』巻之二、公孫丑章句上・第六章、章注。
　なお、『孟子古義』については「公孫丑章句」のみ「林本」が欠けているため、同章句からの引用は、古義堂文庫所蔵の「宝永元年本」を参照した。

(74) 仁斎学の「性」論について詳しくは、拙著『伊藤仁斎の思想世界』慶應義塾大学三田哲学会、二〇一五年、八八～一〇二頁、を参照されたい。

(75) 前掲『童子問』巻之上、第二一章。

(76) 「教え」の定立について仁斎は、元来堯舜によって自ずと行われていた「道」を、孔子が言葉化（「立教」）し、さらにこれを孟子が「敷衍」したものと理解している。詳しくは、拙著『仁斎学の教育思想史的研究』慶應義塾大学出版会、二〇一〇年、三六二～三七〇頁、を参照のこと。なお、「最上至極宇宙第一」の文言は、『論語古義』の仁斎生前最終稿本の総論に記されていたが、東涯によって刊行された刊本には表記されていない。

(77) 前掲『語孟字義』巻之下、「忠信」第五條。

(78) 前掲『童子問』巻之上、第三七章。

(79) 「忠信」の定義について、仁斎は「夫れ人の事を做《な》すこと、己《おの》が事を做すが如く、人の事を謀《はか》ること、己が事を謀るが如く、一毫《いちごう》の尽さざる無き、方《まさ》に是《こ》れ忠。凡そ人と説く、有れば便《すなわ》ち有りと曰ひ、無ければ便ち無と曰ひ、多きは以て多きと為《し》、寡《すくな》きは以て寡きと為《し》、一分も増減せず、方《まさ》に是れ信」（『語孟字義』巻之下、「忠信」第一條）と説いている。

なお、「忠信」と重なり合う概念に「忠恕」がある。仁斎は「忠恕」を「己《おのれ》の心を竭《つく》し尽すを忠と為《し》、人の心を忖《はか》り度《はか》るを恕と為《す》」（『語孟字義』巻之下、「忠恕」第一條）と定義づけ、自他の存在とはその好悪の所在に元来隔たりがあることを十分に認めつつ、その上で、他者の心を自己の心とし、他者の身を自己の身とするような、他者への自己融合的理解をもって「忠恕」と説くのである。孔子が、「忠信を主とす」（『論語』学而第一・第八章、子罕第九・第二四章、顔淵第一二・第一〇章）と語り、「忠恕」をもって「吾が道一以て之を貫く」（『論語』里仁第四・第一五章）と語っていたことは、仁斎学の「修為」論において、等しく至上の道徳的価値をもって受けとめられていたのである。

(80) 前掲『語孟字義』巻之下、「忠信」第二條。

(81) 前掲『論語古義』巻之一、為政第二、第二章、論注。

(82) 前掲『孟子古義』巻之一、「総論」綱領。

なお、仁斎の「四端の心の拡充」説の受容態度について、子安宣邦は「仁斎の『孟子』体験はほとんど四端の心の拡充説の感動的な受容に尽きるといってしまってもよいような気さえする」（子安『伊藤仁斎の世界』ぺりかん社、二〇〇四年、一二三頁）と述べている。

ただし、仁斎の諸著作中における「忠信」と「四端」という言葉の使用頻度に着目する限り、例えば『語孟字義』では「忠信」の三一回に対し、「四端」は二四回（いずれも見出し語を除く）、また『童子問』では「忠信」の四七回に対し、「四端」が一九回という具合に、「忠信」の使用頻度の方が「四端」のそれよりも多くなっている。

(83) 「四端の心の拡充」が「修為」を意味することは、仁斎の「其の修為よりして言う者は、四端の章（『孟子』公孫丑章句上・第六章、および同尽心章句下・第三一章のこと）、及び人皆忍びざる所有り之《これ》を其の忍ぶ所に達するは仁なり等の語の若《ごと》き、是《これ》なり」（『語孟字義』巻之上、「仁義礼智」第四條）との所述に明らかである。

(84) 前掲『語孟字義』巻之上、「四端之心」第一條。

(85) 同『孟子古義』巻之七、尽心章句下・第三一章、小注。

(86) 同上、尽心章句下・第一章、小注。

(87) 前掲『童子問』巻之中、第六章。

(88) 那波魯堂の『学問源流』（大坂崇高堂蔵板、一七九九年刊）には、元禄から正徳年間に至るまでの仁斎学の興隆が認められているが、享保年間以降の徂徠学の隆盛によって、次第にこの学統の勢いが衰えていった、と記されている。一八世紀前半期に仁斎学が衰え、それに代わって徂徠学が興隆した理由は必ずしも判然としない。だが、そうした動向が関西はもとより、九州や四国の地においても出現していたことは、仁斎学よりも徂徠学の方に、社会の現実をより説得的に説明し、社会の諸問題により現実的に対応しうる思想的枠組みが存在すると人々が認めたこと、そしてそうした人々の認識が地域性や階層性を超えた拡がりを見せていたこと、を示唆している。

(89) 仁斎の「同志会」の運営について詳しくは、前掲の拙著『仁斎学の教育思想史的研究』、一三二～一三八頁、を参照のこと。

(90) 前掲『童子問』巻之中、第四七章。

(91) 前掲『論語古義』巻之三、雍也第六、第一九章。

(92) 前掲『童子問』巻之上、第二九章。

(93) そうした叙述傾向を物語る代表的述作として、例えば、中泉哲俊『日本近世教育思想の研究』(吉川弘文館、一九六六年)を取り上げることができる。

(94) 仁斎学と東涯学との思想的異同について、より詳しくは、前掲の拙著『仁斎学の教育思想史的研究』、終章第一節(五一九～五四三頁)、を参照されたい。

なお、本書では詳述する余裕がないが、東涯の学的業績は仁斎学の解説・普及という面に留まらず、儒学史としての『古今学変』三巻、中国語学としての『用字格』三巻・『助字考』二巻、中国制度史としての『制度通』一三巻、随筆としての『秉燭譚』五巻など、実に多岐にわたる分野に及んでいる。その博学ぶりは仁斎の業績をも凌駕する、といっても決して過言ではない。

(95) 伊藤東涯『古学指要』巻之上、「古学原論」(日本教育思想大系一四『伊藤仁斎・東涯』日本図書センター、一九七九年、所収)、八頁。

(96) 伊藤東涯『訓幼字義』巻之四、「忠信」第三則(同上『伊藤仁斎・東涯』、所収)、四一九～四二〇頁。

(97) 前掲『古学指要』巻之下、「仁孝本末の弁」(同上『伊藤仁斎・東涯』、所収)、四二頁。

(98) 伊藤東涯『弁疑録』巻之二、「性教億」第四一則。なお、テキストには『弁疑録』全二冊、崇拝堂林文進、元文二(一七三七)年刊(筆者所蔵)を使用した。

(99) 前掲『語孟字義』巻之下、「忠信」第二條。

(100) 荻生徂徠『弁名』上・「忠信」第三則(『荻生徂徠全集』第一巻、河出書房新社、一九七三年、所収)、六四頁。

(101) 前掲『弁疑録』巻之一、「命道億」第二十一則。

(102) 前掲『弁名』上・「道」第九則(前掲『荻生徂徠全集』第一巻、河出書房新社、所収)、三六頁。

第五章

(1) 福田千鶴『徳川綱吉――犬を愛した江戸幕府五代将軍』山川出版社、二〇一〇年、七〇頁。

(2) これら「正徳の治」といわれる諸施策について、詳しくは宮崎道生『新井白石』吉川弘文館、一九八九年、一七六～二二五頁、を参照されたい。

なお、新井白石の『折たく柴の記』には、もちろん白石の観点からではあるが、荻原重秀の貨幣改鋳の諸問題や重秀が罷免に追い遣られた状況などが、克明に描き出されている。詳しくは、新井白石／松村明校注『折たく柴の記』岩波書店、一九九九年、二五九～二七三頁、を参照されたい。

(3) 例えば室鳩巣は、将軍就任直後の吉宗のことを「ご倹素の儀、段々世上に申し候通りにて、創業の君の様に相見え申し候」(室鳩巣『兼山秘策』〈『日本経済叢書』第二巻、日本経済叢書刊行会、一九一四年、所収〉、三二一頁)と述べ、倹約を主旨とするその姿勢を家康のそれに比定している。

(4) 大石学『吉宗と享保の改革』東京堂出版、二〇〇一年改訂新版、三五～三七頁。

(5) 大石学『徳川吉宗――日本社会の文明化を進めた将軍』山川出版社、二〇一二年、七三頁。

(6) なお『六諭衍義』ならびに『六諭衍義大意』の出版に関わる仕事から、林家一門が外されたことは、林家ならびに時の大学頭林鳳岡の威信低下を象徴的に示す事態でもあったといえる。林家の威信低下は、すでに六代将軍家宣のもとで新井白石が力を揮うような動向となって現出していた。その経緯と事情については、揖斐高『江戸幕府と儒学者――林羅山・鵞峰・鳳岡三代の闘い』中央公論新社、二〇一四年、第一一章、を参照されたい。

なお、『六諭衍義大意』は、明治以後も師範学校での教材として板刻されていた。その内容については、例えば、『改正六諭衍義大意』(長崎県師範学校蔵版、一八八三年〈国立国会図書館所蔵〉)を参照されたい。

(7) 『官刻孝義録』の掲載者については、山本武夫が八六一四人とし、山下武が八六一〇人とするなど諸説があるが(菅野則子校訂『官刻孝義録』下巻、東京堂出版、一九九九年、所載の解題に拠る)、菅野則子は所載人数については集団で表彰されているケースもあるとした上で、これを「国別徳目別表彰事例件数」にまとめて、八五七九人という数字に整理している。詳しくは、同『官刻孝義録』下巻、五〇七~五一〇頁、所載の付表を参照のこと。なお同孝義録の内容については、菅野則子『江戸時代の孝行者――「孝義録」の世界』(吉川弘文館、一九九九年)、また幕府の孝子褒賞政策の全般的動向については、ニールス・ファンステーンパール『〈孝子〉という表象――近世日本道徳文化史の試み』(ぺりかん社、二〇一七年)、を参照されたい。

(8) 例えば、一七五五(宝暦五)年には、下級藩士の煽動により、五〇〇~六〇〇人もの農民が城下町北部の酒屋・穀屋を打ち破った事件が発生したり、また、一七六〇年にも六〇〇余人もの農民が蜂起したいわゆる青苧《あおそ》騒動が起こったりした。詳しくは、横山昭男『上杉鷹山』吉川弘文館、一九六八年、一九~二〇頁、を参照されたい。

(9) 同上『上杉鷹山』、一一六頁。

なお同書によれば、安永年間(一七七二~八一)において有力商人への負債額は、江戸の豪商三谷三九郎には三万両、同野挽《のびき》甚兵衛に一万六千両、酒田の本間に八千両と伝えられ、さらに一七五八(宝暦八)年には大坂の豪商堺屋次郎助からの借入金が、総額二千二百二十九両に上っていたと記されている(同書、二五頁)。

(10) 後藤三郎「略伝細井平洲と広瀬淡窓」(世界教育宝典・日本教育編『細井平洲・広瀬淡窓』玉川大学出版部、一九六六年、所収)、一八頁。なお、平洲による鷹山への輔導の様子については、同書二八~三二頁、を参照されたい。

(11) 前掲『上杉鷹山』、四〇頁。

(12) 興譲館に関する以下の記述は、主に『日本教育史資料』第一冊、冨山房、一九〇二年再版、七二九~八二六頁、所収、の旧米沢藩関連の記事に拠った。

(13) 前掲『上杉鷹山』、一三二頁。

(14) 同上、口絵ならびに一五八頁。

(15) 一八世紀後半期の藩政改革動向については、主に小野正雄「幕藩制政治改革論」(歴史学研究会・日本史研究会編集『講座日本歴史』六(近世二)、東京大学出版会、一九八五年、所収）、三一七〜三二二頁を参照した。

(16) 辻本雅史『「学び」の復権——模倣と習熟』角川書店、一九九九年、五四頁、を参照。

第六章

(1) 近世思想における「自然」と「作為」の論理とその展開の様相については、丸山真男『日本政治思想史研究』東京大学出版会、一九五二年、第二章、を参照されたい。

(2) 荻生徂徠の生涯と事跡については、主に、平石直昭『荻生徂徠年譜考』（平凡社、一九八四年）、および、吉川幸次郎「徂徠学案」（日本思想大系三六『荻生徂徠』岩波書店、一九七三年、所収）に拠った。

(3) 徂徠が江戸に戻った時期について、『訳文筌蹄』題言十則には、「予れ十四にして南総に流落し、二十五にして、赦に値《あ》ひて、東都に還る」（『訳文筌蹄』初編巻首〈『荻生徂徠全集』第二巻、みすず書房、一九七四年、所収〉、五四六頁）と、二五歳のときと記されている。だが、『政談』の「某《それがし》幼少ヨリ田舎へ参リ、十三年上総ノ国ニ住テ身ニモ様々難儀ヲモシ」（『荻生徂徠全集』第六巻、河出書房新社、一九七三年、三〇頁）との記述に従えば二七歳のときとなる。

なお、いわゆる徂徠豆腐の逸話については、「徂徠ハ芝ニ舌耕シテ居ラレタル時、至極貧ニテ豆腐屋ニカリ宅シテヲラレタルユヘ、豆腐ノカスバカリクラハレタルト也。大ニ豆腐屋ノ主人世話ヤキタルユヘ、徂徠禄エラレタル後、二人扶持ヤラレタルト也」（湯浅元禎『文会雑記』巻之一上〈『日本随筆大成』新装版、第一期第一四巻、吉川弘文館、一九九三年、所収〉、二三八頁）と伝えられている。

(4) 田尻祐一郎『荻生徂徠』明徳出版社、二〇〇八年、一八頁。

(5) 荻生徂徠『政談』巻一（前掲『荻生徂徠全集』第六巻、河出書房新社、所収）、三〇頁。

(6) 赤穂事件について、例えば室鳩巣は旧赤穂藩士たちを義人と呼んで賛美したが、これに対し佐藤直方は、事件は一方的な浅野長矩の軽挙から起こったもので、大石らの行動は大罪にあたると論じた。また後に太宰春台は、大石らは行き過ぎた処分を下した幕府と一戦を交えて死すべきであった、との主張を展開した。詳しくは、前掲田尻祐一郎『荻生徂徠』、二三〜三五頁、を参照されたい。

(7) 『蘐園随筆』での徂徠の仁斎学批判については、前掲の田尻祐一郎『荻生徂徠』、五一〜七〇頁、が詳細な分析を加えている。なお、後に徂徠は「蘐園随筆は、不佞未熟之時の書に候」（『徂徠先生問答書』下〈『荻生徂徠全集』第一巻、みすず書房、一九七三年〉、四七一頁）と振り返っている。さらに『先哲叢談』には「徂徠毎《つね》に自ら言ふ、熊沢の知、伊藤の行、之れに加ふるに我の学を以てすれば、則ち東海始めて一つの聖人を出すと」（原念斎／源了圓・前田勉校注『先哲叢談』巻之六、平凡社〈東洋文庫五七四〉、一九九四年、二八八頁）という後年の徂徠の言葉も紹介されている。

(8) 後に徂徠は、このときのことを「不佞、天の寵霊《ちょうれい》に藉《よ》りて、王・李二家の書を得て以て之を読み、始めて古文辞有るを識る。是《ここ》に於て稍稍《やや》六経を取りて之を読む。年を歴るの久しうして、稍稍物と名と合ふことを得たり。物と名と合ひて、而る後訓詁《くんこ》始めて明らかなり。六経得て言ふべし」（荻生徂徠『弁道』〈『荻生徂徠全集』第一巻、河出書房新社、一九七三年、所収〉、一二頁）と述懐している。

なお、王・李二家との出会いを通して形づくられた徂徠の古文辞学の基本的考え方を、源了圓は吉川幸次郎の所説を参照しながら「精神のもっとも直接な反映は、言語であるとする思想」であるとし、その言語（中国の古代言語）に精通するための方法論のことを「自分も中国の古代人とおなじ形の言語生活に入ること（古典を読むばかりでなく、自分も古典の言葉で書き、考えること）」と描出している（源了圓『徳川思想小史』中央公論新社、二〇二一年、九一頁）。古文辞学に対する端的にして精緻な理解と評することができるだろう。

（9）例えば、尾藤正英は『太平策』を、「内容から判断して徂徠の著述とは考えられず、…後人の偽作したものと思われる」（尾藤正英「国家主義の祖型としての徂徠」〈尾藤抄訳『荻生徂徠「政談」』講談社、二〇一三年、所収〉、二九二頁）と述べているが、田尻祐一郎は「内容からして徂徠より以外の人物にこれだけのものを書き上げることは出来ないと思われる」（前掲田尻祐一郎『荻生徂徠』、二四八頁）と論じている。

（10）前掲『弁道』、一二頁。

このように徂徠にとって「教育」とは、「安天下」のための人材養成という文脈において理解されていた。政治的関心に立つ「教育認識」だといえる。だがこれは、伊藤仁斎が「論孟は猶《な》を聖人天地の道を裁成輔相して、以て民を左右するがごとし。礼を制し楽を作り、教を立て範を垂れ、以て中正の極を建て、以て人倫の法を定め、万世君臣父子夫婦朋友昆弟をして、各《おのおの》其の所を得て、禽獣為《たら》ざらしむる者は、皆聖人の功なり。天地有りと雖も、然れども聖人を得て之れが教育を為すに非ざるときは、則ち天地も亦天地為《た》ること能はず。聖人の功其れ大ならざるや」（『童子問』巻之下、第九章）と述べ、「教育」の意義を人倫的関心（仁斎にとって「天地」とは人倫世界のことを意味した）から捉えていたことと、思想的立場を大いに異にする。同じく「古学」と称されながらも、仁斎学と徂徠学との教育認識には、埋め難い懸隔が存在したと指摘することができる。

（11）前掲『弁道』、一一頁。

（12）同上、一三頁。

（13）荻生徂徠『弁名』下・「理気人欲」第一則（『荻生徂徠全集』第一巻、河出書房新社、一九七三年、所収）、一〇五頁。

（14）前掲『徂徠先生問答書』上、四三八頁。

（15）徂徠が「道」の内実を「作為」に認めたことの歴史的背景として、しばしば指摘されることは、すでに触れたような貨幣経済の普及や商業資本の発達に伴う幕藩封建体制の動揺であった。すなわち、「道」を「自然」によって基礎づける朱子学的思惟は、江戸当初にあっては幕府の封建的支配関係を正当化する上でそれなりの有効性を担保していたが、その支配関係が動揺し幕藩体制が難局を迎えていた徂徠の時代にあって、その難局の打開はもはや「自然」ではなく主体的人間による社会的秩序の確立に委ねられるしかない、と考えられるようになったというのである。これについては、例えば、松浦伯夫『近世日本における実学思想の研究』理想社、一九六三年、第三章、を参照されたい。

(16) 徂徠の聖人観には「東海は聖人を出《いだ》さず、西海は聖人を出さず」（『学則』〈『荻生徂徠全集』第一巻、みすず書房、一九七三年、所収〉、七一頁）との文言に象徴されるように、中華主義的な主張が刻印されていた。このような徂徠の中華主義に対しては当時から様々な批判が寄せられていたが、それについて詳しくは、小島康敬『徂徠学と反徂徠』ぺりかん社、一九九四年増補版、二〇一～二一九頁、を参照されたい。

(17) 荻生徂徠『弁名』上・「聖」第一則（『荻生徂徠全集』第一巻、河出書房新社、所収）、四七頁。

なおこの引用文のように、徂徠学において孔子は「聖人」に列せられてはいなかった。それは、「孔子に至りては、則ち生れて時に遭はず、制作の任に当ること能はず」（同『弁名』上・「聖」第一則、四七頁）という事情に基づく。だが徂徠は、「然りと雖も、古の聖人の道は孔子に藉《よ》りて以て伝ふ。孔子無からしめば、則ち道の亡《な》からんこと久しからん。千歳の下《もと》、道終《つい》に諸《これ》を先王に属せずして諸を孔子に属するときは、則ち我も亦《また》其の堯・舜より賢《まさ》れるを見るのみ。蓋し孔子の前に孔子無し、孔子の後に孔子無し」（同上、四八頁）と述べて、「道の伝承」という面では孔子に聖人以上の高い評価を与えている（古聖人が出現した先秦以後、「道」が新たに制作されることはなかったが、古聖人たちの「道」を系統づけて後世に伝えたのは、まさに孔子の功績に基づくこととされる）。

(18) 同上・「聖」第三則、五〇頁。

なお徂徠は、こうした聰明睿智の徳を天性に稟けた存在としての聖人観に基づいて、「聖人学びて至るべし」（前掲『弁道』、一四頁）と説く朱子学の聖人観を、「思・孟・程・朱を信ずること先王・孔子に過ぎたり」（同上、一五頁）と切り捨てている。

(19) 前掲『弁道』、一三頁。

なお、徂徠の認識では、伏羲・神農・黄帝・顓頊《せんぎょく》・帝《てい》嚳《こく》も人間生活の基盤を作った点において聖人といえるが、唐虞三代における礼楽の制作者たち（堯・舜・禹・湯王・文王・武王・周公）は、人倫的秩序を構築した点でまさに聖人中の聖人（いわば狭義の聖人＝作者七人）とされている。

(20) 前掲『弁名』上・「聖」第三則、四九頁。

なお、徂徠は「徳」を相対的に捉えようとする認識を有していたが、その趣旨は「徳とは得《とく》なり。人各々道に得る所有るを謂ふなり。或は諸《これ》を性に得《え》、或は諸を学に得るは、皆性を以て殊なり。性は人人殊なり、故に徳も亦人人殊なり。…蓋し人の性の殊なるは、諸を草木の区々にして以て別あるに譬ふ。聖人の善教と雖も亦之を強ふること能はず。故に各々其の性の近き所に随ひて、養ひて以て其の徳を成し、徳立ちて材成り、然る後に之を官にす。其の材の成るに及びてや、聖人と雖も亦及ぶこと能はざる者有り」（『弁名』上・「徳」第一則〈『荻生徂徠全集』第一巻、河出書房新社、所収〉、三七～三八頁）という文言に凝縮されている。

(21) 前掲『弁道』、一五頁。

(22) 同上、一五～一六頁。

(23) 徂徠は、「性とは、性質なり。人の性質は、上天の畀《あた》ふる所なり。…聖人、人性の宜しき所に順ひて以て道を建て、天下後世をして是に由りて以て行は使む」（『中庸解』第一章〈『荻生徂徠全集』第二巻、河出書房新社、一九七八年、所収〉、四〇五頁）と述べて、聖人による「道」の定立が「人性の宜しき所」に従ったものと論じている。この点において、徂徠は「性」の善悪は語らないものの、「性」と「道」とが全く隔絶した関係にあると見ていたわけではない。

(24) 前掲『弁名』上・「道」第一則、三三三頁。

(25) 同上、三三一～三三三頁。

(26) 前掲『弁道』、一二頁。

(27) 同上、一二頁。

(28) 前掲『弁名』下・「性情才」第一則、九五頁。

(29) 前掲『徂徠先生問答書』中、四五六～四五七頁。

(30) 前掲『弁名』下・「性情才」第一則、九六頁。

なお、かつて丸山真男は、この「変」（米を豆にすること）を「気質の質的変化」と、また「移」（米を実入りよくすること）をその「量的変化」と解釈していた。詳しくは、丸山『日本政治思想史研究』東京大学出版会、一九五二年、八九頁、を参照のこと。

(31) 荻生徂徠『学則』六（『荻生徂徠全集』第一巻、みすず書房、一九七三年、所収）、七九頁。

なお、「性」善悪論に関する徂徠の認識を最も率直に示したものに、「苟も能く先王の道を信ずれば、則ち性善を聞きては益々勤《つと》み、性悪を聞きては益々勉めん。苟も先王の道を信ぜざれば、則ち性善を聞きては自《みずか》ら用ひ、性悪を聞きては自ら棄てん。故に荀・孟は皆無用の弁なり」（前掲『弁名』下・「性情才」第二則、九八頁）という言葉がある。徂徠にとっては「先王の道」を信奉することが何よりも肝要なのであって、その点からしても「性」の善悪論は「無用の弁」だったのである。

(32) 前掲『弁名』上・「徳」第一則、三七頁。

(33) 同『弁名』下・「性情才」第一則、九六～九七頁。

なお、この引用文にある「和風・甘雨の万物を長養する」というイメージは、徂徠学の教説が、学び手が知らず識らずのうちに身体全体で体得する「学びの身体化」を重視することを物語っている。徂徠が「教え」から強制的・干渉的要素を排除しようとしたのもこのためであった。ただし、徂徠学において「学びの身体化」が実践される契機とは、あくまでも各人の外側に存在する「礼楽」であって、「性」や「心」といった各人の内在的諸能力ではない、ということに注意する必要がある。上述のイメージでいえば、万物を長養するのは「和風・甘雨」なのであって、決して万物の側に存する何らかの内在的能力なのではない。すなわち徂徠は、身体化の契機に関して、外なる規範としての「礼」を重視する一方、各人の内なる「性」や「心」は決して規範たり得ない、としているのである。

ただし徂徠は、外在的規範としての「礼」に基づく「学びの身体化」が、例えば職人が人為的に器具を作り出すような完全な作為的（操作的）作用ではないことも強調する。「夫れ先王の教は、化工の物を生むが如く、習慣は天性の如し。豈力を容れんや。宋儒の教は、工人の器を作るが如し。夫れ玉石土木は攻《おさ》めて以て器と為すべきも、心は豈玉石土木の倫《たぐい》ならんや。故に先王の教は、唯礼以て心を制すること有るのみ。此を外にして妄作するは、豈杜撰《ずさん》ならずや」（『弁名』上・「恭敬荘慎独」第五則、七一頁）との所論に凝縮されるように、第二の天性とも呼ぶべき習慣による「礼」の身体化（自然の造化によって万物が生成するような、無理のない自ずからなる作用）こそが、徂徠学の教育認識の基底をなすものなのである。

(34) 同上・「性情才」第七則、一〇〇頁。

(35) 徂徠学における「徳」と「材」との関係については、辻本雅史の「確かに「材」（才）と「徳」とは、若干のニュアンスの相違をもって、使い分けられている…ただ、「道」との関連でいう場合には、儒学用語としての「徳」の語が使われ、より実際的・個別的な場面では「才智」などの通俗的な用語が使用される」（辻本『近世教育思想史の研究』思文閣出版、一九九〇年、三四頁）との指摘も参照されたい。

(36) 前掲『弁名』上・「徳」第一則、三七～三八頁。

(37) 同上・「仁」第一則、四一頁。

(38) 同上、四〇頁。

(39) 前掲『弁道』、一四頁。

(40) 同上、二〇頁。

(41) 前掲『学則』六、七九頁。

(42) 前掲『弁名』下・「物」第一則、一二四頁。
なお徂徠は、「夫れ古今殊《ことな》る。何を以てか其の殊るを見るや。唯だ其れ物なり。物は世を以て殊り、世は物を以て殊る。蓋し秦漢よりして後、聖人有ること莫きも、然も亦た各々建つる所有り。祇《ただ》だ其の知、物に周《あまね》からず。聖人無き所以なり」（『学則』四、七七頁）と述べ、「物」とは先秦時代の歴代聖人たちによって創出されたもので、時代の変化とともに様々な「物」が存在したが、秦漢以後は聖人が出現しなかったため、その時代に建立されたものは「物」とはいえない、との認識を示している。

(43) 徂徠学の「格物」に受動的な学びの意味合いが認められることについて、河原国男は、それは師に対する関係からではなく、師が教えとして指示する「学」の内容（文化財）に対する関係からである、と指摘している。徂徠学の説く「外在的事物の知的受容」が単なる受動的学習を意味しないことを説く重要な指摘といえる。詳しくは、河原『徂徠学の教育思想史的研究――日本近世教育思想史における「ヴェーバー的問題」』溪水社、二〇〇四年、二六〇～二六三頁、を参照されたい。

(44) 例えば、徂徠の「夫れ六経は物なり、道具《つぶさ》に焉《ここ》に存す」（前掲『学則』三、七五頁）との言葉と、「六経載《の》する所の礼楽刑政の類」（『中庸解』〈『荻生徂徠全集』第二巻、河出書房新社、一九七八年、所収〉第一章、四〇五頁）との言葉との双方を勘案すれば、「物」とはいわゆる「六経」（『詩』『書』『易』『春秋』『礼記』『楽記』）に描出された「礼楽刑政」を指すことは間違いない。また、徂徠が「蓋し先王の教は、物を以てして理を以てせざればなり」（前掲『弁道』、二一頁）と説く「先王の教」のことが、「先王の教は詩書礼楽なり。辟《たと》へば和風・甘雨の万物を長養するが如し」（前掲『弁名』下・「性情才」第一則、九六頁）と述べられることからすれば、「物」とは「詩書礼楽」のことを指すものとも見なされ得る。こうして「教への条件」たる「物」の内容とは、それが「礼楽刑政」といわれる場合にも、また「詩書礼楽」といわれる場合にも、必須のものとして掲げられている「礼楽」という表現に象徴される、と理解しておくことができる。

なお、「礼楽」の含意についてであるが、まず「礼」とは「礼とは道の名なり。先王の制作する所の四教・六芸、是れ其の一に居る。所謂「経礼三百、威儀三千」とは、是れ其の物なり」（前掲『弁名』上・「礼」第一則、五一頁）といわれるように、歴代聖人によって制作された具体的な文化的諸事物全般を指す。また「楽」とは「八音五声、相和して以て相済すこと猶五味の和のごとく、以て人の徳を養ひ、以て天地の和気を感召す」（同上・「中庸和衷」第三則、七八頁）と説かれるように、狭義には制度としての音楽表現を指しつつも、広義には人間の心情の調和的表現全般と理解しておくことができる。

また「礼」について、徂徠はこれを広汎なものと捉えていたが、それについては彼の「先王天下を経綸する所以の者は礼のみ。或いは以て五倫と為し、或いは以て九経と為す。二者皆礼之《これ》を尽くせり。礼楽を外にして道を語るは、皆後世理学者流の説にして、従ふ可からず。礼とは、人倫を合して之を理《おさ》むる所以にして、其の制度文為、詳密にして具《つぶさ》に至る」（前掲『中庸解』第三〇章、四五四〜四五五頁）という文言がある。この文言をめぐって、田原嗣郎は『礼』は人間的行為のあらゆる場面の一々について、先王によって立てられているといわねばならない」（田原『徂徠学の世界』東京大学出版会、一九九一年、七一頁）と指摘している。

(45) 前掲『弁道』、二五頁。

なお、「物」と「教」との関係については、中村春作が展開している精密な議論（中村『徂徠学の思想圏』ぺりかん社、二〇一九年、第一章）を参照されたい。

(46) 前掲『弁名』上・「礼」第一則、五二頁。

なお、これと同趣旨の指摘は「蓋し先王の教は、物を以てして理を以てせざればなり。教ふるに物を以てする者は、必ず事を事とすること有り。教ふるに理を以てする者は、言語詳にす。…言の尽くす所の者は、僅僅たる理の一端のみ。且つ身《みずか》ら事に従はずして能く立談に瞭然たるは、豈能く深く之を知らんや」（前掲『弁道』、二一頁）という徂徠の主張にも見出すことができる。

(47) 同『弁名』上、五二頁。

(48) 同上。

こうして徂徠が「教」の中核を「礼楽」とし、それが言語や政刑による「教」よりも優れていると見なしたのは、「化するに至りては則ち識らず知らず帝の則に順ふ。豈不善有らんや」（『弁名』上・「礼」第一則、五二頁）と説かれるような、習慣による教化の意義を最大限に評価してのことであったといえる。

(49) 同『弁名』下・「学」第一則、一一四頁。

(50) 荻生徂徠『太平策』（『荻生徂徠全集』第六巻、河出書房新社、一九七三年、所収）、一四八頁。

徂徠学の教育思想において「強制」を排除すべきとの認識は、これ以外にも「気質は天の性なり。人力を以て天に勝ちて之に反せんと欲するは、必ず能はず。人に強ふるに人の能くせざる所を以てすれば、其の究《きわま》り必ず天を怨み其の父母を尤《とが》むるに至る。聖人の道は必ず爾《しか》らず。孔門の、弟子に教ふるや、各々其の材に因りて以て之を成す。以て見るべきのみ」（『弁道』、二〇頁）という所述にも明示されている。

なお、『太平策』については、注9にて紹介したように、これを後人の偽作とする説もあるが、本文中に紹介した同書からの引用文については、徂徠学の所論と重なり合う主張として敢えてこれを取り上げた。

(51) 同上『太平策』、一四八頁。

このいわば植物モデルの教育観については、湯浅元禎の『文会雑記』にも、「子ヲ教ルニハ、トカク訓蒙図彙ナドヲ渡シテ、カタ一方ニ絵アリテ、片々ニ文字アルナドニテ見ナラハセ、面白クナルヤウニシテ、タイクツナキヤウニサスルコト、第一ノコトナリ。八ツ九ツニモナラバ、一字ニ字ヅヽ、偏ツクリマデモ習ハセ、此方ヨリセメテ、読書ナドメツタニサセズ。トカク絵アル書物、又ハ軍書ナド見セテ、ヒトリ書物ヲ好ヤウニスルガ肝要ナリ。十三四ニモナリテ、少ヅヽ見識モ出来タル時、理屈アヒニテモ云聞セ、ヒトリデニ学問ニトリツクベキヤウニスベシ。此方ヨリ、ムリニセリツケテサスレバ、タイクツスル也。草木ノ成長スル花ナドヲ、先ヲ折ルヤウニスルハ、ヤクタイモナキコト也。己ヒトリデ聞テ、学問スキニナルヤウニシカクベシ。草木ノ繁茂スルヤウニ、心掛べキコトナリ」（前掲、湯浅元禎『文会雑記』巻之二下、二五三〜二五四頁）と述べられている。これが、江戸時代の教育観の一般的傾向をどこまで伝えるものかについては、慎重かつ丁寧な検討を要するといえよう。

(52) 同上、一五八〜一五九頁。

(53) 前掲『弁道』、二二一〜二二三頁。

(54) 前掲『太平策』、一六六頁。

(55) 前掲『政談』巻之四、一三六頁。

(56) 実際、「蓋し教とは我を信ずる者に施す。先王の民は先王を信ずる者なり、孔子の門人は孔子を信ずる者なり。故に其の教入《い》ることを得」（『弁道』、二二一頁）との文言に象徴されるように、徂徠は、「教え」の営みが成立するには、教授者に対する学ぶ側の「信」が必須の前提であることを強調している。学び手の「信」を教育成立の前提とする徂徠の認識について詳しくは、板東洋介『徂徠学派から国学へ——表現する人間』ぺりかん社、二〇一九年、六六〜六八頁、を参照されたい。

(57) 荻生徂徠『学寮了簡書』（関儀一郎編『日本儒林叢書』第三巻、鳳出版、一九七八年、所収）、一頁。

(58) 同上、五頁。

(59) 前掲『政談』巻之四、一三六〜一三七頁。

(60) 同上、一三八頁。

(61) 昌平校の役割に関する徂徠の認識については、前掲の辻本雅史『近世教育思想史の研究』、五九〜六五頁、を参照されたい。なお、いうまでもないが昌平校が幕府直轄の学問所に再編されたのは一七九七（寛政九）年のことであり、徂徠の時代においてこの学問所は、公的な性格が与えられつつあったとしても、名目上は林家の家塾であったことに留意する必要がある（徂徠が、幕府の機関となった昌平坂学問所の教育的機能をどう考えたか、については未知数といわざるを得ない）。

(62) 前掲『政談』巻一、二一頁。
　なお、徂徠は「民の務むる所は生を営むに在り。故に其の志す所は一己を成すに在りて、民を安んずるの心無し」（前掲『弁名』下・「小人」第二則、一二六頁）と述べ、庶民の意志は「生を営む（一己を成す）」という個人的な問題に留まるが故に、「民を安んずる」という治者の公共的課題を自覚することが困難だという認識を示している。ただし、その一方で「仮令《たとい》百姓・町人ナリトモ才智アラン者ヲハ新タニ被召出《めしいだされ》テ御家人ニナシ玉ハンモ上ノ御威光ニテ、国家ヲ治ル道ニハ何ノ憚《はばかり》カ可有《あるべき》」（前掲『政談』巻之三、八八頁）と、能力原理に基づく庶民の登用を認めていたことも注目される。

(63) 例えば、その様子について那波魯堂の『学問源流』は、「徂徠ノ説、享保ノ中年以後ハ、信ニ一世ニ風靡スト云ベシ。然レドモ京都ニテ至テ盛ンニ有シハ、徂徠没シテ後、元文ノ初年ヨリ、延享寛延ノ比マデ、十二三年ノ間ヲ甚シトス。世ノ人其説ヲ喜ンデ習フコト信ニ狂スルガ如シト謂フベシ」（那波魯堂『学問源流』大坂書房崇高堂、一七九九年、二二頁）と伝えている。

(64) 徂徠学派のこうした動向については、江村北海が「蓋し、徂徠没して後、物門の学、分れて二と為る。経義は春台を推し、詩文は南郭を推す」（江村北海『日本詩史』〈清水茂他校注『日本詩史・五山堂詩話』新日本古典文学大系六五、岩波書店、一九九一年、所収〉、二一八頁）と伝えている。このうち詩文派が優勢となった事情について服部南郭は、「経済ヲツヨク云ヘバ、朝廷ヲ玩ブ心モアリタルユヘ、予ハ決シテ経済ノコトヲ云ズ」（前掲、湯浅元禎『文会雑記』巻之一上、一九五頁）と、当時にあって、儒者が経学を修めた専門的知識人として活躍する機会がほとんど閉ざされていた状況を率直に語っている。

(65) 源了圓・前田勉校注／原念斎『先哲叢談』巻之六（東洋文庫五七四）、平凡社、一九九四年、三三二頁。

(66) 太宰春台の生涯を叙述するについては、主に「春台先生行状」（小島康敬編集・解説『近世儒家文集集成』第六巻、ぺりかん社、一九八六年、所収）を参照した。

(67) 春台がその後仕官しなかった理由の一つとして、「夫れ二百石は、士の常禄なり。二百石たる能はざれば、則ち出でては以て士の事を行ふに足らず。入りては以て祭祀を守り、父母を養ひ、妻子を畜ふに足らず」（『春台先生紫芝園稿』後稿巻一二〈同前『近世儒家文集集成』第六巻、所収〉、一四五頁）との言葉にあるように、彼にとって、武士の節操を保つ最低限の必要条件とは禄高「二百石」と考えられていたことが挙げられる。

(68) 太宰春台『経済録』第六巻、経済雑誌社、一八九四年（原著は一七二九年刊）、二四五頁。

(69) 同上、二四九頁。

(70) 同上、二四九〜二五〇頁。

(71) 同上、二五三〜二五四頁。
　このように、春台の人材養成論の根底には、各人の好みや才能をその基盤に据えるべきとの認識があった。彼の「凡《およそ》人の才には長短あり、長とは其人得たる方にて賢きなり、短とは得ざる方にて拙きなり、…然れども才の長短は自己にも知がたき者なり、先《まず》己か好むことを学で其事を習熟して見るに、兼てはむつかしく思ひたることのすら〳〵

と容易になることある是《これ》才の長なり、始は容易に思へる事の思の外にむつかしくて成りかぬることあり是《これ》才の短なり、此長短は其事を習て見ての後に見ゆるなり、かくの如く自身にさへ知がたき者なれば況て他人の才の長短は知がたきこと勿論也、然れば上より令を下して士人に芸術を勧むるも、其人の好む処にて才の長なることを習はしむるに若くはなし」(同上、二五二〜二五三頁)という所述にそれが明示されている。これは、江戸時代にあっては春台独自の主張とはいえないが、すべての学習者に同一の教育内容を授けることを前提として成り立った近代以後の国民教育のあり方と対比されるべき所論といえる。

(72) 同上、二五五〜二五六頁。

(73) 太宰春台『聖学問答』巻之上(日本思想大系三七『徂徠学派』岩波書店、一九七二年、所収)、六七頁。

こうして春台は、「日本ノ伊藤仁斎ハ、見識ヲ立テ、宋儒ヲバ誹レドモ、孟子ヲ尊信スルコトハ宋儒ニ替《カハ》ラズ。凡《オヨソ》古ノ聖人ノ道ニハ、心性ヲ談ズルコト無シ。心性ノ説ハ、孟子ヨリ始マレリ」(同上、六五頁)と、孟子学説を「論語の義疏」と評した仁斎のことを厳しく批判している。

(74) 同上、六九頁。

なお春台は、「人ノ性ハ万人万様ナレドモ、大約ヲ以テ分レバ、三類アリ。三類ノ中ニ、勝《すぐれ》タル上智ト、極マリタル下愚トハ、世ニ甚《はなはだ》稀ナル者ナリ。此二類ヲ除テ外ハ、皆中品ノ性ニテ、道ヲ以テ教レバ君子トナル。教ヘザレバ小人ニテ終ル」(同上、八二頁)との所論のように、「性」の異相の大枠を「上智」「下愚」「中人」の三類として捕捉するとともに、大半の人々たる「中人」は、教育によって君子にも小人にもなると説いている。

(75) 同上、九八頁。

(76) 同上、八四頁。

(77) 同上、八五頁。

(78) 同上、九一頁。

春台はまた、このように「性白紙説」に理解を示しつつも、他方で「荀子ガ意ハ、性ニ拘ハラズ、教学ヲ主トスル旨ナレバ、本ハ悪《アシ》カラヌ意」(同上、七一頁)と述べて、荀子の性悪説に親近感を寄せている。このことからも、春台の教育認識とは、各人の「性」に外側から操作を加えることを基本線とするものであったことが窺われる。

(79) 同上、八一〜八二頁。

(80) 同上、九五頁。

なお、春台の教育認識には、「人モ習ハシニ由テ、生レツキヨリモ賢《かしこ》クナル。天下ノ人ノ子ノ生レ出タル初ハ、啼ク声モ笑フ声モ、皆同ク一様ナリ。一日一日ト成長スルニ随テ、種種ノナリタチ不同ニシテ、三十四十ニ至テハ、君子ニナルモ有リ、小人ニナルモ有リ。…然レバ人ハ教ルト学ブト習フト、此三ツノ事ナクテ叶ハヌ道理ナリ」(同上、七一頁)というように、「習わし」の意義を強調するものがある。これも外在的な「教え」の強調という、春台の基本的所論との密接な関連を物語っている。

(81) 同上。

(82) 同上。

(83) 『春台先生紫芝園稿』後稿巻一五(前掲『近世儒家文集集成』第六巻、所収)、二八五頁。

(84) 同上、二八六頁。

（85）春台は、自身が徂徠学の真髄と信じた経学第一主義の立場から、南郭を中心として詩文に流れる徂徠門下の学脈に危機感を抱き、徂徠にも直諫を行ったが、それは門下の個性の多様性を好む徂徠の容れるところとならず、却って春台自身が徂徠から疎まれる結果を生じさせた。ただ一人の師と信じた徂徠から冷遇されたことは、春台の学的立場を屈折させ、詩文派への反駁心を強めることになる。その事情について詳しくは、前掲の板東洋介『徂徠学派から国学へ——表現する人間』第一章第七節、を参照されたい。
（86）このように、神儒一致の立場から『日本書記』と『太極図説』とを同一構造にて読み取ろうとする動向についても、詳しくは同上『徂徠学派から国学へ——表現する人間』第一章第八節、を参照のこと。
（87）前掲『太平策』、一四五頁。
（88）太宰春台『弁道書』江都書肆嵩山房、享保二〇年（慶應義塾大学図書館所蔵）、五頁。
（89）同上、三三頁。なお、引用については適宜句読点を補った。

第七章

（1）いわゆる反徂徠学を標榜する主だった書物とその所論の要点については、小島康敬『徂徠学と反徂徠』ぺりかん社、一九九四年、二〇一～二〇三頁、を参照されたい。
（2）尾藤二洲『素餐録』（日本思想大系三七『徂徠学派』岩波書店、一九七二年、所収）、二七七頁。
（3）尾藤二洲『正学指掌』（同上『徂徠学派』、所収）、三四五頁。
（4）同上、三四七頁。
（5）同上、三二二頁。
（6）錦城先生『梧窓漫筆』巻上、玉巌堂、文政六年（慶應義塾大学図書館所蔵）、一一頁。
（7）同上、五一頁。
（8）中井竹山『非徴（総非）』（日本思想大系四七『近世後期儒家集』岩波書店、一九七二年、所収）、五七～五八頁。
（9）細井平洲の生涯の歩みについては、主に高瀬代次郎『細井平洲の生涯』（厳松堂書店、一九三六年）、および、高瀬代次郎『細井平洲』（日本教育先哲叢書第九巻、文教書院、一九四二年）、を参照した。
（10）細井平洲「米沢学校相談書」（『日本教育文庫学校篇』同文館、一九一一年、所収）、三一五頁。
なお、平洲が農村および町方にて行った教育活動の様子については、前掲高瀬代次郎『細井平洲』、四四～四六頁、に記載された、平洲の伊藤玄沢宛の書状を参照されたい。
（11）「上杉家秘庫存書」（高瀬代次郎編纂『平洲全集』隆文館・星野書店、一九二一年、所収）、八三〇頁。
（12）この時の米沢来訪の様子は、平洲が上杉鷹山に宛てた書状や久留米藩の樺島石梁に送った詳報に記されている。詳しくは、前掲高瀬代次郎『細井平洲』、七〇～八五頁、を参照のこと。
（13）平洲の折衷学者としての学的姿勢は「人君の学政を御世話やかれ候主意は、能教へて人民を善に向はせ申事が専務に御座候。程朱学を尊び候へば徳尊き程朱学師に学ばせ、仁斎徂徠を好き候へはおとなしき仁斎徂徠学者に教へさせ、兎も角も人をよくとりかひ候て、善心になり候様に可被成儀にて御座候」（「つら〳〵ふみ君の巻」〈『嚶鳴館遺草』巻第五〈前掲『平洲全集』、所収〉〉、一三六頁）という彼の言葉に象徴されている。
（14）細井平洲「道説」（『平洲先生嚶鳴館遺稿』巻之七〈同『平洲全集』、所収〉）、四三四頁。
（15）前掲「上杉家秘庫存書」、八四一頁。
（16）前掲「道説」、四三四～四三五頁。
（17）細井平洲「農官の心得」（『嚶鳴館遺草』巻第二〈前掲『平洲全集』、所収〉）、四一頁。
なお、平洲の民衆観が「愚民観」であったことは確かであるにせよ、その一方で、彼には諸侯から一般庶民までの人々を総体として捉えた上での所論が、少なからず遺されていることにも注意が必要である。例えば、「教の道は先第一に教る人の善悪邪正を撰にありて、幼弱当身の上をせむるのみにあらず。習慣は自然の如しと孔子も仰られて人君の尊貴なるより衆庶の卑賤なるに至るまでその習慣する処を慎むこと人を教るの極意なり」（「もりかゞみ」〈同『嚶鳴館遺草』巻第三、所収〉、四六頁）との所論は、その代表的事例である。
（18）前掲「道説」、四三五頁。
（19）同上。
（20）例えば、平洲は「日月星辰春夏秋冬は、天地有しより其運を改めず。君臣父子夫婦兄弟朋友は、人民有しより其倫を改めず」（「建学大意」〈前掲『嚶鳴館遺草』巻第三、所収〉、六二頁）と述べて、五倫道徳の通行を自然世界の運行になぞらえながら、その普遍性を説いている。
（21）前掲「つら〳〵ふみ君の巻」、一一五頁。
（22）細井平洲「つら〳〵ぶみ臣の巻」（前掲『嚶鳴館遺草』巻第五、所収）、一三七頁。
（23）同上、一四五頁。
（24）同上、一四五～一四六頁。
（25）細井平洲「もりかゞみ」（同『嚶鳴館遺草』巻第三、所収）、四四頁。
（26）同上、四五頁。
（27）同上、四七頁。
なお、同箇所には「礼記には天子の太子といへども、学宮に至り給へば年長の下に座し給ふことをしるし、又天子にものををしへ申時は臣下といへども北面せぬといふことをしるせり」（同上）と、『礼記』に記された「古の教」のありよう（年長者および教師への敬意に満たされた教育空間の様子）が紹介されている。
（28）同上。
（29）同上。
（30）同上、四九頁。
（31）同上。
（32）同上、五〇頁。
（33）細井平洲「対人之問忠」（前掲『嚶鳴館遺草』巻第三、所収）、五六～五七頁。
平洲は、「国家は群臣の思ひあふを以て富強をなし、思ひ〳〵なるを以て衰弱をまねく」（同上、五七～五八頁）と、国家（藩）の有機体的統合を繰り返し強調するが、万が一、徳に欠けた君主が出現した場合には、「人臣の奉公は君の不善をかくし、君の善を顕して、見聞人の感服するやうにと心得たるを忠臣とはいふこと也」（「上は民の表」

〈同『嚶鳴館遺草』巻第二、所収〉同、二四頁）と、その不善を隠し善を顕彰することに臣下のあるべき姿を想定していた。

(34) 細井平洲「教学」（同『嚶鳴館遺草』巻第二、所収）、三一頁。

(35) 前掲「つら〳〵ぶみ臣の巻」、一三二頁。

(36) 同上。

(37) 細井平洲「対某侯問書」（同『嚶鳴館遺草』巻第六、所収）、一六五頁。

(38) 同上、一七三頁。
なお、それゆえ藩校での教育は「師長の人を教へ候事は、他国はともあれかくもあれ、御国の御為になる様にと申所肝要と奉存候」（同上、一六六頁）と、「藩のため」を目的とするものであることが明言されている。

(39) 同上、一六八頁。

(40) 同上、一六五～一六六頁。

(41) 同上、一六九頁。

(42) 同上、一七〇頁。

(43) 同上。

(44) 同上、一七一頁。

(45) 辻本雅史『近世教育思想史の研究』思文閣出版、一九九〇年、一二〇頁。

(46) 前掲「教学」、三二一～三二二頁。

(47) 同上、三三頁。

(48) 同上。

(49) 『細井先生講釈聞書』（前掲『平洲全集』、所収）、九一九～九二〇頁。
なおこの書は、一七八三（天明三）年一一月二一日に名古屋橘町の延広寺にて、平洲が一般町人に対して行った講演内容を、橘町丁代の柴田應助が聞き書きしたもので、同講演の聴衆は凡そ四千余人と伝えられている。

(50) なお平洲の思想において、「愚民観」とともに、今日的な価値観と齟齬を来すもう一つの主張に彼の「女性観」がある。例えば平洲には「女子と申ものは尊卑賢愚一統に道理のわかりにくきものにて、決断つよく此方より限をあたへおき不申候ては、何事も納得つくには不参ものに御座候故、万の政これよりやぶれ申候儀に御座候」（「野芹（中）」〈前掲『嚶鳴館遺草』巻第一、所収〉、一一頁）というような所論が遺されている。

(51) 前掲、「対某侯問書」、一七二頁。
なお、平洲が封建身分制に所在する社会的価値を高唱したものに、「美目と辱との実意は、おのれ〳〵の天分を知るを美目とし、天分を忘るゝをはぢとす。天分といふは此世に生れたる程のものは、生れ出るより貴賤それぞれの身の分限定りて上は王侯貴人と生れ、下は農工商買と生れつきたる分限なり。されば此分限のうちにこゝろをとりしめて、分限の外に心を取逃さぬやうにと思ふ人は貴賤学不学によらず、げに尊とく愛《めで》たき人也。又此分限の内に心を取しむることをはすれ、分限の外に心を取逃したる人は、貴賤学不学によらず、げに卑しく愛《めで》たからぬ人也。愛たき徳をつむ人は栄え、愛たからぬ徳をつむ人は辱しめらる。天道の自然也」（「花木の花（末）」〈同『嚶鳴館遺草』巻第六、所収〉、一六〇頁）との主張がある。

(52) 前掲「つら〳〵ふみ君の巻」、一三五頁。

(53) 細井平洲「牧民」(前掲『嚶鳴館遺草』巻第四、所収)、七六頁。

(54) 高瀬代次郎『細井平洲』隆文館図書・星野文星堂、一九一九年、一〇七七頁。

なお、『嚶鳴館遺草』巻第五には、浄土宗の老師が、門徒の中に法華経信者がいることを聞き及び、法華を信ずるのでは極楽往生は叶わないと説諭したところ、その門徒は、同じく浄土宗信者の知人が病死するも三日後に甦ったとの話を持ち出しながら、その者が冥途にて出会った往生者の中に法華経信者がいた旨を語った、とのエピソードが綴られている(一三四〜一三五頁)。浄土宗信者も法華経信者も極楽往生を願う気持ちに違いはないことを物語る(ある一つの学問流儀に固執して他の流儀を排棄する姿勢を私心として戒めることを趣旨とする)ものといえよう。

(55) 平洲の学的立場と仏教との関わりについて、例えば、前田勉は「平洲の講釈は、徂徠・春台に典型的な礼楽制度による儒学の教化(きょうか)ではなく、仏教の教化(きょうけ)に近づいているといえるだろう」(前田『江戸教育思想史研究』思文閣出版、二〇一六年、二六四頁)と指摘している。

(56) 懐徳堂の経営については、「日講の謝儀は、五節句前に銀壹匁か又は貳匁づゝ、勝手次第支配人新助《しんすけ》に差出《さしいだ》し」や、「貧学の人は紙一折《ひとおり》筆一封《つゐ》にても相済む事」など、受講生の謝儀に関する規定も設けられたが、基本的には同志会メンバーからの拠出金(一人につき年間十匁ずつ)とその利息にて賄われていた。詳しくは、西村時彦『懐徳堂考』上巻、懐徳堂・友の会、一九七四年復刻版(上巻、下巻、付録の三部から成る。原著は一九一〇年)、二九頁、を参照のこと。

(57) 上田秋成『胆大小心録(中)』(『上田秋成全集』第一、国書刊行会、一九一七年、所収)、三七一頁。

(58) 前掲、『懐徳堂考』上巻、二六頁。

同書からの引用については、返り点を省いて読みやすい形に改めた。以下も同じ。

(59) 同『懐徳堂考』下巻、一〇頁。

(60) 同『懐徳堂考』上巻、二七頁。

(61) 同『懐徳堂考』下巻、一一頁。

(62) これについては、宮川康子『自由学問都市大坂——懐徳堂と日本的理性の誕生』講談社、二〇〇二年、二三頁、も参照されたい。

(63) 三宅石庵「万年先生論孟首章講義」(懐徳堂記念会編『懐徳堂遺書 懐徳堂五種』松村文海堂、一九一一年、所収)、九頁。

石庵が、利潤を追求する商人特有の問題をめぐって、「利」は必ずしも欲望ではなく、人間の合理的判断(「正しさ」)の道徳的な延長だと説いたことは、懐徳堂のイデオロギー的確信の一つとなった、との評価もある。詳しくは、テツオ・ナジタ/子安宣邦訳『懐徳堂——一八世紀日本の「徳」の諸相』岩波書店、一九九二年、一五〇〜一五三頁、を参照のこと。

(64) 五井蘭洲『茗話』巻之上(懐徳堂記念会編『懐徳堂遺書 蘭州茗話』松村文海堂、一九一一年、所収)、三頁。

なお、蘭洲の学問においてもう一つ注目されるべきは、彼が西洋学に対する一定の知見を有していた、ということである。例えば、「紅毛国の人は、俗にいふめのこ算用といふ仕方にて、理を以てして、目に見器物を用てはかり、たしかなる事ならねば言もせず、用ひもせず、日を尊びて天をいはず、仏道を信ぜず、およそ怪異の事をうけとらず」（同上書、巻之下、二二頁）と、その学問の客観性・実証性についての所見を示している。

(65) 蘭洲の『非伊篇』について詳しくは、寺門日出男「五井蘭洲『非伊編』について」（竹田健二編『懐徳堂研究』第二集、汲古書院、二〇一八年、所収）を参照されたい。

(66) 中井竹山『竹山国字牘』巻上（懐徳堂記念会編『懐徳堂遺書 竹山国字牘』松村文海堂、一九一一年、所収）、三頁。

(67) 同上、三〜四頁。

(68) 中井竹山『経済要語』（日本思想大系四七『近世後期儒家集』岩波書店、一九七二年、所収）、七〇〜七一頁。

(69) 中井竹山『非徴』巻之一（同『近世後期儒家集』、所収）、四四頁。

(70) 同上、五四頁。

(71) 同上、五五頁。

(72) 中井竹山『草茅危言』第一（宮）、懐徳堂記念館、一九四二年、九頁。
引用については、適宜句点と送り仮名を補った。なお同書については、主に慶應義塾大学図書館所蔵版（一七八九〈寛政元〉年刊）を参照したが、同書には奥付がなく頁数も無記載であるため、注記には上記のもの使用した。

(73) 同上、五五頁。

(74) 同『草茅危言』第二（商）、三五頁。

(75) 同上、三七頁。

(76) 同上、三七〜三八頁。

(77) 同上、四〇頁。

(78) 同上、四四頁。

(79) 富永仲基『出定後語』巻之上（日本思想大系四三『富永仲基 山片蟠桃』岩波書店、一九七三年、所収）、一九〜二〇頁。
この「加上」説について、『翁の文』では、「おほよそ古より道をとき法をはじむるもの、必ずそのかこつけて祖とするところありて、我より先にたてたる者の上に出んとするが、その定りたるならはしにて、後の人は皆これをしらずして迷ふことをなせり」（富永仲基『翁の文』〈日本古典文学大系九七『近世思想家文集』岩波書店、一九六六年、所収〉、五五四頁）と説かれている。

なお源了圓は、仏教史における「加上」の具体例として、数百年の歴史の発展を無視してあらゆる仏教経典が同時に輸入された中国にて行われた「教相判釈《きょうそうはんじゃく》」（あらゆる経典をその内容や形式に従って分析・分類し、それらに位階をつける方法）や、法然の「選択《せんじゃく》」（自己の魂の救済のため、経典・仏説の中から自己に最も相応しいものを選択する方法）という方法などを紹介している。詳しくは、源了圓『徳川思想小史』中央公論新社、二〇二一年、一六一頁、を参照のこと。

(80) 前掲『翁の文』、五五五頁。
なおこの引用文にて語られているのは、「文殊菩薩に仮託して教えを説いた人々が般若部の大乗経典をつくって『空』を説いたのは、仏十大弟子の一人である摩訶迦葉を中心とする人々が阿含部の小乗経典を結集して『有』を説いたことの上を行こうとするものであった」ということである。

(81) 同上、五五七頁。

(82) 同上、五五七〜五五八頁。

(83) 同上、五五一〜五五三頁。

(84) 本居宣長『玉かつま』八の巻(『本居宣長全集』第一巻、筑摩書房、一九六八年、所収)、二四四頁。

因みに平田篤胤も、宣長が『出定後語』を称賛したことを承けて、自ら『出定笑語』なる書を著し(一八一七年刊)、その中で仲基のことを賛美している。

(85)「三物五類」の説について詳しくは、前掲の宮川康子『自由学問都市大坂』、七一〜八一頁、および、同じく宮川康子『富永仲基と懐徳堂――思想史の前哨』ぺりかん社、一九九八年、第三章、を参照されたい。

(86) 前掲『出定後語』巻之下、八九頁。

(87) 同上、巻之上、四〇頁。

なお仲基は、「儒はその名数を守り、道はその衛生を修め、仏はその生死を離る。また、おのおのその言を立てて、もつて道を説く者なり」(同上、巻之下、八八頁)と説かれる三教の教説の相違を、中国人、日本人、インド人という民族性の相違と相関させている。

(88) 富永仲基の名が世に広く知られるようになるのは、内藤湖南が一八九六(明治二九)年五月二八日の大阪朝日新聞の社説にて、三浦梅園、山片蟠桃と並んで富永の業績に賛辞を送ったことが重要な契機となった。その内容は、翌年刊行された内藤の『近世文学史論』(政教社)に再録されている。内藤は、その後も仲基の顕彰活動を継続させたが、とくに一九二五(大正一四)年四月に開催された「大阪毎日新聞一万五千号記念講演会」での講演が大きな反響を呼んだといわれる。

(89) 山片蟠桃の主著『夢ノ代』は、その正本の所在が不明である。蟠桃は生前に同著の謄写を他者に命じ、作成された十数部の副本を知友に贈呈したが、これが今日に伝わる写本(内閣文庫や京都大学附属図書館等に保管されている)とされる。『夢ノ代』全巻が初めて出版されたのは、瀧本誠一がこれを『日本経済叢書』第二五巻(一九一六年)に収録したことによってであった。詳しくは、亀田次郎『山片蟠桃』(全国書房、一九四三年)、八〇〜八三頁、を参照されたい。

なお本書にて、蟠桃の足跡を辿るについては、主に、上記の亀田次郎『山片蟠桃』ならびに有坂隆道「山片蟠桃と『夢ノ代』」(前掲、日本思想大系四三『富永仲基 山片蟠桃』、所収)を参照した。

(90) 蟠桃が、仙台藩との商関係に基づいて行った「差米」や「米札」に纏わる事跡については、後に海保青陵がその著『稽古談』(一八一三年刊)の中で詳細な記述を行っている。例えば、「差米」については、「大坂ノ升屋平右衛門ノ別家番頭ノ小右衛門ト云男ノ、サシ米ト云コトヲ願ヒタルナドハ妙計也」(『稽古談』巻之二〈日本思想大系四四『本多利明 海保青陵』岩波書店、一九七〇年、所収〉、二四五頁)と紹介した上で、「仙台領ヨリ出ル米ハ、皆一俵一合ノサシ米ヲ入ルレバ、一年ニ六千両ノ金高ノ由也。…サレバ今コレホドノ御入用カヽルユヘニ、年々金二百両御下ゲクダサルベシト云テ願ヘバ叶ハヌ也。一俵一合ノサシ米ハ、一年ニ六千両ナレドモ、一俵一合ノサシ米トイフテ願ヘバ、叶フト云コトヲ見ヌキタルハ莫大ノ智也」（同上、二四七頁）と語られている。ただし、これについて池内了は、一年で六千両は過大な見積もりであり、差し米での実際の儲けは四百両余りだと推計している（池内了『江戸の宇宙論』集英社、二〇二二年、一六九頁）。

また「米札」については、「升平ハ仙台へ米手形ヲ作レリ、米札ト云ハ、ヤハリ羽書ノコト也。銀札ノコト也。…仙台ノ上ヨリ出ス金ヲバ皆米札ニテ出ス。米ヲバウリテ金ニシテ、ソノ金ヲバ出サズニ米札ヲ出スコトナレバ、金ハシタゝカニ余ル理也。其金ヲ不レ残《のこらず》大坂ヘノボセテ廻スコト也。十万両ノボセレバ、五朱ノ利息ニシテモ、五千両ハ一年ニウク也。…利息ヲウマヌ米札ヲ仙台ニテ利息ヲウマセテ、利息ヲウム真ノ金ヲ、大坂ニテ利息ヲウマセタル也。是妙計ト云ベシ」（同上、二五〇頁）と述べ、蟠桃の商法の巧みさが指摘されている。

なお本文にも記したように、升屋が全国の数十藩の財政建て直しを進める実績を残したことで、蟠桃は升屋から「親類並」にとり立てられている。詳しくは、上掲の有坂隆道「山片蟠桃と『夢ノ代』」を参照されたい。

(91) 山片蟠桃『夢ノ代』「凡例」（前掲、日本思想大系四三『富永仲基 山片蟠桃』、所収）、一四七頁。

なおこの凡例の冒頭で、蟠桃は「コノ書ノ作ヤ、他人ニ示スニアラズ」と述べる一方で、「子弟・児女子マデニモヨマシメントス」とその内容を平易な仮名・俗語で著している（同上、一四六頁）。ここに、蟠桃が同書に込めた強い自負心を読み取ることができるだろう。

(92) 同上、『夢ノ代』「天文第一」、一八七頁。

このような宇宙観の提示が、「天竺ノ須弥山ノ説、日本ノ神代ノ巻ノ説ヨリ漢土ノ諸説ハ、ミナ天文ノヒラケザル前ニシテ、…イマダ西洋ニ及バザル也」（同上、一九八頁）と、旧来の仏教や神道、儒学の宇宙観を退ける意味をもったことはいうまでもない。なお、同著の中で蟠桃は、「天」「地」「黄泉」から成る神道的な宇宙観（服部中庸《なかつね》〈一七五七～一八二四〉の著述『三大考』〈寛政三年〉に描出される。同著は、本居宣長により『古事記伝』巻一七の附巻とされた）や、「三界九山八海図」（京都了蓮寺の僧無相文雄《むそうもんのう》〈一七〇〇～六三〉の作）に描かれる仏教の宇宙観についても詳細な説明を施している。

(93) 同上、二〇一頁。

「地動説」について、さらに蟠桃は、志筑忠雄《しづきただお》（一七六〇～一八〇六。長崎の阿蘭陀通詞出身）の翻訳書『暦象新書』（一七九八～一八〇二年）を紹介しながら、「西説ニヨレバ、『恒星ミナ太陽ニシテ皆不動ナリ。五星ト地球トハスベテ太陰ニシテ、各《おのおの》太陽ヲメグリテ自《おのずか》ラ回転スルガユヘニ、地ノ周行ハ太陽ノ右旋ヲナシ、地ノ回転ハ天体ノ左旋ヲナス』ト。コレ全ク西人ノ発明ニ出テ、古今和漢ノ所説ニ異ナリ」（同上、二〇八頁）と、解説を施している。

因みに、蟠桃の足跡を江戸時代における「科学」（とりわけ宇宙論）の発展に位置づけた論考に、池内了『江戸の宇宙論』（集英社、二〇二二年）がある。同書は江戸の宇宙論の歩みを開拓した人物として、司馬江漢（一七四七～一八一八）、志筑忠雄、山片蟠桃の三者に着眼しながら、とくに志築と蟠桃の事跡と所論とに詳細な論考を加えている。志筑は、「地動説」を日本に最初に紹介したと称される本木良永（阿蘭陀通詞。一七三五～九四）に学び、翻訳において重要な仕事を様々に遺した。彼の『歴象新書』も、日本で最初にニュートン力学を紹介した書といわれるが、蟠桃は升屋での仕事の合間に同書を熱心に読んでいた。

(94) 同上、二二一頁。

(95) 同上、二二九頁。

(96) 同上、二二四頁。

(97) 同上、五〇〇頁。

(98) 同上、五一六頁。

(99) 同上、五五八頁。

(100) 同上、四五〇頁。
　蟠桃の仏教への向き合い方は『夢ノ代』の凡例にも、「コノ書、仏法ヲ排スルコト讐敵《しゅうてき》ノゴトシ。ナンゾ仏家ニ怨恨アラン。唯、カクノゴトクナラザレバ、異端ノ害、ヒラカレザルナリ。厩戸太子《うまやどのたいし》ノコトニヲケル、一部ノ太子伝ミナ妄語ナリ。タヾ、ソノ事実ニワタリ、国史ニ出ルモノハ正《せい》トスベシ」（同上、一四七頁）と記されている。仏教批判の論説も、仏教者に対する怨恨ではなく、あくまで文献実証的見地に基づくことと断じられている点に、彼の学的姿勢を認めることができるだろう。

(101) 同上、四五一頁。

(102) 同上、四四三頁。
　なお、儒学の教説に対する蟠桃の基本的態度とは、「漢土ハ上古ノ神聖ヨリ、周公・孔子・顔・曽・思・孟ノ大賢教ヘヲ施シ玉フニ引カヘテ、戦国ヨリ秦・漢・六朝・唐・五代マデノ儒者カハル〴〵著ス処多シトイヘドモ、ミナ妄誕杜撰ノ書ノミ。…宋ノ世ニ至リテ、二程・周・張・欧・蘇ノ大賢並ビ出テ、終ニ朱先生ニ極マリ、六経ノ旨趣《ししゅ》燦然亦《また》世ニ明ラカニナリヌ。…願クハ我子孫タルモノ、宋ノ諸賢ノ書ヲ習読シテ、後ニコノ書ヲ見テ足ラザルヲ補フベシ」（同上）と、朱子学を遵奉するものであったといってよい。

(103) 同上、四八一～四八二頁。
　上記にも紹介した『夢ノ代』凡例には、「今、仏ヲ排シ鬼ヲ退ケ、三代ノ直道ヲ以テコレヲ弁ズ。スベテ、鬼神ノ説ニ溺レテ往テ復ラザルモノヲ教ユルモノナリ」（同上、一四六～一四七頁）というように、この書の趣旨の一つが、鬼神の説に惑溺させられがちな庶民を、三代（夏・殷・周）の道に基づく儒学教説によって教導することにある、と説かれている。

　なお、蟠桃が儒学の優位性を説く場面は同書に散見する。巻二の「地理」では日本・中国に加え西洋諸国の風土に関する言及も少なくないが、キリスト教に関する記述を、「天下ノ教法、現世ヲステ、来世ヲ云コトアルベカラズ。ツイニ死シテ土トナル。何ゾ来世アラン。孝弟仁義ヲ以テ天下国家ヲ治ムルノ外ニ、教ト云モノナキ也。切支丹・マゴメテン・仏法ミナコレ邪教。聖人ノ教ハ天下ヲ治ムルノ道ナリ」（同上、二六八頁）と締め括っている点に、その顕著な姿勢を認めることができる。

(104) 同上、四七九頁。

(105) 同上、四一五頁。

(106) 同上、四二四頁。

(107) 同上、五一一頁。

(108) 同上、五一五頁。
(109) 同上、二九八頁。
(110) 同上、二九三頁。
(111) 同上、三三三頁。
(112) 同上、三〇九頁。
(113) 同上、三九〇頁。
(114) 同上、三九四頁。
(115) 同上、四〇七頁。
なお、この引用文の中で「教育」という言葉が使用されていることが注目される。また、「胎教」については、同書巻之十二の「雑論」冒頭でも、より詳細な説明が綴られている。
(116) 同上、四一五頁。
(117) 同上、六一五～六一六頁。
(118) 同上、六一六頁。
(119) 『石田先生事蹟』（柴田実編『石田梅岩全集』下巻、石門心学会、一九五七年、所収）、六一六頁。引用文は、読みやすくするために一部表記を改めた（同書からの引用については、以下も同じ）。
なお、石田梅岩の思想と足跡の理解については、主に、石川謙『石門心学史の研究』（岩波書店、一九三八年）、安丸良夫『日本の近代化と民衆思想』（青木書店、一九七四年）、柴田実『梅岩とその門流』（ミネルヴァ書房、一九七七年）、古田紹欽・今井淳編『石田梅岩の思想』（ぺりかん社、一九七九年）、今井淳・山本眞功編『石門心学の思想』（ぺりかん社、二〇〇六年）、森田健司『石門心学と近代』（八千代出版、二〇一二年）、などを参照した。
(120) 同上、六一三頁。
(121) 石田梅岩『斉家論』上（前掲『石田梅岩全集』上巻、一九五六年、所収）、一九〇頁。
(122) 石田梅岩『都鄙問答』巻之一（同『石田梅岩全集』上巻、所収）、三二一～三二三頁。
(123) 小栗了雲なる人物については、「姓は平、族は小栗、名は正順《まさよし》、了雲と号し、一に海容軒と称す。某侯の大夫たり。故ありて致仕し京師に隠れ居玉ふ。嘗て性理の蘊奥を究め且釈老の学に通じ、生徒に教授し玉へり。享保十四年己酉冬十月十九日卒し玉ふ。享年六十歳」（前掲『石田先生事蹟』附録、六三三頁）との記述程度のことしか伝えられていない。詳しくは、柴田實「小栗了雲伝記考」（柴田『梅岩とその門流』ミネルヴァ書房、一九七七年、所収）を参照されたい。
(124) 前掲『石田先生事蹟』、六一五頁。
なお『都鄙問答』にはこれと同じ事蹟のことが、「折節《おりふし》愚母病気ニ附《つき》、廿日余看病セシニ、其坐ヲ立出ケルガ、其時忽然トシテ疑《うたがひ》晴《はれ》、煙ヲ風ノ散《ちらす》ヨリモ早シ。尭舜ノ道ハ孝弟而已。魚ハ水ヲ泳《くぐり》、鳥ハ空ヲ飛《とぶ》。詩云。鳶飛《とんで》天ニ戻《いた》リ、魚淵《ふち》ニ躍《おどる》ト云リ。道ハ上下ニ察《あきらか》ナリ。何ヲカ疑ハン。人ハ孝悌忠信、此外子細ナキコトヲ会得シテ、二十年来ノ疑ヲ解《とく》」（前掲『都鄙問答』巻之一、八頁）と綴られている。
(125) 同『石田先生事蹟』、六一五頁。
(126) 『石田先生語録』巻八（前掲、『石田梅岩全集』上巻、所収）、四三九頁。
なお、この大悟の後の梅岩の心境は「自性ハ大ナルコトモ万物ノ親ト云コトモ思ハズ、迷ウタトモ思ハネバ亦タ覚メタトモ思ハズ。飢テハ食ヲクライ、カツシテハ水ヲ呑ミ、春ハ霞ニコモル華ヲ見、夏ハ晴ユク空ニ青々タル緑ヲ詠《なが》メ、…萩ノ下葉色ヅクヨリ紅葉ノ気色ヲ詠《なが》メ、木ノ葉ニカヽルウス霜ヨリ変リ〳〵テ雪トナル。実《げ》ニ一念ニ移リ往ク其ノ有様ヲ観ズレバ如何様赤子トモ云ツベシ」（同上、四三九〜四四〇頁）と語られるようなものであった。

(127) 同上、四三九頁。

(128) 前掲『石田先生事蹟』、六一六頁。

(129) 前掲『都鄙問答』巻之一、六頁。

(130) 同上、二一頁。

(131) 辻本雅史『思想と教育のメディア史』ぺりかん社、二〇一一年、二一三頁。

(132) 前掲『都鄙問答』巻之三、一一三頁。

(133) 同上、一一一頁。

梅岩の「儒仏一致論」は、「心」を学的関心の中軸に据えることで組み立てられたものといえる。それを最も象徴するのが、彼の「儒ニハ仁義礼智信ノ五常、君臣父子夫婦兄弟朋友ノ五倫トヲ天ノ道トシ天人一致トス。仏家ニハ五常五倫ノ道ヲ不立《たてず》、此《これ》儒ト帰《をもむき》ヲ不同《おなじふせず》。因《よつ》テ異端ト云。仮令《たとひ》儒者ニテ儒経ヲ説トモ我心ヲ不知《しらざるは》、聖人ノ心ニ不通《つうぜず》、我私心ヲ以テ教ヲ立レバ、私心ハ直ニ異端ナリ。然レドモ聖人ノ弟子ニ似タレバ押出シ異端トハイハズ。不言《いはず》トモ異端ノ方ニ近キ者ナリ。時節至テ心ヲ知レバ、我儒ト一致トナル。扨《さて》儒仏ノ二道ヲ枝葉ニカヽリ論ゼバ事多クシテ分レ難シ。互ニ根本ノ所ハ性理ヲ会得スルヲ要《かなめ》トス」（同上、一一六頁）との所述と見ることができる。

(134) 同上、一一七頁。

(135) 同上、巻之二、七一頁。

(136) 同上、巻之一、八頁。

(137) 同上、四〇頁。

(138) 同上、四〜五頁。

(139) 同上、五頁。

(140) 『石田先生語録』巻一二（前掲、『石田梅岩全集』上巻、所収）、五二八〜五二九頁。

(141) 同上、五四三頁。

(142) 前掲『都鄙問答』巻之三、一〇五頁。

(143) 同上、巻之二、八二頁。

(144) 同上、八三頁。

(145) 荻生徂徠『政談』巻二（『荻生徂徠全集』第六巻、河出書房新社、一九七三年、所収）、五八頁。

(146) 長田権次郎『林子平』偉人史叢第一巻、裳華房、一八九六年、六五頁。

(147) 前掲『都鄙問答』巻之一、三二一〜三二三頁。

(148) 前掲『斉家論』下、二一六頁。

(149) 前掲『都鄙問答』巻之二、八一頁。

(150) 同上、七七頁。

(151) 同上、七八頁。

なお、梅岩の経済倫理について詳しくは、芹川博通「石田梅岩と石門心学の経済倫理」（今井淳・山本眞功編『石門心学の思想』ぺりかん社、二〇〇六年、所収）を参照されたい。

(152) 前掲『斉家論』下、二一二頁。

(153) 実際、梅岩の説く倹約に経済的側面と道徳的側面とが包含されていたことは、彼の「予云《わがいふ》倹約は、只衣服財器の事のみにあらず。惣て私曲なく、心を正《たゞし》ふするやうに教《をしへ》たき志なり」（同前「斉家論」下、二二三頁）との言葉にも顕著に示されている。

なお、梅岩の「倹約」をめぐるこの理解については、川口浩「石田梅岩の『倹約』——経済思想史からの一考察」（前掲今井淳・山本眞功編『石門心学の思想』、所収）、九三～九八頁、も参照されたい。

(154) 前掲『斉家論』下、二一七～二一八頁。

(155) 同上、二一五～二一六頁。

「倹約」を基軸に据えながら、実践的性格を顕著に示すに至った梅岩の学問観は、「近世の学問多くは詩作《しさく》文章に流れ、聖学の本を失せるゆへなり。…文学は末なり。身の行ひは本なり。凡て学問は、本末を知るを肝要とす。又国を治るには、用を節にして、民を愛すとのたまふ。財宝を用る事倹約《つゞまやか》にする中に、人を愛するの理備《そな》はれり。人を愛せんと欲すとも、財用たらざれば不能《あたはず》。しかれば家国《いゑくに》を治るには、倹約は本なる事明《あきらか》なり」（同上、二一一～二一二頁）との所論に、最も集約的に描き出されている。

(156) 前掲『石田先生事蹟』、六二七頁。

(157) 同上、六二八頁。

(158) 同上、六二六頁。

(159) 同上、六三二頁。

(160) 手島堵庵の生涯と足跡については、主に「手島堵庵年譜」および「手島堵庵先生事蹟」（柴田実編『増補手島堵庵全集』清文堂出版、一九七三年増補版〈原版は一九三一年〉、所収）を参照した。

(161) 竹中靖一『石門心学の経済思想——町人社会の経済と道徳』ミネルヴァ書房、一九七二年増補版、四五五頁、を参照のこと。

(162) 手島堵庵「会友大旨」（前掲『増補手島堵庵全集』、所収）、一〇〇頁。

なお、梅岩から堵庵に至る学問の方法論の変化について、辻本雅史は「梅岩の学問の方法には、(1)読書、(2)静坐工夫（自己発明）、(3)会輔、(4)講釈の四つがあった。それが堵庵以後の後継においては、各個人が自力でつとめる(1)と(2)は衰え、(3)と(4)が中心となっていった」（前掲、辻本雅史『思想と教育のメディア史』、二一八頁）と指摘している。

(163) 同上、一〇〇～一〇一頁。

(164) 同上、一〇二～一〇三頁。

なお、江戸時代の学習方法としての「素読」の教育史的意義については、拙稿「儒学学習における「身体知」の含意について——「素読」「身体」「言語」を鍵概念として」（山本正身編『アジアにおける「知の伝達」の伝統と系譜』慶應義塾大学言語文化研究所、二〇一二年、所収）、を参照されたい。

(165) 前掲、辻本雅史『思想と教育のメディア史』、二一九頁。

(166) 前掲「会友大旨」、一〇一頁。

(167) そこには例えば、「心学初入の道話の事は是は常の話には致さぬ事にて候。心学志あつき望《のぞみ》の人ばかり別に御よせ候て格別に御物語可被成候。是秘し候と申にてはなく候。心学に志なき人うけたまはり候ては反てためあしく候。其段御心得可被成候」（「東郭先生遺文」〈前掲『増補手島堵庵全集』、所収〉、五八八頁）と記されている。この文言を見る限り、「道話」には、心学への志が自覚的な人たちを対象とする、との特別な意図が込められていたように窺われる。

　なお、「道話」の語が一般に普及するようになるのは、中沢道二の道話が『道話聞書』として出版された一七九四（寛政六）年以降のことといわれる。その後、柴田鳩翁や奥田頼杖らが活躍する化政期になると講釈や会輔は後退し、「心学」といえば専ら「道話」を意味するようになるといわれる。また、こうした方法の歴史的推移は、心学が「修養の学」から「教化の学」へと展開していった過程と重なり合っていたとも指摘される。詳しくは、前掲の辻本雅史『思想と教育のメディア史』、二一七頁、を参照されたい。

(168)　手島堵庵「遺書講義」（前掲『増補手島堵庵全集』、所収）、一八四頁。

(169)　手島堵庵『善道須知』（同『増補手島堵庵全集』、所収）、四二一～四二三頁。

(170)　前掲、辻本雅史『思想と教育のメディア史』、二二五頁。

(171)　手島堵庵「前訓」（同『増補手島堵庵全集』、所収）、七五頁。

(172)　同上、八一頁。

(173)　同上、八二頁。

(174)　同上。

(175)　同上。

(176)　同上、八三頁。

(177)　同上、八四頁。

(178)　手島堵庵『朝倉新話』（前掲『増補手島堵庵全集』、所収）、二四七頁。

(179)　中沢道二の生涯の事蹟については、主に石川謙校訂『校訂 道二翁道話』岩波書店、一九三五年、所収の「解説」ならびに「中沢道二翁活動年譜」を参照した。

(180)　石川謙「解説」（石川謙校訂『校訂 道二翁道話』岩波書店、一九三五年、所収）、八～九頁。

(181)　中沢道二『道二翁道話』初編巻上（前掲『校訂 道二翁道話』、所収）、二九頁。

(182)　こうした道二の姿勢を、石川謙は「道二は、堵庵によって一応主観化され個人化せられた心学思想の基底を、再び客観的な社会的な秩序そのものの中に引き戻して、新しい姿に於いて取上げて来た。梅巌の性と堵庵の本心とを、大自然と社会組織との秩序の中に融合渾一させて、そこに道二独自の「道」の哲学を創案した」（前掲、石川謙「解説」、一一～一二頁）と解釈している。

(183)　前掲『道二翁道話』初編巻下、四八頁。

(184)　一七一一（正徳元）年五月のいわゆる「親子兄弟札」について、例えば『道二翁道話』では、

一、親子兄弟夫婦をはじめ諸親類にしたしく下人等に至るまでこれをあはれむべし。主人有る輩はおの〳〵其奉公に情《せい》を出すべき事。

一、家業を専らにし懈る事なく万事其分限に過ぐべからざる事。

一、いつわりをなし無理をいひ惣じて人の害に成るべき事をすべからざる事。

一、博奕の類一切禁制之事。

の四ヶ条が示され、その上でこれらの規定の趣旨を、「此四ヶ条が人々に勤めさしたいばつかりで、一切の諸仏并、

八百万の神達までが御馳走なさるのじや。まだ其上に何ぞうまい事が有るかと思ふて、…身の分外を願ふは、其本を知らぬ故、名やかたちに迷ふて広大の功徳を亡してゐる」（前掲、『校訂 道二翁道話』、一八三頁）と教戒している。

(185) 石川謙『石門心学史の研究』岩波書店、一九三八年、一四～一六頁。

第八章

(1) 阿部秋生「儒家神道と国学」（日本思想大系三九『近世神道論 前期国学』岩波書店、一九七二年、所収）、四九七～四九八頁。

(2) 契沖「雑説（抄）――万葉代匠記総釈」（同上『近世神道論 前期国学』、所収）、三一〇頁。

(3) 荷田春満『創学校啓』（同上『近世神道論 前期国学』、所収）、三三六頁。

(4) 賀茂真淵の伝記については、主に小山正『賀茂真淵伝』（春秋社、一九三八年）所載の「真淵年譜」（第六編）を参照した。

(5) 『国歌八論』をめぐる論争について詳しくは、三枝康高『賀茂真淵』吉川弘文館、一九八七年新装版、二〇九～二二三頁、を参照されたい。なお「八論」とは、「歌源論」「翫歌論」「択詞論」「避詞論」「正過論」「官家論」「古学論」「準則論」の八つの項目のことを指す。

(6) 徂徠学派の中でも、経学よりも文学を重視した服部南郭は、真淵と親密な交友関係を結んでいた。真淵が本格的な古学研究に入るのは享保年間頃と伝わるが、南郭の『唐詩撰』が和刻されたのが、真淵二七歳の一七二四（享保九）年のことであった。なお、真淵といわゆる徂徠学派との関わりについては、前掲の小山正『賀茂真淵伝』、五三八～五五一頁、を参照のこと。また、真淵の思想と徂徠学との思想史的連関に関わる最近年の学術成果としては、板東洋介『徂徠学派から国学へ――表現する人間』ぺりかん社、二〇一九年、も参照されたい。

(7) 前掲、小山正『賀茂真淵伝』、五五二～五五八頁。

(8) 同上、七八三～七八四頁。なお引用については、適宜読点を補った。

(9) 本居宣長『玉かつま』二の巻（『本居宣長全集』第一巻、筑摩書房、一九六八年、所収）、八七～八八頁。

(10) 前掲、小山正『賀茂真淵伝』、五四三～五四四頁。

(11) 同上、三八九頁。

(12) 賀茂真淵『国意考』（『賀茂真淵全集』第一九巻、続群書類従完成会、一九八〇年、所収）、九頁。

(13) 同上、一五頁。なお、ここで真淵が批判する、唐国の「此五のこと」とは、文意上は「仁義礼智」を指すものと見られる。

(14) 同上、一六頁。

(15) 同上、一四～一五頁。

(16) 賀茂真淵『語意考』（前掲『賀茂真淵全集』第一九巻、所収）、一二四頁。

(17) 同上、一二八頁。

(18) 前掲『国意考』、一三頁。

(19) 賀茂真淵『にひまなび』（前掲『賀茂真淵全集』第一九巻、所収）、二〇四頁。

このような真淵の所論は、「歌」が人々への教化のためのツールとして機能することを示唆するものでもあり、その意味では、教化の方策として「理」ではなく「詩」や「礼楽」の効用を説いた徂徠学の主張と重なり合うものとも見られる。ただし、その結果、真淵は和歌と教化との関係づけに苦慮し、この問題に不鮮明な解答しか示せなかった、といわれる（一方、本居宣長は、他者への共感こそが「道理」の理解へと人々を誘うとの論理を用いることで、統治や道徳に対する和歌の寄与を明らかにした、とされる）。この問題について詳しくは、高山大毅『近世日本の「礼楽」と「修辞」——徂徠学以後の「接人」の制度構想』東京大学出版会、二〇一六年、三二九～三三六頁、を参照のこと。

(20) 前掲『国意考』、一〇頁。

(21) 前掲『にひまなび』、二〇五頁。

なお、真淵は「古言」を知るために、「さて古への仮字《かな》をよく覚えよ、仮字は言の本にて、仮字によりて言を釈《とく》ものなれば、是を定かにおぼゆるを専らの事とす、その仮字は、古事記・日本紀・万葉、その外の古へのふみどもよりして、和名抄まで皆同しければ、それらをよく見る時は定まれり」（同上、二〇六頁）と、元来の我が国の言葉を記した「かな」を覚えるべきことを強調している。

(22) 同上、二〇五～二〇六頁。

なお、教育思想史に関心を寄せる本書は、賀茂真淵の歌学や和歌それ自体を考察の対象とするものではない。真淵の歌学については、例えば、高野奈未『賀茂真淵の研究』（青簡舎、二〇一六年）を参照されたい。

(23) 賀茂真淵『万葉集大考』（前掲『賀茂真淵全集』第一巻、一九七七年、所収）、二一頁。

(24) 前掲『国意考』、一三頁。

真淵にとって、五十音とは「清音五十の外に濁音二十有のみにて、甚言少し、其少きを以て、千万の言にたらはぬ事なきは妙ならすや」（前掲『語意考』、一二四頁、頭注）と称えられるように、わずか五十の音に集約された言葉でもって、千万にも及ぶ（無数ともいうべき）言葉を言い表すことのできるものであった。なお、この五十音の体系に関する真淵の認識について、詳しくは、前掲の板東洋介『徂徠学派から国学へ』、第二章第五節、を参照されたい。

(25) 前掲『語意考』、一二五頁。

「五十音図」の具体的な配置については、同書の、一二八～一二九頁、を参照のこと。なお、真淵にとって「五十音」とは、その由来が神代の神々に帰される（その意味で天地自然に現れた）ものであり、その点において聖人が制作した中国文字とは次元を全く異にするものなのであった。

(26) 前掲『にひまなび』、二〇六頁。

(27) 前掲『国意考』、一八頁。

真淵は、その万物平等観について、「天の心にいつか人を鳥・獣にことなりといへるや、生とし生けるものは、皆同じこと也」（同上、一九頁）と、繰り返し強調している。これは、人を「万物の霊」とする儒学的発想への真っ正面からの批判でもあったと見ることができる。

(28) 同上、一二頁。

(29) 同上、二〇頁。

(30) 同上、一四頁。

(31) 同上、一〇頁。

(32)　同上、二〇頁。
(33)　同上、一六～一七頁。
(34)　同上、二二頁。
なお、真淵の説く「武の道」の含意については、前掲の板東洋介『徂徠学派から国学へ』第二章第六節、での詳細な論考を参照されたい。
(35)　同上、二一～二二頁。
(36)　同上、二二頁。
(37)　同上、一九頁。
(38)　前掲『にひまなび』、二〇八頁。
(39)　賀茂真淵『続万葉論』別記（前掲『賀茂真淵全集』第十巻、一九八五年、所収）、三〇頁。
(40)　前掲、賀茂真淵『万葉集大考』、二頁。
(41)　村岡典嗣『本居宣長』岩波書店、一九二八年、五二八頁。
(42)　本居宣長には、その誕生から死の直前に至る七二年間の記録である自筆の『日記』が残され、それが『本居宣長全集』第一六巻（筑摩書房、一九七四年）に収録されている。また同全集別巻三（筑摩書房、一九九三年）には宣長の生涯を門人の伴信友が編集した『鈴屋翁略年譜』、ならびに詳細な「本居宣長年譜」も収録されている。また、平田篤胤の『玉襷』九之巻（『新修平田篤胤全集』第六巻、名著出版、一九七七年、所収）も宣長の生涯を綴った代表的著述と評されている。本書では、これら以外に上記の村岡典嗣『本居宣長』第一編「宣長伝の研究」も参照した。
(43)　本居宣長『玉かつま』一四の巻（『本居宣長全集』第一巻、筑摩書房、一九六八年、所収）、四四五頁。
(44)　本居宣長『家のむかし物語』（『本居宣長全集』第二〇巻、筑摩書房、一九七五年、所収）、二六頁。
なお、宣長は「宣長十三歳、恵勝大姉、道樹君の、かの願たておき給ひしことをおぼして、七月に吉野の水分の神社にまうでしめ給ふ、…事なくかへりぬれば、恵勝大姉涙おとしてぞよろこび給ひける、道樹君の御事、いかにおぼし出けむ」（同上、二七頁）というように、このときの父定利の祈願の通り、一三歳のときに同神社を訪ねている。父の死後に訪れた初旅であったため、母は二人の手代を同伴させたのであった。
(45)　前掲『玉かつま』二の巻、八五頁。
(46)　同上、八六頁。
なお両者の面会の機会は、最初に新上屋の主人から真淵の宿泊を聞かされた宣長がその後を追っても出会いが果たせず、伊勢神宮からの帰途に立ち寄ることがあれば知らせて貰いたいと、同主人に頼んでおいたことで実現したものであった。この逸話は、後に佐佐木信綱がその著『賀茂真淵と本居宣長』（広文堂書店、一九一七年）の中で、「松坂の一夜」として紹介したことや、尋常小学校の国定教科書（『尋常小学国語読本』および『初等科修身』）に所載されたことで広く世に知れ渡るようになった。
(47)　本居宣長『馭戎慨言』序（『本居宣長全集』第八巻、筑摩書房、一九七二年、所収）、二一頁。なお、同書にて表記されている句点は、適宜読点に改めた。
(48)　本居宣長『鉗狂人』（同上『本居宣長全集』第八巻、所収）、三〇〇頁。
(49)　本居宣長『呵刈葭』（同上『本居宣長全集』第八巻、所収）、四一三頁。

(50) このときに奉ぜられた『玉くしげ』には、具体的・実際的な政策論が多く盛り込まれており、宣長没後の一八五一(嘉永四)年に『秘本玉くしげ』二冊として刊行された。また、もう一方の『玉くしげ別巻』は、いわば政策の理念を記したもので、『玉くしげ』と名前を改め、一七八九(寛政元)年、横井千秋の序を附して刊行された。

(51) 本居宣長『玉くしげ』(同上『本居宣長全集』第八巻、所収)、三一二頁。

(52) 本居宣長『うひ山ぶみ』(前掲『本居宣長全集』第一巻、所収)、九頁。

(53) 「入門誓詞」(前掲『本居宣長全集』第二〇巻、所収)、一九一頁。

(54) 「享和元年四月廿九日夕　稲掛大平・本居春庭宛書簡」(『本居宣長全集』第一七巻、筑摩書房、一九八七年、所収)、五三九頁。

(55) 宣長の遺言書は、前掲『本居宣長全集』第二〇巻、二二七～二三四頁、に収録されている。なお、その内容に関する詳細な吟味については、小林秀雄『本居宣長』新潮社、一九七七年、三～二一頁、および、子安宣邦『宣長学講義』岩波書店、二〇〇六年、第十講、を参照のこと。

(56) 本居宣長『古事記伝』一之巻「直毘霊」(『本居宣長全集』第九巻、筑摩書房、一九六八年、所収)、四九～五〇頁。

なお引用については、煩を避けるために原則として、本文に相当する記述のみ引用し、その解説文は省いた。同書からの引用については、以下も同様の方法を採る。

(57) 同上、五一頁。

(58) 同上、五二頁。

(59) 同上。

(60) 同上。

(61) 同上、五〇頁。

(62) 同上。

(63) 同上、五三頁。

なお宣長は、文字と自国の言葉との関係について、「スヘテ文字ハミナカリ物也、末ノ事也、然ルヲ文字ト我国ノ詞ト、始メヨリ一ッナル物ト心得タルカ、コレ大ナル誤《あやまり》也、モトヨリアル言《ことは》ニ、文字ヲカリ用ヒタル物ト云事ヲ知ラス」(『排蘆小船』〈『本居宣長全集』第二巻、筑摩書房、一九六八年、所収〉、二〇～二一頁)と述べ、大陸の文字が借り物であることを強調する。また文字は借り物であるゆえに、日・月・山・海のようにこの国の言葉とよく相応ずるものもあれば、「以為《おもへらく》」や「仮使《たとひ》」のように全く相応じないものもあることを指摘するのである。

(64) 同上。

(65) 前掲『玉かつま』一の巻、四八頁。

(66) 前掲『馭戎慨言』上之巻上、二七～二八頁。

(67) 前掲『古事記伝』一之巻「直毘霊」、五五頁。

同様の聖人観は、「聖人はもと大きなる盗にて、人の物をぬすみて、己ᅟその術をよく知れるから、その防きのすべも功者なるは、さも有べきこと也」(『くず花』上つ巻〈前掲『本居宣長全集』第八巻、所収〉、一三七頁)との所述にも描出されている。

(68) 同『くず花』上つ巻、一四四頁。

(69) 同『くず花』下つ巻、一六四頁。

(70) 同『くず花』上つ巻、一三三頁。
(71) 同上、一三四頁。
(72) 前掲『古事記伝』一之巻「直毘霊」、五一頁。
(73) 同上。
(74) 同上、五四頁。
(75) もちろん宣長は、仏教に対しても例えば、「仏道は、たゞ悟と迷ひとをわきまへて、その悟を得るのみにして、その余の事はみな枝葉のみなり、かくてその悟といふ物、また無用の空論にして、露も世に益ある事なし」（前掲『玉かつま』十四の巻、四四〇頁）という具合に批判の声を発している。また、当時のこの国の実情についても、天下の人心が仏道と儒道とになびき、「大かた天下の人、上中下、さかしき愚なる、おしなべて、奥山の山賤までも、仏を信ぜざるは一人もなく、…又なかば儒意をまじへて、よろづの事を思ひ定むめり」（同上）、や「たゞ何国も何国も、仏寺のみ栄えて、神社はいたく衰へまして、その衰へをうれふる人もなく」（同上）と概嘆している。
　因みに、宣長の儒学批判の中で注意すべきことは、彼は孔子に対しては、それほど厳しく批判することなく、むしろしばしばその足跡を評価するように見られる所論すら残している、ということである。例えば、「そも〳〵聖人の人に勝れたる処は、たゞ智巧のみにて、実はみな贋物なるを、其中に大抵難のなきは孔丘也、此人《このひと》周の世に生レたる故に、ひたすら周室を尊みて、諸侯共の僭乱を歎きたる心ばへ、まことに殊勝なる事也（前掲『くず花』上つ巻、一三三頁）や、「もしまことに孔丘をたふとむならば、其道をこそ行ふべきことなれ、その道をば、全くもおこなはずして、たゞいたづらに、其人のみをたふとまんは、…名をむさぼるしわざ也」（前掲『玉かつま』三の巻、九五～九六頁）などの所論は、その代表例といえる。
(76) 前掲『古事記伝』一之巻「直毘霊」、五九～六〇頁。
(77) 前掲『くず花』下つ巻、一六七頁。
(78) もちろん、こうした儒学批判が、江戸社会の儒者たちへの批判と重なり合っていることはいうまでもない。宣長の「天地の間に二ッとなく、尊くまします天皇をいたゞき奉りながら、よしなきから国の王を、いさゝかもたふとみいふべきことわり有リなんや。儒者などの心に、もろこしの国にまさりて尊き国なく、その王を天子とあがむべきは、天地のおのづからなることわりのごとくおもひをるは、いとも〳〵こゝろえず」（前掲『馭戎慨言』上之巻下、六六頁）や、「然るべき儒者などの、つねにかの国をたふとびて、いひあへる詞を聞ならひ、さる書をも見なれては、たゞそれをよき事に心得て、ちかきころは、物の心をもしらぬものはた、からもろこしとはいはで、中国中華などいふよ」（同上、六七頁）などの所述は、それを象徴する事例といえる。
(79) 前掲『古事記伝』一之巻「直毘霊」、五七頁。
　この引用文については、解説文に相当するものを〈 〉内に表記した。

　なお、ここでいわれる「おのづからの道」、すなわち老荘思想に象徴される「自然の道」は「神の道」に近似するように見えるが、それについて宣長は「こゝにいふ自然の道は、かの老荘が尊むところの自然にして、誠に此自然の道といふ物は、なきこと也、然れ共、人の作れる物にあらずして、神代よりおのづからある道あり、これ皆神の始め給へる物にして、実は自然にあらざれ共、人為にくらぶれば、又自然の如し」（前掲『くず花』下つ巻、一五八頁）と説明している。

宣長はまた、「かの老子といひしは、すぐれてかしこく、たどりふかき人」であり、老子の「世のこちたくさかしだちたる教へは、うはべこそよろしきににたれ、まことには、いとよろしからず」との教説は、「かれが、さかしらをにくめる説は、おのづから似たるところ、あへるところ有べきことわり也」という具合に、宣長の学問と相通ずるものがあると認めている。ただし、その老子にしても、「かれがいへるは、たゞおのが智慮《さとり》もて、考へ出たるかぎりにこそあれ、皇国に生れて、正しく此道を聞るにあらざれば、その主とある本のこゝろは、しることあたはず」という具合に、その思想的根拠が「皇国の道」に基づくものではない点に、宣長の思想との決定的な相違を見据えている（この段落中の引用文は、すべて前掲『玉かつま』七の巻、二二八～二二九頁）。

(80) 前掲『くず花』上つ巻、一三六頁。

(81) 前掲『玉かつま』十四の巻、四三八頁。

(82) 本居宣長『答問録』（前掲『本居宣長全集』第一巻、所収）、五四七頁。

(83) 前掲『くず花』下つ巻、一七一頁。

(84) ただし宣長は、その一方で、「たとへば舎屋《いへ》などを造る事は、匠人ならぬ人は知らでも有べく、画《え》かく事は、画師ならぬ人は知らでもあるべくして、必万人皆しらで叶はぬ事にはあらず、故にこれらには、教へ学ぶわざの有ル也」（同上、一七一～一七二頁）という具合に、匠人や画師などに象徴される専門的技芸については、それを「教え学ぶ」必要のあることを認めている。その意味で、宣長の教育不要論とは「人のあるべき限」のことを前提に据える立論であったことに注意する必要がある。

(85) 前掲『玉かつま』一の巻、四七頁。

(86) 前掲『くず花』上つ巻、一四七頁。

(87) 前掲『玉かつま』十四の巻、四四二頁。

(88) 前掲『古事記伝』一之巻「直毘霊」、六二頁。

(89) 前掲『うひ山ぶみ』、五頁。

なお、同書の冒頭では、「世に物まなびのすぢ、しな〴〵有て、一トやうならず、そのしな〴〵をいはば、まづ神代記をむねとたてて、道をもはらと学ぶ有リ、これを神学といひ、其人を神道者といふ、又官職儀式律令などを、むねとして学ぶあり、又もろ〳〵の故実、装束調度などの事を、むねと学ぶあり、これらを有識の学といふ、又上は六国史其外の古書をはじめ、後世の書共まで、いづれのすぢによるともなくて、まなぶもあり、此すぢの中にも、猶分ていはば、しな〴〵有べし、又歌の学び有リ、それにも、歌をのみよむと、ふるき歌集物語書などを解キ明らむるとの二タやうあり」（同上、三頁）という具合に、「古典」の学びの大枠が神学・法令（儀礼）・有職・国史・歌学などと分類されている。

(90) 同上、六頁。

(91) 同上、一八頁。

なお、この「師も教へられたる」ことについて、宣長は「古への道をしらんとならば、まづいにしへの歌を学びて、古風の歌をよみ、次に古の文を学びて、古へぶりの文をつくりて、古言をよく知ッて、古事記日本紀をよくよむべし、古言をしらでは、古意はしられず、古意をしらでは、古の道は知リがたかるべし」（同上、一七頁）という、賀茂真淵が自らに与えた教説を紹介している。

(92) 同上、二四頁。

(93) 同上、六頁。

(94) 「明和三年九月十六日、賀茂真淵書簡」（前掲『本居宣長全集』別巻三、所収）、三七八頁。

(95) 前掲『うひ山ぶみ』、一八頁。

(96) 本居宣長『石上私淑言』巻一（前掲『本居宣長全集』第二巻、所収）、九九頁。

(97) 前掲『排蘆小船』、三二頁。

(98) 同上、五八頁。

(99) 前掲『石上私淑言』巻一、九九～一〇〇頁。

(100) 本居宣長『紫文要領』巻上（『本居宣長全集』第四巻、筑摩書房、一九六九年、所収）、五七頁。

(101) 同上、五九頁。

(102) 同上、三八頁。

なお、『物語』に読み込まれる「物のあはれ」について、宣長は「大かた物語をよみたる心ばへ、かくのごとし、昔の事を、今のわが身にひきあて、なすらへて、昔の人の物のあはれをも、思ひやり、おのが身のうへをもむかしにくらべみて、もののあはれをしり、うきをも思ひなぐさむるわざ也」（本居宣長『源氏物語玉の小櫛』一の巻〈同『本居宣長全集』第四巻、所収〉、一八五～一八六頁）と述べている。

(103) 同前『源氏物語玉の小櫛』二の巻、二〇二頁。

(104) 同『源氏物語玉の小櫛』一の巻、一九八頁。

宣長は、「儒は儒のたつる所の本意あり、仏は仏のたつる所の本意有リ、物語は物語のたつる所の本意有リ、それをかれとこれとをしゐて引合せてとかくいふは、伝会の説といふ物也、…教誡の道をうらやみて、歌物語をもその方へひきいれむとするは、いともきたなくみくるしき事也」（前掲『紫文要領』巻下、一一一頁）と述べ、儒学・仏教・物語（国学）それぞれの趣意の相違を強調している。

なお、儒仏と物語との趣意を分かつ最も顕著な相違についての宣長の認識は、「儒仏は人をしへみちひく道なれは、…人の情のまゝにおこなふ事をは悪とし、情をおさへてつとむる事を善とする事多し、物語はさやうの教誡の書にあらねは、儒仏にいふ善悪はあづからぬ事にて、たゝよしあしとする所は、人情にかなふとかなはぬとのわかちなり」（同『紫文要領』巻上、三七頁）との所論に凝縮されている。

(105) 同『源氏物語玉の小櫛』二の巻、二二八頁。

「好色」と「物のあはれ」との関係について、宣長は再三自説を披瀝するが、例えば、「好色はかく人ことにまぬかれかたき物なれば、其意味をしる故に、よき人は人の恋するをもふかくとかめす、あしき人はふかくとかむる也、…よき人のふかくとかめぬ事は、物の哀をしる故也」（前掲『紫文要領』巻下、六九頁）や「よき人は物の哀をしる故に、好色のしのひかたき情ををしはかりて、人をも深くとかめす」（同上、七三頁）などの所論はその自説を凝縮したものといえる。

(106) 本山幸彦『本居宣長』清水書院、一九七八年、一三一頁。
(107) 前掲『紫文要領』巻上、三九〜四〇頁。
(108) 前掲『うひ山ぶみ』、二九頁。
(109) 同上、三〜四頁。
(110) 同上、四頁。
(111) 同上。
(112) 同上、六頁。
(113) 同上、四頁。
(114) 前掲『玉かつま』二の巻、八八頁。
(115) 同『玉かつま』八の巻、二四〇頁。
(116) 同上、二四〇〜二四一頁。
(117) 同上、二四〇頁。
(118) 同『玉かつま』二の巻、八八頁。
(119) 前掲『玉くしげ』、三一九頁。
(120) 同上、三二〇頁。
(121) 本居宣長『秘本玉くしげ』(前掲『本居宣長全集』第八巻、所収)、三四八頁。
宣長にとって、江戸の身分社会は自明の前提であった。それについて彼は、「皇国は神代より君臣の分早く定まりて、君は本より真に貴し、その貴きは徳によらず、もはら種《たね》によれる事にて、下《しも》にいかほど徳ある人あれ共、かはることあたはざれば、万々年の末の代までも、君臣の位動くことなく厳然たり」(前掲『くず花』下つ巻、一五三頁)と論じている。
(122) ただし、丸山真男は、宣長の説いた「自然」を「神の作為としての自然」と読み替えることによって、宣長学に「作為」の論理の不気味な発酵を見出している。詳しくは丸山『日本政治思想史研究』東京大学出版会、一九五二年、二六六〜二七五頁、を参照されたい。
(123) 前掲『玉くしげ』、三三三〜三三四頁。
(124) 前掲『玉かつま』二の巻、七〇頁。

第九章

(1) 伊勢貞丈『故実叢書・安斎随筆』吉川弘文館、一八九〇年(原著刊行は宝暦年間)、九六頁。
(2) 「寛政の改革」での最も基本的な施策方針は、松平定信が老中就任の翌年(一七八八年)に著した『政語』からも、これを読み取ることができる。そこには「政教の源」「孝は徳の本たる事」「国を豊にし風俗を厚する事」「人君の徳倹素を本とする」「政の本は食にある事」「人君過をあらため、いさめをいれ給ふべき事」「財用の道」「儲積を備ふる事」「広く儲積を設くること」「租税を銀にて納る事並に利を貪るの害」「新田開墾の事及び賢才に任ずるの法」「風俗をたゞす事」「後世富民の子銭をかりて国用を助る事」の十三則が記されている。詳しくは、松平定信『政語』(日本思想大系三八『近世政道論』岩波書店、一九七六年、所収)を参照のこと。
なお、同改革に関する文献は豊富に存在するが、例えば、藤田覚『松平定信』(中公新書、一九九三年)は、その要点を詳述している。
(3) 同上『政語』、二五〇頁。
(4) 司法省編輯『徳川禁令考』前聚第二帙、吉川弘文館、一九三一年、二五一頁。
なお引用については適宜句読点を補った。

（5）松平定信／芳賀矢一校訂『花月草紙』冨山房、一九〇四年、七一～七二頁。
（6）本山幸彦『近世儒者の思想挑戦』思文閣出版、二〇〇六年、一八八頁。
（7）「寛政異学禁関係文書」、冢田大峰「大峰意見書第一」（関儀一郎編『日本儒林叢書』第三巻、鳳出版、一九七八年、所収）、二二頁。
（8）同上。
（9）「寛政異学禁関係文書」、冢田大峰「大峰意見書第二」（同上書、所収）、二四頁。
（10）同上、二五頁。
（11）同上。
（12）前掲『政語』、二五一頁。
なお、定信の人材養成論に、徂徠学のそれの継承という側面が認められることについては、辻本雅史『近世教育思想史の研究』思文閣出版、一九九〇年、二四七～二四九頁、を参照のこと。
（13）前掲『近世儒者の思想挑戦』、一九〇頁。
（14）詳しくは、眞壁仁『徳川後期の学問と政治』名古屋大学出版会、二〇〇七年、八三～九七頁、を参照されたい。
（15）柴野栗山「栗山上書」（瀧本誠一編『日本経済叢書』巻一七、日本経済叢書刊行会、一九一五年、所収）、一〇三頁。
（16）なお、「栗山上書」の中で推奨された学問とは、「人君の本道の御学文と申は、先づ有徳院様・水戸中納言源義公殿・保科肥前守・備前の松平新太郎光政の様被レ遊候事にて、国天下を御治め申候事を御学び被レ遊候事にて御座候、天下に学者は大勢御座候得共、此筋をよく呑込候ものは余り多くは無レ之物にて御座候、先は新井筑後守・室新助・熊沢次郎八（備前新太郎家来に御座候）・中江与右衛門（近江の浪人にて居申候、熊沢次郎八は師匠にて御座候）・山崎嘉右衛門（保科肥後守家来に御座候）・伊藤源助・同源蔵（両人共に京都の浪人にて居申候）抔申様の者に御座候」（同「栗山上書」、一三六頁）という具合に、必ずしも朱子学に限定されていなかったことが注目される。
（17）同「栗山上書」、一四三頁。
（18）同上、一四六頁。
（19）詳しくは、前掲『近世教育思想史の研究』、二二二頁、を参照のこと。
（20）「寛政異学禁関係文書」、西山拙斎「題下與二赤松国鸞一論レ学書後上」（前掲『日本儒林叢書』第三巻、所収）、一二頁。引用については、原文を書き下した。
なお、この赤松国鸞（滄洲）とは播州赤穂藩の藩儒で、後に家老となった人物である。一七六〇（宝暦一〇）年に致仕し、京都に出て儒学を講説したが、「寛政異学の禁」が発せられるとこれを厳しく非難した。
（21）「寛政異学禁関係文書」、頼春水「学統説送二赤崎彦礼一」（同上『日本儒林叢書』第三巻、所収）、一八～一九頁。同文書も、引用については、原文を書き下した。
なお、この赤崎彦礼とは薩摩藩校造士館の教授で、薩摩藩世子の侍講でもあった。
（22）頼春水は町人の出身であったが広島藩の儒者に登用され、同藩での朱子学の正学化に尽力した。また、古賀精里も佐賀藩において、藩校弘道館での学問を朱子学に統一することに重要な役割を果たしていた。こうした動向が松平定信の注目するところとなったことが「寛政異学の禁」の引き金となったことは間違いない。

なお、頼春水は広島藩儒の立場から、「藩校での民衆の聴講の奨励」「町方教化のための学校の構想」「手習塾の教化機能への着目」「孝子表彰および孝義伝の編纂と出版」など、すでに組織的な民衆教化の構想を具体的に論じていた。これも幕府における寛政改革の先駆け（あるいは学校の公的組織化政策の先駆け）と見ることができる。詳しくは、前掲『近世教育思想史の研究』、二二七〜二三一頁、を参照されたい。

(23) 「学問吟味」について詳しくは、橋本昭彦『江戸幕府試験制度史の研究』風間書房、一九九三年、第二章、ならびに、前掲の眞壁仁『徳川後期の学問と政治』、一一八〜一三三頁、を参照されたい。なお、眞壁はその成果について、「算定可能な寛政六年から元治二年までの計一五回の学問吟味及第者は、九五四名（成績分類では、甲六六名・乙四一五名・丙四七三名）に過ぎないが、吟味落第者も含めて学問所稽古人となった幕臣たちはその数をはるかに上回る。徳川後期の江戸幕臣社会は、〈選別化〉という学問吟味を中心に儒学活況の時代を迎えたといっても過言ではないであろう」（同書、一二二頁）と指摘している。

(24) この学校の名称が「昌平坂学問所」と公称されるようになるのは一八四三（天保一四）年のことであるが、そのときに発せられた幕府令には「昌平坂学問所ノ儀、古来ハ聖堂ト相唱へ候へ共、右ハ大聖殿ノ別称ニ付、寛政以来学問所ト計相唱候筈ノ処、其節別段達候趣モ無之候間、今ニ其段不相弁向モ有之候、向後ハ都テ学問所ト相唱候様向々へ可被達候」（文部省『日本教育史資料』第七冊、一九〇四年再版、八五頁。引用については適宜読点を補った）と記されている。

(25) 辻本雅史『「学び」の復権』岩波書店、二〇一二年、五〇頁。

(26) これについて菅野則子は、「幕府によって『孝義録』が刊行される以前に、既に津・会津・筑前（福岡）・土佐・小浜・肥後などの諸藩において、孝子伝や良民伝の編集刊行が行われており、それらがこの『孝義録』の編纂の素材ともなったものと思われる」（菅野則子「解題」〈菅野則子校訂『官刻孝義録』下巻、東京堂出版、一九九九年、所収〉、五〇一頁）と指摘している。

(27) なお、表彰の徳目が重なった場合には、「孝ハ人の重しとする所なれは、他の善行多しといへとも孝行をもて題す、婦ハ孝と貞と軽重なし、ゆへに其行ひの至れる方にて名つく、孝子の忠を兼たるも又是に同じ」（「孝義録凡例」二条、同『官刻孝義録』上巻、三頁）、という具合に、基本的に孝行が優先されている。

(28) 同『官刻孝義録』上巻、四頁。

(29) 同上、一〇頁。

(30) 同『官刻孝義録』下巻、四八七〜四八八頁。

(31) 同上、四八八頁。

(32) 同『官刻孝義録』上巻、二八六頁。

(33) 『孝義録』に対するこのような評価については、ニールス・ファンステーンパール『〈孝子〉という表象――近世日本道徳文化史の試み』ぺりかん社、二〇一七年、第五章、を参照されたい。

(34) 佐藤一斎『言志録』一一四条（『佐藤一斎全集』第一一巻、明徳出版社、一九九一年、所収）、七八頁。

(35) 前掲、菅野則子『江戸時代の孝行者——「孝義録」の世界』、二一三〜二一四頁。

(36) 尾藤二洲の生涯とその足跡については、主に、白木豊『尾藤二洲伝』（尾藤二洲伝頒布会、一九七九年）、および、頼惟勤「尾藤二洲について」（日本思想大系三七『徂徠学派』岩波書店、一九七二年、所収）に拠った。

(37) 尾藤二洲『静寄軒集』巻之十、「家世遺事」（頼惟勤編集・解説『近世儒家文集集成』第十巻、ぺりかん社、一九九一年、所収）、一一五頁。

なお、同文書からの引用については、原漢文をすべて読み下し文に改めた。

(38) 前掲『静寄軒集』巻一、「藤村合田二老人に与ふる書」（同『近世儒家文集集成』第十巻、所収）、七三頁。

なお、この藤村・合田とは、川之江に近い和田浜の藤村九皐と合田求吾のことを指し、両名とも並河天民に学んだと伝わる。並河天民もまた伊藤仁斎の門下であったが、師の説に満足せず、経世済民を志として徂徠学に接近したと伝わる。

(39) 尾藤二洲『素餐録』（前掲、日本思想大系三七『徂徠学派』、所収）、二四九頁。

(40) 前掲「藤村合田二老人に与ふる書」、七三頁。

(41) 前掲『静寄軒集』巻一、「正学説」（前掲『近世儒家文集集成』第十巻、所収）、八三頁。

(42) この頃二洲は、佐賀・水戸・丸亀・淀の四藩から招聘を受け、淀藩以外は辞退している。詳しくは、前掲の白木豊『尾藤二洲伝』、二九九〜三〇〇頁、を参照のこと。

(43) 同『静寄軒集』巻三、「作文会の引」（前掲『近世儒家文集集成』第十巻、所収）、一三七頁。

(44) 尾藤二洲『正学指掌』（前掲、日本思想大系三七『徂徠学派』、所収）、三四二頁。

(45) 同上、三四三〜三四四頁。

(46) 前掲『素餐録』、二九五頁。

(47) 同上。

(48) 同上、二七六頁。

(49) 同上、二八九頁。

(50) 前掲『正学指掌』、三四四頁。

(51) 同上、三四七頁。

(52) 前掲『素餐録』、二七六頁。

(53) 同上、二八七頁。

(54) 同上。

(55) 同上、三〇一頁。

なお引用文中の嘉隆七子とは、明代の嘉靖年間（一五二二〜六六）および隆慶年間（一五六七〜七二）に活躍した李攀竜・王世貞・謝榛・宗臣・梁有誉・徐中行・呉国倫の七人のことを指す。

(56) 「聖堂御改正教育仕方に付申上候書付」については、文部省『日本教育史資料』第七冊、冨山房、一九〇四年再版、一一三〜一一五頁、所収のものを参照した。

(57) 同『日本教育史資料』第七冊、一九一〜一九二頁。引用については読点を適宜補った。

なお書生寮については、「書生寮ハ諸藩士並処士入学ヲ許ス、賄ヒハ各々自費ナリ」「林学士又ハ儒員ノ門人ナラテハ入学ヲ許サス」「寮ニ付テ置ク小遣ノ手当及ヒ鍋釜ノ類道具類諸雑費ハ、教育フチ百三十人フチノ内三十人フチヲ書生寮ノ入用トス」「学門所官宅ノ儒員門人熟《ママ》生ノ追々増加シテ書生寮ノ名始マルト云フ、弘化丙午焼失マテハ書生寮ニニ階アリ、此二階ハ儒員尾藤良助ノ官宅ナリト云フ」（引用文はすべて同上、一九一頁）などの記述が遺されている。

(58) 同上、一一九〜一二〇頁。

(59) 尾藤二洲『静寄軒集』巻二、雑著、「策問二条」（前掲『近世儒家文集集成』第十巻、所収）、九三〜九四頁。

因みに現存する二洲のもう一つの「策問」では、「問ふ。仏氏之道日に盛んにして、寺院天下に遍し。其の斯民に害有るや、固より論を待たず。今諸子斯民の為に斯害を除かんと欲すれば、則ち将に何を以てせんか」（同上、九三頁）というように、諸生に仏教排除の方法を問うている。朱子学正学派の仏教認識を読み解く上でも興味深い策問だといえよう。

(60) 尾藤二洲『称謂私言』（前掲『近世儒家文集集成』第十巻、所収）、二二四頁。

(61) 尾藤二洲『冬読書余』巻之一（関儀一郎編『日本儒林叢書』第二巻、鳳出版、一九七八年、所収）、一頁。

なお、同叢書に収録された二洲の述作からの引用については、所載文が漢文の場合、これをすべて読み下し文に改めた。

(62) 同『冬読書余』拾遺、六三頁。

なお、同書の中でも徂徠学に対しては、「今の学者、往往白ら一家を成すと以為《おも》へる者は、皆物氏の余毒に酔へる者なり。東土最も其弊甚し。学者皆放縦を喜んで、名撿を厭ふ。俗士視て以て達せりと為して之に倣ふ。嗚呼是れ風俗を害し教化を傷ふの大なる者、与に中国と同じふす可からず」（同上書、巻之二、三〇頁）という具合に、それが風俗を害し教化を損なうものと、厳しい批判を浴びせている。

(63) 尾藤二洲『択言』（関儀一郎編『日本儒林叢書』第一巻、一九七八年、所収）、一頁。

(64) 同上。

(65) 同上、三頁。

(66) 同上、五頁。

(67) 同上、八頁。

(68) 同上、一三頁。

(69) 同上、一四頁。

(70) 同上。

なお、二洲の闇斎学批判については、これ以外にも「闇斎朱子の窮めし所を窮めんと欲す。其の学の広博なる所以也。流輩然る能はず、只其の余唾を拾ふのみ。又自ら其の固陋を護りて人の識る無からんことを欲する也。是を以て人と語ることを欲せざる也」（同上）や「闇斎理を観ること精透、諸儒皆及ばざる也。唯だ恨みは文字に歉《あきた》らず、故に解く所の経義差失多きのみ」（同上、一五頁）などの論難が綴られている。闇斎学が精緻な学説構築を誇りながら、その人柄ゆえに偏狭にして独断に陥りがちな傾向にあることが、繰り返し指摘されているのである。

(71) 前掲『正学指掌』、三五三頁。

第一〇章

（1）武陽隠士／本庄栄治郎校訂『世事見聞録』七の巻、岩波書店、一九九四年、四四四頁。同書の序文には一八一六（文化一三）年の著述と記されている。なお、著者の武陽隠士は江戸後期の武士と見られるが、詳細は生没年とともに不詳である。

（2）文部省『日本教育史資料』第七冊、冨山房、一九〇四年再版、八一頁。

（3）同上、八二頁。

（4）同上。

（5）同上。

（6）これについて詳しくは、眞壁仁『徳川後期の学問と政治』名古屋大学出版会、二〇〇七年、二九一〜二九七頁、を参照されたい。

（7）佐藤一斎の生涯とその足跡については、主に田中佩刀「佐藤一斎年譜」（岡田武彦監修『佐藤一斎全集』第九巻、明徳出版社、二〇〇二年、所収）、および、高瀬代次郎『佐藤一斎と其門人』南陽堂本店、一九二二年、を参照した。

（8）このときの様子を、一斎は後年に、「余、齢二十一の時、快烈公は猶ほ巌邑藩に在り。余に西遊を従臾《しょうよう》し、…并せて遊学の資若干を貺《たま》ふ。乃ち蒯緱《かいこう》もて独歩し、浪速に抵《いた》る。間大業の家を主とし、竹山先生に従遊す。居ること半年、日夜側に在りて経義を討論し、輒《すなわ》ち夜半に至る。先生乃ち其の切問を喜び、以て厭ふべしとは為さず」（『言志晩録』「別存」四四条〈前掲『佐藤一斎全集』第一二巻、一九九三年、所収〉、一八三頁）と、あるいはまた、「初め余弱冠に比《およ》んで浪華に赴き、竹山先生に従学す。余時に経に於て頗鄙見《ひけん》有り、之れを先生に質す。先生可否して之れを折中す。其の啓発を得ること細に匪ず。履軒は先生の介弟為り。棣蕚《ていがく》同じきと雖も、持論稍異なれり。余時々来往して討論するに、必ず其の底蘊を尽して而る後已む」（『愛日楼全集』巻九、「左伝雕略叙」〈『近世儒家文集集成』第十六巻、ぺりかん社、一九九九年、所収〉、一〇四頁）などと述懐している。なお、『愛日楼全集』（原漢文）からの引用については、すべて読み下し文に改めた。

（9）佐藤一斎『弁道薙蕪』巻上（前掲『佐藤一斎全集』第一巻、一九九〇年、所収）、四三頁。

（10）同上、七二頁。

（11）同上、巻下、一〇六〜一〇七頁。

（12）佐藤一斎『愛日楼全集』巻三十二、「書竹山先生遺墨後」（前掲『近世儒家文集集成』第十六巻、所収）、四二三頁。

（13）佐藤一斎『言志晩録』三五条（前掲『佐藤一斎全集』第一二巻、所収）、四〇頁。

（14）同上、二八条、三五〜三六頁。

（15）一斎に対する「陽朱陰王」との評価については、前掲の高瀬代次郎『佐藤一斎と其門人』、四一〇〜四一一頁、を参照されたい。

（16）石川謙は、「林家塾は、寛政十年十二月（一七九八）、幕府直営の昌平坂学問所が発足して、塾舎を学問所構内から引き払う以前から、塾舎を必ずしも昌平坂一つに限っていなかった事実が、『升堂記』（林家門人の名簿。九分冊、一〇巻。東京大学史料編纂所蔵）によってはっきりと裏書される」（石川『日本学校史の研究』小学館、一九六〇年、二三六～二三七頁）と指摘するとともに、具体的には、「昌平坂」の塾舎の他に「八代洲《やよす》河岸」に塾舎が存在したことを紹介している。一斎の「愛日楼」が八代洲河岸の林家の邸宅の西隣に設けられたことを考えれば、一斎は八代洲河岸に所在する林家塾の塾長となったものと見られる。これについて詳しくは、中村安宏「佐藤一斎年譜稿」（『岩手大学人文社会科学部紀要』第一〇二号、二〇一八年六月、所収）も参照されたい。

(17) 佐藤一斎『愛日楼全集』巻三十七、「愛日楼賦」（前掲『近世儒家文集集成』第十六巻、所収）、四七五頁。

(18) 佐藤一斎『愛日楼詩』（前掲『佐藤一斎全集』第二巻、一九九一年、所収）、三〇七頁。

(19) 佐藤一斎『論語欄外書』（前掲『佐藤一斎全集』第六巻、一九九四年、所収）、七一頁。

(20) 朱熹『論語集注』（朱傑人・厳佐之・劉永翔主編『朱子全書』第六冊、上海古籍出版社・安徽教育出版社、一九九六年、所収）、七九頁。

(21) 佐藤一斎『俗簡焚餘』上巻（関儀一郎編『日本儒林叢書』第三巻、鳳出版、一九七八年、所収）、一一頁。

(22) 大塩中斎『洗心洞箚記』自述（日本思想大系四六『佐藤一斎 大塩中斎』岩波書店、一九八〇年、所収）、三六一頁。

(23) 同『洗心洞箚記』上、三八二頁。

(24) 同『洗心洞箚記』下、五〇七頁。

なお、「致良知」説の由来を王陽明にではなく、宋学の系譜に求めようとする中斎の認識は、「大学の知を致すを以て、良知を致すと為す者は、陽明先生より始まらず。特に先生に因りて震発雷轟《しんぱつらいごう》せるなり。程子曰く、『知は吾の固より有する所なり。然れども致さずんば則ち之を得る能はず』と。此れ豈に良知を致すを謂ふに非ざるか」（同『洗心洞箚記』上、三八三頁）との言葉に明示されている（なお同引用文では、二程子に続けて、呂祖謙や胡敬斎、朱熹らの所論にも「致良知」説が見出されている）。

(25) 前掲、高瀬代次郎『佐藤一斎と其門人』、二四八頁。

(26) 前掲、『洗心洞箚記』上、四二六頁。

(27) 同上、四〇九頁。

(28) 佐藤一斎『言志晩録・別存』（前掲『佐藤一斎全集』第一二巻、所収）、一八二頁。なお、ここに表記されている「翌辛丑」の「辛丑」は天保一二（一八四一）年に相当するために、「翌」の表記は誤植と見られる。

(29) 西郷隆盛と佐藤一斎との思想関連について詳しくは、栗原剛『佐藤一斎——克己の思想』講談社、二〇〇七年、補章「西郷南州と佐藤一斎」を参照のこと。なお、西郷の「西郷南洲手抄言志録」「南洲翁遺訓」「遺教」などは、西郷隆盛全集編集委員会編纂『西郷隆盛全集』第四巻（大和書房、一九七八年）、に収録されている。

(30) 佐藤一斎『言志録』一三三条（前掲『佐藤一斎全集』第一一巻、所収）、一四七頁。

(31) 同上・六条、一二一頁。

なお、『言志録』における「立志」の強調については、例えば、「志有る者は、要《かなら》ず当に古今第一等の人物を以て自ら期すべし」（同上・一一八条、八三頁）、や「人の学を為すには、須らく時に及びて立志勉励するを要すべし」（同上・一二三条、八五頁）などのように、一斎の所述の中に散見する。

(32) 同上・三二条、三四頁。
　学び手に「立志」への自覚を何よりも求めようとする一斎の教育認識は、「人を教ふる者、要ず須らく其の志を責むべし。聒聒《かつかつ》として口に騰《のぼ》すとも、益無きなり」（同上・一八四条、一二〇頁）との所論にも明示されている。

(33) 佐藤一斎『言志晩録』一条（前掲『佐藤一斎全集』第一二巻、所収）、一九頁。

(34) 同上・一〇条、二四～二五頁。

(35) 前掲『言志録』六〇条、四九頁。

(36) 同上・一〇条、二三頁。

(37) 同上・一四条、二五頁。

(38) 佐藤一斎『言志後録』五条（前掲『佐藤一斎全集』第一一巻、所収）、一六〇頁。

(39) 佐藤一斎『言志耋録』三七条（前掲『佐藤一斎全集』第一二巻、所収）、一九八頁。

(40) 前掲『言志後録』一三八条、二一三頁。

(41) 前掲『言志耋録』一九条、一九四頁。

(42) 前掲『言志録』一〇八条、七四頁。
　なお、一斎の「人性論」に関する緻密な分析については、前掲の栗原剛『佐藤一斎――克己の思想』、五一～六〇頁、を参照のこと。

(43) 同上・一〇七条、七四頁。

(44) 同上・一一〇条、七六頁。

(45) 同上・九八条、六八頁。

(46) 同上・九九条、六八～六九頁。

(47) 前掲『言志後録』八四条、一九三頁。

(48) 同上・一四七条、二二六頁。

(49) 同上・一四六条、二二六頁。

(50) このように教育的環境への配慮を重視する一斎の認識は、「子を易へて教ふるは、固より然り。余謂へらく、三の択ぶべき有り。師択ぶべし、友択ぶべし、地択ぶべし、と」（同上・一六一条、二二一頁）との所論のように、師・友・地（環境）を択ぶべきとの所論と通じ合っている。この所論は『孟子』の「古者《いにしえ》は子を易へてこれを教ふ。父子の間は善を責めず。善を責むれば則ち離る。離るれば則ち不祥焉《これ》より大なるは莫し」（『孟子』離婁章句上、第一八章）との言葉に示されるように、親が我が子を冷静に教えることの難しさを踏まえたものとも見ることができる。
　なお、親が実子に施す教育の基本的ありようについて、一斎が「子を教ふるには、溺愛して以て縦を致す勿れ。責善して以て恩を賊《そこな》ふ勿れ」（同『言志後録』一五九条、二二〇頁）や「忘るる勿れ、助長する勿れ、と。子を教ふるも亦此の意を存すべし。厳にして而も慈。是れも亦子を待するに用ふれば、可なり」（同上・一六〇条、二二一頁）と、自制すべき要点を指摘していることも注目される。両者とも『孟子』からの示唆を酌み取ったように見られるが、前者については、「善を責むるは、朋友の道なり。父子善を責むるは、恩を賊ふの大なる者なり」（『孟子』離婁章句下、第三一章）という文言、後者については「心に忘るること勿れ、助けて長ぜしむること勿れ」（同公孫丑章句上、第二章）という文言との関連が示唆される。

(51) 同上・一二条、一六四頁。

(52) 前掲『言志晩録』一六七条、一〇三～一〇四頁。

もちろん、そうした教法の多様性を担保するには、教える側が「知」の内実を体得しておくことが前提をなすことはいうまでもない。一斎の「講説の時は、只だ我が口の言ふ所我が耳に入れ、耳の聞く所再び心に返し、以て自警と為すを要するのみ。吾が講、已《すで》に我れに益有らば、必ずしも聴者の如何を問はず」(同『言志晩録』四二条、四三頁)との所論にそのことが明示されている。

さらにいえば、「教へて之れを化するは、化、及び難きなり。化して之れを教ふるは、教、入り易きなり」(前掲『言志耋録』二七七条、二七九頁)との言葉からは、教育を有効に推し進める上で、一斎が最も重視した前提が学び手のいわばレディネスであったことに注意する必要がある。一斎にとって、教育とは相手の学びへの構えに条件づけられるものであって、決して万能なものとは見なされていなかったといえよう。

(53) 前掲『言志後録』一条、一五七頁。

これ以外にも、一斎の「人生、二十より三十に至るは、方に出でんとするの日の如く、四十より六十に至るは、日中の日の如くにして、盛徳大業は、此の時候に在り。七十八十は、則ち衰頽蹉跎《すいたいさた》して、将に落ちんとするの日の如くにして、能く為す無し。少壮の者は、宜しく時に及んで勉強し、以て大業を成すべし。遅暮《ちぼ》の嘆、或ること罔くんば可なり」(前掲『言志耋録』三二八条、二九四頁)という所論は、同じく生涯にわたる学の必要を説いたものといえるが、『言志耋録』に示された所論は、一斎八〇歳以後のものであり、最晩年の学のありようがやや抑制的に描出されているようにも見える。

(54) 前掲『言志晩録』六〇条、五二頁。

(55) 前掲『言志録』一九九条、一二八頁。

(56) 前掲『言志耋録』二八三条、二八二頁。

一斎の所論にはこれと同趣旨のものが散見する。例えば「少年の時は当に老成の工夫を著くべし。老成の時は当に少年の志気を存すべし」(前掲『言志録』三四条、三五頁)などはその代表例である。

(57) 前掲『言志録』一六三条、一〇七頁。

(58) 前掲『言志耋録』二条、一八六頁。

(59) 同上・二条、一八七頁。

(60) ただし、一斎の学における「心学」的傾向をもって、これといわゆる「石門心学」とを同基軸のものと誤解してはならない。実際、一斎は「世に一種の心学と称する者有り。女子・小人に於ては寸益無きに非ず。然れども要するに郷《きょう》愿《げん》の類為り。士君子、此れを学べば、則ち流俗に汨《しず》み、義気を失ふ。尤も武弁の宜しき所に非ず。人主誤つて之れを用ふれば、士気をして怯懦《きょうだ》ならしめん。殆んど不可なり」(前掲『言志晩録』、六七条、五五〜五六頁)というように、それが士君子にとって無用の学であると、厳しく批判している。

(61) 前掲『言志録』一四〇条、九六頁。

(62) 佐藤一斎『初学課業次第』経部(前掲『佐藤一斎全集』第一巻、所収)、二六三頁。

(63) 前掲『言志後録』四条、一五九頁。

(64) 同上・一二七条、二〇九頁。

なお、一斎の所論には「学は須らく心と事の合一するを要す。吾れ一好事を做して、自ら以て好と為し、因りて人の其の好を知るを要《もと》むるは、是れ即ち矜心《きょうしん》除かれざるなり。便ち是れ心事の合一せざるなり」（前掲『言志晩録』二一八条、一二六頁）というように、「心事合一」との言葉がある。これは「知行合一」を換言したものと見ることもできるだろう。

(65) 同上・一〇四条、二〇〇頁。

(66) 『尚書』巻第二「虞書・大禹謨」（『漢文大系』第一二巻、冨山房、一九七五年増補版、所収）、八頁。

(67) 本文中でも既述のところではあるが、「言志四録」中での一斎の所述には、朱子学説の踏襲と考えられるものが少なくない。朱子学の「理学」としての学的傾向の踏襲でいえば、「天下の物、理有らざる莫し、と。此れ理は即ち人心の霊なり。学ぶ者は当に先づ我れに在るの万物を窮むべし」（前掲『言志晩録』一四条、一二六頁）や、「倫理と物理とは同一の理なり。我が学は倫理の学なり。宜しく近く諸れを身に取るべし。即ち是れ物理なり」（同上一五条、一二七頁）、あるいは「理を窮む、と。理は固より理なり。之れを窮むるも亦是れ理なり」（同上一八条、一二九頁）、などの所述にこれを認めることができる。

(68) 前掲『言志録』一六九条、一一〇頁。

(69) 同上・一七〇条、一一一頁。

(70) 前掲『言志耋録』二三四条、二六四頁。

(71) 前掲『言志晩録』一四四条、九二頁。

(72) 前掲『言志耋録』一六一条、二三八頁。

(73) 前掲『言志晩録』二三〇条、一三二頁。

なお、年少者に対する一斎の教育方針について、その基軸を形づくったものは、「人は童子為《た》る時、全然たる本心なり。稍々《やや》長ずるに及びて、私心稍々生ず。既に成立すれば、則ち更に世習を夾帯《きょうたい》して、本心殆ど亡ぶ。故に此の学を為す者は、当に能く斬然として此の世習を祛《さ》りて、以て本心に復すべし。是れを要と為す」（前掲『言志耋録』五一条、二〇三頁）との所論に象徴されるように、朱子学の「復初説」であったと見ることができるだろう。

(74) 広瀬淡窓の生涯については、主に『懐旧楼筆記』（日田郡教育会編輯『増補淡窓全集』上巻、思文閣、一九七一年復刻版、所収）を参照した。なお、淡窓には三二歳の一八一三（文化一〇）年より七五歳の一八五六（安政三）年に至る自筆日記（八二巻、四二冊）が遺されている。同日記は、同『増補淡窓全集』の中巻および下巻に収録されている。

なお以下、『増補淡窓全集』（全三巻）所載文書からの引用について、原文が漢文表記の場合には、すべてこれを読み下し文に改めることとした。

(75) 同『懐旧楼筆記』巻二五（『増補淡窓全集』上巻、所収）、三一五頁。

(76) 同上・巻一〇、一二三〜一二四頁。

(77) 同上、一二七頁。

(78) 同上・巻一七、二一三頁。

(79) 管見の限り、『懐旧楼筆記』に「咸宜園」という名称が最初に現れるのは、一八二〇（文政三）年の「文政三年庚辰、余歳三九、咸宜園ニアリテ、業ヲ講ス」（同上・巻二〇、二五二頁）という記述においてである。

因みに、「咸宜」という言葉は、『詩経』商頌玄鳥篇に記された「殷《いん》命を受くる咸《ことごと》く宜《よろ》し。百禄是れ何《にな》ふ」（『毛詩』

巻第二十、商頌那、長発〈『漢文大系』第一二巻、冨山房、一九七五年増補版、所収〉、一七～一八頁）を典拠とするもので、殷の湯王が天命を受けて王となるのは悉く宜しく、天下の多福を担うものだ、というのである。これについて海原徹は、「中国三代の理想の政治に憧れる淡窓が、自らの塾をこれを再現する教育の場としてイメージしていたことは、おそらく間違いない」（海原徹『広瀬淡窓と咸宜園――ことごとく皆宜し』ミネルヴァ書房、二〇〇八年、四一～四二頁）と述べている。

(80) 同『懐旧楼筆記』巻二一、二六六頁。

(81) この「再生」に関し、淡窓は四五歳のとき（一八二六〈文政九〉年）の記事として、「余生来三大厄アリ。一ハ十九歳ノ時ノ疝ノ患ナリ。二ハ二十六歳ノ時ノ疫症ナリ。三ハ此度ノ病ナリ。三ツノ内、今般最重シ。ソノ余患十余年ヲ歴テ、猶患ヲナセリ。誠ニ生涯ノ一大刧ナリ。此般ハ世人モ必死セント思ヘリ。然ルニ天幸アリテ免ル丶コトヲ得タリ。…是ヨリ以後ハ、再生ノ身ナリ。務メテ功徳ヲ修シ、上ハ天地神明ノ恩ヲ報シ、下ハ親戚世人ノ力ニ報スルコトヲ思ハスンハアルヘカラス」（同『懐旧楼筆記』巻二五、三一五～三一六頁）と述懐している。

(82) 広瀬淡窓『燈下記聞』巻二（前掲『増補淡窓全集』上巻、所収）、一四頁。

(83) 広瀬淡窓『夜雨寮筆記』巻二（同『増補淡窓全集』上巻、所収）、一八～一九頁。

(84) 実際、一八三五（天保六）年には、同一の等級内に限って年齢の上下によって席序を定めるようになり、また、一八五三（嘉永六）年からは新入生についても年齢の順によって位次を決めることになった。詳しくは、前掲の海原徹『広瀬淡窓と咸宜園』、一五七頁、を参照のこと。

(85) これについて淡窓の『醒斎日暦』には、一八四〇（天保一一）年九月二一日の記事として、「凌雲権一級上を加ふ。凌雲新入りにして超遷なり。新課未だ満たざる者は、権の字を加ふ。此月より始む」（『醒斎日暦』巻之二〇〈前掲『増補淡窓全集』下巻、思文閣、一九七一年復刻版、所収〉、七四三頁）と記されている。

(86) 前掲『懐旧楼筆記』巻一一、一三八頁。

(87) 前掲『夜雨寮筆記』巻二、一九頁。

(88) 同上、一九～二〇頁。

(89) 前掲『懐旧楼筆記』巻四一、五三六頁。

(90) 同上・巻四二、五五三頁。

(91) 「南柯一夢抄録」は、前掲の『増補淡窓全集』中巻、に収録されている。なお、武谷祐之は一八三六（天保七）年、一七歳で咸宜園に入門し、七年後の一八四三（天保一四）年に九級下で大帰している。大帰後は福岡藩の侍医となり、同藩の医学校賛生館（現在の九州大学病院の源流）の創設（一八六七年）に尽力した。

なお同抄録には、「前後束脩ヲ執ル者、五千人ニ及ヘリ。翁ノ学敬天ヲ主トシ、処義制数ヲ用トス。経ヲ解ク、新古ニ拘泥セス。唯本文ニ折衷シ、書ヲ読ム。内外和漢古今ヲ問ハス、唯其適用ヲ採ル。生徒ヲ教育スル、偏固狭隘ニ陥ラス。務テ其材ヲ達スルヲ主トス」（武谷祐之「南柯一夢抄録」〈前掲『増補淡窓全集』中巻、一九七一年復刻版、所収〉、二頁）というように、咸宜園の塾生数が延べ五千人にも及んだこと、そこでの教育方針の基調が「其材ヲ達スル」ことにあったことなどが、端的に紹介されている。
(92) 同「南柯一夢抄録」、一二頁。
(93) 同上。
(94) 同上、一二〜一三頁。
(95) 同上、一三頁。
(96) 広瀬淡窓『六橋記聞』巻六（前掲『増補淡窓全集』上巻、所収）、六四頁。
(97) 前掲『懐旧楼筆記』巻一一、一一三八頁。
(98) 同上、巻二〇、二二四八頁。
なお、「官府の難」と称されるこの介入事件については、前田勉『江戸教育思想史研究』思文閣出版、二〇一六年、四〇四〜四一〇頁、も参照されたい。
(99) 同上、巻三〇、三九〇頁。
(100) 同上、巻三二、四二四頁。
なお、同筆記の一八三三（天保四）年五月一一日の記事に「暫ク謙吉ニ代ツテ、塾政ヲ為セリ。先頃府君ヨリ命セラルヽ旨、黙止カタシ」（同上、巻三三、四二九頁）とあり、同年一二月三日の記事に「塾政ヲ謙吉ニ返セリ」（同上、四三四頁）と記されていることから、同年中は代官の命により、半年以上の期間、淡窓が咸宜園の塾主を担っていたことが確認できる。

その後も、淡窓が繰り返し塾主に復帰していたことは、一八三五（天保六）年一月二八日の記事に「暫ク謙吉ニ代ツテ、塾政ヲ行ヘリ。謙吉…遠游ノ志アリ。先長崎ニ遊ハントトス」（同上、巻三四、四五四頁）と記されたり（同年七月一二日の記事に「塾政ヲ謙吉ニ返ス」〈同上、巻三五、四六〇頁〉とある）、一八三六（天保七）年四月一日の記事に「此日ヨリ謙吉ニ代リテ塾政ヲナセリ。謙吉東遊ノ期近キニアルヲ以テナリ」（同上、巻三六、四七七頁）と記されたり（一八五五〈安政二〉年三月一六日の記事にも「家ヲ範治（広瀬青邨のこと）ニ伝ヘ、遍ク塾生ヲ召シテ之ニ告グ」〈『甲寅新歴』巻三、前掲『増補淡窓全集』下巻、所収、一二八五頁〉との記述がある）している通りである。
(101) 同『懐旧楼筆記』巻三三、四二八頁。
(102) 同上、四三八頁。
(103) 同上、巻三四、四四四頁。
なお、この措置に対しては、「府君ヨリ塾政変革ノ命アリシニ、謙吉カ所ㇾ為、其旨ニ叶ハス。殆ト罪ヲ得タリ」（同上）と記されているように、代官の「塾式」に従おうとしない淡窓・謙吉に、代官が業を煮やしたことが窺われる。
(104) 同上、巻三五、四五七頁。
(105) 同上、巻三三、四三三頁。
なお、この大病の影響について、淡窓は、翌一八三四年四月の記事に「予去年病ヲ得シヨリ、官府ニ至ラサルコト、一年ニ近シ」（同上、四四〇頁）と記している。
(106) 同上、巻三五、四六四〜四六五頁。
(107) 大分県教育会『大分県偉人伝』三省堂書店、一九〇七年、二六〇頁。
(108) 同上、二六八頁。
(109) 広瀬淡窓『遠思楼詩鈔』序（前掲『増補淡窓全集』中巻、所収）、一頁。
(110) 同上、三頁。
(111) 前掲『懐旧楼筆記』巻三九、五一〇頁。

(112)「文玄先生之碑」（前掲『増補淡窓全集』上巻、所収）、一〇頁。

(113) 広瀬淡窓『約言』（前掲『増補淡窓全集』中巻、所収）、一五頁。

(114) 荻生徂徠『弁名』下（『荻生徂徠全集』第一巻、河出書房新社、一九七三年、所収）、八五頁。

(115) 広瀬淡窓『約言或問』（前掲『増補淡窓全集』中巻、所収）、五頁。

ただし、淡窓はこの言葉に続けて「但後世ノ儒者、専ラ道ヲ人心物理ノ上ニツキテ求メ、六経ヲ廃スル者アルヲ戒メントテ、古聖人ヲ師トスルコトヲ教ヘタルナラハ可也。聖人ハ天命ヲ受ケテ天下後世ニ師タル人ナリ。聖人ヲ外ニシテ道ヲ天地ニ求ムルハ、庶人タル者、邦君ノ命ニ従ハスシテ、直ニ天子ニ事ヲ訴フルカ如シ」（同上）と述べ、「道」を聖人の制作に由るものとする徂徠学の主張に、理解の余地を残している点には注意する必要があろう。

なお、徂徠学の基本的立場として学問の本意を経済に求める主張が見られるが、それについて淡窓は、「経済ハ国家ヲ有ツ者ノ天職ナリ。苟モ其任ニ当ラハ、研究スヘキコトノ急務ナリ。但シ敬天ノ一念ヲ本トシテ真実ニ心ヲ用ヒハ、自然トクハシクナルヘシ。別ニ経済ノ学トテ有ルコトニアラス」（同上、二二頁）や「天命ヲ知ラスシテ、徒ラニ政談経済録ノ類ヲ口実トシ、我コソ経済学者也ト言ハンハ、…国ヲアヤマルノ本ト知ルヘシ」（同上、二三頁）という具合に、痛切な批判を加えている。

(116) 同上、一三頁。

なお性善説について、淡窓は「聖人ノ教、天ヲ敬スルコトヲ主トシテ、性ヲ論スルヲ主トセサル也。人性ハ如何ニモ是ヲ是トシ、非ヲ非トスルノ智アリトイヘトモ、必天ヲ敬スルコトヲ知リテ、而後ニ始テ其是トスル所ヲ行ヒ、其非トスル所ヲ去ルコトヲ得タリ。…孟子ノ性善ヲ論シテ、学問ノ趣向トセラレシトハ、主意同シカラス」（同上、一二頁）と述べて、それを「敬天」の後景に置こうとする。「タヽ聖人ノ教ニヨリテ天ヲ敬スヘシト云ハハ、十全ノ説ト云フヘシ」（同上、一三頁）との所論に基づく限り、性悪説を説いた荀子の方が「却テ孟子ニマサル所アリ」（同上）とまで評されるのである。

また「天」と「理」とを重ね合わせようとする朱子学の所論についても、淡窓は「宋儒ノ学ハ、理ヲ以テ第一ノ尊キ者トス。故ニ其尊フ所ヲ以テ天ニ合シタル者也。是亦敬天ノ意ナルヘシ」（同上、一五頁）と一応の理解は示しつつも、「天ノ神明不思議ナルコト、理ノ一字ニ尽スヘキニ非ス。已カ智ヲ以テ理ヲ究メテ、天ハ即チ理也ト云フハ、畢竟私智ヲ以テ天ヲ測ル所ニシテ、不敬ニオツルコトヲ免カレサルヘシ」（同上）と、手厳しい批判を加えている。

(117) 広瀬淡窓『醒斎語録』巻一（前掲『増補淡窓全集』上巻、所収）、七頁。

(118) 広瀬淡窓『老子摘解』巻下（同『増補淡窓全集』上巻、所収）、五九頁。

(119) 淡窓の学的立場をどう定位するかについては、かつて中島市三郎が極めて詳細な吟味を試みていた。詳しくは、中島『教聖広瀬淡窓の研究』第一出版協会、一九三五年、一一九〜一四八頁、を参照されたい。また比較的近年の論考では、田中加代が、衣笠安喜、松本三之介、小島康敬の三者を取り上げながら、淡窓の学問的系譜を折衷学派とする理解が通説とされている動向を紹介しつつ、（田中『広瀬淡窓の研究』ぺりかん社、一九九三年、三〇〇頁）、その上で、淡窓の思想について「徂徠学の一般大衆化という形を取ったもの」（同上、四〇九頁）や「位置的には徂徠の末裔にあって、朱子学には与せず、むしろ徂徠学を実践に移すという機能を受け持つことによって、当代の要求に答えた」（同上、四一五頁）と評している。

(120) 前掲『約言』、一五頁。

(121) 同上、一六頁。
　こうして淡窓は、身分秩序それ自体は天命によって定められたものとしつつも、人々の間に賢愚の相違が存在することの根拠については、「父祖善を習ふ、子孫多く良たり。父祖悪を習ふ、子孫多く頑たり。是れ明徴なり。但し其の源潤《ひろ》し。父母は両のみ。祖は四にして曽は八なり。此れに過ぐる以往は、之を千とし之を万とす。性質の由る所、紛《ふん》紜《うん》交錯す」（同上、二二頁）と、これを遺伝的要因（これもまた、天命のかたちと見ることもできるかもしれないが）に認めている。

(122) 同上、一六頁。

(123) 同上、一九頁。

(124) 同上。

(125) 前掲『約言或問』、一四頁。

(126) 同上、一六～一七頁。

(127) 同上、一～二頁。

(128) 前掲『約言』、一六頁。

(129) 前掲『約言或問』、三頁。

(130) 前掲『約言』、二五頁。

(131) 同上、二六頁。

(132) 広瀬淡窓『迂言』（前掲『増補淡窓全集』中巻、所収）、三七頁。

(133) 同上。

(134) 同上、三七～三八頁。
　なお、「六弊」についてより詳しくは、同書、四～一一頁、を参照されたい。

(135) 同上、三八頁。

(136) 同上。

(137) 同上、四七頁。

(138) 同上、四六頁。

(139) 同上、三九頁。

(140) 同上、四〇頁。

(141) 同上、四二頁。

(142) 同上、四三～四四頁。

(143) 前掲『夜雨寮筆記』巻三、三七頁。
　因みに、『遠思楼詩鈔』が好評を得ていることを謙吉から知らされた淡窓は、「謙吉カ書来ル。遠思楼詩鈔、始メテ官充ヲ得タルコトヲ告ケタリ。又曰ハク、詩鈔大ニ世上ニ流行ス。近年詩集ノ世ニ行ハル丶者、菅茶山ニ如クハナシ。遠思楼ハ遠ク其上ニ出テタリ」（前掲『懐旧楼筆記』巻四〇、五二七頁）とやや自慢気な言葉を綴っている。

(144) 広瀬淡窓『淡窓詩話』上巻（前掲『増補淡窓全集』中巻、所収）、一一頁。

(145) 同上、八頁。

(146) 前掲『夜雨寮筆記』巻三、四一～四二頁。

(147) 前掲『懐旧楼筆記』巻一二、一五五頁。

(148) 広瀬淡窓『再修録』巻一一（前掲『増補淡窓全集』下巻、所収）、一二三二頁。
なお、この記事は一八五三年六月二三日のものである。ペリーが浦賀沖に現れたのが同年六月三日だったことを踏まえるなら、この情報はわずか二〇日後に日田に伝わっていたことになる。

(149) 広瀬淡窓『論語三言解』（前掲『増補淡窓全集』中巻、所収）、一〇頁。
なお、辺防策を記したはずの同書のタイトルに「論語三言」との言葉が附されているのは、『論語』の「子貢政を問ふ。子曰く、食を足らし、兵を足らし、民之れを信ず」（顔淵第一二）との文言にある「足食」「足兵」「足信之」の三言を敷衍して同策を論じたことに基づくものとされている。因みにこの所論は、同じく『論語』の「子曰く、善人民《たみ》を教ふること七年、亦た以て戎に即くべし」（子路第一三）の「教民七年」（善人が人民を七年間教育すれば、戦争に赴かせることも可能）なる所説を敷衍したものといわれる。

(150) 同上、一一頁。

(151) 同上、五～六頁。
ただし淡窓は、「国ヲ治ムルノ道二ツ。一ハ郡県、一ハ封建ナリ。二ツノ者各特質アリ。海内無事ニシテ、法令行届クコトハ、郡県ニ如クハナシ。夷狄ヲ防ギ、辺境ヲ固ムルコトハ、封建ニ如クハナシ。…今蛮夷来リ寇スルニ至ツテハ、封建ノ制、専ラ用ヲナス時ナリ」（同上、一八頁）という具合に、治国の仕組みを「郡県制度」と「封建制度」とに大別した上で、当面する対外的危機に対応するには「封建制度」が優位であることを強調している。

(152) 平田篤胤の生涯を辿るについては、主に平田鉄胤の「大《だい》壑君《がくくん》御一代略記」（前掲『新修平田篤胤全集』第六巻、名著出版、一九七七年、所収）を参照した。ただし、同略記には誤りが少なからず認められるとの指摘も踏まえ、併せて、渡辺金造『平田篤胤研究』（鳳出版、一九七八年復刻版〈原著は一九四二年〉）第一篇、および田原嗣郎『平田篤胤』吉川弘文館、一九八六年新装版、での諸記述も参照した。
なお、『新修平田篤胤全集』所収の諸論攷からの引用については、原著が漢文表記の場合には、すべてこれを読み下し文に改めた。

(153) 同前「大壑君御一代略記」、五九七～五九八頁。

(154) 前掲の渡辺金造『平田篤胤研究』によれば、「大壑君御一代略記」が篤胤の宣長への入門を一八〇一（享和元）年と記していることについても、「併し此の事は問題で、恐らく宣長生前には入門しないで、没後に入門の手続を取つたのが事実であらう」（同書、二八六頁）と指摘され、本居春庭に入門した時期は一八〇三（享和三）年と記されている（同書五二〇頁、「平田篤胤略年譜」に記載）。なお、篤胤の宣長への入門時期に関する詳細な考証については、村岡典嗣『宣長と篤胤』（日本思想史研究第三巻）、創文社、一九五七年、九～一六頁、を参照されたい。
また、織瀬が篤胤に『古事記』を読むよう薦めたとの逸話については、藤田徳太郎『本居宣長と平田篤胤』丸岡出版社、一九四三年、一〇～一一頁、を参照のこと。

(155) 平田篤胤『霊の真はしら』下巻（『新修平田篤胤全集』第七巻、名著出版、一九七七年、所収）、一八二頁。

(156) 同上、一八〇～一八一頁。
　なお、この引用文に記されているように、篤胤の最初の妻織瀬は一八一二（文化九）年、『霊の真柱』の成稿の年に三一歳の若さで死去している。

(157) 平田篤胤『呵妄書』（『新修平田篤胤全集』第一〇巻、名著出版、一九七七年、所収）、一四一頁。

(158) 平田篤胤『古道大意』下巻（『新修平田篤胤全集』第八巻、名著出版、一九七六年、所収）、六九頁。
　なお、篤胤は同書において、自らの先行者を「荷田ノ宿彌羽倉ノ東満翁」「賀茂ノ縣主岡部ノ真淵翁」「平ノ阿曾美本居ノ宣長翁」の三者に見定めている（同書上巻、二二頁）。古道学の系譜から契沖が外されていることに注意しておきたい。

(159) 同上、七一頁。
　『古道大意』にてとくに注目されるべきは、その著述内容に地球や海外諸国に関する篤胤の知見が豊富に盛り込まれていることである。例えば、「抑《そもそも》天ハ動カズ。地ノ動キ旋《めぐ》ルト云〓ハ、…西洋人ノ考ヘタル説ガ、第一ニ委ク、…今ハ其ノ説ニ因テ云〓ジャ。扨其ノ大地ノ形ハマン丸ナ物デ、…丸キ物ユヱニ、地球トモ名《なづ》ケタモノデ、…此ノ大地ノグルリガ、六分程ハ海、三ッハ山、一ッハ平地ジャト申ス〓デゴザル。…扨其ノ大地球ニ有ル国ヲ、五ッニ分テ、第一ヲアジヤト云ヒ、第二ヲエウロッパト云。第三ヲアフリカトイヒ、第四ヲ南アメリカト云ヒ、第五ヲ北アメリカト云フ。…右ニ申シタルエウロッパ、則第二ニ当ル国々ノ人々ハ、自由自在ニ、此ノ大地球ノグルリヲ船デ乗回シ、国ト云フ国ノ限リ行ヌ処ナク、…其上ケシカラズ、気ヲ長ク物ヲ考ヘル国風デ、底ノ底マデ物ヲ考ヘル。其考ヘノ為《ため》トテ、種々《いろいろ》測量ノ道具ヲ拵《こしら》ヘ、譬ヘバ日月星ノ有形《ありさま》ナドヲ見ントテハ、望遠鏡《とほめがね》、遮日鏡《ぞんがらす》ヲ拵ヘ、又其ノ大キサ遠サ近サヲ知ントテハ、量地ナドノ道具ヲ考ヘ、…一代ニ考ヘ課《おふ》セヌ〓ハ、…又子孫ヤ弟子ノ者ガ、幾代モ〳〵係テ…考ヘ付ヤウトスルデゴザル」（同書、五六～五八頁）というような記述である。また当時、諸外国から交易の求めが盛んに寄せられていることに対して、「日本ハ、此方及ビ諸国ノ頭《かしら》ニアル国」なのだから「外国ト交易ヲセヌ方ガ、国ノ風俗モ乱レンデ、却テ国ノ大ナル益ジャ」（同上、六一頁）と、日本の優位性を強調しながらこれを拒否しようとする態度を示している点も注目される。

(160) 同上、六九頁。
　その他、『古道大意』には、『中庸』の「天ノ命コレヲ性ト謂ヒ、性ニ率フ之ヲ道トイヒ、道ヲ修ムル之ヲ教ト謂フ」（同上、六九頁）や、『論語』の「本立テ道生《みちなる》」（同上、七〇頁）など、経書の文言を肯定的に引用するケースも散見される。

(161) 服部中庸の『三大考』は、『本居宣長全集』（第一〇巻、筑摩書房、一九六八年）、に所載されている。同著に対して宣長は、「これによりてもいにしへのつたへごとは、いよゝますゝゝたふとかりけり、すめら御国のゆゑよしは、いよゝますゝゝたふとかりけり」（同『本居宣長全集』第一〇巻、三一六頁）と称賛している。ただし、宣長自身は「天」と「日」、「月」と「泉」とを同一視したわけではなく、また天照大御神は太陽の主宰神ではなく、太陽そのものと解釈していた。

（162） 吉田麻子『平田篤胤――交響する死者・生者・神々』平凡社、二〇一六年、四八頁。

（163） 前掲、『霊の真はしら』上巻、九三頁。

（164） 同上、一〇八頁。

注目されるのは、篤胤は「遙西《はるかにし》の極《はて》なる国々の古き伝へに、世の初発《はじめ》、天ッ神既に天地を造了《つくりをは》りて後に、土塊《つちくれ》を二つ丸《まろ》めて、これを男女の神と化《な》し、その男神の名を安太《あだ》牟《む》といひ、女神の名を延《え》波《は》といへるが、此の二人の神して、国土を生りといふ説《こと》の存《あ》るは、全く、皇国《みくに》の古伝の訛《なま》りと聞えたり」（同上）との所論のように、『旧約聖書』創世記の所伝への認識を有していた、ということである。もちろんこの所伝は、篤胤から「万つの外つ国どもは、皇国に比べては、こよなく劣りて卑《いやし》かるべきこと」（同上）と卑下されている。

なお日本と外国との関係について、篤胤は、「遙西の国人の、万国の風土を委曲《くはし》く記せる書の中に、皇国のことをも記して、諸国土の肥沢《こえうるほひ》て楽《たのし》き地《ところ》は、北緯三十度より、四十度の間に、及《しく》ことなく、日本は其間に位して、且《そのうへ》万の国の極東方の境なるに、天ッ神のいかなる御心にか、彼の国を殊に徳恵《めぐみ》まして、周廻《めぐり》には、嶮《さかし》く烈《はげし》き荒海を廻らして、外つ国の侵し仇《あた》なむを防ぎ、またその地形をこゝかしこに断放《たちはな》して、諸の島を合せたるがことくならしめたるは、其の国々の産物《くにつもの》を異に生《なし》て、その総国に通用《わたしもち》へしめ、…殊に稲穀万国に卓越《すぐれ》て美《うるはし》く、人の気《こゝろ》の勇烈強盛なること、これまた万の国にならぶ国なきは、すべて、天地《あまつち》を造れる神の、日本に殊なる徳恵《めぐみ》を給はる徴《しるし》なり」（同上、一〇八～一〇九頁）と述べ、日本の優秀性とそれが神の恵みに基づくことを強調している。

（165） 同『霊の真はしら』下巻、一三八頁。

（166） 同上、一七〇頁。

（167） 同上。

（168） 同上。

（169） 同上、一七三頁。

なお篤胤は、幽冥界の死者の魂を鎮めるための場が社や祠だとしつつ、「そは黄泉に往かずは、何処《いづこ》に安住《しづまり》てしかると云ふに、社《やしろ》また祠《ほこら》などを建て祭たるは、其処《そこ》に鎮坐《しづまりを》れども、然在《しから》ぬは、其墓《おくつき》の上《ほとり》に鎮り居り。これはた、天《あめ》地《つち》と共に、窮尽《きはまりつく》る期《とき》なきこと、神々の常磐《とことは》に、その社々に坐《ましま》すとおなじきなり」（同上）と述べている。

（170） 本居宣長『玉くしげ』（『本居宣長全集』第八巻、筑摩書房、一九七二年、所収）、三一五頁。

（171） 同上、三一六頁。

こうして宣長が、人はその死後に黄泉国に逝くと説いたのに対し、篤胤は「師翁の説に、天に坐す神は、死《まがる》といふことなく常《とこしへ》なり。国に坐す神は、皆死《まがり》ぬといはれしは、あなかしこ、何の拠《よりどころ》ありて、かゝる説《こと》をば宣ひけむ。…一向《ひたすら》に、師説をのみ信《たのみ》とする徒《ともがら》も、さる漫説《みだりごと》ないひそ思ひそ、たゞ常石《とこしへ》に、隠れて坐にこそあれ、今も某々《それぞれ》の宮々に、鎮り坐すこと疑ひなし」（『霊の真はしら』下巻、一七二頁）や、「師の翁も、ふと誤りてこそ、魂の往方は、彼処ぞといはれつれど、老翁の御魂も、黄泉国には往坐《いでま》さず」（同上、一七八頁）というように、師説に反旗を翻す。

篤胤にとって、幽冥界の存在とは、師説にも譲ることのできない、彼の思想の核心なのであった。

（172）前掲『霊の真はしら』下巻、一七四頁。

篤胤の仏教批判は、「なほ大乗法華経、また真言秘密の旨こそあれなど云ひて、陀羅尼《だらに》てふものなど、高らかに咒《とな》ふめるは、かへす〴〵、妖鬼《まがもの》の為に、はかられ居ること疑ひなし。ことにかの法華経は、薬を失ひたる能書のごときものにて、更にいふかひなきものなる」（同上、一七五頁）という具合に、とくに法華経や真言密教に向けられている。また、富永仲基や服部天游（服部蘇門。一七二四～一七六九。ただし天游はその晩年、仏教に帰依していたとも評されている）の名を挙げつつ、彼らの仏教批判を評価する姿勢を示している点も注目される。

（173）平田篤胤『出定笑語』（前掲『新修平田篤胤全集』第一〇巻、所収）、三五二頁。

重複を恐れずに繰り返すなら、篤胤は、大乗仏典は後世の偽作とし、小乗仏典でさえ釈尊滅後の弟子たちの手になるものが多いことを批判する。篤胤の認識によれば、仏教よりも、仏教創始以前のバラモン教の方が古伝説を保持しており、仏教より尊いとされるが、そうした彼の認識は、「婆羅門ドモノ説ク所ハ、彼ノ国ノ古伝説ヲ本トシ、今アル実事ヲ見テ道ヲ論ジ、親妻子モ其儘アリ、愛情モステヌモノ故、イハヾ其国ニハエツキノ道デゴザル。然ルニ釈迦ガ立タル趣ハ、カノ婆羅門ドモノ、謂《いは》ユル天堂地獄因果報応治心ナドノ説ハ理《ことわり》アルヿデ、ソレハ破ラレヌカラ、其ナリニ竊《ぬす》ンデ我物トナシ、其ノ中生天ノ説ヲ破ツテヒクシトシ、親妻子ノ愛情ヲサヘニステテ、生死ノ海ヲ出ルト云コトヲ加《まし》タルノミノヿデ、其加タル所ハ、スベテ無理ナル事ドモ故、コヽノ訣《わけ》ヲ弁ヘタモノハ、釈迦ガ説ニハ因ラヌハズノヿデゴザル」（同上、三三二頁）との所論に凝縮されている。

（174）宮負定雄『国益本論』（日本思想大系五一『国学運動の思想』岩波書店、一九七一年、所収）、二九二頁。

（175）宮負定雄『民家要術』上巻（『近世地方経済史料』第五巻、近世地方経済史料刊行会、一九三二年、所収）、二八八頁。

（176）平田篤胤『玉たすき』一之巻（前掲『新修平田篤胤全集』第六巻、所収）、六～七頁。

（177）同上、七頁。

（178）同上、一〇～一一頁。

（179）同上、一〇頁。

（180）同上、三〇～三一頁。

敢えて附言すれば、篤胤は、「大御神（天照大御神）の仏法を嫌ひ給ふことは、著明《あきらか》なる事なるに、世人おほくは、神仏一体など云ふ。僧徒の説《こと》に欺かれ居れば…」（同上、一四頁）や、「然れば真の道に志ざむ人は、…伊勢参宮などせむにも、其ノ守袋までに心をつけて、仏臭《ぶつくさ》きこと無《なか》るべく、用意すべき事なり。神は誠に寛仁大度に坐《まし》まして、下ざまの卑しき者などは、然《さ》しも厳しき御罰《みとがめ》はなしと見ゆれど、仏臭き事ありては、御心よくは思召《おほしめ》さず、その拝礼を受給ふまじき道理なればなり」（同上、一六）、などと述べて、仏教についてはそもそも天照大御神がこれを嫌悪していた、と強調するのである。

（181）同『玉たすき』二之巻、一二〇～一二一頁。

なお、世の復興について信長が果たした役割には、「信長の代に、叡山の兵器を焼き、根来寺を焼亡ぼし、数百年の禍を除かれしは、其ノ功尤大なりと云べし」（同上、一一三頁）と、仏教勢力の掃討のことが取り上げられ、また、秀吉の役割については、「大かた信長公の意《こゝろ》を継て、厚く朝廷を尊奉し、乱臣賊子に、天下の大義を知らしめ給ひき」（同上、一一六頁）と、朝廷への尊奉が指摘されている。

(182) 同『玉たすき』八之巻、四三四～四三五頁。
再三の繰り返しになるが、篤胤は「俗の日蓮宗、一向宗など云ふ、十宗外の宗旨を奉ずる家々は、宗祖が教へ悪きからに、神国の御民として、神の尊き由緒を思はず、常の神壇《かみだな》は更なり。正月に歳徳棚を設くる事なく、暦をさへに受ざるも有る由なるは、御正朔を奉《うけたま》はらぬ、頑民と云ふべき徒なれば、其は論の限りに非ず」（同上、四三五頁）と述べ、とくに日蓮宗および一向宗の宗徒が正朔を信じない様を厳しく批判している。

(183) 同上、四三五頁。

(184) 同上、四三六頁。
ただし篤胤は、大御宝という場合、とくに農民のことが意識されるとした上で、その理由を「謂ゆる四民の中に殊に多く、かつ上なく大切なる穀物を、作り殖《う》る業に労《いたづ》きて、此にて上をも養へばなり」（同上）と説いている。

(185) 同上、四三七頁。
なお、それぞれの身分の者がそれぞれの身分に応じた務めを果たすことが「神世の道」に習うこととする文脈の中で、篤胤は、摂津国佐保村の小西篤好（一七六七～一八三七）と本文中にて紹介した宮負定雄の著書のことを取り上げ、「此ノ二書の益ある事は、其ノ業の人々ためし見ば、自づから知リなむ物ぞ。斯《かく》てその書はも、我が子鉄胤にいひつけて校合せしめ、我もまた閲《けみ》せるを、近ごろ共に板には彫たるなり」（同上）と紹介している。

(186) 同『玉たすき』十之巻、五五七頁。

(187) 『古史成文』は、一八一一（文化八）年に、篤胤が駿河国府中の門人を訪ねたときに纏め上げられた述作であった。篤胤は、かねてより『古事記』『日本書紀』『古語拾遺』など神代に纏わる古伝に内容上の相違が見られることを疑問に感じていたが、このとき古伝の正しい内容を確定させるべく、門人の柴崎直古（生没年不詳）の寓居にて大部の草稿を纏め上げた。それが『古史成文』と、その選定理由を論じた『古史徴』であった。古史・古伝の最も確かな典拠を『古事記』に求めた宣長とは異なり、篤胤は、古伝に記された内容を統一的に再構成しようと試みたのであった。

(188) 本居宣長『古事記伝』三之巻（『本居宣長全集』第九巻、筑摩書房、一九六八年、所収）、一二五頁。

(189) 平田篤胤『古史伝』一之巻（『新修平田篤胤全集』第一巻、名著出版、一九七七年、所収）、九五頁。
なお、引用については、一部表記を改めた（返り点を除いて読み下した）。以下、同著からの引用はすべてこれと同様とする。

(190) 同上、九六頁。

(191) 同上。

(192) 同上、九六～九七頁。
なお、ここに紹介される宇麻志阿志訶備比古遅神および天之底立神とは、『古事記』に拠れば、天地創成・天地開闢にあたり、天之御中主神、高御産巣日神、神産巣日神の造化三神に続いて出現した第四および第五の別天神であり、いずれも独神として身を隠したとされる。なお篤胤は、造化三神の方が宇麻志阿志訶備比古遅神と天之底立神とに先立って成坐したにも拘わらず、この二神を以て加備を形成する始めとしたことについて、「三柱ノ神の御名も、また神と称《たた》へ申せることも、共に牙成リしより後なる事を悟るべし」（同上、九七頁）と説明している。

(193) 同上、一〇四頁。
(194) 同上。
(195) 同上、一〇六頁。
(196) 同『古史伝』二三之巻（『新修平田篤胤全集』第三巻、名著出版、一九七七年、所収）、一七一頁。
なお、この引用文中に記される「纂疏」とは、明確なことは不明ながら、室町時代の古典学者一条兼良が著した『日本書紀纂疏』（一七二一〈享保六〉年刊）のことと推定される。
(197) 同上、一七一～一七二頁。
この幽冥界について、篤胤はこれを「冥府」と言い直しながら、「抑《そもそも》冥府と云は、此顕国《うつしくに》の外に、別《こと》に一ト処さる名の国地《くにところ》あるに非ず、直に此顕国内に、何所《いづく》にまれ、神ノ廷《みかど》を設けて、上ノ件の幽事を糺断《たゞしことわ》り、政《まつり》ごち給ふ処を云ッ言なるが、その本廷《もとつみかど》はと言はゞ、出雲ノ大社ぞ本なりける」（同上、一七八頁）と述べて、出雲大社がその本廷だと論じている。もちろん、現世人が出雲大社を訪れたとしても、その御政は幽冥界での営為であるため、これを見ることはできない。また、十月のことが神無月と呼ばれるのは、天下の諸神たちがこの月に挙って出雲大社に集うことが理由とも説かれている。

さらに篤胤は、幽冥界を治める神が大国主神である理由についても、「大国主ノ神、本より須佐之男ノ大神の、宇都志国玉ノ神となれ、と詔へる、御語《みをしへ》に依て、其事をし心《した》に含みて、前《さき》に八十坰手《くまで》に隠りて侍はむ、と白《まをし》給へる事にしあれば、速《すみやか》に唯《を、》と申して、今かく吾退而将《あはかくりてむ》レ治《しら》二幽冥事《かくりごとを》一、と白給へるなりけり」（同上、一六〇頁）と説いている。

(198) 同上、一七七～一七八頁。
(199) 同上、一七七頁。
(200) 同上、一七八頁。
(201) 同上、一七二頁。
(202) 同上、一七三頁。
(203) 同上、一七五～一七六頁。
(204) 同上、一七六頁。
(205) 同『古史伝』二之巻（前掲『新修平田篤胤全集』第一巻、所収）、一六六頁。
(206) 同上。
(207) 同上。
(208) 前掲『玉たすき』九之巻、五三九頁。
(209) 同上、五四〇頁。
(210) 平田篤胤『赤縣太古伝』巻之一（前掲『新修平田篤胤全集』第八巻、所収）、三八〇頁。
(211) 平田篤胤『古今妖魅考』（『新修平田篤胤全集』第九巻、名著出版、一九七六年、所収）、六七頁。
なお本文にて紹介した平田鉄胤の文言は、同書に「古今妖魅考縁起」として収録されたものであるが、そこでは鉄胤が「この書はし、庶人のよく読み孰《よ》く味ひて、仏道の異《よこ》端《しま》なる由を弁へ、地獄極楽など云は、皆かの釈魔の、変現して見する態なる事を心得て、少《いさ》かも惑ふ事なく、魂の柱を太く固く衝立て、我本来の正道を守らしめむが為に、かく著し述へられたり」（同上、六九～七〇頁）と強調するように、仏説への批判的立場を鮮明にしている点が注目される。

(212) この聞き書きについては、平田篤胤『仙境異聞』下「仙童寅吉物語」一之巻（前掲『新修平田篤胤全集』第九巻、所収）、五〇一～五〇五頁、の記述を参照した。

因みに、篤胤を天狗小僧寅吉のもとへと誘い出したのは、幕府の祐筆を務めていた和学者屋代弘賢（一七五八～一八四一）であった。なお、『仙境異聞』や『勝五郎再生記聞』に記された篤胤の聞き書きの概要については、前掲の渡辺金造『平田篤胤研究』、一七〇～二〇七頁、を参照されたい。同書によれば、寅吉はその後、「篤胤の門人となって古道学も学んだ」と記されるものの、「一向に学問に努力した模様は見えない」とされ、「後に平凡医者になった」と伝えられている（同上、二〇〇～二〇一頁）。

(213) 勝五郎の以上の証言については、平田篤胤『勝五郎再生記聞』（同『新修平田篤胤全集』第九巻、所収）、六一二～六一四頁、の記述を参照した。

(214) 同上、六二二頁。

(215) 同上、六二九頁。

(216) 平田篤胤『伊布伎廼屋歌集』（『新修平田篤胤全集』第一五巻、名著出版、一九七八年、所収）、三二一～三二二頁。

(217) 篤胤のこの関西旅行に関わる詳細な事跡については、前掲の渡辺金造『平田篤胤研究』、六五～九六頁、を参照されたい。

(218) 前掲「大壑君御一代略記」、六二五頁。

(219) 平田篤胤『俗神道大意』三之巻（前掲『新修平田篤胤全集』第八巻、所収）、一八七頁。

(220) 平田篤胤『ひとりごと』（同『新修平田篤胤全集』第八巻、所収）、二四〇頁。

(221) 前掲、渡辺金造『平田篤胤研究』、二六〇頁。

(222) 田原嗣郎『平田篤胤』吉川弘文館、一九八六年新装版、二六七頁。

(223) 平田篤胤『大扶桑国考』上巻（前掲『新修平田篤胤全集』第八巻、所収）、五一七頁。

(224) 篤胤の佐竹藩復帰について、前掲「大壑君御一代略記」には、「今年ニイタリ、佐竹家ヨリ、其篤学ヲ称美シ玉ヒテ、其筋ヲ以テ、帰藩スベキ由内命アリ。且本姓大和田ヲ称スルニ及バズ。宗家トハ別段ニテ、此儘平田氏ニテ然ルベキヨシ。之ニ依テ其命ニ応ジ、家禄百石ノ積リヲ以テ、今天保九年五月十七日ヨリ、秋田藩中トハ成リ玉ヘルナリ」（六二八頁）と記されている。

ただし渡辺金造は、篤胤の身分職禄に関する幕府からの問い合わせに対し、秋田藩は「藩の国学方禄高百石宛」と返答したとしつつも、これがその場限りの言い抜けに過ぎず、篤胤は秋田に戻ってからも藩からの辞令を受けることなく、篤胤後援者の内部運動によってようやく藩士としての地位が確保されたと論じている。その背後には江戸の伴信友（一七七三～一八四六。若狭国小浜藩士。本居宣長没後の門人となり、本居大平に国学を学ぶ。家督を息子に譲ってからは江戸にて学問に励み、篤胤から君兄と慕われたが、後に齟齬を来して決別した）が、篤胤を危険人物とする風評を流したことがあったと指摘している（前掲『平田篤胤研究』、四〇三～四〇四頁、参照）。田原嗣郎もまた、天保九年の秋田藩帰藩は架空の事実だとし、篤胤は一八四一年の幕府による強制帰藩命令によって、はからずも同藩への士籍復帰が計られることになったと指摘している（前掲『平田篤胤』、二六八～二七〇頁）。

(225) 前掲『伊布伎廼屋歌集』、三二一頁。

(226) 前掲『玉たすき』九之巻、五四四頁。

(227) 同上、五四四～五四五頁。

(228) 同上、五四五頁。
なお、篤胤は『玉たすき』二之巻にてこの国の学問史について詳細に描出しているが、幕府儒者の嚆矢たる林羅山のことを、「林道春先生、時の儒宗として、常に御前に侍《さもら》はれたるが、御国の古へを考ふる事を、専要《むね》と勤まれたる事、その著されたる書等《ふみども》を見て知ルべく、是やがて東照宮の御心なり」（同上、二之巻、一二五頁）と、国学の文脈に取り込みながら評価していることが注目される。さらには塙保己一が、国学書については写本はもとより板本についても誤字が多いことを問題視し、「日本紀より始めて、次々に美しき彫本に直してよと、公儀《おほやけ》の命《みこと》を含みて、任《まけ》られし」（同上、一二六頁）と論じたことを高く評価していることも併せて紹介しておく。

(229) 同上。

(230) 平田篤胤『童蒙入学門』（『新修平田篤胤全集』第一四巻、名著出版、一九七七年、所収）、三五六頁。

(231) 同上。

(232) 同上、三五八頁。

(233) 同上、三五八～三五九頁。

(234) 平田篤胤『入学問答』（前掲『新修平田篤胤全集』第一五巻、所収）、九五頁。
なお篤胤は、「教訓」が人の心に親しく染まることのないものであるのに対し、「実事」は深く心に憤慨の志を発出させるものとした上で、「漢土にても、此等の趣をよく心得候は、まづ孔子一人のやうに相見え申候。…孔子はこの心に候ゆゑ、教訓の事とては、一部一冊も作らず。たゞ春秋をのみしらべ正して、…孔子生涯の骨折と云は、この春秋に候なり」（同上、九六頁）という具合に、孔子こそが、両者の相違を深く弁えつつ、後世に実事を伝えた人物だと高く評価している。

(235) 同上、九七頁。

(236) 同上、一〇四頁。
篤胤は、このうちの漢学について、朱子学および陽明学を「孔子の正意に相合わず」と批判した上で、それと対峙した古学を「仁斎・東涯の学」と「徂徠・春台の学」とに大別し、「此二派を並べ考へ候に、徂徠が学は、古学とは称へ候へども、多く漢儒の説に依りて、建立いたし候ゆゑ、実は古学とは申がたく候」（同上、一〇五頁）と、後者の方に批判の視線を向けている。一方、前者に対しては、「漢学の致し方は、まづ初入は、文字を見覚え候迄の事ゆゑ、世の並に、四書五経の句読を授かり、文字を記憶致し候上にて、伊藤東涯の著書等を、御覧なさるべく候」（同上）と好意的に論じている点が注目される。

(237) 前掲『霊の真はしら』下、一六二頁。

(238) 前掲『玉たすき』十之巻、五六九頁。

(239) 同上、五七二頁。

こうして篤胤は、子どもの成長の基軸となるものは、手本としての親の存在だと強調するのであるが、世の親たちにその自覚を促すための書物に見るべきものがないことを問題視する。彼の「世に人の子弟たる者の、其ノ父兄に対して、孝悌の道を尽すやうにと、教へたる書物は多くあれども、夫は無理じや。何故と云に、子弟たる者は、幼少より育てられ教へと云ことは知らず、自然と父兄の行状を見習ふ事ゆゑに、父兄たる者、不行跡にてはならぬ事なり。依ては子弟の教へはさしおき、其父兄たる者へ、其ノ子弟を教へ、育つる道を教へざれば叶はぬ事なり。然るに其父兄を教ふる書物と云は、とんと无《な》い…」（同上、五七〇頁）との所論は、この認識を明瞭に語ったものといえる。この意味では、彼の『童蒙入学門』や『入学問答』などは、「父兄を教ふる書物」として著されたものと見ることができるかもしれない。

(240) 同上、五七二～五七三頁。

(241) 同上、五七二頁。

(242) 文部省『国体の本義』内閣印刷局発行、一九三七年、七八頁。

第一一章

(1) 徳川斉昭「戊戌封事」（『水戸藩史料』別記上、出版社・発行年不詳〈緒言に明治三〇年五月と記されている〉、国立国会図書館デジタルコレクション所蔵）、八二頁。因みに、高須芳次郎編『水戸義公・烈公集』（水戸学大系刊行会、一九四一年）所載の『水府公献策』にはこの表現が「内変と外患」と表記されている（同書、一九三頁）。

なお、藤田覚は、松平定信の著作「函底秘説」（文化一二～一四年頃の記述に文政八年の追記を加えたもの）の内容から、文政八年頃には定信にも同様の（内憂外患に関する）危機が意識されていたことを指摘している。詳しくは藤田覚『天保の改革』吉川弘文館、一九九六年新装版、九～一一頁、を参照されたい。

(2) 内藤耻叟『徳川十五代史』第六巻、新人物往来社、一九八六年、二八六三頁。

(3) 同上、二八七〇頁。

(4) 「上知令」の政策意図・目的については、前掲藤田覚『天保の改革』、二二五～二三三頁、同令に対する諸藩の動向については、同書一七四～一八四頁、を参照されたい。

(5) 高野長英『蛮社遭厄小記』（日本思想大系五五『渡辺崋山 高野長英 佐久間象山 横井小楠 橋本左内』岩波書店、一九七一年、所収）、一九四頁。

なお、モリソン号事件の処理をめぐる幕閣の意向について、長英は「長崎在留之オランダ加比丹《かぴたん》より、イギリス国のモリソン、日本漂民七人を召連、江戸近海え着船致し、漂民護送を名とし、其実は通商願ひの心底の由、長崎鎮台え被二訴出一となん。仍レ之鎮台より江戸え被二仰遣一ければ、閣老、此趣を評定所え示して、衆評を問はれけるに、漂民を餌とする策略、不埒なれば、七人の命、可レ憐と雖、止《や》ん事なし、文政八年の御法律に任せて、只様御打払《おうちはらい》可レ然に、衆議一決せる由」（高野長英『和寿礼加多美』、同上書所収、一七二頁）と指摘している。

（6）同上『和寿礼加多美』、一八二頁。

ただし、林家とその関係者も、蘭学・洋学関連の書物すべてを排除することはできなかった。天文・暦数・医学・物産などの分野については、幕府がすでに公認していたからである。一方、既存の学問についても、それらが悉く容認されたわけでもなかった。例えば、山鹿素行の『聖教要録』の開版を規制したり（一八三五〈天保六〉年に前平戸藩主松浦清からの同書開版の相談に対し、規制すべき旨を伝える。同書はかつて素行が赤穂藩御預けとなったとき、幕府が絶版処分とした書であった）、あるいは本居宣長や平田篤胤らの国学思想を問題視したりした（平田篤胤に秋田への帰還命令が下されたことに象徴される）ことに、その様子が窺知される。

（7）「蛮社の獄」に関わる詳細な動向については、佐藤昌介『洋学史研究序説』岩波書店、一九六四年、第二篇、を参照されたい。

（8）石川謙『日本学校史の研究』小学館、一九六〇年、二〇六～二一一頁。

（9）文部省『日本教育史資料』第七冊、冨山房、一九〇四年再版、一〇二頁。

（10）佐藤一斎『初学課業次第』（『佐藤一斎全集』第一巻、明徳出版社、一九九〇年、所収）、二六〇頁。

なお、同書の「独看」の項目でも、『近思録』『性理字義』『資治通鑑綱目』などの漢籍を紹介しながら、「此の類、潜心して読み、不審紙を貼け、師授の人に教を乞ふべし。もし然るべき朋友あらば、二三輩集まりて、互に討論して読む。ますます宜し」（同上、二六一頁）という具合に、相互学習の意義が強調されている。

（11）江戸時代における「会読」の営為を、思想史的に描出するとともに、諸藩藩校など主要な学的機関におけるその実際動向を詳細に描き出した研究書に、前田勉『江戸の読書会――会読の思想史』（平凡社、二〇一二年）、ならびに同『江戸教育思想史研究』（思文閣出版、二〇一六年）、がある。

余談ながら、草創期の慶應義塾（近代大学としての実態を有するものではない）では、「慶應義塾之記」（一八六八年四月起草）に、「講訳、会読、素読一切講堂に於てし」や「会読、講義、素読終れば直に掃除すべし」などの規則が記され、日課にも「ウェーランド氏経済書講義」「パルレイ氏万国歴史会読」「コルネル氏地理書素読」などと、講義・会読・素読の科目名が列挙されていた。「慶應義塾之記」については、『慶應義塾百年史』上巻、慶應義塾、一九五八年、二五七～二六四頁、を参照のこと。

なお、明治期における帝国大学の教育形態が「講義中心」であった様子とその事情については、潮木守一『京都帝国大学の挑戦』（名古屋大学出版会、一九八四年）、を参照されたい。

（12）「素読」や「会読」に象徴される江戸の教育文化をどう読み解くのかについては、辻本雅史『思想と教育のメディア史』ぺりかん社、二〇一一年、第七章、を参照のこと。

因みに、我が国最初のノーベル賞（物理学賞）受賞者である湯川秀樹は、幼い頃祖父から「素読」を授かっていた。それについて湯川は、「私はこのころの漢籍の素読を、決してむだだったとは思わない。…私の場合は、意味も分らずに入って行った漢籍が、大きな収穫をもたらしている。その後、大人の書物をよみ出す時に、文字に対する抵抗は全くなかった」（湯川秀樹『旅人――ある物理学者の回想』朝日新聞社、一九五八年、五八頁）と回顧している。

第一二章

（1）　尾張、紀州、水戸三藩の石高は、大塚武松編『藩制一覧表』上下巻、日本史籍協会、一九二八～一九二九年、所載の記事に拠る。なお尾張藩については、徳川義親『尾張藩石高考』徳川林政史研究所、一九五九年、三二頁、に記載された領地高六一万九千五百石との数値（元和五年、最後の加封以後、幕府によって裁定された数値）の方が一般的に知られたものと思われる。

なお、水戸藩当初の二五万石との数字については、瀬谷義彦「水戸学の背景」（日本思想大系五三『水戸学』岩波書店、一九七三年、所収）、五〇七頁、を参照のこと。

（2）　同瀬谷義彦「水戸学の背景」、五〇八頁。

（3）　同上、五一一頁。

（4）　同上、五一三頁。

なお、彰考館員招聘の様子については、「厚俸を以て、有力な学者を四方から招聘し、最高四百石、少いのも、百五十石を下らなかった。その中、二百石を支給せられたものが六十人位あつたといはれる」（高須芳次郎編著『水戸義公・烈公集』水戸学大系第五巻、水戸学大系刊行会、一九四一年、解題九頁）と伝えるような記事もある。

（5）　徳川光圀と林鵞峰との関係については、片山杜秀『尊皇攘夷――水戸学の四百年』新潮社、二〇二一年、一八七～一九四頁、を参照のこと。

（6）　石原道博『朱舜水』（人物叢書八三、吉川弘文館、一九六一年）、によれば、舜水の来日数は七回に及んでいた（同書、八九頁）。

（7）　朱舜水の来日時の様子は、「日本、唐人を留むるを禁ずること已に四十年。先年、南京の七船、同じく長崎に住する十に九の富商連名具呈し、懇留すること累次、倶に準《ゆる》されず。我故に此に意無し。乃ち安東省庵、苦苦懇留し、転《てん》展《てん》人を央《もと》む。故に留駐此に在り。是れ特に我一人の為めに此の厲禁《れいきん》を開くなり。既に留まるの後、乃ち半俸を分け、我に供給す。省庵、薄俸二百石、実に米八十石なり。其の半を去る、止《ただ》四十石なり。毎年両次、崎に到りて我を省す」（源了圓・前田勉校注『先哲叢談』東洋文庫五七四、平凡社、一九九四年、一四五～一四六頁）と伝えられている。

なお、安東省菴が舜水を日本に迎えたときの諸事情については、上記の石原道博『朱舜水』、一〇一～一一三頁、も参照のこと。

（8）　田中江南の思想とその思想史的位置づけについては、高山大毅『近世日本の「礼楽」と「修辞」――荻生徂徠以後の「接人」の制度構想』東京大学出版会、二〇一六年、第三章、を参照されたい。

（9）　彰考館関係者によって著された農村改革意見書には、藤田幽谷の『勧農或問』（一七九九年）、岡井蓮亭の『制産論』（発行年不詳）、小見山楓軒の『農政座右』（発行年不詳）などがある。

なお、彰考館員が農政担当の郡奉行に転任したり、郡奉行を兼任したりする例は、小見山楓軒、藤田幽谷、会沢正志斎、藤田東湖など、その後の藩政改革の主導者たちにも見られることとなる。

(10) 『正名論』の主眼をなす所論は、「甚だしいかな名分の天下国家に於ける、正且つ厳ならざるべからざるや。其れ猶ほ天地の易ふべからざるがごときか。天地ありて然る後君臣あり、君臣ありて然る後、上下あり。上下あつて然る後、礼儀措く所あり。苟も君臣の名正しからず、上下の分厳かならざれば、則ち尊卑位を易《か》へ、貴賤所を失ひ、強は弱を凌《しの》ぎ、衆は寡を暴《みだ》し、亡びること日なきなり」（藤田幽谷『正名論』〈水戸学大系第三巻『藤田幽谷集』水戸学大系刊行会、一九四二年再版、所収〉、三八二頁）というものであった。

(11) 藤田幽谷「校正局諸学士に与ふるの書」（前掲、日本思想大系五三『水戸学』、所収）、二二一～二二二頁。

(12) 藤田幽谷「丁巳封事」（同上『水戸学』、所収）、三七頁。

(13) 大石学編著『徳川斉昭と水戸弘道館』戎光祥出版、二〇二二年、一〇五～一〇八頁。

なお、『大日本史』の朝廷への献上については、一八一九（文政二）年に刻本が、一八五二（嘉永五）年に紀伝が、進呈された。『大日本史』紀伝・志表全部の朝廷への進呈は、一九〇六（明治三九）年のことになる。

(14) 斉昭が藩主に就任するに至る経緯・事情については、藤田東湖の『回天詩史』（高須芳次郎編著『藤田東湖集』水戸学大系第一巻、水戸学大系刊行会、一九四〇年、所収）、一二〇～一二八頁、に詳しく述べられている。

(15) 「三雑穀切返し法」とは、水戸藩独自の畑租徴収法である。畑租とは収穫された雑穀を米に換算し、それに見合う金額を納める（代金納）のが一般的だが、水戸藩では正保年間（正保元年は一六四四年）から三雑穀切返し法を採用してきた。それは畑百石につき大豆五石、稗《ひえ》三石、荏《え》一石二斗の割合の元値段で藩側が買上げ、それを農民に預けた形にして、収納時に二割増額し（五石を六石、三石を三石六斗、一石二斗を一石四斗四升と増額）、それを農民に売付値段で売ったことにし、その差額を納入させるという方法である。元値段は売付値段より安くしてあり、そのうえ二割の増額があるため藩側は労せずして儲けられるという狡猾な税法であった。

なお、天保検地に関する諸般の数値については、吉田俊純『水戸学の研究――明治維新史の再検討』明石書店、二〇一六年、七六～七九頁、を参照のこと。

(16) 徳川斉昭『告志篇』（前掲『水戸義公・烈公集』水戸学大系第五巻、所収）、一六八～一七〇頁。

(17) 徳川斉昭「弘道館記」（前掲、日本思想大系五三『水戸学』、所収）、二三一頁。

なお、「弘道館記」の原文は、漢文で綴られていた。

(18) 高須芳次郎編著『藤田東湖全集』第五巻、章華社、一九三六年、一四九頁。

(19) 同上、一五二頁。

(20) 藩校の敷地について、仮開館した時点での弘道館のそれは約三万二千坪と伝わるが、この数字はこれに続く加賀藩明倫堂の一万七千八百坪や、長州藩明倫館の一万四千坪より、飛躍的に広大なものであったといえる。詳しくは、前掲『徳川斉昭と水戸弘道館』、一三〇～一三二頁、を参照のこと。

なお藩校弘道館について、その草創期から幕末維新期に至る詳細な実態と動向については、鈴木暎一『水戸藩学問・教育史の研究』吉川弘文館、一九八七年、第三章～第八章、を参照されたい。

(21) 文部省『日本教育史資料』巻一、冨山房、一九〇三年再版、三五七頁。

(22) 大久保利鎌校訂『昔夢会筆記』平凡社（東洋文庫七六）、一九六六年、四～五頁。

(23) 松平慶永『逸事史補』（幕末維新史料叢書四『逸事史補・守護職小史』人物往来社、一九六八年、所収）、一一～一二頁。

(24) 徳川斉昭『水府公獻策』（前掲『水戸義公・烈公集』水戸学大系第五巻、所収）、二二六頁。

(25) 同上、二二八頁。

(26) 佐久間象山『省諐録』（日本思想大系五五『渡辺崋山 高野長英 佐久間象山 横井小楠 橋本左内』岩波書店、一九七一年、所収）、二四四頁。

因みに象山はこの言葉を「君子の五楽」の一つとして発している。他の四楽は「一門礼儀を知りて、骨肉釁隙《きんげき》なき」「取予《しゆよ》苟くもせず、廉潔《れんけつ》自から養ひ、内には妻孥《さいど》に愧ぢず、外には衆民に怍《は》ぢざる」「聖学を講明し、心に大道を識り、時に随ひ義に安んじ、険に処ること夷のごとき」「西人が理窟を啓くの後に生れて、古の聖賢のいまだ嘗て識らざるところの理を知る」として掲げられている（同上）。この五楽の中に「富貴」なるものは含まれないと強調する点に、象山の学的立ち位置が象徴されている。

(27) 正志斎は、後に幽谷のことを『及門遺範』（一八五一年刊）という小著に纏めているが、その中で例えば「先生人を教ふるに、虚文を後にして、実行を先にす。然るに文墨の業、亦廃する所に非ず。要は人をして其の所長を尽さしむに在り。其の実行の如き、務めて善を長ずるに在り。悪を責むるに拘拘せず、是れ以て人亦た善を為すに勧みて、悪を為すことを恥ず」（会沢正志斎『及門遺範』浅井吉兵衛翻刻、一八八二年、三頁）という具合に、その人となりを高く評価している。また、幽谷は一八〇二（享和二）年頃から自宅にて塾活動を始めたが、これが私塾青藍舎の由来とされている。

なお、正志斎の生涯については、主に、安見隆雄『会沢正志斎の生涯』（水戸の人物シリーズ一〇）錦正社、二〇一六年、を参照した。

(28) 会沢正志斎『諳夷問答』（武藤長蔵『日英交通史之研究』内外出版印刷、一九四二年増補三版、所収）、四七六頁。

(29) 会沢正志斎『豈好弁』（関儀一郎編『日本儒林叢書』第四巻、鳳出版、一九七八年、所収）、二頁。

(30) 会沢正志斎『学制略説』（文部省『日本教育史資料』巻五、冨山房、一九〇四年再版、所収）、四五九頁。

なお同書の中では、「古封建ノ制ヲ明ニシテ聖賢ノ意ニ本ツキ、古今ノ時勢ヲ考ヘ風土ノ宜ヲ斟酌シテ大小ノ学ヲ設ケ、其人ヲ得テ世禄ノ子弟ヲ教育セハ、風俗ノ美国家ノ隆盛日ヲ指テ竢へキナリ」（四七一頁）というように、「教育」という言葉が使用されていることも注目される。

(31) 会沢正志斎『対問三策』(『神道大系』論説編一五「水戸学」、神道大系編纂会、一九八六年、所収)、一八〇頁。
(32) 同上、一八二〜一八三頁。
(33) 同上、一八四頁。
(34) 同上、一八六頁。
(35) 同上、一八七頁。
(36) 会沢正志斎『下学邇言』巻之二(高須芳次郎編著『会沢正志斎集』水戸学大系第二巻、水戸学大系刊行会、一九四二年再版、所収)、二七二頁、および二七三頁。
上記との重複を承知の上で敢えて紹介するなら、同書中には、これ以外にも「門人を教育するに、徳行・言語・政事・文学と、実徳を養ひ、実材を成す」(二五〇頁)、「狂簡の士を教育し、他日の用に供すべからしむ」(二五一頁)、「英才を教育し、国家の用に供する」(二五四頁)、「事あれば則ち兵卒となり、将領となる。其の人材を教育すること、以て詳かならざるべからず」(二五八頁)、「門人を教育するについては、徳行・言語・政事・文学なり」(二七九頁)などと、「教育」という言葉の使用例が頻出する。

なお、仮に「教育」という言葉にある種の包括性が与えられているとするなら、これとの関連において、「師の教誨と、友の誘掖とは、厳且つ厚からざるべからず」(同上、二七六〜二七七頁)という具合に、「教誨」が上下関係での働きかけを示唆し、「誘掖」が水平関係でのそれを示唆している点にも注意を払っておきたい。
(37) これについては、拙稿「再考『江戸教育思想史研究』」(教育哲学会『教育哲学研究』第一二五号、二〇二二年五月、所収)、および「後期水戸学における『教育』の含意について——その近代『教育』概念の基層としての意味合い」(慶應義塾大学三田哲学会『哲学』第一五〇号、二〇二三年三月、所収)、を参照のこと。
(38) 吉田松陰『東北遊日記』(山口県教育会編纂『吉田松陰全集』第九巻、大和書房、一九七四年、所収)、一八九〜一九〇頁。
(39) 会沢正志斎『時務策』(前掲、日本思想大系五三『水戸学』、所収)、三六五頁。
(40) 会沢正志斎『新論』上篇(前掲『会沢正志斎集』水戸学大系第二巻、所収)、二頁。
(41) 同上、六頁。
(42) 同上、一一頁。
(43) 例えば、『書経』「蔡仲之命」には、「爾《なんぢ》尚《こひねがは》くは、前人の愆《あやまち》を蓋《おほ》ひ、維れ忠し維れ孝せよ」(塚本哲三編『漢文叢書・詩経書経易経』有朋堂、一九二二年、六七〇頁)との文言が、また『礼記』「祭統第二五」にも、「忠臣以て其の君に事へ、孝子以て其の親に事ふ」(塚本哲三編『漢文叢書第一七・礼記』有朋堂、一九二七年、五二二頁)との文言が見られる。ただし、『論語』『孟子』など「四書」の中に「忠孝」と併記させるような事例は、管見の限り、確認することができない。
(44) 会沢正志斎『退食間話』(前掲、日本思想大系五三『水戸学』、所収)、二三八頁。
なお、「孝」(父子の親)の起源については、『新論』の中でも、「天祖の神器を伝ふる、時に宝鏡を執り、祝して曰く、此を視ること猶ほ吾を視るが如くせよと。…聖子・神孫は宝鏡を仰いで、影を其の中に見る。見る所の者は即ち天祖の遺体にして、猶ほ天祖を視るが如し。…則ち、其の遠きを追ひて孝を申《の》べ、身を敬し、徳を修むること、豈に已むを得んや」（前掲『会沢正志斎集』、六〜七頁）というように、詳述されている。

(45) 前掲『新論』上篇、一二〜一三頁。

(46) 同上、七頁。

(47) 同上、七六頁。

(48) 同上、七八頁。

(49) 同『新論』下篇、一〇五頁。

(50) 同上、一〇四頁。

(51) 同上、一五五頁。

(52) 同上、一八七頁。

(53) 『新論』では徳目の構図を、「君臣、義あり、父子、親ありて後、百礼乃ち興る。是に於いてか、夫婦の別を謹み、長幼の序を順にし、朋友の交りを信にし、民をして出入相友なひ、守望相助け、疾病相扶持し、皆、其の上に親しみ、其の長に死せしむるときは、則ち、百の異端ありと雖も、其の心を移すあたはず」（一八二〜一八三頁）と説いて、「君臣の義（忠）」と「父子の親（孝）」とを上部構造に定位し、その下部構造に「夫婦の別」「長幼の序」「朋友の交り」などを措定している。「忠孝」を根本に据える徳目の構図もまた、「教育勅語」と相通ずるものといえるだろう。

(54) 同上、一五五頁。

『新論』には、例えば「夫れ、聖賢の人を教ふるは、己を修め、人を治むる所以の道にあらざるはなし」（同上、三四頁）のように「修己治人の道」を教説の根拠として示すようなケースもある。だが、この引用文ではこれに続けて「国家の安危を忘れて事務に達せず。凡てこれ皆、忠にあらず、孝にあらず。而して、堯・舜・孔子の謂ふ所の道なる者にあらざるなり」（同上）と述べられ、「修己治人」が自明の如く「忠孝」に置き換えられた上で、その不振が慨嘆されている。正志斎にとって、「忠孝」の典拠が経書ではなく、記紀神話に求められていることは本文中にて指摘した通りである。

(55) 前掲『下学邇言』巻之二、三〇五〜三〇六頁。

ただし正志斎は、朱熹その人の思想は評価するものの、宋代儒学の末流に対しては、「末流の徒は、専ら理を文字上に論じ、高妙を悦んで事業に疎し。則ち学問・事業を一にせんと欲すと雖も、而も二者も亦、相離るゝなきあたはず。特に聖門の教法にあらざるのみならず、亦程朱の意にも倍《そむ》けり」（同上、三〇二頁）と、手厳しい批判を加えていることに注意を要す。

(56) 同上、三〇二頁。

(57) 同上、三〇三頁。

(58) 同上、三〇四頁。

(59) 同上、三二〇頁。

因みに、仁斎の仏教批判や理学批判について、正志斎は例えば、「伊藤氏云く、聖人は天下の上より道を見る。仏老は一身の上に就いて道を求む。異端たる所以なりと。確言と謂ふべし」（同上、三二七頁）や、「伊藤仁斎曰く、理学を講ずる者、或は論じて六合の外に至ると。曁《およ》そ近世天学を講ずる者、好んで無限の道理を説く。微を窮め、妙を極むと雖も、皆、生民を補することなく、…其の説の浅陋怪僻、固より歯牙に掛くるに足らず」（同上、二三三〜二三四頁）などと述べて、これを評価している。

(60) 同上、二八三頁。

なおこうして、正志斎の仁斎学評価を、「理」に象徴される根源的同一性への否定と、個々人の脩為の営み（「接人」）への関心に据えようとする所論も認められることに注意されたい。正志斎と仁斎学および徂徠学との思想的関係については、高山大毅が前掲『近世日本の「礼楽」と「修辞」』の第四章、にて精緻な分析を行っている。

(61) 同上、三〇八〜三〇九頁。

(62) 会沢正志斎『人臣去就説』（前掲、日本思想大系五三『水戸学』、所収）、三五四頁。

(63) 前掲『退食間話』、二四五頁。

なお、正志斎の人材登用論は、「人ニ各各智愚賢不肖アルハ、其人人自然ノ天徳ナリ。是ヲ相応相応ニ役儀ヲ申シ付ケ、民ヲ治ル手伝ヲサスルハ君徳ナリ。己ガ智愚賢不肖ニ随テ相応相応ノ手伝ヲスルハ、臣道ナリ。臣ハ君ニ手伝ヒテ民ヲ治ル役人ニシテ、其君一身ノ使ヒモノニ非ズ」（前掲『人臣去就説』、三五四頁）のように、君徳や臣道への意味づけがなされるものであるが、それでも人材とは「其君一身ノ使ヒモノ」ではないと強調されている点が注目される。

(64) 荻生徂徠『政談』巻二（『荻生徂徠全集』第六巻、河出書房新社、一九七三年、所収）、四二頁。

(65) 会沢正志斎『江湖負喧』巻之二（前掲『神道大系』論説編一五、所収）、四七二頁。

(66) 前掲『新論』上篇、四八頁。

(67) 前掲『江湖負喧』巻之二、五〇一頁。

(68) 前掲『新論』下篇、一七〇頁。

(69) 同上、上篇、二八頁。

(70) 前掲『江湖負喧』巻之一、四五〇〜四五一頁。

(71) 藤田幽谷『正名論』（前掲、水戸学大系第三巻『藤田幽谷集』、所収）、三八四〜三八五頁。

(72) 同上、三八七〜三八八頁。

(73) 同上、三八八頁。

(74) 会沢正志斎『迪彝篇』（前掲『会沢正志斎集』水戸学大系第二巻、所収）、三五四〜三五五頁。

(75) 同上、三五四頁。

(76) 会沢正志斎『読直毘霊』（前掲『会沢正志斎集』水戸学大系第二巻、所収）、四五四頁。

(77) 同上、三九九頁。

(78) 同上、四一八〜四一九頁。

(79) 同上、四一三頁。

(80) 前掲『退食間話』、二三七頁。

(81) 同上。

(82) 前掲、『読直毘霊』、四六五頁。

(83) 前掲『対問三策』、一九三頁。

なお、天祖の神勅として成り立った「忠孝」が、幕府・諸藩の教説として作用する様子について正志斎は、「今、この臣民は、天祖天孫の仁沢を蒙りし者の子孫にして、幕府・邦君の政令に従ふものなり。千万世の間、世故《せこ》は万変すと雖も、君臣の大義、父子の至恩に至つては、天地開闢せし初めより今に至るまで、一毫も変る事なく、顕然として著し。人として五倫を離れ得べきにあらざれば、君臣の大義、父子の至親を知りて、忠孝の道を尽し、夫婦の別、長幼の序、朋友の信を惇《あつ》く行ひて、神明の大訓に従ひ、幕府の号令を畏れ、邦君の制法を守り、漸くに異俗の民までをも風化して、神聖の正しき教に帰順せしめ、天日の照し給はん限りは、人倫の五器に五典ある事を知り、口には行ふ所を言ひ、身には言ふ所を行はしめて、人の道に反らしめん事こそ、神明の大順を垂れ給ひし深意にも叶ふべきなれ」（前掲『迪彝篇』、三八二～三八三頁）と説いている。

こうして「忠孝」道徳に至上の価値が据えられるのは、記紀神話に描出された天照大御神の神勅に由来することであるが、その構図は、「教育勅語」（一八九〇年）がその冒頭部にて「我ガ臣民克ク忠ニ克ク孝ニ億兆心ヲ一ニシテ世々厥ノ美ヲ済セル」という具合に描出し、それゆえ最も根源的な意味が与えられた徳目が「忠孝」に措定されたことの源流と見ることができるはずである。

(84) 藤田東湖の生涯については、主に、菊池謙二郎編『東湖全集』（博文館、一九〇九年）、所収の「藤田東湖年譜」、および、但野正弘『藤田東湖の生涯』（水戸の人物シリーズ六）錦正社、一九九七年、を参照した。

(85) 藤田東湖『回天詩史』（高須芳次郎編『藤田東湖全集』第一巻、章華社、一九三五年、所収）、一一二頁。

(86) 同上、三八頁。

(87) 同上、五三頁。

(88) 同上、六二頁。

(89) 同上、一八〇～一八三頁。

(90) 同上、二二九頁。

(91) 藤田東湖「文天祥の正気歌に和す」（前掲『藤田東湖全集』第三巻、一九三五年、所収）、一一頁。

(92) 同上、一九～二〇頁。

(93) 藤田東湖『弘道館記述義』（前掲『藤田東湖全集』第二巻、一九三五年、所収）、四頁。

因みに、同書冒頭に掲げられた「人能弘道、非道弘人」なる文言が、『論語』衛霊公第十五の「人能弘道、非道弘人」を踏まえたものであることは明らかだろう。『論語』のこの言葉は、伊藤仁斎が「蓋し道は大なりと雖も為すこと無し、人は微なりと雖も知ること有り。苟も学に力《つと》め徳を修むるときは、則ち各《おのおの》其の才に随つて聖と為り賢と為つて、文章徳業以て天下に被覆するに足らん」（『論語古義』衛霊公第十五、小註）と説き、荻生徂徠が「道は虚しくは行はれず、必ず人に存す。…徒《た》だ道を守りて則ち已む容からず、必ず当に之れを盛大にすべし」（『論語徴』〈『荻生徂徠全集』第四巻、みすず書房、一九七八年、所収〉、五九七頁）と説くように、「道」を拡充することのできる人々への信頼に基づく所論といえる（ただし、「人々」として一般民衆の存在がどこまで視野に含み入れられていたのかは、検討を要する）。東湖に、この種の人々への信頼がどこまで自覚されていたのかは、水戸学の人間観を明らかにする上でも、精査すべき問題だといえよう。

(94) 同上。

(95) 同上、九頁。

(96) 同上、一三頁。

(97) 同上。

(98) 同上、二二頁。

周知の通り、『大日本史』の「本紀」は、神武天皇から後小松天皇までの記述であり、神代については僅かに大要のみ記されたに過ぎない。これは、敢えて定説の立て難い神代を詳述することを回避することで、神代を重要視したものと理解される。

(99) 同上、二五頁。

(100) 同上、三二頁。

(101) 同上、三五頁。

(102) 同上、九二頁。

(103) 同上、一一八〜一一九頁。

なお、儒学の「治教」説については採るべきものがあると認めつつも、「禅譲」と「放伐」については、日本の国体に悖反するものとして強く否定されている。

(104) 同上、二八〇頁。

(105) 同上、二九二頁。

(106) 同上、二九八頁。

(107) 同上、三〇一頁。

(108) 同上、三〇四頁。

(109) 同上、三〇六頁。

(110) 同上、三〇九〜三一〇頁。

(111) 同上、三一八頁。

(112) 同上、三二一頁。

(113) 同上、三二三頁。

(114) 藤田東湖「藩弊三箇条——壬申封事」（高須芳次郎編著『藤田東湖全集』第六巻、章華社、一九三六年、所収）、一五七〜一五八頁。

なお、東湖の「封事」には、「御城廻り土着に候へば、通勤等の義は差支無レ之候へ共、子弟文武の修業等差支候処、是は御郭《おくるわ》中に学校御立、尚又土着の組々へ郷校御設けに罷成候得ば、大人は学校へ罷出、幼少のものは郷校にて修業可二罷成一奉レ存候」（同上、二八九頁）というように、武士の土着に関する提言も認められる。このように幕藩体制下での武士の「旅宿」を批判し、武士の土着の必要を高唱したのは荻生徂徠（『政談』での所論）であったが、会沢正志斎も注65にて紹介したように、徂徠の所論を卓見と評価していた。

因みに、武士土着論の嚆矢は、熊沢蕃山の「農兵とならば、日本の武勇格別つよく、真の武国の名に叶ふべし。武士農を別れてよりこのかた、身病気に手足弱く成ぬ。…農兵の昔に返すべきは此時なり」（『大学或問』〈日本思想大系三〇『熊沢蕃山』岩波書店、一九七一年、所収〉、四四三頁）との所述だといわれる。

(115) 藤田東湖『回天詩史』（前掲『藤田東湖全集』第一巻、一九三五年、所収）、一三一〜一三三頁。

(116) 前掲『弘道館記述義』、二四三〜二四四頁。

(117) 同上、二四八〜二四九頁。

もちろん東湖にとって、義公の彰考館設立と、烈公の弘道館設立とは「蓋し義公の史を修すると、公の学を興すと地を易ふれば則ち同じ」（同上、二四九頁）と説かれるように、同一の精神に基づくものであったことはいうまでもない。

(118) 藤田東湖『常陸帯』（前掲『藤田東湖全集』第一巻、所収）、四〇七頁。

(119) 同上、三八七頁。

第一三章

（1） 吉田松陰の生涯を記した文献としては、野口勝一・富岡政信編『吉田松陰伝』（全五巻、野史台、一八九一年）が、最もよく知られた古典籍だといえる。なお本書では、同文献とともに、山口県教育会編纂『吉田松陰全集』第十巻（大和書房、一九七四年）、所収の「吉田松陰年譜」を参照した。

（2） 久保五郎左衛門の略歴については、同『吉田松陰全集』第十巻、所載の「関係人物略伝」、五一五〜五一六頁、を参照のこと。

（3） ここに紹介した「大星目録の免許返伝」や「三重伝の印可返伝」については、同『吉田松陰全集』第十巻、所載の「兵学伝授文書」、一四九〜一五四頁、を参照のこと。なお「三重伝」の三重とは、「理（天理）」「形（地形）」「用（人用）」の序位を指す。また「印可」とは「允可」を意味し、師家が三人以上には伝授しないことをいう。

（4） これらの数字については、海原徹『吉田松陰――身はたとひ武蔵の野辺に』ミネルヴァ書房、二〇〇三年、四四〜四五頁、を参照のこと。

（5） 山鹿素水や安積艮斎に対する印象について松陰は、故郷の友人に宛てた書状の中で、「山鹿素水なる者あり。学術なしと雖も才性人に過ぎ、能く家学を講究す。艮斎は経学文章卓爾たる大家にして、諄々として人を誘ふ」（「未焚稿」〈前掲『吉田松陰全集』第一巻、一九七二年、所収〉、二九〇頁）と記している。なお、このときの江戸学術界の全体的な様子について松陰は、「僕江戸に来りて已に三月、未だ師とする所あらず。意《おも》へらく、江戸の地には師とすべきの人なしと。何となれば、都下の文人儒師は講を売りて耕に代ふ。復た士人道に任ずるの志なきは固より論ぜず。…僕の学、独り素志とする所を償ひ、常職とする所を尽すあるのみ」（同上、二八九〜二九〇頁）という具合に、むしろ悲観的な印象を綴っている。

（6） 松陰と佐久間象山との関係・交流について、詳しくは、徳田武『吉田松陰と学人たち』勉誠出版、二〇二〇年、第九章、を参照のこと。

（7） 「兄杉梅太郎宛書簡（嘉永四年十二月十二日）」（前掲『吉田松陰全集』第七巻、一九七二年、所収）、一一六〜一一七頁。

（8） 吉田松陰『東北遊日記』（同『吉田松陰全集』第九巻、一九七四年、所収）、二〇二頁。

（9） 吉田松陰『癸丑遊歴日録』（同『吉田松陰全集』第九巻、所収）、三三一〜三三二頁。

（10） 「宮部鼎蔵宛書簡（嘉永六年六月十六日）」（同『吉田松陰全集』第七巻、所収）、一六五頁。

（11） 黒船への乗船を企てた松陰の試みは、彼の『回顧録』（同『吉田松陰全集』第九巻、所収、三五七〜四〇一頁）、に詳細に描かれている。また松陰の「投夷書」も、同『回顧録』（同上、三九九〜四〇一頁）に収録されている。

（12） 一一名の囚人の名・年齢・在獄年数については、松陰の「野山獄囚名録敍論」（同『吉田松陰全集』第二巻、一九七三年、所収）、三八九〜三九二頁、に紹介されている。それによれば、最年長は七六歳、在獄四九年の大深虎之允、最年少は三六歳、在獄四年の富永弥兵衛と記され、また、唯一の女性囚人高須久子（同囚名録敍論には「高須氏寡婦」と記される）は三九歳、在獄四年と記されている。

(13) 吉田松陰『野山獄読書記』（同『吉田松陰全集』第九巻、所収）、四六〇頁。

さらに注目されるべきは、山片蟠桃の『夢ノ代』（同読書記では『夢能志路』と表記）について、「平仮名にて記し、通暁し易からしむ。確的の説多し、異端篇尤もよし、初学者に与へば、頗る眼目を開く所あらん。西洋窮理学を得て、其の弊少なし、尤も尚ぶべし」（同上、四六一頁）と高い評価を与えている点である。因みに、同書の「異端篇」とは仏教批判が展開された篇である。

(14) 松陰が野山獄入獄後、囚人たちとどのような議論を交わしたかについては、彼の「獄舎問答」（同『吉田松陰全集』第二巻、所収）を参照のこと。

なお、獄中にあった松陰は、かつての師山田宇右衛門に対する弁明書（「治心気斎先生に与ふる書」）を記しているが、そこには「僕資質粗鄙《そひ》にして師友に覊亡《きぼう》す。独り先生が教育の恩に頼りて略ぼ知識する所あるを得たり」（同上、一五一頁）という具合に、「教育」という言葉が使用されている点が注目される。因みにこの弁明書の中では、このときの松陰の軍略が、「僕竊かに国家の為め今の策を思ふに、既に魯・墨と和しぬ、決して我れより事を生ずべからず。宜しく章程を厳にし約束を謹みて、其れをして驕悍《きょうかん》に至らしめざるべし。間に乗じて満州を収めて魯に逼《せま》り、朝鮮を来たして清を窺ひ、南洲を取りて印度を襲ふ。三者当に其の為し易きものを択びて之れを為すべし。是れ天下万世継ぐべきの業なり」（同上、一五二頁）と、アジア太平洋戦争時における日本軍のそれを彷彿とさせるような極めて大胆な所論となって示されている。

(15) 吉田松陰『講孟余話』序（同『吉田松陰全集』第三巻、一九七二年、所収）、一一～一二頁。

(16) 実際、外部との書簡の遣り取りについては、松陰が「余向《さき》に獄に在りて甚だしくは往復を慎まず。是れ司獄知りて禁ぜざりしに因るのみ」（「丙辰幽室文稿」（同『吉田松陰全集』第二巻、所収）、三七三頁）と述懐しているように、制約が課せられることはなかったものと見られる。

(17) 吉田松陰「兄杉梅太郎宛書簡（安政二年八月二六日）」（同『吉田松陰全集』第七巻、一九七二年、所収）、三八二頁。

なお、同書簡が記された八月二六日の時点では、全囚人が講義に参加していたことが窺われるが、松陰がその二月前の六月二六日に周防国の僧月性（一八一七～五八）に宛てた書簡には、「平生の志、確然不抜、愈々益々同囚と切磋す。近日獄中駸々《しんしん》として風に向ひ、其の未だ学に就かざる者十に僅か二三なるのみ」（同上、三七一頁）と、二、三名の囚人が未だ学に就いていない様子が記されている。

(18) 吉田松陰「福堂策」上（同『吉田松陰全集』第二巻、所収）、一六八頁。

(19) 同上、一六七頁。

(20) 同上、一七〇頁。

(21) 前掲、海原徹『吉田松陰』、一六二～一六五頁、の「表九」を参照のこと。

(22) 「渡辺嵩蔵問答録（昭和八年八月一三日）」（前掲『吉田松陰全集』第十巻、所収）、三五六頁。

(23) 同上、三五八頁。

(24) 吉田松陰「村塾記事」(同『吉田松陰全集』第六巻、一九七三年、所収)、三五三頁。
因みに村塾での学的内容が、このように多彩な領域に及んでいることについては、松陰自身が儒学諸派の学説はもとより、国学や水戸学さらには洋学に至るまで、相応の学的素養を身に備えていたことを示唆する。松陰の学的素養については、天野御民「松下村塾零話」(同『吉田松陰全集』第十巻、所収)、三四三~三五三頁、を参照のこと。

なお村塾での学科目や教科書について、本文中にて紹介した渡辺蒿蔵も「別に課目と云つてはない。教科書も皆別々で、自分は明史や東坡策などを教はつた。然し偶然同じものをやる人もある。それは居合せれば一緒にやつて貰ふ」と、さらには日課時間についても「きまつて居ない。登塾すれば、次から次へ待つて居つて、読んで貰ひ教へて頂いた」などと証言している(前掲「渡辺蒿蔵問答録」、三五九頁)。加えて興味深いのは、「村塾にては、兵学伝授の事なし」(「渡辺蒿蔵談話第二」(同『吉田松陰全集』第十巻、所収)、三五三頁)との証言のように、松陰が山鹿流兵学者であったにも拘わらず、村塾はそれ自体として兵学を志向する学塾ではなかった点である。
(25) 同前「渡辺蒿蔵談話第一」、三五四頁。
(26) 同上。
こうした松陰の姿勢は、村塾では「講義」よりも「会読」や「対読」が重視されていたことを物語る。詳しくは、前掲の海原徹『吉田松陰』、一九一~一九七頁、および、古川薫『松下村塾』新潮社、一九九五年、八八~九八頁、を参照されたい。なお、村塾での松陰自身の教授活動の具体的な様子については、『丙辰日記』(一八五六年八月二日~一二月二〇日)、および『丁巳日乗』(一八五七年正月元日~二月二〇日)を参照のこと(いずれも同『吉田松陰全集』第九巻、一九七四年、所収)。
(27) 前掲、天野御民「松下村塾零話」、三五二頁。
(28) 同上、三五一~三五二頁。
(29) 同上、三四七頁。
(30) 前掲『講孟余話』巻の一、二八頁。
(31) 山県太華『講孟劄記評語』(同『吉田松陰全集』第三巻、所収)、四三八~四三九頁。
(32) 前掲『講孟余話』巻の四下、三八三頁。
(33) 前掲『講孟劄記評語』、四九一頁。
なお、山県太華の反論にて興味深く感じられるのは「国体」への理解である。松陰が水戸学風に皇祖皇宗の建国・治国をもって「国体」と説いたのに対し、太華は、「国体と云ふこと、宋時の書などに往々之れあり、我が邦の書には未だ見当らず。水府に於て始めて云ひ出せしことか。彼の新論に国体のことをいはんとて、我が邦は「太陽の出づる所」と云ひ、「元気の源《もと》づく所」と云ひ、形体に於て諸洲の首といふが如きは、固より迂謬《うびゅう》の言にて、前にも述べし如く、太陽は地球よりも大にして、外天を一周すること一昼一夜、少しくも休むことなくして世界万国を照す。何ぞ我が邦より出でんや。もし東より出づといはば、我が国より東に亜墨利加洲あり。亜墨利加の東に西洋諸国あり。天地円体、東西何の常かこれあらん」(同上、四九八~四九九)と、科学的・合理的な見地から、「国体」観念の誤謬性・独善性を否定している。

(34) 吉田松陰「太華翁の講孟箚記評語の後に書す」（同『吉田松陰全集』第三巻、所収）、四五一頁。

(35) 布目唯信『吉田松陰と月性と默霖』興教書院、一九四二年、一一三頁。
月性の足跡の詳細については、同上書の他に、海原徹『近世私塾の研究』思文閣出版、一九九三年再版、四一一～四五七頁、および同じく海原徹『月性――人間到る処青山有り』（ミネルヴァ書房、二〇〇五年）、を参照のこと。

(36) 吉田松陰「浮屠清狂に与ふる書」（前掲『吉田松陰全集』第二巻、所収）、三二一頁。

(37) 同上、三二二～三二三頁。
松陰はまた、一八五五（安政二）年四月に野山獄中から兄梅太郎（月性は梅太郎と親交があった）に寄せた書簡でも、「幕府への御忠節は即ち天朝への御忠節にて二つ之れなく候。上人法話中、往々幕府・水府等を誹謗の口上之れありたる様、獄奴輩承り帰り誠に痛心仕り候。…今幕府を易《か》へ置く事を反復思惟仕り候へども、徒らに天下を擾乱するまでにて未だ其の人物出で申さず候」（吉田松陰「兄杉梅太郎宛書簡（安政二年四月二四日）」（同『吉田松陰全集』第七巻、所収）、三六五頁）と述べ、やはり月性の倒幕論に対しては反対の姿勢を鮮明にしている。

(38) 吉田松陰「浄土真宗清狂師の本山に応徴するを送る序」（同『吉田松陰全集』第二巻、所収）、四二〇頁。

(39) 前掲『吉田松陰と月性と默霖』、二二〇頁。

(40) 「默霖と往復（松陰と默霖との往復書簡。安政三年八月一八、一九日）」（前掲『吉田松陰全集』第七巻、所収）、四四二頁。

(41) 同上、四四二～四四三頁。

(42) 前掲『吉田松陰と月性と默霖』、二六一頁。
松陰と默霖との議論については、安政三年八月一八日より交わされた書簡が重要な意味を有するといわれるが、その書簡での詳しい遣り取りは、同上書、二五二～二六一頁、に紹介されている。

(43) 前掲「默霖と往復（松陰と默霖との往復書簡）」、四四七頁。

(44) 「默霖宛（書簡。安政三年八月一九日）」（前掲『吉田松陰全集』第七巻、所収）、四四八～四四九頁。

(45) 前掲「默霖と往復（松陰と默霖との往復書簡）」、四四八頁。
なお、松陰と月性・默霖との議論については、前掲の海原徹『近世私塾の研究』、四六六～四七七頁、も参照のこと。

(46) 吉田松陰「大義を議す」（前掲『吉田松陰全集』第四巻、一九七二年、所収）、三七二頁。
ただしこの建白書でも、倒幕を無条件に説くのではなく、「征夷と雖も二百年恩義の在る所なれば、当に再四忠告して、勉めて勅に遵《したが》はんことを勧むべし。…征夷翻然として悔悟せば、決して前罪を追咎《ついきゅう》したまはざるなり」（同上、三七四頁）と述べ、幕府の態度次第では倒幕に及ぶ必要がないと説いている点には、注意が必要であろう。

(47) その操練の様子について、松陰は「松浦松洞・吉田栄太郎宛の書簡（安政五年八月一九日）」にて、「今日は流儀の操習にて大井浜へ皆々出発、銃陣短兵隊等之れあるなり。此の起りは堅田家来河内紀令大いに奮発、二十六人位壮士を知行所より召出し、練兵を頼み、当日朔日より松下塾に於て日操致し候よりの事なり、亦一盛事」（同『吉田松陰全集』第八巻、一九七二年、所収、九二頁）と綴っている。

(48) 末松謙澄『防長回天史』第二編、一九二一年修訂再版、東京国文社、二六五頁。

(49) 「諸友宛」書簡（前掲『吉田松陰全集』第八巻、所収）、二四一〜二四二頁。

(50) 「小田村伊之助・久保清太郎・久坂玄瑞宛」書簡（同『吉田松陰全集』第八巻、所収）二六九頁。

(51) 前掲『防長回天史』第二編、二九八頁。

(52) 吉田松陰『留魂録』（前掲『吉田松陰全集』第六巻、所収）、二八七〜二八八頁。

(53) 同上、二八八頁。

(54) 「高杉晋作宛」書簡（同『吉田松陰全集』第八巻、所収）、三六〇頁。

(55) 同上、三六一頁。

(56) 「尾寺新之丞宛」書簡（同『吉田松陰全集』第八巻、所収）、四一三頁。

(57) 「高杉晋作宛」書簡（同『吉田松陰全集』第八巻、所収）、三六七頁。

(58) 前掲『留魂録』、二九一頁。

(59) 前掲『講孟余話』巻の四中、三三四頁。

なお、『講孟余話』には、伊藤仁斎の所論の引用や、仁斎を評価する言葉が多く挿入されている。この引用文では冒頭に、「仁斎云はく、『此の章、人苟も一の楽しみあれば則ち天下に王たるの楽しみと雖も、以て之れを易《か》ふること能はざるを謂ふ』と。余退いて自ら思ふに、余が如き実に勿体なき多幸の人といふべし」（同上、三三三頁）との文言が綴られているが、これ以外にも例えば、「伊藤仁斎云はく、『孟子の言、亦徒らに時の益々降るを歎ずるのみに非ず。蓋し夫子春秋を作るの意を述ぶと云ふのみ』。此の説先づ吾が心を獲たり」（同上、二八五頁）、「近世、徂徠翁・仁斎を称して豪傑と云ふ。是れは満世宋学世界より宋学を看破し、古学を唱ふるを以てなり」（同上、三二三頁）、「仁斎云はく、『此の章、大人の事を論ぜんと欲して、先づ其の下なる者より次第に之れを言ふ』と。最も善く読む者と云ふべし」（同上、三三二頁）、「仁斎云はく、『道の外に身なく、身の外に道なし。故に道を以て身に殉ずる非ざれば、則ち身を以て道に殉ず。時に治否ありと雖も、而も身と道と未だ嘗て相離れざるなり』と。此の説、身と道との間、説き得て明白なり」（同上、三六一頁）、「仁斎の説、文も理も共に真切なるを覚ゆるなり」（同上、三九九頁）、「仁斎云はく『此れまさに前篇四端の章と参看すべし』と。余謂《おも》ふに其の語意は更に親切なるを覚ゆ。…是れ今人の通情、最も官途上の人に於て観るべし」（同上、四〇五頁）、などという具合に、仁斎評価の言葉が列挙されている。儒学説としての思想傾向を一瞥するとき、「皇国観」や「尊皇思想」といった政治的色彩の濃い所論を呈示していた松陰が、学説を「人倫日用の道」に集中させることで政治思想との距離を最も遠ざけた仁斎の思想に対し、これほどまでの高評価を与えていたことは、実に興味深く感じられる。

(60) 同『講孟余話』巻の三上、一八一頁。

(61) 同上、一六五頁。

なお、松陰が野山獄中で囚人たちに『孟子』の講義を行ったことは、松陰が同書を高く評価していたことを示唆する。だが、松陰には孟子批判の言説も遺されている。すなわち、『孟子』万章章句上第二章の、舜が妻を娶るときに父母に告げなかった（舜は父母から憎まれていたため、告げれば結婚が許されないと考えた）との記述を巡って、孟子が「告ぐれば則ち娶ることを得ず。男女室に居るは、人の大倫なり。如し告ぐれば則ち人の大倫を廃し、以て父母を懟《うら》みしめん」（小林勝人訳註『孟子（下）』岩波書店、一九七二年、一二二頁）と肯定したことを、「告げずして娶るは父子の大倫を廃するなり。何ぞ唯だ男女室に居るの大倫を廃するのみならんや。且つ男女室に居るの大倫を廃したるとて、父母を讎怨する、豈に孝子の心ならんや」（同『講孟余話』、二〇一頁）と、その所論を斥けている。「父子の親」という儒教道徳について、松陰はこれを孟子以上に厳格に考えていたことが示唆される。

(62) 同上、巻の一、二九頁。

(63) 同上、巻の二、七一頁。
なお、こうした松陰の教育観が、野山獄での学的営為を「会読」へと方向づけたと理解することができる。これについては、前田勉『江戸教育思想史研究』思文閣出版、二〇一六年、四二五～四二六頁、を参照のこと。

(64) 同『講孟余話』巻の四上、二三八頁。

(65) 同上、二六九頁。
因みに、孟子の所論に従って「性善説」を提唱した松陰は、「口味目色、耳声鼻臭、四肢安佚、是れ皆形気上の欲なれば、孟子は性と云はず。父子の仁、君臣の義、賓主の礼、賢者の智、聖人の天道、皆是れ人心固有の理なれば、孟子は是れを性と云ふ。…孟子未だ曾て気質の性を云はず。疎なるに非ず、教をなす所以なり」（同上、巻之四下、三九四頁）と述べて、「性」を「本然の性」と「気質の性」とに区分する朱子学的解釈を否定している。

加えて松陰は、「本然の性」を絶対的なるものとは理解せず、それを養う必要を強調している。さらにその「性を養う」営みが「天に事ふる」営為と連続する関係にあることを、孟子教説を踏襲しながら説いている。その所説は、「性を養ふは子を養ふの養と同じ。子を養ふには懐に入れて煖《あたた》め、乳を呑ませて飽《あ》かせ、病の生ぜぬ如くに色々様々に心を用ひて長育することなり。苟も吾が性を長育する、愛児を養う如くする時は、遂に性を知るに至るなり。天に事《つか》ふと云ふは理へ事《ととの》ふることなり。事は君に事ふ父に事ふの事の如し。理を大切にして是れを承け順ひ、仮初《かりそめ》にも理に違はぬ様に心掛くること、君父に事ふると同じことなり。此の功熟する時は天を知るに至るなり」（同上、巻の四中、三一〇頁）との言葉に凝縮されている。

(66) 同上、二七四頁。
なお、松陰はこの文言に続けて、「此の説伝習録に見ゆ、今臆記する所に因りて大意を記するのみ」（同上）と述べ、性の量目には聖人の間にも差異があるとの認識の出所を王陽明の所論に見出している。実際、王陽明はその『伝習録』の中で、「聖人の才力も、亦た大小の同じからざるあり。猶ほ金の分両に軽重あるがごとし。堯・舜は猶ほ万鎰《いつ》のごとく、文王・孔子は九千鎰あり。禹・湯・武王は猶ほ七八千鎰のごとく、伯夷・伊尹は猶ほ四五千鎰のごとし。才力は同じからざるも、天理に純なるはすなはち同じ」

（『伝習録』上〈『王陽明全集』第一巻、明徳出版社、一九八三年、所収〉、一四九頁）と述べている。

(67) 同上、巻の四中、三四八頁。
因みに、松陰は封建身分制の枠組みとは別に、人を「下等（妄人）」「中等（游侠の類）」「上等（惟だ義の在る所に従ひて行ふの人）」の三等に区別する認識を有していた。詳しくは同上、巻の三上、一七七〜一七八頁を参照のこと。

(68) 同上、巻の三上、一七四〜一七五頁。

(69) 同上、巻の四上、三〇五頁。

(70) 同上、巻の四中、三五七頁。
なお、『孟子』のこの文言に対して、例えば伊藤仁斎は、「君子は未だ必ずしも科を設け教を施さずと雖も、然れども其の沢自然に天下に覆はる。之を教へざるの教と謂ふ」（『孟子古義』巻之七、尽心章句上、第四十章、章注）と述べて、その自然な浸透力を高評している。一方、『講孟余話』での松陰の注釈では、資質に恵まれた者については「草木の時雨を得て生長するが如し」としつつも、そうでない者には「遽《にわ》かに大道を聞くと云へども、其の意に通ずること能はざる故、君子只だ其の問ふ処に因りて是れを点化するのみ」と述べて（同『講孟余話』、三五六〜三五七頁）、聖人教説の自然な浸透力をそのまま当て嵌めようとはしていない。上述のように、『講孟余話』には仁斎の所論の引用が散見するが、思想としての人間観を現実社会にどう適用させるかについては、両者の間に懸隔が認められる。

(71) 佐藤一斎『言志後録』第一二条（『佐藤一斎全集』第一一巻、明徳出版社、一九九一年、所収）、一六四頁。

(72) 前掲『講孟余話』巻の四中、三四三頁。
なお明確な位置づけは不明ながら、「正道」と「権」とを区分する松陰の手法は、「教ふる」と「誅する」という方法上の区分と相関するようにも見える。「教ふる」と「誅する」とについて松陰は、「之れを教ふると之れを誅すると、二事偏廃《へんぱい》すべからず。先づ教ふべし。教ふるは叮嚀《ていねい》親切を貴ぶ。孫子が三令五申の如くなるべし。後に誅すべし。誅するは厳明果断を貴ぶ。孫子が二姫を斬る如くなるべし。已に教へて後に誅し、已に誅して又教ふ。二つの者相待ちて功あり。而して教を以て主とし、其の如何ともすべからざるに至りて、是れを輔《ほ》するに誅を以てす。誅は太甚を除くものなり。教は終始をなすものなり」（同上、巻の三下、二二七〜二二八頁）と述べ、原則としての「教ふる」に対して、「誅する」を臨機応変的措置と論じている。

(73) 同上、巻の四下、四〇五頁。

(74) 同上、四〇六頁。

(75) 同上、巻の四上、二四一頁。

(76) 同上、巻の三上、一八五頁。

(77) 同上、一八二頁。

(78) 同上、巻の四中、三六二〜三六三頁。

(79) 同上、三六四〜三六五頁。

(80) 同上、巻の四下、三八六〜三八七頁。

(81) 同上、巻の四上、二七四〜二七五頁。

(82) 同上、巻の四中、三六六〜三六七頁。

(83) 同上、三六六頁。

(84) 同上、巻の四下、四一二頁。

(85) 同上、三九六頁。

なお、松陰の思想に対する水戸学の影響については、前掲の海原徹『吉田松陰』、一一五〜一二三頁、を参照のこと。

(86) 同上。

(87) 同上、巻の四中、三六五頁。

(88) 吉田松陰『武教全書講録』(前掲『吉田松陰全集』第四巻、所収)、五九頁。

(89) 同上、五七頁。

(90) 同上、四九頁。

因みに、松陰の書簡には兄杉梅太郎宛のものが多く遺されているが、他方で妹千代にも実に丁寧な書簡を何度も寄せている。そこには例えば、「男子女子ともに十歳已下は母のをしへをうくること一しほおほし。…然れば子の賢愚善悪に関《あずか》る所なれば、母の教ゆるがせにすべからず。併しその教といふも、十歳已下の小児の事なれば、言語にてさとすべきにもあらず。只だ正しきを以てかんずるの外あるべからず。…正しきは習はず教へずして自ら持得る道具なり。ゆゑに母の行ただしければ、自らかんずること更にうたがふべきあらず。是れを正を以て正しきを感ずると申すなり」(前掲『吉田松陰全集』第七巻、二八一〜二八二頁)というような言葉が綴られている。

(91) 同上、五二頁。

(92) 同上、五三頁。

(93) 徳富蘇峰『吉田松陰』岩波書店、一九八一年(原著は、民友社より一八九三年刊行)、二四九頁。

(94) 帝国教育会編『吉田松陰』弘道館、一九〇九年、二頁(帝国教育会長辻新次の序言)。

(95) 山口県教育会編纂『吉田松陰全集』第一巻、岩波書店、一九三六年、一頁。

(96) 同上、一〜二頁。

(97) 松陰の教育思想に対する重要な評価としては、前掲の海原徹『吉田松陰』、二四一〜二五一頁、を参照されたい。なお、松陰の思想を周到に吟味するには、その思想形成の過程と内実を、当該社会の歴史的状況の中に丁寧に位置づけねばならない。そうした作業を推し進めた近年の労作(「国際社会」における自他認識の構造に着眼点を据える)として、桐原健真『吉田松陰の思想と行動――幕末日本における自他認識の転回』東北大学出版会、二〇〇九年、を紹介しておく。

(98) 横井小楠の生涯については、主に、山崎正董編『横井小楠』上巻(伝記篇)、明治書院、一九三八年、および、沖田行司『横井小楠』ミネルヴァ書房、二〇二一年、所収の「横井小楠略年譜」を参照した。

(99) 元田永孚「還暦之記」(『元田永孚文書』第一巻、元田文書研究会、一九六九年、所収)、二二頁。

(100) 同上、二一頁。

(101) 同上、二三頁。

(102) 横井小楠「遊学雑誌」(山崎正董編『横井小楠』下巻〈遺稿篇〉、明治書院、一九三八年、所収)、八〇〇頁。

(103) 同上。なお、小楠が松崎慊堂を訪ねた期日は、前掲『横井小楠』上巻(伝記篇)によれば天保十年七月十二日とされている(同書、五四頁)。

(104) 同上、八〇七頁。

(105) 同上、八〇五頁。

(106) 同上、七九九頁。

この引用文では続けて、「従来水戸士にて八年前より江都に詰きり、近日の内に御用にて暫く下る由の咄なり」（同上）と語られているように、当時藤田東湖は水戸帰藩の直前であった。なお、ここに名が挙げられている湯浅常山（一七〇八～八一）は岡山藩士で、徂徠学派の服部南郭や太宰春台らに学んだ人物である。著述書に『常山紀談』『文会雑記』などがある。

(107) 前掲『横井小楠』下巻（遺稿篇）、八六三頁。

なお引用文は原漢詩である。以下、原漢詩・漢文からの引用はこれをすべて読み下し文に改めることとする。

(108) 同上、八六四頁。

(109) 前掲『横井小楠』上巻（伝記篇）、六〇～六一頁。

この書状の趣意は、宴席にて綴った東湖の句の返却と、そのことを内密にしてほしい、との内容にあった。

(110) 横井小楠「読鎖国論」（『横井小楠』下巻〈遺稿篇〉、所収）、六九三頁。

(111) 前掲「遊学雑誌」、八〇九頁。

(112) 同上、八一二頁。

(113) この「酒失事件」について、詳しくは、堤克彦『横井小楠の実学思想』ぺりかん社、二〇一一年、二五三～二五七頁、を参照されたい。なおこの処分に対し、国許の家老長岡監物と中老平野九郎右衛門は、小楠の江戸遊学延長を請願したが、処分を下した大奉行役溝口蔵人は「学校派」（反長岡監物派）の中心的人物であったこともあり、処分の決定が覆されることはなかった。

(114) 前掲『横井小楠』上巻（伝記篇）、七五頁。

ただし、このときの禁酒はその後解かれてしまう。それについては、「酒失の廉《かど》で、江戸から帰された当時は、禁酒と云ふ訳でしたが、横井家の神棚の神酒《みき》徳利が不思議に空になりました。粋な嫂《あによめ》の清子が窃《そつ》と後から〳〵注いで置いたものです。盃《さかづき》御免になつてからは、勿論飲みました」（徳富健次郎『竹崎順子』〈『蘆花全集』第一五巻、新潮社、一九二九年〉、六七頁）との証言が残されている。

(115) 前掲、元田永孚「還暦之記」、二六頁。

(116) 横井小楠「時務策」（前掲『横井小楠』下巻〈遺稿篇〉、所収）、六九～七〇頁。

なお「時務策」は、同『横井小楠』下巻（遺稿篇）では起草が一八四三（天保一四）年と推定されているが、近年の研究では一八四一（天保一二）年説が有力とされている。詳しくは、前掲沖田行司『横井小楠』、三五頁、を参照のこと。

(117) 前掲、元田永孚「還暦之記」、二六～二七頁。

(118) 同上、二七頁。

なお、元田の認識に従えば、「修己治人道徳経綸真ニ道ヲ学ヒ得タルハ熊沢先生ニシテ、其後ハ吾藩ノ先輩大塚退野、平野深淵二先生ノミ」（同上）と語られるように、同研究会では熊沢蕃山とともに、時習館創設時に退けられた大塚退野と平野深淵に高い評価を与えていた。大塚退野は李退渓（朱子学を重んじる朝鮮儒学）の影響を受けていたといわれる。

(119) 同上、三四頁。

(120) 同上。

(121) 前掲『竹崎順子』（『蘆花全集』第一五巻）、六七頁。
因みに、同書の表題となっている竹崎順子（一八二五〜一九〇五）は、郷士矢嶋家の第五子として生まれ、一五歳で竹崎律次郎（茶堂）と結婚した。妹に徳富久子（蘇峰、蘆花の母）、横井津世子（小楠の妻）、矢嶋楫子がいる。「竹崎順子など最も熱心な弟子の一人であったと思ひます」（前掲『横井小楠』上巻〈伝記篇〉、一三七頁）と伝わるように、小楠の弟子としての優秀さを誇った女性であった。その後、明治二〇年には徳富久子らを発起人とする熊本女学会を発足させ、同二二年に六四歳で熊本英学校付属女学校の舎監（その後校長）に就いている。

(122) 「講義及び語録」（前掲『横井小楠』下巻〈遺稿篇〉、所収）、九三二頁。

(123) 前掲『竹崎順子』（『蘆花全集』第一五巻）、六六頁。

(124) 前掲『横井小楠』上巻（伝記篇）、一三七頁。

(125) 同上、二一五〜二一六頁。

(126) 横井小楠「学校問答書」（前掲『横井小楠』下巻〈遺稿篇〉、所収）、二〜三頁。

(127) 同上、七頁。
小楠は「学校問答書」を福井藩に差し出した直後に、吉田東篁宛の書状に「尊藩学校御建方は是非共御止方に相成、後日其時宜参り候上に御興し被ㇾ成度、呉々奉ㇾ祈候」（同上書、一六八頁）と記し、やはり同藩での学校創設を時期尚早と述べている。

(128) 横井小楠「文武一途之説」（同『横井小楠』下巻〈遺稿篇〉、所収）、一〇頁。

(129) 嘉永六年五月三日「岡田準介宛書状」（同『横井小楠』下巻〈遺稿篇〉、所収）、一九一頁。

(130) 前掲、元田永孚「還暦之記」、五九頁。
なお、小楠と長岡監物との決裂事情については、松浦玲『横井小楠――儒教的正義とは何か〈増補版〉』朝日新聞社、二〇〇〇年、一二四〜一二五頁、も参照されたい。

(131) 安政元年九月二十日「吉田悌蔵宛書状」（前掲『横井小楠』下巻〈遺稿篇〉、所収）、二一六〜二一七頁。

(132) 安政二年三月二十日「立花壱岐宛書状」（前掲『横井小楠』下巻〈遺稿篇〉、所収）、二二〇〜二二一頁。
なお、小楠が積極的に開国論を唱道するようになったのは、小楠の門人内藤泰吉（一八二八〜一九一一）の所論によれば、一八五五（安政二）年頃のことといわれる。また、その重要な契機として、小楠が清末洋務運動の先駆者魏源の『海国図志』なる書物を入手したことが指摘されている。小楠の開国論唱道の経緯について、詳しくは、前掲『横井小楠』上巻（伝記篇）、三三三〜三四一頁、を参照のこと。

(133) 前掲『横井小楠』上巻（伝記篇）、四四八頁。
なお、この引用文に記された「川端・東葵両君」とは福井藩の重臣である松平主馬および本多修理のことを指す。

(134) 同上、四五〇頁。

(135) 安政五年六月十五日「横井牛右衛門宛書状」（前掲『横井小楠』下巻〈遺稿篇〉、所収）、二五八頁。

(136) 安政五年八月八日「永嶺仁十郎宛書状」（同『横井小楠』下巻〈遺稿篇〉、所収）、二七〇頁。

(137) 横井小楠「北陸土産」（同『横井小楠』下巻〈遺稿篇〉、所収）、九一五頁。

(138) 安政六年十月十五日「下津休也・荻角兵衛宛書状」（同

(139) 『横井小楠』下巻〈遺稿篇〉、所収)、三〇三頁。
横井小楠「国是三論」(同『横井小楠』下巻〈遺稿篇〉、所収)、三八頁。

なお、引用文中の「六府（水・火・金・木・土・穀)」「三事（正徳・利用・厚生)」とは『書経』を出所とするもので、いずれも民用を利し人生を豊かにするための「交易の政事」に関わるものと説かれる。
(140) 同上、三九頁。
この幕政の現状認識に対し、小楠はあるべき一国の経綸を、「万国を該談するの器量ありて始て日本国を治むべく、日本国を統摂する器量有て始めて一国を治むべく、一国を管轄する器量ありて一職を治むべきは道理の当然なり。公共の道に有て天下国家を分つべきにあらねど、先づ仮に一国上に就て説き起すべけれ共、拡充せば天下に及ぶべきを知るべし」(同上、三二頁)と論じている。この所論もまた、封建支配の政治的枠組みを乗り越えようとするものといえるだろう。
(141) 同上、三九〜四〇頁。
(142) 同上、四一頁。
(143) 同上、四八頁。
(144) 同上、四六頁。
(145) 同上、五二頁。
(146) 同上、五三頁。
(147) 文久元年二月二五日「荻角兵衛宛書状」(同『横井小楠』下巻〈遺稿篇〉、所収)、三五三〜三五四頁。
(148) 文久元年四月一九日「横井牛右衛門宛書状」(同『横井小楠』下巻〈遺稿篇〉、所収)、三五七頁。

(149) 文久二年三月「藩主に呈する書」(同『横井小楠』下巻〈遺稿篇〉、所収)、八五頁。
このとき勅使下向によって幕府に命ぜられた「三事策」の内容は、「第一は将軍は大小名を率ゐて上洛し国家を治め夷戎を攘ふを議すべし、第二は豊太閤の故典により沿海の大藩五国（東に伊達、西に島津、南に山内、北に前田、中国に毛利）をして五大老を称せしめ国政を諮決し、夷戎防禦の処置をなさしむべし、第三は一橋刑部卿をして将軍を援け、越前前中将を大老職に任じ幕府内外の政を輔佐せしむべし」(前掲『横井小楠』上巻〈伝記篇〉、五六二〜五六三頁）というものであった。
(150) 「国是七条」(前掲『横井小楠』下巻〈遺稿篇〉、所収)、九七〜九八頁。
(151) 日本史籍協会篇『続再夢紀事』第一巻、東京大学出版会、一九八八年覆刻再刊（原著は一九二一年刊)、二九頁。同紀事からの引用については、返り点箇所を読み下すとともに適宜濁点を補った。
(152) 同上、八六頁。
(153) 同上、一〇九頁。
(154) このときのことを小楠は、「私其場之処置、階子を懸下り候へ共、有合之物棒にても何にてもおつとり懸上り、両人を助け身命限り働候儀当然にて御座候処、無刀故駈帰り候て其機に後れ候処、士道之処置を失ひ候て深恐入奉ㇾ存候」(前掲『横井小楠』下巻〈遺稿篇〉、三九八頁）と回顧している。
なお刺客は、熊本藩邸の足軽黒瀬市郎助と安田喜助ならびに肥後勤王党の堤松左衛門であったと伝わる。詳しくは、前掲、松浦玲『横井小楠――儒教的正義とは何か〈増補版〉』、二一八〜二一九頁、を参照のこと。

(155) 前掲『横井小楠』上巻〈伝記篇〉、六八七頁。

(156) 前掲『続再夢紀事』第一巻、三八〇〜三八一頁。

(157) 前掲『横井小楠』下巻〈遺稿篇〉、四一七頁。

(158) 同上、四二二頁。

(159) 前掲『続再夢紀事』第二巻、東京大学出版会、一九八八年覆刻再刊（原著は一九二一年刊）、四二五頁。

(160) 同上、四二八頁。

(161) なお、その後両名とも一八六六年にアメリカに留学している（密航）。大平は一九六九年に帰国して熊本洋学校の創設に尽力したが、一八七一年二二歳で死去した。左平太も再度の留学を経て一八七五年に帰国し、元老院権少書記官に就いたこの年に三一歳にてこの世を去っている。

(162) 横井小楠「沼山対話」（前掲『横井小楠』下巻〈遺稿篇〉、所収）、九〇三頁。

(163) 同上、九〇二頁。

(164) 横井小楠「沼山閑話」（前掲『横井小楠』下巻〈遺稿篇〉、所収）、九二六〜九二七頁。

(165) 同上、九二三頁。

この小楠の方針は、一八六七（慶應三）年に福井藩士松平正直に贈呈し、春嶽及び福井藩主の覧に供された「国是十二条」の「学校を興す」なる項目にも、「唐虞三代の大道を明にし推て西洋芸業の課に及ぼす。其要は人君躬行心得に発して観感の化に本づく」（同『横井小楠』下巻〈遺稿篇〉、八九頁）という具合に描出されている。

(166) 「新政に付て春嶽に建言」（同『横井小楠』下巻〈遺稿篇〉、所収）、九三頁。

(167) 同上、九五〜九六頁。

(168) 明治元年正月三日「甥左平太・大平宛書状」（同『横井小楠』下巻〈遺稿篇〉、所収）、五一六頁。

(169) 明治元年五月十日「弥富千左衛門・矢野大玄宛書状」（同『横井小楠』下巻〈遺稿篇〉、所収）、五三三頁。

(170) 明治元年五月二十四日「宿許宛書状」（同『横井小楠』下巻〈遺稿篇〉、所収）、五三四頁。

(171) 同上、五三六頁。

(172) 明治元年十二月二十六日「宿許宛書状」（同『横井小楠』下巻〈遺稿篇〉、所収）、六〇三頁。

(173) 明治元年十月五日「宿許宛書状」（同『横井小楠』下巻〈遺稿篇〉、所収）、五七八頁。

(174) 前掲『横井小楠』上巻〈伝記篇〉、九八八頁。

因みに小楠を襲った刺客は、上田立夫（石見国の郷士の二男）・土屋延雄（備前国の名主の伜）・前岡力雄（十津川郷士の二男）・中井刀禰尾（十津川郷士）・鹿島又之允（元住職）・柳田直蔵（足軽の伜、当時浮浪の身）の六名であり、いずれも地方の郷士や軽輩の子弟であり、幕末の動揺期に国許を離れた者たちと伝わる。

(175) 徳永洋「小楠の『遺表』」（別冊『環』⑰『横井小楠一八〇九〜一八六九――「公共」の先駆者』藤原書店、二〇〇九年、所収）、一二七頁。

この「遺表」は四ヶ条から成り、本文中に引用した第一条（良心の基本概念）の他に、第二条にて「宮廷の改革」が、第三条にて「天皇の巡幸」の必要性が、さらに第四条にて「外交の基本施策」のことが言及されている。

(176) 前掲『横井小楠』下巻〈遺稿篇〉、一〇一頁。
なお、小楠の記した「中興の立志七条」については、同書一〇〇～一〇一頁、を参照のこと。

(177) この所論については、源了圓『横井小楠研究』藤原書店、二〇一三年、三八四～三八七頁、を参照のこと。
なお実際に小楠は、ハリスのことを「此のエルハリスも元は耶蘇教之教師にて有レ之、二十四五歳にて天然之良心を合点いたし人倫の根本此に有レ之事を真知し、是より自家修養良心培養に必死にさしはまり誠に非常之人物、当時世界に比類無レ之大賢人なり」（「明治元年九月十五日、甥左平太・大平宛書状」〈前掲『横井小楠』下巻〈遺稿篇〉、所収〉、五六〇頁）と高く評価している。ただし、この文面がアメリカに渡って間もない二人の甥宛の書状に記されたものであること、そこで「実に此の利欲世界に頼む可きは此人物一人と存ずるなり。都合に因りては必ず尋ね訪ひ可レ被レ申、重々存候事」（同上、五六一頁）と記されていることなどを勘案するなら、ハリスに対する高評は二人の甥を安心させるため、という意味合いもあったのかもしれない。

(178) 前掲「国是三論」、三四頁。

(179) 同上、五六頁。

(180) ただし、小楠の「良心」論が次男時雄や長女みやを通じてキリスト教信仰と結ばれていったこと、またその精神が、後に時雄が社長に就任し、みやの夫海老名弾正が総長に就いた同志社に継承されていったこと、は確かなことと認められるだろう。これについて詳しくは、前掲の沖田行司『横井小楠』、二一七～二二一頁、を参照されたい。

(181) 前掲「学校問答書」、三頁。

(182) 同上。

(183) 同上、三～四頁。

(184) 同上、四頁。

(185) 熊沢蕃山『大学或問』下冊（日本思想大系三〇『熊沢蕃山』岩波書店、一九七一年、所収）、四五二頁。

(186) 前掲「学校問答書」、四頁。

(187) 同上、五頁。

(188) 同上。

(189) 同上、六頁。

(190) 同上。

(191) 同上。

(192) 安政三年一二月二一日「村田巳三郎宛書状」〈前掲『横井小楠』下巻〈遺稿篇〉、所収〉、二四三頁。

(193) 同上。
なお、その結果西洋諸国の学校では、「大抵其学の法則は経義を講明するを第一とし、其国之法律を明弁し其国之古今之事歴より天下万国之事情物産を究、天文・地理・航海之術及海陸之戦法・器械之得失を講究し、天地間之知識を集合するを以て学術といたし候由」（同上）という具合に、政治・法律・歴史・経済より自然科学、航海術・軍事・工学等に及ぶ諸学の発展を遂げたと、小楠は指摘するのである。

(194) 前掲「国是三論」、五四頁。

(195) 同上、五五頁。

(196) 同上、五六頁。

(197) 前掲、源了圓『横井小楠研究』、八三～八四頁。

なお源了圓は、小楠の学校教育論は中国明末・清初の儒学者黄宗羲（一六一〇～九五）がその著『明夷待訪録』にて示した学校論（天下を治める手段が学校から発出されるとする）の考え方と共通するものだと説いている。すなわち、「講学」の場としての学校が教育機関であるに留まらず、公議・公論形成の機関であるとの基本構想において、両者は全く軌を一にする、というのである。詳しくは、同書八五～八九頁、を参照されたい。

(198) 福澤諭吉「政事と教育と分離す可し」（『福澤諭吉全集』第九巻、岩波書店、一九六〇年、所収）、三〇八～三〇九頁。

(199) 福澤諭吉『学問のすゝめ』三編（『福澤諭吉全集』第三巻、岩波書店、一九五九年、所収）、四七頁。

終章

(1) 本居宣長『答問録』（『本居宣長全集』第一巻、筑摩書房、一九六八年、所収）、五四七頁。

(2) 会沢正志斎『泮林好音』（瀬谷義彦『会沢正志斎』日本教育先哲叢書第一三巻、文教書院、一九四二年、所収）、二〇二頁。

(3) 山崎闇斎『垂加草』第十「会津神社志序」（『新編山崎闇斎全集』第一巻、ぺりかん社、一九七八年、所収）、七九頁。

(4) 藤田東湖『常陸帯』（『藤田東湖全集』第一巻、章華社、一九三五年、所収）、四〇七頁。

(5) 山崎闇斎『闢異』（『新編山崎闇斎全集』第三巻、ぺりかん社、一九七八年、所収）、四三三～四三四頁。

(6) 中江藤樹『翁問答』上巻之本（藤樹神社創立協賛会編『藤樹先生全集』第三冊、内外出版印刷、一九二八年、所収）、八七頁。

(7) 貝原益軒『大和俗訓』巻之八（益軒会編『益軒全集』巻之三、国書刊行会、一九七三年、所収）、一五四頁。

(8) 伊藤仁斎『論語古義』憲問第一四、第四七章、論注。

(9) 荻生徂徠『弁道』（『荻生徂徠全集』第一巻、河出書房新社、一九七三年、所収）、二〇頁。

(10) 荻生徂徠『弁名』上（同『荻生徂徠全集』第一巻、所収）、五二頁。

(11) 細井平洲『嚶鳴館遺草』第三巻（高瀬代次郎編纂『平洲全集』隆文館、一九二一年、所収）、四五頁。

(12) 尾藤二洲『静寄軒集』巻二、「策問二条」（『近世儒家文集集成』第十巻、ぺりかん社、一九九一年、所収）、九三～九四頁。

(13) 柴野栗山「栗山上書」（瀧本誠一編『日本経済叢書』巻一七、日本経済叢書刊行会、一九一五年、所収）、一四六頁。

(14) 中井竹山『草茅危言』第二（商）、「御麾下の事」、懐徳堂記念館、一九四二年、六頁。

なお、竹山はこの引用文に続けて、「殊に子弟を教育すること、後日の為第一の備なれば、幼年の人別して遠路の往来なりがたく、又句読の業に至りては、一人にて百人に授ることは、日力も人力もつゞくものに非ず」（同上、七頁）と述べ、「教育」という言葉を使用しながら、学校の普及を積極的に推し進めるべきことを提言している。

(15) 手島堵庵『会友大旨』（『増補手島堵庵全集』清文堂出版、

一九七三年増補改訂版、所収）、一〇二～一〇四頁。
(16) 本居宣長『うひ山ぶみ』（前掲『本居宣長全集』第一巻、所収）、三～四頁。
(17) 本居宣長『玉くしげ』（『本居宣長全集』第八巻、筑摩書房、一九七二年、所収）、三二三～三二四頁。
(18) 江戸時代における「教育」という言葉の用例について、詳しくは、拙稿「再考『江戸教育思想史研究』」（『教育哲学研究』第一二五号、教育哲学会、二〇二二年五月、所収）、および、「後期水戸学における『教育』の含意について――その近代「教育」概念の基層としての意味合い」（『哲学』第一五〇号、慶應義塾大学三田哲学会、二〇二三年三月、所収）を参照されたい。
(19) 会沢正志斎『退食間話』（日本思想大系五三『水戸学』岩波書店、一九七三年、所収）、二五六～二五七頁。
(20) 飛躍を承知の上で言及するなら、この国ではかつて昭和戦前下の一九三五年に岡田啓介内閣によって「国体明徴に関する声明」が発せられたことがあった（八月および一〇月の二度）。これは美濃部達吉の「天皇機関説」への政治的対応措置であったが、水戸学の立論はこの声明の最も重要な淵源と見ることもできるはずである。
(21) 平田篤胤『入学問答』（『新修平田篤胤全集』第一五巻、名著出版、一九七八年、所収）、一〇二頁。
(22) 平田篤胤『玉たすき』十之巻（同『新修平田篤胤全集』第六巻、一九七七年、所収）、五七二頁。
(23) 広瀬淡窓『迂言』（『増補淡窓全集』中巻、思文閣、一九七一年復刻版、所収）、三七頁。
(24) 佐藤一斎『言志耋録』三七条（『佐藤一斎全集』第一二巻、明徳出版社、一九九三年、所収）、一九八頁。
(25) 佐藤一斎『言志録』二三三条（同『佐藤一斎全集』第一一巻、一九九一年、所収）、一四七頁。
(26) 吉田松陰『講孟余話』（『吉田松陰全集』第三巻、大和書房、一九七二年、所収）、一八一頁。
(27) 同上、一七四～一七五頁。
(28) 会沢正志斎『下学邇言』巻之二（高須芳次郎編著『会沢正志斎集』水戸学大系第二巻、水戸学大系刊行会、一九四二年再版、所収）、二五〇頁。
(29) 前掲、吉田松陰『講孟余話』、三八六～三八七頁。
(30) 横井小楠「国是三論」（山崎正董編『横井小楠』下巻〈遺稿篇〉、明治書院、一九三八年、所収）、五二頁。
なお、この「心法」について、源了圓は「小楠の思想では『心法』というのは極めて重要な契機であるが、それにもかかわらず彼は自己の心を磨くだけでは満足せず、自分と意見や見解を異にする『他者』との討論・対話を通じてはじめて『公論』を形成することができると考えている」（源了圓『横井小楠研究』藤原書店、二〇一三年、一六七頁）と指摘している。
(31) 横井小楠「学校問答書」（同上書、所収）、五頁。
(32) 前掲、源了圓『横井小楠研究』、一六八頁。
(33) ただし、貝原益軒の説く「個々人の本性の発達」との所論には、今日の私たちの教育観と相通ずるものが認められる。従来、近世教育思想史研究として貝原益軒に高い関心が寄せられてきた理由もこの点に見出すことができるだろう。近世教育思想史の関心に基づく益軒研究については、辻本雅史『思想と教育のメディア史』（ぺりかん社、二〇一一年）や、同『江戸の学びと思想家たち』（岩波書店、二〇二一年）などを参照のこと。

（34）従来、この国の教育思想史研究が、江戸教育思想にいかなる視線を投じてきたのかについて、詳しくは、拙著『仁斎学の教育思想史的研究』慶應義塾大学出版会、二〇一〇年、序論第二章「近世教育思想研究史概観」（五九～一一四頁）、を参照されたい。

主要参考文献

江戸思想の諸述作

藤原惺窩

『仮名性理』（国民精神文化研究所編『藤原惺窩集』巻下、思文閣出版、一九七八年復刊、所収）。

「惺窩先生行状」（「羅山林先生文集」巻第四〇〈京都史蹟会編『羅山先生文集』巻二、平安考古学会、一九一八年、所収〉）。

『惺窩先生文集』（国民精神文化研究所編『藤原惺窩集』巻上、思文閣出版、一九七八年復刊、所収）。

『惺窩先生倭謌集』（同『藤原惺窩集』巻上、所収）。

「惺窩問答」（同『藤原惺窩集』巻下、所収）。

『大学要略（逐鹿評）』（前掲『藤原惺窩集』巻上、所収）。

林羅山

『三徳抄』（日本教育思想大系一三『林羅山・室鳩巣』日本図書センター、一九七九年、所収）。

『春鑑抄』（同『林羅山・室鳩巣』、所収）。

『神道伝授』（日本思想大系三九『近世神道論 前期国学』岩波書店、一九七二年、所収）。

『羅山先生文集』巻一・巻二、『羅山先生詩集』巻三・巻四（京都史蹟会編『羅山林先生集』平安考古学会、一九一八年）。

「羅山林先生行状」（前掲『林羅山・室鳩巣』、所収）。

『理気弁』（同『林羅山・室鳩巣』、所収）。

山崎闇斎

「闇斎先生年譜」（日本古典学会編纂『新編山崎闇斎全集』第四巻、ぺりかん社、一九七八年復刊、所収）。

『敬斎箴』（同『新編山崎闇斎全集』第四巻、所収）。

『敬斎箴講義』（日本思想大系三一『山崎闇斎学派』岩波書店、一九八〇年、所収）。

「三子伝心録の後に跋す」（『伊洛三子伝心録』、一六六九〈寛文九〉年、所収。慶應義塾大学図書館所蔵）。

『仁説問答』（前掲『新編山崎闇斎全集』第四巻、所収）。

『垂加草』（同『新編山崎闇斎全集』第一巻、一九七八年、所収）。

『性論明備録』（前掲『新編山崎闇斎全集』第四巻、所収）。

『大学垂加先生講義』（前掲『山崎闇斎学派』、所収）。

「二程治教録序」（前掲『新編山崎闇斎全集』第一巻、所収）。

『闢異』（同『新編山崎闇斎全集』第三巻、一九七八年、所収）。

中江藤樹

『翁問答』（藤樹神社創立協賛会編『藤樹先生全集』第三冊、内外出版印刷、一九二八年、所収）。

『大学解』（同『藤樹先生全集』第二冊、一九二八年、所収）。

『大学考』（同『藤樹先生全集』第二冊、所収）。

「藤樹先生年譜」「藤樹先生行状」「藤樹先生事状」（同『藤樹先生全集』第五冊、一九二九年、所収）。

『文集一（経解）』（同『藤樹先生全集』第一冊、一九二八年、所収）。

「林氏髪を剃り位を受くるの弁」（日本思想大系二九『中江藤樹』岩波書店、一九七四年、所収）。

『論語郷党啓蒙翼伝』（前掲『藤樹先生全集』第一冊、所収）。

貝原益軒

「益軒先生年譜」「益軒先生著述年表」「益軒先生伝」（益軒会編『益軒全集』巻之一、国書刊行会、一九七三年、所収）。

『五常訓』（同『益軒全集』巻之三、一九七三年、所収）。

『初学訓』（同『益軒全集』巻之三、所収）。

『慎思録』（同『益軒全集』巻之二、一九七三年、所収）。

『大疑録』（同『益軒全集』巻之二、所収）。

『大和俗訓』（前掲『益軒全集』巻之三、所収）。

『和俗童子訓』（同『益軒全集』巻之三、所収）。

伊藤仁斎

『伊藤家系譜』『伊藤氏族図』『家系略草』『家世私記』（天理大学附属天理図書館古義堂文庫所蔵）。

『語孟字義』『童子問』『孟子古義』『論語古義』（天理図書館古義堂文庫所蔵仁斎生前最終稿本（林本））。

〔参考〕『語孟字義』（木村英一編『伊藤仁斎集』日本の思想十一、筑摩書房、一九七〇年、所収）。

『童子問』（清水茂校注『近世思想家文集』日本古典文学大系九十七、岩波書店、一九六六年、所収）。

『孟子古義』（関儀一郎編『日本名家四書註釈全書』孟子部壹、東洋図書刊行会、一九二六年、所収）。

『論語古義』（同『日本名家四書註釋全書』論語部壹、一九二二年、所収）。

『古学先生碣銘行状』一七〇七〈宝永四〉年刊、林文会堂蔵版。

伊藤東涯

『訓幼字義』（日本教育思想大系一四『伊藤仁斎・東涯』日本図書センター、一九七九年、所収）。

『古学指要』（同『伊藤仁斎・東涯』、所収）。

『弁疑録』全二冊、崇拝堂林文進、一七三七（元文二）年刊。

荻生徂徠

『学則』（『荻生徂徠全集』第一巻、みすず書房、一九七三年、所収）。

『学寮了簡書』（関儀一郎編『日本儒林叢書』第三巻、鳳出版、一九七八年、所収）。

『蘐園随筆』（『荻生徂徠全集』第一巻、河出書房新社、一九七三年、所収）。

『政談』（『荻生徂徠全集』第六巻、河出書房新社、一九七三年、所収）。

『徂徠先生問答書』（『荻生徂徠全集』第一巻、みすず書房、一九七三年、所収）。

『太平策』（『荻生徂徠全集』第六巻、河出書房新社、一九七三年、所収）。

『中庸解』（『荻生徂徠全集』第二巻、河出書房新社、一九七八年、所収）。

『弁道』（『荻生徂徠全集』第一巻、河出書房新社、一九七三年、所収）。

『弁名』（同『荻生徂徠全集』第一巻、河出書房新社、所収）。

『論語徴』（『荻生徂徠全集』第三巻〜四巻、みすず書房、一九七七〜七八年、所収）。

『訳文筌蹄』（『荻生徂徠全集』第二巻、みすず書房、一九七四年、所収）。

太宰春台
『経済録』経済雑誌社、一八九四年（原著は一七二九年刊）。
「春台先生行状」（『近世儒家文集集成』第六巻、ぺりかん社、一九八六年、所収）。
『春台先生紫芝園稿』（同『近世儒家文集集成』第六巻、所収）。
『聖学問答』（日本思想大系三七『徂徠学派』岩波書店、一九七二年、所収）。
『弁道書』江都書肆嵩山房、一七三五（享保二〇）年。

細井平洲
『嚶鳴館遺草』（高瀬代次郎編纂『平洲全集』隆文館・星野書店、一九二一年、所収）。

『細井先生講釈聞書』（同『平洲全集』、所収）。

『平洲先生嚶鳴館遺稿』（同『平洲全集』、所収）。

「米沢学校相談書」（『日本教育文庫 学校篇』同文館、一九一一年、所収）。

懐徳堂儒学関係
三宅石庵「万年先生論孟首章講義」（懐徳堂記念会編『懐徳堂遺書 懐徳堂五種』松村文海堂、一九一一年、所収）。

五井蘭洲『茗話』巻之上（懐徳堂記念会編『懐徳堂遺書 蘭州茗話』松村文海堂、一九一一年、所収）。

中井竹山『経済要語』（日本思想大系四七『近世後期儒家集』岩波書店、一九七二年、所収）。

中井竹山『草茅危言』第一〜第五（宮、商、角、徴、羽）、懐徳堂記念館、一九四二年。

中井竹山『竹山国字牘』巻上（懐徳堂記念会編『懐徳堂遺書 竹山国字牘』松村文海堂、一九一一年、所収）。

中井竹山『非徴』（前掲『近世後期儒家集』、所収）。

富永仲基『翁の文』（日本古典文学大系九七『近世思想家文集』岩波書店、一九六六年、所収）。

富永仲基『出定後語』（日本思想大系四三『富永仲基 山片蟠桃』岩波書店、一九七三年、所収）。

山片蟠桃『夢ノ代』（同『富永仲基 山片蟠桃』、所収）。

石門心学関係
『石田先生語録』（柴田実編『石田梅岩全集』上巻、石門心学会、一九五六年、所収）。

『石田先生事蹟』（同『石田梅岩全集』下巻、一九五七年、所収）。

石田梅岩『斉家論』（前掲『石田梅岩全集』上巻、所収）。

石田梅岩『都鄙問答』（同『石田梅岩全集』上巻、所収）。

手島堵庵『朝倉新話』（柴田実編『増補手島堵庵全集』清文堂出版、一九七三年増補改訂版、所収）。

手島堵庵「遺書講義」(同『増補手島堵庵全集』、所収)。

手島堵庵「会友大旨」(同『増補手島堵庵全集』、所収)。

手島堵庵「前訓」(同『増補手島堵庵全集』、所収)。

手島堵庵『善道須知』(同『増補手島堵庵全集』、所収)。

「手島堵庵年譜」「手島堵庵先生事蹟」「東郭先生遺文」(同『増補手島堵庵全集』、所収)。

中沢道二『道二翁道話』『道二翁前訓』(石川謙校訂『校訂 道二翁道話』岩波書店、一九三五年、所収)。

賀茂真淵

『語意考』(『賀茂真淵全集』第一九巻、続群書類従完成会、一九八〇年、所収)。

『国意考』(同『賀茂真淵全集』第一九巻、所収)。

『続万葉論』別記(同『賀茂真淵全集』第一〇巻、一九八五年、所収)。

『にひまなび』(同『賀茂真淵全集』第一九巻、所収)。

『万葉集大考』(同『賀茂真淵全集』第一巻、一九七七年、所収)。

本居宣長

『排蘆小船』(『本居宣長全集』第二巻、筑摩書房、一九六八年、所収)。

『家のむかし物語』(同『本居宣長全集』第二〇巻、一九七五年、所収)。

『石上私淑言』(前掲『本居宣長全集』第二巻、所収)。

『うひ山ぶみ』(同『本居宣長全集』第一巻、一九六八年、所収)。

『呵刈葭』(同『本居宣長全集』第八巻、一九七二年、所収)。

『馭戎慨言』(同『本居宣長全集』第八巻、所収)。

『くず花』(同『本居宣長全集』第八巻、所収)。

『鉗狂人』(同『本居宣長全集』第八巻、所収)。

『源氏物語玉の小櫛』(同『本居宣長全集』第四巻、一九六九年、所収)。

『古事記伝』(同『本居宣長全集』第九～一二巻、一九六八～一九七四年、所収)。

『古事記伝』一之巻「直毘霊」(同『本居宣長全集』第九巻、一九六八年、所収)。

『紫文要領』(同『本居宣長全集』第四巻、一九六九年、所収)。

『鈴屋翁略年譜』「本居宣長年譜」(同『本居宣長全集』別巻三、一九九三年、所収)。

『玉かつま』(前掲『本居宣長全集』第一巻、所収)。

『玉くしげ』(前掲『本居宣長全集』第八巻、所収)。

『答問録』(前掲『本居宣長全集』第一巻、所収)。

『日記』(同『本居宣長全集』第一六巻、一九七四年、所収)。

『入門誓詞』(同『本居宣長全集』第二〇巻、一九七五年、所収)。

『秘本玉くしげ』(前掲『本居宣長全集』第八巻、所収)。

尾藤二洲

『称謂私言』(頼惟勤編集・解説『近世儒家文集集成』第十巻、ぺりかん社、一九九一年、所収)。

『正学指掌』(日本思想大系三七『徂徠学派』岩波書店、一九七二年、所収)。

『静寄軒集』(前掲『近世儒家文集集成』第十巻、所収)。

『素餐録』（前掲『徂徠学派』、所収）。

『択言』（関儀一郎編『日本儒林叢書』第一巻、鳳出版、一九七八年、所収）。

『冬読書余』（同『日本儒林叢書』第二巻、一九七八年、所収）。

佐藤一斎

『愛日楼詩』（『佐藤一斎全集』第二巻、明徳出版社、一九九一年、所収）。

『愛日楼全集』（『近世儒家文集集成』第十六巻、ぺりかん社、一九九九年、所収）。

『言志録』（前掲『佐藤一斎全集』第一一巻、一九九一年、所収）。

『言志後録』（同『佐藤一斎全集』第一一巻、所収）。

『言志晩録』（同『佐藤一斎全集』第一二巻、一九九三年、所収）。

『言志耋録』（同『佐藤一斎全集』第一二巻、所収）。

『初学課業次第』（前掲『佐藤一斎全集』第一巻、一九九〇年、所収）。

『俗簡焚餘』（関儀一郎編『日本儒林叢書』第三巻、鳳出版、一九七八年、所収）。

『弁道薙蕪』（前掲『佐藤一斎全集』第一巻、所収）。

『論語欄外書』（同『佐藤一斎全集』第六巻、一九九四年、所収）。

広瀬淡窓

『迂言』（日田郡教育会編輯『増補淡窓全集』中巻、思文閣出版、一九七一年復刻版、所収）。

『遠思楼詩鈔』（同『増補淡窓全集』中巻、所収）。

『懐旧楼筆記』（同『増補淡窓全集』上巻、一九七一年復刻版、所収）。

『醒斎語録』（同『増補淡窓全集』上巻、所収）。

『醒斎日歴』（同『増補淡窓全集』下巻、一九七一年復刻版、所収）。

『甲寅新歴』（同『増補淡窓全集』下巻、所収）。

『再修録』（同『増補淡窓全集』下巻、所収）。

『淡窓詩話』（前掲『増補淡窓全集』中巻、所収）。

『燈下記聞』（前掲『増補淡窓全集』上巻、所収）。

『夜雨寮筆記』（同『増補淡窓全集』上巻、所収）。

『約言』（前掲『増補淡窓全集』中巻、所収）。

『約言或問』（同『増補淡窓全集』中巻、所収）。

『六橋記聞』（前掲『増補淡窓全集』上巻、所収）。

『老子摘解』（同『増補淡窓全集』上巻、所収）。

『論語三言解』（前掲『増補淡窓全集』中巻、所収）。

武谷祐之「南柯一夢抄録」（同『増補淡窓全集』中巻、所収）。

平田篤胤

『伊布伎廼屋歌集』（『新修平田篤胤全集』第一五巻、名著出版、一九七八年、所収）。

『勝五郎再生記聞』（同『新修平田篤胤全集』第九巻、一九七六年、所収）。

『呵妄書』（同『新修平田篤胤全集』第一〇巻、一九七七年、所収）。

『古今妖魅考』（前掲『新修平田篤胤全集』第九巻、所収）。

『古史成文』（同『新修平田篤胤全集』第一巻、一九七七年、所収)。

『古史伝』(同『新修平田篤胤全集』第一～四巻、一九七七年、所収)。

『古道大意』(同『新修平田篤胤全集』第八巻、一九七六年、所収)。

『出定笑語』(前掲『新修平田篤胤全集』第一〇巻、所収)。

『赤縣太古伝』(前掲『新修平田篤胤全集』第八巻、所収)。

『仙境異聞』(前掲『新修平田篤胤全集』第九巻、一九七六年、所収)。

『俗神道大意』(前掲『新修平田篤胤全集』第八巻、所収)。

「大壑君御一代略記」(同『新修平田篤胤全集』第六巻、一九七七年、所収)。

『大扶桑国考』(前掲『新修平田篤胤全集』第八巻、所収)。

『童蒙入学門』(同『新修平田篤胤全集』第一四巻、一九七七年、所収)。

『玉たすき』(前掲『新修平田篤胤全集』第六巻、所収)。

『霊の真はしら』(同『新修平田篤胤全集』第七巻、一九七七年、所収)。

『入学問答』(前掲『新修平田篤胤全集』第一五巻、所収)。

『ひとりごと』(前掲『新修平田篤胤全集』第八巻、所収)。

会沢正志斎

『会沢正志斎文稿』(名越時正編)、国書刊行会、二〇〇二年。

『諳夷問答』(武藤長蔵『日英交通史之研究』内外出版印刷、昭和一七年増補三版、所収)。

『豈好弁』(関儀一郎編『日本儒林叢書』第四巻、鳳出版、一九七八年、所収)。

『下学邇言』(高須芳次郎編著『会沢正志斎集』水戸学大系第二巻、水戸学大系刊行会、一九四二年再版、所収)。

『学制略説』(文部省『日本教育史資料』巻五、冨山房、一九〇四年再版、所収)。

『及門遺範』浅井吉兵衛翻刻、一八八二年。

『江湖負喧』(『神道大系』論説編一五「水戸学」、神道大系編纂会、一九八六年、所収)。『時務策』(日本思想大系五三『水戸学』岩波書店、一九七三年、所収)。

『人臣去就説』(同『水戸学』、所収)。

『新論』(前掲『会沢正志斎集』水戸学大系第二巻、所収)。

『退食間話』(前掲『水戸学』、所収)。

『対問三策』(前掲『神道大系』論説編一五「水戸学」、所収)。

『泮林好音』(瀬谷義彦『会沢正志斎』日本教育先哲叢書第一三巻、文教書院、一九四二年、所収)。

『迪彝篇』(前掲『会沢正志斎集』水戸学大系第二巻、所収)。

『読直毘霊』(同『会沢正志斎集』水戸学大系第二巻、所収)。

藤田東湖

『回天詩史』(高須芳次郎編『藤田東湖全集』第一巻、章華社、一九三五年、所収)。

『弘道館記述義』(同『藤田東湖全集』第二巻、一九三五年、所収)。

「藩弊三箇条――壬申封事」(同『藤田東湖全集』第六巻、一九三六年、所収)。

『常陸帯』(前掲『藤田東湖全集』第一巻、所収)。

「文天祥の正気歌に和す」(同『藤田東湖全集』第三巻、一九三五年、所収)。

吉田松陰

『回顧録』（山口県教育会編纂『吉田松陰全集』第九巻、大和書房、一九七四年、所収）。

『癸丑遊歴日録』（同『吉田松陰全集』第九巻、所収）。

「関係雑纂」「関係人物略伝」（同『吉田松陰全集』第十巻、一九七四年、所収）。

『講孟余話』（同『吉田松陰全集』第三巻、一九七二年、所収）。

『講孟余話附録』（同『吉田松陰全集』第三巻、所収）。

「獄舎問答」（同『吉田松陰全集』第二巻、一九七三年、所収）。

「浄土真宗清狂師の本山に応徴するを送る序」（同『吉田松陰全集』第二巻、所収）。

「村塾記事」（同『吉田松陰全集』第六巻、一九七三年、所収）。

「大義を議す」（同『吉田松陰全集』第四巻、一九七二年、所収）。

『丁巳日乗』（前掲『吉田松陰全集』第九巻、所収）。

『東北遊日記』（同『吉田松陰全集』第九巻、所収）。

「野山獄囚名録叙論」（前掲『吉田松陰全集』第二巻、所収）。

『野山獄読書記』（前掲『吉田松陰全集』第九巻、所収）。

『武教全書講録』（同『吉田松陰全集』第四巻、一九七二年、所収）。

「福堂策」（前掲『吉田松陰全集』第二巻、所収）。

「浮屠清狂に与ふる書」（同『吉田松陰全集』第二巻、所収）。

『丙辰日記』（前掲『吉田松陰全集』第九巻、所収）。

「丙辰幽室文稿」（前掲『吉田松陰全集』第二巻、所収）。

「未焚稿」（同『吉田松陰全集』第一巻、一九七二年、所収）。

『留魂録』（前掲『吉田松陰全集』第六巻、所収）。

「吉田松陰書翰集」（同『吉田松陰全集』第七・八巻、一九七二年、所収）。

横井小楠

「学校問答書」（山崎正董編『横井小楠』下巻〈遺稿篇〉、明治書院、一九三八年、所収）。

「講義及び語録」（同『横井小楠』下巻〈遺稿篇〉、所収）。

「国是三論」（同『横井小楠』下巻〈遺稿篇〉、所収）。

「国是七条」（同『横井小楠』下巻〈遺稿篇〉、所収）。

「時務策」（同『横井小楠』下巻〈遺稿篇〉、所収）。

「沼山閑話」（同『横井小楠』下巻〈遺稿篇〉、所収）。

「沼山対話」（同『横井小楠』下巻〈遺稿篇〉、所収）。

「新政に付て春嶽に建言」（同『横井小楠』下巻〈遺稿篇〉、所収）。

「藩主に呈する書」（同『横井小楠』下巻〈遺稿篇〉、所収）。

「文武一途之説」（同『横井小楠』下巻〈遺稿篇〉、所収）。

「北陸土産」（同『横井小楠』下巻〈遺稿篇〉、所収）。

「遊学雑誌」（同『横井小楠』下巻〈遺稿篇〉、所収）。

「読鎖国論」（同『横井小楠』下巻〈遺稿篇〉、所収）。

「横井小楠諸書状」（同『横井小楠』下巻〈遺稿篇〉、所収）。

その他江戸時代の諸述作

浅見絅斎「敬義内外説」（『日本儒林叢書』第六巻、鳳出版、一九七八年、所収）。

新井白石／松村明校注『折たく柴の記』岩波書店、一九九九年。

上田秋成『胆大小心録』（『上田秋成全集』第一、国書刊行会、一九一七年、所収）。

江村北海『日本詩史』（清水茂他校注『日本詩史・五山堂詩話』新日本古典文学大系六五、岩波書店、一九九一年、所収）。

大塩中斎『洗心洞箚記』（日本思想体系四六『佐藤一斎 大塩中斎』岩波書店、一九八〇年、所収）。

大田錦城『梧窓漫筆』玉巌堂、一八二三（文政六）年（慶應義塾大学図書館所蔵）。

海保青陵『稽古談』（日本思想大系四四『本多利明 海保青陵』岩波書店、一九七〇年、所収）。

荷田春満『創学校啓』（日本思想大系三九『近世神道論 前期国学』岩波書店、一九七二年、所収）。

「寛政異学禁関係文書」（関儀一郎編『日本儒林叢書』第三巻、鳳出版、一九七八年、所収）。

菊池謙二郎編『幽谷全集』吉田彌平発行、一九三五年。

熊沢蕃山『大学或問』（日本思想大系三〇『熊沢蕃山』岩波書店、一九七一年、所収）。

契沖「雑説（抄）——万葉代匠記総釈」（前掲、日本思想大系三九『近世神道論 前期国学』、所収）。

月性「仏法護国論」（安丸良夫・宮地正人校注『宗教と国家』日本近代思想大系五、岩波書店、一九八八年、所収）。

呉兢原著／原田種成著『貞観政要（上）（下）』新釈漢文大系第九五、九六巻、明治書院、一九七八〜七九年。

国書刊行会編『元禄太平記』（『江戸時代文芸資料』五巻、名著刊行会、一九一六年、所収）。

佐久間象山『省諐録』（日本思想大系五五『渡辺崋山 高野長英 佐久間象山 横井小楠 橋本左内』岩波書店、一九七一年、所収）。

柴野栗山「栗山上書」（瀧本誠一編『日本経済叢書』巻一七、日本経済叢書刊行会、一九一五年、所収）。

大道寺友山／古川哲史校訂『武道初心集』岩波書店、一九四三年。

高野長英『蛮社遭厄小記』（日本思想大系五五『渡辺崋山 高野長英 佐久間象山 横井小楠 橋本左内』岩波書店、一九七一年、所収）。

高野長英『和寿礼加多美』（同上書、所収）。

田中佩刀「佐藤一斎年譜」（岡田武彦監修『佐藤一斎全集』第九巻、明徳出版社、二〇〇二年、所収）。

徳川斉昭「弘道館記」（日本思想大系五三『水戸学』岩波書店、一九七三年、所収）。

徳川斉昭『告志篇』（『水戸義公・烈公集』水戸学大系第五巻、水戸学大系刊行会、一九四一年、所収）。

徳川斉昭『水府公献策』（同『水戸義公・烈公集』水戸学大系第五巻、所収）。

徳川斉昭「戊戌封事」（『水戸藩史料』別記上、出版社・発行年不詳、国立国会図書館デジタルコレクション所蔵）。

服部中庸『三大考』（『本居宣長全集』第一〇巻、筑摩書房、一九六八年、所収）。

原念斎『先哲叢談』（東洋文庫五百七十四『先哲叢談』平凡社、一九九四年、所収）。

藤田幽谷「校正局諸学士に与ふるの書」（前掲、日本思想大系五三『水戸学』、所収）。

藤田幽谷『正名論』（水戸学大系第三巻『藤田幽谷集』水戸学大系刊行会、一九四二年再版、所収）。

藤田幽谷「丁巳封事」（同上『水戸学』、所収）。

武陽隠士／本庄栄治郎校訂・奈良本辰也補訂『世事見聞録』岩波書店、一九九四年。

松平定信『政語』（日本思想大系三八『近世政道論』岩波書店、一九七六年、所収）。

松平定信／芳賀矢一校訂『花月草紙』冨山房、一九〇四年。

松平慶永『逸事史補』（幕末維新史料叢書四『逸事史補・守護職小史』人物往来社、一九六八年、所収）。

宮負定雄『国益本論』（日本思想大系五一『国学運動の思想』岩波書店、一九七一年、所収）。

宮負定雄『民家要術』（『近世地方経済史料』第五巻、近世地方経済史料刊行会、一九三二年、所収）。

室鳩巣『兼山秘策』（『日本経済叢書』第二巻、日本経済叢書刊行会、一九一四年、所収）。

山県太華『講孟劄記評語』（山口県教育会編纂『吉田松陰全集』第三巻、大和書房、一九七二年、所収）。

研究書・研究論文

阿部秋生「儒家神道と国学」（日本思想大系三九『近世神道論 前期国学』岩波書店、一九七二年、所収）。

荒木見悟「貝原益軒の思想」（日本思想大系三四『貝原益軒 室鳩巣』岩波書店、一九七〇年、所収）。

有坂隆道『山片蟠桃と大阪の洋学』創元社、二〇〇五年。

有坂隆道「山片蟠桃と『夢ノ代』」（日本思想大系四三『富永仲基 山片蟠桃』岩波書店、一九七三年、所収）。

飯沼関弥『会津松平家譜』飯沼関弥発行、一九三八年。

猪飼隆明『維新変革の奇才 横井小楠』角川書店、二〇二四年。

池内了『江戸の宇宙論』集英社、二〇二二年。

石川謙『学校の発達』岩崎書店、一九五三年。

石川謙『石門心学史の研究』岩波書店、一九三八年。

石川謙『日本学校史の研究』小学館、一九六〇年。

石川松太郎『藩校と寺子屋』教育社、一九七八年。

石坂善次郎編輯・発行『池田光政公伝』上・下巻、一九三二年。

石田一良『伊藤仁斎』吉川弘文館、一九八九年新装版。

石原道博『朱舜水』（人物叢書八二）、吉川弘文館、一九六一年。

伊勢貞丈『故実叢書・安斎随筆』吉川弘文館、一八九〇年。

伊藤梅宇／亀井伸明校訂『見聞談叢』岩波書店、一九四〇年。

井上哲次郎『日本古学派之哲学』冨山房、一九〇二年。

井上哲次郎『日本朱子学派之哲学』冨山房、一九〇五年。

井上哲次郎『日本陽明学派之哲学』冨山房、一九〇〇年。

井上義巳『日本教育思想史の研究』勁草書房、一九七八年。

揖斐高『江戸幕府と儒学者——林羅山・鵞峰・鳳岡三代の闘い』中央公論新社、二〇一四年。

今井淳・山本眞功編『石門心学の思想』ぺりかん社、二〇〇六年。

今田洋三『江戸の本屋さん——近世文化史の側面』日本放送出版協会、一九七七年。

潮木守一『京都帝国大学の挑戦』名古屋大学出版会、一九八四年。

海原徹『近世私塾の研究』思文閣出版、一九九三年再版。

海原徹『月性——人間到る処青山有り』ミネルヴァ書房、二〇〇五年。

海原徹『広瀬淡窓と咸宜園——ことごとく皆宜し』ミネルヴァ書房、二〇〇八年。

海原徹『吉田松陰――身はたとひ武蔵の野辺に』ミネルヴァ書房、二〇〇三年。

梅溪昇『大坂学問史の周辺』思文閣出版、一九九一年。

榎本恵理『本居宣長から教育を考える――声・文字・和歌』ぺりかん社、二〇二三年。

江森一郎『「勉強」時代の幕あけ――子どもと教師の近世史』平凡社、一九九〇年。

王陽明『伝習録』（『王陽明全集』第一巻、明徳出版社、一九九一年修訂版、所収）。

大石学『徳川吉宗――日本社会の文明化を進めた将軍』山川出版社、二〇一二年。

大石学『吉宗と享保の改革』東京堂出版、二〇〇一年改訂新版。

大石学編著『徳川斉昭と水戸弘道館』戎光祥出版、二〇二二年。

大分県教育会『大分県偉人伝』三省堂書店、一九〇七年。

大江文城『本邦儒学史論攷』全国書房、一九四四年。

大久保利鎌校訂『昔夢会筆記』平凡社（東洋文庫七六）、一九六六年。

大桑斉・前田一郎編『羅山・貞徳『儒仏問答』――註解と研究』ぺりかん社、二〇〇六年。

太田青丘『藤原惺窩』吉川弘文館、一九八五年。

大塚武松編『藩制一覧表』上下巻、日本史籍協会、一九二八～一九二九年。

大野達之助『日本歴史新書日本の仏教』至文堂、一九六一年。

大濱晧『朱子の哲学』東京大学出版会、一九八三年。

岡田武彦『江戸期の儒学』木耳社、一九八二年。

沖田行司『新訂版 日本近代教育の思想史研究――国際化の思想系譜』日本図書センター、二〇〇七年。

沖田行司『日本国民をつくった教育』ミネルヴァ書房、二〇一七年。

沖田行司『日本人をつくった教育――寺子屋・私塾・藩校』大巧社、二〇〇〇年。

沖田行司『藩校・私塾の思想と教育』日本武道館、二〇一一年。

沖田行司『横井小楠――道は用に就くも是ならず』ミネルヴァ書房、二〇二一年。

沖田行司編著『人物で見る日本の教育（第二版）』ミネルヴァ書房、二〇一二年。

荻生茂博『近代・アジア・陽明学』ぺりかん社、二〇〇八年。

小野正雄「幕藩制政治改革論」（歴史学研究会・日本史研究会編集『講座日本歴史』六〈近世二〉、東京大学出版会、一九八五年、所収）。

垣内景子『朱子学入門』ミネルヴァ書房、二〇一五年。

笠井助治『近世藩校に於ける学統学派の研究（上）（下）』吉川弘文館、一九六九～七〇年。

笠井助治『近世藩校に於ける出版書の研究』吉川弘文館、一九六二年。

笠井助治『近世藩校の綜合的研究』吉川弘文館、一九六〇年。

加地伸行『儒教とは何か（増補版）』中央公論新社、二〇一五年。

片山杜秀『尊皇攘夷――水戸学の四百年』新潮社、二〇二一年。

勝田勝年『日本教育思想史』モナス社、一九四〇年。

桂島宣弘『思想史の十九世紀――「他者」としての徳川日本』ぺりかん社、一九九九年。

加藤仁平『日本近世教育思想史』（現代教育学大系原論篇第七巻）、成美堂、一九三七年。

金谷治「藤原惺窩の儒学思想」（日本思想体系二八『藤原惺窩 林羅山』岩波書店、一九七五年、所収）。

亀田次郎『山片蟠桃』全国書房、一九四三年。

川上喜蔵編著『宇都宮黙霖 吉田松陰 往復書翰』錦正社、一九七一年。

川口浩「石田梅岩の『倹約』――経済思想史からの一考察」（今井淳・山本眞功編『石門心学の思想』ぺりかん社、二〇〇六年、所収）。

河原国男『徂徠学の教育思想史的研究――日本近世教育思想史における「ヴェーバー的問題」』溪水社、二〇〇四年。

衣笠安喜『近世儒学思想史の研究』法政大学出版局、一九七六年。

衣笠安喜『近世日本の儒教と文化』思文閣出版、一九九〇年。

衣笠安喜『思想史と文化史の間――東アジア・日本・京都』ぺりかん社、二〇〇四年。

桐原健真『吉田松陰の思想と行動――幕末日本における自他認識の転回』東北大学出版会、二〇〇九年。

倉地克直『池田光政』ミネルヴァ書房、二〇一二年。

倉地克直『江戸文化をよむ』吉川弘文館、二〇〇六年。

栗原剛『佐藤一斎――克己の思想』講談社、二〇〇七年。

黒住真『近世日本社会と儒教』ぺりかん社、二〇〇三年。

慶應義塾「慶應義塾之記」（『慶應義塾百年史』上巻、一九五八年、所収）。

小池進『保科正之』吉川弘文館、二〇一七年。

黄俊傑・辻本雅史編『経書解釈の思想史――共有と多様の東アジア』ぺりかん社、二〇一〇年。

小島毅『儒教が支えた明治維新』晶文社、二〇一七年。

小島毅『儒教の歴史』山川出版社、二〇一七年。

小島毅『朱子学と陽明学』筑摩書房、二〇一三年。

小島康敬『徂徠学と反徂徠』ぺりかん社、一九九四年増補版。

小島康敬編『「礼楽」文化――東アジアの教養』ぺりかん社、二〇一三年。

小関悠一郎『〈明君〉の近世――学問・知識と藩政改革』吉川弘文館、二〇一二年。

後藤三郎「略伝細井平洲と広瀬淡窓」（世界教育宝典・日本教育編『細井平洲・広瀬淡窓』玉川大学出版部、一九六六年、所収）。

小林秀雄『本居宣長』新潮社、一九七七年。

子安宣邦『伊藤仁斎の世界』ぺりかん社、二〇〇四年。

子安宣邦『江戸思想史講義』岩波書店、一九九八年。

子安宣邦『宣長学講義』岩波書店、二〇〇六年。

小山正『賀茂真淵伝』春秋社、一九三八年。

近藤啓吾『山崎闇斎の研究』神道史学会、一九八六年。

近藤斉『総説武家家訓の研究』風間書房、一九八三年。

三枝康高『賀茂真淵』吉川弘文館、一九八七年新装版。

「西郷南洲手抄誌録」「南洲翁遺訓」「遺教」（西郷隆盛全集編集委員会編纂『西郷隆盛全集』第四巻、大和書房、一九七八年、所収）。

相良亨『伊藤仁斎』ぺりかん社、一九九八年。

相良亨・松本三之介・源了圓編『江戸の思想家たち』上・下巻、研究社出版、一九七九年。

佐久間正『徳川日本の思想形成と儒教』ぺりかん社、二〇〇七年。

佐佐木信綱『賀茂真淵と本居宣長』広文堂書店、一九一七年。

佐藤昌介『洋学史研究序説』岩波書店、一九六四年。

澤井啓一『伊藤仁斎――孔孟の真血脈を知る』ミネルヴァ書房、二〇二二年。

澤井啓一『山崎闇斎――天人唯一の妙、神明不思議の道』ミネルヴァ書房、二〇一四年。

柴田実『梅岩とその門流』ミネルヴァ書房、一九七八年。

司法省編輯『徳川禁令考』前聚第二帙、吉川弘文館、一九三一年。

島田虔次『朱子学と陽明学』岩波書店、一九六七年。

朱熹撰／朱傑人・嚴佐之・劉永翔主編『朱子全書』全二七冊、上海古籍出版社・安徽教育出版社、二〇〇二年。

白木豊『尾藤二洲伝』尾藤二洲伝頒布会、一九七九年。

申維翰／姜在彦訳注『海游録』平凡社、一九七四年。

末松謙澄『防長回天史』第二編、一九二一年修訂再版、東京国文社。

菅野則子『江戸時代の孝行者――「孝義録」の世界』吉川弘文館、一九九八年。

菅野則子校訂『官刻孝義録』全三巻、東京堂出版、一九九九年。

鈴木暎一『国学思想の史的研究』吉川弘文館、二〇〇二年。

鈴木暎一『水戸藩学問・教育史の研究』吉川弘文館、一九八七年。

須田努『幕末社会』岩波書店、二〇二二年。

瀬谷義彦『会沢正志斎』日本教育先哲叢書第一三巻、文教書院、一九四二年。

瀬谷義彦「水戸学の背景」（日本思想大系五三『水戸学』岩波書店、一九七三年、所収）。

芹川博通「石田梅岩と石門心学の経済倫理」（今井淳・山本眞功編『石門心学の思想』ぺりかん社、二〇〇六年、所収）。

曽我部静雄『宋代政経史の研究』吉川弘文館、一九七四年。

高須芳次郎編『水戸義公・烈公集』水戸学大系第五巻、水戸学大系刊行会、一九四一年。

高瀬代次郎『佐藤一斎と其門人』南陽堂本店、一九二二年。

高瀬代次郎『細井平洲』隆文館図書・星野文星堂、一九一九年。

高瀬代次郎『細井平洲』日本教育先哲叢書第九巻、文教書院、一九四二年。

高瀬代次郎『細井平洲の生涯』巌松堂書店、一九三六年。

高野奈未『賀茂真淵の研究』青簡舎、二〇一六年。

高山大毅『近世日本の「礼楽」と「修辞」――徂徠学以後の「接人」の制度構想』東京大学出版会、二〇一六年。

竹内誠編『江戸文化の見方』角川学芸出版、二〇一〇年。

竹中靖一『石門心学の経済思想――町人社会の経済と道徳』ミネルヴァ書房、一九七二年増補版。

田尻祐一郎『江戸の思想史――人物・方法・連環』中央公論新社、二〇一一年。

田尻祐一郎『荻生徂徠』明徳出版社、二〇〇八年。

田尻祐一郎『山崎闇斎の世界』ぺりかん社、二〇〇六年。

但野正弘『藤田東湖の生涯』（水戸の人物シリーズ六）錦正社、一九九七年。

田中克佳『教育史』慶應義塾大学出版会、一九八二年。

田中加代『広瀬淡窓の研究』ぺりかん社、一九九三年。

田中康二『本居宣長』中央公論新社、二〇一四年。

田原嗣郎『徂徠学の世界』東京大学出版会、一九九一年。

田原嗣郎『徳川思想史研究』未來社、一九六七年。

田原嗣郎『平田篤胤』吉川弘文館、一九八六年新装版。

玉懸博之『日本近世思想史研究』ぺりかん社、二〇〇八年。

中巌円月『中正子』（日本思想大系一六『中世禅家の思想』岩波書店、一九七二年、所収）。

塚本哲三編『漢文叢書・詩経書経易経』有朋堂、一九二二年。

塚本哲三編『漢文叢書第一七・礼記』有朋堂、一九二七年。

辻本雅史『江戸の学びと思想家たち』岩波書店、二〇二一年。

辻本雅史「『学術』の成立」（横山俊夫編『貝原益軒――天地和楽の文明学』平凡社、一九九五年、所収）。

辻本雅史『教育を「江戸」から考える――学び・身体・メディア』日本放送出版協会、二〇〇九年。

辻本雅史『近世教育思想史の研究』思文閣出版、一九九〇年。

辻本雅史『思想と教育のメディア史』ぺりかん社、二〇一一年。

辻本雅史『「学び」の復権――模倣と習熟』角川書店、一九九九年。

土田健次郎『江戸の朱子学』筑摩書房、二〇一四年。

土田健次郎『儒教入門』東京大学出版会、二〇一一年。

土田健次郎『朱熹の思想体系』汲古書院、二〇一九年。

堤克彦『横井小楠の実学思想――基盤・形成・転回の軌跡』ぺりかん社、二〇一一年。

程顥・程頤『二程集』上・下二冊、中華書局出版、北京、一九八一年。

帝国教育会編『吉田松陰』弘道館、一九〇九年。

テツオ・ナジタ／子安宣邦訳『懐徳堂――一八世紀日本の「徳」の諸相』岩波書店、一九九二年。

寺門日出男「五井蘭洲『非伊編』について」（竹田健二編『懐徳堂研究』第二集、汲古書院、二〇一八年、所収）。

徳川義親『尾張藩石高考』徳川林政史研究所、一九五九年。

徳田武『吉田松陰と学人たち』勉誠出版、二〇二〇年。

徳冨健次郎『竹崎順子』（『蘆花全集』第一五巻、新潮社、一九二九年）。

徳富蘇峰『近世日本国民史徳川幕府思想篇』講談社、一九八三年。

徳富蘇峰『吉田松陰』岩波書店、一九八一年（原著は民友社より一八九三年刊行）。

徳永洋「小楠の『遺表』」（別冊『環』⑰『横井小楠一八〇九～一八六九――「公共」の先駆者』藤原書店、二〇〇九年、所収）。

徳永洋『横井小楠――維新の青写真を描いた男』新潮社、二〇〇五年。

内藤湖南『近世文学史論』政教社、一八九七年。

内藤耻叟『徳川十五代史』全六巻、新人物往来社、一九八六年。

中泉哲俊『日本近世教育思想の研究』吉川弘文館、一九六六年。

中内敏夫『近代日本教育思想史』国土社、一九七三年。

長崎県師範学校蔵版『改正六諭衍義大意』、一八八三年（国立国会図書館所蔵）。

中島市三郎『教聖広瀬淡窓の研究』第一出版協会、一九三五年。

長田権次郎『林子平』偉人史叢第一巻、裳華房、一八九六年、六五頁。

中村春作『徂徠学の思想圏』ぺりかん社、二〇一九年。

中村春作・市來津由彦他編『続「訓読」論――東アジア漢文世界の形成』勉誠出版、二〇一〇年。

中村元『日本思想史』東方出版、二〇一二年新装版。

中村安宏「佐藤一斎年譜稿」（『岩手大学人文社会科学部紀要』第一〇二号、二〇一八年六月、所収）。

那波魯堂『学問源流』崇高堂版、一七九九（寛政一一）年刊。

西平直『修養の思想』春秋社、二〇二〇年。

西平直『養生の思想』春秋社、二〇二一年。

西村時彦『懐徳堂考』上・下巻・付録、懐徳堂・友の会、一九七四年復刻版。

日本史籍協会篇『続再夢紀事』全六巻、東京大学出版会、一九八八年覆刻再刊（原著は一九二一～二二年刊）。

ニールス・ファンステーンパール『〈孝子〉という表象――近世日本道徳文化史の試み』ぺりかん社、二〇一七年。

布目唯信『吉田松陰と月性と黙霖』興教書院、一九四二年。

野口勝一・富岡政信編『吉田松陰伝』（全五巻）、野史台、一八九一年。

橋本昭彦『江戸幕府試験制度史の研究』風間書房、一九九三年。

速水融編『歴史のなかの江戸時代』藤原書店、二〇一一年。

原念斎／源了圓・前田勉校注『先哲叢談』平凡社（東洋文庫五七四）、一九九四年。

春山作樹『日本教育史論』国土社、一九七九年。

板東洋介『徂徠学派から国学へ―表現する人間』ぺりかん社、二〇一九年。

尾藤正英『江戸時代とはなにか――日本史上の近世と近代』岩波書店、一九九二年。

尾藤正英『日本封建思想史研究』青木書店、一九六一年。

平石直昭『荻生徂徠年譜考』平凡社、一九八四年。

平石直昭『日本政治思想史』放送大学教育振興会、一九九七年。

福澤諭吉『学問のすゝめ』（『福澤諭吉全集』第三巻、岩波書店、一九五九年、所収）。

福澤諭吉「政事と教育と分離す可し」（『福澤諭吉全集』第九巻、岩波書店、一九六〇年、所収）。

福田千鶴『徳川綱吉――犬を愛した江戸幕府五代将軍』山川出版社、二〇一〇年。

冨山房編輯部『漢文大系』全二二巻、冨山房、一九七二～七八年。

藤井駿他編『池田光政日記』国書刊行会、一九八三年。

藤田覚『天保の改革』吉川弘文館、一九九六年新装版。

藤田覚『松平定信』中公新書、一九九三年。

藤田徳太郎『本居宣長と平田篤胤』丸岡出版社、一九四三年。

古川治『中江藤樹の総合的研究』ぺりかん社、一九九六年。

古川薫『松下村塾』新潮社、一九九五年。

古田紹欽・今井淳編『石田梅岩の思想』ぺりかん社、一九七九年。

武陽隠士／本庄栄治郎校訂『世事見聞録』岩波書店、一九九四年。

本多佐渡守正信『本佐録』（日本思想大系二八『藤原惺窩 林羅山』岩波書店、一九七五年、所収）。

前田勉『江戸教育思想史研究』思文閣出版、二〇一六年。

前田勉『江戸後期の思想空間』ぺりかん社、二〇〇九年。

前田勉『江戸の読書会――会読の思想史』平凡社、二〇一二年。

前田勉『近世神道と国学』ぺりかん社、二〇〇二年。

眞壁仁『徳川後期の学問と政治』名古屋大学出版会、二〇〇七年。

眞壁宏幹編『西洋教育思想史』慶應義塾大学出版会、二〇一六年。

松浦伯夫『近世日本における実学思想の研究』理想社、一九六三年。

松浦玲『横井小楠──儒教的正義とは何か〈増補版〉』朝日新聞社、二〇〇〇年。

松浦玲『横井小楠』筑摩書房、二〇一〇年。

松村浩二「君子の知──益軒の『博学』をめぐって」（横山俊夫編『貝原益軒──天地和楽の文明学』平凡社、一九九五年、所収）。

間野潜龍『朱子と王陽明──新儒学と大学の理念』清水書院、二〇一八年。

丸谷晃一『伊藤仁斎の古義学──稿本からみた形成過程と構造』ぺりかん社、二〇一八年。

丸山真男『日本政治思想史研究』東京大学出版会、一九五二年。

丸山真男『丸山眞男講義録』第一冊、東京大学出版会、一九九八年。

源了圓『徳川思想小史』中央公論新社、二〇二一年。

源了圓『横井小楠研究』藤原書店、二〇一三年。

源了圓・前田勉校注／原念斎『先哲叢談』（東洋文庫五七四）、平凡社、一九九四年。

宮川康子『自由学問都市大坂──懐徳堂と日本的理性の誕生』講談社、二〇〇二年。

宮川康子『富永仲基と懐徳堂──思想史の前哨』ぺりかん社、一九九八年。

宮城公子『幕末期の思想と習俗』ぺりかん社、二〇〇四年。

三宅正彦『京都町衆伊藤仁斎の思想形成』思文閣出版、一九八七年。

三宅米吉『益軒ノ教育法』金港堂、一八九〇年。

宮崎道生『新井白石』吉川弘文館、一九八九年。

村井実『教育思想』上・下、東洋館出版社、一九九三年。

村井実『原典による教育学の歩み』講談社、一九七四年。

村岡典嗣『宣長と篤胤』（日本思想史研究第三巻）創文社、一九五七年。

村岡典嗣『本居宣長』岩波書店、一九二八年。

村上雅孝『近世初期漢字文化の世界』明治書院、一九九八年。

元田永孚「還暦之記」（『元田永孚文書』第一巻、元田文書研究会、一九六九年、所収）。

本山幸彦『近世国家の教育思想』思文閣出版、二〇〇一年。

本山幸彦『近世儒者の思想挑戦』思文閣出版、二〇〇六年。

本山幸彦『本居宣長』清水書院、一九七八年。

本山幸彦『横井小楠の学問と思想』大阪公立大学共同出版会、二〇一四年。

森田健司『石門心学と近代──思想史学からの近接』八千代出版、二〇一二年。

文部省『国体の本義』内閣印刷局発行、一九三七年。

文部省『日本教育史資料』全九冊、冨山房、一九〇三～一九〇四年再版。

八鍬友広『読み書きの日本史』岩波書店、二〇二三年。

安丸良夫『日本の近代化と民衆思想』青木書店、一九七四年。

安見隆雄『会沢正志斎の生涯』（水戸の人物シリーズ一〇）錦正社、二〇一六年。

山崎正董編『横井小楠』上巻（伝記篇）、下巻（遺稿篇）、明治書院、一九三八年。

山中芳和『近世の国学と教育』多賀出版、一九九八年。

山本正身『伊藤仁斎の思想世界』慶應義塾大学三田哲学会、二〇一五年。

山本正身「後期水戸学における『教育』の含意について──そ

の近代『教育』概念の基層としての意味合い」（慶應義塾大学三田哲学会『哲学』第一五〇号、二〇二三年三月、所収）。

山本正身「再考『江戸教育思想史研究』」（教育哲学会『教育哲学研究』第一二五号、二〇二二年五月、所収）。

山本正身『仁斎学の教育思想史的研究――近世教育思想の思惟構造とその思想史的展開』慶應義塾大学出版会、二〇一〇年。

山本正身「仁斎と益軒――近世儒者における知の位相」（山本英史編『アジアの文人が見た民衆とその文化』慶應義塾大学言語文化研究所、二〇一〇年）。

山本正身『日本教育史――教育の「今」を歴史から考える』慶應義塾大学出版会、二〇一四年。

山本正身編『アジアにおける「知の伝達」の伝統と系譜』慶應義塾大学言語文化研究所、二〇一二年）。

湯浅元禎『文会雑記』（『日本随筆大成』新装版、第一期第一四巻、吉川弘文館、一九九三年、所収）。

湯川秀樹『旅人――ある物理学者の回想』朝日新聞社、一九五八年。

横山昭男『上杉鷹山』吉川弘文館、一九六八年。

横山達三『日本近世教育史』同文館、一九〇四年。

吉川幸次郎『仁斎・徂徠・宣長』岩波書店、一九七五年。

吉田麻子『平田篤胤――交響する死者・生者・神々』平凡社、二〇一六年。

吉田俊純『寛政期水戸学の研究――翠軒から幽谷へ』吉川弘文館、二〇一一年。

吉田俊純『水戸学の研究――明治維新史の再検討』明石書店、二〇一六年。

吉田真樹『平田篤胤――霊魂のゆくえ』講談社、二〇一七年。

頼祺一『近世後期朱子学派の研究』溪水社、一九八六年。

頼惟勤「尾藤二洲について」（日本思想大系三七『徂徠学派』岩波書店、一九七二年、所収）。

和島芳男『日本宋学史の研究』吉川弘文館、一九八八年増補版。

渡辺金造『平田篤胤研究』鳳出版、一九七八年復刻版（原著は一九四二年）。

渡辺浩『近世日本社会と宋学』東京大学出版会、二〇一〇年増補新装版。

渡邉義浩『漢帝国――４００年の興亡』中央公論新社、二〇一九年。

あとがき

筆者は、これまで自らの研究領域を「江戸教育思想史」と自認してきたが、その学的視線は主に一七世紀初期から一八世紀中期頃に至る江戸前半期の儒学説をめぐる思想史動向に投ぜられてきた。江戸前半期の思想史に重要な軌跡を刻み込んだ京都町衆伊藤仁斎の諸述論のうちに「教育思想」の存在可能性が看取されたことが、その最大の理由であった。仁斎学を「教育思想」として読み解くことが可能であるのなら、それは、従来この国の教育学界を蔽ってきた定説、すなわち、前近代の日本には教育思想らしき思想の存在は稀薄だとする所説、を覆し得る道を切り開くことになるはずである。こうして、仁斎教育思想の捕捉に努めるとともに、その思想史的含意を解明するために、仁斎が対峙した朱子学の概要把握と、さらには仁斎学の超克を試みた徂徠学の立論理解とに研究関心を傾注させたのであった。幸いにもその成果は拙著（『仁斎学の教育思想史的研究』慶應義塾大学出版会、二〇一〇年）として形に残すことができたが、同書刊行以後も、筆者の江戸思想史への視線はその前半期の諸動向に向けられがちであり、後半期の思想史動向については断片的なアプローチ（講義にて復古国学や後期水戸学などを概述する文脈で）を試みるに留まっていた。江戸教育思想史の通史叙述などという仕事は、筆者の力量をはるかに超え出るものとの予断に覆われていたのであった。

そうした筆者の予断に再考を促す最も重要な契機を与えてくれたものは、前田勉氏（愛知教育大学名誉教授）の高著『江戸教育思想史研究』（思文閣出版、二〇一六年）であった。同氏は、日本思想史学の泰斗として周知の学界牽引者であるとともに、前近代の学習方式「会読」研究の第一人者として、その業績には教育史学研究者からも敬意が寄せられてきた。同書の重点的関心は「会読」なる相互学習方式に注がれているように見られるものの、序章にて精緻に吟味された江戸教育思想史の研究手法や、終章にて詳述された近世と近代との教育理解をめぐる複層的構造など、その方法論上の枠組みは「江戸教育思想史研究」なるタイトルに相応しい充実した内容に満たされている。

だが、このように日本思想史研究者による江戸教育思想史の通史叙述が豊饒な成果を研究史に刻み込む一方で、教育思想史研究者の間では「通史」レベルの研究アプローチはほとんど敬遠されがちであり、しかもそれが研究者の常識的態度であるかのように理解されてしまっている様子に忸怩たる念いを募らせるようにもなった。前田氏の高著は、日本思想史研究者からの教育思想史研究者への刺激的な問題提起のように思えてならなかった。前田氏の研究が「会読」を重要な視座に定めるものと見ることが許されるのなら、改めて「人間の形成」を視座に据える江戸教育思想史の全体像を、文字通り「通史」として描き出すことが教育思想史研究者の責務ではないか、との念いを強くするようになった。その意味で本書には、日本思想史学の業績に対する教育思想史学からの一つの応答との含意が込められている。

こうして本書の執筆に着手した筆者にとって、その内容構成に極めて重大な示唆を与えてくれたものは、畏友・眞壁宏幹教授（慶應義塾大学）の編著『西洋教育思想史』（慶應義塾大学出版会、二〇一六年）であった。同書は、二四〇〇年を超える西洋世界の教育言説を丹念に辿るとともに、編者に加えて一三名もの執筆者による大部の述作であり、単著にして自国の江戸時代のみを取り扱う本書と叙述内容が重なり合うものを見出すことは困難かもしれない。だが、従来この国の教育思想史関係の諸述作が、日本のそれであれ西洋のそれであれ、各思想家の言説紹介（いわば思想家列伝型の思想史）に重点を据える傾向にあったのに対し、同書は当該思想家が使用する表象・観念や概念の起源とその展開の様式とともに、当該社会の政治・経済・文化・生活様式の文脈を考慮することに特別の意を用いている。その意味で、教育の言説や思想を成り立たせている「地平」そのものの解明に基づいて、教育思想史の叙述を試みている。ともすれば思想史の通史叙述が嵌まりがちな陥穽から本書を遠ざけ、各思想家の諸言説の平板な紹介に終始することのなきよう、本書の設計を練り上げるについて、同書から与えられた教唆には格別の謝意を記しておきたい。

二つの高著からの貴重な教唆を起点として、筆者なりの論攷を試みた江戸教育思想史の通史叙述であるが、その思想史展開の論点をどう見定めるのかについては、終章にてその主軸をなす最も象徴的な動向をマクロな視線から概述した。敢えてその眼目のみ繰り返すなら、江戸教育思想のうち近代以後にも継承された主要思潮とは、教育の趣意を国家有用の人材養成に求める認識（江戸後半期における教育思想の主脈）と見なされるが、しかしその一方で、江戸期に人材養成のための必須の素養と見なされた儒学・国学などの伝統知は、近代を迎えるとともに養成ツールとしての内実を喪失させ（西洋由来の近代知に置き換えられた）、その結果、人材養成の窮極目的を規定する「国体観念」との結びつきにその存在価値を担保せざるを得なくなった、との帰趨を指摘しておくことができるだろう。この思想史動向から得られる示唆とは、明治以後の近代教育に根づいた「人材養成」の趣意を思想史の関心から吟味し直すこととの必要とともに、近代教育への継承が稀薄であった江戸前半期の多彩な教育思想の含意にも再度研究視線を投ずることの必要だと評し得るはずである。とくに、江戸前半期の教育思想の学的捕捉については、その研究蓄積が質量とも稀少の感は否めず、今後の進展に期待を寄せたい。

なお、本書では「教育」の含意を「人間形成に関わる諸々の営み」とする緩やかな理解（仮説的立論）に基づいて江戸教育思想の史的展開を辿ったが、そのアプローチを通じて、江戸時代の諸述作のうちに「教育」という言葉の用例が相応に存在することが確認された（本書索引の「教育」項目は、江戸時代での用例のみを掲載した。参考になれば幸いである）。その用例を瞥見した限りでも、江戸前半期には多様な含意が込められたこの言葉が、後半期には「人材養成」との意味合いにて使用される顕著な傾向（とりわけ幕末期の水戸学）を看取することができた。江戸時代に使用された「教育」という言葉の丹念な分析に基づいて、同時代の教育思想史を捕捉し直す作業は、今後の研究課題として自覚しておきたい。

一方、本書に限界と課題が山積することも自認しないわけにはいかない。ここでそれらを順序立てて詳述する紙幅は残されていないが、最大の難点として、近年日本思想史研究の分野にて必須の要件とされている「海外交流史」なる観点に基づく吟味・叙述が稀薄であったことを自省しておかねばならない。江戸時代に相応の包括性と体系性とを具備した「教育思想」が形づくられる上で、その最も重要な要因の一つが朱子学の受容と普及にあったことは間違いなく、それゆえ、本書でも朱子学教育思想の捕捉には相応に意を尽くした。だが、東アジアの思想世界にて活発に展開された諸般の学的営為（前時代のものも同時代のものも併せて）が、多様な内実を有する江戸諸思想の構成に重要な影響を及ぼしたことについては、より一層の周到な吟味が求められるはずである。この観点に基づく江戸教育思想史の再考察・再捕捉についても、これを今後の課題とさせていただきたい。

本書は、筆者のこれまでの研究活動の総括との含意を有するものではあるが、それとともに、今後の教育思想史研究に新たな展望を切り開いてくれる若き学徒たちに「江戸教育思想史」なる領域の概要と課題とを開示することに、最も重点的な目途を見定めるものである。この拙著が、若き学徒たちの学的志操に、何らかの意味において生産的な刺激を与えることができるのなら、筆者にとって幸甚の極みである。

末筆となるが、本書の刊行については、ミネルヴァ書房編集部の冨士一馬さんから格別のご尽力を頂戴した。ここに厚く感謝の意を表する次第である。

二〇二四年三月

山本正身

人名索引

あ　行

か　行

さ　行

た　行

な　行

は　行

ま　行

や　行

ら　行

わ　行

事項索引

あ 行

か 行

さ　行

た　行

な　行

は 行

ま 行

や 行

ら 行

わ　行

《著者紹介》

山本正身（やまもと・まさみ）

1956年　三重県生まれ。
1987年　慶應義塾大学大学院社会学研究科博士課程単位取得退学。
2009年　博士（教育学）。
現　在　慶應義塾大学名誉教授。
専　攻　日本教育思想史。
主　著　『仁斎学の教育思想史的研究』（単著，慶應義塾大学出版会，2010年）。
『アジアにおける「知の伝達」の伝統と系譜』（編著，慶應義塾大学言語文化研究所，2012年）。
『日本教育史』（単著，慶應義塾大学出版会，2014年）。
『伊藤仁斎の思想世界』（単著，慶應義塾大学三田哲学会，2015年）。
『人物で見る日本の教育（第二版）』（共著，ミネルヴァ書房，2015年），など。

江戸教育思想史

2024年９月10日　初版第１刷発行　〈検印省略〉

定価はカバーに
表示しています

著　者　山　本　正　身
発行者　杉　田　啓　三
印刷者　藤　森　英　夫

発行所　株式会社　ミネルヴァ書房
607-8494　京都市山科区日ノ岡堤谷町１
電話代表　(075)581-5191
振替口座　01020-0-8076

亜細亜印刷・新生製本

ISBN978-4-623-09701-2

Printed in Japan